Avaliação do desempenho em educação física e esporte

Avaliação do desempenho em educação física e esporte

Maria Tereza Silveira Böhme

Copyright © Editora Manole Ltda., 2018, por meio de contrato com a organizadora.

Editora gestora: Sônia Midori Fujiyoshi
Produção editorial: Cristiana Gonzaga S. Corrêa
Diagramação: Lara Editorial e Vivian Valli de Oliveira
Ilustrações: Sirio Cançado, Mary Yamazaki Yorado e Lara Editorial
Capa: Rubens Lima
Fotos da capa: istockphoto.com

CIP-BRASIL. CATALOGAÇÃO NA PUBLICAÇÃO
SINDICATO NACIONAL DOS EDITORES DE LIVROS, RJ

A963

Avaliação do desempenho em educação física e esporte / organização Maria Tereza
Silveira Böhme. - 1. ed. - Barueri [SP] : Manole, 2018.
368 p. : il. ; 28 cm.

Inclui bibliografia
ISBN 9788520453094

1. Educação física. I. Böhme, Maria Tereza Silveira.

18-50174   CDD:613.7
                                             CDU: 613.71

Leandra Felix da Cruz - Bibliotecária - CRB-7/6135
04/06/2018 11/06/2018

Todos os direitos reservados.
Nenhuma parte deste livro poderá ser reproduzida, por qualquer processo,
sem a permissão expressa dos editores. É proibida a reprodução por xerox.

A Editora Manole é filiada à ABDR – Associação Brasileira de Direitos Reprográficos.

Editora Manole Ltda.
Avenida Ceci, 672 – Tamboré
06460-120 – Barueri – SP – Brasil
Tel.: (11) 4196-6000 – Fax: (11) 4196-6021
www.manole.com.br
info@manole.com.br

Impresso no Brasil
Printed in Brazil

Organizadora

Maria Tereza Silveira Böhme

Mestre e Licenciada em Educação Física pela Escola de Educação Física e Esporte da Universidade de São Paulo (EEFE-USP). Doutora em Ciência do Esporte pela Justus Liebig Universität Giessen, Alemanha. Professora Titular do Departamento de Esporte da EEFE-USP. Coordenadora do Laboratório de Treinamento e Esporte para Crianças e Adolescentes (LATECA).

Durante o processo de edição desta obra, foram tomados todos os cuidados para assegurar a publicação de informações precisas e de práticas geralmente aceitas. Do mesmo modo, foram empregados todos os esforços para garantir a autorização das imagens aqui reproduzidas. Caso algum autor sinta-se prejudicado, favor entrar em contato com a editora.

Os autores e os editores eximem-se da responsabilidade por quaisquer erros ou omissões ou por quaisquer consequências decorrentes da aplicação das informações presentes nesta obra. É responsabilidade do profissional, com base em sua experiência e conhecimento, determinar a aplicabilidade das informações em cada situação.

Editora Manole

Autores

Alessandro Hervaldo Nicolai Ré

Especialista em Treinamento Esportivo. Mestre em Educação Física pela Escola de Educação Física e Esporte da Universidade de São Paulo (EEFE-USP). Doutor em Educação Física – Biodinâmica do Movimento Humano – pela EEFE-USP. Pós-doutorado em Atividade Física e Desenvolvimento Motor pela University of South Carolina, Estados Unidos. Professor Livre-docente da Escola de Artes, Ciências e Humanidades (EACH) da USP.

Ana Cristina Zimmermann

Especialista em Recreação, Lazer e Animação Sociocultural pela Universidade Estadual de Londrina (UEL). Mestre em Educação Física pela Universidade Federal de Santa Catarina (UFSC). Doutora em Educação pela UFSC. Professora da Disciplina Educação Física Escolar no Ensino Fundamental I e II do Departamento de Pedagogia do Movimento do Corpo Humano da EEFE-USP.

Ana Lúcia Padrão dos Santos

Especialista em Handebol pelas Faculdades Metropolitanas Unidas (FMU). Mestre em Pedagogia do Movimento Humano pela EEFE-USP. Doutora em Ciências pela EEFE-USP. Professora Doutora das Disciplinas Handebol e Dimensões Sociológicas da Educação Física e do Esporte do Departamento de Esporte da EEFE-USP.

Andrea Michele Freudenheim

Mestre e Doutora em Educação Física pela USP. Professora Associada do Departamento de Pedagogia do Movimento do Corpo Humano da EEFE-USP. Membro do Laboratório de Comportamento Motor da EEFE-USP.

Antonio Carlos Mansoldo

Especialista em Natação. Mestre em Ciências do Esporte. Doutor em Administração Escolar. Professor Doutor da Disciplina Natação I e II, Remo e Canoagem do Departamento de Esporte da EEFE-USP.

Antonio Carlos Simões

Mestre em Educação pela EEFE-USP. Especialista em Psicologia do Esporte/Handebol. Doutor em Ciências pela Escola de Comunicação e Artes (ECA) da USP. Professor Titular da Disciplina Dimensões Psicológicas da Educação Física e do Esporte do Departamento de Esporte da EEFE-USP.

Antonio Herbert Lancha Junior

Mestre em Nutrição pela Faculdade de Ciências Farmacêuticas (FCF) da USP. Doutor em Nutrição pela FCF-USP. Pós-doutorado em Medicina Interna pela Washington University, Estados Unidos. Professor Titular de Nutrição da EEFE-USP. Professor Visitante INRA na AgroParisTech, França. *Personal/Professional Coach* pela Sociedade Brasileira de *Coaching*. *Wellness Coach* pela WellCoaches by ACSM (American College of Sports Medicine). Certificação em *Mindfulness* pelo *Mindfulness* e Movimentos de Integração.

Antonio Rizola Neto

Especialista em Atletismo, Voleibol, Fisiologia do Esporte e Gestão Esportiva. Mestre em Treinamento Desportivo. Professor da Disciplina Gestão de Espaços Esportivos e Gestão de Pessoas da Trevisan Escola de Negócios. Membro da Comissão Técnica da Federação Internacional de Voleibol. Tutor de Programa de Formação de Técnicos para o Brasil da Solidariedade Olímpica Internacional.

Ary José Rocco Jr

Mestre em Administração pela Pontifícia Universidade Católica de São Paulo (PUC-SP). Doutor em Comunicação e Semiótica pela PUC-SP. Professor-assistente da Disciplina Marketing e Comunicação no Esporte do Departamento de Esporte da EEFE-USP. Diretor da Asociación Latinoamericana de Gerencia Deportiva (ALGEDE).

Cacilda Mendes dos Santos Amaral

Mestre em Ciências pela EEFE-USP.

Camila Torriani-Pasin

Especialista em Fisioterapia Neurofuncional pela Universidade Federal de São Paulo (Unifesp). Doutora em Ciências – Educação Física – pela USP. Professora Doutora da Disciplina Educação Física Adaptada I e II do Departamento de Pedagogia do Movimento do Corpo Humano da EEFE-USP.

Cayque Brietzke

Especialista em Fisiologia do Exercício Aplicado à Clínica pela Unifesp. Professor da Disciplina Fisiologia Geral da Fundação Municipal de Ensino Superior de Bragança Paulista.

Denilson de Castro Teixeira

Mestre em Pedagogia do Movimento Humano pela USP. Doutor em Medicina e Ciências da Saúde pela UEL. Professor Adjunto do Departamento de Educação Física da UEL. Docente no Programa de Pós-graduação Associado em Educação Física UEL/UEM.

Diogo Castro

Especialista em Handebol pela Real Federacion Española de Balonmano. Mestre em Educação Física e Sociedade pela Faculdade de Educação Física da Universidade Estadual de Campinas (FEF-Unicamp). Membro das Comissões Técnicas da Seleção Brasileira Masculina de Handebol (Junior e Olímpica).

Emerson Franchini

Doutor em Educação Física pela EEFE-USP. Professor Associado das Disciplinas Judô I, Judô II e Avaliação em Esporte do Departamento de Esporte da EEFE-USP.

Fábio Rodrigo Ferreira Gomes

Mestre e Doutor em Educação Física pela EEFE-USP. Professor do Curso de Educação Física da Universidade Nove de Julho. Professor das Disciplinas Aprendizagem Motora, Crescimento e Desenvolvimento, e Lutas. Integrante do Laboratório de Comportamento Motor (LACOM/EEFE-USP) e do Grupo de Estudos e Pesquisa em Capacidades e Habilidades Motoras (EACH-USP).

Felipe Luiz Santana

Mestre em Ciências pela EEFE-USP.

Flávia da Cunha Bastos

Mestre em Educação Física pela EEFE-USP. Doutora em Educação pela Faculdade de Educação (FE) da USP. Professora Associada (Adjunta) das Disciplinas Dimensões Econômicas e Administrativas em Educação Física e Esporte e Legislação e Política no Esporte do Departamento de Esporte da EEFE-USP. Membro da Associação Brasileira de Gestão do Esporte (ABRAGESP) e da ALGEDE.

Flávio Oliveira Pires

Doutor em Ciências com Pós-Doutorado na EEFE-USP e período sanduíche no Sports Sciences Institute of South Africa, University of Cape Town. Professor Livre-docente (Associado) da EACH-USP e Coordenador do Programa de Mestrado em Ciências da Atividade Física da EACH-USP. Bolsista Produtividade em Pesquisa do CNPq-2.

Flavio Henrique Bastos

Mestre em Educação Física pela EEFE-USP. Doutor em Ciências – Biodinâmica do Movimento Humano – pela EEFE-USP. Professor Doutor das Disciplinas Educação Física na Terceira Idade, Seminários em Educação Física e Esporte e Aprendizagem Motora Aplicada à Educação Física e Esporte do Departamento de Pedagogia do Movimento Humano da EEFE-USP. Membro do Laboratório de Comportamento Motor e da Sociedade Brasileira de Comportamento Motor.

Giordano Márcio Gatinho Bonuzzi

Mestre em Educação Física pela EEFE-USP. Doutorando em Educação Física na EEFE-USP. Professor Adjunto da Disciplina Educação Física Adaptada e Aprendizagem e Desenvolvimento Motor do Departamento de Ciências da Saúde da Universidade Paulista (UNIP).

Go Tani

Mestre e Doutor em Educação pela Universidade de Hiroshima, Japão. Professor Titular da Disciplina Aprendizagem Motora do Departamento de Pedagogia do Movimento do Corpo Humano da EEFE-USP.

Ivan Sant'Ana Rabelo

Mestre em Psicologia pela Universidade São Francisco. Doutor em Ciências pela EEFE-USP. Pós-doutorado em Psicologia pela UFSC.

José Alberto Aguilar Cortez

Professor Doutor do Departamento de Esporte da EEFE-USP. Responsável pela Disciplina Futebol e Chefe do Grupo de Estudos e Pesquisas de Futebol e Futsal (GEPEFFS).

Junior Barrera

Especialista em Ciência de Dados. Mestre em Computação Aplicada. Doutor em Engenharia de Sistemas. Professor Titular da Disciplina de Aprendizado de Máquina do Departamento de Ciência de Computação do Instituto de Matemática e Estatística (IME) da USP.

Katia Rubio

Especialista em Cinesiologia Psicológica. Mestre em Educação Física. Doutora em Educação. Professora da Disciplina Dimensões Psicológicas da Educação Física e do Esporte do Departamento de Educação Física e Esporte da USP.

Leonardo Lamas Leandro Ribeiro

Doutor em Educação Física pela EEFE-USP. Professor Adjunto I da Disciplina Bases Científicas do Treinamento Esportivo do Departamento de Educação Física da Universidade de Brasília (UnB).

Leonardo Moreira Lobo

Mestre em Educação Física pela USP. Especialista em Educação Física Escolar pelo Centro Universitário Claretiano. Subcoordenador do Instituto Esporte e Educação.

Lucas Muller da Silva

Especialista em Musculação e Condicionamento Físico pelas Universidades Gama Filho e Estácio de Sá.

Luciana Oquendo Pereira Lancha

Mestre em Biologia Celular pelo Instituto de Biologia da Unicamp. Doutora em Ciências pelo Instituto de Ciências Biomédicas da USP. Pós-doutorado no Institut de la Recherche Agronomique, Paris. *Personal/Professional Coach* pela Sociedade Brasileira de *Coaching*. *Wellness Coach* pela WellCoaches by ACSM (American College of Sports Medicine). Certificação em *Mindfulness* pelo *Mindfulness* e Movimentos de Integração.

Luciana Perez Bojikian

Especialista em Voleibol. Mestre em Biodinâmica do Movimento Humano e Doutora em Ciências pela EEFE-USP. Professora Titular das Disciplinas Voleibol: Aspectos Pedagógicos e Aprofundamento, Psicologia Aplicada ao Esporte, Crescimento e Desenvolvimento Humano e Projeto Técnico Científico Pedagógico (TCC) do Instituto de Ciências da Saúde da UNIP.

Luciano Basso

Mestre e Doutor em Educação Física pela EEFE-USP. Professor Doutor da Disciplina Educação Física para a Primeira Infância do Departamento de Pedagogia do Movimento Humano da EEFE-USP.

Luis Mochizuki

Doutor em Educação Física. Professor Associado da Disciplina Biomecânica e Cinesiologia do Departamento da EACH-USP. Membro da Sociedade Brasileira de Biomecânica, da International Society of Biomechanics e da International Society of Motor Control.

Luiz Eduardo P. B. Tourinho Dantas

Mestre e Doutor em Educação Física pela EEFE-USP. Professor-assistente MS-3 da Disciplina Educação Física Escolar de 1° ao 5° Ano do Ensino Fundamental do Departamento de Pedagogia do Movimento Humano da EEFE-USP.

Marcelo Massa

Doutor em Educação Física pela EEFE-USP. Professor Associado (Livre-docente) da USP. Vice-coordenador do Laboratório de Ciências da Atividade Física (LABCAF-USP). Líder do Grupo de Pesquisa em Capacidades e Habilidades Motoras (GEPCHAM-USP).

Márcia Greguol

Mestre e Doutora em Biodinâmica do Movimento Humano pela USP. Pós-doutora em Atividade Motora Adaptada pela Universidade de Pádua, Itália. Docente dos Cursos de Graduação e Pós-graduação em Educação Física da UEL. Coordenadora do Grupo de Estudos e Pesquisa em Atividade Física e Deficiência da UEL.

Maria Tereza Silveira Böhme

Mestre e Licenciada em Educação Física pela EEFE-USP. Doutora em Ciência do Esporte pela Justus Liebig Universität Giessen, Alemanha. Professora Titular do Departamento de Esporte da EEFE-USP. Coordenadora do Laboratório de Treinamento e Esporte para Crianças e Adolescentes (LATECA).

Michele Viviene Carbinatto

Mestre em Corporeidade e Pedagogia do Movimento pela Universidade Metodista de Piracicaba (Unimep). Doutora em Ciências – Área de Concentração em Estudos Socioculturais e Comportamentais da Educação Física e Esporte. Professora Doutora das Disciplinas Ginástica Artística, Pedagogia do Esporte e Ginástica para Todos do Departamento de Esporte da EEFE-USP. Coordenadora Técnica da Ginástica para Todos na Confederação Brasileira de Ginástica.

Monica Yuri Takito

Mestre e Doutora em Saúde Pública pela Faculdade de Saúde Pública (FSP) da USP. Professora Doutora da Disciplina Educação Física na Idade Adulta do Departamento de Pedagogia do Movimento do Corpo Humano da EEFE-USP.

Murilo Groschitz Ruas Almeida

Mestrando na EEFE-USP.

Myrian Nunomura

Mestre em Educação pela Yokohoma National University, Japão. Doutora em Ciências do Esporte pela Unicamp. Professora Titular da EEFE-USP-Ribeirão Preto.

Natalia Araujo Mazzini

Mestranda em Ciências na EEFE-USP.

Osvaldo Luiz Ferraz

Mestre em Educação Física pela EEFE-USP. Doutor em Educação pela FEUSP. Pós-doutorado no Department of Education and Curriculum Studies – School of Education, University of Massachusetts, UMass-Amherst, Estados Unidos. Professor Doutor da Disciplina Educação Física na Educação Infantil do Departamento de Pedagogia do Movimento do Corpo Humano da EEFE-USP.

Paula Korsakas

Mestre em Educação Física pela EEFE-USP. Doutoranda em Educação Física pela FEF-Unicamp. Membro do Laboratório de Pedagogia do Esporte da Faculdade de Ciências Aplicadas da Unicamp.

Paulo Estevão Franco-Alvarenga

Especialista em Fisiologia do Exercício Aplicado à Clínica pela Unifesp.

Renê Drezner

Mestre em Esporte pela EEFE-USP.

Ricardo Yukio Asano

Especialista em Fisiologia do Exercício pela FMU. Mestre em Educação Física pela Unimep. Doutor em Educação Física pela Universidade Católica de Brasília. Professor das Disciplinas Prescrição do Exercício, Lutas, Medidas e Avaliação, e Trabalho de Conclusão de Curso do Departamento de Educação Física da Universidade de Mogi das Cruzes e da Fundação Municipal de Ensino Superior de Bragança Paulista.

Roberto Moraes Cruz

Especialista em Psicologia Ocupacional pela Lancaster University, Reino Unido, e em Ergonomia pela UFSC. Mestre em Psicologia e Educação pela Universidade Federal da Bahia. Doutor em Engenharia e Pós-doutorado em Métodos e Diagnóstico pela Universidade de Barcelona, Espanha. Professor Associado das Disciplinas Avaliação Psicológica, Métodos em Psicologia e Psicologia do Trabalho do Departamento de Psicologia da UFSC.

Sergio Roberto Silveira

Mestre em Educação pela FEUSP. Doutor em Ciências pela EEFE-USP. Docente do Departamento de Pedagogia do Movimento do Corpo Humano da EEFE-USP.

Simone Bega Harnik

Mestre em Gestão e Políticas Públicas pela Fundação Getulio Vargas (FGV). Doutoranda em Estatística pelo IME-USP.

Soraia Chung Saura

Mestre e Doutora em Antropologia do Imaginário pela FEUSP. Professora Doutora da EEFE-USP e da FEUSP.

Ulysses Fernandes Ervilha

Mestre e Doutor em Educação Física pela USP. Ph.D em Engenharia Biomédica pela Aalborg University, Dinamarca. Professor Livre-docente em Biomecânica do Curso de Educação Física e Saúde da EACH-USP.

Ursula Ferreira Julio

Mestre e Doutora em Educação Física pela EEFE-USP. Professora-assistente do Curso de Educação Física da Universidade de Ribeirão Preto – *campus* Guarujá. Vice-líder do Grupo de Estudos e Pesquisas em Lutas, Artes Marciais e Modalidades de Combate. Pesquisadora do Grupo de Estudos e Pesquisas em Fisiologia do Exercício Intermitente de Alta Intensidade.

Valéria Leme Gonçalves Panissa

Especialista em Bases Metabólicas Aplicadas à Atividade Física e Nutrição. Mestre e Doutora em Educação Física.

Walter Roberto Correia

Especialista em Educação Física Escolar pelas Faculdades Integradas de Santo André (Fefisa). Mestre em Educação Física pela EEFE-USP. Doutor em Educação pela PUC-SP. Professor Associado (Livre-docente) da Disciplina Educação Física no Ensino Médio do Departamento de Pedagogia do Movimento do Corpo Humano da USP.

Sumário

Apresentação XIII

Seção 1
Avaliação e estatística em educação física e esporte

1 Fundamentos de avaliação 3
2 Avaliação em educação física e esporte –
aspectos gerais 15
3 Estatística aplicada .27

Seção 2
Avaliação de aspectos comuns em educação física e esporte

4 Aspectos fisiológicos 45
5 Aspectos biomecânicos 59
6 Aspectos psicológicos 73
7 Aspectos nutricionais 87
8 Aspectos referentes a crescimento e
desenvolvimento 95
9 Aspectos referentes à aprendizagem
aprendizagem motora 111
10 Aspectos referentes à gestão
de programas 123

Seção 3
Avaliação do desempenho em educação física

11 Avaliação do desempenho no domínio motor
de crianças na segunda infância 135

12 Avaliação do desempenho em educação física
para adultos 143
13 Avaliação do desempenho em idosos 153
14 Avaliação físico-funcional em educação física
para pessoas com deficiência 173

Seção 4
Avaliação do desempenho em esporte

15 Natação 187
16 Ginástica artística .199
17 Judô 215
18 Basquetebol 225
19 Futebol 241
20 Handebol 257
21 Voleibol 271
22 Análise de jogo nos esportes coletivos 285

Seção 5
Avaliação da educação física e do esporte na escola

23 Educação infantil 301
24 No ensino fundamental I 315
25 No ensino fundamental II 323
26 Educação física escolar: avaliação dos saberes
escolares 333
27 Na educação física escolar adaptada 341

Índice remissivo 351

Apresentação

Na Escola de Educação Física e Esporte da Universidade de São Paulo (EEFE-USP) são oferecidos três cursos de graduação: Bacharelado em Educação Física, Bacharelado em Esporte e Licenciatura em Educação Física.

O curso de Bacharelado em Educação Física tem o objetivo de "formar um profissional capaz de planejar, implantar, desenvolver e avaliar programas de educação física no contexto não escolar para a população em geral e indivíduos portadores de deficiências".

O curso de Bacharelado em Esporte tem por objetivos "formar profissionais para atuar nas atividades que envolvam o esporte nos seus diversos níveis e tipos de organização. Capacitar o bacharel para a gestão e atuação na área esportiva, reconhecendo os potenciais e limites do corpo humano. Fornecer subsídios que possibilitem ao profissional aplicar a prática esportiva no desenvolvimento do indivíduo e da sociedade".

O curso de Licenciatura em Educação Física tem o objetivo de "preparação de profissionais na área de Educação Física para atuação na rede escolar".

Este livro, denominado *Avaliação do desempenho em Educação Física e Esporte*, é destinado a estudantes e profissionais de Educação Física e Esporte. Para isso, tomamos como base o conjunto das disciplinas do núcleo comum e das disciplinas de síntese dos currículos dos cursos da EEFE-USP no ano de 2017.

A disciplina "Medidas e avaliação da atividade motora" faz parte do núcleo comum de disciplinas dos currículos dos três cursos. Tem por objetivo "propiciar aos alunos conhecimentos básicos sobre a importância e correta utilização de testes e medidas para a avaliação física, funcional e da atividade motora, necessários para o profissional da Educação Física e Esporte".

Tradicionalmente, desde a década de 1970, a maioria dos livros desta área é de origem americana; são livros-texto didáticos e intitulados *Measurement and evaluation in physical education, for physical educators, in exercise science, in human performance, Measurement for evaluation in kinesiology*, etc. Os livros mais recentes da área, americanos e brasileiros, normalmente abordam os temas "Introdução a medidas e avaliação de desempenho humano", "Conceitos estatísticos básicos", "Teoria da reprodutibilidade e validade", "Aplicação no desempenho humano", "Avaliação da aptidão física e atividade física", "Avaliação de habilidades esportivas", "Antropometria e composição corporal", "Medidas psicológicas em esporte e exercício", etc.[1-6]

No entanto, a avaliação deve ser considerada em termos transdisciplinares,[7] como um processo analítico chave para todas as disciplinas, de todas as áreas de conhecimento, tanto sob o ponto de vista acadêmico como do ponto de vista da prática, ao lado de disciplinas instrumentais como a lógica, a estatística e o planejamento.

Sob essa perspectiva, propusemos aos autores colaboradores deste livro que elaborassem capítulos específicos sobre a disciplina pela qual são responsáveis, com os objetivos gerais de responder os seguintes questionamentos: Como o tema "Avaliação" é abordado dentro de sua disciplina? Como um bacharel em Educação Física ou em Esporte, assim como um licenciado em Educação Física, pode aplicar os conhecimentos sobre avaliação aprendidos na disciplina de graduação sob sua responsabilidade na sua prática profissional? Quantitativamente? Qualitativamente? Por meio de quais recursos? Quais técnicas e instrumentos de avaliação devem utilizar? Testagem? Observação? Inquirição? Medição? Quais tecnologias? Quais padrões de desempenho? Quais critérios de avaliação?

Para alcançar esse propósito, foram convidados professores de diferentes instituições de ensino superior de Educação Física e Esporte brasileiras e especialistas nos temas, que aceitaram esse desafio.

O livro é composto por cinco partes e 27 capítulos. Na primeira parte, "Avaliação e estatística em Educação Física e Esporte", composta por três capítulos, serão apresentados e discutidos os fundamentos teóricos e conceituais em avaliação, partindo de uma contextualização interdisciplinar e histórica do tema, para alcançar a especificidade da Educação Física e do Esporte, tema do segundo capítulo. A seguir, são apresentados a aplicabilidade da estatística e os meios digitais atuais para a análise das medidas realizadas.

A segunda parte, "Avaliação de aspectos comuns em Educação Física e Esporte", compreende sete capítulos relativos a aspectos fisiológicos, biomecânicos, psicológicos, nutricionais, referentes a crescimento e desenvolvimento, a aprendizagem motora e a gestão de programas.

A terceira parte, "Avaliação do desempenho em Educação Física", conta com quatro capítulos, com enfoque sobre como avaliar a prática e o desempenho de atividades físicas e motoras de acordo com cada período de desenvolvimento do ser humano, incluindo também um capítulo sobre atividades motoras para portadores de deficiências.

A quarta parte, "Avaliação do desempenho em Esporte", tem oito capítulos, referentes às formas de avaliação do desempenho nas modalidades esportivas tradicionais desenvolvidas dentro da grade curricular do curso de bacharelado em Esporte.

Finalizando, na quinta parte do livro, "Avaliação da Educação Física e do Esporte na Escola", composto por cinco capítulos, são abordadas as possíveis formas de avaliação que podem ser feitas dentro do ambiente escolar, de acordo com o período de ensino em que se encontra o aluno.

Os autores tiveram ampla liberdade para escrever sobre a abordagem do tema "avaliação" nos conteúdos desenvolvidos dentro de sua disciplina para a futura atuação profissional do estudante. Acreditamos que tanto a diversidade como a similaridade de opiniões contribuem efetivamente para o desenvolvimento de qualquer área de conhecimento, assim como para o desenvolvimento da capacidade de crítica dos estudantes, futuros profissionais em Educação Física e em Esporte, para a realidade brasileira.

REFERÊNCIAS BIBLIOGRÁFICAS

1. Morrow Jr JR, Jackson AW, Disch JG, Mood DP. Medida e avaliação do desempenho humano. Porto Alegre: Artmed; 2013. 472p.
2. Morrow Jr JR, Mood DO, Disch JG, Kang M. Measurement and evaluaton in human performance [Internet]. Champaign: Human Kinetics; 2016. 905p. Available from: www.HumanKinetics.com
3. Tritschler K. Medida e avaliação em educação física e esportes de Barrow & McGee. Barueri: Manole; 2003. 828p.
4. Pitanga FJG. Testes, medidas e avaliação em Educação Física e Esportes. São Paulo: Phorte; 2008.
5. Guedes DP. Manual prático para avaliação em educação física. Barueri: Manole; 2006. 484p.
6. Baumgartner TA, Jackson AS, Mahar MT, Rowe DA. Measurement for evaluation in physical education & exercise science. 8.ed. Boston: McGraw Hill; 2006. 544p.
7. Scriven M. Evaluation thesaurus. London: SAGE Publishing; 1991. 408p.

Seção 1

Avaliação e estatística em educação física e esporte

Capítulo 1

Fundamentos de avaliação

Maria Tereza Silveira Böhme
Flávia da Cunha Bastos

> **Objetivos do capítulo**
> ▶ Apresentar a evolução histórica da avaliação.
> ▶ Mostrar a diferença entre avaliação formal e informal, e entre avaliação e pesquisa.
> ▶ Apresentar as definições conceituais e operacionais de avaliação.
> ▶ Indicar os padrões de desempenho e os tipos de avaliação.

CONSIDERAÇÕES INICIAIS E CONTEXTUALIZAÇÃO HISTÓRICA

De acordo com Scriven,[1] "Avaliação é uma disciplina nova com prática antiga". A avaliação esteve presente em todos os momentos da evolução da humanidade, desde a Pré-História com a arte rupestre (cujos autores podem ser considerados os primeiros artesãos de que temos conhecimento), que deixou registrado, por meio de uma gradual melhoria da qualidade de seus materiais e desenhos, uma avaliação subjetiva e informal de como o homem interpretava e julgava o seu meio ambiente e os acontecimentos de sua época.

Segundo Mark et al.,[2] "Não existe uma história simples de avaliação, mas histórias múltiplas, de acordo com a disciplina e a área de trabalho".

A avaliação tem uma história relativamente recente quando comparada a outras ciências. Parte de sua história começou nos EUA, no final do século XIX e início do século XX, nos setores educacional e de saúde pública, antes da Primeira Guerra Mundial.[2]

A avaliação sistemática não era desconhecida antes de 1930, mas não era reconhecida formalmente. Em meados da década de 1840, o método comum de avaliação da aprendizagem de estudantes e da qualidade do ensino nos EUA era um exame oral anual realizado por comitês escolares.[3]

A evolução conceitual de avaliação ocorreu por meio de quatro gerações, respectivamente: mensuração, descrição, julgamento e negociação.[4,5]

A primeira geração de estudiosos da avaliação[4,10] teve a preocupação de elaborar instrumentos que pudessem avaliar as variáveis de interesse. Neste período, foram criados diversos testes e outros instrumentos de avaliação. É denominada geração da mensuração,[5] mas também é conhecida como Era Pré-Tyleriana: desenvolvimento antes de 1930.[3] Desenvolveu-se nas ciências sociais, em razão da necessidade de uma abordagem científica, com o surgimento de laboratórios psicométricos e o desenvolvimento de testes com diferentes finalidades nas áreas educacional e psicológica.[4,6] Nesta época, os termos medida e avaliação eram vistos como sinônimos. Quanto melhor a pontuação no teste realizado, melhor era a avaliação do indivíduo.

A geração da mensuração surgiu no início do século XX com o movimento de gestão científica nos negócios e nas indústrias antes da Primeira Guerra Mundial (com o seu ápice em 1920), que visava produzir métodos de trabalho mais produtivos. Esse conceito foi introduzido nas escolas norte-americanas, em que os alunos eram considerados material bruto para ser processado – como no âmbito industrial.[4] A aplicação dos conceitos de eficiência e padronização utilizados nas fábricas preconizados por Frederick Taylor influenciou as lideranças norte-americanas de educação da época, as quais passaram a buscar padronização e eficiência nas escolas. Nessa época, houve um aumento expressivo da utilização de testes. Acreditava-se que os testes padronizados poderiam verificar a eficácia da educação e, assim, mostrar o caminho para o aprendizado mais eficiente do aluno.[3]

Tecnologias para medir o desempenho do aluno e outras características humanas foram desenvolvidas fortemente nos EUA, Reino Unido e alguns outros países no decorrer no século XX e continuam a ser desenvolvidas e amplamente aplicadas. Pontuações em testes padronizados ainda são utilizadas na área educacional. No entanto, nenhuma outra prática educativa gerou tantas críticas e controvérsias como a utilização de testes padronizados. Um movimento contrário à utilização rígida desses testes surgiu progressivamente na década de 1920.[3]

No início da década de 1930, Tyler criou o termo avaliação educacional (considerado posteriormente, em 1981, o pai desta metodologia),[4] e publicou uma visão ampla e inovadora de currículo e avaliação. O ponto principal de sua abordagem era concentrado na necessidade de definição clara de objetivos a serem alcançados. Ele definiu avaliação como "a determinação se os objetivos foram alcançados". Neste sentido, os currículos tinham de estabelecer os objetivos comportamentais desejados, e a avaliação necessitava de instrumentos que indicassem se os estudantes aprendiam o que os professores tinham a intenção de ensinar, ou seja, se os objetivos propostos no início do processo haviam sido ou não alcançados. Esta época foi denominada segunda geração de avaliação,[4,6] geração da descrição ou, também, Era Tyleriana (1930 a 1945) e Era da Inocência (1946 a 1957).[3] Deu-se início à avaliação de programas de ensino, culminando com o surgimento do que na atualidade considera-se avaliação formativa, isto é, se os objetivos estão sendo alcançados ou não.[3-5]

A segunda geração de avaliação é caracterizada pela descrição dos padrões de forças e fraquezas do objeto de avaliação com respeito aos objetivos preestabelecidos. A mensuração e a medida obtida deixaram de ser consideradas equivalentes à avaliação, mas redefinidas como alguns dos diversos instrumentos que devem ser usados a seu serviço.[4] O foco da avaliação educacional passou a ser a medição do rendimento e a verificação da relação entre a aprendizagem realizada com os objetivos previstos. Posteriormente, esta visão de avaliação foi transferida para as empresas, as indústrias e o comércio em geral.[6] Eram realizadas avaliações referenciadas à norma, comparando-se os resultados obtidos pelo objeto de avaliação com padrões estabelecidos, locais, regionais ou nacionais.

A terceira geração é conhecida como geração do julgamento, do juízo de valor e mérito,[4,5] como a Era do Realismo (1958 a 1972) ou também como o primeiro *boom* em avaliação.[2]

O fato de se verificar se os objetivos estabelecidos haviam sido alcançados era insuficiente, sem muita relevância. Era necessário responder, dar um parecer sobre como os objetivos haviam sido ou não alcançados. Qual a relevância, o valor, o mérito do alcance dos resultados alcançados? Neste período (final da década de 1960 e início da década de 1970), houve uma proliferação de modelos e novas conceituações de avaliação. Essas conceituações resultaram em reconhecer a necessidade da avaliação de metas, considerar as condições de entrada (*inputs*), o processo e os resultados (*output*) do objeto de avaliação, assim como os seus efeitos. Os proponentes dessas novas abordagens também enfatizaram a necessidade de se fazer julgamentos sobre o mérito e/ou valor do objeto que está sendo avaliado.[3] Passou-se a enfatizar a necessidade da avaliação referenciada a critério.

Cada uma dessas três gerações de avaliação deu um passo à frente para a sua evolução: a coleta sistematizada de dados sobre o objeto de avaliação, como consequência da primeira geração; a avaliação de aspectos não humanos como programas, materiais, estratégias de ensino e treinamento, padrões organizacionais e tratamentos em geral, desenvolvida pela segunda geração; e o julgamento do mérito (aspectos intrínsecos/internos do objeto de avaliação) e do valor (aspectos extrínsecos/contextuais do objeto de avaliação). No entanto, as três gerações apresentam três deficiências: tendência em direção ao gerenciamento (relação entre os avaliadores e o objeto de avaliação, com pouca participação do último); falha na consideração do pluralismo de valores (dificuldade de consenso no respeito aos valores), e ênfase excessiva no paradigma científico (em detrimento de outras preocupações relevantes).[4,6]

Com a preocupação de responder a estas deficiências, surge, na década de 1990, a quarta geração de avaliação, denominada geração da negociação[4,6] e Era do Profissionalismo: 1973 a 2004.[3] O ponto crucial é a negociação de valores entre pessoas detentoras de valores diferentes, entre *stakeholders* envolvidos no processo de avaliação sem obrigatoriedade de consenso, com respeito pelo dissenso e busca de alguns consensos. Trata-se de uma forma responsiva de enfoque, um modo construtivista de fazer. A quarta geração de avaliação representa uma evolução do conceito de avaliação, pois é uma abordagem madura que vai além da ciência, captando também elementos humanos, políticos, sociais, culturais e éticos, com o surgimento da meta-avaliação como um meio de julgar avaliações de programas.[4,6]

No final da década de 1960 e início da década de 1970, os avaliadores enfrentaram uma crise de identidade, uma vez que não tinham certeza se eram pesquisadores, testadores, reformadores, administradores, professores, consultores ou filósofos. As oportunidades de trabalho na área eram escassas, confinadas às áreas de educação e psicologia. O campo de avaliação era amorfo e fragmentado. A partir da década de 1970, houve uma mudança de cenário, com o surgimento de cursos de metodologias de avaliação em diversas universidades norte-americanas e alguns cursos de graduação na área. Em 2003, foi instituído um programa de doutorado em Avaliação na Universidade do Oeste de Michigan. Esta época foi denominada por Stufflebeam & Coryn como Era do profissionalismo: 1973 a 2004.[3]

Por volta de 2005, deu-se início à Era da Expansão Global e Multidisciplinar: 2005 até o presente. Como mencionado anteriormente, na atualidade existem mais de 50 sociedades de avaliação profissional por todo o mundo, muitas das quais estabelecidas neste período.

O período que compreende o final do século XX e o início do século XXI também é considerado "O segundo *boom* em avaliação",[2] uma vez que a avaliação tornou-se uma prática e uma necessidade no mundo globalizado, principalmente pela busca por eficácia, transparência, responsabilidade e prestação de contas nos diferentes setores de atuação humana. A avaliação atualmente é considerada uma atividade política e de gestão, que contribui significativamente para o complexo mosaico de onde emergem as decisões e recursos para iniciar, ampliar, alterar ou manter programas para melhorar as condições humanas. Outra característica deste período é o desenvolvimento de novas teorias, métodos e ferramentas de avaliação destinados a uma ampla e diversificada gama de desafios na prática de avaliação nas diferentes áreas de conhecimento e atuação do ser humano, inclusive em educação física e esporte, objeto de estudo deste livro.

IMPORTÂNCIA DO TEMA

A avaliação faz parte do cotidiano das pessoas, tanto informal como formalmente. Pela manhã, ao acordarmos, uma das primeiras coisas que fazemos é olhar pela janela para verificarmos as condições climáticas e, de acordo com a nossa avaliação do tempo e da temperatura, tomamos a decisão sobre qual tipo de roupa devemos vestir. O ser humano sempre compara e avalia fatos, coisas, assuntos que acontecem no seu dia a dia ("hoje está mais frio que ontem, prefiro calor", "este time de futebol joga melhor que os outros, por isso torço para ele"). No decorrer de nosso dia, fazemos uma série de comparações, avaliações e escolhas e tomamos diversas decisões. Dependendo da natureza do julgamento, da decisão a ser tomada, podemos consultar outras pessoas, ler a respeito do assunto, nos informar adequadamente e avaliar qual decisão tomar, analisando o que é melhor, o que tem mais valor e o que vale mais a pena.

Nesse sentido, a comparação pode ser considerada paradigma das ações humanas, ou de uma filosofia da avaliação.[6] A comparação está intimamente relacionada com juízos de valor e com o processo de avaliação.

De acordo com a taxonomia do domínio cognitivo de Bloom, a avaliação é um dos seis níveis das formas básicas das ações cognitivas humanas, e é classificada no nível mais alto de desempenho dos seis processos cognitivos do ser humano, acima do saber, do conhecimento, do entendimento, da aplicação, da análise e da síntese.[7]

Isso significa que a avaliação pode ser considerada um dos padrões desejáveis de atividade na dimensão cognitiva humana. É certamente legítimo falar de avaliação como uma atividade intelectual básica das pessoas, com significado desde as atividades diárias até as atividades profissionais, empresariais, governamentais e científicas.[7]

A avaliação é provavelmente uma das disciplinas mais fundamentais da sociedade, é uma característica da condição humana e é o processo cognitivo mais importante e sofisticado da lógica e razão humanas.[3]

O significado amplo de avaliação engloba avaliações aleatórias ou não sistemáticas (informais), bem como avaliações cuidadosamente planejadas e conduzidas (formais, sistemáticas). As características básicas das avaliações informais são assistemáticas, sem rigor e fundamentadas em aspectos subjetivos. Elas têm uma base fraca para a tomada de decisão, sem rigor metodológico e científico. Por outro lado, avaliações formais devem ser sistemáticas e rigorosas.

Este livro tem como objeto de estudo a avaliação formal, que é realizada com grande cuidado não só na coleta de informações de alta qualidade, mas também ao fornecer perspectivas de valores defensáveis e lógicos para ser utilizados na interpretação dos resultados e, assim, chegar aos julgamentos/juízos de valor divulgados no final do processo de avaliação.[3]

Avaliação e pesquisa são formas de investigação disciplinada e utilizam muitos dos métodos e instrumentos da coleta de dados. No entanto, compartilhar instrumentos e métodos não tornam pesquisa e avaliação a mesma coisa. Exemplificando, marceneiros, eletricistas e serralheiros utilizam os mesmos tipos de instrumentos, mas produzem coisas diferentes e têm objetivos totalmente diferentes na utilização dos mesmos instrumentos.[2] A distinção chave entre avaliação e outros tipos de pesquisa é a importância dos valores de julgamento na avaliação. Para Lincoln e Guba,[4] a diferença básica entre avaliação e pesquisa consiste no fato de que a avaliação destina-se a estabelecer valor e mérito, enquanto a pesquisa é destinada a resolver problemas.

A pesquisa é uma investigação disciplinada, com objetivos e métodos, encarregada de resolver algum problema a fim de obter entendimento ou facilitar uma ação. A avaliação, por sua vez, é um tipo de investigação disciplinada que também contempla objetivos e métodos, mas busca determinar o mérito ou o valor do objeto de avaliação, como um tratamento, um programa ou um desempenho, a fim de melhorar ou refinar o objeto de avaliação (avaliação formativa) ou determinar seu impacto (avaliação somativa).

O campo da avaliação engloba diferentes subáreas, como avaliação de produto, de pessoal, de programas, políticas, projetos e desempenhos (*performances*), nas diferentes áreas de conhecimento nas ciências humanas, biológicas ou exatas. A avaliação de desempenhos, por exemplo, pode ser referente ao desempenho de estudantes em determinados testes, como a avaliação de artistas na música, no teatro, no cinema, na pintura ou a avaliação funcional nas empresas, assim como a avaliação de desempenho em educação física e esporte, assunto deste livro.

Há muito tempo são empreendidos esforços no sentido de tornar as subáreas de avaliação mais sistemáticas, objetivas e explícitas. No entanto, desde o final da década de 1960, a subárea de avaliação de programas das diferentes áreas de conhecimento tem sido alvo de atenção para seu desenvolvimento, com considerável sucesso, por parte dos EUA, Canadá, Alemanha e Reino Unido. A maior parte da literatura sobre avaliação é voltada para avaliação de programas, existindo cursos de graduação e pós-graduação que formam e capacitam profissionais de avaliação.

A avaliação é uma área de atuação profissional bem organizada no contexto internacional, pois conta com muitas organizações profissionais. Em 1995, existiam somente cinco organizações pelo mundo; em 2006, havia mais de 50 organizações nacionais e regionais de avaliação, o que demonstra o desenvolvimento da área nos últimos anos. Além disso, desde a década de 1970, houve um aumento no número de publicações científicas, bem como publicações voltadas para a prática de avaliação em vários países, como EUA, Canadá, Holanda, Reino Unido, Alemanha, países asiáticos e Austrália. Apesar do número de revistas e jornais específicos sobre avaliação, muitos pesquisadores e praticantes de avaliação também publicam seus trabalhos em jornais específicos de outras áreas, como educação, saúde, medicina, filosofia, psicologia e sociologia, entre outras.[3]

Como uma profissão com papéis importantes na sociedade, a avaliação tem aspectos técnicos que exigem uma formação completa e contínua. A literatura da área apresenta um desenvolvimento extenso e rápido, contendo informações sobre modelos, métodos e resultados de pesquisa sobre avaliação, principalmente sobre a subárea de avaliação de programas.[2-5,7-10] Como uma profissão distinta, a avaliação é suporte de todas as outras profissões e também é apoiada por muitas delas, pois nenhuma profissão pode ser exercida sem avaliação. A autoavaliação orientada para a melhoria do desempenho é uma marca de profissionalismo. Do mesmo modo, como uma disciplina distinta, a avaliação está presente e ocorre em todas as disciplinas. No sentido de avaliar e melhorar a qualidade e atender às exigências de prestação de contas, todas as profissões (incluindo a avaliação) e disciplinas são dependentes de avaliação.

Nos dias atuais, a avaliação é usualmente considerada uma área das ciências sociais aplicada – o que restringe absurdamente o significado de avaliação, ou amplia absurdamente o significado de ciências sociais.[1]

O escopo de aplicações de avaliação amplia-se significativamente quando se considera a grande extensão de disciplinas e atividades às quais se aplica avaliação.[3] Pode-se falar, por exemplo, de avaliação educacional, avaliação de serviços sociais e humanos, avaliação de produto pelo consumidor, desenvolvimento e avaliação de recursos humanos, planejamento urbano e avaliação de políticas, avaliação ambiental, avaliação nutricional, avaliação médica, avaliação escolar, avaliação esportiva, avaliação artística, etc.

A avaliação deve ser tratada como um processo analítico chave por todas disciplinas, de todas as áreas do conhecimento, tanto do ponto de vista acadêmico como do ponto de vista da prática. Ao lado de disciplinas instrumentais como a lógica, a estatística e o planejamento, a avaliação é considerada uma das mais poderosas e versáteis "transdisciplinas". Esse tipo de disciplina pode ser aplicado e utilizado em uma gama de investigações e criações humanas, porém mantém sua autonomia de disciplina com seus direitos próprios.[1] Somente pela visão de transdisciplinaridade é possível o desenvolvimento da avaliação nas suas diferentes subáreas, seja na avaliação de programas, de políticas ou de desempenho (escolar, artístico, empresarial, físico e esportivo).

DEFINIÇÕES

As definições de avaliação variam em razão das diferentes abordagens desenvolvidas no decorrer dos anos.[3]

Em épocas anteriores, a avaliação era comumente associada a avaliar o alcance de objetivos claramente definidos, ou a realização de testes referenciados à norma (nas escolas e universidades), ou a realização de experimentos controlados (em áreas como agricultura e psicologia experimental).

Durante a década de 1970, muitas avaliações eram realizadas levando-se em conta apenas o julgamento profissional. Posteriormente, predominou a crença de que as avaliações úteis eram aquelas que forneciam informações de qualidade para a tomada de decisões.

Estes e outros conceitos de avaliação têm certa credibilidade até os dias atuais, dependendo muitas vezes do tipo de avaliação a realizar e, especialmente, das necessidades dos usuários da avaliação.

Uma das primeiras e ainda hoje mais importantes definições de avaliação se refere a verificar se os objetivos foram alcançados. No entanto, esta definição tem sérias limitações e pode ser contraproducente, caso os objetivos estabelecidos não sejam de alguma forma adequados. Outro problema é que esta abordagem só se direciona para os resultados alcançados, uma vez que se faz necessário levar em conta, além dos objetivos, a estrutura, o processo e a forma de alcance dos objetivos. Um excesso de foco sobre a obtenção dos objetivos pode não levar em conta outras consequências, os denominados efeitos alcançados como um todo (positivos, negativos ou neutros).

De acordo com o Comitê Misto de Avaliação em Educação Americano, "avaliação é o julgamento sistemático de valor ou mérito de um objeto".[3] Além de focar no mérito e no valor, avaliações devem ser sistemáticas.[3,6,11]

Algumas definições alternativas incluem significado, resultando na definição formal: "Avaliação como o ato ou processo de determinação do mérito, valor ou o significado de algo ou do produto/resultado desse processo".[1]

A raiz da palavra avaliação – *valor* – denota que avaliações envolvem essencialmente fazer juízos de valor. Consequentemente, as avaliações não são isentas de valores; elas precisam fazer referência a valores pertinentes. Dependendo do objeto de avaliação, esses valores podem incluir eficácia, eficiência, facilidade de utilização, custo, segurança, legalidade, entre outros aspectos. Além disso, a própria avaliação deve ser baseada em um conjunto de valores defensável para julgar avaliações.

O mérito envolve essencialmente a excelência ou a qualidade, isto é, um valor intrínseco, enquanto o valor inclui o mérito dentro do contexto de uma cultura particular com suas necessidades associadas, o custo e as circunstâncias relacionadas, isto é, valor extrínseco.

O mérito ou a qualidade pode ser entendido como a excelência na ausência de custos. Já o valor refere-se à qualidade levando-se em consideração o contexto e os custos associados.

Para determinar juízo de valor de algo (avaliar), os avaliadores devem identificar as necessidades e, então, determinar se elas estão sendo atendidas integralmente, parcialmente ou se não estão sendo atendidas no contexto de interesse.[3]

Uma necessidade refere-se a algo que é essencial ou útil para o alcance ou cumprimento de um objetivo defensável, sem o qual o cumprimento possa não acontecer de modo satisfatório. Um objetivo defensável é um fim legitimamente definido, como ser consistente com a filosofia da instituição, um conjunto de padrões profissionais, currículo escolar, constituição nacional, entre outros.

Supondo que um currículo estadual para educação física estabeleça que todos os alunos no estado sejam bem educados em determinadas áreas da educação física, este objetivo defensável exige um programa em que as escolas estaduais empreguem professores competentes. Neste caso, um professor de educação física competente deve atingir o objetivo defensável de boa instrução em educação física, ou seja, esta é uma necessidade. Uma vez que o estado acredita que esta necessidade (formação de professores de educação física competentes nas universidades) está sendo suprida, este programa pode atender ao critério de mérito, mas não necessariamente ao critério de valor. O valor do programa envolve os custos deste último para a sociedade, ou seja, se há custos elevados, além do necessário para a formação de professores de educação física, pode-se questionar o valor do programa, uma vez que o custo para a formação de mão de obra, neste caso, é exorbitante.

As necessidades podem ser de dois tipos: de resultado (*outcome*) e de tratamento. Uma necessidade de resultado é um nível de alcance requerido em uma área particular para alcançar um objetivo defensável, como preparar atletas para um esporte de alto rendimento (necessidade de resultado). Para atingir esse objetivo, é preciso formar e desenvolver os atletas por meio de um processo de treinamento a longo prazo (necessidade de tratamento) para alcançar o nível esportivo de alto rendimento. Para tanto, é necessário avaliar as necessidades de tratamento e as de resultado, para determinar se elas estão sendo alcançadas e se são consoantes. Normalmente, o alcance das necessidades de resultado depende do alcance das necessidades de tratamento.

Em geral, a avaliação das necessidades consiste em uma investigação sistemática da extensão na qual as necessidades de tratamento ou de resultado estão sendo alcançadas. A Tabela 1 apresenta um resumo dos conceitos-chave relacionados a necessidades e avaliação de necessidades.

TABELA 1 Conceitos relacionados a necessidades e avaliação das necessidades[3]

Conceito	Definição	Exemplo
Objetivo defensável	Um final desejado que tenha sido legitimado	Desenvolvimento de habilidades motoras dos estudantes
Necessidade	Algo essencial para alcançar o objetivo defensável	Instrução competente e efetiva em habilidades motoras
Necessidade de resultado	O resultado requerido para alcançar o objetivo defensável	Demonstração de proficiência motora dos estudantes em habilidades motoras específicas como saltar, arremessar, receber, correr e combinações
Necessidade de tratamento	Fornecimento de um serviço competente, ou um agente para auxiliar	Professores competentes em educação física e esporte
Avaliação das necessidades	Investigação sistemática da extensão na qual as necessidades de tratamento e/ou de resultado estão sendo alcançadas	Exame dos escores obtidos pelos estudantes em testes nacionais e avaliação dos professores envolvidos

Fonte: adaptada de Stufflebeam e Coryn.

Apesar de a definição de avaliação do Comitê Americano de Avaliação Educacional apresentar as características positivas já mencionadas, ela omite alguns outros valores considerados pontos-chave em uma sociedade livre e democrática. Neste sentido, os seguintes critérios devem ser levados em consideração na extensão de sua definição: "Avaliação é o julgamento sistemático do mérito, do valor, da probidade, da viabilidade, da segurança, do significado e/ou da equidade do objeto de avaliação".[3]

O interesse público exige que as avaliações abordem considerações de probidade, como honestidade, integridade e comportamento ético. Uma boa avaliação deve ser de fácil aplicação, eficiente em termos de tempo de realização e recursos necessários, além de ser política e culturalmente viável. Muitos objetos de avaliação, como avaliação de desempenho humano em qualquer área de conhecimento, inclusive em educação física e esporte, requerem segurança, como segurança de equipamentos, instalações, condições de saúde do avaliado, entre outros aspectos. Outro critério a ser considerado, principalmente na avaliação de programas, é o significado do programa, ou seja, se é de curto, médio ou longo prazo, se seu significado é de abrangência local, regional, es-

tadual ou nacional (p. ex., programas de seleção e detecção de talentos esportivos, por meio de um processo de treinamento a longo prazo, visando à formação de atletas para o esporte de alto rendimento do país). A equidade é o último valor genérico mencionado, o qual é predominantemente relacionado às sociedades democráticas, relativo à igualdade de oportunidades e de liberdade para todas as pessoas. Em um sentido mais amplo, a equidade é um critério importante nas avaliações que envolvem desenvolvimento de programas para grupos de pessoas, como programas nas áreas educacional, cultural e esportiva.[3]

Antes de se proceder a uma avaliação, é necessário entender seu sentido, seu significado e sua direção. O Comitê Misto para Padrões em Avaliação Educacional propôs padrões de avaliação pessoal, de programas e de estudantes. Os padrões norteadores comuns para estas três áreas de avaliação são: utilidade, viabilidade, precisão, ética e responsabilidade/prestação de contas (*accountability*). O detalhamento destes padrões está disponível nos *sites* da Comitê Misto para Padrões em Avaliação Educacional[6,11] e descrito na literatura.[3,5]

- Utilidade: a avaliação deve ser útil na tomada de decisão e no objeto de interesse da avaliação para todos os envolvidos – avaliador e avaliados; quem a encomenda, quem participa, todos os envolvidos no processo que vão se beneficiar direta ou indiretamente. Deve ser clara, pois trata-se de um padrão político-social.
- Viabilidade: a avaliação deve ser viável, prática e simples; não adianta ser útil se for inviável. Trata-se de um padrão econômico-administrativo.
- Precisão: a avaliação deve ser bem feita, a informação deve ser adequadamente obtida, utilizando instrumentos adequados. Trata-se de um padrão referente à qualidade técnica.
- Ética: a avaliação deve ser ética – deve levar em conta a autoestima e os aspectos culturais e tratar as pessoas e instituições envolvidas com respeito. Deve-se considerar até que ponto o avaliador tem o direito de julgamento de mérito e valor do objeto de avaliação. Os critérios adotados devem ser de conhecimento dos envolvidos, sejam pessoas ou instituições. No processo de avaliação, todas as pessoas envolvidas devem participar, e a transparência deve permear o processo de avaliação realizado.
- Responsabilidade/prestação de contas – *accountability*: é necessário fazer uma análise crítica do processo avaliativo, por meio da participação e colaboração de elementos externos (meta-avaliação).

AVALIAÇÃO – DEFINIÇÃO OPERACIONAL

Em termos operacionais:

"Avaliação é o processo sistemático de delineamento, obtenção/coleta, divulgação e aplicação de informações descritivas e de julgamento sobre o mérito, o valor, a probidade, a viabilidade, a segurança, o significado e a equidade de algum objeto de avaliação (determinado programa e/ou um tipo de desempenho/*performance*)".[3]

Nesta definição foram acrescentados os quatro passos operacionais utilizados na condução de uma avaliação – delinear, coletar, divulgar e aplicar – além de que a avaliação deve produzir informações descritivas e de julgamento.

O trabalho de avaliação abrange duas interfaces: atividades de comunicação e atividades técnicas.

Para garantir que uma avaliação tenha relevância e impacto, o avaliador precisa comunicar-se e envolver efetivamente todos os participantes/interessados (*stakeholders*) no planejamento e na utilização da avaliação.

Exemplificando, em uma avaliação realizada por um técnico esportivo, tanto os atletas como os gestores da modalidade esportiva devem estar envolvidos e participar do processo como clientes e interessados no desenvolvimento de tal modalidade.

Os aspectos técnicos da avaliação são caracterizados por quatro atividades: delineamento, coleta, divulgação e aplicação de informações descritivas e de julgamento.[3]

O delineamento tem por foco a análise das necessidades, as questões-chave da avaliação, o esclarecimento dos valores e critérios a serem empregados, a determinação das informações e dos instrumentos de medida a serem utilizados e outros aspectos, quando necessários, como elaboração de orçamento, determinação de acordos para a realização da avaliação (como a utilização de instalações e de materiais necessários). O delineamento abrange as atividades efetivas de comunicação que levam à interação das pessoas e partes envolvidas para a avaliação. Os resultados dessas ações definirão o trabalho seguinte, referente à coleta de dados. Um trabalho de delineamento bem realizado estabelece uma base de confiança entre o avaliador e os demais envolvidos no processo de avaliação.

A coleta de dados envolve obtenção, correção, organização, análise e síntese das informações. Dependendo da abrangência e da área da avaliação – programa ou desempenho –, são necessários especialistas de outras áreas, como estatísticos, entre outros profissionais.

Na fase de divulgação, são fornecidos *feedbacks* para todos os envolvidos. Essa etapa engloba a elaboração de relatórios e suas apresentações por meios digitais, assim como a troca de conhecimento com os participantes de maneira informal. Ocorre no final do processo da avaliação.

A forma de aplicação dos resultados da avaliação caberá aos avaliados e outras pessoas envolvidas no processo, mas é importante que o avaliador continue participando, dando um retorno efetivo da avaliação realizada para todos os interessados.

A principal característica da definição operacional de avaliação diz respeito à natureza das informações divulgadas no final da avaliação, que podem ser de dois tipos: descritivas e de julgamento.

As informações descritivas devem ser fornecidas separadamente das de julgamento do objeto de avaliação. O avaliador também tem um grande interesse em obter uma visão clara do objeto de avaliação – programa ou desempenho – de modo objetivo, sem a influência do julgamento de valor ou mérito por parte de outros observadores.

Além das informações descritivas, é igualmente importante reunir, avaliar e sintetizar os julgamentos do objeto de avaliação (programa ou desempenho). De acordo com a definição de avaliação orientada a valores apresentada anteriormente, avaliações envolvem julgamento do objeto de avaliação com relação a um conjunto de valores. Avaliações orientadas por valores podem oferecer *feedbacks* importantes, em que são identificados aspectos positivos (forças) e negativos (fraquezas), que possibilitam a melhoria do objeto de avaliação. Os julgamentos são normalmente obtidos por meio da integração ou síntese de fatos – informações descritivas – e valores ou da síntese de múltiplos valores considerados.[3]

Em muitas avaliações existe a necessidade de tirar-se uma conclusão de caráter definitivo ou tomar-se uma decisão sobre o que está sendo avaliado/julgado sobre seu mérito, valor, qualidade ou outro aspecto relevante. Por exemplo, em um processo de treinamento a longo prazo com o propósito de formar atletas para um esporte de alto rendimento, é necessário selecionar os atletas talentosos, com melhores condições de alcançar bons resultados competitivos no contexto nacional e internacional, por meio de seleções periódicas durante o processo de treinamento (com a duração média de 8 a 10 anos). Como tomar este tipo de decisão? O que é considerado bom o suficiente para ser selecionado? O que é considerado ruim para ser descartado? Quais critérios devem ser levados em consideração?

Infelizmente, não existe uma solução fácil para alcançar uma decisão justa, clara, uma conclusão defensável baseada em argumentos concretos. De certo modo, a maioria dos protocolos que oferecem determinações precisas de avaliação é arbitrária. Embora muitas regras e critérios para tomada de decisão sejam definidos com cuidado, levando-se em conta resultados de pesquisas, conhecimento científico e experiências práticas, ainda assim consistem em construções humanas, com possibilidades de erros, as quais, sem dúvida, podem variar, especialmente ao longo do tempo.

A arbitrariedade para a determinação de uma nota de corte (p. ex., uma pontuação que classifica pontuações acima dela como bom, ou abaixo dela como insatisfatório) também é aparente, baseada na probabilidade da utilização de um erro alfa para determinar a significância estatística, convencionalmente estabelecida como 0,05 ou 0,01, mas que poderia ser facilmente fixada em 0,06 ou 0,02.

Apesar das dificuldades na criação e na defesa dos níveis de critérios de avaliação, os diferentes grupos sociais das diversas áreas de conhecimento humano criam procedimentos viáveis próprios, razoáveis e defensáveis para chegar a conclusões definitivas de avaliação, assim como para tomadas de decisão associadas. Esses procedimentos incluem, por exemplo, a aplicação de regras de evidência para o julgamento de um réu em tribunais de justiça; o estabelecimento de níveis de determinação de significância e de poder estatísticos; a utilização de impressões digitais e testes de DNA para identificação; critérios para obtenção de financiamento para projetos de pesquisa; aplicação de notas de corte para os resultados de testes de aproveitamento de alunos; comparação dos níveis de aptidão física com normas nacionais ou internacionais; obtenção de certificados de qualidade de acordo com os padrões estabelecidos nas normas da ISO (International Standard Organization) na área de interesse; avaliação de jurados do desempenho de ginastas em competições esportivas de acordo com códigos de pontuação; determinação de índice mínimo de desempenho para participação em competições esportivas em atletismo, natação etc.

Quando for viável e adequado estabelecer normas, níveis de critérios ou regras de decisão com antecedência, os seguintes passos devem ser seguidos para se chegar a conclusões precisas de avaliação:[3]

- Definir o objeto de avaliação e seus limites.
- Determinar as questões-chave de avaliação.
- Identificar e definir critérios mínimos de aceitação.

- Determinar tanto quanto possível as regras para responder às questões-chave de avaliação, assim como os níveis de corte e de decisão.
- Descrever o contexto do objeto de avaliação, circunstâncias culturais, estruturas, operações e resultados.
- Escolher ou criar instrumentos de medida, bem como medidas apropriadas e relacionadas com os critérios de avaliação.
- Examinar e analisar cuidadosamente as medidas e informações descritivas obtidas para alcançar as conclusões de avaliação necessárias.
- Submeter a avaliação total a uma avaliação independente – um segundo avaliador.
- Confirmar ou modificar as conclusões de avaliação.

Na prática da avaliação, é muito difícil seguir totalmente essas sugestões, no entanto, é importante levá-las em consideração como norteadoras do processo da avaliação. Embora este processo se destine a fornecer racionalidade, rigor, imparcialidade, equilíbrio e transparência para obter conclusões avaliativas, ele raramente é aplicável à maioria das formas de avaliação propostas neste livro. A inclusão e a participação dos interessados participantes (*stakeholders*) são fundamentais no processo deliberativo de avaliação.[3]

PADRÕES DE DESEMPENHO – PADRÃO REFERENCIADO A NORMA E PADRÃO REFERENCIADO A CRITÉRIO

Frequentemente, a avaliação é caracterizada como uma comparação do desempenho com um padrão referencial.[3] A construção ou a definição de padrões de desempenho refere-se ao processo de definição de uma ou mais notas de corte contra as quais é julgado o desempenho do que ou de quem é avaliado. As notas de corte representam dois ou mais estados, condições ou graus de desempenho, dividindo a distribuição de desempenho em duas ou mais categorias discretas. Assim, por exemplo, no caso de uma só nota de corte, existem duas possibilidades de categorias de desempenho: sucesso ou fracasso (acima ou abaixo da nota de corte). No entanto, em alguns contextos, são necessárias notas de corte múltiplas, como quando utilizamos um sistema de graduação por meio de letras (graus A, B, C, D, E) ou classificação nominal (ruim, razoável, médio, bom, ótimo). Esses métodos de classificação são denominados respectivamente Padrão Referenciado a Norma (PRN) e Padrão Referenciado a Critério (PRC).

Os métodos de PRN utilizam como padrão de referência para a comparação dos resultados normas referenciais elaboradas e estabelecidas por meio de pesquisas realizadas com amostras estatisticamente representativas das variáveis de interesse consideradas. Por meio da comparação da pontuação obtida pelo que ou por quem é avaliado, verifica-se se este está dentro, acima ou abaixo dos valores considerados normais para a variável medida em relação aos seus valores na população. A maioria das normas referenciais é elaborada em percentuais, mas também podem ser utilizadas tabelas classificatórias fundamentadas na média e no desvio padrão das variáveis consideradas.

A avaliação referenciada a norma pode ser exemplificada pela avaliação do crescimento do peso e da estatura de crianças e adolescentes com referência às normas em percentuais, nacionais ou internacionais.

Já o PRC é um padrão predeterminado que pode ser usado para determinar se o avaliado alcançou um nível desejado de desempenho. Os métodos de padrões referenciados a critério são mais comumente utilizados em relação aos métodos de PRN.[12]

O conceito de avaliação referenciada a critério pode ser exemplificado com normas para o julgamento de animais, como cães e gatos, em que as associações publicam as normas com os critérios de julgamento para determinadas raças. Da mesma maneira, em esportes como saltos ornamentais, ginástica artística, patinação artística, entre outros, são publicadas e divulgadas normas de referência com os critérios que devem ser utilizados no julgamento do desempenho dos atletas.

A avaliação a partir de PRN pode ser considerada uma avaliação relativa, pois trata-se de uma avaliação em relação à norma desenvolvida por outras pessoas. Uma avaliação a partir de PRC pode ser considerada uma avaliação absoluta, pois refere-se a uma avaliação feita por comparação com um critério absoluto.

Nos dois tipos de padrões de desempenho – PRN e PRC – é importante que o avaliador tenha sensibilidade para não estabelecer um padrão muito elevado ou muito baixo de comparação, a fim de evitar um possível desestímulo do avaliado, no caso da avaliação de um atleta, por exemplo, em que se pode acarretar a desistência da prática esportiva ao estabelecer um padrão muito elevado de alcance (superestimar o desempenho esportivo do atleta) ou, ao contrário, um padrão muito baixo (subestimar o desempenho esportivo do atleta) no processo de treinamento esportivo. Os padrões de desempenho adotados devem ser adequados e pertinentes (seja PRN, seja PRC), para estimular e promover a melhoria do desempenho do que ou de quem é avaliado.

TIPOS DE AVALIAÇÃO – AVALIAÇÃO FORMATIVA E AVALIAÇÃO SOMATIVA

A avaliação pode ser utilizada para melhoria, prestação de contas, divulgação e esclarecimento.[3] Para isso existem dois tipos de avaliação: formativa e somativa.

O objetivo da avaliação formativa é providenciar informação descritiva e de julgamento, levando a refinamento, melhoria, alteração e/ou modificação no objeto de avaliação, enquanto o objetivo da avaliação somativa é determinar seus impactos e resultados (*outcomes*).

A avaliação formativa destina-se a auxiliar no desenvolvimento, na inovação, no desempenho do programa ou qualquer que seja o objeto/foco da avaliação; basicamente fornece *feedbacks* para melhoria durante o processo. É prospectiva e proativa. Oferece orientação para aqueles que são responsáveis por garantir e melhorar a qualidade do objeto de avaliação, seja programas, seja desempenhos.

Já a avaliação somativa concentra-se na determinação dos efeitos e efetividade do programa ou objeto de avaliação.[2,3] Destina-se a produzir relatórios e prestação de contas. São avaliações retrospectivas, referentes a projetos concluídos, programas estabelecidos, desempenhos obtidos, entre outros objetos de avaliação. São úteis em determinar a responsabilidade por sucessos e fracassos alcançados, auxiliando as partes interessadas a aumentar e melhorar a compreensão dos fenômenos considerados.

A Tabela 2 apresenta um resumo das principais características de avaliação formativa e avaliação somativa.

TABELA 2 Avaliação formativa e avaliação somativa[3]

	Avaliação formativa	Avaliação somativa
Objetivos	Garantia da qualidade; melhoria	Fornece um julgamento global do avaliado
Usos	Orienta a tomada de decisões	Determina a responsabilidade por sucessos e fracassos; proporciona a compreensão do fenômeno avaliado
Funções	Proporciona *feedback* para melhoria	Informa sobre os valores do avaliado (p. ex., sua qualidade, custo, segurança)
Orientação	Prospectiva e proativa	Retrospectiva e retroativa

(continua)

TABELA 2 Avaliação formativa e avaliação somativa[3]

(continuação)

	Avaliação formativa	Avaliação somativa
Quando é realizada	Durante as operações em processo de desenvolvimento ou em andamento	Após o término do processo de desenvolvimento
Aplicabilidade	Auxilia na verificação da necessidade de ajuste de ações e intervenções para se atingir objetivos e metas determinados no planejamento	Auxilia na tomada de decisões
Foco	Objetivos, alteração de planos de ação, implementação de planos, resultados parciais/provisórios	Projetos concluídos, programas estabelecidos/ acabados, resultados finais, efeitos colaterais
Variáveis	Todos os aspectos envolvidos e desenvolvidos no objeto de avaliação	Uma vasta gama de dimensões relacionadas com mérito, valor, probidade, segurança, equidade e importância
Público-alvo	As pessoas envolvidas no processo de avaliação	Todas as pessoas consideradas interessadas no objeto de avaliação – *stakeholders* – gestores, consumidores e público externo
Natureza dos planos de avaliação	Flexível, emergente, ágil e interativo	Relativamente fixo, não emergente
Métodos típicos	Estudo de casos, observação, entrevistas (experimentos controlados são inapropriados)	Grande variedade de métodos, incluindo estudos de caso, experimentos controlados e listas de checagem
Natureza dos relatórios	Periódicos, muitas vezes relativamente informais, destinados ao cliente e ao pessoal envolvido	Contém um registro cumulativo e a avaliação do que foi feito e realizado, uma comparação do que foi avaliado com seus pares e uma análise final da eficácia alcançada

Fonte: adaptada de Stufflebeam e Coryn.

As ênfases relativas da utilização de avaliação formativa ou somativa mudam de acordo com a natureza e as circunstâncias que envolvem o objeto de avaliação. A avaliação formativa predomina nas fases iniciais do processo, diminuindo e desaparecendo até o final da avaliação. A somativa começa quando o objeto de avaliação é concluído e certamente continuará a ser utilizada após o final do processo. A avaliação formativa frequentemente forma a base para a avaliação somativa.

RESUMO

A avaliação está presente no dia a dia do indivíduo, é considerada o nível mais alto dos seis processos cognitivos humanos e pode ser realizada de modo informal e formal. A avaliação formal é o foco deste livro. A diferenciação entre avaliação e pesquisa se refere ao fato de que a avaliação visa a estabelecer valor e mérito, e a pesquisa é destinada a resolver problemas. O campo da avaliação engloba diferentes subáreas. Trata-se de uma área de atuação profissional bem organizada mundialmente, pois conta com mais de 50 organizações nacionais e regionais. Deve ser considerada uma transdisciplina, pois está presente de forma instrumental nas demais disciplinas e áreas do conhecimento, como em educação física e esporte. Não existe uma história simples de avaliação, mas histórias múltiplas, de acordo com a disciplina e a área de trabalho. A avaliação tem uma história relativamente recente e curta, quando comparada a outras ciências. A evolução conceitual de avaliação ocorreu por meio de quatro gerações previamente mencionadas: mensuração, descrição, julgamento e negociação. As definições de avaliação variam de acordo com sua evolução. É considerada o "julgamento sistemático do mérito, do valor, da probidade, da viabilidade, da segurança do significado e/ou da equidade do objeto de avaliação". Para determinar juízo de valor de algo (avaliar), os avaliadores devem identificar as necessidades e, então, determinar se elas estão sendo atendidas integralmente, parcialmente ou se não são atendidas no contexto de interesse. A avaliação deve ser útil, viável, precisa, ética e responsável. Em termos operacionais, "avaliação é o processo sistemático de delinear, obter/coletar, divulgar e aplicar informações descritivas e de julgamento sobre algum mérito, valor, probidade, viabilidade, segurança, significado e equidade do objeto de avaliação". São considerados dois padrões de desempenho: padrão referenciado a norma e padrão referenciado a critério. Existem, por fim, dois tipos de avaliação – avaliação formativa e avaliação somativa.

Questões para reflexão

1. Descreva os prós e os contras das definições de avaliação como verificação do alcance dos objetivos es-

tabelecidos previamente, e avaliação como julgamento de valor e mérito do objeto de avaliação.

2. Defina o significado de valor e mérito; de sua própria experiência, cite um exemplo de um objeto de avaliação que tenha mérito, mas não tenha valor. Descreva como mérito e valor foram avaliados.

3. Compare os termos "avaliação formativa" e "avaliação somativa". Dê um exemplo de cada uma.

REFERÊNCIAS BIBLIOGRÁFICAS

1. Scriven M. Evaluation thesaurus. London: SAGE Publishing; 1991. 408 p.
2. Fox C, Grimm R, Caldeira R. An introduction to evaluation. London: SAGE Publishing; 2017.
3. Stufflebeam DL, Coryn CLS. Evaluation theory, models, and applications. San Francisco: Jossey-Bass; 2014.
4. Guba EG, Lincoln YS. Fourth generation evaluation. London: SAGE Publishing; 1989.
5. Firme TP. A avaliação hoje: perspectivas e tendências. Conferência. In: Anais do Simpósio Nacional sobre Avaliação Educacional: uma reflexão crítica. Rio de Janeiro: Cesgranrio; 1993.
6. JCSEE. Program Evaluation Standards Statements [Internet]. [cited 2017 Feb 2]. Disponível em: www.jcsee.org/program-evaluation-standards-statements. Acesso em: 06 ago 2017.
7. Haag H. Auswertung von Lehr- und Lernprozessem im Sport. In: Czwalina C (ed.). Methodisches Handeln im Sportunterricht. Schorndorf; 1988. p. 62-76.
8. Stockmann R. Handbuch zur Evaluation: Eine praktische Handlungsanleitung (Sozialwissenschaftliche Evaluationsforschung). New York/München/Berlin: Waxmann; 2007.
9. Patton MQ. Developmental evaluation: applying complexity Concepts to enhance innovation and Use. New York: Guilford Pcess; 2011.
10. Stockmann R, Meyer W. The future of evaluation: global trends, new challenges, shared perspectives [Internet]. Stockmann R, Meyer W (eds). London: Palgrave Macmillan UK; 2016. Disponível em: http://link.springer.com/10.1057/9781137376374. Acesso em: 06 ago 2017.
11. JCSEE. Personnel Standards Evaluation [Internet]. [cited 2017 Feb 2]. Disponível em: www.jcsee.org/personnel-evaluation-standards. Acesso em: 06 ago 2017.
12. Baumgartner TA, Jackson AS, Mahar MT, Rowe DA. Measurement for evaluation in kinesiology. Burlington: Jones & Bartlett; 2016.

Capítulo 2

Avaliação em educação física e esporte – aspectos gerais

Maria Tereza Silveira Böhme
Flávia da Cunha Bastos

Objetivos do capítulo
▶ Descrever a evolução histórica da área de avaliação em educação física e esporte.
▶ Apresentar os conceitos de desempenho humano e de domínios do desempenho humano.
▶ Mostrar a diferença entre medição e medida, técnicas e instrumentos de avaliação, e os critérios de seleção de instrumentos de avaliação.

INTRODUÇÃO

Os aspectos gerais da avaliação, considerada uma disciplina transdisciplinar presente e necessária em todas as áreas do conhecimento humano, foram apresentados no Capítulo 1. Em termos operacionais,

Avaliação é o processo sistemático de delineamento, obtenção/coleta, divulgação e aplicação de informações descritivas e de julgamento sobre o mérito, o valor, a probidade, a viabilidade, a segurança, o significado e a equidade de algum objeto de avaliação (determinado programa e/ou um tipo de desempenho/*performance*).[1]

O campo da avaliação engloba diferentes subáreas, como avaliação de produto, de pessoal, de programas, políticas, projetos e desempenhos (*performances*), nas diferentes áreas de conhecimento humano e das ciências humanas, biológicas ou exatas. A avaliação de desempenho, por exemplo, pode ser referente ao desempenho de estudantes por meio de testes, assim como a avaliação de artistas na música, no teatro, no cinema, na pintura ou, ainda, a avaliação funcional nas empresas, assim como a avaliação de desempenho em educação física e esporte, tema deste livro.

A disciplina "Medidas e Avaliação em Educação Física" integra a maioria dos currículos dos cursos de graduação em Educação Física e Esporte nas instituições brasileiras de ensino superior, desde o início da década de 1980. Antes disso, parte do conteúdo por esta última contemplado era ministrada na disciplina "Biometria", que foi extinta nessa época. A terminologia "Medidas e Avaliação" é adotada em razão da ênfase e do predomínio dos aspectos quantitativos utilizados na avaliação em educação física e esporte no seu processo de evolução histórica. Neste sentido, é necessário entender o significado e a diferenciação dos termos *medição* e *medida*, *técnicas* e *instrumentos* de avaliação, assim como a importância dos aspectos que devem ser levados em consideração na escolha de instrumentos de avaliação, e a relação destes com os domínios do comportamento e desempenho humanos nos aspectos cognitivos, afetivos e psicomotores.

CONTEXTUALIZAÇÃO HISTÓRICA

O desenvolvimento de medidas e avaliação em educação física e esporte realizadas de modo científico e sistemático se deu paralelamente à evolução da avaliação nas diferentes áreas do conhecimento, e teve início nos Estados Unidos, no final do século XIX e início do século XX, conforme apresentado no Capítulo 1. Deste modo, didaticamente, a evolução da avaliação pode ser dividida em 13 períodos, porém sem demarcações históricas precisas.[2-5] A seguir, são apresentados os períodos e suas datas de início aproximadas. Cada um destes estudos é desenvolvido e aplicado até os dias atuais.

- Medidas antropométricas – 1860-1890.
- Testes de força muscular – 1880-1910.
- Testes cardiovasculares – 1900-1925.
- Testes de capacidade atlética/esportiva – 1900-1930.
- Medidas psicossociais – 1920-1970.

- Testes de habilidades esportivas – 1920.
- Avaliação de programa – 1930.
- Medidas de conhecimento – 1940.
- Testes de aptidão física – 1940.
- Observação sistemática – 1970.
- Aspectos emocionais – 1980.
- Avaliação educacional – 1990.
- Atividade física – 1990.

Medidas antropométricas (1860-1890)

O termo antropometria foi utilizado pela primeira vez por Quetelet, mas a preocupação em medir o corpo existe desde a Antiguidade. Os egípcios utilizavam o dedo médio da mão como padrão de medida; os gregos enalteciam a beleza física, devendo esta, nos atletas, ser comparável à beleza dos deuses; Hipócrates fez, em 400 a. C., a primeira classificação biotipológica de que se tem conhecimento. Edward Hitchcock, da Universidade de Amherst, procurou traçar o "tipo físico ideal do homem", por meio do estudo de estatura, peso, idade, envergadura, capacidade vital e força, em trabalho apresentado no encontro pioneiro de educadores físicos em 1885. Dudley Allen Sargent, da Universidade de Harvard, realizou mais de 40 medidas antropométricas e, com um trabalho iniciado em 1880, prescreveu programas de exercícios individualizados. Seu sistema era baseado em simetria e forma corporais, e normas foram estabelecidas de acordo com esses critérios. Esse sistema foi adotado por escolas públicas e pela Associação Cristã de Moços (ACM). As medidas antropométricas são utilizadas nos processos de avaliação das áreas de crescimento e desenvolvimento, composição corporal, nutrição, assim como em pesquisa e nas demais áreas de educação física e esporte, como meio de caracterização dos indivíduos avaliados.

Testes de força muscular (1880-1910)

Por volta de 1880, apesar de Hitchcock já utilizar testes de força em seus estudos, Sargent e Brigham, por meio da dinamometria, reconheceram que a força muscular era mais importante que forma e simetria corporais para o desempenho físico. Na década de 1920, Frederick Rand Rogers fez estudos na área de força muscular de modo mais científico e observou uma alta relação desta com capacidade atlética geral. A força dos grandes grupos musculares é considerada um dos componentes dos aspectos da aptidão física relacionados com a saúde em todos os grupos etários, assim como é um componente fundamental do desempenho esporti-

vo nas diversas modalidades esportivas, nos diferentes níveis competitivos, desde a iniciação até o alto rendimento. A sua medição pode ser feita por meio de recursos mais sofisticados, como dinamômetro em laboratório e testes de campo.

Testes cardiovasculares (1900-1925)

Os testes cardiovasculares foram desenvolvidos após a invenção do ergógrafo por Mosso, em 1884, ao lado do desenvolvimento da medicina e da fisiologia cardiorrespiratória. Os testes desenvolvidos até 1930 eram de caráter empírico. Em 1931, Tuttle apresentou o teste de frequência de pulso; em 1943, Brohua desenvolveu o teste de banco de Harvard, precursores dos testes ergométricos de laboratório e dos testes de resistência de campo atuais, como o teste de Cooper desenvolvido na década de 1970. Os testes cardiovasculares podem ser realizados em laboratório por meio de testes ergométricos para a obtenção de medidas de consumo de oxigênio, ou testes de campo devidamente validados.

Testes de capacidade atlética/esportiva (1900-1930)

Após o desenvolvimento da antropometria, dos testes de força e dos cardiovasculares, começou-se a enfatizar as habilidades motoras fundamentais, como correr, saltar e arremessar. Em 1907, Meylan, da Universidade de Colúmbia, desenvolveu os primeiros testes desta área para universitários, com os objetivos de graduação do programa e classificação dos alunos. Em 1913, a Associação Americana de Parques desenvolveu seu programa baseado em testes para crianças de ambos os sexos. O ano de 1920 foi particularmente importante para a área de medidas e avaliação, pois passou a ter um caráter mais científico por meio da utilização da estatística. Na Universidade de Iowa, McCall deu início à determinação da validade e fidedignidade de testes fundamentada na Estatística. A publicação do primeiro número da revista *Research Quartely* em 1930 não foi somente um resultado, mas também um estímulo da era científica da pesquisa e mensuração na educação física e no esporte norte-americanos.

Medidas psicossociais (1920-1970)

Por volta de 1920 deu-se início aos estudos sobre a interferência de fatores como caráter, personalidade e outros aspectos sociais nos programas de educação física. McCloy e Van Buskirk foram os pioneiros nos estudos desta área. Nos dias de hoje, a psicologia do esporte desempenha um papel fundamental no acompanhamento de atletas em desenvolvimento por meio de um processo de treinamento a longo prazo (TLP), assim como para o desempenho esportivo de atletas de alto rendimento.

Testes de habilidades esportivas (1920)

Brace apresentou, em 1920, o seu teste de basquetebol e, nessa década, diversos testes para outros esportes surgiram, em razão do estímulo nessa área. Atualmente, a avaliação do desempenho esportivo nos diversos esportes pode ser realizada por meio de testes de campo, análise de vídeos durante o treinamento e durante a competição.

Avaliação de programa (1930)

Com o crescimento do número e da qualidade dos programas de educação física, surgiu a necessidade de aprimoramento da avaliação desses programas. Na década de 1930, começou-se a enfatizar a necessidade da avaliação d processo e do produto educacional como um todo. A avaliação tem um papel fundamental em educação física e esporte, seja com relação ao desempenho esportivo ou motor, seja com relação à eficiência e à eficácia de programas nas duas áreas.

Medidas de conhecimento (1940)

Os testes padronizados para a medição do conhecimento em educação física começaram a ser construídos a partir de 1930. A avaliação do conhecimento nas diferentes áreas de atuação da educação física e do esporte é considerada fundamental nos dias atuais, qualquer que seja o seu local de realização. Exemplificando, é necessário o conhecimento sobre a importância da atividade física como meio de promoção dos aspectos da aptidão física relacionados com a saúde nas diferentes faixas etárias, assim como a conscientização das pessoas sobre a necessidade da prática de atividades físicas como meio de promoção da saúde.

Testes de aptidão física (1940)

A aptidão física sempre foi foco de avaliação em educação física. No entanto, após duas décadas com aumento do número de pesquisas (1920-1930) e o início da Segunda Guerra Mundial, houve maior foco para a construção de testes voltados para a avaliação da aptidão física, principalmente para as forças armadas norte-americanas envolvidas na guerra. Também foram desenvolvidos testes para aptidão física de escolares e de universitários no mesmo período. A avaliação dos aspectos da aptidão física relacionados com a saúde por meio de testes com esta finalidade pode contribuir para a formação do conhecimento sobre a importância da atividade física como meio para promoção da aptidão física e, consequentemente, para a conscientização das pessoas sobre a necessidade da prática de atividades físicas para a saúde.

No período de 1940 a 1970,[6] Seashore, Fleishman, Cuumbee, Meyer, Peterson e Guilford defenderam a ideia de que a capacidade motora é específica em vez de ter uma natureza geral, como era o entendimento até então. Os fatores físicos mais frequentemente citados por estes investigadores incluíam força e resistência musculares, velocidade, potência, resistência cardiovascular, flexibilidade, agilidade e equilíbrio. No geral, suas teorias eram fundamentadas nas correlações entre os fatores físicos. Altas correlações sugeriam que estes itens tinham muito em comum, enquanto a baixa correlação indicava que os fatores mediam características diferentes. Durante este período, Fleishman (1964) estava desenvolvendo o que denominou teoria das capacidades básicas. Esta teoria serve como base para a maioria das pesquisas científicas subsequentemente realizadas nesta área. Fleishman distinguiu capacidades e habilidades (*abilities and skills*) afirmando serem habilidades os traços aprendidos baseados nas capacidades que a pessoa tem, enquanto as capacidades seriam mais gerais e inatas por natureza do que as habilidades. Como exemplo, o saque do tênis, do *badminton* e do voleibol são habilidades específicas que envolvem padrões similares de arremesso do braço. O padrão de arremesso é considerado a capacidade. Fleishman foi também o primeiro a examinar esta teoria por meio da utilização de análise fatorial. O seu trabalho é clássico na área de educação física e esporte.[6]

Observação sistemática (1970)

A partir da década de 1970 foram desenvolvidos diversos instrumentos de observação com o propósito de estimular os comportamentos positivos dos professores de educação física, dada a sua importância no processo pedagógico de ensino e aprendizagem. Além do comportamento docente, também foram desenvolvidos instrumentos de observação para avaliar o comportamento dos alunos durante as aulas de educação física.

Aspectos emocionais (1980)

Nos anos de 1980 e 1990, com o desenvolvimento da psicologia do esporte e dos programas de estímulo para adesão à prática de atividades físicas, ocorreu um aumento do interesse da avaliação de aspectos emocionais como motivação, autoconceito, autoimagem e intensidade de esforço. Neste sentido, foram desenvolvidos diversos questionários para avaliação de aspectos emocionais relacionados com a prática de atividades físicas e esportivas.

Avaliação educacional "autêntica" (1990)

Com a reforma educacional norte-americana na década de 1990, foram realizadas mudanças na forma de avaliação da educação física naquele país, onde hoje são valorizados diversos tipos de atividades, como testes de habilidades esportivas, testes de múltipla escolha, observações estruturadas durante os jogos, diários de atividades físicas, projetos, trabalhos escritos e filmes. As avaliações autênticas são caracterizadas por ausência de artificialidade.

Atividade física (1990)

Nos últimos 40 anos, resultados de pesquisas indicando a necessidade e a importância da prática regular de atividades físicas moderadas como meio de promoção da saúde levaram ao incentivo da prática de atividades físicas no contexto mundial. Consequentemente, os profissionais de educação física e esporte são estimulados a avaliar e monitorar o nível de atividade física de seus clientes. Para isso, diversos métodos diretos e indiretos, como detectores mecânicos e digitais de movimento, observações e diários de registro de atividades físicas foram desenvolvidos. Também são utilizados questionários e entrevistas para este fim.

Na atualidade, são diversos os aspectos que devem ser levados em consideração no processo de avaliação em educação física e esporte. O desenvolvimento tecnológico dos últimos 50 anos levou ao aumento do número dos recursos de avaliação nas diferentes áreas que compõem a educação física e o esporte, seja nas suas diferentes disciplinas básicas (apresentadas na segunda parte deste livro), nas diferentes faixas etárias de atuação do profissional de educação física (abordadas na terceira parte deste livro), nas diferentes modalidades esportivas (objeto da Seção 4 deste livro) e na área escolar (tema da Seção 5 deste livro).

DESEMPENHO HUMANO (*HUMAN PERFORMANCE*) EM EDUCAÇÃO FÍSICA E ESPORTE

Desempenho humano é entendido como o processo e também como o resultado de ações humanas. Frequentemente, as exigências às quais um indivíduo é submetido também são consideradas desempenho. Enquanto desempenho é visto, no sentido amplo do termo, como resultado de ações e processos, sob o ponto de vista normativo considera-se desempenho como a melhor e mais eficaz execução possível de uma determinada tarefa.[7,8]

O desempenho é considerado componente integral do esporte e da educação física, como processo e também como resultado de ações esportivas ou motoras, denominado desempenho esportivo na área de esporte ou desempenho motor na educação física. Além disso, o desempenho esportivo (ou motor) é também considerado sob o ponto de vista normativo, em que é visto como a execução ótima de uma tarefa de movimento.[8]

Em razão de seus vários aspectos condicionantes, o desempenho é um fenômeno complexo de ser estudado. Em termos conceituais, é tratado diferentemente nas distintas áreas de estudo e pesquisa que compõem o esporte e a educação física: antropologia, filosofia, medicina esportiva, biomecânica, psicologia, pedagogia, sociologia, história e economia.[7,8]

Desempenho sob o ponto de vista da antropologia

O comportamento do ser humano é regulado tanto por um esquema instintivo rígido como é fixado no meio ambiente. Esses dois aspectos são caracterizados por uma flexibilidade e uma capacidade de adaptação (denominados acomodação e assimilação por Piaget). Assim, o indivíduo realizador da ação determina por si só quais ações e resultados são sentidos e avaliados como desempenho.

O desempenho que contribui para a autorrealização (emancipação, estilo de vida) e a autoafirmação (prestígio, círculo social) na sociedade depende:

- Do temperamento, da índole e da personalidade: atitude, aptidão, talento, constituição, possibilidade de desempenho.
- Do processo de desenvolvimento: maturação, puberdade, aceleração, idade, socialização.
- Das características da personalidade: qualidades afetivas, aspirações, caráter, sentimentos, velocidade psicomotora, extroversão, inteligência, criatividade.

- Do nível de aspiração: motivação, interesse, motivação para desempenho.
- Dos fatores prejudiciais: estresse, medo, frustração, neurose.

Desempenho sob o ponto de vista filosófico/cultural

Em todas as sociedades, desenvolve-se uma escala de valores, crenças, conceitos morais, filosofia (ideologia de desempenho) e tendências dominantes. Essa hierarquia serve como um direcionamento para a sociedade e determina qual tipo de desempenho tem um alto valor cultural. Portanto, somente tais ações são consideradas e avaliadas como desempenhos positivos e são direcionadas para atingirem os objetivos sociais aceitos por aquela comunidade.

Desempenho sob o ponto de vista da medicina

O desempenho é medido em quilogramas por segundos (kg/s) ou em watts (W) e é relacionado com parâmetros fisiológicos. O critério bruto da capacidade orgânica de trabalho (coração, circulação, respiração e metabolismo) é apresentado pelo consumo máximo de oxigênio por minuto. Outros parâmetros do sistema cardiorrespiratório são volume respiratório por minuto, equivalente respiratório, frequência cardíaca, pressão parcial de oxigênio, nível de ácido lático, pH sanguíneo etc.

O desempenho muscular é medido pela força necessária ou trabalho realizado (número de realizações por tempo determinado).

As medidas são utilizadas para avaliar a capacidade orgânica e muscular em relação a normas; avaliação de medicamentos; avaliação de efeitos do treinamento; e avaliação da aptidão de desempenho para determinado tipo de esporte ou de atividade física. Além dos aspectos fisiológicos de desempenho, também são considerados os aspectos ortopédicos, uma vez que os desempenhos esportivo e motor dependem de um ótimo estado do sistema musculoesquelético.

Desempenho sob o ponto de vista da biomecânica

O desempenho é considerado uma medida física: o desempenho P é a medida do quociente do trabalho W realizado no tempo t: $P = W/t$. O desempenho no momento P é igual ao produto da força empregada F pela velocidade v em um tempo determinado: $P = F.v$.

Desempenho sob o ponto de vista da teoria da aprendizagem e psicologia

O desempenho depende de disposições e aptidões, bem como dos processos de aprendizagem. O desempenho de aprendizagem em esporte e educação física é descrito como a modificação de um comportamento motor de maneira relativamente estável, após um processo de aprendizagem motora prévia bem-sucedido. O desempenho de aprendizagem em esporte e educação física é influenciado por:

- Variáveis de ensino: informação, objetivos da aprendizagem, reforço, programa de ensino, métodos de ensino, personalidade do professor, estrutura social, *input*.
- Variáveis de aprendizagem: experiência, memória, velocidade psicomotora, atenção, prontidão para aprendizagem, aspiração, talento, criatividade.
- Variáveis de desempenho: *output*, sucesso, aptidão, resposta (*feedback*).

O desempenho depende da vocação e da disposição, assim como dos processos de aprendizagem vivenciados pelo indivíduo. Um desempenho em esporte ou educação física ocorre após uma mudança de comportamento por meio de uma aprendizagem motora.

Desempenho sob o ponto de vista da pedagogia/educação

O desempenho é considerado respeitando-se o desempenho do objetivo final alcançado (resultado) em relação aos fatores subjetivos que operam no sistema ensino-aprendizagem. O ponto principal de interesse é endereçado mais ao processo do que ao produto do desempenho.

Os critérios para o trabalho de aprendizagem com respeito aos problemas atuais e conteúdos de aprendizagem são:

- Grau de dificuldade da tarefa: informação, método de ensino, programa de ensino, currículo.
- Processo de interação na escola ou no clube.
- Capacidade de desempenho do aprendiz: talento, atitude, experiência, concentração.
- Disposição para desempenho: disposição para esforço, motivação, atitude, interesse.
- Conhecimento do desempenho: compreensão das tarefas, objetivos, meios, caminhos e limites de desempenho.

Desempenho sob o ponto de vista da sociologia

É a sociedade que determina, por meio de seu sistema de valores, o valor e a importância relativa de determinado desempenho. Além disso, o desempenho é influenciado pelos fatores do meio ambiente (socialização, estratificação social e estrutura sócio-política) por meio de determinados fatores sociais (comportamento, internalização, integração social).

Do mesmo modo, o desempenho é também determinado pela integração individual em um grupo (papel social, *status*, dinâmica do grupo).

Desempenho sob o ponto de vista da história

Por meio da retrospectiva do desempenho do ser humano desde o início da prática de exercícios corporais conhecida, a história demonstra que o desenvolvimento do desempenho em determinada modalidade esportiva apresenta, geralmente, uma evolução. Com isso surgem ao mesmo tempo indagações a respeito dos limites da capacidade de desempenho do ser humano, assim como ocorre em outros campos do conhecimento.

O surgimento de novas modalidades de esporte no decorrer da história proporcionam também novas formas de desempenho a serem consideradas.

Desempenho sob o ponto de vista da economia

O desempenho é definido como todo tipo de serviço e produção de bens, mas também a produção ou venda destes bens em um determinado período, bem como o valor destes bens. Neste contexto econômico, o valor de um desempenho é determinado pelo valor de mercado.

DIFERENCIAÇÃO ENTRE AVALIAÇÃO, TÉCNICAS E INSTRUMENTOS DE AVALIAÇÃO E MEDIDAS

Os termos medida e avaliação são comumente utilizados como sinônimos na área de educação física e esporte, o que é um erro.

A avaliação é um conceito mais amplo. Como descrito anteriormente, em termos operacionais, a avaliação é definida como

o processo sistemático de delineamento, obtenção/coleta, divulgação e aplicação de informações descritivas e de julgamento sobre o mérito, o valor, a probidade, a viabilidade, a segurança, o significado e a equidade de algum objeto de avaliação (determinado programa e/ou um tipo de desempenho/*performance*).[1]

Nesta definição operacional de avaliação, são considerados os processos de planejamento sobre o que avaliar e como fazê-lo.

No delineamento da avaliação, é necessário ter claro qual será o objeto de análise, suas necessidades e características, para definir os objetivos a serem alcançados, ou seja, o que se pretende avaliar.

Ainda na fase de delineamento, após a elaboração dos objetivos do processo da avaliação, é necessário definir o modo e os meios a serem utilizados, ou seja, como se pretende obter as informações necessárias na etapa seguinte, em que se fará a coleta de informações sobre o objeto de avaliação. Para isso, existem as técnicas de avaliação, respectivamente, a testagem, a observação e a inquirição, com os seus instrumentos próprios de avaliação.

A técnica de inquirição compreende questionários e entrevistas como instrumentos de medida. Os questionários devem ser respondidos de forma escrita ou digital e são compostos por questões abertas e/ou fechadas, enquanto as entrevistas devem ser gravadas e respondidas oralmente sobre as variáveis de interesse referentes ao objeto de avaliação. Tanto os questionários como as entrevistas podem ser realizados por telefone ou outro meio de comunicação digital, atendendo critérios científicos de validade de conteúdo para a obtenção das medidas de interesse do processo da avaliação.

Assim como a técnica de inquirição, a técnica de observação deve ser realizada de forma sistemática, ou seja, o avaliador deve ter claro o que precisa ser observado. Para isso, é importante definir *a priori* quais são os aspectos a serem observados, seja por meio de observação direta ou indireta, de imagens obtidas por meio de filmagem do objeto de avaliação, assim como a forma de notação das variáveis observadas. Na observação também devem ser atendidos os critérios de validade, objetividade e reprodutibilidade das medidas observadas.

Tradicionalmente, a técnica de testagem é a mais divulgada e utilizada em educação física e esporte. Existe uma grande variedade de testes validados com diversos objetivos, para diferentes populações na literatura da área.[3,5,6,9-15] Os testes podem ser escritos, práticos, motores, psicológicos, de habilidades motoras, de habilidades esportivas, de aptidão física, fisiológicos etc.

Os instrumentos de avaliação são, portanto, os meios utilizados no processo de obtenção de uma medida (mensuração), por meio da coleta de informações sobre o objeto avaliado, sejam eles testes, questionários, entrevistas ou observação. Guedes e Guedes[12] sugerem um quarto tipo de instrumento de mensuração, denominado medição, como no caso de medidas antropométricas.

Sempre que possível, as medidas obtidas na coleta de informações por meio das técnicas de testagem, inquirição, observação ou medição devem ser analisadas de forma estatística, de acordo com o tipo de variável considerada, que pode ser classificada como quantitativa ou qualitativa (esse assunto será abordado no Capítulo 3). Após a análise dos dados coletados, dá-se início ao processo de interpretação dos resultados, que configura a base do processo de avaliação do objeto. A avaliação acontece por meio do julgamento de valor e mérito dos resultados analisados de acordo com o tipo de avaliação (formativa/processo ou somativa/resultado), e os padrões de desempenho previamente determinados (referenciado a norma ou a critério), conforme descritos no Capítulo 1.

FUNÇÕES E PROPÓSITOS DA AVALIAÇÃO DO DESEMPENHO EM EDUCAÇÃO FÍSICA E ESPORTE

Os estudiosos da área de avaliação em educação física e esporte[3,5,6,9-11] propõem diversas funções e objetivos da avaliação do desempenho em educação e esporte, como diagnóstico, classificação e agrupamento, predição, motivação, alcance dos objetivos, avaliação de programa, graduação, guia/direcionamento, pesquisa, seleção e manutenção de padrões. A seguir, serão descritas as seis funções mais citadas na literatura.

Diagnóstico

A utilização dos instrumentos de avaliação (teste, questionário, observação ou medição), quando devidamente validados cientificamente, permite a obtenção de medidas confiáveis do desempenho motor ou esportivo objeto de avaliação. Ao comparar as medidas obtidas com padrões de desempenho estabelecidos (avaliação referenciada a norma ou a critério – ver Capítulo 1), obtém-se o diagnóstico de deficiências e pontos fortes do desempenho dos indivíduos ou dos programas avaliados.[6,9-11] No esporte, o diagnóstico é empregado para delinear programas de treinamento individualizados a fim de auxiliar na melhoria do desempenho esportivo.[6]

Classificação

Medidas de desempenho podem ser utilizadas para classificar os indivíduos avaliados, permitindo o agrupamento desses indivíduos de acordo com o seu desempenho nos testes realizados, o que pode permitir um trabalho mais específico para cada grupo classificado, de acordo com suas necessidades.[3,6,9-11]

Predição

Os resultados de testes podem ser utilizados para prever um nível individual de desempenho futuro em determinadas atividades ou a predição de uma medida com base em outra. Por exemplo, o cálculo do consumo de oxigênio estimado por meio do teste de corrida de campo, como o teste de Cooper. Com base na combinação das medidas de padrão de atividade física, medidas de resistência cardiovascular, pressão sanguínea, gordura corporal ou outros fatores, é possível predizer o risco de desenvolvimento de doenças cardiovasculares.[6,9-11]

Motivação

Os resultados obtidos em testes podem motivar as pessoas a melhorar o seu nível de desempenho motor ou esportivo, como um desafio a ser vencido.[6,9-11]

Alcance dos objetivos

Em um programa de atividades físicas ou esportivas, é necessário estabelecer os objetivos a serem alcançados durante o processo e ao final do programa (avaliação formativa e avaliação somativa, descritos no Capítulo 1). O nível de desempenho e de alcance dos objetivos de cada pessoa avaliada ou do próprio programa deve ser comparado com os padrões de desempenho definidos para a avaliação (avaliação referenciada a norma ou a critério – ver Capítulo 1).

Avaliação de programa

Por meio de uma avaliação bem realizada, é possível demonstrar a eficiência e a eficácia de um programa, seja na área de educação física ou na área de esporte. A finalidade da avaliação de programa é demonstrar o alcance ou não dos objetivos previamente estabelecidos e depende da avaliação de desempenho das pessoas participantes do programa em ambas as áreas. Neste sentido, um bom planejamento do processo de avaliação do desempenho individual dos participantes e do programa a ser desenvolvido é fundamental para o alcance dos objetivos estabelecidos e, consequentemente, para o sucesso dos resultados do programa realizado.

DOMÍNIOS DO DESEMPENHO HUMANO

As funções e os propósitos da avaliação do desempenho ou de programa em educação física e esporte estão diretamente relacionados com os objetivos/resultados a serem alcançados. Para serem medidos e avaliados com maior precisão, os objetivos/resultados determinados devem ser mensuráveis de modo quantitativo ou qualitativo (ver Capítulo 3).

Os domínios do desempenho humano compõem uma extensa área, cuja estrutura tem sido objeto de pesquisa para estudiosos deste campo de conhecimento. O seu exame permite entender as qualidades necessárias para desempenhar diversas atividades. As estruturas destes domínios estão relacionadas com fatores como idade, crescimento, maturação, desenvolvimento e capacidade de aprendizagem.

O desempenho humano engloba três domínios:[6] o cognitivo, o afetivo e o psicomotor. As áreas de educação e psicologia trabalham mais com os objetivos relacionados aos dois primeiros domínios. Educação física e esporte, por sua vez, trabalham predominantemente com os objetivos do domínio psicomotor, mas também com o cognitivo e o afetivo.

Taxonomia é um termo utilizado em diferentes áreas de conhecimento; é a ciência de classificação, denominação e organização de um sistema predeterminado. Visa à elaboração de uma estrutura conceitual para discussões, análises e/ou recuperação de informações.[16] Em 1948, foi formada uma força-tarefa pela Associação Norte-Americana de Psicologia, liderada por Bloom, com o propósito de discutir, definir e criar uma taxonomia dos objetivos de processos educacionais.[16] Em consequência deste trabalho, foram publicadas as taxonomias dos domínios cognitivo,[17] afetivo[18] e psicomotor.[19] As características básicas de cada domínio são descritas a seguir.

O domínio cognitivo é relacionado a aprender, dominar um conhecimento,[16] e envolve o desenvolvimento intelectual de habilidade e atitudes. Inclui o reconhecimento de fatos específicos, procedimentos padrão e conceitos que estimulam o desenvolvimento intelectual constantemente. A taxonomia do domínio cognitivo de Bloom[17] tem uma lista hierárquica de objetivos cognitivos que foram agrupados em seis categorias, partindo da mais simples para a mais complexa,

respectivamente: conhecimento, compreensão, aplicação, análise, síntese e avaliação. Para ascender a uma nova categoria, é preciso ter obtido um desempenho adequado na categoria antecedente, pois cada uma utiliza capacidades adquiridas nos níveis anteriores. De acordo com Morrow,[6] em 2001, Anderson e Krathwohl modificaram a taxonomia original de Bloom e incluíram a criatividade acima de avaliação, no mais alto nível da cadeia hierárquica.

O domínio afetivo é relacionado a atributos psicológicos e emocionais.[6] Envolve categorias ligadas ao desenvolvimento da área emocional e afetiva, que incluem comportamento, atitude, responsabilidade, respeito, emoção e valores.[16] As categorias da taxonomia deste domínio propostas por Krathwohl et al.[18] são: receptividade, resposta, valorização, organização e caracterização.[16] Os objetivos afetivos que dizem respeito, por exemplo, a como as pessoas se sentem sobre o seu desempenho motor ou esportivo são importantes, mas muito difíceis de serem medidos e consequentemente avaliados.[6]

O terceiro domínio é o psicomotor, conforme proposto por Harrow[19] em 1972, e compreende os movimentos reflexos, os movimentos locomotores básicos, capacidades perceptivas e físicas, movimentos habilidosos e não discursivos.

O domínio das técnicas e conceitos de avaliação associados ao domínio psicomotor diferencia a formação de profissionais de educação física e esporte dos profissionais de outras áreas de conhecimento.

A Tabela 1 apresenta um resumo das taxonomias dos domínios do desempenho humano.

TABELA 1 Resumo das taxonomias dos domínios do desempenho humano[6]

Taxonomia do domínio cognitivo de Bloom[17]
Conhecimento: ■ De especificidades   ■ De um modo ou meio de lidar com especificidades   ■ Dos universos e abstrações de um campo
Compreensão: ■ Tradução   ■ Interpretação   ■ Extrapolação
Aplicação
Análise: ■ De elementos   ■ De relações   ■ De princípios organizacionais

(continua)

TABELA 1 Resumo das taxonomias dos domínios do desempenho humano[6] *(continução)*

Taxonomia do domínio cognitivo de Bloom[17]

Síntese:
- Produção de comunicações únicas
- Produção de um plano para operações
- Derivação de um conjunto de relações abstratas

Avaliação:
- Julgamentos em termos de evidência interna
- Julgamentos em termos de evidência externa

Taxonomia do domínio afetivo de Krathwohl et al.[18]

Receptividade:
- Consciência
- Disposição de receptividade
- Atenção controlada ou seletiva

Resposta:
- Aquiescência para responder
- Disposição de responder
- Satisfação em responder

Valorização:
- Aceitação de um valor
- Preferência por um valor
- Comprometimento

Organização:
- Concepção de um valor
- Organização de um sistema de valores

Caracterização:
- Conjunto generalizado
- Caracterização

Taxonomia do domínio psicomotor de Harrow[19]

Movimentos reflexos:
- Reflexos segmentares
- Reflexos intersegmentares
- Reflexos suprassegmentares

Movimentos básicos:
- Movimentos de locomoção
- Movimentos de não locomoção
- Movimentos manipulativos

Capacidades perceptivas:
- Discriminação cinestésica
- Discriminação visual
- Discriminação auditiva
- Discriminação tátil
- Discriminação coordenada

Capacidades físicas:
- Resistência
- Força
- Flexibilidade
- Agilidade

Movimentos habilidosos:
- Habilidade adaptativa simples
- Habilidade adaptativa composta
- Habilidade adaptativa complexa

Movimentos não discursivos:
- Movimentos expressivos
- Movimentos interpretativos

Fonte: adaptada de Morrow et al.

Quando um indivíduo é medido e avaliado por meio de uma técnica de avaliação (teste, inquirição ou observação), é necessário levar em consideração o nível do domínio que esse indivíduo tenha alcançado. Cada taxonomia é uma hierarquia, e cada nível é baseado no alcance de níveis anteriores. Por exemplo, não é apropriado medir e avaliar habilidades motoras complexas em uma criança de 5 anos de idade, porque a maioria das crianças não alcançou níveis anteriores da taxonomia do domínio psicomotor. Do mesmo modo é difícil, se não impossível, para pessoas jovens alcançarem o objetivo cognitivo de mais alto nível em um teste escrito.[6]

CRITÉRIOS DE SELEÇÃO DE INSTRUMENTOS DE AVALIAÇÃO – VALIDADE, FIDEDIGNIDADE E OBJETIVIDADE

De acordo com a área de desempenho humano trabalhada, é necessário tomar decisões baseadas nos dados coletados, os quais devem ser analisados, interpretados e avaliados/julgados.

Como a avaliação é um processo sistemático e contínuo, ao selecionar um instrumento de medida deve-se atentar a sua qualidade, ou seja, se este é um instrumento eficiente e eficaz para a avaliação. Neste sentido, a escolha do instrumento de medida adequado é o primeiro passo para alcançar o objetivo da avaliação.

Um instrumento de medida deve ter autenticidade científica. Para isso, deve apresentar bons níveis de validade, fidedignidade e objetividade.[5,6,20-23]

Nenhum instrumento de medida é perfeitamente válido ou fidedigno, mas é necessário saber interpretar a validade e a fidedignidade das medidas obtidas por meio desses instrumentos, para que se possa, de acordo com a avaliação realizada, tomar decisões apropriadas.

A validação é o processo que examina a precisão de determinado instrumento de medida, ou seja, se realmente mede o que se propõe a medir.

Mais do que a demonstração do valor de um instrumento de medida, validar é um processo de investigação. A validade de um instrumento começa no momento em que se pensa em construí-lo e subsiste durante todo o processo de elaboração, aplicação, correção e interpretação dos seus resultados.[24]

A validade consiste no fato de a medida ser congruente com a propriedade medida dos objetos, e não com a exatidão com que a mensuração que descreve esta propriedade do objeto é feita.[22] Assim, a criação de um instrumento leva em consideração que determinado traço latente (habilidades, comportamentos), que não pode ser mensurado de forma direta, pode ser investigado por meio da magnitude de seus atributos, ou seja, que os itens do instrumento de medida são representações do traço latente que se pretende investigar. Em suma, a medida indireta ocorre a partir de respostas apresentadas a um conjunto de itens elaborados de modo a formar um instrumento de medida que permita sua quantificação de modo fidedigno.[22]

O processo de validação de instrumentos de medida tem origem nos estudos psicológicos por meio da psicometria. Um instrumento de medida é considerado válido se, de fato, mede o que supostamente deve medir, se representa a precisão com que um fenômeno é medido. O conceito de validade foi adotado em outras áreas de conhecimento, como a educação física e o esporte, para o desenvolvimento de seus instrumentos de avaliação. Para a verificação da validade de instrumentos de medidas, são considerados os parâmetros de validade expressos sob o modelo trinitário: validade de construto, validade de critério e validade de conteúdo.[5,11,12,22]

A validade de construto é considerada a forma mais fundamental de validade dos instrumentos porque se refere à maneira direta de verificar a hipótese de legitimidade da representação comportamental, ou seja, refere-se à análise do significado dos escores de um instrumento de medida relativo aos conceitos comportamentais e socioculturais.[12,22] Os procedimentos relacionados ao construto são utilizados para validar medidas não observáveis, como ansiedade, estresse, motivação, inteligência, condição física, habilidades, talento esportivo etc. A validação de construto não se limita a validar um teste;[24] seu alcance é bem mais amplo, e seu objetivo é baseado na validação da teoria em que se apoiou a construção do instrumento. É utilizada quando se pretende entender melhor as questões cognitivas e psicológicas que estão sendo medidas pelo instrumento de avaliação.

A validade de critério se refere ao grau de eficácia que o instrumento de medida tem em predizer um desempenho específico de um sujeito. É a evidência de que o instrumento tem uma relação estatística com o atributo que está sendo medido.[6,22,24]

A validade de conteúdo é demonstrada pelo grau em que os itens, tarefas ou questões de um instrumento de medida são representativos do universo ou domínio de conteúdo definido.[5] A validade de conteúdo não pode ser determinada estatisticamente, e sim mediante o julgamento de diferentes especialistas da área de conhecimento, que analisam a representatividade dos itens em relação às áreas de conteúdo e a relevância dos objetivos a medir. Os diversos itens do instrumento de medida devem ser relacionados a fim de caracterizar o seu equi-

líbrio, o universo dos conteúdos e objetivos do processo instrucional.[24] É necessário verificar a validade de conteúdo na área da educação física e esporte quando há dificuldade para a obtenção de informações quantitativas seguras e confiáveis sobre o atributo a ser avaliado.[12] Portanto, a validade de conteúdo é estabelecida com bases teóricas e definições conceituais de forma subjetiva por especialistas da área.

Todos os tipos de instrumentos de medida precisam apresentar os três tipos de validade, os quais são independentes apenas no nível conceitual. Portanto, na elaboração e validação de um instrumento de medida devem ser considerados os três tipos de validade.[24,25]

Além da validade, que se refere aos critérios de relevância do instrumento de medida, este também deve ter fidedignidade (também denominada confiabilidade ou reprodutibilidade) e objetividade, que se referem à sua exatidão. Para que um instrumento de medida seja considerado válido, é necessário que seja fidedigno, reprodutível e confiável. A fidedignidade de um instrumento de medida é condição necessária para a sua validade. No entanto, um instrumento de medida pode ser fidedigno e não ser válido, ou seja, não medir o que se propõe a medir. Apresentar exatidão, mas não relevância.

A fidedignidade ou a precisão de um instrumento de medida é caracterizada pela medição com o mínimo de erros, ou seja, com alto grau de consistência e exatidão dos resultados obtidos. O instrumento aplicado nas mesmas condições deve, em ocasiões diferentes, produzir resultados similares. Um instrumento de medida é considerado fidedigno se obtém o mesmo escore (ou aproximadamente o mesmo) toda vez que é administrado.[5,6,21]

Operacionalmente, o índice de fidedignidade é obtido pelo cálculo do coeficiente de correlação de Pearson entre as medidas do teste e do reteste, em duas aplicações do instrumento de medida nos mesmos indivíduos, com um pequeno intervalo de tempo entre as duas medições (ver Capítulo 3). Quanto maior o intervalo entre a primeira e a segunda medida, maior será a chance da ocorrência de fatores aleatórios que podem contribuir para a diminuição do coeficiente de precisão (correlação).[22]

A objetividade se refere ao grau de consistência das medidas obtidas por meio de um instrumento de avaliação quando aplicado por diferentes avaliadores nas mesmas pessoas, no mesmo momento.[5,6] É considerada um tipo especial de fidedignidade, por consistir em fidedignidade entre avaliadores diferentes.[6]

Para testes motores, o valor do coeficiente de correlação de Pearson para a obtenção de objetividade e de fidedignidade deve, em geral, ser acima de 0,80. Os diferentes tipos de estimativa de fidedignidade não podem ser interpretados de forma idêntica, pois dependem do tipo de instrumento de medida considerado e das pessoas avaliadas. Quando o instrumento de medida utilizado é um questionário, a análise estatística é realizada por meio do coeficiente alfa Cronbach,[21] com valor mínimo de 0,70 para que um instrumento seja considerado homogêneo.

A Figura 1 apresenta, de forma resumida, as relações entre validade, fidedignidade e objetividade.

FIGURA 1 Terminologia na área de critérios de autenticidade científica de um instrumento de medida.

Os recursos estatísticos necessários para a validação de instrumentos de medida para avaliação referenciada a norma e avaliação referenciada a critério são descritos detalhadamente na literatura da área.[5,6]

Na Figura 2, são apresentadas as relações entre avaliação em educação física e esporte, domínios do desempenho humano, técnicas e instrumentos de avaliação e critérios de autenticidade científica.

Em sua atuação, o profissional de educação física ou esporte pode, ao planejar a avaliação na sua área de trabalho, criar novos instrumentos conforme sua necessidade, caso não haja na literatura um instrumento que atenda suas necessidades. Nesse caso, é preciso assegurar que o instrumento seja válido, fidedigno e objetivo, ou seja, passe por um processo de validação para que atenda aos critérios apresentados. Caso opte por utilizar instrumentos já existentes, deve-se atentar para referências na literatura acerca dos seus critérios de autenticidade científica, ou seja, se têm validade, fidedignidade e objetividade.

RESUMO

A partir da contextualização histórica da avaliação em educação física e esporte, foram apresentados os 13 períodos de seu desenvolvimento. O desempenho humano é entendido como processo e resultado de ações humanas e é tratado diferentemente nas áreas que compõem a educação física e o esporte, como antropologia, filosofia, medicina esportiva, biomecânica, psicologia, pedagogia, sociologia, história e economia. Entre as funções e os propósitos da avaliação do desempenho em educação física e esporte, destacam-se os de diagnóstico, classificação e agrupamento, predição, motivação, alcance dos objetivos, avaliação de programa, graduação, guia/

FIGURA 2 Relações entre avaliação em educação física e esporte, domínios do desempenho humano, técnicas e instrumentos de avaliação e critérios de autenticidade científica.

direcionamento, pesquisa, seleção e manutenção de padrões. A estrutura dos domínios do desempenho humano tem sido objeto de pesquisa para estudiosos deste campo de conhecimento e engloba três domínios: o cognitivo, o afetivo e o psicomotor. Apresentou-se a descrição e um panorama sucinto das taxonomias dos três domínios, que servem de referenciais para o estabelecimento de objetivos em educação, educação física e esporte. Dado que a avaliação é um processo sistemático e contínuo, ao selecionar um instrumento de medida, deve-se atentar a sua qualidade, ou seja, se é um instrumento eficiente e eficaz para a avaliação. Neste sentido, a escolha do instrumento de medida adequado é o primeiro passo para a realização de uma avaliação. Um instrumento de medida deve ter autenticidade científica. Para isso, deve apresentar bons níveis de validade, fidedignidade e objetividade.

Questões para reflexão

1. Como ocorreu a evolução da área de avaliação em educação física e esporte?
2. Quais são as relações entre desempenho humano, domínios do desempenho humano e avaliação em educação física e esporte?
3. Quais são os aspectos de validade que devem ser levados em consideração na escolha ou na elaboração de um instrumento de medida?

REFERÊNCIAS BIBLIOGRÁFICAS

1. Stufflebeam DL, Coryn CLS. Evaluation theory, models, and applications. San Francisco: Jossey-Bass; 2014. 800 p.
2. Pinto J. Caderno de Biometria. 3. ed. Rio de Janeiro: Ladebio; 1977.
3. Barrow HM, McGee R. A practical approach to measurement in physical education. 2. ed. London: Henry Kimpton; 1978.
4. Silveira MT. Biometria aplicada à educação física. 1983.
5. Tritschler K. Medida e avaliação em educação física e esportes de Barrow & McGee. Barueri: Manole; 2003.

6. Morrow JR, Mood DO, Disch JG, Kang M. Measurement and evaluation in human performance [Internet]. 5. ed. Champaign: Human Kinetics; 2016. 905 p. Disponível em: www.humankinetics.com. Acesso em: 18 set 2017.
7. Beyer E. Wörterbuch der Sportwissenschaft. 1987.
8. Haag H. Schüler Duden. Der sport. Ein Sachlexikon für die Schule. Gerhard K (ed.). Mannheim: Bibliographisches Institut; 1987.
9. Baumgartner TA, Jackson AS, Mahar MT, Rowe DA. Measurement for evaluation in physical education & exercise science. 8. ed. Boston: McGraw Hill; 2006.
10. Kirkendall D, Gruber JJ, Johnson RE. Measurement and evaluation for physical educators. Brown Company Publishers; 1980.
11. Morrow JR, Jackson AW, Disch JG, Mood DP. Medida e avaliação do desempenho humano. Porto Alegre: Artmed; 2013.
12. Guedes DP, Guedes J. Manual prático para avaliação em educação física. Barueri: Manole; 2006.
13. Kiss MAPDM. Esporte e exercício. Avaliação e prescrição. São Paulo: Roca; 2003.
14. Bös K. Handbuch Motorische Tests. 2. ed. Göttingen: Hogrefe Verlag; 2001.
15. Röth K. Handbuch Sportmotorischer Tests. Göttingen: Verlag für Psichologie – Dr. CJ Hogrefe; 1987.
16. Ferraz APCM, Belhot RV. Taxonomia de Bloom: revisão teórica e apresentação das adequações do instrumento para definição de objetivos instrucionais. Gest Prod. 2010;17(2):421-31.
17. Bloom BS. Taxonomy of educational objectives: cognitive domain. New York: McKay; 1956.
18. Krathwohl D, Bloom B, Masia B. Taxonomy of educational objectives: handbook II: the affective domain. New York: McKay; 1964.
19. Harrow A. A taxonomy of the psychomotor domain. New York: McKay; 1972.
20. Safrit MJ, Wood TM. Measurement concepts in physical education and exercise science. In: Safrit MJ, Wood TM (eds.). Champaign: Human Kinetics; 1989.
21. Cronbach L. Fundamentos de testagem psicológica. Porto Alegre: Artmed; 1996.
22. Pasquali L. Psicometria: teoria dos testes na Psicologia e na Educação. Rio de Janeiro: Vozes; 2003.
23. Thomas JR, Nelson JK, Silverman SJ. Métodos de pesquisa em atividade física. Porto Alegre: Artmed; 2007.
24. Raymundo V. Construção de validação de instrumentos: um desafio para a psicolinguística. Let Hoje. 2009;44(3):86-93.
25. Maroco J, Garcia-Marques T. Qual a fiabilidade do alfa de Cronbach? Questões antigas e soluções modernas. Laboratório Psicol. 2006;4(1):65-90.

Capítulo 3

Estatística aplicada

Simone Bega Harnik
Maria Tereza Silveira Böhme

Objetivos do capítulo

- ▶ Compreender a área da estatística e como ela pode auxiliar na organização de bases de dados e na análise dos resultados em avaliação e pesquisa em educação física e esporte.
- ▶ Ter noções de variável aleatória e suas diferenças, conhecer as principais medidas-resumo e algumas das possibilidades de visualização gráfica, conforme o tipo de variável, bem como a interpretação de dados estatísticos em estudos na área de saúde e bem-estar.
- ▶ Conhecer tipos clássicos de análises inferenciais de dados, quando utilizá-los, suas suposições e limitações.

INTRODUÇÃO

Quando um profissional de educação física ou esporte vai a campo, aplica determinado instrumento de avaliação, podendo tratar-se de teste, questionário ou entrevista, e coleta uma série de medidas em um conjunto de indivíduos, sejam elas antropométricas ou de desempenho físico, técnico, psicológicas ou cognitivas, é esperado que ele analise e interprete esses dados, produzindo conhecimento para realizar ações ou propor planos adequados aos distintos contextos. Ferramentas estatísticas simples e ao alcance do grande público auxiliam a condensar as informações e a tomada de decisão.

Este capítulo pretende apresentar as principais maneiras de resumir as informações coletadas, como calcular algumas das estatísticas mais utilizadas no meio profissional, no meio acadêmico e em políticas públicas e como apresentá-las de modo gráfico e direto. A estratégia adotada será a de expor situações reais ou muito próximas da prática, que poderiam ser vividas por estudantes de graduação, treinadores ou profissionais da

educação física e do esporte. A preferência será por soluções computacionais, e não por cálculos manuais, embora o rigor teórico seja o mesmo nos dois casos.

A intenção, ao fim deste capítulo, é que o leitor seja capaz de realizar análises de dados simples com autonomia e sem grandes dificuldades, e que o diálogo com estatísticos, matemáticos e analistas de dados seja facilitado nos casos em que modelagens e abordagens mais complexas forem necessárias. Para tanto, a estratégia utilizada será a de oferecer exemplos claros e objetivos ao longo do texto e exercícios de fixação a partir de um banco de dados real.

O QUE É ESTATÍSTICA

Na visão de Magalhães e Lima, estatística pode ser entendida como "um conjunto de técnicas que permite, de forma sistemática, organizar, descrever, analisar e interpretar dados oriundos de estudos ou experimentos, realizados em qualquer área do conhecimento".[1] Aqui, o interesse é organizar informações e medidas utilizadas no processo de avaliação na educação física e no esporte. A estatística possui um campo próprio do saber, mas é apropriada de maneira transdisciplinar e instrumental, sendo necessária e utilizada na análise de dados, na avaliação e na pesquisa em todas as áreas de conhecimento.

Conforme apresentado no Capítulo 1, a diferença básica entre avaliação e pesquisa é que, grosso modo, a avaliação destina-se a estabelecer valor e mérito, a fim de aperfeiçoar o objeto de estudo ou determinar o impacto de alguma ação, enquanto a pesquisa é destinada a resolver um problema a partir de uma investigação. Ambas são realizadas cientificamente, de modo sistemático, com objetivos e métodos que podem ser similares.

Neste capítulo, será utilizado o termo "avaliação e pesquisa", pois a estatística é necessária tanto na avaliação como na pesquisa em educação física e esporte.

De modo bastante simplista, costuma-se dividir a estatística em duas frentes principais:

- Estatística descritiva, cujo objetivo é resumir os dados amostrados por meio de medidas, tabelas e gráficos, a fim de facilitar a compreensão e a interpretação.
- Inferência estatística, que procura obter conclusões válidas para uma população (grupo de interesse), a partir de uma amostra (porção de uma população), registrando a incerteza associada a essas conclusões. A probabilidade, teoria matemática que estuda os fenômenos aleatórios, oferece a fundamentação para a criação das técnicas inferenciais.

A primeira frente, estatística descritiva, será o objeto de estudo deste capítulo. A segunda frente será tratada tangencialmente, de modo a fornecer ideias básicas sobre análises univariadas, correlações, testes de hipóteses e modelos lineares.

PLANEJAMENTO EM AVALIAÇÃO E PESQUISA

O primeiro passo em uma pesquisa ou avaliação é definir objetivos e procedimentos, processo chamado planejamento. Deve-se considerar a existência de dois tipos de pesquisas: as experimentais e as observacionais. Nas primeiras, as unidades amostradas passarão por algum tipo de intervenção, denominada tratamento. Por exemplo, quando há o interesse em verificar a resposta de atletas a três programas de treinamento distintos (tratamentos), este seria um experimento. Estudos observacionais (mais utilizados em avaliação), por sua vez, realizam apenas a coleta de medidas e informações dos indivíduos ou unidades amostradas.

Conforme Montgomery,[2] as conclusões de um experimento ou de um estudo observacional dependem, em larga medida, do modo pelo qual os dados foram coletados. Daí a importância de um planejamento detalhado e bem definido. No caso específico dos experimentos, a literatura científica recomenda ainda alguns cuidados para buscar garantir a validade estatística. São eles:

- Aleatorização: distribuição aleatória das unidades experimentais pelos tipos de tratamentos. É desejável, pois uma grande gama de análises estatísticas utiliza a suposição de independência das unidades. Com a aleatorização, efeitos não previstos acabam se distribuindo entre as observações, evitando prejuízos às conclusões.
- Uso de réplicas: se o estudo tem tratamentos e fatores de interesses, é desejável que existam unidades experimentais ou réplicas em cada combinação de tratamento e fator. Se por acaso um estudo hipotético sobre duas dietas, A e B, determina que obesos receberão a dieta A e pessoas com peso normal receberão a dieta B, não será possível determinar se o emagrecimento decorreu da dieta oferecida ou do peso inicial dos indivíduos.
- Uso de blocos: listar todos os fatores que podem provocar algum ruído ou interferência no tratamento e utilizá-los no desenho experimental. Suponha-se que, para o estudo de emagrecimento anterior, seja importante saber o sexo e a idade dos pacientes, uma vez que podem interferir nos resultados. Seria, então, possível criar dois blocos de controle: o de sexo (feminino, masculino), e o de idade (20 a 30 anos e 30 a 40 anos), por exemplo.

Boa parte dos estudos realizados em esportes e educação física é observacional e exige protocolos de ética mais simples, muitas vezes bastando o termo de consentimento esclarecido de cada participante. Normalmente, no caso de experimentos, protocolos de ética mais rigorosos devem ser observados. Nesses casos, pode ser desejável buscar uma consulta estatística para avaliar o tamanho da amostra e desenhar o planejamento, com os cuidados de aleatorização, réplicas e controle de elementos que podem provocar ruído à análise.

CONJUNTO DE DADOS

Cada uma das características consideradas em uma unidade observacional ou experimental, seja em pesquisa, seja em avaliação, recebe o nome de variável aleatória (ou apenas variável). A variável é acompanhada de descrição aleatória porque as características não são conhecidas de antemão. Na próxima seção, serão descritos os diferentes tipos de variáveis, bem como as apresentações gráficas possíveis para eles. No entanto, antes da análise estatística em si, é necessário conhecer um pouco da organização de uma planilha de dados. Como exemplo, será utilizado o conjunto de dados real, produzido por Böhme,[3] de 1986 a 1988, no Departamento de Educação Física da Universidade Federal de Viçosa, pelo projeto de pesquisa "Avaliação da Aptidão Física e do Crescimento Físico de Escolares de 7 a 17 anos de Viçosa (MG)", apresentado na Figura 1. O arquivo da planilha com todos os dados está disponível no link: http://www.eefe.usp.br/lateca/material/base_de_dados.xlsx. O conjunto de dados contém informações sobre 1.454 crianças e adolescentes, organizado com as seguintes variáveis:

- Identidade: número do indivíduo no estudo.
- Idade: expressa em anos.
- Sexo: 1 – Masculino; 2 – Feminino.
- Origem: tipo da instituição de ensino do indivíduo (1 – Pública, 2 – Privada).
- F. braço: força de braço medida pela distância (expressa em centímetros) de arremesso de *medicine ball*.
- F. perna: força de perna medida pelo teste de salto horizontal (expressa em centímetros).
- Flexib: flexibilidade do quadril em teste de sentar e alcançar (expressa em centímetros).
- F. abdo: força abdominal em teste de flexão abdominal em 30 segundos (expressa pelo número de repetições).
- R. aero: resistência aeróbia em teste de corrida de 9 minutos (expressa pela distância percorrida em metros).
- Peso: massa corporal (expressa em quilogramas).
- Estatura: altura (expressa em centímetros).

- P. braço: perímetro de braço (expresso em centímetros).
- P. abdo: perímetro abdominal (expresso em centímetros).
- D. subs: dobra cutânea subescapular (expressa em milímetros).
- D. tric: dobra cutânea triciptal (expressa em milímetros).
- D. abdo: dobra cutânea abdominal (expressa em milímetros).
- Somadobras: soma das dobras (expressa em milímetros).

A forma usual de organizar um conjunto de dados é utilizar as colunas para cada variável e as linhas para o registro das informações dos indivíduos ou unidades amostradas. Quando alguma das medidas não existir, pode-se deixar a célula em branco (como nos quadrados destacados na Figura 1) ou preencher com algum código, como ND (não disponível) ou NA (*not available*, em inglês). As unidades de medida não devem ser escritas na planilha de dados, a fim de facilitar os cálculos. Também é recomendável criar um dicionário de variáveis, como mostrado anteriormente, que descreve o conteúdo de cada coluna e sua unidade de medida, entre outros detalhes relevantes para a pesquisa ou avaliação.

Identidade	Idade	Sexo	Origem	F. braço	F. perna	Flexib.	F. abdo	R. aero	Peso	Estatura	P. braço	P. abdo	D. subs	D. tric	D. abdo	Somadobras
1	7	2	2	180	125,2	51	14		26,6	128,6	18,2	56,8	11,1	9,9	12,6	33,6
2	7	1	2	190	112	48	12	899	22,4	126	15,3	49,9	6,5	10,2	15,9	32,6
3	8	2	1	140	133	39	9	943	25,7	125,7	18,3		10,6	15,2	12,7	38,5
4	8	1	1	140	131,5	45	16	1.533	26,8	128,8	18,5	57,5	6,6	9,2	9	24,8
5	8	1	2	249	147,7	56	7	1.530	21,4	125,9	17	50,4	4,9	7,4	4,1	16,4
6	9	2	2	175	131,5	49	11	1.239	23,6	136,6	16	53	8,4	12,1	7,4	27,9
7	12	1	1	355	160	33	13	1.356	56,2	152	25			28,2		
8	13	2	2	285	162	55	21	1.344	38,3	147	19,9	62,1	11,4	12,1	12,9	36,4
9	14	2	2	260	138	41		951	54,5	160,7	23,6	65,5	12,5	20,7	14,1	47,3
10	15	2	2	260	122	42	11	1.261	38,4	164	19	65,5	12,3	11,3	14,4	38
11	7	2	1	160	117,5	44	8	975	26,4	126,5	18,5	56,5	12,4	13,7	9,9	36
12	7	1	2	189	126,6	49	7	1.101	25,7	133,5	18,4	59	6,5	12,5	10,6	29,6
13	8	2	1	200	137	54	21	1.208	23,7	121,6	17	54,4	6,5	13,2	9,5	29,2
14	8	2	2	150	102	44	10	1.141	18,1		16	50,5	7,6	10,7	7	25,3
15	8	1	2	270	149	48	11		27,4	132	16,5	54,4	6,8	8	6,4	21,2
16	9	2	2	180	120,4	43	8	1.239	29,4	136,7	19	57	8,7	11,8	9,8	30,3
17	11	1	1	275	165,1	43	21	1.080	30,7	138,5	19	62	5,6	10,8	11,7	28,1
18	13	2	2	320	165,5	40	17	1.608	36,2	152,8	20,1	60	6	12,8	6,1	24,9

FIGURA 1 Reprodução da planilha de dados de Böhme.

SOFTWARES PARA ANÁLISES ESTATÍSTICAS

O uso da tecnologia para a construção de estatísticas descritivas e análises estatísticas inferenciais é praticamente uma necessidade. Em contextos práticos, poucas serão as situações em que será possível prescindir de ferramentas computacionais. Essas, em grande parte, já são relativamente amigáveis e estão disponíveis gratuitamente em *softwares* de planilhas de dados como o *LibreOffice Calc*.[4] Para análises mais sofisticadas, um dos programas mais utilizados e livre é o *R*,[5] que exige noções de programação. Há ainda uma infinidade de *softwares* proprietários que oferecem ferramentas estatísticas e facilidades para gráficos e tabelas. Uma recomendação para o uso de qualquer *software* é se certificar de que a análise produzida pela ferramenta é a desejada e observar criticamente os resultados.

TIPO DE VARIÁVEIS

Na planilha de dados, um indivíduo terá registrados, entre outras informações, sexo, idade, tipo de instituição de ensino que frequenta, força de braço e de pernas. Essas características são as variáveis, que podem ser divididas em dois grandes tipos: as qualitativas e as quantitativas. A idade, a força de braço e a força de perna são exemplos de variáveis quantitativas, pois a resposta para cada unidade amostral é um número. Já o sexo e o tipo de instituição de ensino do indivíduo são variáveis qualitativas (ou variáveis categóricas) – pois, diferentemente das quantitativas, a resposta não é numérica e sim uma categoria ou atributo (o sexo é feminino ou masculino e o tipo de instituição é pública ou privada). Mesmo que o sexo do indivíduo seja codificado no banco de dados, isto é, observações do sexo masculino recebem o valor "1" e do sexo feminino recebem "2", a variável deve ser classificada como qualitativa, pois a informação que carrega não é de ordem numérica.

Entre as variáveis quantitativas, encontram-se dois tipos distintos:

- Variáveis quantitativas discretas: há uma quantidade enumerável de valores possíveis. Usualmente, são números inteiros, como é o caso de número de filhos, número de telefones celulares, número de abdominais realizados.
- Variáveis quantitativas contínuas: assumem um número não enumerável de possibilidades em uma escala. Podem ser valores inteiros e também fracionários, como é o caso de peso em quilos, altura em centímetros, renda mensal.

A variável idade é facilmente identificada como uma variável quantitativa. Porém, pode haver dúvidas sobre seu comportamento, se discreto ou contínuo. Em tese, a idade de um indivíduo é contínua, pois, a cada segundo que passa, se torna mais velho. Pode ter, por exemplo, 33 anos, 37 dias e 22 horas no momento do registro. No entanto, é usual trabalhar com essa variável de forma discreta, registrando apenas o valor 33. O mais comum em estudos é utilizar a idade de maneira discreta, ou seja, com um número finito de valores.

As variáveis qualitativas, que dão conta de atributos não numéricos relativos aos indivíduos, são também conhecidas como variáveis categóricas e podem ser divididas em dois grupos:

- Variáveis qualitativas nominais: não há relação de ordem entre as qualidades ou características registradas. Por exemplo: sexo (feminino ou masculino), tipo de instituição de ensino (privada ou pública), modalidade de esporte que pratica.
- Variáveis qualitativas ordinais: aqui, há uma ordem entre as categorias registradas. Isso ocorre em grau de escolaridade (ensino fundamental, médio, superior), categorias de prática esportiva (infantil, juvenil, adulto), classificação econômica conforme o Critério Brasil (classes A, B, C, D e E),[6] entre outras.

TRATAMENTOS PARA VARIÁVEIS QUALITATIVAS

Algumas técnicas principais estão disponíveis para resumir e organizar as informações de variáveis qualitativas, sejam elas nominais, sejam ordinais. A primeira que trataremos é a construção de tabelas de frequência. Uma tabela de frequência deve trazer as categorias de resposta da variável categórica com a contagem de ocorrências (número de indivíduos de cada uma delas), também conhecida como frequência absoluta, e a frequência relativa, isto é, o percentual que cada resposta representa no conjunto total da base de dados. As Tabelas 1 e 2 foram construídas com a planilha de dados e trazem as frequências absoluta e relativa por sexo e tipo de instituição de ensino, respectivamente.

Em planilhas de dados, pode-se obter a contagem das ocorrências de várias maneiras. Duas maneiras mais simples são organizar uma tabela dinâmica e selecionar as variáveis de interesse para a contagem ou filtrar os casos e realizar a contagem pela seleção de linhas. A primeira maneira exige o entendimento de como funciona uma tabela dinâmica. Há tutoriais disponíveis na internet, como o da ajuda do *LibreOffice Calc*[7] ou em vídeos variados. O cálculo das

TABELA 1 Frequências para sexo

Sexo	Frequência absoluta	Frequência relativa (em %)
Masculino	715	49,2
Feminino	739	50,8
Total	1.454	100

TABELA 2 Frequências para tipo de instituição

Tipo de instituição	Frequência absoluta	Frequência relativa (em %)
Pública	498	34,3
Privada	956	65,7
Total	1.454	100

frequências relativas é feito por uma regra de três simples, como no exemplo para instituição pública (Tabela 2):

$$\frac{1.454}{100} = \frac{498}{x}$$

$$1.454 \times x = 498 \times 100$$

$$x = \frac{49.800}{1.454}$$

$$x = 34{,}2503 \rightarrow 34{,}3$$

A frequência relativa mostra a proporção de observações pertencente a dada categoria. Em nossa amostra, 49,2% dos estudantes são do sexo masculino e 50,8%, do sexo feminino. Além disso, 34,3% pertencem à rede pública e 65,7% à rede privada. Uma grande utilidade em calcular frequências relativas é que isso permite a comparação com outras amostras. Suponha-se que, em outro estudo, obteve-se os dados de frequências para sexo elencados na Tabela 3.

TABELA 3 Frequências para sexo em uma amostra hipotética

Sexo	Frequência absoluta	Frequência relativa (em %)
Masculino	376	55,8
Feminino	298	44,2
Total	674	100

Se forem observadas as frequências absolutas, é difícil tirar conclusões comparativas da amostra hipotética com a amostra original. Porém, ao analisar as frequências relativas, isto é, as porcentagens, verifica-se que a nova amostra hipotética é composta proporcionalmente por mais alunos do sexo masculino do que a primeira amostra (55,8% *versus* 49,2%). Trata-se de informação que pode ser relevante, caso se estude preferências esportivas, desempenho, entre outros fatores.

Tanto o sexo como a rede de ensino de procedência são variáveis qualitativas nominais. E qual seria a diferença para tabelas de frequência com variáveis qualitativas ordinais? Não há diferença. Recomenda-se, no entanto, que as categorias das variáveis ordinais sigam alguma ordem lógica que facilite a interpretação. Exemplificando, a Tabela 4 apresenta o grau de escolaridade de funcionários da empresa W, em que os graus de escolaridade estão ordenados do menor para o maior.

TABELA 4 Tabela de frequências para grau de escolaridade de funcionários da empresa W

Escolaridade	Frequência absoluta	Frequência relativa (em %)
Ensino fundamental	65	25,7
Ensino médio	111	43,9
Ensino superior	54	21,3
Pós-graduação	23	9,1
Total	253	100

GRÁFICOS PARA VARIÁVEIS QUALITATIVAS

As tabelas de frequência resumem de forma bastante direta e com fácil interpretação informações de variáveis qualitativas nominais ou ordinais. Entretanto, eventualmente, pode ser desejável oferecer tratamento mais visual, por meio de gráficos. Para esses tipos de variáveis há duas formas de representação gráfica: os gráficos de setores (conhecidos também como gráficos de pizza) e os gráficos de barras (ou colunas). A Figura 2

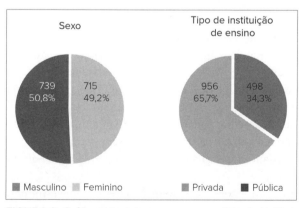

FIGURA 2 Gráficos de setores para sexo e tipo de instituição de ensino.

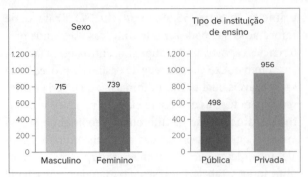

FIGURA 3 Gráficos de barras para sexo e tipo de instituição de ensino.

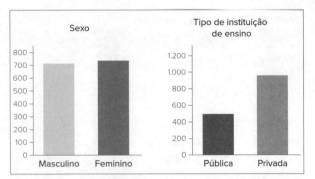

FIGURA 4 Gráficos de barras para sexo e tipo de instituição de ensino com escala alterada.

apresenta os gráficos de setores para as variáveis sexo e tipo de instituição de ensino.

Tanto os gráficos de setores como os de barras podem ser construídos facilmente em planilhas eletrônicas a partir das tabelas de frequências. Um ponto importante é evitar o uso de gráficos de setores quando a variável apresenta um número excessivo de categorias – esse número é subjetivo, porém, em casos com mais de oito categorias é quase impossível ter uma boa compreensão.

Para construir gráficos de barras, basta alterar o tipo de gráfico desejado diretamente no *software*. Como a comparação visual é feita pelo tamanho das barras, esse tipo de representação comporta um número maior de categorias. A Figura 3 apresenta um gráfico de barras para as variáveis sexo e tipo de instituição de ensino.

Com técnicas de *design*, é possível produzir uma série de gráficos derivados desses dois tipos originais. É comum encontrar gráficos de setores em outros formatos (quadrados ou retangulares) ou, ainda, com aparência de três dimensões. As barras ou colunas podem aparecer tanto na vertical como na horizontal, com sombreamentos imitando três dimensões e diversos outros tipos de detalhamentos. Cabe pontuar que a informação deve ser transmitida de forma bastante direta pelo gráfico. Às vezes, mudanças de cunho estético podem dificultar a leitura e o entendimento.

Atenção especial deve ser conferida às escalas dos gráficos de barras ou colunas: é possível verificar que, lado a lado, os dois gráficos da Figura 3 apresentam a mesma escala. Se, porventura, as escalas fossem distintas, o leitor poderia ficar com uma impressão errada. A Figura 4 foi construída para mostrar como uma mudança de escala pode transmitir uma ideia equivocada.

Um leitor desatento pode acreditar que o número de estudantes em escolas privadas (956) é menor que o número de estudantes do sexo feminino ou masculino (739 e 715, respectivamente), ao olhar para os gráficos. Daí a necessidade de fornecer rótulos de dados adequados e ter cuidado especial com as escalas.

TRATAMENTOS PARA VARIÁVEIS QUANTITATIVAS

Para variáveis quantitativas, sejam elas contínuas, sejam discretas, há uma série de tratamentos disponíveis. As medidas-resumo (média, mediana, variância, desvio-padrão, entre outras) servem para condensar informações originais dos dados em apenas um número. Conforme Bussab e Moretin,[8] duas são as categorias principais de medidas-resumo: as de posição e as de dispersão.

Um tipo específico muito utilizado para resumir os dados são as medidas de posição ou localização central: média, moda e mediana. A primeira, bastante conhecida, também chamada de média aritmética, é calculada pela soma dos valores observados, dividida pelo total de elementos da amostra. A moda, por sua vez, é o valor mais frequente observado na amostra. Já o valor da mediana é conseguido ordenando-se todos os valores da amostra e obtendo-se aquele que ocupa a posição do meio na fila ordenada (se o número total de observações for ímpar) ou a média dos valores centrais (se o número de observações for par).

Suponha-se que um determinado atleta A tenha realizado uma série de 10 saltos e que as notas na competição se expressem de 0 a 10. As notas obtidas estão organizadas na Tabela 5.

Como se pode observar, tanto a média como a mediana, neste caso, assumiram valores que não foram registrados em nenhum dos saltos. Já a moda, que consiste na ocorrência mais frequente, foi 8 em razão de três saltos que obtiveram essa nota. Com o auxílio de planilhas eletrônicas, basta solicitar a fórmula adequada para média, moda e mediana, e os valores serão calculados

TABELA 5 Notas do atleta A na série de 10 saltos

Salto	1	2	3	4	5	6	7	8	9	10
Nota	8	8	6	7,5	8	9,5	6	10	7	7

Os valores resultantes das três medidas-resumo de posição central para os saltos do atleta A são: média: 7,7; moda: 8; mediana: 7,75.

automaticamente. Por questão de compreensão, calcula-se aqui a média e a mediana – uma vez que a moda é obtida simplesmente observando a nota mais recorrente.

Para a média, o cálculo deve ser:

$$\frac{(8 + 8 + 6 + 7,5 + 8 + 9,5 + 6 + 10 + 7 + 7)}{10} =$$

$$\frac{77}{10} = 7,7$$

Para o cálculo da mediana, devem-se ordenar as notas e selecionar os dois valores intermediários:

6 6 7 7 **7,5 8** 8 8 9,5 10

Com eles, calcula-se a média aritmética usual:

$$\frac{(7,5 + 8)}{2} = \frac{15,5}{2} = 7,75$$

MEDIDAS DE DISPERSÃO

As medidas de posição central apresentam uma informação muito importante, porém não dão a dimensão da variabilidade. No caso do atleta A, uma média de 7,7 pode revelar um bom desempenho, porém não revela sua regularidade nos saltos. Por exemplo, o atleta B, cujas notas são apresentadas na Tabela 6.

Neste caso, o que diferencia os dois atletas? Pode-se notar que o atleta B teve o segundo salto bem irregular, com nota 4 (sendo que a nota mínima do atleta A foi 6). Porém, ao longo dos saltos, o atleta B compensou o mau desempenho da segunda tentativa com notas mais elevadas (ele obteve dois 10). A regularidade nas notas (ou a variabilidade delas) pode ser de interesse para a melhoria do treinamento e, certamente, é uma forma de comparar dois atletas. É aí que podem ser utilizadas as medidas de dispersão, como a amplitude, o desvio médio, o desvio-padrão, a variância, entre outras.

A amplitude é uma das medidas de dispersão mais simples. Embora pouco utilizada, fornece uma ideia da variação dos dados. Seu cálculo é realizado pela seguinte expressão: valor máximo – valor mínimo.

Já o desvio médio é obtido pela média aritmética das diferenças (em módulo, isto é, com o sinal positivo) do valor observado para a média calculada das observações. As fórmulas de cálculo são as seguintes:

$$\text{Amplitude} = \text{valor máximo} - \text{valor mínimo}$$

$$\text{Desvio médio} = \frac{(|\text{valor } 1 - \text{valor médio}| + |\text{valor } 2 - \text{valor médio}| + ... + |\text{valor } n - \text{valor médio}|)}{n} \div n$$

O desvio médio apresenta um inconveniente: o uso da função módulo, que faz com que os valores negativos se tornem positivos (e os positivos permaneçam positivos). Sem o módulo, o desvio médio seria sempre zero, o que não ajuda na interpretação dos dados. Para checar essa afirmação, faça os cálculos conforme o exercício 2, no final deste capítulo.

A medida-resumo de dispersão mais empregada nos estudos é o desvio-padrão, definido como a raiz quadrada da variância. A variância populacional e o desvio-padrão são calculados por:

$$\text{Variância populacional} = \frac{[(\text{valor } 1 - \text{valor médio})^2 + (\text{valor } 2 - \text{valor médio})^2 + ... + (\text{valor } n - \text{valor médio})^2]}{n}$$

$$\text{Desvio-padrão populacional} = \sqrt{\text{variância populacional}}$$

TABELA 6 Notas do atleta B na série de 10 saltos

Salto	1	2	3	4	5	6	7	8	9	10
Nota	7	4	7,5	8	7,5	10	7	8	10	8

Verifique que as medidas de posição central são iguais para os atletas A e B: média: 7,7; moda: 8; mediana: 7,75.

Em função de boas propriedades estatísticas (esse ponto será discutido brevemente na seção sobre inferência estatística), quando se consideram valores amostrais (e não populacionais), convém substituir o n do denominador por $n - 1$. Com isso, a variância amostral é calculada por:

$$\text{Variância amostral} = \frac{[(\text{valor } 1 - \text{valor médio})^2 + (\text{valor } 2 - \text{valor médio})^2 + ... + (\text{valor } n - \text{valor médio})^2]}{(n - 1)}$$

$$\text{Desvio-padrão amostral} = \sqrt{\text{variância amostral}}$$

Como a variância utiliza valores elevados ao quadrado, o problema dos casos negativos é corrigido facilmente. Porém, a variância tem unidade de medida elevada ao quadrado. Se a medida em questão for o perímetro de braço em cm, a variância será em cm². Assim, retirando a raiz quadrada, tem-se o desvio-padrão, cuja unidade de medida é a mesma que a da variável de interesse – no caso do perímetro de braço, a unidade é cm.

OUTRAS MEDIDAS DE POSIÇÃO

Dependendo do conjunto de dados, pode haver interesse em conhecer outras medidas de posição, que não apenas a média ou a mediana. Duas delas são intuitivas e já foram abordadas rapidamente: o valor mínimo e o valor máximo. Além dessas, pode-se tratar dos quantis. Um quantil Q de ordem q $(0 < q < 1)$ é um valor que divide as observações de modo que $100 \times q\%$ delas sejam menores que Q. A mediana, por exemplo, é um quantil de ordem $q = 0,50$, pois ela é quem divide as observações ao meio (50%). No caso da nota dos dez saltos dos atletas, é a mediana que deixa cinco pontuações inferiores e cinco superiores a ela.

Em uma análise de bem-estar com uma amostra de 100 idosos, pode ser interessante avaliar com mais cautela aqueles que apresentem os registros de glicemia em jejum mais baixos e mais elevados. Para tanto, pode ser de interesse observar o quantil de ordem 0,25 e 0,75, também conhecidos como 1º quartil e 3º quartil da variável de glicemia em jejum, respectivamente. Esses quartis separarão os 25% dos idosos com índices de glicemia em jejum mais baixos e os 25% com índices mais elevados.

Também aparecem em estudos a denominação percentis. O 25º percentil é aquele valor que separa 25% das observações da amostra abaixo dele, ou seja, é o mesmo valor que o 1º quartil. O 10º percentil, por sua vez, deixa 10% das observações com valores inferiores a ele. Já o 90º percentil marca a posição que separa 90% das observações com valores mais baixos que ele.

O cálculo manual dos quantis exige o conceito de função de distribuição empírica dos dados, que não será abordado neste capítulo. Porém, o cálculo de quantis em planilhas de dados é bastante simples, bastando encontrar a fórmula adequada (que pode ser diferente em cada programa). Em geral, há fórmulas de percentis e quartis para diferentes probabilidades desejadas.

Cabe ressaltar que as tabelas com percentis são um dos meios mais utilizados para a elaboração de normas referenciais. No Capítulo 1, este tema foi abordado em detalhe. A título de exemplificação, se for desejável elaborar um sistema de graduação com cinco faixas (A, B, C, D e E), pode-se utilizar os quintis, isto é, quantis de ordem 0,20, 0,40, 0,60 e 0,80, para dividir o total das observações em cinco faixas, cada qual com 20% da amostra.

NOTAÇÕES DE VARIÁVEIS E DE MEDIDAS-RESUMO

Em estatística, uma variável costuma ser grafada com uma letra maiúscula do alfabeto: X, Y, Z etc. No caso do salto do atleta A, pode-se nomear a nota como X. Então, para diferenciar a nota de cada salto, utilizam-se índices: $X1$, $X2$, $X3$, ..., $X10$. As notas do atleta B poderiam ser nomeadas como Y e, para diferenciar cada salto, tem-se $Y1$, $Y2$, $Y3$, ..., $Y10$. É conveniente conhecer essa notação, uma vez que ela é praticamente universal no campo da estatística. Além disso, outro símbolo bastante empregado é o de somatório, representado pela letra grega sigma maiúscula (Σ).

As medidas-resumo também têm certos tipos de notação, e a Tabela 7 resume as informações sobre as principais medidas abordadas neste capítulo, suas notações e formas de cálculo.

EXEMPLOS PARA VARIÁVEIS QUANTITATIVAS DO CONJUNTO DE DADOS

A organização das medidas-resumo facilita o entendimento de fenômenos associados à amostra ou a populações em estudo. Uma sugestão de tabela de medidas-resumo para algumas das variáveis quantitativas do conjunto de dados de Böhme é apresentada na Tabela 8. Além das medidas apresentadas, é interessante registrar na tabela o número total de observações válidas (N), quando ocorrer dados faltantes.

TABELA 7 Principais medidas-resumo, descrição, notação e forma de cálculo para a variável X, com observações x_i, para i de 1 até n

Medida-resumo	O que é	Notação	Como calcular
Média	É uma medida de posição central dos dados. É bastante influenciada por pontos discrepantes (com valores muito altos ou muito baixos)	$\bar{x}$	$\dfrac{\sum_{i=1}^{n} x_i}{n}$
Mediana	É uma medida de posição central dos dados menos influenciada por valores discrepantes (robusta)	$Md(X)$	Para n ímpar $= x_{\left(\frac{n+1}{2}\right)}$ Para n par $= \dfrac{x_{\left(\frac{n}{2}\right)} + x_{\left(\frac{n+1}{2}\right)}}{2}$
Moda	É o valor mais frequente em uma amostra ou população	$Mo(X)$	Buscar o valor mais frequente (pode haver mais de um)
Amplitude	É uma medida bastante direta de dispersão dos dados	$Amplitude(X)$	Valor máximo $(x_{(n)})$ − valor mínimo $(x_{(1)})$
Desvio médio	É uma medida de dispersão dos dados que fornece uma ideia de quanto as observações se afastam da média	$DM(X)$	$\dfrac{\sum_{i=1}^{n} |x_i - \bar{x}|}{n}$
Variância populacional	Apresenta a dispersão dos dados em relação à média. Sua unidade de medida é o quadrado da unidade original	$Var(X)$ ou $\sigma^2(X)$	$\dfrac{\sum_{i=1}^{n} (x_i - \bar{x})^2}{n}$
Desvio-padrão populacional	Oferece a dispersão dos dados em relação à média na unidade de medida original da variável. É a raiz quadrada da variância populacional	$DP(X)$ ou $\sigma(X)$	$\sqrt{\dfrac{\sum_{i=1}^{n} (x_i - \bar{x})^2}{n}}$
Variância amostral	Apresenta a dispersão dos dados em relação à média. Sua unidade de medida é o quadrado da unidade original	$Var(X)$ ou $s^2(X)$	$\dfrac{\sum_{i=1}^{n} (x_i - \bar{x})^2}{n-1}$
Desvio-padrão amostral	Oferece a dispersão dos dados em relação à média na unidade de medida original da variável. É a raiz quadrada da variância amostral	$DP(X)$ ou $s(X)$	$\sqrt{\dfrac{\sum_{i=1}^{n} (x_i - \bar{x})^2}{n-1}}$

Pela Tabela 8, é possível verificar que, em média, os estudantes realizam 14,9 abdominais, com desvio-padrão de 4,3 abdominais. O valor mínimo registrado em força de braço foi de 115 cm, e o valor máximo, de 560 cm. Ao todo, 50% dos estudantes têm força de perna registrada menor ou igual a 139,5 cm e 25% dos alunos têm flexibilidade superior a 54 cm. Há observações faltantes nas quatro variáveis apresentadas.

GRÁFICOS PARA VARIÁVEIS QUANTITATIVAS

As variáveis quantitativas discretas, em geral, podem ser representadas pelos mesmos gráficos que as variáveis qualitativas: setores ou barras/colunas. Se a quantidade de tipos de respostas for muito alta, o gráfico de setores fica inviável, pois a leitura é dificultada. Para variáveis quantitativas contínuas, há outras possibilidades visuais que tornam a compreensão mais imediata.

Um gráfico muito importante e bastante utilizado é o histograma. Aparentemente, o histograma é parecido com o gráfico de barras. No entanto, um observador atento verá que o eixo horizontal apresenta os valores contínuos da variável em análise e as barras são contíguas. Costuma-se utilizar barras com a mesma amplitude na horizontal, mas isso não é uma regra.

O fundamental é que a área de cada coluna represente a frequência relativa da respectiva faixa de valores. Para tanto, a altura da coluna deve corresponder ao que se chama densidade. Assim, para cada coluna,

TABELA 8 Número de observações válidas (N), média, desvio-padrão, mínimo, 1º quartil, mediana, 3º quartil e máximo para algumas das variáveis quantitativas do conjunto de dados de Böhme

Variável	Número de observações válidas (N)	Média	Desvio--padrão	Mínimo	1º quartil	Mediana	3º quartil	Máximo
Força de braço (cm)	1.339	259,7	75,1	115	200	250	305	560
Força de perna (cm)	1.331	141,9	26,6	62	124,7	139,5	155,7	257
Flexibilidade (cm)	1.337	49	7,3	28	44	49	54	70
Força abdominal (número de vezes)	1.305	14,9	4,3	2	12	15	18	30

Classe	Meio da classe	Frequência absoluta	Frequência relativa
100-≤ 150	125	35	0,0261
150-≤ 200	175	247	0,1845
200-≤ 250	225	370	0,2763
250-≤ 300	275	291	0,2173
300-≤ 350	325	226	0,1688
350-≤ 400	375	92	0,0687
400-≤ 450	425	49	0,0366
450-≤ 500	475	21	0,0157
500-≤ 550	525	5	0,0037
550-≤ 600	575	3	0,0022

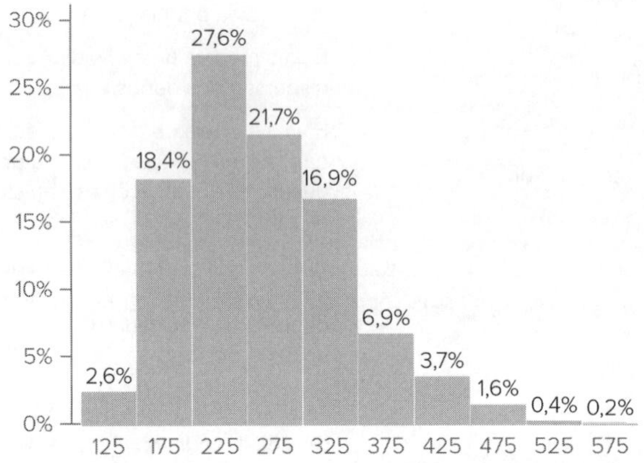

FIGURA 5 Tabela de frequência e histograma para a variável força de braço.

tem-se: base = amplitude da coluna; altura = frequência/amplitude da coluna; área = base × altura.

Há tutoriais disponíveis na internet[9] sobre como construir histogramas em *softwares* como o *LibreOffice Calc* ou o *Microsoft Excel*. Trata-se de um gráfico não tão imediato, pois é necessário criar as classes ou intervalos na variável de interesse para, então, calcular as frequências e construir o histograma. A Figura 5 apresenta a tabela de frequências com o respectivo histograma para a variável força do braço. A definição das classes é arbitrária. Deve-se apenas tomar cuidado para não produzir um número excessivo de classes, pois isso dificulta a compreensão.

Um segundo tipo de gráfico muito utilizado para variáveis quantitativas é o *boxplot*. Ele é construído utilizando as informações dos quartis, apresentados anteriormente, com a mediana e o intervalo interquartil, que equivale à distância do 3º quartil - 1º quartil. O *boxplot*, apesar de muito informativo, ainda não está implementado na maior parte das planilhas de dados. Porém, há tutoriais que mostram como executá-lo.[10]

Também podem ser encontrados macros na internet que facilitam sua elaboração.

A Figura 6 apresenta um *boxplot* hipotético, com todas as marcações e componentes do gráfico. Assim como o histograma, o *boxplot* fornece de modo imediato uma noção da dispersão dos dados. As bordas da caixa são marcadas nos valores do 1º e 3º quartis. Dentro da caixa está representada a mediana. O intervalo interquartil (d) é utilizado para delimitar os pontos que serão considerados discrepantes (*outliers*).

No exemplo fictício, há valores baixos discrepantes, ou seja, que estão 1,5 × d abaixo do 1º quartil. Pontos *outliers* com valores altos ficam 1,5 × d acima do 3º quartil, o que não ocorreu na Figura 6. A partir da observação direta, pode-se verificar se ocorre ou não assimetria, ou seja, se os valores estão concentrados ou dispersos em algum dos trechos. No caso, as distâncias da mediana para o 1º quartil e para o mínimo são maiores que para o 3º quartil e o máximo, respectivamente. Com isso, é possível afirmar que as observações com valores mais altos estão

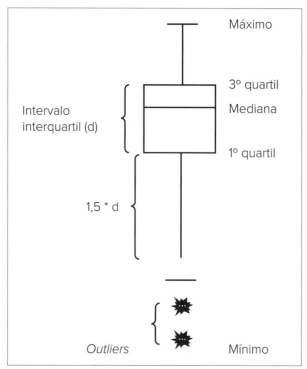

FIGURA 6 *Boxplot* hipotético, sem escala, apresentando os elementos desse tipo de gráfico.

concentradas, e as com valores mais baixos, dispersas. A Figura 7 traz o *boxplot* para a variável força de braço.

Pelo gráfico, pode-se notar que há vários pontos discrepantes com altos valores de força de braço. As observações com valores mais baixos de força de braço estão mais concentradas, o que mostra que a força de braço é um atributo assimétrico na amostra de estudantes. Nota-se que a mediana da variável se encontra em 250 cm e que apenas 25% das observações possuem valores superiores a 305 cm.

PADRONIZAÇÃO OU ESCORE-Z

Um termo frequentemente utilizado em educação física e esporte é o escore-z, resultante de uma padronização dos dados. Para tratarmos do escore-z é necessário o conhecimento básico de distribuição de probabilidade. No século XVIII, os matemáticos Abraham de Moivre e Pierre-Simon Laplace, independentemente, trabalharam com aproximações para a chamada distribuição normal, em formato de sino, que viria a ser formalizada no século posterior por Carl Friedrich Gauss – e recebeu o nome também de distribuição gaussiana.

Uma distribuição de probabilidade busca descrever o comportamento de um fenômeno aleatório. No caso, por exemplo, de sucessivos lançamentos de uma moeda, o número de coroas (ou caras) deverá se comportar

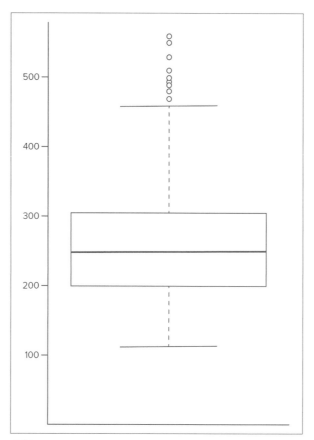

FIGURA 7 *Boxplot* para a variável força de braço (em cm).

aproximadamente segundo uma distribuição normal. *Softwares* estatísticos e planilhas de dados possuem funções para simular números aleatórios. Com esses números gera-se uma situação análoga a um indivíduo realizando 1.000 séries de 100 lançamentos de uma moeda honesta. A cada série, ele registra o total de coroas nos 100 lançamentos: na primeira, obtém 58; na segunda, 47; na terceira, 42; e assim por diante. Então, esse indivíduo resolve plotar o histograma do número de coroas, apresentado na Figura 8. Sobre o histograma foi desenhada uma curva normal aproximada.

Pode-se observar que, realmente, o histograma se aproxima de um formato de sino. Quanto mais séries forem realizadas, melhor será a aproximação. Quando se trata de uma distribuição normal, há medidas bem conhecidas e estudadas pela probabilidade, que especificam o tamanho do conjunto de indivíduos que está em cada região da curva. A Figura 9 mostra o tamanho dos conjuntos de indivíduos em uma amostra que segue distribuição normal.

Quando uma variável segue a distribuição normal, apenas 0,3% dos indivíduos se afastam da média mais do que 3 desvios-padrão (σ). Ao mesmo tempo, cerca de 68,3% das observações se concentrarão em um

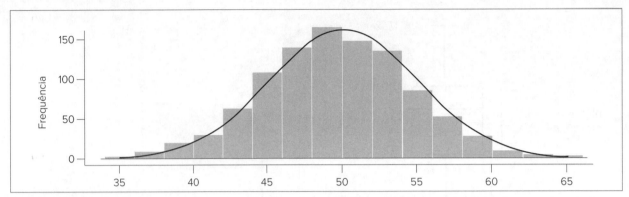

FIGURA 8 Histograma do número de coroas nas 1.000 séries de 100 lançamentos e a distribuição normal ajustada correspondente.

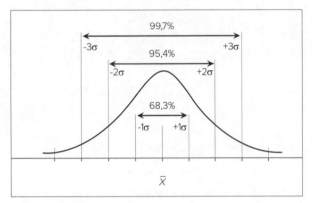

FIGURA 9 Percentual de indivíduos em uma distribuição normal, segundo a média e desvios-padrão (σ).

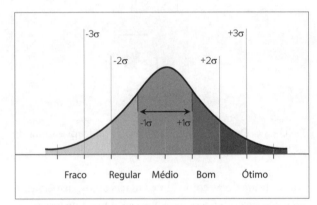

FIGURA 10 Uso da distribuição normal para classificação segundo a média e o desvio-padrão (σ).

desvio-padrão distante da média. Assim, após o cálculo da média e do desvio-padrão, se os resultados da amostra tiverem comportamento aproximadamente normal, é possível elaborar tabelas classificatórias. Um exemplo de utilização seria estabelecer os conceitos A, B, C, D e E, conforme a Figura 10:

Classificação:

A. Ótimo: valores superiores a $\bar{x} + 2\sigma$
B. Bom: valores superiores a $\bar{x} + \sigma$ e menores ou iguais a $\bar{x} + 2\sigma$
C. Médio: valores superiores a $\bar{x} - \sigma$ e menores ou iguais a $\bar{x} + \sigma$
D. Regular: valores superiores a $\bar{x} - 2\sigma$ e menores ou iguais a $\bar{x} - \sigma$
E. Fraco: valores menores ou iguais a $\bar{x} - 2\sigma$

No passado, quando não havia computadores à disposição, tabularam-se os valores para uma distribuição normal com média 0 e desvio-padrão 1. Com esses valores tabulados, foi possível comparar resultados de indivíduos. É necessário, então, proceder à padronização do desempenho do indivíduo (x), pela seguinte fórmula:

$$Z = \frac{x - \bar{x}}{\sigma}$$

O escore-z do indivíduo é exatamente a aplicação dessa regra: subtrai-se a média e, então, divide-se o resultado da subtração pelo desvio-padrão das observações. Suponha-se que o atleta J tenha obtido escore-z = 3. Isso significa que ele se encontra entre os 0,15% melhores do grupo. Já o atleta L obteve escore-z = 1,96, o que indica que ele se encontra entre os 2,5% melhores. Esses valores podem ser encontrados por meio da tabela de distribuição normal padrão, apresentada na Figura 11.

A tabela da Figura 11 deve ser utilizada da seguinte maneira:

- Calcula-se o escore-z. Por exemplo, 1,64.
- Localiza-se na primeira coluna vertical o valor anterior à vírgula e a primeira casa decimal. No caso, 1,6.

a	0,00	0,01	0,02	0,03	0,04	0,05	0,06	0,07	0,08	0,09
-3,0	0,0013	0,0013	0,0013	0,0012	0,0012	0,0011	0,0011	0,0011	0,0010	0,0010
-2,9	0,0019	0,0018	0,0018	0,0017	0,0016	0,0016	0,0015	0,0015	0,0014	0,0014
-2,8	0,0026	0,0025	0,0025	0,0023	0,0023	0,0022	0,0021	0,0021	0,0020	0,0019
-2,7	0,0035	0,0034	0,0033	0,0032	0,0031	0,0030	0,0029	0,0028	0,0027	0,0026
-2,6	0,047	0,0045	0,0044	0,0043	0,0041	0,0040	0,0039	0,0038	0,0037	0,0036
-2,5	0,0062	0,0060	0,0059	0,0057	0,0055	0,0054	0,0052	0,0051	0,0049	0,0048
-2,4	0,0082	0,0080	0,0078	0,0075	0,0073	0,0071	0,0069	0,0068	0,0066	0,0064
-2,3	0,107	0,0104	0,0102	0,0099	0,0096	0,0094	0,0091	0,0089	0,0087	0,0084
-2,2	0,0139	0,0136	0,0132	0,0129	0,0125	0,0122	0,0119	0,0116	0,0113	0,0110
-2,1	0,0179	0,0174	0,0170	0,0166	0,0162	0,0158	0,0154	0,0150	0,0146	0,0143
-2,0	0,0228	0,0222	0,0217	0,0212	0,0207	0,0202	0,0197	0,0192	0,0188	0,0183
-1,9	0,0287	0,0281	0,0274	0,0268	0,0262	0,0256	0,0250	0,0244	0,0239	0,0233
-1,8	0,0359	0,0351	0,0344	0,0336	0,0329	0,0322	0,0314	0,0307	0,0301	0,0294
-1,7	0,0446	0,0436	0,0427	0,0418	0,0409	0,0401	0,0392	0,0384	0,0375	0,0367
-1,6	0,0548	0,0537	0,0526	0,0516	0,0505	0,0495	0,0485	0,0475	0,0465	0,0455
-1,5	0,0668	0,0655	0,0643	0,0630	0,0618	0,0606	0,0594	0,0582	0,0571	0,0559
-1,4	0,0808	0,0793	0,0778	0,0764	0,0749	0,0735	0,0721	0,0708	0,0694	0,0681
-1,3	0,0968	0,0951	0,0934	0,0918	0,0901	0,0885	0,0869	0,0853	0,0838	0,0823
-1,2	0,1151	0,1131	0,1112	0,1093	0,1075	0,1056	0,1038	0,1020	0,1003	0,0985
-1,1	0,1357	0,1335	0,1314	0,1292	0,1271	0,1251	0,1230	0,1210	0,1190	0,1170
-1,0	0,1587	0,1562	0,1539	0,1515	0,1492	0,1469	0,1446	0,1423	0,1401	0,1379
-0,9	0,1841	0,1814	0,1788	0,1762	0,1736	0,1711	0,1685	0,1660	0,1635	0,1611
-0,8	0,2119	0,2090	0,2061	0,2033	0,2005	0,1977	0,1949	0,1922	0,1894	0,1867
-0,7	0,2420	0,2389	0,2358	0,2327	0,2296	0,2266	0,2236	0,2206	0,2177	0,2148
-0,6	0,2743	0,2709	0,2676	0,2643	0,2611	0,2578	0,2546	0,2514	0,2483	0,2451
-0,5	0,3085	0,3050	0,3015	0,2981	0,2946	0,2912	0,2877	0,2843	0,2810	0,2776
-0,4	0,3446	0,3409	0,3372	0,3336	0,3300	0,3264	0,3228	0,3192	0,3156	0,3121
-0,3	0,3821	0,3783	0,3745	0,3707	0,3669	0,3632	0,3594	0,3557	0,3520	0,3483
-0,2	0,4207	0,4168	0,4129	0,4090	0,4052	0,4013	0,3974	0,3936	0,3897	0,3859
-0,1	0,4602	0,4562	0,4522	0,4483	0,4443	0,4404	0,4364	0,4325	0,4286	0,4247
0,0	0,5000	0,4960	0,4920	0,4880	0,4840	0,4801	0,4761	0,4721	0,4681	0,4641

a	0,00	0,01	0,02	0,03	0,04	0,05	0,06	0,07	0,08	0,09
0,0	0,5000	0,5040	0,5080	0,5120	0,5160	0,5199	0,5239	0,5279	0,5319	0,5359
0,1	0,5398	0,5438	0,5478	0,5517	0,5557	0,5596	0,5636	0,5675	0,5714	0,5753
0,2	0,5793	0,5832	0,5871	0,5910	0,5948	0,5987	0,6026	0,6064	0,6103	0,6141
0,3	0,6179	0,6217	0,6255	0,6293	0,6331	0,6368	0,6406	0,6443	0,6480	0,6517
0,4	0,6554	0,6591	0,6628	0,6664	0,6700	0,6736	0,6772	0,6808	0,6844	0,6879
0,5	0,6915	0,6950	0,6985	0,7019	0,7054	0,7088	0,7123	0,7157	0,7190	0,7224
0,6	0,7257	0,7291	0,7324	0,7357	0,7389	0,7422	0,7454	0,7486	0,7517	0,7549
0,7	0,7580	0,7611	0,7642	0,7673	0,7704	0,7734	0,7764	0,7794	0,7823	0,7852
0,8	0,7881	0,7910	0,7939	0,7967	0,7995	0,8023	0,8051	0,8078	0,8106	0,8133
0,9	0,8159	0,8186	0,8212	0,8238	0,8264	0,8289	0,8315	0,8340	0,8365	0,8389
1,0	0,8413	0,8438	0,8461	0,8485	0,8508	0,8531	0,8554	0,8577	0,8599	0,8621
1,1	0,8643	0,8665	0,8686	0,8708	0,8729	0,8749	0,8770	0,8790	0,8810	0,8830
1,2	0,8849	0,8869	0,8888	0,8907	0,8925	0,8944	0,8962	0,8980	0,8997	0,9015
1,3	0,9032	0,9049	0,9066	0,9082	0,9099	0,9115	0,9131	0,9147	0,9162	0,9177
1,4	0,9192	0,9207	0,9222	0,9236	0,9251	0,9265	0,9279	0,9292	0,9306	0,9319
1,5	0,9332	0,9345	0,9357	0,9370	0,9382	0,9394	0,9406	0,9418	0,9429	0,9441
1,6	0,9452	0,9463	0,9474	0,9484	0,9495	0,9505	0,9515	0,9525	0,9535	0,9545
1,7	0,9554	0,9564	0,9573	0,9582	0,9591	0,9599	0,9608	0,9616	0,9625	0,9633
1,8	0,9641	0,9649	0,9656	0,9664	0,9671	0,9678	0,9686	0,9693	0,9699	0,9706
1,9	0,9713	0,9719	0,9726	0,9732	0,9738	0,9744	0,9750	0,9756	0,9761	0,9767
2,0	0,9772	0,9778	0,9783	0,9788	0,9793	0,9798	0,9803	0,9808	0,9812	0,9817
2,1	0,9821	0,9826	0,9830	0,9834	0,9838	0,9842	0,9846	0,9850	0,9854	0,9857
2,2	0,9861	0,9864	0,9868	0,9871	0,9875	0,9878	0,9881	0,9884	0,9887	0,9890
2,3	0,9893	0,9896	0,9898	0,9901	0,9904	0,9906	0,9909	0,9911	0,9913	0,9916
2,4	0,9918	0,9920	0,9922	0,9925	0,9927	0,9929	0,9931	0,9932	0,9934	0,9936
2,5	0,9938	0,9940	0,9941	0,9943	0,9945	0,9946	0,9948	0,9949	0,9951	0,9952
2,6	0,9953	0,9955	0,9956	0,9957	0,9959	0,9960	0,9961	0,9962	0,9963	0,9964
2,7	0,9965	0,9966	0,9967	0,9968	0,9969	0,9970	0,9971	0,9972	0,9973	0,9974
2,8	0,9974	0,9975	0,9976	0,9977	0,9977	0,9978	0,9979	0,9979	0,9980	0,9981
2,9	0,9981	0,9982	0,9982	0,9983	0,9984	0,9984	0,9985	0,9985	0,9986	0,9986
3,0	0,9987	0,9987	0,9987	0,9988	0,9988	0,9989	0,9989	0,9989	0,9990	0,9990

FIGURA 11 Valores da distribuição normal padrão para análise do escore-z.
Disponível em: http://www.leg.ufpr.br/~silvia/CE001/tabela-normal.pdf.

- Busca-se na primeira linha o valor da segunda casa decimal. No exemplo, 0,04.
- No interior da tabela haverá o percentual aproximado de atletas com desempenho inferior, conforme o escore-z. Aqui, 94,95% ou aproximadamente 95%. Isso significa que, com escore-z de 1,64, o atleta se encontra entre os 5% melhores.

Teste-se para outros valores de escore-z, como $-1,64$, $-1,28$, $1,28$, $2,34$. Veja que a distribuição normal é simétrica, isto é, o lado positivo de escore-z espelha o lado negativo. Do ponto de vista do treinamento, é interessante notar que o escore-z pode ser utilizado para comparar atletas em uma mesma modalidade ou os resultados de um mesmo atleta em modalidades distintas, sendo assim bastante versátil.

ANÁLISE INFERENCIAL

A inferência estatística é o ramo dessa ciência que busca obter conclusões válidas para a população a partir da amostra de dados coletada. Há diversos tipos de análises possíveis, e os tipos mais utilizados em educação física e esporte tratam da associação entre variáveis e testes de hipóteses. Novamente, o tipo de variável em questão é fundamental. Mas antes de passar a algumas das análises disponíveis, é necessário retomar um pouco da história da probabilidade, área que fundamenta a inferência estatística.

Já foi abordada brevemente a distribuição normal. Com ela, foi construído um resultado muito importante, chamado teorema do limite central, que aponta que, conforme o tamanho da amostra aumenta, a distribuição amostral da média se aproxima de uma distribuição normal. Com esse teorema, a inferência estatística criou, ao longo dos anos, uma série de bases para a construção de testes estatísticos. Outras distribuições relacionadas à distribuição normal foram estudadas e também são utilizadas em procedimentos.

Alguns deles serão tratados aqui, começando pela associação de variáveis qualitativas. No conjunto de dados, pode haver interesse em avaliar se o sexo do estudante e o tipo de instituição estão relacionados. Para tanto, um procedimento recomendável é construir tabelas de contingência (ou dupla entrada). Esse recurso apresenta as contagens conjuntas e as porcentagens (por linha ou coluna) para cada combinação das duas variáveis. A Tabela 9 traz a distribuição conjunta de sexo e tipo de instituição.

Pela tabela, é possível observar que a variável sexo dos estudantes parece estar associada ao tipo de institui-

TABELA 9 Número de observações e percentual por linha para as variáveis sexo e tipo de instituição

Sexo	Tipo de instituição		
	Pública	Privada	Total
Masculino	276 (38,6%)	439 (61,4%)	715 (49,2%)
Feminino	222 (30%)	517 (70%)	739 (50,8%)
Total	498 (34,3%)	956 (65,7%)	1.454 (100%)

ção de ensino, pois há proporcionalmente mais homens na rede pública do que mulheres (e na rede privada ocorre o contrário). Resta verificar se essa aparente associação tem significância estatística.

Para tanto, há um teste para verificar a independência ou associação entre as variáveis chamado teste qui-quadrado. O teste tem esse nome pois utiliza a distribuição qui-quadrado. Diversos *softwares* já têm implementado o algoritmo do teste e, normalmente, ele é realizado a partir de uma tabela de dupla entrada fornecida. Basicamente, o teste utiliza estatística Q^2, que é calculada levando em conta valores observados e esperados para cada célula.

Por formulação histórica, um teste estatístico costuma ter duas hipóteses: a hipótese nula (H_0) e a hipótese alternativa (H_A). No exemplo de sexo e tipo de instituição, as hipóteses seriam:

- H_0: as variáveis sexo e tipo de instituição são independentes
- H_A: há algum tipo de associação entre as variáveis

O desejo de todo pesquisador é aceitar H_0 sempre que ela for verdadeira e rejeitar H_0 somente quando H_A for verdadeira. Esse seria o melhor dos mundos: acertar sempre. Porém, como a estatística trabalha com a incerteza, seria adequado só rejeitar H_0 quando a probabilidade de ela ser verdadeira é muito baixa. Essa probabilidade de rejeitar H_0 quando ela é verdadeira recebe o nome técnico de erro de tipo I. O erro de tipo II é a probabilidade de aceitar H_0 quando ela é falsa. Há uma vasta teoria de formulação de testes de hipóteses que é muito cara aos especialistas da estatística.

Para efeitos de interpretação, basta saber que um resultado de teste estatístico clássico costuma oferecer o chamado valor-P (ou P-valor), que é o nível descritivo de um teste. Se você deseja estabelecer que o erro de tipo I não pode ultrapassar 5%, ou seja, você não quer rejeitar por engano H_0 em mais de 5% das vezes, então, se o teste estatístico retornar um valor-P inferior a 5%, é porque você deve rejeitar H_0. A Tabela 10 apresenta os valores observados e esperados para sexo e tipo de instituição. Os valores esperados são calculados multiplicando os totais por linha e coluna referentes a cada casela e dividindo pelo total de observações.

No caso, o valor-P retornado pelo teste foi de 0,00058, que é bastante inferior a 5% (0,05). Com isso, temos evidência para rejeitar H_0 e afirmar que há associação estatística significativa entre as variáveis sexo e tipo de instituição de origem.

Cabe ponderar que se a tabela de valores esperados tiver frequências inferiores a 5 ocorrências, o teste qui-quadrado poderá não levar a conclusões adequadas. Para contornar o problema, há outros testes possíveis, como o teste exato de Fisher. O objetivo aqui foi apresentar esquematicamente uma possibilidade de análise, sem a pretensão de explicar o desenvolvimento estatístico subjacente. Mais informações podem ser encontradas na literatura.[1,8,11]

ASSOCIAÇÃO ENTRE VARIÁVEIS QUANTITATIVAS

Entre variáveis quantitativas, é possível calcular a associação por meio do coeficiente de correlação linear de Pearson. Tome-se o caso da força de braço e da força de perna. O coeficiente de correlação pode ser obtido facilmente na planilha eletrônica por meio de fórmula. O resultado apresentado é de uma correlação positiva de 0,6911. Isso significa que, em geral, quanto maior a força de braço, maior a força de perna. A correlação máxima obtida seria 1. O gráfico de dispersão, disponível em qualquer planilha eletrônica, pode ser empregado para visualizar essa correlação, conforme a Figura 12.

TABELA 10 Valores observados e esperados para sexo e tipo de instituição

Sexo	Tipo de instituição Pública	Privada	Total
Valores observados			
Masculino	276	439	715
Feminino	222	517	739
Total	498	956	1.454
Valores esperados			
Masculino	$\frac{715 \times 498}{1.454} = 244,9$	$\frac{715 \times 956}{1.454} = 470,1$	
Feminino	$\frac{739 \times 498}{1.454} = 253,1$	$\frac{739 \times 956}{1.454} = 485,9$	

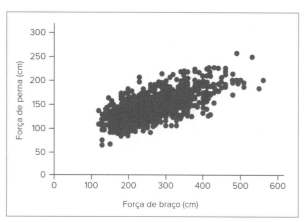

FIGURA 12 Gráfico de dispersão da força de braço pela força de perna.

Se o interesse for explicar a força de perna (variável resposta) por meio de outras variáveis, como sexo, idade e força de braço, há o recurso de criar modelos de regressão linear. As planilhas de dados já têm implementados os recursos para esse tipo de análise. Como há uma série de suposições que devem ser satisfeitas para o bom ajuste de modelos de regressão, pode ser necessário consultar fontes especializadas. Estudos como análise de variância (ANOVA) são casos particulares de modelos de regressão, em que há apenas variáveis explicativas qualitativas. No trabalho de Bussab e Morettin,[8] é possível obter mais informações sobre esse tipo de solução.

TESTES DE MÉDIAS

Por fim, pode ser de interesse testar se médias de dois grupos distintos são iguais ou se um grupo de indivíduos, após o treinamento, passou por evolução estatisticamente significativa do desempenho. Para tanto, estão disponíveis os Testes t de Student, não pareados (para grupos distintos e independentes) ou pareados (quando se deseja observar a diferença de desempenhos em dois instantes). Em geral, se o tamanho amostral for grande, é possível aplicar Teste t, uma vez que as suposições para que funcione bem devem ser satisfeitas. Para aprofundamento, é possível consultar Bussab e Morettin.[8] Nos casos em que o Teste t não puder ser realizado, há outras alternativas, como o teste de Wilcoxon.

CONSIDERAÇÕES FINAIS

O objetivo deste capítulo foi pontuar alguns dos tipos de análise descritiva e inferencial mais utilizados em educação física e esporte, facilitando a compreensão de ferramentas matemáticas de modo bastante direto e, sempre que possível, indicando recursos computacionais.

Evidentemente, a gama de estudos possíveis não se esgota aqui. A cada dia surgem técnicas mais sofisticadas para estudar a incerteza ligada ao desempenho humano. Estudos longitudinais, que acompanham indivíduos ao longo do tempo, podem ser abordados por variadas perspectivas que vão de séries temporais a modelos de regressão com efeitos aleatórios para casos de medidas repetidas. Também não foram alvo deste capítulo as técnicas de análise multivariada, frequentemente utilizadas na validação de questionários (análise fatorial), por exemplo.

É fundamental que o profissional de educação física e esporte seja capaz de dialogar com analistas de dados, a fim de obter resultados satisfatórios para os dados que coletar. Ainda é possível recomendar outras bibliografias na área, que complementam o que foi tratado aqui.[12,13]

RESUMO

Técnicas estatísticas estão disponíveis para facilitar a compreensão de conjuntos de dados. Neste capítulo, foram abordadas as principais formas de representação gráfica conforme os tipos de variáveis (qualitativas ou quantitativas). Também foram caracterizadas as principais medidas-resumo. Com esse ferramental, o profissional de educação física e esporte é capaz de fornecer um material qualificado dos conjuntos de dados oriundos de seu cotidiano profissional ou acadêmico.

Foram abordadas brevemente algumas das técnicas mais utilizadas para verificar associação entre variáveis, sejam elas qualitativas ou quantitativas.

Questões para reflexão

1. Descreva um possível estudo de interesse elencando dez variáveis a serem registradas. Classifique cada uma das variáveis segundo o tipo e organize uma planilha de dados hipotética especificando um dicionário de variáveis.

2. Calcule o desvio médio para o atleta A sem utilizar a função módulo. Verifique que a soma dos valores é 0. Quais alternativas você recomendaria para apresentar a variabilidade dos dados? Justifique sua resposta.

3. Com base no banco de dados disponível em http://www.eefe.usp.br/lateca/material/base_de_dados.xlsx, elabore uma tabela com as medidas-resumo para as variáveis: resistência aeróbia (em metros percorridos), peso (em quilos), estatura (em centímetros), perímetro de braço (em centímetros), perímetro abdominal (em centímetros), dobra cutânea subescapular (em milímetros), dobra cutânea triciptal (em milímetros), dobra cutânea abdominal (em milímetros) e soma das dobras (em milímetros). Siga o modelo da Tabela 8, analise e faça considerações sobre os resultados.

REFERÊNCIAS BIBLIOGRÁFICAS

1. Magalhães MN, Lima ACP. Noções de probabilidade e estatística. 7.ed. São Paulo: IME-USP; 2015.
2. Montgomery DC. Design and analysis of experiments. John Wiley & Sons; 2008.
3. Böhme MTS. Aptidão física e crescimento físico de escolares de 7 a 17 anos de Viçosa, MG. Rev Min Educ Fís. 1996;4:45-60.
4. LibreOffice The Document Foundation. Calc | LibreOffice – A melhor suíte office livre. Disponível em: https://pt-br.libreoffice.org/descubra/calc/. Acesso em: 18/9/2017.
5. The Comprehensive R Archive Network. Disponível em: https://cran.r-project.org/. Acesso em: 18/9/2017.
6. Associação Brasileira de Empresas de Pesquisa (Abep). Critério Brasil 2015 e atualização da distribuição de classes para 2016. Disponível em: www.abep.org/Servicos/Download.aspx?id=12. Acesso em: 18/9/2017.
7. LibreOffice Help. Criar tabelas dinâmicas. Disponível em: https://help.libreoffice.org/Calc/Creating_Pivot_Tables/pt-BR. Acesso em: 18/9/2017.
8. Bussab WO, Morettin PA. Estatística básica. São Paulo: Saraiva; 2010.
9. WikiEducator. Creating a histogram in OpenOffice Calc. Disponível em: http://wikieducator.org/OpenOffice/Calc_3/Histogram. Acesso em: 19/9/2017.
10. Capela MV, Capela JMV. Elaboração de gráficos box-plot em planilhas de cálculo. Congresso de Matemática Aplicada e Computacional da Região Sudeste – CNMAC Sudeste. Vol. 1. 2011. Disponível em: www.sbmac.org.br/cmac-se2011/trabalhos/PDF/235.pdf. Acesso em: 19/9/2017.
11. Tritschler K, Harold MB, Rosemary MG. Medida e avaliação em educação física e esportes de Barrow & McGee. 5.ed. Barueri: Manole; 2003.
12. Baumgartner T, Jackson ATS, Mahar M, Rowe DA. Measurement for evaluation in physical education and exercise science. McGraw-Hill; 2006.
13. Morrow Jr. J, Mood D, Disch, J, Kang M. Measurement and evaluation in human performance. 5.ed. Human Kinetics; 2015.

Seção 2

Avaliação de aspectos comuns em educação física e esporte

Capítulo 4

Aspectos fisiológicos

Flávio Oliveira Pires
Ricardo Yukio Asano
Cayque Brietzke
Paulo Estevão Franco-Alvarenga

Objetivos do capítulo

▶ Conhecer os aspectos fisiológicos e conceituais relacionados à avaliação da potência aeróbia.
▶ Conhecer os fatores limitantes do desempenho aeróbio em testes com carga incremental até a exaustão.
▶ Conhecer os fatores limitantes do desempenho em cargas constantes em diferentes intensidades do exercício aeróbio e suas relações com os limiares fisiológicos.

INTRODUÇÃO

A capacidade de manutenção da potência muscular por período prolongado nos esportes (p. ex., maratona, triatlo, maratonas aquáticas, ciclismo de estrada) ou exercícios voltados para o condicionamento físico (p. ex., esteira, bicicleta ergométrica), entre outros, é relacionada à capacidade e potência aeróbia, ou também conhecidas como aptidão cardiorrespiratória. Portanto, é um desfecho comumente avaliado por profissionais de educação física.

Os protocolos de esforço máximo e submáximo exigidos nesses testes necessitam de ajustes fisiológicos complexos e de alta magnitude; com isso, é fundamental que o avaliador possua conhecimentos dos aspectos fisiológicos relacionados a esse tipo de esforço, seja para a segurança do avaliado, seja para a confiabilidade dos testes e o desfecho correto por parte do profissional de educação física. A seguir serão abordados os aspectos fisiológicos e conceituais necessários para a prática da avaliação de tais capacidades físicas.

ASPECTOS FISIOLÓGICOS E CONCEITUAIS RELACIONADOS AO DESEMPENHO AERÓBIO

A capacidade de realizar exercícios de forma contínua e de longa duração tem sido um fenômeno amplamente investigado e avaliado na educação física e nos esportes. Diferentemente de modalidades aeróbias intervaladas e com alternância da direção (p.ex., futebol e outras modalidades coletivas), a capacidade de realização de exercícios de *endurance* de média e longa duração como maratonas, ciclismo e triatlo é tradicionalmente associada a índices fisiológicos como a potência (PA) e a capacidade aeróbias (CA). Desta forma, protocolos aplicados na avaliação desses e de outros parâmetros, como a capacidade máxima de consumo de oxigênio (VO_{2MAX}), economia de movimento, limiares fisiológicos e máximo estado estável de lactato (MEEL) têm sido tradicionalmente interpretados como padrão para a avaliação e o entendimento do desempenho de *endurance*. Portanto, antes de aplicar testes para a avaliação desses parâmetros é necessário compreender as bases fisiológicas relacionadas aos protocolos do testes para capacidade aeróbia.

CONSUMO MÁXIMO DE OXIGÊNIO (VO_{2MAX}) E DESEMPENHO

A instalação da fadiga e da exaustão na avaliação e no desempenho de *endurance* estão relacionados ao VO_{2MAX}. Valores elevados desse parâmetro são encontrados em atletas de alto rendimento em provas de *endurance* como maratona, triatlo, ciclismo de estrada, travessias aquáticas e marcha atlética. Atualmente, o estado da arte relacionado ao VO_{2MAX} pode ser determinado da seguinte forma:

- O VO_{2MAX} é um importante parâmetro para determinação da capacidade aeróbia e cardiorrespiratória máxima, tanto para aptidão física como para saúde ou desempenho.
- Essa característica distingue atletas de *endurance* de alto rendimento, que lhes permite correr mais rápido

ao longo de períodos prolongados. O VO_{2MAX} é relacionado à maior força e/ou eficiência cardíaca, compatível com um pericárdio que pode acomodar uma grande quantidade de sangue de forma rápida para maximizar o mecanismo de Frank-Starling, resultando em um maior débito cardíaco. Entretanto, é necessário enfatizar que o VO_{2MAX} de um indivíduo depende de uma adequada integração entre sistema pulmonar, cardiovascular e muscular;

- Os fatores limitantes em teste de VO_{2MAX} em atletas são alterações funcionais em nível muscular local, como concentração de mitocôndrias, enzimas oxidativas, tipos de fibras predominantes, capilarização, entre outros, que limitam o consumo de oxigênio.

O VO_{2MAX} é uma medida relacionada à capacidade de manutenção da potência em esforços prolongados e está diretamente ligada à instalação da fadiga ou da exaustão. Os fatores limitantes do desempenho em atividades de longa duração podem ser caracterizados por inúmeros mecanismos (p. ex., biomecânicos, ambientais, mecânicos e psicológicos).

Abbiss e Laursen[1] realizaram uma revisão crítica e compilaram uma série de modelos de causa-efeito para explicar a fadiga em provas de ciclismo de longa distância. Um dos modelos é o cardiovascular/anaeróbio com as ideias iniciais de Hill e Lupton.[2] Nesse modelo, o exercício é limitado pela falta de capacidade do coração em suprir sangue oxigenado para os músculos ativos durante o exercício. A limitação de oxigênio associada à falta de capacidade dos músculos em utilizar oxigênio, que está relacionada ao tipo de fibra muscular, pode gerar um aumento no metabolismo anaeróbio e, consequentemente, no acúmulo de metabólitos como hidrogênio e lactato, promovendo a instalação da fadiga. Outro modelo é a relação suprimento/depleção de energia, em que a fadiga é induzida pela falta de disponibilidade de adenosina trifosfato (ATP). Dessa forma, a incapacidade dos sistemas fosfocreatina, glicose aeróbia, glicose anaeróbia e lipólise em ressintetizar ATP inibiria a contração muscular.

Estudos clássicos sobre fatores limitantes do VO_{2MAX} enfatizam a dependência de fatores cardiopulmonares, como disponibilidade de O_2 para os músculos em atividade. Porém, dados recentes comprovam de forma convincente que esses limites não devem existir. Resultados sobre os mecanismos subjacentes à fadiga muscular periférica em razão da incompatibilidade da oferta energética e da demanda energética estão esclarecendo os mediadores locais de fadiga no nível do músculo esquelético, embora a influência das vias de sinalização aferentes que comuniquem essas condições ambientais periféricas para o cérebro e os efeitos nos locais de integração central do controle cardiovascular e neuromotor ainda estejam sendo investigados.

Outro modelo proposto para a limitação do VO_{2MAX} diz respeito a mecanismos cardiorrespiratórios. Nesse modelo, não apenas o débito cardíaco (DC) máximo, mas também a ventilação pulmonar (V_E) máxima e a saturação arterial de O_2 seriam os principais limitadores do VO_{2MAX}. Estudos relacionam um elevado nível de VO_{2MAX} com fatores centrais, do ponto de vista cardiorrespiratório, como a capacidade máxima do débito cardíaco, determinada pela frequência cardíaca (FC) máxima multiplicada pelo maior volume de ejeção do ventrículo esquerdo, quantidade total de hemoglobina, concentração de capilares nos músculos esqueléticos utilizados no teste e, em alguns casos, a capacidade dos pulmões para oxigenar o sangue. Neste modelo, o sistema cardiovascular seria limitado em ofertar O_2 ao tecido periférico. Evidências a favor de tal hipótese foram obtidas em estudos que observaram aumento nos valores de VO_{2MAX} após elevação no débito cardíaco máximo ou no volume de ejeção, aumento na quantidade total de sangue e aumento da capilarização nos músculos exercitados após treinamento aeróbio. Outros estudos observaram que uma elevação do VO_{2MAX} ocorria quando havia maior oferta de O_2 no ambiente. Além disso, Joyner e Coyle[3] demonstraram que o metabolismo aeróbio diminui entre 5 a 8 minutos de exercício na carga correspondente ao VO_{2MAX}. Esse declínio foi acompanhado de diminuição do volume de ejeção e, consequentemente, redução do volume sanguíneo e de O_2 para os músculos ativos, bem como aumento do metabolismo anaeróbio.

Bassett e Howley[4] relatam que o VO_{2MAX} é limitado pela capacidade do sistema cardiorrespiratório em fornecer oxigênio para os músculos em atividade. Isso é mostrado por três linhas de evidência: 1) quando a oferta de oxigênio é alterada (por *dopping* sanguíneo, hipóxia ou betabloqueio), o VO_{2MAX} sofre alterações concomitantes; 2) o aumento do VO_{2MAX} com treinamento é acompanhado principalmente do aumento no débito cardíaco máximo, e não na diferença arteriovenosa de O_2; e 3) pequenos grupamentos musculares com alta perfusão durante o exercício garantem elevada capacidade de consumo de O_2. Portanto, o fornecimento de O_2 seria o fator limitante e não a extração deste pelos músculos esqueléticos.

Contudo, outras evidências mostraram que tais fatores provavelmente não limitam o VO_{2MAX} em sujeitos saudáveis. Observou-se, por exemplo, que a V_E máxima em um exercício incremental máximo é ligeiramente inferior à V_E voluntária máxima. Em adição, poucos são os indícios de que exista queda relevante da saturação arterial de O_2 durante exercício máximo, e a sugestão de que o DC máximo fosse o principal limitante do VO_{2MAX} também tem sido questionada. De acordo com essa premissa, a presença de um DC máximo implicaria a presença de um platô no DC de exercício, com subsequente isquemia do miocárdio. Entretanto, alguns estudos não foram capazes de demonstrar platô no DC em indivíduos treinados ou destreinados, durante exercícios máximos.[5] De fato, raras são as situações em que ocorre isquemia do miocárdio em sujeitos saudáveis. Consequentemente, o argumento de que o alcance do platô no DC seria o limitador do VO_{2MAX} abriu espaço para justificativas alternativas, como a teoria periférica, a qual considera a extração de O_2 tecidual durante o exercício como limite.

Defensores desse modelo tradicional de limitação cardiorrespiratória afirmam que, ao final de todo e qualquer exercício máximo, o consumo de oxigênio (VO_2) deve ser máximo (VO_{2MAX}), com a presença de um platô, indicando; a) o início da anaerobiose muscular, causada pela oferta inadequada de O_2, em razão do limitado DC máximo; e b) o início do recrutamento de todas as unidades motoras dos músculos ativos. O ponto central deste modelo é que os eventos descritos acima, a partir do alcance do VO_{2MAX}, indicam que um limite neurofisiológico foi alcançado.[6,7] Em exercício máximo com potência mecânica incremental, padrão para a identificação do VO_{2MAX}, o ponto em que não há mais aumento da oferta de oxigênio ao músculo ativo, causado pelo alcance do VO_{2MAX}, deve indicar o início da anaerobiose muscular.[2] Teoricamente, este ponto deveria indicar o recrutamento total das unidades motoras disponíveis no músculo ativo, coincidindo com o ponto de maior potência mecânica gerada pelo sujeito antes do declínio da potência. Entretanto, por ser uma premissa básica do modelo, estes eventos deveriam estar presentes não apenas em exercícios máximos de potência incremental mas, sobretudo, em qualquer tipo de exercício máximo onde seja possível observar o alcance do VO_{2MAX}. Por exemplo, em exercícios máximos de potência mecânica constante, durante os quais o VO_2 alcança valores próximos ao VO_{2MAX},[8] esta sequência de eventos deveria estar presente, evidenciando o alcance de um limite neurofisiológico também neste tipo de exercício.

No modelo de limitação periférica, a extração e a capacidade de respiração tecidual de O_2 são destacadas como fatores limitantes do VO_{2MAX}. Nesse modelo, é forte a sugestão de que a velocidade de extração e consumo mitocondrial de O_2 limitariam o VO_{2MAX}, uma vez que a velocidade de consumo de O_2 mitocondrial não atenderia à demanda energética do exercício. Evidências confirmando essa sugestão foram encontradas em estudos que verificaram um incremento no VO_{2MAX} associado a aumentos na concentração e na atividade de importantes enzimas oxidativas envolvidas no ciclo de Krebs e cadeia transportadora de elétrons, como a citrato sintase e a citocromo oxidase. Contudo, assim como na teoria da limitação central, a extração de O_2 tecidual e, principalmente, a capacidade de consumo de O_2 mitocondrial não impõem qualquer limite ao VO_{2MAX}, uma vez que a capacidade de respiração mitocondrial excede a O_2.

Independentemente disso, adaptações fisiológicas no VO_2 submáximo e máximo são fundamentais para melhorar o desempenho da *endurance*. O treinamento de *endurance* promove um aumento na atividade das enzimas mitocondriais, o que melhora o desempenho, aumentando a oxidação de gordura e diminuindo o acúmulo de lactato a um determinado VO_2.

PARÂMETROS FISIOLÓGICOS PARA DETERMINAÇÃO DO VO_{2MAX}

Desde a criação do conceito de VO_{2MAX}, o critério utilizado para validade dos resultados em testes incrementais tem sido duramente criticado. Para ser válido em todos os estudos experimentais, os critérios precisam ser independentes de modalidade de exercício, protocolo de teste e características dos sujeitos. Um procedimento que demonstrou efetividade para validação do VO_{2MAX} é uma fase de verificação, que consiste em uma corrida em velocidade constante supramáxima, na carga do estágio anterior ao VO_{2MAX} do teste incremental até a exaustão, realizada após um descanso de 5 a 15 minutos. Um pico de absorção de oxigênio (VO_{2PICO}) na fase de verificação, que é similar ao valor alcançado no teste incremental para a determinação do VO_{2MAX}, indica que o VO_{2MAX} foi realmente alcançado. Além disso, a verificação da FC máxima também é um indicador de que um indivíduo tenha alcançado o esforço máximo.

Um dos critérios mais estudados e discutidos é o platô de consumo de oxigênio. Esse fenômeno é inicialmente identificado quando ocorre uma estabilização ou um aumento inferior a 150 mL·min⁻¹ ou 2,1 mL·kg⁻¹·min⁻¹ no consumo de oxigênio, com o incremento da carga. Entretanto, muitos autores não encontraram estabilização, e outros critérios operacionais foram utilizados para identificá-los, tais como FC máxima prevista para a idade, razão de trocas respiratórias > 1 e concentrações sanguíneas de lactato acima de 10,2. Um número considerável de trabalhos discute o significado fisiológico do platô no VO_{2MAX} como critério para validade de protocolos. Alguns autores concluíram que o VO_{2MAX} parece ser uma variável fisiológica sensível, que sofre modificações de um dia para o outro, tornando a identificação do platô imprecisa.

Com a evolução dos analisadores de gases para mensuração do VO_2, tornou-se possível analisar, respiração a respiração, a resposta do consumo de oxigênio, assim como outros parâmetros ventilatórios e metabólicos. Entretanto, a maioria dos estudos mais antigos utilizou-se de médias de VO_2 dos últimos 30 ou 60 segundos na identificação do platô. Pesquisas conduzidas para testar a influência do tempo de análise produziram resultados conflitantes, principalmente pelas diferentes metodologias empregadas. Até que ponto o platô do consumo de oxigênio seja dependente do tempo de análise parece não estar estabelecido e ainda precisa ser determinado.

A escala de esforço percebido também tem sido utilizada como critério para validação de protocolos do VO_{2MAX}. Apesar disso, sua utilização com esses fins é muito criticada por ser uma medida unidimensional de esforço físico. Em adição, a escala visual analógica pode ser usada para avaliar aspectos tais como dor muscular, determinação e esforço global percebidos. Além disso, elas são fáceis de se aplicar e têm demonstrado boa confiabilidade e validade em ambientes clínicos e de saúde.[9]

PARÂMETROS DOS LIMIARES FISIOLÓGICOS

Desde a tradicional relação entre o metabolismo anaeróbio muscular e a capacidade de realizar exercício aeróbio estabelecida por Hill e Lupton,[2] as concentrações de lactato ([Lac]), V_E, VO_2 e VCO_2 têm sido algumas das principais variáveis fisiológicas associadas ao desempenho em eventos de longa duração ou, mais pontualmente, à ocorrência de fadiga e perda de rendimento nestes tipos de eventos. Em testes incrementais, é possível observar, em determinada carga de exercício (entre a intensidade moderada e pesada), um aumento exponencial de [Lac], V_E, da relação V_E/VO_2 e V_E/VCO_2, cujos parâmetros são associados aos limiares fisiológicos. A seguir serão abordados os aspectos fisiológicos desses parâmetros e suas relações com os limiares fisiológicos.

IDENTIFICAÇÃO DE LIMIARES FISIOLÓGICOS PELA CURVA DO LACTATO

O acúmulo de lactato muscular tem sido associado, historicamente, a uma oferta inadequada de oxigênio

mitocondrial. Esta proposta tem suporte em resultados que mostraram um incremento na produção de lactato muscular à medida que a oferta e o consumo de O_2 mitocondrial diminuía durante contrações musculares voluntárias ou estimulações elétricas. Esta proposta admite que a capacidade da cadeia respiratória seja diretamente dependente da disponibilidade de O_2 mitocondrial, e que o incremento da produção de lactato seja uma tentativa de compensar o aumento da taxa metabólica, à medida que a oferta de O_2 não atende à demanda imposta pelo exercício.

Estudos demonstraram limitações sobre esta teoria pois, primeiramente, deveria ocorrer queda na pressão celular de O_2 (PO_2) abaixo de níveis considerados críticos para que existisse aumento significativo na produção de lactato como resultado da hipóxia celular. Resultados de Richardson et al.[10] mostraram que os níveis de PO_2 encontrados durante o exercício ficam distantes dos níveis de PO_2 mitocondrial sugeridos como críticos, entre 0,1 e 0,5 Toor. A alta afinidade entre a molécula de O_2 e os elementos envolvidos em suas reações exige valores muito baixos de PO_2 para gerar queda do valor metabólico da via oxidativa. Em segundo lugar, estudos mais recentes propuseram outros fatores causais para o acúmulo de lactato no músculo e no sangue. O primeiro é o estado redox celular determinado pelas razões ADP/ATP e NADH/NAD, o qual pode limitar a oxidação do piruvato fazendo com que a sua formação exceda a sua utilização mitocondrial. Neste caso, o aumento da degradação da molécula de ATP e seus coprodutos pode causar elevação da relação ADP/ATP, aumentando as concentrações de piruvato por meio da ativação da GP, PFK e saturação da piruvato desidrogenase (PDH). Por fim, outros sugerem que o aumento das concentrações de epinefrina pode ocasionar elevações nas concentrações de lactato sem, no entanto, haver hipóxia celular.[10]

Independentemente dos fatores causais do aumento das concentrações de lactato ([Lac]), assim como de sua consequência para a capacidade de contração muscular, é sugerido que o seu acúmulo durante o exercício possa trazer implicações sobre o desempenho em eventos de média e longa duração, uma vez que o seu acúmulo seria um dos responsáveis pela inativação de enzimas glicolíticas (GP e PFK), oxidativas (citrato sintase e citocromo oxidase), além de acidificar o ambiente celular e induzir à queda na condutividade da membrana muscular.[11,12] Consequentemente, baseada na relação entre lactato e fadiga muscular, tornou-se importante o conhecimento do padrão de aumento da [Lac] durante o exercício, uma vez que este seria determinante no desempenho de longa duração.

O acúmulo de lactato ocorre numa dinâmica entre a sua produção no músculo ativo e a sua remoção no músculo inativo, sangue e órgãos. Enquanto a produção de lactato intramuscular apresenta aumento exponencial em função do aumento da carga de trabalho, seu fluxo se comporta linearmente em função da carga até uma determinada intensidade. Esta contraposição possibilitou sugerir a presença de um ponto de ótima relação entre produção e liberação do lactato muscular durante exercícios de intensidades incrementais ou constantes. Este ponto de ótima relação entre produção e fluxo parece ocorrer em torno de 4 mmol·L⁻¹. Acima desta intensidade, a produção muscular se sobrepõe ao seu fluxo e, consequentemente, a sua remoção, uma vez que o fluxo de lactato muscular interfere na concentração disponível para metabolização em outros órgãos.

Esta dinâmica entre produção e remoção de lactato permitiu supor a existência de uma intensidade ótima, durante a qual o metabolismo aeróbio proveria, teoricamente, a energia necessária para os processos dependentes de ATP. Nesta intensidade, seria possível observar um equilíbrio máximo entre os processos de produção e remoção, sugerindo que os mecanismos de fadiga provenientes do aumento do metabolismo anaeróbio estariam controlados até este ponto.

Durante um teste com carga incremental até a exaustão (teste incremental máximo – TIM), a curva lacto-carga apresenta um comportamento trifásico. Em intensidades leves e moderadas (55-65% do VO_{2MAX}), os processos de remoção do lactato são preponderantes aos processos de produção e, consequentemente, há pouco acúmulo de [Lac] (< 2 mmol·L⁻¹). Acima de intensidades moderadas, em domínio de intensidade denominado pesado (~85% VO_{2MAX}), produção e remoção se equivalem. Este ponto de ótima relação entre produção e remoção, por volta de 4 mmol·l⁻¹, indicaria o limite máximo no qual o metabolismo aeróbio é o básico provedor de energia para a execução do exercício. Consequentemente, os processos de fadiga muscular desencadeados pela acidose metabólica derivada do metabolismo anaeróbio estariam controlados, permitindo a execução do exercício por períodos prolongados nesta intensidade. Este ponto demarcaria a intensidade do máximo estado estável do lactato (MEEL).

Acima do MEEL, num domínio de intensidade denominado muito pesado (ou severo), os processos de produção se sobrepõem aos processos de remoção, e o lactato sanguíneo se acumula progressivamente até o término do exercício (exaustão). Neste domínio de intensidade, o acúmulo progressivo de lactato indicaria um aumento também progressivo da acidose metabólica, indicando que a capacidade de manter o exercício por períodos prolongados será limitada pela instalação da fadiga muscular. A determinação desta intensidade trouxe implicações importantes por supor que os mecanismos de fadiga muscular periférica estariam controlados neste ponto, garantindo assim o prolongamento do exercício físico sem a perda do rendimento físico.[2,13]

Assim, a identificação do ponto exato onde ocorre a transição do domínio pesado para o muito pesado passou a ser fundamental. Desde o estudo de Londeree e Ames,[14] a identificação do MEEL passou a ser o *modus operandi* (padrão-ouro) para a determinação deste ponto de transição. Entretanto, a ideia de correspondência entre os fenômenos identificados em protocolos constantes e os identificados em protocolos progressivos, originada em estudos clássicos de Wasserman e Mcilroy[15] e Wasserman,[13] deixou a possibilidade de determinação/ aproximação deste ponto de transição por meio dos limiares fisiológicos obtidos em um TIM.

Na ocasião de sua sugestão, o termo limiar anaeróbio (LAN) foi utilizado para descrever um ponto de mudança na predominância de metabolismo energético: do aeróbio para o anaeróbio. Esta mudança de predominância deveria ser observada em ambos os protocolos de exercício constante ou incremental. Wasserman,[13] em seu estudo, observou uma quebra de linearidade no aumento do quociente respiratório (QR) durante teste incremental, o qual deveria indicar a transição do domínio de intensidade do exercício moderado para o pesado. Teoricamente, esta intensidade também deveria demarcar o MEEL, de acordo com sua sugestão original, mas tem sido associada ao primeiro limiar fisiológico, uma intensidade abaixo do MEEL. De fato, estudos posteriores observaram que a intensidade do MEEL está mais próxima do segundo limiar fisiológico.[16] Esta distorção entre as intensidades demarcadas em teste incremental e constante no estudo original de Wasserman trouxe diferentes definições conceituais e operacionais sobre qual limiar fisiológico se aproximaria ao MEEL. Extensas revisões trataram desse assunto, definindo, consensualmente, o segundo limiar fisiológico como a intensidade que se aproxima da intensidade do MEEL.

Após a relação entre protocolos constantes e incrementais, diversas técnicas e definições operacionais foram elaboradas para a identificação da intensidade do exercício incremental que represente o MEEL. Entretanto, tais procedimentos são apenas aproximações do fenômeno, e a inferência direta e sem ressalvas à intensidade do MEEL pode tornar problemática essa sugestão.[17] Aparentemente, os primeiros métodos sugeridos para a determinação do LL2 foram formulados por Farrell et al.[18] e Sjodin e Jacobs,[19] denominados *Onset of Plasma Lactate Accumulation* (OPLA) e *Onset of Blood Lactate Accumulation* (OBLA), respectivamente. Estes métodos utilizam [Lac] fixas em 4 mmol·L⁻¹ para a identificação deste ponto, justificadas, teoricamente, pela forte correlação entre o lactato muscular e o sanguíneo quando a [Lac] atinge 4 mmol·L⁻¹. De fato, o OPLA e o OBLA são corroborados empiricamente pelos dados apresentados por Kindermann et al.[20] e Heck et al.,[21] os quais verificaram que as mais altas velocidades de corrida entre 30 e 60 minutos eram mantidas com [Lac] próximas a 4 mmol·L⁻¹. Estas são as evidências mais tradicionais de que estes métodos sejam aproximações razoáveis do MEEL.

Porém, o OPLA e o OBLA podem ser limitados pela grande variabilidade interindividual encontrada no valor da [Lac] durante exercício na carga do MEEL. A redução da [Lac] em cargas absolutas, observada em indivíduos após o período de treinamento aeróbio, resultaria em um estado de equilíbrio máximo na [Lac] em limites inferiores, entre 2,5 mmol·L⁻¹ e 3 mmol·L⁻¹. Desta maneira, a utilização do OPLA e do OBLA poderia ficar restrita, não atendendo à proposta de aproximação do MEEL em grupos homogêneos, com maiores níveis de aptidão aeróbia. Por outro lado, como o valor da [Lac] na carga do MEEL também parece ser dependente do ergômetro, relação entre massa muscular ativa e inativa e presença e duração de pausas para coleta de sangue, valores entre 2,5 e 7 mmol·L⁻¹ podem ser observados.

Um método empregado para a determinação individual do LL2 que possa representar a carga de trabalho do MEEL é o *Individual Anaerobic Threshold* (IAT).[22] Teoricamente, este método se aproxima ao OPLA e OBLA, propondo a determinação de uma intensidade em que a taxa metabólica da remoção do lactato sanguíneo seja máxima e igual à taxa de difusão. Esta técnica é realizada por uma tangente traçada na curva da [Lac] em função do tempo, com origem no ponto da recuperação passiva em que o lactato sanguíneo atinge valor igual ao medido no último estágio do TIM. Diferentemente do método de concentrações fixas, esta técnica permite a identificação individualizada do LL, supondo que a cinética da recuperação represente a habilidade individual de metabolização do lactato produzido durante o esforço.[17] Assim, acredita-se que o IAT se aproxime não apenas da carga do LL2, mas também do MEEL. A necessidade de se empregar um ajuste de curva com cálculo de uma tangente para a obtenção desta carga[22] poderia ser considerada uma limitação desse método.

Outra técnica individualizada é a identificação da carga em que se observa o menor valor de lactato sanguíneo (lactato mínimo) durante TIM após a indução de acidose metabólica.[23] Durante as cargas iniciais do teste incremental, os processos de remoção são preponderantes aos processos de produção, até o alcance de uma intensidade individual em que estes processos apresentem equilíbrio, gerando um ponto com o menor valor de [Lac]. A aplicação de um exercício máximo prévio para a indução da acidose metabólica pode trazer dificuldades à avaliação de indivíduos com baixo nível de aptidão física, embora a possibilidade de emprego de um ajuste matemático na curva lactato-carga diminua a subjetividade e variabilidade da identificação do limiar.[17] A utilização desta técnica para a aproximação do MEEL também pode ser contraditória, gerando algumas distorções.

O LL2 também pode ser identificado visualmente ou matematicamente no segundo ponto de modificação da relação lactato-carga de trabalho.[24] Este procedimento assume um comportamento trifásico na curva lactato-carga, identificando duas intensidades distintas: uma denominada LL1, quando a [Lac] apresenta um aumento abrupto acima dos valores de repouso, e uma denominada LL2, quando a [Lac] aumenta exponencialmente até o término do exercício. Segundo a nomenclatura de Kindermann et al.,[20] enquanto LL1 é uma intensidade representativa de um limiar aeróbio, LL2 representaria o LAN e, consequentemente, o MEEL. Quando identificados visualmente, LL1 e LL2 podem ser muito subjetivos e dependentes da interpretação do avaliador. Estas limitações podem ser atenuadas com o ajuste de regressão linear com três segmentos na relação lactato-carga, durante protocolo progressivo. Como os métodos anteriores, este se propõe a determinar uma intensidade que sirva de aproximação ao MEEL, embora também apresente distorções com indicativos positivos em algumas investigações e negativos em outras. Contudo, além de sua base teórica ser consistente para esta proposta, as diferenças na determinação de seus pontos são negligenciáveis quando da utilização do lactato medido no sangue venoso ou arterializado.[24]

Aparentemente, as limitações dos métodos de determinação de um limiar que sirva de aproximação ao MEEL estão restritas, em grande parte, aos desenhos experimentais envolvendo os protocolos progressivos ou constantes. Resultados demonstraram influências da carga inicial, magnitude do incremento, relação carga/duração, relação carga/pausa e critério adotado para o estabelecimento do MEEL como possíveis fontes dessas limitações. Tais aspectos também parecem influenciar a determinação de outros limiares fisiológicos, tais como os limiares ventilatórios.

IDENTIFICAÇÃO DE LIMIARES FISIOLÓGICOS A PARTIR DE VARIÁVEIS VENTILATÓRIAS

O termo limiar ventilatório foi difundido a partir de estudos de Wasserman, na década de 1960. A ideia é que parâmetros ventilatórios possam identificar um aumento abrupto do CO_2 produzido, refletindo uma transição metabólica em direção ao sistema anaeróbio.[25] A explicação é que o *déficit* no suprimento de O_2 ao músculo resulte em incremento do metabolismo anaeróbio para provisão de energia, acelerando assim a formação de lactato muscular. Como consequência do incremento na [Lac], há aumento da produção e eliminação do CO_2 derivado do tamponamento dos íons H^+ pelo bicarbonato, ocasionando acréscimo de CO_2 ao conteúdo de CO_2 proveniente da respiração celular. Neste caso, a necessidade de eliminar o CO_2 em excesso estimula uma maior V_E, causando uma quebra de linearidade da V_E em relação ao VO_2, uma vez que o sistema respiratório tenta manter a pressão parcial de CO_2 (PCO_2) e O_2 (PO_2) em níveis normais, já que essa intensidade corresponde a valores próximos de 50-60% VO_{2MAX}. Em intensidades próximas a 70-80% VO_{2MAX} ocorre um acréscimo de H^+ livre e aumento da temperatura central, que provêm novos estímulos para a V_E.

Desta forma, dois limiares ventilatórios são esperados, o LV1 e o LV2. O LV1 corresponde:

- À primeira quebra da linearidade da V_E.
- Ao aumento da relação V_E/VO_2 sem aumento concomitante da relação V_E/VCO_2.
- Ao aumento da fração expirada de O_2 (%FeO_2).

Em intensidades acima do LV1 ocorre o LV2, caracterizado por:

- Aumento da relação V_E/VCO_2.
- Queda da fração expirada de CO_2 (%$FeCO_2$).
- Segunda quebra de linearidade na curva da V_E. Este segundo limiar ventilatório (LV2) é conhecido por alguns autores como ponto de compensação respiratória (PCR), ainda que este deva indicar um ponto em que o sistema respiratório se torne descompensado em razão da hiperventilação causada pelo aumento de íons H^+ e temperatura.[26]

CONFIGURAÇÃO DE TESTES INCREMENTAIS MÁXIMOS (TIM) PARA A DETERMINAÇÃO DE LIMIARES

O TIM tem sido aceito como teste padrão para avaliação aeróbia, pois permite não apenas a determinação de limiares fisiológicos mas, também, do VO_{2MAX}. O TIM é caracterizado pela aplicação de uma baixa sobrecarga inicial (representada nesta revisão por uma medida de potência mecânica; *watt*), com incrementos progressivos até a incapacidade de sua manutenção pelo sujeito avaliado. Enquanto isso, medidas de variáveis fisiológicas são obtidas. Não há um consenso sobre os valores de potência mecânica inicial, tampouco de magnitude do incremento ou duração de cada estágio. Este ponto é especialmente importante, uma vez que o formato do TIM pode afetar a identificação dos diferentes limiares fisiológicos.

Para a determinação de limiares ventilatórios (LV), o TIM com estágios rápidos e incrementos de baixa magnitude ou TIM em rampa (caracterizados por incrementos contínuos na potência mecânica) são preferíveis. Este argumento é justificado pelo fato de que a duração total do teste ficaria entre 8 e 12 minutos, evitando assim que o teste seja interrompido por acidose metabólica ou esgotamento das reservas de glicogênio ou, ainda, que, ao final do teste, o avaliado apresente baixo nível motivacional, limitando o seu desempenho. Além disso, protocolos mais longos poderiam causar distorções nas respostas das variáveis ventilatórias utilizadas para a identificação dos LV. Por exemplo, determinando LV1 e LV2 pelos equivalentes ventilatórios.

Pires et al.[26] observaram que protocolos com estágios longos tendiam a gerar LV1 e LV2 em cargas de trabalho similares. Esses resultados foram explicados por um provável retardo na quebra de linearidade da relação V_E/VO_2 por uma possível melhora cinética do VO_2 em estágios de 3 minutos. Entretanto, protocolos mais longos são preferíveis para determinar os limiares de lactato (LL). Quando comparados a TIM de estágios longos (≥ 3 minutos), protocolos de estágios curtos (≤ 1 min) tendem a superestimar a determinação dos LL, pois deslocam artificialmente a curva lactato-W para a direita. Além disso, TIM de estágios curtos podem influenciar os diferentes métodos para a determinação dos LL, tais como o IAT e o limiar de lactato mínimo. Além disso, o teórico modelo trifásico do aumento de lactato sanguíneo pode ficar comprometido em TIM curtos, e a presença de um aumento trifásico nas [Lac] tem sido questionada, baseada na observação de aumento exponencial nas [Lac] em protocolo curto. Entretanto, ainda assim o LL2 determinado durante TIM é aceito como marcador da intensidade do MEEL. Na verdade, uma recente revisão sugeriu que, mais do que um marcador de aumento na contribuição do metabolismo aeróbio (tradicionalmente defendida como transição aeróbia/anaeróbia), a intensidade do LL2 poderia indicar a presença de um limiar sistêmico, uma resposta orgânica integrada e coordenada pelo SNC.

A identificação dos limiares fisiológicos abordados até o momento tem caráter diagnóstico, por meio da comparação dos resultados com testes anteriores ou parâmetros para prescrição de exercício. Sendo assim, o conhecimento das adaptações fisiológicas em exercícios com carga constante em diferentes intensidades referentes aos limiares fisiológicos é fundamental para o profissional nas ciências do exercício, seja para melhor interpretar os testes, seja para melhor diagnosticá-los. Para isso, a seguir será abordado o modelo de equilíbrio dinâmico e a cinética do VO_2 pulmonar.

MODELO DE EQUILÍBRIO DINÂMICO (MED) E DESEMPENHO AERÓBIO

Os primeiros indícios da presença de um estado de equilíbrio fisiológico foram observados a partir da análise da cinética do VO_2 durante exercício de carga constante. A associação encontrada entre o oxigênio consumido e [Lac] produzido, admitindo que este último fosse indicador direto da sua produção no músculo, permitiu supor um estado de equilíbrio fisiológico no ponto de estabilidade destas variáveis. Esta interpretação permitiu a classificação do exercício de acordo com a presença ou ausência de equilíbrio nestas variáveis, sugerindo a existência de dois domínios fisiológicos de esforço, tratados como moderado e severo, com presença e ausência de equilíbrio fisiológico, respectivamente.

Wasserman[13] ampliou o conceito de equilíbrio dinâmico a outras variáveis, como VCO_2, V_E, pH e frequência cardíaca (FC), e reclassificou as faixas de intensidade de exercício em três diferentes domínios fisiológicos: moderado, pesado e severo. Desta forma, ficou sugerido que um completo estado de equilíbrio fisiológico deveria ser alcançado em qualquer exercício executado em intensidades moderadas ou pesadas. Estudos posteriores reforçaram este conceito, pois interpretaram seus resultados em acordo com este modelo, admitindo haver uma relação entre equilíbrio fisiológico e o prolongamento do exercício.

Desta forma, a identificação do ponto exato em que ocorre a transição entre os domínios pesado e severo, a intensidade do MEEL, passou a ser fundamental. Ela representaria a transição de uma faixa de intensidade na qual a presença de equilíbrio em variáveis fisiológicas permitiria o prolongamento da tarefa. Por outro lado, uma faixa acima dessa intensidade levaria ao término do exercício em função do acúmulo progressivo de metabólitos. A utilização deste ponto de transição implicou reconhecer que os mecanismos responsáveis pela instalação da exaustão/fadiga estariam controlados em intensidades iguais ou inferiores ao MEEL. Assim, o MEEL passou a ser o *modus operandi* para a determinação de intensidades nas quais o prolongamento do exercício seria assegurado por um estado de equilíbrio fisiológico, indicado pela estabilidade em variáveis como VO_2, VCO_2, V_E, pH, FC e [Lac].

A utilização da carga do MEEL como indicador de desempenho em tarefas de longa duração foi sustentada, ao menos em parte, pela ação que o lactato e o hidrogênio dissociado têm sobre enzimas-chave do metabolismo glicolítico, como a glicogênio fosforilase, a PFK, a piruvato desidrogenase (PDH) e a lactato desidrogenase (LDH), tanto quanto sobre a condutividade da membrana muscular.[11] Esta associação fortaleceu a ideia de que o MEEL fosse o parâmetro fisiológico mais categórico para a aproximação do estado de equilíbrio dinâmico fisiológico durante o exercício e o marcador de desempenho em eventos de longa duração,[14] pois sugere que mecanismos indutores da exaustão/fadiga estariam controlados enquanto não ocorresse acúmulo progressivo e contínuo nas concentrações de [Lac]. Na presença de equilíbrio fisiológico, a depleção de glicogênio muscular e fosfocreatina seria a provável causa da fadiga no exercício em intensidades iguais ou abaixo do MEEL. Desta forma, um estado de equilíbrio fisiológico deveria estar presente até o limite superior do domínio pesado, ou seja, a carga do MEEL.

ASPECTO METODOLÓGICO DOS ESTUDOS QUE SUPORTARAM O MED

O estudo de Baron et al.[27] sugere um importante detalhe metodológico não considerado nos estudos anteriores que suportaram o MED. A ausência de um critério operacional universal e mais adequado para determinar o término do exercício (fadiga/exaustão), como a incapacidade de manter uma potência mecânica predeterminada, pode ter gerado um artefato temporal nas medidas realizadas nestes estudos. Os dados obtidos em intervalos regulares de tempo poderiam não refletir o ajuste fisiológico que ocorre quando o exercício é realizado até a exaustão. A utilização de medidas em intervalos regulares, sem correção pelo tempo de exaustão individual, pode não ter garantido que cada uma das medidas representasse a mesma fase de ajuste fisiológico à tarefa, em cada um dos sujeitos avaliados.

Modelos de homeostase assumem que a condição de equilíbrio em uma variável ou sistema é alcançada após um período transiente de ajuste ao estímulo externo.[28] Assim, o aumento progressivo observado em algumas variáveis durante exercício de intensidade maior ou igual ao MEEL pode ter sido efeito da utilização de medidas que, embora temporalmente alinhadas, representaram diferentes fases de ajuste à tarefa, nos diferentes sujeitos analisados.

Somente com a aquisição de uma série de dados completos, que permita a normalização dos dados pelo tempo total de exercício, seria possível avaliar um dos principais pressupostos do MED, a presença de um completo estado de equilíbrio fisiológico em exercício de intensidade moderada e pesada. De fato, os dados dos parâmetros cardiorrespiratórios normalizados pela duração total de exercício no estudo de Baron et al.[27] evidenciaram que o término do exercício ocorre sem perda de estabilidade nestas variáveis, corroborando o MED. Entretanto, somente a intensidade correspondente ao domínio pesado (MEEL) foi testada. Desta forma, não se sabe se o exercício executado nos domínios moderado e severo também terminaria na presença ou ausência de equilíbrio fisiológico. Além disso, os intervalos de medida empregados não permitiram a normalização dos parâmetros metabólicos pela duração total de exercício.

CINÉTICA DO VO_2 PULMONAR EM EXERCÍCIO CONSTANTE

No início de um exercício constante, existe um atraso médio de 10 a 20 segundos para que o sangue que se encontra nos músculos chegue aos pulmões. O sangue que retorna aos pulmões nesse período não demonstra a extração de oxigênio realizada nos músculos, porém, o oxigênio já estaria fora da microcirculação muscular antes mesmo da pressão parcial de oxigênio (PO_2) começar a diminuir. Além disso, a PO_2, a pressão parcial de gás carbônico (PCO_2) venosa e a razão de trocas respiratórias não são significativamente diferentes dos valores em repouso nesta fase inicial do exercício.[29] Sendo assim, esta fase inicial é denominada fase cardiodinâmica (Fase I), que corresponde principalmente ao aumento do DC e do fluxo sanguíneo pulmonar.[8,29] A Fase II, conhecida como fundamental, primária ou componente rápido, reflete a cinética do VO_2 muscular.[29] Essa fase tem início com a chegada do sangue venoso dos músculos em exercício aos pulmões.[8,30] Já a Fase III representa o período de exercício em que a resposta do VO_2 alcança estado de equilíbrio.[29]

É importante destacar que essas três fases podem ser identificadas somente no domínio moderado por ocorrer abaixo dos limiares fisiológicos (como veremos mais adiante). Quando o exercício é realizado acima dos limiares fisiológicos, em intensidades pesadas e severas, a cinética do VO_2 torna-se mais complexa e um estado de equilíbrio na resposta do VO_2 pode não ocorrer, aumentando em função da taxa de trabalho.[31,32] A seguir, serão abordados os respectivos domínios de intensidade e suas relações com as respostas do VO_2.

Domínios de intensidade do exercício aeróbio

Os domínios de intensidade podem ser demarcados a partir das respostas do lactato sanguíneo (mais detalhes nos próximos tópicos), por meio da determinação dos limiares de lactato (LT1 e LT2). Assim, são compreendidos 3 domínios de intensidade (Figura 1). O primeiro domínio é denominado moderado, que engloba todas as cargas de trabalho abaixo do LT1. Nesta intensidade há discretas alterações na concentração de lactato sanguíneo em relação ao repouso, sendo que o VO_2 atinge um estado de equilíbrio logo após a resposta primária do VO_2 (Fase II).[29,30,33]

No segundo domínio, considerado pesado, há uma elevação nos níveis de lactato, em razão do aumento da ativação do metabolismo anaeróbio glicolítico, com o aumento de intensidade. Entretanto, um equilíbrio entre produção e remoção de lactato ainda pode ser al-

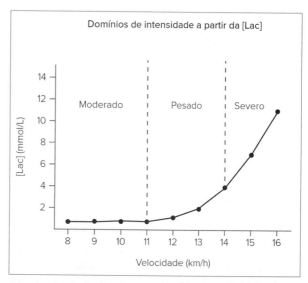

FIGURA 1 Gráfico representativo dos domínios de intensidade de exercício aeróbio a partir das concentrações de lactato sanguíneo durante teste incremental máximo.

cançado, possibilitando que as concentrações de lactato sanguíneo permaneçam estáveis até a intensidade do MEEL.[31] Embora a curva do VO_2 durante a Fase II tenha um aumento exponencial, um componente adicional é desenvolvido lentamente após alguns minutos de exercício. Esse componente lento (VO_{2CL}) torna-se evidente após 80 a 110 segundos, ocasionando um atraso no alcance de um estado de equilíbrio no VO_2.[31] Seu desenvolvimento é mais acelerado na fase inicial, variando entre 3 e 10 minutos, sendo observada estabilização somente quando o exercício dura $\geq$ 10 minutos. O VO_{2CL} é um indicativo de que o exercício é menos eficiente, indicando um gasto adicional de VO_2 por unidade de trabalho (VO_2/W) acima dos 9-11 mL de O_2 encontrados no domínio moderado.[8,29]

No terceiro domínio de intensidade de exercício, observa-se a intensidade denominada severa, durante a qual a resposta de VO_2 (e lactato) não se estabiliza. Como resultado, há um aumento progressivo nas concentrações de lactato sanguíneo e VO_2, o qual tende a valores de VO_{2MAX} no ponto de exaustão.[8,31]

Mecanismos do componente lento do VO_2 (VO_{2CL})

Exercícios em intensidade acima do LT1, em domínios de intensidade pesada e severa, são caracterizados por uma oferta inadequada de oxigênio para os músculos locomotores, resultando em aumento da contribuição do sistema anaeróbio para a regeneração do ATP. Como consequência, há acúmulo nas concentrações de lactato sanguíneo, as quais podem alcançar equilíbrio (< LT2) ou aumentar progressivamente (> LT2). Nestas intensidades, há o surgimento do VO_{2CL}. Diferentes mecanismos foram propostos como causadores do surgimento do VO_{2CL},[31,34] os quais são apresentados a seguir.

Lactato sanguíneo

Diversos estudos demonstram que a magnitude do VO_{2CL} e o nível de lactato são fortemente correlacionados, além disso o surgimento do VO_{2CL} e o aumento do lactato sanguíneo ocorrem quase simultaneamente. Para tanto, estudos que realizaram a infusão de lactato em humanos têm reportado uma elevação no VO_2 durante o repouso e o exercício.[8] Entretanto, Xu e Rhodes[31] demonstraram em alguns estudos que o ácido láctico não seria o responsável pelo componente lento, pois o ácido láctico poderia desempenhar um importante papel promovendo a dissociação da hemoglobina saturada, que por sua vez aumenta o transporte de O_2 muscular e mantém a PaO_2 acima dos níveis críticos.

Desta maneira, somente o lactato sanguíneo não explicaria o aumento excedente no VO_2 dos valores preditos pela relação VO_2-carga em exercícios com intensidade moderada.[31]

Epinefrina (adrenalina)

Similar ao lactato sanguíneo, os níveis plasmáticos de adrenalina também aumentam durante o exercício, ocorrendo aproximadamente em cargas similares. Estudos têm verificado que a infusão de epinefrina em indivíduos durante o descanso promove uma elevação de 20% no VO_2. Isso ocorreria em razão de uma influência na integração da adrenalina nos sistemas circulatório, respiratório e metabólico. Entretanto, alguns estudos demonstram não haver relação já que, em níveis de 4 a 6 vezes maiores do que no grupo controle, não fizeram com que houvesse um aumento no VO_2. Desta maneira, a adrenalina não seria a responsável por si só no componente lento durante o exercício.[31]

Ventilação (V_E)

A realização de exercícios em intensidades acima do LT1 requer um elevado aumento V_E (hiperventilação) que trabalha para que os pulmões sejam capazes de realizar as trocas gasosas da maneira mais efetiva possível. Dadas as devidas proporções, para que ocorra esse aumento na V_E, os músculos respiratórios necessitam de um maior aporte de oxigênio, podendo desta maneira contribuir para o surgimento do VO_{2CL}. É difícil atribuir com exatidão qual seria o custo energético do trabalho respiratório durante o exercício, mas sugere-se que este custo varie entre 18 e 23% do VO_{2CL}.[8,31]

Temperatura corporal

Durante o exercício, a atividade metabólica dos músculos resulta em aumento da temperatura intramuscular. Essa elevação da temperatura pode levar ao aumento do consumo de oxigênio. Um estudo[35] que isolou a mitocôndria demonstrou que, quando a temperatura muscular é elevada para 6ºC, a eficiência respiratória sofre uma queda de 20%. Entretanto, em estudos realizados com humanos, outro resultado é observado. Por exemplo, um estudo realizado por Koga et al.[36] demonstrou que a elevação de 3,5ºC na temperatura muscular previamente ao exercício não afetou o VO_{2CL} durante o exercício em intensidade pesada.

Recrutamento de fibras do tipo II

De acordo com Poole e Jones,[30] quando exercícios são realizados nos domínios pesado e severo, é possível verificar incremento na depleção de glicogênio e um aumento no recrutamento de fibras do tipo II, adicionalmente ao recrutamento das fibras do tipo I. Em um estudo realizado utilizando-se a técnica de ressonância magnética por espectroscopia foi observada queda progressiva sobre a PCr que ocorre simultaneamente com o VO_{2CL}.[37] Apesar desse estudo ter sido realizado em cadeira extensora, e não em exercício dinâmico, tal resultado possibilita uma melhor compreensão sobre os mecanismos do surgimento do VO_{2CL}. Outro ponto a ser considerado é em relação aos indivíduos que possuem maior quantidade de fibras do tipo II no músculo vasto lateral. Estudos conduzidos nesse sentido demonstram que nesses indivíduos o VO_{2CL} é maior do que em indivíduos com menor quantidade de fibras do tipo II.[30]

Por se tratar de um fenômeno multifatorial, torna-se árduo o trabalho de definir qual seria o principal fator para o surgimento do VO_{2CL}. No entanto, levando em consideração o maior recrutamento de fibras do tipo II, pode-se fazer a seguinte inferência: "com um aumento no recrutamento de fibras tipo II, haverá um maior custo metabólico em razão do aumento na depleção de glicogênio, o qual ocasionará um maior acúmulo de lactato muscular e sanguíneo, tendo relação com a redução do pH e um maior prejuízo no acoplamento das fibras musculares". Além disso, a V_E teria de ser aumentada em resposta à maior concentração de CO_2. Adicionalmente, todas essas alterações citadas anteriormente têm consequências na elevação da temperatura muscular, ocasionando prejuízos sobre a respiração mitocondrial. A seguir, serão abordados os principais fatores que podem auxiliar na redução dos possíveis causadores do VO_{2CL}, acelerando a cinética do VO_2 e reduzindo a magnitude do VO_{2CL}.

TREINAMENTO AERÓBIO NA REDUÇÃO DO COMPONENTE LENTO DO VO_2

Diversos estudos demonstram que o treinamento aeróbio é uma estratégia eficiente em acelerar a cinética do VO_2 e reduzir o VO_{2CL} para uma mesma carga absoluta, quando comparados pré e pós-treino.[29-31,33] Por exemplo, Zoladz et al.[38] conduziram um estudo por um período de 20 semanas, composto por quatro treinos semanais em indivíduos destreinados. Após o período de treinamento, foram verificadas melhoras significativas sobre o tempo de resposta da cinética on e off do VO_2 pulmonar e muscular em intensidade moderada, aumento do DNA mitocondrial e na enzima citrato sintase.

Além disso, o treinamento aeróbio pode contribuir de maneira significativa sobre diferentes variáveis, tais como aumento no VO_{2MAX}, reduções do lactato sanguí-

neo, da V_E e nos níveis de adrenalina sobre a temperatura retal,[8,31] levando em consideração os parâmetros de aptidão aeróbia, que demarcam um limite entre os domínios de intensidade como, por exemplo, o LT. A adaptação decorrente do treinamento se dá quando um indivíduo inicia o treinamento com uma carga correspondente ao domínio pesado (acima do LT) e passa, após um determinado período de treinamento, a treinar com a mesma carga, desta vez dentro do domínio moderado (abaixo do LT). De maneira similar, a carga de trabalho que estava originalmente no domínio severo (acima da potência crítica) pode tornar-se pesada (abaixo da potência crítica). Ou seja, após um período de treinamento, a curva do LT pode ser deslocada para a direita. Tal adaptação também poderia receber uma parcela de contribuição do aumento dos capilares no músculo (perfusão muscular), que poderia aumentar a irrigação no tecido, aumentando a oferta de oxigênio e removendo mais rapidamente o lactato.[30] É importante destacar que tais alterações são verificadas em situações em que a cinética do VO_2 foi medida para uma mesma carga absoluta tanto no pré como no pós-treino.

Em indivíduos já treinados, estudos também têm verificado uma melhora na aceleração da cinética do VO_2 após oito semanas de treinamento, em média. Esses estudos têm utilizado como estratégia o aumento no volume de treinamento para que tais indivíduos possam se beneficiar dessas adaptações.[30]

PERSPECTIVAS

Considerando as adaptações citadas anteriormente, pode-se sugerir que o método de treinamento com restrição do fluxo sanguíneo (RFS) poderia auxiliar no entendimento da cinética do VO_2. O treinamento com RFS é realizado aplicando-se uma determinada pressão com um "cinto" inflável e/ou um manguito com esfigmomanômetro na parte proximal do membro, ocasionando desta maneira a restrição do fluxo sanguíneo. Evidências apontam que o treinamento com RFS de baixa intensidade, comparado ao treinamento sem RFS, pode gerar adaptações significativas sobre os sistemas neuromuscular, endócrino e metabólico.

Por exemplo, Park et al.[39] demonstraram recentemente um aumento significativo de ~10,5% no VO_{2MAX} em atletas de basquete que realizaram treinamento de caminhada com RFS por um período de duas semanas. Abe et al.[40] também demonstraram um aumento significativo do VO_{2MAX} em indivíduos fisicamente ativos utilizando treinamento com RFS em cicloergômetro. O treinamento foi realizado três vezes por semana, durante oito semanas, por 15 minutos a 40% do VO_{2MAX}. Houve um aumento de 6,4% do VO_{2MAX} absoluto e um aumento de 15,4% no tempo de exaustão em teste incremental máximo.

As alterações do fluxo sanguíneo no músculo periférico parecem ter grande relevância nas adaptações periféricas. Por exemplo, a hipóxia muscular decorrente da RFS desencadeia a cascata para a liberação do fator de crescimento vascular endotelial (VEGF),[41] o qual desempenha importante papel na resposta da criação de novos capilares.[42-45] De acordo com Andersen e Henriksson,[46] o aumento da densidade capilar eleva a capacidade oxidativa enzimática e, adicionalmente, aumenta o fluxo sanguíneo, a extração de O_2 e a remoção de lactato muscular. Desta forma, é provável que as alterações metabólicas promovidas pelo treinamento com RFS possam ser importantes para a melhora do desempenho em tarefas aeróbias e, consequentemente, possibilitem uma resposta mais rápida da cinética do VO_2 e um menor VO_{CL}. Desta maneira, é importante que novos estudos sejam conduzidos nessa perspectiva a fim de tentar esclarecer os demais componentes responsáveis pelo VO_{CL}, melhorando o desempenho de nossos atletas.

CONSIDERAÇÕES FINAIS

Os aspectos fisiológicos dos fatores limitantes de um teste incremental máximo bem como os fatores relacionados aos limiares fisiológicos são essenciais para a avaliação e a prescrição do exercício aeróbio.

A capacidade máxima de realização de potência aeróbia em testes com carga incremental está relacionada à integração dos sistemas pulmonar, cardiovascular e muscular em oferecer O_2 e eliminar CO_2 do organismo. Os fatores limitantes em testes de VO_{2MAX} em atletas são alterações funcionais em nível muscular local, como concentração de mitocôndrias, enzimas oxidativas, tipos de fibras predominantes, capilarização, entre outros, que limitam o consumo de oxigênio. Em não atletas, o aporte de O_2 pelo sistema cardiorrespiratório pode ser um fator limitante.

Em relação aos limiares fisiológicos, a capacidade de produção de energia por metabolismo aeróbio pode determinar a intensidade do exercício aeróbio em que ocorre esse fenômeno, e está relacionado também à concentração de fibras oxidativas (tipo I ou vermelhas), concentração de mitocôndrias, enzimas oxidativas, entre outros.

Portanto, essas bases fisiológicas podem dar suporte à avaliação dos testes incrementais máximos realizados em atletas e não atletas, melhorando sua interpretação e posterior prescrição do exercício para melhoria da potência aeróbia.

RESUMO

O objetivo deste capítulo é a introdução do leitor aos aspectos fisiológicos e conceituais relacionados à avaliação da potência aeróbia. A instalação da fadiga e a exaustão na avaliação e no desempenho de *endurance* estão fortemente relacionados ao VO_{2MAX}, sendo que os fatores limitantes do desempenho em atividades de longa duração podem ser caracterizados por mecanismos biomecânicos, ambientais, mecânicos e psicológicos. Outro fator importante na avaliação e desempenho aeróbio são os limiares fisiológicos, em que se pode observar, em testes incrementais e em determinada carga de exercício (entre a intensidade moderada e pesada) um aumento exponencial do [Lac], da V_E e da relação V_E/VO_2 e V_E/VCO_2. Esses parâmetros são associados a um limiar fisiológico de estado estável do organismo. Os fatores limitantes de um limiar fisiológico são a concentração de fibras oxidativas (tipo I ou vermelhas), concentração de mitocôndrias, enzimas oxidativas, entre outros. O entendimento dos aspectos fisiológicos e conceituais do VO_{2MAX} e dos limiares fisiológicos é fundamental para uma avaliação e prescrição da capacidade aeróbia de atletas e não atletas entre profissionais que utilizam de testes incrementais máximos para determinação da potência aeróbia.

Questões para reflexão

1. Quais fatores fisiológicos são determinantes para um bom desempenho em testes incrementais máximos em relação ao VO_{2MAX}?
2. Descreva os parâmetros fisiológicos que determinam os domínios de intensidade do exercício aeróbio (moderado, pesado e severo).
3. Como o treinamento aeróbio pode reduzir o componente lento do VO_2?

O autor Flávio Oliveira Pires é grato à Fapesp (#2016/16496-3) pelo financiamento do projeto que originou este capítulo.

REFERÊNCIAS BIBLIOGRÁFICAS

1. Abbiss CR, Laursen PB. Models to explain fatigue during prolonged endurance cycling. Sports Med. 2005;35(10):865-98.
2. Hill AV, Long C, Lupton H. Muscular exercise, lactic acid, and the supply and utilisation of oxygen. Proceedings of the Royal Society of London Series B, containing papers of a biological character. 1924;97(681):84-138.

3. Joyner MJ, Coyle EF. Endurance exercise performance: the physiology of champions. J Physiol. 2008;586(1):35-44.
4. Bassett DR, Howley ET. Limiting factors for maximum oxygen uptake and determinants of endurance performance. Med Sci Sports Exerc. 2000;32(1):70-84.
5. Zhou B, Conlee RK, Jensen R, Fellingham GW, George JD, Fisher AG. Stroke volume does not plateau during graded exercise in elite male distance runners. Med Sci Sports Exerc. 2001;33(11):1849-54.
6. Noakes TD. Implications of exercise testing for prediction of athletic performance: a contemporary perspective. Med Sci Sports Exerc. 1988;20(4):319-30.
7. Noakes TD, St Clair Gibson A, Lambert EV. From catastrophe to complexity: a novel model of integrative central neural regulation of effort and fatigue during exercise in humans. Br J Sports Med. 2004;38(4):511-4.
8. Gaesser GA, Poole DC. The slow component of oxygen uptake kinetics in humans. Exerc Sport Sci Rev. 1996;24:35-71.
9. Midgley AW, McNaughton LR, Polman R, Marchant D. Criteria for determination of maximal oxygen uptake: a brief critique and recommendations for future research. Sports Med. 2007;37(12):1.019-28.
10. Richardson RS, Poole DC, Knight DR, Kurdak SS, Hogan MC, Grassi B et al. High muscle blood flow in man: is maximal O_2 extraction compromised? J Appl Physiol (1985). 1993;75(4):1911-6.
11. Fitts RH, Holloszy JO. Lactate and contractile force in frog muscle during development of fatigue and recovery. Am J Physiol. 1976;231(2):430-3.
12. Böning D, Maassen N. Last word on point: counterpoint: lactic acid is/is not the only physicochemical contributor to the acidosis of exercise. J Appl Physiol (1985). 2008;105(1):368.
13. Wasserman K. Lactate and related acid base and blood gas changes during constant load and graded exercise. Can Med Assoc J. 1967;96(12):775-83.
14. Londeree BR, Ames SA. Maximal steady state versus state of conditioning. Eur J Appl Physiol Occup Physiol. 1975;34(4):269-78.
15. Wasserman K, Mcilroy MB. Detecting the threshold of anaerobic metabolism in cardiac patients during exercise. Am J Cardiol. 1964;14:844-52.
16. Faude O, Kindermann W, Meyer T. Lactate threshold concepts: how valid are they? Sports Med. 2009;39(6):469-90.
17. Svedahl K, MacIntosh BR. Anaerobic threshold: the concept and methods of measurement. Can J Appl Physiol. 2003;28(2):299-323.
18. Farrell PA, Wilmore JH, Coyle EF, Billing JE, Costill DL. Plasma lactate accumulation and distance running performance. 1979. Med Sci Sports Exerc. 1993;25(10):1091-7; discussion 89-90.
19. Sjödin B, Jacobs I. Onset of blood lactate accumulation and marathon running performance. Int J Sports Med. 1981;2(1):23-6.
20. Kindermann W, Simon G, Keul J. The significance of the aerobic-anaerobic transition for the determination of work load intensities during endurance training. Eur J Appl Physiol Occup Physiol. 1979;42(1):25-34.
21. Heck H, Mader A, Hess G, Mücke S, Müller R, Hollmann W. Justification of the 4-mmol/l lactate threshold. Int J Sports Med. 1985;6(3):117-30.
22. Stegmann H, Kindermann W, Schnabel A. Lactate kinetics and individual anaerobic threshold. Int J Sports Med. 1981;2(3):160-5.
23. Tegtbur U, Busse MW, Braumann KM. Estimation of an individual equilibrium between lactate production and catabolism during exercise. Med Sci Sports Exerc. 1993;25(5):620-7.
24. Skinner JS, McLellan TM, McLellan TH. The transition from aerobic to anaerobic metabolism. Res Q Exerc Sport. 1980;51(1):234-48.
25. Naimark A, Wasserman K, Mcilroy MB. Continuous measurement of ventilatory exchange ratio during exercise. J Appl Physiol. 1964;19:644-52.
26. Pires FDO, Silva AEL, Gagliardi JFL, Barros RV, Degaki E, Kiss MAPDM. Possibilidade da ocorrência dos 1º e 2º limiares ven-

tilatórios em cargas de trabalho coincidentes, durante protocolos progressivos com incrementos de longa duração. Rev Bras Ciênc Mov. 2005;13(1):61-9.
27. Baron B, Noakes TD, Dekerle J, Moullan F, Robin S, Matran R et al. Why does exercise terminate at the maximal lactate steady state intensity? Br J Sports Med. 2008;42(10):828-33.
28. Recordati G, Bellini TG. A definition of internal constancy and homeostasis in the context of non-equilibrium thermodynamics. Exp Physiol. 2004;89(1):27-38.
29. Burnley M, Jones AM. Oxygen uptake kinetics as a determinant of sports performance. European Journal of Sport Science. 2007;7(2):63-79.
30. Poole DC, Jones AM. Oxygen uptake kinetics. Compr Physiol. 2012;2(2):933-96.
31. Xu F, Rhodes EC. Oxygen uptake kinetics during exercise. Sports Med. 1999;27(5):313-27.
32. Pires FO, Lima-Silva AE, Bertuzzi R, Casarini DH, Kiss MA, Lambert MI et al. The influence of peripheral afferent signals on the rating of perceived exertion and time to exhaustion during exercise at different intensities. Psychophysiology. 2011;48(9):1.284-90.
33. Poole DC, Richardson RS. Determinants of oxygen uptake. Implications for exercise testing. Sports Med. 1997;24(5):308-20.
34. Pires FO, Noakes TD, Lima-Silva AE, Bertuzzi R, Ugrinowitsch C, Lira FS et al. Cardiopulmonary, blood metabolite and rating of perceived exertion responses to constant exercises performed at different intensities until exhaustion. Br J Sports Med. 2011;45(14):1119-25.
35. Willis WT, Jackman MR. Mitochondrial function during heavy exercise. Med Sci Sports Exerc. 1994;26(11):1347-53.
36. Koga S, Shiojiri T, Kondo N, Barstow TJ. Effect of increased muscle temperature on oxygen uptake kinetics during exercise. J Appl Physiol (1985). 1997;83(4):1333-8.
37. Rossiter HB, Ward SA, Howe FA, Kowalchuk JM, Griffiths JR, Whipp BJ. Dynamics of intramuscular 31P-MRS P(i) peak splitting and the slow components of PCr and O_2 uptake during exercise. J Appl Physiol (1985). 2002;93(6):2059-69.
38. Zoladz JA, Grassi B, Majerczak J, Szkutnik Z, Korostyński M, Grandys M, et al. Mechanisms responsible for the acceleration of pulmonary VO_2 on-kinetics in humans after prolonged endurance training. Am J Physiol Regul Integr Comp Physiol. 2014;307(9):1.101-14.
39. Park S, Kim JK, Choi HM, Kim HG, Beekley MD, Nho H. Increase in maximal oxygen uptake following 2-week walk training with blood flow occlusion in athletes. Eur J Appl Physiol. 2010;109(4):591-600.
40. Abe T, Fujita S, Nakajima T, Sakamaki M, Ozaki H, Ogasawara R et al. Effects of low-intensity cycle training with restricted leg blood flow on thigh muscle volume and VO_{2MAX} in young men. J Sports Sci Med. 2010;9(3):452-8.
41. Larkin KA, Macneil RG, Dirain M, Sandesara B, Manini TM, Buford TW. Blood flow restriction enhances post-resistance exercise angiogenic gene expression. Med Sci Sports Exerc. 2012;44(11):2077-83.
42. Shweiki D, Itin A, Soffer D, Keshet E. Vascular endothelial growth factor induced by hypoxia may mediate hypoxia-initiated angiogenesis. Nature. 1992;359(6398):843-5.
43. Risau W. Mechanisms of angiogenesis. Nature. 1997;386(6626):671-4.
44. Rosen LS. Clinical experience with angiogenesis signaling inhibitors: focus on vascular endothelial growth factor (VEGF) blockers. Cancer Control. 2002;9(2 Suppl):36-44.
45. Yang HT, Prior BM, Lloyd PG, Taylor JC, Li Z, Laughlin MH et al. Training-induced vascular adaptations to ischemic muscle. J Physiol Pharmacol. 2008;59(7 Suppl):57-70.
46. Andersen P, Henriksson J. Capillary supply of the quadriceps femoris muscle of man: adaptive response to exercise. J Physiol. 1977;270(3):677-90.

Capítulo 5

Aspectos biomecânicos

Luis Mochizuki
Ulysses Fernandes Ervilha

Objetivos do capítulo

Apresentar a definição de biomecânica e mostrar como a biomecânica pode avaliar as habilidades e as capacidades físicas e motoras.

INTRODUÇÃO

Por ser a ciência que analisa aspectos físicos dos sistemas biológicos,[1] a biomecânica responde aos questionamentos sobre o comportamento mecânico dos materiais biológicos (p. ex., relação força-deformação de tendões, ossos, ligamentos e músculos) até a quantificação de parâmetros mecânicos do movimento realizado no esporte, reabilitação, ergonomia, saúde, entre outros. A biomecânica desperta interesse de profissionais da saúde, como da Educação Física e do Esporte, para aplicar os conceitos de mecânica na concepção, no desenho, na elaboração, na construção e no teste de materiais e equipamentos no desenvolvimento do desempenho, das técnicas de treinamento e de reabilitação; e para ajuste de equipamentos, próteses, órteses e vestuário. Capacidades físicas como força, potência, equilíbrio, coordenação, agilidade, flexibilidade, velocidade e resistência, uma vez quantificadas, permitem entender a ação motora, constituída pelo movimento e pela postura.

MÉTODOS BIOMECÂNICOS PARA ANÁLISE DO MOVIMENTO

A palavra método provém do termo grego *methodos*, que significa caminho ou via. A biomecânica é a ciência que estuda os sistemas biológicos sob aspectos da física mecânica,[1] desde os aspectos cinemáticos, ou seja, aqueles relacionados à descrição do movimento, até os aspectos cinéticos, aqueles relacionados à causa do movimento, às forças e à energia mecânica. Em razão da dependência que a biomecânica tem dos seus instrumentos de medição, os métodos biomecânicos estão em constante evolução. Os métodos de medição da biomecânica podem ser agrupados: dinamometria, cinemetria, eletromiografia, antropometria e modelagem físico-matemática.

A dinamometria reúne o conjunto dos métodos para mensurar as variáveis cinéticas, ou seja, força e energia. Em biomecânica, existem as forças internas e externas. O ser humano produz forças internas para interagir com o meio externo. Essa interação produz forças que, por definição, são as forças externas ao corpo. Estas podem ser medidas pois dependem de instrumentos que registrem a interação entre corpo e ambiente. As forças internas são aquelas geradas no interior do corpo, como a força muscular, ou que surgem das interações de tecidos, que resistem ou direcionam o movimento, como ligamentos, cartilagens articulares e cápsulas articulares. As forças internas são difíceis de serem medidas diretamente, porque os sensores têm que ser introduzidos no corpo para que as medições ocorram. Esses procedimentos invasivos dificultam a realização de experimentos em humanos. Os equipamentos mais utilizados em biomecânica para medir força são as plataformas de força, os torquímetros, as células de carga e o dinamômetro isocinético. Além disso, outro instrumento usado na dinamometria é o que mensura a pressão gerada pelo contato do corpo com uma superfície. Nesse caso, os sensores de pressão são usados para medir a pressão plantar durante a locomoção, a sustentação do corpo na postura ereta, sentada ou deitada, durante a mordida ou em tarefas manuais.

Para entender as forças externas e internas, imagine um atleta de tênis de campo executando o gesto esportivo do saque para que a bola toque o solo na área de saque do lado adversário. Quanto mais veloz e distante do oponente a bola for, maior será a chance de fazer o ponto ou, ao menos, dificultar o retorno da bola para o campo do sacador. Para tanto, a velocidade da raquete ao tocar a bola tem que ser a maior possível, o que implica a sequência de movimentos realizados pelos segmentos corporais do sacador. As forças com que o atleta segura a raquete, empurra a bola para cima e para a frente (para arremessá-la) e empurra o chão para baixo e para trás (o que fará com que o corpo seja projetado para cima e para a frente) tem origem nos músculos. A ação muscular para gerar rotações de tronco, quadril, joelho, ombro etc., são exemplos de forças internas. Para ocorrer o gesto esportivo, forças são geradas, dissipadas e transmitidas internamente. Músculos se contraem, tendões, ligamentos, nervos, vasos sanguíneos e fáscias são tensionados, meniscos se deformam e superfícies ósseas são comprimidas. O conjunto dessas forças internas ao corpo é responsável por gerar, guiar e limitar o movimento.

A maior limitação dos métodos de medição em biomecânica não está em mensurar as forças externas, mas as internas. Dada a dificuldade em se implantar sensores no corpo humano, a solução tem sido o uso de modelos físico-matemáticos para estimar os valores das forças internas.

A modelagem físico-matemática utiliza a antropometria para obter valores de dimensões corporais como área de secção transversal, ângulo de penação de músculos, massa e volume de ossos, espessura e resiliência de ligamentos, e a cinemetria para mensurar a posição, a velocidade e a aceleração dos segmentos articulados para estimar forças internas em posturas ou movimentos. Os valores são utilizados em equações para descrever o movimento ou a postura. Dado o grande número de variáveis envolvidas no movimento humano, muitas não são consideradas nos modelos disponíveis. Os pesquisadores, em vez de modelar cada osso, unidade motora ou ligamento, simplificam o corpo (reduzindo o número de variáveis consideradas) ao menor número de componentes possível a serem considerados para responder a determinada pergunta científica. Portanto, por melhor que seja o modelo, há de se considerar que este retrata parte do que realmente aconteceu naquele determinado movimento ou postura investigada. Apesar das limitações, sem esses modelos não se teria sequer ideia das forças geradas dentro do corpo. Por exemplo, esquiadores profissionais têm risco de lesão no ligamento cruzado anterior ao aterrissarem e isso é acentuado em situação de desequilíbrio. Qual perturbação na aterrissagem induz maior tensão no ligamento cruzado anterior?

1. Aumento da inclinação posterior do tronco.
2. Flexão exagerada do quadril.
3. Aumento da extensão do joelho.
4. Aumento da flexão dorsal do tornozelo.

Para responder a essa questão, é necessário estimar a força exercida no ligamento cruzado anterior durante a execução da manobra. Heinrich et al.[2] desenvolveram um modelo bidimensional para estimar a força de cisalhamento anterior da tíbia em relação ao fêmur e estimar a força exercida pelo ligamento cruzado anterior. Apesar de esse modelo apenas considerar as forças aplicadas no plano sagital, os autores concluíram que a orientação do tronco dos esquiadores é responsável por aproximadamente 60% da variância do pico de força exercida pelo ligamento cruzado anterior. Ou seja, a resposta à questão apresentada é a opção 'a'. Essa informação ajuda na tomada de decisões táticas, técnicas e na elaboração de programas de exercícios preventivos para esse tipo de lesão. Esse é um exemplo de como a modelagem física ajuda a responder a questões práticas de análise do movimento humano.

A cinemetria é o conjunto de métodos para aquisição de variáveis cinemáticas, que são parâmetros físicos que descrevem o movimento sem considerar as forças envolvidas. Os dois instrumentos mais utilizados são o sistema de vídeo e o sistema óptico-eletrônico. No sistema de vídeo, usa-se um sistema de marcadores passivos; enquanto no sistema óptico-eletrônico, usam-se marcadores ativos. Os marcadores são colocados sobre a pele, em pontos anatômicos que são escolhidos para representar os segmentos corporais. Os marcadores passivos são filmados pelas câmeras de vídeo e são reconhecidos pelo sistema de reconstrução porque refletem a luz infravermelha emitida por um anel de LED infravermelho construído em volta da lente de cada câmera. O marcador ativo tem um LED infravermelho cuja luz é reconhecida pelos sensores da câmera óptico-eletrônica. Uma vez reconhecidos os pontos acoplados aos segmentos corporais, suas coordenadas são transferidas para um programa de computador elaborado para reconstruir os segmentos corporais a partir desses pontos. Conhecendo-se a localização dos segmentos corporais ao longo do tempo e onde estão os eixos de movimento, pode-se determinar velocidades e acelerações.

A posição angular dos segmentos corporais também pode ser medida com sensores diretamente acoplados aos segmentos e que identifiquem o movimento entre eles. Esse tipo de sensor é o potenciômetro, e o instrumento para medir o ângulo é o eletrogoniômetro. Feita a calibração, haverá correlação entre a diferença de potencial medido pelo sensor e o ângulo. Esse tipo de eletrogoniômetro mede o ângulo em apenas um plano e tem duas hastes fixas nos segmentos e unidas pelo potenciômetro. O eletrogoniômetro bidimensional tem um sensor diferente, baseado em um conjunto de fios que mudam a tensão elétrica quando encurvados.

O registro da atividade muscular é importante para a biomecânica. A eletromiografia (EMG) é o registro do sinal elétrico emanado pelo músculo durante a contração muscular, seja ela voluntária ou involuntária. Na eletromiografia de superfície, um eletrodo (ou vários) é colocado sobre a pele, acima do músculo cuja atividade elétrica se deseja captar; enquanto na eletromiografia de agulha ou fio, os eletrodos são inseridos dentro do músculo. Seja eletrodo de superfície, agulha ou fio, será captada a soma algébrica de todos os potenciais de ação de diferentes unidades motoras ocorridos dentro do volume de captação do eletrodo, porque as fibras musculares das diferentes unidades motoras estão entremeadas ao longo do músculo. Uma unidade motora é o conjunto de todas as fibras musculares inervadas pelo mesmo motoneurônio, número este que pode ser desde apenas três unidades motoras até duas mil.

Quando a EMG usa fios ou agulhas, considera-se o procedimento invasivo, pois implica a inserção desses eletrodos dentro do músculo. Nesse caso, a captação do sinal elétrico da EMG é associada à ativação de um conjunto pequeno de unidades motoras e agem em nível baixo de força máxima (não mais que 20% da força máxima). Quando se usa a EMG de superfície, dois tipos de eletrodos são possíveis, os eletrodos monopolares ou bipolares e os eletrodos matriciais. Os eletrodos monopolares ou bipolares são usados para captar a atividade de um músculo; enquanto os eletrodos matriciais são usados para captar a ativação de diversos músculos simultaneamente. Os eletrodos matriciais podem conter até mais de uma centena de sensores, que estão organizados como uma matriz de pontos.

A EMG é aplicada em avaliações clínicas e na análise do movimento (EMG cinesiológica). As variações da intensidade do sinal eletromiográfico nos domínios temporal e espectral (de frequência) são decorrentes de alterações da frequência de disparo das unidades motoras, da quantidade e do tipo de unidades motoras ativas. Características do sinal EMG como intensidade, área e frequência mediana podem ser obtidas. A EMG auxilia o diagnóstico de doenças do sistema nervoso e

muscular e mensura tipicamente características de duração e amplitude do potencial de ação das unidades motoras. Na análise do movimento e da postura, a EMG cinesiológica contribui para entender a função muscular e o controle do movimento e da postura dos segmentos corporais. Por exemplo, investiga-se o padrão de ativação muscular de músculos da coxa e da perna durante corridas executadas com e sem uso de calçados[3] para identificar alterações no sinergismo muscular em diferentes condições de corrida. Atletas amadores correram com e sem calçado e realizaram o primeiro contato do pé com o solo com o antepé ou com o retropé (calcanhar). Dessa maneira, não apenas as condições com e sem uso de calçado foram investigadas; também pode-se observar a ação dos principais músculos envolvidos na corrida quando a aterrissagem é realizada com o antepé ou com o retropé. Há muito se discute na literatura científica as implicações da interação entre calçado e pé durante a corrida.[4] Os benefícios e os malefícios da corrida realizada sem o uso de calçado preocupam atletas, treinadores e profissionais da saúde. É preciso entender como os movimentos são controlados em diferentes condições ambientais. A Figura 1 ilustra o padrão temporal de ativação de músculos ativados durante a corrida em três diferentes condições: calçado tocando o solo primeiramente com o calcanhar, calçado tocando o solo primeiramente com o antepé e descalço tocando o solo primeiramente com o antepé.[3]

Na EMG, quando se comparam dois músculos que têm função anatômica oposta (agonista e antagonista), calcula-se a cocontração, um indicador do nível de contração simultânea desses dois músculos.

Além da EMG, a mecanomiografia também pode ser usada para mensurar a atividade muscular. A mecanomiografia mensura as vibrações provocadas pela contração dos sarcômeros por meio de acelerômetros fixos sobre a pele. Por medir a vibração, a mecanomiografia pode sofrer interferência dos tremores provocados pelo movimento, os quais são transferidos para o acelerômetro. Por causa disso, é mais comum encontrar estudos de mecanomiografia em estudos com contração isométrica. As medidas da mecanomiografia e EMG buscam compreender quando suas medidas podem ser correlacionadas com a força muscular. Em condições estáticas e isométricas, tais medidas podem estar correlacionadas com a força muscular; porém, a fadiga também está associada com o aumento do sinal EMG ou mecanomiográfico. Além disso, em condições dinâmicas, essa relação com a força muscular é complexa. Na realidade, a medida que mais se correlaciona com força muscular é pressão muscular. A pressão interna

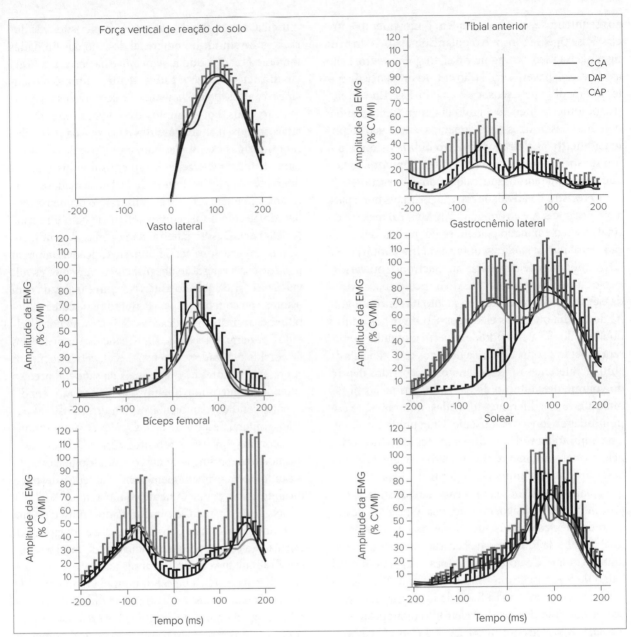

FIGURA 1 Força vertical de reação do solo e eletromiografia (média de desvio-padrão). Média de cinco tentativas realizadas por dez atletas amadores do sexo masculino. Ao passar sobre a plataforma de força, os atletas estavam numa velocidade entre 10,1 e 11,16 km/h. Os dados foram coletados em três condições: correndo descalço e tocando o solo primeiramente com o antepé (DAP), calçado e tocando o solo primeiramente com o antepé (CAP) e calçado tocando o solo primeiramente com o calcanhar (CCA). Os dados da EMG são apresentados como porcentagem do pico do sinal obtido durante uma contração voluntária máxima isométrica (CVMI).

do músculo aumenta com a força muscular porque o músculo não muda de volume quando ocorre a contração dos sarcômeros. A pressão interna do músculo não pode ser medida diretamente pela parte externa, mas apenas estimada por meio da quantidade de íons de hidrogênio detectados via ressonância magnética. A medida direta da pressão muscular é feita pela inserção de um manômetro dentro do músculo, mas essa avaliação é invasiva e provoca uma lesão no músculo. Por isso, não é usada em avaliações clínicas, apenas em estudos em laboratório.

A antropometria é o conjunto de métodos para medir as propriedades inerciais e morfológicas do corpo humano. As propriedades inerciais dos segmentos corporais são massa, localização do centro de massa e do centro de volume, densidade e momento de inércia. As características morfológicas dos segmentos corporais são forma, tamanho (comprimento, altura, estatura, raio, circunferência, volume, área de secção transversa, área da superfície), localização, distribuição e proporção da quantidade de cada tecido e órgãos em cada segmento. As medidas antropométricas são importantes para descrever o padrão de corpo humano, como a imagem corporal está constituída e para compor, com as informações cinemáticas e cinéticas do movimento, as equações de movimento de uma habilidade motora.

Tradicionalmente, algumas medidas antropométricas são usadas na avaliação física de uma pessoa que ingressa em um programa de atividade física, seja de exercícios ou de esporte. Nesse caso, as medidas antropométricas se tornam parâmetros para avaliar os resultados de tal programa, como as medidas de massa corporal, tamanho do corpo e das distribuições de massa magra e gordura. Porém, na avaliação biomecânica, o foco é diferente, pois as medidas antropométricas alteram a mecânica do movimento. Por exemplo, pessoas mais pesadas quando caminham fazem mais força de reação do solo do que pessoas mais leves. A diferença absoluta de força de reação do solo é em razão da quantidade de massa diferente em pessoas leves e pesadas. Logo, se a força de reação do solo for dividida pelo peso corporal (massa corporal x aceleração da gravidade), os valores relativos dessa força se tornam semelhantes se comparamos pessoas leves e pesadas que caminham na mesma velocidade horizontal. Além disso, o momento de inércia de cada segmento corporal é necessário para calcular os torques nas articulações durante a execução dos movimentos.

As medidas antropométricas obtidas por meio de ultrassonografia, ressonância magnética ou tomografia permitem avaliar como músculos, tendões, ligamentos e cartilagem se comportam sob o efeito do movimento e de cargas externas. Esse tipo de informação permite conhecer como as estruturas internas do corpo humano se comportam e auxiliam o estudo dos materiais biológicos que compõem o corpo humano.

As características inerciais do corpo humano podem ser medidas diretamente ou estimadas. As medidas diretas podem ser feitas em cadáveres ou *in vivo*. As medidas em cadáveres devem ser feitas para diferentes faixas etárias, sexo e características morfológicas dos cadáveres e sofrem a limitação das alterações teciduais provocadas pela morte. As medidas em cadáveres e *in vivo* variam em função do modelo antropométrico usado. O modelo antropométrico é o conjunto de medidas corporais e a forma de segmentar o corpo humano. Os principais modelos antropométricos usados na biomecânica são o modelo de Havanan, Zatsiorsky, Dempster e Hatze.[5] O modelo antropométrico de Hatze é o mais complexo, pois exige 243 medidas antropométricas e usa as medidas de densidade corporal do modelo de Dempster, que é baseado em medidas de cadáveres. O modelo de Havanan reduz o corpo a formas geométricas mais simples, como esfera, cones e cilindros. O modelo antropométrico de Zatsiorsky foi baseado em medidas *in vivo* com imagens dos tecidos usando raios gama. Tais modelos antropométricos contêm informações sobre a proporção dos segmentos corporais em relação a estatura e massa total do corpo; assim, é possível conhecer a posição do centro de massa de cada segmento. A estimativa de medidas antropométricas também pode ser feita por meio de equações de regressão construídas a partir de medidas em cadáveres. A solução dessas equações de regressão oferece os valores dos parâmetros inerciais desejados.

BIOMECÂNICA PARA ANÁLISE DE HABILIDADES MOTORAS BÁSICAS: LOCOMOÇÃO

As habilidades motoras são essenciais para a execução das ações motoras. As habilidades motoras de locomoção (andar, correr e saltar) são usadas para muitas atividades da vida diária. É importante descrever, avaliar e compreender essas habilidades motoras para entender seus processos de ensino-aprendizagem e de desenvolvimento motor em diferentes populações. A análise biomecânica quantifica essas habilidades e oferece parâmetros para comparar e acompanhar o desenvolvimento e o desempenho. As variáveis que quantificam o movimento surgem da complexa análise biomecânica e os parâmetros são características específicas das variáveis biomecânicas.

A quantificação biomecânica das habilidades motoras vincula a cinética e a cinemática do movimento humano à atividade elétrica dos músculos durante a ação motora. Tipicamente, a descrição e a análise de movimentos de habilidades motoras básicas focam em poucas estruturas corporais. As estruturas corporais escolhidas estão diretamente envolvidas na execução do movimento e com o objetivo da ação motora. Da mesma forma, não se mensura a atividade elétrica de todos os músculos, apenas dos que estão anatomicamente associados com as articulações envolvidas com os movimentos e as posturas da ação. Logo, é necessário definir as estruturas corporais (músculos, articulações e segmentos corporais) para avaliar biomecanicamente a habilidade motora.

As variáveis biomecânicas típicas para descrever as habilidades motoras são posição e orientação, deslocamento, velocidade e aceleração angulares da articulação; posição e orientação, deslocamento e velocidade linear do centro de massa (COM) do corpo; posição e orientação, deslocamento, velocidade e aceleração linear da extremidade da cadeia cinemática envolvida na ação motora; força e torque de cada músculo, força e torque do conjunto de músculos que movimentam uma articulação (força líquida e torque líquido); atividade elétrica de músculos. Outras variáveis biomecânicas, como potência articular, energia e trabalho mecânicos, centro de pressão (COP), distribuição de pressão no apoio e temperatura superficial de segmentos também são usados para descrever as habilidades motoras.

Os parâmetros típicos que podem ser calculados com base nessas variáveis são parâmetros de intensidade (valores máximos, mínimos e médios, RMS [*root mean square*]), variabilidade (desvio padrão, variância, erro padrão, coeficiente de variação), geométricos (inclinações e áreas de curvas), temporais (instante de ocorrência, duração) e espectrais (frequência média, mediana, máxima, potência). Por exemplo, os valores máximos do componente vertical da força de reação do solo durante a locomoção e os valores máximos de ângulo do joelho durante a corrida. Além disso, é possível calcular parâmetros que descrevem o comportamento da série temporal toda, e não apenas uma medida discreta da variável.

Por meio desses parâmetros, é possível comparar grupos (atletas, sedentários, com idades ou problemas de saúde, com deficiências etc.), intervenções (treinamento físico, reabilitação etc.), comparar indivíduos. Para tais comparações, é preciso usar testes estatísticos como análise de variância, calcular intervalos de variação, fazer gráficos *box-plot*, fazer gráficos com valores médios e desvio-padrão. Algumas vezes, para comparar resultados, é preciso normalizar os valores para reduzir a interferência de variáveis intervenientes. Por exemplo, ao comparar a força máxima, é comum dividir o valor absoluto da força máxima pelo peso corporal da pessoa que executou o teste. Dessa forma, as comparações ocorrem por valores relativos, e não absolutos.

Avaliar a locomoção é importante, porque permite compreender o desenvolvimento motor de uma pessoa, identificar alterações no controle motor, avaliar o desempenho em competições e entender sua importância entre outras habilidades motoras quando é feita uma ação motora, atividade esportiva ou exercício. A análise biomecânica da locomoção também é importante

para avaliar o efeito de calçados,[6] próteses e órteses,[7] com lesões[8] ou no ambiente aquático.[9]

Andar e correr são formas de locomoção e se diferenciam pelos seus componentes. O andar e correr têm duas fases: apoio e balanço. Na fase de apoio, o pé mantém contato com o chão, enquanto na fase de balanço ele não está em contato com o chão porque o membro inferior está balançando para a frente. No andar, o apoio é dividido em apoio simples (quando só um pé toca o chão) e apoio duplo (quando os dois pés estão em contato com chão). No correr, existe apenas apoio simples. Logo, a diferença entre andar e correr é simples; no andar, existe a fase de apoio duplo e no correr não existe fase de duplo apoio.

Na fase de apoio, distingue-se a fase de recepção da carga ou fase de impacto, que começa no contato do pé com o chão até que a fase de desaceleração horizontal da FRS termina; e a fase de propulsão, que dura enquanto a aceleração horizontal da FRS é maior que zero, que acontece normalmente no terço final da fase de apoio. O balanço é dividido em três terços (balanço inicial, médio e final). No correr, a colocação do pé na fase de recepção de carga varia. Pessoas tocam o chão com a parte posterior, central ou anterior do pé. A colocação do pé na fase de contato pode variar pelo uso ou não de calçado,[10] pelo tipo de piso,[11] pela velocidade da corrida[12] ou porque a pessoa pertence a um subgrupo com características específicas.[13] A discussão em torno da melhor forma de colocação do pé é inconclusiva. Diferentes formas de colocar o pé no chão na corrida geram diferentes tipos de lesão e sobrecarregam diferentes estruturas anatômicas.[14]

A mensuração da atividade muscular no andar e correr revela uma importante informação que é aplicada para outros movimentos: nenhum músculo permanece ativo durante todas as fases do movimento. A ativação elétrica dos músculos não revela se a ação muscular foi isométrica, concêntrica ou excêntrica. Para identificar o tipo de ação muscular, é preciso associar EMG e cinemetria. A medida simultânea e sincronizada da EMG e a cinemetria permite identificar as fases do movimento e caracterizar o tipo de ação muscular que é revelado pela EMG. O traçado de interferência da EMG, quando retificado, revela os padrões de ativação e não ativação do músculo (padrões liga e desliga), e essa informação é usada para comparar os momentos de ativação de vários músculos. Essa comparação pode ser aplicada entre grupos e outras condições de interesse.

O salto é outra forma de locomoção que permite o deslocamento do corpo na direção horizontal ou vertical. O salto também é usado como teste de capacidade física, para medir a potência de membros inferiores. No salto, a força muscular gerada principalmente nos membros inferiores é transformada em deslocamento súbito do corpo. Esse deslocamento pode ter o objetivo de superar um obstáculo, transportar o corpo por uma distância maior que um passo é capaz ou para realizar uma habilidade esportiva. O salto pode ser feito com e sem preparação. A fase de preparação é composta por um conjunto de movimentos do corpo que intencionam aumentar a quantidade de movimento e impulso final, pois, no salto, os principais parâmetros de desempenho são tempo de voo e a distância percorrida. Dois parâmetros mecânicos determinam o tempo de voo e a distância percorrida: velocidade final do COM e ângulo de saída do corpo no salto. Consequentemente, os segmentos corporais devem ser coordenados para maximizar o aproveitamento dos impulsos que cada segmento do corpo gera. Os impulsos de cada segmento são os impulsos parciais. A soma vetorial dos impulsos parciais é a meta da coordenação motora no salto. Na preparação para o salto, o contramovimento é outra estratégia importante para aumentar o desempenho do salto. Ele é um conjunto de movimentos cujo objetivo é iniciar o ciclo de alongamento-encurtamento e sincronizá-lo com o início do salto. Isso gera uma força inicial desenvolvida pela fase excêntrica do contramovimento que pode ser aproveitada no salto para aumentar o desempenho.

No salto, a principal variável biomecânica investigada é a FRS. O padrão típico do componente vertical da FRS no salto pode ser visto na Figura 2. Por meio do gráfico da FRS *versus* tempo, é possível identificar a fase excêntrica e concêntrica do contramovimento do salto, a fase de propulsão, a fase de voo e a aterrissagem do salto. O contramovimento do salto ocorre durante a fase de preparação. Nessa fase, distingue-se que o corpo se abaixa e se eleva com rapidez suficiente para agregar energia mecânica ao salto. No traçado temporal da FRS, é um erro comum associar a fase de redução da FRS no contramovimento com a fase de descida do corpo. Na realidade, a fase de descida do corpo, quando ocorrem as flexões do joelho e quadril, desenvolve-se durante toda a fase em que a FRS permanece menor que o peso corporal. Na primeira parte, quando a FRS diminui até o mínimo, ocorre a máxima aceleração do corpo para baixo; na segunda parte, quando a FRS gradativamente cresce até o peso corporal, é a fase de desaceleração do corpo para atingir a fase mais baixa do contramovimento. Em seguida, o aumento da FRS ocorre porque o corpo se estende para buscar a posição inicial do salto. A passagem pela posição inicial é momentânea e é favorecida pela aceleração que o corpo tem porque estava

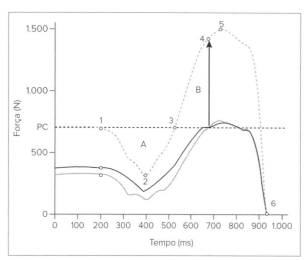

FIGURA 2 Exemplo da força de reação do solo (FRS) durante o salto vertical. A linha preta é a curva resultante da soma do componente vertical da FRS sob o pé direito (linha fina) e esquerdo (linha grossa). A linha pontilhada representa o peso corporal (PC). A letra A representa a área do impulso excêntrico e a letra B representa a área do impulso concêntrico. O número 1 é o início do salto, o 2 é o fim da aceleração de descida da fase de preparação do salto ou contramovimento, o 3 é o fim da descida e o fim da fase excêntrica da preparação do salto, o 4 é o fim da subida do contramovimento ou força inicial (destacado pelo vetor vertical em preto) ou início do movimento do salto vertical, o 5 é o momento de maior FRS para o salto e o 6 é o fim do contato do pé e término da fase de propulsão do salto.

agrupado na fase intermediária do contramovimento. Nessa passagem pela posição inicial, identifica-se que a FRS é maior que o peso corporal. A diferença da FRS com o peso corporal é denominada força inicial, e esta é a principal consequência do contramovimento para o desempenho do salto.

Na análise cinemática, a avaliação de padrões de movimento de articulações dos membros inferiores e superiores permite identificar o grau de coincidência dos valores de pico e como as inclinações das curvas temporais dessas curvas se comportam entre grupos, condições de treinamento ou faixas etárias.

BIOMECÂNICA PARA ANÁLISE DE HABILIDADES COMPLEXAS: EXERCÍCIO E ESPORTE

Em cada esporte, o conjunto de habilidades motoras é composto por classes de habilidades motoras básicas e outros tipos de habilidades motoras mais complexas. Compreender como as habilidades esportivas são importantes para o desempenho é a contribuição da análise biomecânica para o esporte. Da mesma forma, a maneira como os exercícios são executados é importante para o treinamento, a reabilitação e a redução de riscos de lesão. A avaliação biomecânica dos gestos esportivos pode ser aplicada em dois contextos. Na avaliação do indivíduo, a análise biomecânica permite a descrição dos movimentos que compõem a habilidade esportiva e a identificação das causas do desempenho e dos fatores de risco de lesão no esporte. Na avaliação da equipe, a análise biomecânica permite descrever como os integrantes da equipe interagem entre si durante o jogo e como essa interação pode interferir no resultado do jogo. Portanto, a análise biomecânica de habilidades esportivas tem consequências individuais e coletivas. Além disso, o uso de acessórios esportivos pode ser avaliado e identificado se interfere ou não no desempenho humano.

A avaliação biomecânica dos exercícios permite descrever a ação dos músculos nas variações de um mesmo tipo de exercício, como ocorre na mudança da ativação muscular quando se modifica a carga ou se comparam pessoas com mais ou menos preparo físico para o exercício. Todas essas variações podem ser avaliadas por meio da cinemática e cinética do movimento. Assim, é possível determinar mudanças no padrão de movimentos em razão de alterações nas cargas do exercício ou nas articulações. Por exemplo, se a amplitude de movimento se altera por causa das variações no exercício. As medidas biomecânicas de tensão e comprimento dos tecidos do corpo ajudam a entender o risco de lesões durante a prática de exercícios. Além disso, as variáveis biomecânicas podem ser usadas para comparar os efeitos do treinamento e do destreinamento, e permitir, associadas a variáveis bioquímicas, entender se práticas de exercício permitem associar níveis de carga nas articulações a processos inflamatórios e potencialmente lesivos.

BIOMECÂNICA PARA ANÁLISE DE CAPACIDADES FÍSICAS E MOTORAS

As capacidades físicas são valências corporais que dependem das características biológicas do corpo humano e que podem ser melhoradas pelo treinamento físico, mas são limitadas pelas condições físicas individuais. As principais capacidades físicas são força, velocidade, equilíbrio, resistência e flexibilidade.

A capacidade física força é o resultado da capacidade do corpo humano de gerar tensão contra uma resistência externa para movimentar o corpo, parte dele ou algum objeto. Quando se avalia a força, busca-se determinar a quantidade de força muscular máxima por agrupamentos musculares. Para entender o conceito da

capacidade física força, esta é normalmente definida pelo que ela faz. Força é a interação entre dois ou mais objetos que altera o estado de movimento do sistema, que modifica a quantidade de movimento e, consequentemente, muda a intensidade, a direção ou o sentido da velocidade desses objetos, produzindo ou parando o movimento. Por isso, a força é uma grandeza física vetorial, que tem magnitude e orientação. No Sistema Internacional de medidas (SI), a unidade utilizada para força é Newton (N). Em biomecânica, é comum representar a força normalizada pelo peso corporal (%PC). Por exemplo, o pico de força gerado no quadril durante a caminhada, a corrida e o tropeço atinge valores de, respectivamente, 4,8; 5,5 e 7,2 Newton/peso corporal.[15] A força registrada no tendão do calcâneo durante a caminhada e a corrida atinge valores máximos de, respectivamente, 3,9 e 7,7 Newton/peso corporal.[16]

A força permite movimentar objetos, gerar tensão e resistir contra ações externas. Ela pode ser classificada como estática e dinâmica. Na força estática, observa-se a condição geral de equilíbrio, quando a soma de todas as forças e torques aplicados no corpo se anulam. Portanto, na força estática, o corpo ou parte dele permanece parado. Essa condição estática é apenas externa, pois internamente é necessário o contínuo encurtamento de sarcômeros para produzir a força muscular. A força dinâmica permite o movimento do corpo externamente visível. A força dinâmica pode ser classificada como concêntrica, excêntrica e isométrica. Na força concêntrica, a força interna, produzida pelos músculos e transferida para ossos e ligamentos, é maior que a força externa ou resistência. O objetivo da força concêntrica é acelerar ou movimentar objetos e o corpo. Na força excêntrica, a força interna é menor que a força externa. O objetivo da força excêntrica é desacelerar o movimento do corpo ou de objetos ou gerar tensão contrária à resistência. É comum encontrar definições que associam a força gravitacional às forças concêntrica e excêntrica; porém, essa associação é desnecessária. Força excêntrica não é aquela força realizada contra a ação da gravidade. Força isométrica ocorre quando há o equilíbrio entre forças internas e externas. Consequentemente, na força isométrica, a articulação onde as forças estão sendo aplicadas permanece parada. Quando essas três forças são comparadas, observa-se que a força excêntrica máxima aumenta a medida que a velocidade do movimento aumenta e a força concêntrica máxima diminui quando a velocidade do movimento aumenta. Além disso, a força máxima excêntrica é maior que a força isométrica máxima, que é maior que a força concêntrica máxima.

Outro tipo de força é a força ou torque isocinético. Isocinético significa velocidade constante. A força ou torque isocinético é observado em condições laboratoriais, com o uso de um equipamento denominado dinamômetro isocinético. Embora esse tipo de equipamento somente permita que a velocidade seja constante, o nome atribuído a ele é dinamômetro isocinético. Nos testes realizados com tal equipamento, o usuário exerce força máxima ou submáxima. Em condições de avaliação, treinamento ou reabilitação, pode-se usar o dinamômetro isocinético para controlar a velocidade de movimento e condicionar os músculos em baixas velocidades (até 90°/s) ou altas velocidades (acima de 180°/s). Em baixas velocidades angulares, trabalha-se a resistência muscular, enquanto em velocidades altas, condiciona-se a potência muscular.

A forma como a força é transmitida e aplicada nos objetos é importante para habilidades motoras. A transmissão de uma força pode ser feita por uma alavanca. A alavanca é a distância perpendicular à força e ao eixo de rotação. A forma como a força é aplicada depende da posição em que ela é aplicada em relação à resistência externa e ao eixo de rotação do movimento. Quando a força aplicada pelo corpo humano, a força interna, está entre a resistência externa e o eixo de rotação, a alavanca usada é chamada de interpotente. Quando a resistência externa está entre a força interna e o eixo de rotação, a alavanca usada é chamada de inter-resistente. Se o eixo de rotação está entre as forças interna e externa, a alavanca é chamada de interfixa. A razão entre o tamanho do braço de alavanca da força interna e o tamanho do braço de alavanca da força externa determina a eficiência da alavanca. Quanto maior esse valor, mais eficiente é a alavanca. Nos equipamentos de treinamento de força, é possível usar, além das alavancas, as polias. As polias transmitem e mudam a direção da força. Isso ocorre nos equipamentos de musculação.

As medidas biomecânicas da força permitem acompanhar o desenvolvimento da aptidão física e os efeitos do treinamento e destreinamento físico. A medida da força é essencial para ajustar a carga de treinamento, pois, com o desenvolvimento da força muscular por causa da sequência de exercícios ao longo de sessões de treinamento, a carga usada torna-se cada vez menos extenuante para a pessoa. Para atender o princípio da sobrecarga, a medida da força máxima, feita em testes de uma a 10 repetições máximas (RM), permite ajustar a carga adequada ao treinamento físico. Esse ajuste pode ser feito para aumentar, manter ou diminuir a carga e o volume do treinamento. É importante notar que o treinamento da força também sofre efeito do princípio da

especificidade. Assim, os efeitos do treinamento de força são específicos para a velocidade de movimento (alta, baixa e nula), o tipo de força (concêntrico, excêntrico, isométrico e isocinético, potência e resistência) e a posição angular da articulação. A fadiga biomecânica é definida como a incapacidade de manter resistência a determinado valor de força externa. A exaustão ocorre quando a pessoa é incapaz de gerar qualquer força muscular no exercício. A força muscular máxima é a maior quantidade de força que os músculos conseguem gerar para mover uma articulação. A real força máxima não é atingida voluntariamente porque os reflexos neuromusculares agem antes dessa condição para minimizar o risco de lesões no conjunto músculo-tendão. O senso de força é a capacidade de perceber a quantidade de força gerada para mover a articulação ou mesmo para mantê-la imóvel sob a ação de uma força externa.

Potência é a capacidade de gerar força muscular rapidamente ou de forma explosiva. O ciclo alongamento-encurtamento no salto vertical também é usado para quantificar a capacidade neuromuscular de gerar torque. Ao mensurar a altura do salto vertical na tarefa *reach--and-jump* (aterrissar e saltar), avalia-se o sistema neuromuscular, porque existe uma relação não linear entre altura de queda e altura de salto. A sobrecarga provocada pela aterrissagem deve ser aproveitada para aumentar a altura do salto vertical; portanto, a partir do aumento da altura de queda, espera-se o aumento da altura do salto até a altura ideal, quando ocorre a melhor condição de equilíbrio entre as fases excêntrica e concêntrica do ciclo alongamento-encurtamento. A partir da altura ideal, quedas mais altas demandam mais energia para absorção de queda sem consequente transferência para a propulsão do salto. Portanto, avaliar o comportamento biomecânico no teste aterrissar e saltar é uma forma de avaliar as condições neuromusculares dos membros inferiores para gerar potência muscular.

Velocidade e agilidade são capacidades físicas necessárias para executar habilidades motoras com rapidez. A velocidade de reação implica avaliar o tempo de reação. A velocidade de movimento implica fazer uma tarefa com rapidez que não depende apenas de começar o mais rápido possível, mas de como sustentar a máxima velocidade por mais tempo. Os testes de agilidade envolvem o deslocamento em trajetos retilíneos e com variações bruscas de direção e sentido do deslocamento, com ou sem a presença de obstáculos. A instrumentação biomecânica facilita a aferição da velocidade de movimento em testes de velocidade de movimento e agilidade. Por exemplo, fotocélulas podem ser colocadas em trechos com distâncias conhecidas para mensurar o tempo que uma pessoa demora para percorrer cada trecho. Quando várias pessoas realizam uma corrida juntas, o uso de fotocélulas não é a melhor escolha, pois não é possível individualizar as medidas de tempo. Assim, pessoas usam emissores de sinal eletromagnético captados por sensores posicionados em trechos com distâncias conhecidas. O uso de sistemas de localização baseados em GPS também ocorre para aferir a agilidade e a velocidade, porém essa medida tem erro de medida considerável, pois o erro de posicionamento de um aparelho de GPS é de 10 m, portanto, para avaliações de agilidade em trechos com distância na mesma ordem de grandeza dessa incerteza, não é recomendável usar um GPS.

A velocidade de reação pode ser avaliada com instrumentos que avaliam a cinemática do movimento, por sensores de contato, sensores de força ou pela EMG. Mensura-se o tempo entre o sinal de início e o primeiro sinal captado por qualquer um desses instrumentos.

A capacidade física equilíbrio é necessária para manter uma postura em uma condição estática ou dinâmica. Postura é a posição absoluta e relativa do corpo e dos segmentos corporais no espaço. Em biomecânica, o termo "pose" significa posição e orientação, que são duas propriedades importantes para definir a postura. Controle postural é o controle gerenciado pelo sistema nervoso para a postura. As funções do controle postural são sustentação do peso corporal, equilíbrio e estabilidade. Na sustentação do peso, o controle postural atua para contrabalançar o efeito do peso corporal em mudar a postura. No equilíbrio, o controle postural busca manter a projeção vertical da posição do centro de gravidade dentro dos limites da base de apoio. Na estabilidade, o controle postural atua para contrabalançar forças intersegmentares e externas que podem perturbar a postura. Para manter o corpo em uma postura, essas três funções são usadas e avaliadas nos testes de equilíbrio. Na condição estática, a postura mais comum em que se avalia o equilíbrio é a postura ereta. Na postura ereta, a pessoa pode permanecer com um ou os dois pés no chão ou mesmo variar a posição dos pés, como os pés em paralelo ou em tandem. Quando se avalia a postura ereta parada, o teste de equilíbrio tipicamente mensura o deslocamento do centro de pressão por meio de plataforma de força. O gráfico do centro de pressão (COP) nas direções anteroposterior e mediolateral é chamado estabilograma. Nesse tipo de teste de equilíbrio, avalia-se o tamanho e a velocidade da oscilação postural, pois quando as pessoas permanecem paradas em uma postura, o corpo balança. O balanço do corpo decorre dos deslocamentos dos flui-

dos corporais, movimentos fisiológicos como respiração e batimentos cardíacos. Para acompanhar essas mudanças da posição do centro de massa (COM) do corpo, é necessário que o controle postural monitore esse balanço corporal e intervenha quando for necessário. O monitoramento é baseado em informações sensoriais oriundas dos sistemas visual, vestibular e somatossensorial. As manifestações do controle postural para controlar o balanço corporal são mensuradas por meio da medida do balanço postural. Balanço postural é o deslocamento do COP. A condição bípede traz enormes desafios para o ser humano para manter o equilíbrio parado ou durante a locomoção. Por isso, os testes de equilíbrio também cada vez mais se aproximam das atividades da vida diária onde se exigem as funções do controle postural.

A capacidade física de equilíbrio dinâmico envolve manter a postura enquanto o corpo se movimenta. No equilíbrio dinâmico, as três funções do controle postural também são exigidas. Para se ter uma ideia dos desafios enfrentados para controle do equilíbrio durante a marcha, a corrida e a postura ortostática, nessas situações o sistema tem que lidar com fases em que há apoio simples, nenhum apoio ou duplo apoio. No equilíbrio dinâmico, avalia-se como a pessoa restaura ou mantém a postura quando os movimentos da tarefa executada perturbam a postura. Para isso, é importante identificar quando ocorre a perturbação e as ações antes e depois da perturbação. As ações posturais feitas desde aproximadamente 300 milissegundos antes da perturbação até o início da perturbação são conhecidas como ajuste postural antecipatório (APA) e as ações posturais executadas desde o início da perturbação até cerca de 300 milissegundos são chamadas de ajuste postural compensatório (APC). Nesses dois intervalos, podem ser mensurados a cinemática do corpo, o deslocamento do COP e COP, e a EMG para compreender as condições do equilíbrio dinâmico.

As medidas de equilíbrio estático e dinâmico são usadas para avaliar o desenvolvimento motor, a influência dos sistemas sensoriais no controle postural, o efeito da prática de esportes e atividade física, do treinamento e do envelhecimento para identificar doenças e a fragilidade em idosos, o risco de quedas acidentais e para avaliar a qualidade do controle postural.

Resistência é a capacidade física relacionada ao tempo em que o esforço de uma atividade pode ser mantido. A perda temporária da capacidade de atingir ou manter determinada força-alvo significa que há fadiga no sistema neuromuscular. Uma maneira para medir a resistência à fadiga é o registro do tempo para que a força alvo não seja mais atingida ou mantida. Para comparar indivíduos, é usada a normalização pelo máximo esforço. Sundstrup[17] comparou a resistência à fadiga ao realizar esforço máximo de preensão palmar entre dois grupos de trabalhadores braçais do setor frigorífico. Um grupo trabalhou e treinou força por 10 semanas e o outro grupo apenas trabalhou. Após as 10 semanas, o grupo submetido ao treinamento aumentou em 97% o tempo necessário para reduzir à metade a capacidade de gerar força.

Em muitas situações, é necessário verificar o comportamento da resistência em condições dinâmicas. Nesses casos, o uso do dinamômetro isocinético é indicado. Além da modalidade isométrica, o teste da resistência pode ser feito nas modalidades concêntrico/concêntrico, concêntrico/excêntrico ou excêntrico/excêntrico. O equipamento mostrará a curva temporal do torque gerado e o investigador pode observar quanto a capacidade de gerar torque muda e estimar a taxa de decaimento.

A Figura 3 apresenta o decaimento do esforço máximo durante 120 s de exercício contínuo. O valor de pico de torque flexor está representado em quatro momentos durante a contínua repetição de ciclos de máximo torque de flexão e extensão da articulação do cotovelo. O gráfico ilustra a inclinação da reta e os valores médios dos torques ao longo da execução da tarefa.

Flexibilidade é a capacidade de realizar movimentos com amplitude e resistência articular adequada. O nível adequado para cada articulação depende das exigências das atividades diárias ou da modalidade esportiva. Embora os mecanismos sejam diferentes, como os tecidos contráteis se adaptam ao uso e ao desuso,[18,19] os tecidos não contráteis periarticulares também sofrem alterações de acordo com os esforços mecânicos aos quais eles são submetidos.[20,21] Uma meta-análise e revisão sistemática mostrou que os tendões são altamente responsivos a diversos regimes de sobrecarga e que as alterações da rigidez podem ser atribuídas mais às adaptações do material do que morfológicas. Ou seja, tecidos periarticulares não contráteis sofrem alterações estruturais como resposta à sobrecarga. Isso permite o ajuste do grau de flexibilidade de acordo com as demandas de cada articulação.

A flexibilidade pode ser classificada em estática e dinâmica. O resultado da pouca flexibilidade estática é a menor amplitude máxima de movimento. O resultado da pouca flexibilidade dinâmica é menor amplitude de movimento e maior resistência passiva no final do arco de movimento. Essa diferença se dá porque, na flexibilidade estática, a amplitude de movimento é guiada por uma ação dependente do relaxamento dos músculos antagonistas ao movimento. A flexibilidade dinâmica é exigida durante a execução da ação motora e concorre com a ativação, a coativação e a inibição de grupos musculares que agem na ação e que estão expostos ao aumento de amplitude de movimento da articulação.

A flexibilidade estática depende do comprimento das fibras musculares (número de sarcômeros em série), da extensibilidade dos tecidos conjuntivos que envolvem fibras, fascículos e ventres musculares, de fáscias e tecidos subcutâneos e de tecidos periarticulares, como tendões, ligamentos e cápsula articular. Em maior ou menor grau, todos esses tecidos contribuem para a flexibilidade total do indivíduo. Em alguns casos, o posicionamento dos tecidos moles ao longo do segmento corporal diminui a flexibilidade em razão da obstrução direta de nervos ou vasos sanguíneos. Esse tipo de interação mecânica, chamada de estrangulamento, provoca alterações do nível de contração muscular voluntária e involuntária, bem como alteração do limiar de dor. Esses fatores alteram sobremaneira a amplitude total articular.

A flexibilidade dinâmica é afetada por todos os fatores supracitados somados à capacidade de gerar força dos músculos envolvidos e fatores reflexos relacionados à ação simultânea de músculos agonistas e antagonistas. A máxima força muscular gerada voluntariamente depende de mecanismos reflexos protetores, como os inibitórios oriundos dos corpúsculos de Golgi, localizados

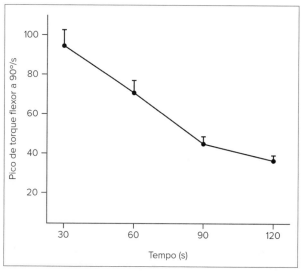

FIGURA 3 Média (± erro-padrão) do pico de torque flexor da articulação do cotovelo obtido durante movimentos cíclicos ininterruptos de flexão e extensão realizados no dinamômetro isocinético (modo concêntrico/concêntrico). Um único voluntário executou a tarefa por 120 segundos. Cada ponto da curva representa a média das tentativas realizadas durante 30 segundos.

nos tendões. Inibir a ação muscular quando há demasiada tensão no tendão é um mecanismo protetor, não controlável pelo sistema voluntário. Além dessa, há outra estratégia que, quando disparada, protege o músculo antagonista ao evitar excesso de estiramento. Essa estratégia envolve os músculos antagônicos. Em movimentos rápidos articulares, potenciais de ação inibitórios são enviados ao músculo agonista para reduzir a amplitude e a velocidade do movimento. Simultaneamente, potenciais de ação excitatórios são enviados ao músculo antagonista ao movimento, para que contraia e auxilie na redução da velocidade e amplitude de movimento.

CONSIDERAÇÕES FINAIS

A biomecânica, como ciência multidisciplinar, permite a quantificação da postura e do movimento humano. As áreas da biomecânica representam como essa ciência é organizada. Na modelagem físico-matemática, antropometria, eletromiografia e dinamometria estão as ferramentas para responder aos questionamentos de como o ser humano controla e organiza os sistemas corporais para interagir com o ambiente nas mais diversas situações, como laborais, de atividade de vida diária e esporte de alto rendimento. Desenvolvimento de equipamentos, órteses, próteses e vestuário também são possíveis graças aos avanços no conhecimento alcançados pela biomecânica.

Pesquisar e trazer novos conhecimentos para a biomecânica faz parte da vida de poucas pessoas. Contudo, consumir novas descobertas e levá-las para a prática clínica, de treinamento, atividade física, lazer, industrial etc., deve fazer parte da rotina de todo profissional ligado à saúde ou ao esporte direta ou indiretamente.

RESUMO

Neste capítulo, a biomecânica é apresentada como a área de conhecimento que oferece procedimentos e conceitos para a avaliação da mecânica do movimento do corpo humano e da função muscular. A partir disso, é possível avaliar as habilidades motoras básicas, com ênfase na locomoção, as habilidades motoras dedicadas à prática do exercício físico e do esporte e as capacidades físicas e motoras.

Questões para reflexão

1. Explique como os métodos utilizados na biomecânica podem avaliar as capacidades e as habilidades da educação física e do esporte.

2. Descreva os parâmetros biomecânicos de um gesto esportivo e explique como o conhecimento desses parâmetros pode ser usado para o aperfeiçoamento da técnica desse gesto.
3. Quais características biomecânicas são importantes na avaliação do andar e do correr?
4. Como as capacidades físicas podem ser avaliadas pela biomecânica?

REFERÊNCIAS BIBLIOGRÁFICAS

1. Amadio AC. Fundamentos da biomecânica do esporte: considerações sobre análise cinética e aspectos neuromusculares do movimento. [Tese de Livre-docência]. São Paulo, Escola de Educação Física e Esporte da Universidade de São Paulo (EEFE-USP), 1989.
2. Heinrich D, van den Bogert AJ, Nachbauer W. Relationship between jump landing kinematics and peak ACL force during a jump in downhill skiing: a simulation study. Scan J Med Sci Sports. 2014;180-7.
3. Ervilha UF, Mochizuki L, Figueira Junior A, Hamill J. Are muscle activation patterns altered during shod and barefoot running with a forefoot footfall pattern? J Sports Sci. 2016;1-7.
4. Komi PV, Gollhofer A, Schmidtbleicher D, Frick U. Interaction between man and shoe in running: considerations for a more comprehensive measurement approach. Int J Sports Med. 1987;196-202.
5. Amadio AC, Duarte M (eds). Fundamentos biomecânicos para a análise do movimento. São Paulo: Laboratório de Biomecânica da Escola de Educação Física da Universidade de São Paulo, 1996.
6. Hennig EM. The influence of soccer shoe design on player performance and injuries. Res Sports Med 2011;186-201.
7. Versluys R, Beyl P, Van Damme M, Desomer A, Van Ham R, Lefeber D. Prosthetic feet: state-of-the-art review and the importance of mimicking human ankle-foot biomechanics. Disabil Rehabil Assist Technol. 2009;65-75.
8. Kernozek T, Torry M, Shelburne K, Durall CJ, Willson J. From the gait laboratory to the rehabilitation clinic: translation of motion analysis and modeling data to interventions that impact anterior cruciate ligament loads in gait and drop landing. Crit Rev Biomed Eng. 2013;243-58.
9. Heywood S, McClelland J, Geigle P, Rahmann A, Clark R. Spatiotemporal, kinematic, force and muscle activation outcomes during gait and functional exercise in water compared to on land: a systematic review. Gait Posture. 2016;120-30.
10. Cheung RT, Rainbow MJ. Landing pattern and vertical loading rates during first attempt of barefoot running in habitual shod runners. Hum Mov Sci. 2014;120-7.
11. Dolenec A, Štirn I, Strojnik V. Activation pattern of lower leg muscles in running on asphalt, gravel and grass. Collegium Antropologicum. 2015;167-72.
12. Forrester SE, Townend J. The effect of running velocity on footstrike angle – a curve-clustering approach. Gait Posture. 2015;26-32.
13. Lieberman DE, Venkadesan M, Werbel WA, Daoud AI, D'Andrea S, Davis IS et al. Foot strike patterns and collision forces in habitually barefoot versus shod runners. Nature. 2010;463(7280): 531-5.
14. Perkins KP, Hanney WJ, Rothschild CE. The risks and benefits of running barefoot or in minimalist shoes: a systematic review. Sports Health. 2014;475-80.
15. Bergmann G, Graichen F, Rohlmann A. Is staircase walking a risk for the fixation of hip implants? J Biomech. 1995;535-53.

16. Giddings VL, Beaupré GS, Whalen RT, Carter DR. Calcaneal loading during walking and running. Med Sci Sports Exerc. 2000;627-34.
17. Sundstrup E, Due Jakobsen M, Brandt M, Jay K, Aagaard P, Andersen LL. Strength training improves fatigue resistance and self-rated health in workers with chronic pain: a randomized controlled trial. Biomed Res Int 2016;4137918.
18. Schoenfeld BJ, Ogborn DI, Krieger JW. Effect of repetition duration during resistance training on muscle hypertrophy: a systematic review and meta-analysis. Sports Med. 2015;577-85.
19. Brooks NE, Myburgh KH. Skeletal muscle wasting with disuse atrophy is multi-dimensional: the response and interaction of myonuclei, satellite cells and signaling pathways. Front Physiol. 2014;5:99.
20. Boer MD, Maganaris CN, Seynnes OR, Rennie MJ, Narici MV. Time course of muscular, neural and tendinous adaptations to 23 day unilateral lower-limb suspension in young men. J Physiol. 2015;1079-91.
21. Bohm S, Mersmann F, Arampatzis A. Human tendon adaptation in response to mechanical loading: a systematic review and meta-analysis of exercise intervention studies on healthy adults. Sports Med. 2015;1:7.

Capítulo 6

Aspectos psicológicos

Katia Rubio
Ivan Sant'Ana Rabelo
Roberto Moraes Cruz

> **Objetivos do capítulo**
> - Contextualizar a avaliação de aspectos emocionais.
> - Apresentar as dimensões pessoais relacionadas a condições emocionais.
> - Proporcionar o entendimento da relação entre as emoções e as características psicológicas no contexto esportivo.
> - Descrever um conjunto de procedimentos técnico-científicos empregados para investigar condições psicológicas.
> - Apresentar breves relatos de pesquisas em avaliação de fenômenos psicológicos no contexto esportivo.

INTRODUÇÃO

No esporte de alto rendimento, a avaliação de aspectos psicológicos está orientada na busca de qualificação e quantificação de estados emocionais em situações de competição e treinamento, níveis de processos psíquicos, relações interpessoais, otimização de trabalhos em equipe etc. Quando tratamos da atividade física e do lazer, o objetivo da avaliação de aspectos psicológicos pode relacionar-se com o interesse pela análise da qualidade de vida, da busca de desafios pessoais, saúde mental, entre outros objetivos.

Contudo, vamos iniciar com uma pergunta: o que é avaliar? Avaliar é estimar valor ou qualidades de um objeto de conhecimento. Avaliar é realizar um julgamento de valor sobre dados relevantes de realidade com o objetivo de tomada de decisão.[1]

Não especificamente no contexto esportivo, mas de maneira geral, a avaliação de aspectos psicológicos está diretamente relacionada ao uso de um conjunto de procedimentos técnico-científicos, fundamentados teoricamente, empregados para investigar condições psicológicas e estados emocionais das pessoas, considerando as suas condições pregressas e atuais, histórico de saúde física, emocional, familiar, relacionamentos sociais etc.

Afinal, considera-se que estímulos e condições ambientais provocam respostas físicas, psicológicas e sociais em distintas circunstâncias e situações nas quais os atletas e esportistas estão envolvidos. As exigências são respondidas com base nos esforços empreendidos pelas pessoas, conforme sua capacidade, habilidade, competência e funcionalidade.[2] A Figura 1 representa as dimensões pessoais envolvidas.

FIGURA 1 Dimensões pessoais relacionadas a condições emocionais.

Agora, passamos para uma próxima pergunta base deste capítulo: o que são emoções?

No século XVII, influenciado por trabalhos de Descartes e Leibniz, os sentimentos eram entendidos como pensamentos considerados vagos ou confusos.[3] Inclusive, até o século XVIII, predominava a opinião de que toda atividade psíquica que não estivesse diretamente associada à esfera intelectual era considerada pertencente à vida afetiva.[4]

Ainda no século XVIII, as emoções eram entendidas como resíduos das sensações ou componentes da volição, mas não eram consideradas uma função psíquica por si só, embora emoção e paixão sempre estivessem acompanhadas de sensações e mudanças corporais, consideradas portadoras de propriedades motivacionais.[5] Já no final do século XIX e início do século XX, deu-se início ao desenvolvimento dos primeiros conceitos e diferenciais dos diversos componentes da vida afetiva. No entanto, observa-se por meio dos distintos conceitos propostos por diferentes autores que os sentimentos e as emoções têm diferentes significados e importâncias na atualidade.[6]

No início deste século, as emoções e os sentimentos foram definidos como uma vivência transitória, mais ou menos intensa e relacionada a um objeto reconhecível. Humor e afeto foram classificados como estados de duração mais prolongados, capazes de fornecer a tonalidade afetiva basal ao indivíduo, não necessariamente havendo um objeto reconhecível. Contudo, o autor que propôs estas definições não diferenciou humor e afeto.[7]

Uma definição menos antiga é proposta por Jaspers,[8] na qual os sentimentos são entendidos como todo fenômeno psíquico que não se pode coordenar com os fenômenos da consciência objetiva nem com os impulsos instintivos e atos da vontade, sendo o sentimento um termo geral para expressar as vivências afetivas, equivalendo a todas as formações psíquicas não desenvolvidas e imprecisas, todas aquelas que não se pode apreender e esquivam à análise. O autor classificou ainda os sentimentos segundo a fenomenologia, dando foco ao entendimento do sentimento em relação aos objetos a que este se dirige, origem, particularidades, grau de importância, intensidade de duração e sua diferenciação do que considerou tratar de sensações.

Quanto ao diferencial da duração, o autor ainda classifica o sentimento em três conceitos: sentimento, afeto e disposição. Denominou sentimentos também os movimentos singulares próprios e originários da alma. Chamou de afetos os processos de sentimentos complexos e momentâneos de grande intensidade e com manifestações concomitantes de natureza corpórea. E ainda tratou de disposições do estado de espírito a constituição interior mais duradoura que confere um encanto particular a toda existência da vida psíquica.[8] Contemporaneamente, o afeto é entendido como um termo geral para exprimir todos os fenômenos da afetividade, isto é, todas as nuanças de desejo, prazer e dor, que entram na experiência sensível sob a forma do que chamamos de sentimentos vitais, humor e emoções.[9]

Já as emoções são consideradas reações afetivas agudas, momentâneas e desencadeadas por estímulos significativos. São consideradas parte de um estado afetivo intenso, de curta duração, geralmente entendido como uma reação do indivíduo a certas excitações internas ou externas, conscientes ou inconscientes. Tendem a vir acompanhadas frequentemente de reações somáticas mais ou menos específicas.[10] Enquanto isso, os sentimentos tendem a ter estados e configurações mais estáveis em relação às emoções, sendo os sentimentos mais atenuados em sua intensidade e menos reativos a estímulos passageiros. Os sentimentos se mostram frequentemente mais associados a conteúdos intelectuais, valores, representações e, no mais das vezes, não implicam concomitantes somáticos. Constituem fenômeno muito mais mental do que somático.[6]

Avançando para o entendimento da relação entre as emoções e as características psicológicas das pessoas, partimos do entendimento de que todo comportamento é determinado por suas motivações, de maneira que agir supõe que a ação é determinada pelas expectativas e avaliações dos resultados e suas consequências.[11] Os esforços do indivíduo em completar uma atividade, atingir excelência, superar obstáculos e aperfeiçoar o desempenho define-se para Murray como motivo de realização, sendo responsável pela motivação em situações de rendimento e competição. Assim, a motivação pode ser considerada orientadora e condutora de atletas à realização de suas aspirações, de modo a persistirem nas tarefas e sentirem-se orgulhosos ao alcançar os objetivos.[12]

Contudo, cada pessoa difere de outra em seu jeito de se comportar, de reagir a uma situação, de ter ou não determinada atitude e se emocionar, pensar, se manifestar, podendo ocorrer por meio da fala, do gesto ou do corpo. Essa idiossincrasia colabora para que o senso comum utilize o termo personalidade para diferenciar as pessoas. O termo personalidade pode ter vários significados, sendo entendida por alguns no senso comum como um adjetivo, por exemplo, "fulano tem personalidade", "beltrano é um atleta de personalidade forte". No contraponto, no meio científico, Allport afirma que todos os seres humanos têm personalidade e ela desenvolve-se ao longo da vida, atribuindo singularidade e individualidade aos seres humanos.[13]

A personalidade, segundo Dorin, é constituída com base em sete componentes: físico, temperamento, inteligência, necessidades, desejos, atitudes e aptidões.[14] Estes dados são a matéria-prima para a personalidade, ou seja, a personalidade é o conjunto e o relacionamento (organização) destes componentes. Assim, não devemos dizer que a personalidade é somente uma ou outra característica e muito menos avaliá-la por meio de uma dessas características apenas. Se analisarmos a personalidade considerando apenas um ou dois fatores, o resultado será uma avaliação parcial e teremos um resultado reducionista que não contribuirá para a compreensão do perfil deste indivíduo.

Segundo o autor, o componente físico ou as características físicas são herdadas e estão sujeitas a influências do ambiente e do estilo de vida da pessoa. A inteligência está baseada no sistema nervoso, portanto, a maior parte de sua constituição é herdada e, somando-se a influências do ambiente, temos a sua totalidade. As necessidades são encontradas na base de todos os comportamentos, podendo ser classificadas em viscerogênicas (biológicas) e psicogênicas, aquelas resultantes da aprendizagem, como as necessidades de segurança, amor, participação social, autoestima, autorrealização etc.

Dorin ainda descreve que os desejos manifestam-se nas experiências nas quais o indivíduo sente a falta de alguma coisa e tem a ideia daquilo que poderá satisfazê-lo, sendo os impulsos e a imagem do objeto que poderá reduzir esta necessidade. As atitudes são reações positivas ou negativas (afetos) que se utilizam do sistema de crenças e pensamentos (cognitivo) que predispõem uma ação (comportamento) a um determinado objeto concreto ou abstrato. As aptidões são disposições inatas que possibilitam ao indivíduo a aquisição de habilidades. Elas podem ser sensoriais, sensório-motoras e mentais.

O temperamento está relacionado aos componentes biológicos, por exemplo o sistema nervoso autônomo, simpático e parassimpático, sistema límbico e sistema hormonal etc. Refere-se também às diferenças particulares herdadas e relativamente estáveis na reatividade emocional. O temperamento é um componente singular afetivo no todo da personalidade da pessoa, considerado a maneira original de como uma pessoa reage emocionalmente perante situações variadas. Pesquisas têm indicado que o temperamento e os traços de personalidade podem ser comparados aos estudos sobre instintos, já que prevalecem dimensões inatas, singulares, na maneira de as pessoas se comportarem. As experiências passadas de uma pessoa e como ela foi reforçada em relação a cadeias de estímulos-respostas gerarão a aquisição dos traços e estes terão seus componentes originais.[14]

Esta composição da personalidade ou maneira de entender a personalidade por meio dos componentes citados anteriormente é utilizada para fins didáticos, facilitando a compreensão e auxiliando nas implicações para a pesquisa empírica. Na verdade, esses componentes estão interligados, e não temos como saber exatamente onde começa um ou termina outro. Juntos formam uma trama, um emaranhado que podemos chamar de personalidade.[15]

Assim, a personalidade se desenvolve ao longo da existência do indivíduo e começa a se formar antes do nascimento, em razão da constituição biológica do bebê. A composição dos genes dos pais irá contribuir para o que vem a ser a personalidade. Ao contrário do que alguns autores acreditavam, estudos têm considerado que o sujeito não nasce como uma folha em branco e vai, ao longo da vida, aprendendo a ser somente o que lhe foi ensinado, mas existem componentes singulares e inatos. Temos então duas importantes influências sobre a personalidade: a influência hereditária e a influência do meio ambiente no qual a pessoa se desenvolve.[16] As influências hereditárias são consideradas aquelas características biológicas herdadas, como as características físicas (estatura, cor dos olhos, cabelo etc.), o temperamento, a inteligência, as aptidões, seus sistemas (ósseo, muscular, cardíaco, pulmonar, glandular, hormonal), sua combinação genética e número de cromossomos, a constituição e o funcionamento do sistema nervoso.

As influências do meio ambiente referem-se a todo espaço em que a pessoa se desenvolve. São considerados, portanto, os aspectos sociais e culturais (quanto mais complexa for a cultura e a organização social, mais complexa será a pessoa), políticos (relações de poder), econômicos e, especialmente, as oportunidades de estímulos proporcionadas por esse meio ambiente, ou seja, a aprendizagem que este meio proporciona. No entanto, destaca-se que um determinado meio não oferece exatamente os mesmos estímulos para duas pessoas que compartilham dele, ainda que sejam irmãos gêmeos univitelinos.[16]

Allport e Cattell foram os primeiros a sugerir que os fatores herdados moldavam a personalidade e a sua importância sobre a personalidade, junto aos fatores ambientais. Contudo, segundo Schultz e Schultz, "o que herdamos são disposições, não destinos; tendências, não certezas. Se nossas predisposições genéticas serão realizadas dependerá de condições sociais e ambientais, particularmente aquelas da infância".[16] Mesmo que alguns estudiosos afirmem que a personalidade é herdada em 40%, enquanto outros em 60%, pesquisas empíricas indicam que "a hereditariedade pode ser responsável por até cerca de 50% da personalidade".[16]

Dependendo das situações ambientais e percepções que um sujeito venha a ter de suas ações e consequências, ele pode vir a incorporar comportamentos bastante originais. Ou seja, embora possa exprimir um comportamento parecido ao de um semelhante, este terá uma característica singular, diretamente ligada à funcionalidade de uma cadeia de estímulo-resposta entre suas experiências passadas. Deste modo, não será difícil observar uma mesma pessoa emitindo comportamentos semelhantes na ocorrência de um mesmo estímulo. Eventos que apresentem um mesmo significado pessoal poderão implicar uma peculiar persistência de comportamento, que pode ou não ser externalizada.[15]

POR QUE AVALIAR ASPECTOS PSICOLÓGICOS NO CONTEXTO ESPORTIVO?

Quando se considera o contexto do esporte competitivo, chamado por alguns de alto rendimento, grande ênfase é dada à investigação de características psicológicas que contribuam para a prática esportiva de alto rendimento, qualificação e quantificação de estados emocionais em situações de treinamento e competição, níveis de processos psíquicos e relações interpessoais na otimização de trabalhos em equipe. No entanto, quando se pensa nos praticantes de atividades físicas e de lazer, educação para o esporte, treinamento esportivo e reabilitação, outras questões carecem de avaliação, e é dentro desse contexto que a área de investigação de fenômenos psicológicos no esporte apresenta-se como um campo de estudo fértil, aplicando metodologias qualitativas e quantitativas que, na realidade brasileira, ainda sugerem a necessidade de mais estudos e pesquisas, dada sua incipiência.[17]

Mundialmente, autores apontam que a avaliação de aspectos psicológicos no esporte está pautada em procedimentos como observações (presenciais e por meio de tecnologia, como a filmagem), entrevistas, experimentos em laboratório, experimentos pedagógicos e testes psicológicos, contribuindo para o psicodiagnóstico esportivo. Observa-se que, na perspectiva da relação psicofísica, residem grandes debates e discussões acerca da cultura contemporânea do esporte e da expressão de crenças e valores, muitas vezes já considerados transculturais.[17]

Indiscutivelmente, para a investigação de fenômenos psicológicos, a questão do método define não apenas a orientação teórica, mas, sobretudo, os caminhos do que se pretende avaliar e intervir. A incorporação da avaliação de aspectos psicológicos nos processos de treinamento físico e nas questões relacionadas à saúde populacional, entre outros, possibilita otimizar o conhecimento sobre capacidades e limitações, contribuindo para a clareza dos efeitos do esporte e do exercício na vida dos esportistas.

A respeito de diferenças entre os métodos qualitativo e quantitativo, empregados de maneiras distintas em pesquisas, alguns cientistas trabalham com estatísticas e apreendem dos fenômenos apenas a região visível, ecológica, morfológica e concreta, enquanto outros estudiosos aprofundam-se no mundo dos significados das ações e relações humanas, um lado ainda mais abstrato, não perceptível e não captável em equações, médias e estatísticas, mesmo com os avanços da psicometria. O conjunto de dados quantitativos e qualitativos, porém, não se opõe. Ao contrário, se complementam, pois a realidade abrangida interage dinamicamente, excluindo qualquer dicotomia. A discussão qualitativa *versus* quantitativa já alimentou longos debates, sendo necessário o esclarecimento de que, diferentemente de buscar uma saída conciliatória, devemos ter a compreensão de que não há quantificação sem qualificação, assim como não há análise estatística sem interpretação, e que diante da complexidade dos fenômenos estudados é cada vez mais desejável e necessário o pluralismo metodológico para que nosso objetivo de investigação seja atingido.[17]

Com base em dados de qualificação e quantificação de estados emocionais em situações de treinamento e competição, é possível à comissão técnica tomar algumas decisões pautadas em conclusões referentes a particularidades pessoais ou grupais que irão alterar o processo de treinamento, individualizar a preparação técnico-tática, escolher a estratégia e a tática de conduta em competições e otimizar os estados psíquicos.[18] Para tanto, são utilizados métodos de análise de particularidades de processos psíquicos, nos quais se enquadram os processos sensórios, sensório-motores, de pensamento, mnemônicos e volitivos, bem como as particularidades psicológicas de um grupo esportivo, buscando revelar e explicar sua dinâmica.

Ao realizar um movimento, o atleta em conjunto também observa o ambiente, estabelece uma meta, elabora um plano de ação, examina seu plano por meio da execução motora e analisa o resultado para aplicar correções ou formulações de novos planos, iniciando um novo circuito.[19] O alcance das habilidades dependerá das experiências motoras básicas, reconhecidamente importantes na evolução do comportamento e desenvolvimento cognitivo, permitindo toda aquisição posterior das habilidades específicas. Movimentos fundamentais, como correr, saltar, arremessar e chutar, caracterizam-se por um aumento da eficiência biomecânica e pela incorporação de novos elementos à estrutura do movimento, quando treinados, e são produtos do processo de competência que se define como a capacidade de execução motora. A Figura 2 resume as definições de capacidade, incapacidade, habilidades, competências e funcionalidade.

CAPACIDADE
Condição anatômica, neurofuncional e psicológica do organismo

INCAPACIDADE
Dificuldade do indivíduo em realizar determinadas funções (deficiência ou disfunção)

HABILIDADES
Ação física ou mental que indica a capacidade adquirida para adaptar e interagir no meio

COMPETÊNCIAS
Comportamento resultante de habilidades harmonicamente organizadas

FUNCIONALIDADE
Em que medida o meio propicia os recursos necessários ao uso das capacidades e das habilidades

FIGURA 2 Diferenças relacionadas ao desempenho.

Mesmo aquilo que se considera uma sequência de desenvolvimento motor tem como característica influenciadora das ações o grau de interdependência entre os domínios do comportamento motor, incluindo aspectos afetivo-sociais e cognitivos, que se diferenciam gradualmente em necessidade e intensidade. O fluxo dessa sequência motora dependerá também da história da interação entre o esportista e seu ambiente, considerando que o objetivo do atleta é executar corretamente os movimentos exigidos por sua prática esportiva e, para isso, precisa desenvolver um planejamento ou um programa de execução, incluindo características para além dos aspectos físico-motores.[20]

A PRÁTICA DA AVALIAÇÃO DE ASPECTOS PSICOLÓGICOS NO ESPORTE

Embora guardem finalidades específicas, os métodos de avaliação de aspectos psicológicos no esporte seguem proximamente as particularidades das diversas especialidades da avaliação psicológica nas diferentes áreas da psicologia. De acordo com Rudik,[21] a avaliação de aspectos psicológicos no esporte está pautada nos seguintes procedimentos:

- Observação: consiste na explicação científica da subjetividade do indivíduo, que se manifesta em suas atitudes e comportamentos e caracteriza as particularidades daquilo que se pode designar como personalidade. Por meio da observação, é possível acumular dados que caracterizam a manifestação das funções e qualidades psíquicas da personalidade do atleta durante o período de treinamento e competições. A observação é também procedimento fundamental em programas de lazer e de atividade física para qualidade de vida. Reforça-se que tais observações podem ocorrer presencialmente, ou mesmo serem analisadas posteriormente, por meio de filmagens e equipamentos digitais.
- Entrevistas: possibilitam investigar as particularidades psicológicas específicas da atividade física e esportiva, e também as diferentes nuances da personalidade que surgem no processo da atividade e que exercem influência sobre o comportamento do praticante. Por meio das entrevistas, é possível obter a descrição mais exata do ambiente que envolve o atleta e as influências sobre sua conduta.
- Experimentos em laboratório: seu objetivo principal reside na possibilidade de acesso, por meio de observação objetiva, de particularidades de quem se submeteu a uma prova. Permite o isolamento de variáveis a serem estudadas, com o rigor que o método exige para posterior análise.
- Experimentos pedagógicos: afere um caráter mais sociológico, contribuindo para o esclarecimento da influência de formas e métodos específicos de classes de treinamento e competências sobre o comportamento do esportista.
- Testes psicológicos: representam uma tarefa padronizada, empiricamente estudada, cujos resultados podem ser de ordem qualitativa e quantitativa e contribuem para a caracterização de sintomas de certas manifestações de uma ou de várias particularidades daquele que respondeu ao instrumento. Os psicólogos do esporte costumam empregar diferentes tipos de instrumentos de avaliação, podendo ser questionários, escalas, testes projetivos e expressivos, psicomotores, entre outros.

Vale ressaltar que esses procedimentos são aplicados tanto em atletas e equipes esportivas competitivas como na população que realiza atividades físicas e de lazer. Isso porque os métodos ganharam especificidade em função da particularidade das tarefas pesquisadas.

Rudik[21] também aponta que ganham destaque investigações que visem à avaliação de atletas com o objetivo de obter dados comparativos, que caracterizem as exigências especiais que são apresentadas pelo esportista nas diferentes modalidades esportivas ou formas de atividade física. Outro exemplo ocorre nos estudos de caráter diagnóstico, que têm como objetivo determinar o nível de desenvolvimento de habilidades, favorecendo o prognóstico de resultados relacionados à prática esportiva. O autor destaca ainda a importância da unificação dos programas de investigação psicológica no esporte, seja para a análise psicológica de praticantes de modalidades esportivas, seja para a análise das especificidades das diversas modalidades, para um cruzamento uniforme dessas informações.

Esses materiais e procedimentos podem ser obtidos a partir da utilização de métodos de observação sistemática e de equipamentos que auxiliem no processo, tais como filmagem, fotografia, tecnologia específica para tomada de medida, cronometragem, procedimentos estatísticos e outras metodologias em que são empregados aparatos para o registro de ações em condições naturais de atividade esportiva.

A análise das modalidades esportivas produzirá índices que, ordenados graficamente em um psicograma esportivo, poderão proporcionar, por exemplo, os seguintes indicadores:

- Dinâmica do desenvolvimento das principais funções psíquicas, segundo dados de medidas experimentais especiais: tempo de reação, percepção motora, excitabilidade do sistema vestibular, intensidade e estabilidade dos processos de atenção e reações emocionais.
- Orientação da personalidade: necessidades, interesses, atitude em relação ao trabalho, estudo, esporte e os motivos que levaram à prática esportiva.
- Manifestações emocionais: sua intensidade, atitude diante dos êxitos e fracassos na prática esportiva, explosões emocionais em treinamentos e competições.
- Traços de personalidade: sentido de coletividade, disciplina, iniciativa e relações com o grupo.
- Manifestações das propriedades fundamentais do sistema nervoso: força, equilíbrio e mobilidade dos processos nervosos (de acordo com os dados das observações psicológicas e pedagógicas sistemáticas).

Segundo a proposta de Rudik,[21] a organização desses índices pode ser realizada de maneira a compor o perfil psicológico do atleta, que em um trabalho de cunho longitudinal poderá oferecer subsídios para a compreensão do desenvolvimento das suas capacidades e habilidades e apontar quais características precisam ser mais bem trabalhadas. A partir do cruzamento de todas essas informações, será possível traçar um perfil do atleta. O perfil de atletas de alto rendimento é consideravelmente diferente da média da população, bem como do perfil de praticantes de diferentes modalidades esportivas, na medida em que estas se distinguem pelo tipo de enfrentamento (com ou sem contato físico), tipo de enquadre (individual ou coletivo) ou ainda pelo uso de instrumentos (bolas, raquetes ou bastões).

A respeito da definição de um perfil psicológico único de atleta, por exemplo, no contexto da investigação de aspectos da personalidade, de acordo com Vealey,[22] prevalece a não existência de um perfil comum de personalidade do atleta, por considerar não existirem diferenças distinguíveis entre atletas e não atletas, fato este corroborado por pesquisas de Morris,[23] Guillén e Castro,[24] entre outras. Neste sentido, Auweeleet et al.[25] realizaram uma metanálise e constataram que atletas não se diferenciavam de não atletas em uma característica de personalidade denominada extroversão, mesmo investigando por meio de três diferentes testes psicológicos (16PF, EPI e EPQ), tornando-se este um resultado consistente para as pesquisas de personalidade de atletas.

Contudo, outros pesquisadores no contexto do esporte, mais especificamente no contexto do atleta competitivo, inferem que determinadas características psicológicas diferenciam o grupo de esportistas de outras populações.[26-30] Entre as diferenças apontadas, evidenciaram que atletas apresentavam características de personalidade mais pronunciadas em estabilidade emocional, extroversão, autoconfiança e maior resistência mental que não atletas.

Weinberg e Gould[31] apresentaram quatro formas de estudo da personalidade no esporte, as quais denominaram:

- Abordagem psicodinâmica: estudo da personalidade no esporte, embasado na perspectiva clínica e na psicanálise.
- Abordagem de traço: estudo da personalidade no esporte, partindo-se do pressuposto da permanência e constância da personalidade independente das situações ou circunstâncias.
- Abordagem situacional: abordagem que argumenta que o comportamento no esporte é, em grande parte, determinado pela situação ou pelo ambiente. Noção de "estado" de humor.
- Abordagem interacional: estudo da interação do traço de personalidade e o estado de humor, atuando em diversas situações específicas do esporte.

No Brasil, ainda são raras as publicações de pesquisas que investigam a personalidade do atleta em seu aspecto global, mas encontramos uma variedade de trabalhos que buscam estudar individualmente alguns componentes da personalidade do indivíduo, como ansiedade traço-estado, motivação intrínseca, agressividade, determinação, persistência, liderança, extroversão-introversão, entre outros. Alguém que se propõe a estudar a personalidade de um indivíduo que pratica esporte ou atividade física tem de estar ciente de que o tema personalidade é amplo, que abrange muitos elementos cujas investigações não foram esgotadas e qualquer tipo de avaliação realizada não corresponde à totalidade, mas sim a um levantamento de algumas características e tendências que podem ser relevantes ou não no ambiente esportivo.[17]

Entrevistas e anamneses são ferramentas utilizadas para avaliação psicológica no esporte, seja no formato de perguntas abertas, seja no formato de roteiros de entrevista estruturados. É relevante a preocupação com a qualidade das questões formuladas, haja vista o universo amplo do esportista, de maneira que, segundo Mac Kay,[32] verificam-se as seguintes categorias:

1. As perguntas abertas dão ao entrevistador mais informações, *insights* maiores e uma melhor compreensão sobre o respondente e sobre o assunto a ser tratado. As perguntas são altamente motivadoras, pois levam à reflexão e, com frequência, o respondente encontra ideias, pensamentos ou conhecimentos dentro de si, inimagináveis anteriormente. Como o nome diz, na pergunta aberta, o interlocutor tende a falar em demasia, e cabe ao entrevistador controlar esse episódio para aproveitar as respostas como elas merecem.
2. As perguntas fechadas (restritivas ou diretas) têm como proposta obter itens específicos de informação. Nesse caso, perguntas objetivas e claras trazem bom resultado, pois a indutiva traz um vício na resposta que elimina toda a espontaneidade da situação e a riqueza do encontro fica prejudicada.
3. Perguntas contraproducentes podem induzir à desvalorização e/ou prejuízo do objetivo a atingir, pois ao sugerir, por exemplo, a resposta certa, ou que confunda ou engane quem emite a resposta, pode-se desencorajar o sujeito.

Destaca-se, contudo, que o fator determinante nas entrevistas, neste contexto, relaciona-se ao entendimento das informações associadas, por exemplo, a modalidade (coletiva ou individual), especificidades da modalidade (se há risco para o atleta na sua prática), atletas lesionados ou em reabilitação, transição de carreira, mudança de time, aspectos da motivação (falta ou excesso), entre outros. Exige-se do entrevistador habilidade técnica e conhecimentos variados, tanto do universo do atleta como do ser humano entrevistado.

A entrevista se propõe a ser uma troca de palavras com uma ou várias pessoas, com o objetivo maior de não se limitar ao simples prazer da conversação.[33] O entrevistador deve atentar para a comunicação não verbal, em que movimentos corporais acabam por revelar atitudes como ansiedade, emoção contida na fala, voz alterada e, ainda, as expressões faciais de raiva, dor, alegria, sorriso dissimulado etc.

Outro método empregado, diretamente associado às medidas qualitativas, com foco na entrevista aberta, é denominado história oral. Também conhecida como história de vida, se consolidou ao longo do século XX como importante via de acesso ao conhecimento de processos psicossociais.[34-36] Concebida como método qualitativo por excelência, permite que as qualidades e limitações do recordar e da própria oralidade agreguem à busca pela compreensão de determinados fenômenos em uma dimensão humana, de maneira que o indivíduo que recorda se torne coparticipante do processo interpretativo dos fatos, eventos e experiências que vivenciou e vivencia.[35,37,38]

Quando classificada como método, a história oral implica um conjunto de procedimentos éticos que faz parte do trabalho de busca, armazenamento e utilização dos depoimentos, que conta com a concordância do colaborador sobre o uso de suas narrativas mediante termo de consentimento, bem como o compromisso assumido pelo pesquisador de retornar os bens da pesquisa ao colaborador. Meios digitais de registro audiovisual fazem parte, fornecendo qualidade ao processo de construção da narrativa final, que passa pela transformação do relato em texto, transcrição e, por fim, análise.[39] Estes procedimentos visam dar à memória oral um caráter documental e referencial.

As histórias de vida[40] permitem ao pesquisador, por meio do som e do tom da fala do entrevistado, da sutileza dos detalhes da narrativa e das várias facetas do fato social vivido, ter acesso aos conteúdos de uma vida que pode ser tomada como individual, mas que carrega consigo os elementos do momento histórico e das instituições com os quais manteve relação. Ao expressar que não se esperam verdades absolutas sobre o que vai ser contado pelo entrevistado, o "[...] que se espera é que a partir dela, da experiência concreta de uma vida específica, possamos reformular nossos pressupostos e nossas hipóteses sobre um determinado assunto" (Debert, 2004, cit.).[41]

Sobre essa perspectiva, Rubio[40] afirma que "a história de vida é uma forma particular de história oral, que interessa ao pesquisador por captar valores que transcendem o caráter individual do que é transmitido e que se insere na cultura do grupo social ao qual o ator social que narra pertence", de maneira que, para a realização das entrevistas no método de história oral, não se utiliza um roteiro fechado, porém uma pergunta inicial: "Gostaria que você contasse a sua história de vida". Para alguns dos atletas narradores, a dúvida é: "A respeito da minha vida pessoal ou do esporte?". Então o entrevistador deixa o entrevistado livre para que possa começar por onde quiser. A ação do pesquisador no decorrer da entrevista, ao mesmo tempo em que interfere na narrativa, é essencial para a proposta de diálogo com o entrevistado, pois muitas vezes as perguntas colocadas são feitas na tentativa de aprofundar algum tema ou de não deixar a conversa ser breve.[41]

A metodologia qualitativa favorece a obtenção de dados sobre a trajetória de todos esses atletas, como local e data de nascimento, nível socioeconômico, onde e quando iniciaram a prática esportiva, que clubes defenderam, com quantos anos participaram pela primeira vez na seleção nacional, quem foram os primeiros professores/técnicos, como foram as experiências como atletas olímpicos, em que momento da história do esporte fizeram parte da seleção nacional, que percepção tiveram do amadorismo (ou do profissionalismo), de que forma as questões institucionais atravessaram suas vidas, se viveram algum tipo de preconceito ou discriminação, como foi a condução dos estudos ao longo da carreira, a relação com a mídia tanto na fase do amadorismo como do profissionalismo, como se deu a transição de carreira para aqueles que já são pós-atletas, a relação com a dor e a vida presente para aqueles que não mais competem.

Nessa metodologia, a realização das entrevistas prevê a escolha de local reservado (presencial ou virtual), de forma a preservar a integridade do sujeito e do entrevistador, bem como assegurar a qualidade da entrevista, sem com isso desconsiderar as condições e necessidades específicas dos entrevistados. O tempo de entrevista também é determinado pelo sujeito, de acordo com sua disposição e do consentimento prévio mediante termo de responsabilidade, formalizador da entrevista, que esclarece os procedimentos de pesquisa e o destino dos dados fornecidos.

Em posse das narrativas, pesquisadores transcrevem o material em forma de texto, de maneira a respeitar todos os detalhes e idiossincrasias contidos nas falas. Ao ouvir o que foi dito, com atenção a repetições, ênfa-

ses e aspectos selecionados pelos narradores, após a releitura dos textos como parte do exercício de interpretação do conteúdo, os dados brutos são submetidos à análise de perspectiva sociocultural e transcrição. Tal forma de transcrição relaciona-se ao processo de reelaboração do discurso, visando preservar sua essência, porém conferindo-lhe roupagem complementar, de maneira a melhor nos aproximar do real significado do que se quis transmitir. Este último procedimento metodológico busca contribuir com a consolidação de uma cultura de memória e atentar para a responsabilidade do retorno social da pesquisa.[39]

Como exemplo de utilização deste método, o Grupo de Estudos Olímpicos (GEO) da Escola de Educação Física e Esporte da USP (EEFE-USP) realiza a pesquisa "Memórias Olímpicas por Atletas Olímpicos Brasileiros", cujo objetivo é recuperar a memória dos atletas olímpicos que representaram o Brasil em todas as edições dos Jogos Olímpicos da Era Moderna, e, por meio dessas histórias individuais, discutir e analisar a formação da identidade do atleta, a importância desse ator social no cenário brasileiro e o movimento de construção e manutenção do imaginário esportivo nacional.[42]

ESPECIFICIDADES DA AVALIAÇÃO PSICOLÓGICA NO ESPORTE

A avaliação de aspectos psicológicos no esporte relaciona-se estreitamente com o campo da psicologia denominado avaliação psicológica. Na psicologia do esporte e exercício, essa área de estudo objetiva a compreensão dos aspectos psicológicos envolvidos no comportamento motor humano, favorecendo explicações e tendências a respeito de comportamentos em contextos do esporte e do exercício físico.

Dentro do contexto da avaliação de aspectos psicológicos, diante da necessidade de afirmar o campo da avaliação psicológica como ciência, parte dos psicólogos direcionou seus estudos para as metodologias que buscam dados objetivos sobre as ações humanas. Daí originaram-se os inúmeros instrumentos de avaliação psicológica, alguns desenvolvidos dentro de critérios rigorosos de validação, outros nem tanto.[43] Embora a discussão sobre avaliação psicológica tenha avançado sobremaneira após recente esforço do Conselho Federal de Psicologia (CFP) para avaliar os testes empregados nas mais diversas áreas da psicologia, persiste uma questão basilar: o que se pretende avaliar em cada contexto especificamente?

Essa indagação ganha peso redobrado na área de psicologia do esporte, uma vez que questões como ansiedade, impulsividade, motivação, vínculo, níveis de estresse, personalidade, tomada de decisão etc. são consideradas relevantes para o desempenho esportivo. Essas questões são comumente avaliadas como fatores isolados no comportamento do atleta, retiradas do contexto e do momento em que são produzidas. Invariavelmente, os resultados são generalizados, provocando grandes distorções na compreensão da dinâmica do protagonista da ação esportiva e de seu ambiente.

Quando tratamos da atividade física e do lazer, em que o objetivo da população praticante relaciona-se com a qualidade de vida ou a busca de desafios pessoais, alguns dos métodos anteriormente mencionados são também aplicados, mas com finalidades distintas, e isso tem uma razão de ser. Diferentemente de outras áreas da psicologia, nas quais se pretende desenvolver e validar diferentes instrumentos de avaliação, no esporte ainda não se construiu um referencial específico de investigação. Com isso, são utilizados instrumentos advindos da psicologia clínica, educacional ou de recursos humanos, com finalidades específicas, como o diagnóstico de psicopatologias ou a descrição de perfis. A falta de especificidade para o esporte leva a conclusões distorcidas sobre a população avaliada, tornando a avaliação ineficaz e ineficiente.[43]

Existe uma legislação específica que determina que as avaliações psicológicas são métodos que devem ser realizados exclusivamente por psicólogos. Segundo a Resolução do CFP n. 002/2003, os testes psicológicos são instrumentos de avaliação ou mensuração de características psicológicas, constituindo-se assim uma técnica de uso privativo do psicólogo. Quando a proposta do profissional que atua na área do esporte for um trabalho de avaliação psicológica do indivíduo com o uso de testes psicológicos, legalmente, este tipo de serviço deve ser obrigatoriamente repassado para ser realizado por um profissional de psicologia inscrito no Conselho Regional de Psicologia (CRP).

De acordo com Kaneta,[44] mais do que as obrigações da legislação, o que importa são os motivos que fizeram com que essas restrições no uso dos testes psicológicos fossem criadas, isto é, destacar a importância do psicólogo nesse processo. A princípio, esse tipo de regulamentação pode ser interpretada como um movimento corporativista, em que os psicólogos buscam assegurar a exclusividade de seus conhecimentos mas, na realidade, esse tipo de determinação deve trazer, acima de tudo, a tranquilidade ao cliente/paciente/atleta/indivíduo de que o profissional de psicologia que está realizando um psicodiagnóstico efetua um trabalho de responsabilidade e que pode e deve ser responsabilizado por isso.

A autora complementa que existem inúmeros instrumentos de avaliação que, embora não tenham o reconhecimento do Conselho Federal de Psicologia (CFP), são utilizados no contexto esportivo em nosso país. Esses instrumentos são materiais elaborados por um pesquisador com a finalidade de estudá-los, ou materiais trazidos de outros países, traduzidos para o português, mas sem equivalência e sem adaptação à população brasileira. Neste caso, o instrumento geralmente tem diversos estudos realizados pelo autor, mas ainda não constituem uma ferramenta validada. Haja vista os instrumentos reconhecidos pelo CFP proporcionarem maior segurança quanto à fidedignidade, existem aqueles que defendem o esporte como possuidor de uma realidade e cultura próprias e que, em muitos momentos, o uso de instrumentos construídos fora desse contexto poderia comprometer os resultados.[43]

BREVES RELATOS DE PESQUISAS EM AVALIAÇÃO DE FENÔMENOS PSICOLÓGICOS NO CONTEXTO ESPORTIVO

Entre os estudos e pesquisas atuais sobre avaliação de aspectos psicológicos em educação física e esporte, destaca-se um estudo realizado por Lage, Ugrinowitsch e Malloy-Diniz,[45] que buscaram compreender como diferentes componentes da personalidade e cognição, como o controle de impulsos e a busca de sensações, influenciam o desempenho esportivo. Essa temática tem despertado cada vez mais o interesse de técnicos de diferentes modalidades esportivas pois, em relação aos esportes de alto rendimento, cada detalhe mais bem controlado pode ser a diferença que levará à vitória. Assim, conhecer os aspectos cognitivos e as dimensões da personalidade relacionados à eficiência de esportistas é um desafio da psicologia do esporte e exercício e, também, dos estudos que abordam os esportes em uma perspectiva neuropsicológica.

Essa pesquisa mostra o quão peculiar é a análise de variáveis cognitivas, comportamentais e emocionais em contextos esportivos específicos, como impulsividade e seu efeito na prática esportiva, efeitos cognitivos relacionados à concussão cerebral em razão da modalidade esportiva e apresentando exemplos de estudos da aplicação da neuropsicologia às práticas esportivas. Os autores sugerem pesquisas, como as desenvolvidas por Potgieter e Bisschoff[46] e por Jack e Ronan,[47] que demonstraram que as escolhas no contexto esportivo podem ser baseadas nos níveis de sensação, experiência e risco promovidos pela atividade, versando que sujeitos com tendência à busca de sensação se aproximam mais de esportes de alto risco, como paraquedismo e alpinismo. Escores altos em relação à busca de sensação também são encontrados em esportes de risco médio, como os esportes de contato.

Llewellyn e Sanchez[48] verificaram que a experiência no esporte pode atenuar a prontidão para a busca de sensação impulsiva, ou seja, alpinistas experientes calculam mais os riscos e são menos levados pela busca de sensação impulsiva se comparados a alpinistas menos experientes. A análise de características da personalidade pode contribuir, por exemplo, para o direcionamento de crianças e adolescentes para um formato de modalidade esportiva de mais ou menos contato, maior ou menor risco etc. Já para esportistas em atividade e também atletas de alto rendimento, o diagnóstico de impulsividade pode possibilitar uma intervenção no sentido de melhorar, compensar ou contornar dificuldades encontradas na prática esportiva que possam vir a interferir no desempenho ou no nível de risco assumido durante a atividade esportiva.

Maresh et al.[49] compararam um grupo de corredores com não praticantes de esporte. Os resultados indicaram que o grupo de atletas se mostrou mais introvertido, pensativo e com níveis inferiores de raiva em relação aos dados da coleta com sujeitos não atletas, corroborando para a existência de diferenças neste contexto esportivo. Posteriormente, Morgan e Costill[50] compararam traços de personalidade em uma amostra de atletas e não atletas e verificaram que os esportistas apresentavam menores índices de tensão, depressão, raiva e confusão mental e maior índice de fadiga que os sujeitos fora do contexto esportivo, indicando, desta maneira, que os atletas apresentavam características mais positivas se comparados ao outro grupo.

Outros estudos e pesquisas no contexto da avaliação de aspectos psicológicos no esporte têm destacado que, para que o atleta possa atingir bons níveis de rendimento, é preciso que ele esteja no melhor de suas condições física e psicológica. Essa saúde compulsória reforça a ideia de que o atleta é um indivíduo saudável e que também detém o controle das ações e emoções vividas pelo seu corpo. Entretanto, alguns estudos mostram que a superexposição social somada aos altos níveis de exigência dessa atividade pode levar o protagonista do espetáculo esportivo a atitudes extremas.[51] Diante da dificuldade de discriminar, por exemplo, o limite de suas habilidades e as diferentes formas de dor, o atleta corre sérios riscos de superar os limiares aceitáveis de suas capacidades, deparando-se então com a possibilidade da lesão. Essa condição é reforçada por jargões do senso comum como *"no pain, no gain"*.

No esporte de alto rendimento, o sucesso é resultado de uma somatória de fatores físicos, mentais e tecnológicos para que os objetivos mais altos sejam alcançados. Nesse contexto, faz parte do senso comum a visão da dor como um fator limitante do desempenho em qualquer situação, uma vez que suas consequências geram perda de concentração e insegurança, podendo até mesmo levar à incapacitação. No esporte, essas limitações ficam ainda mais evidentes, visto que uma das funções da dor é indicar ao indivíduo as situações em que a carga fisiológica a que pode ser submetido foi excedida.[52]

A prática de treinamento e a competição no esporte competitivo têm características próprias. Em razão do grande volume, da intensidade de carga e da tensão de funções psíquicas e físicas, o atleta é levado ao extremo de sua capacidade de tolerância ainda na fase de treinamento. Para que se caracterizem os vários tipos de atividade esportiva, é necessário conhecer os valores de esforços psíquicos em algumas etapas da preparação pré-competitiva, assim como a dinâmica dos esforços realizados durante a temporada de competições.[43]

Avaliar a dor requer ferramentas que visam à interpretação destes múltiplos aspectos a fim de auxiliar atletas e equipes, aumentando as chances de sucesso dos respectivos indivíduos e do esporte como um todo. Os estudos sobre a questão da dor na literatura esportiva têm se multiplicado, principalmente em função da diversidade de fatores envolvidos tanto no diagnóstico como no afastamento do atleta das atividades competitivas.[53]

Por fim, ainda quanto à avaliação da percepção da dor, Rotella e Heyman[54] afirmam que os atletas devem ser capazes de suportar alguma classe de dor. No entanto, raramente eles aprendem ao longo de suas carreiras a discriminar entre os diferentes tipos de dor, o que dificulta não apenas a prevenção das lesões, mas também os processos de reabilitação. Afirmam os autores que grande parte dos atletas não sabe qual tipo de dor ignorar e qual tipo atender e responder, assim como não conseguem avaliar com precisão a quantidade de dor que são capazes de tolerar.

CONSIDERAÇÕES FINAIS

Os usos de metodologias avaliativas diversificadas no contexto esportivo possibilitam tomadas de decisão mais completas, a partir da análise das características cognitivas e emocionais de atletas e atores presentes no contexto esportivo, no contexto olímpico ou mesmo na educação para o esporte, de forma a identificar e entender as peculiaridades de cada sujeito e das diversas modalidades esportivas, visando a desenvolver treinamentos e aspectos do relacionamento com a equipe, elevando o rendimento do esportista e também do grupo. Além disso, o uso da avaliação de aspectos psicológicos no contexto esportivo pode também contribuir para um controle do desenvolvimento do atleta ao longo da sua atividade física e carreira profissional.[55,56]

Contudo, vale reforçar que, para avaliar e sobretudo interpretar resultados associados aos aspectos psicológicos, é imprescindível ter uma ampla noção das questões relacionadas ao universo do esportista, desde noções de fisiologia, biomecânica, características específicas das modalidades esportivas e regras, até a dinâmica de grupos esportivos. Esse conjunto de conhecimentos e habilidades é necessário, na medida em que a investigação de aspectos psicológicos envolve pessoas e grupos que estão em uma conjuntura determinada pelo contexto de treinamentos e competições, como na interação com um meio restritivo com períodos de isolamento, concentração etc.

Por fim, destaca-se que analisar um sujeito a respeito de suas características psicológicas, suas necessidades e particularidades, a partir de investigações apuradas e embasadas empiricamente poderá contribuir para uma compreensão pessoal e profissional do atleta, adequando-se as metodologias às especificidades de cada modalidade e, acima de tudo, às especificidades de cada esportista e seus objetivos. Contudo, para isso é necessário que o profissional avaliador encare a responsabilidade do compromisso com o melhor manuseio do ferramental, constituindo-se um desafio inerente ao papel do profissional que atua no contexto esportivo, não apenas se comprometendo com o estudo do instrumento escolhido, mas empreendendo uma investigação assertiva, que considera o indivíduo como um todo, seu histórico de vida e o momento vivenciado pelo esportista.

RESUMO

O estudo dos aspectos emocionais corresponde a um importante e subjetivo capítulo da avaliação de atletas, equipes esportivas e praticantes de atividades físicas, seja na busca pelo alto desempenho, seja na promoção da saúde e do lazer. Expressões como afetividade, sentimento, emoção e paixão aparecem de forma corriqueira e, por vezes, com definições pouco consistentes na literatura, com elevadas discussões e sem muito consenso dentro e fora dos âmbitos científico-acadêmicos.

É comum as pessoas utilizarem no seu cotidiano termos psicológicos, tais como personalidade, empatia, impulsos, emoções, entre outros, para realizar julgamentos e diferenciar as pessoas. Contudo, conforme já explicitado, cada pessoa difere de outra em sua forma de se comportar, de reagir a uma determinada situação, de demonstrar ou não alguma atitude, de se emocionar, de utilizar o pensamento, de se comunicar e de se manifestar, seja por meio da fala, seja por meio do gesto ou do corpo, de forma que tal conhecimento psicológico precisa ser mais cuidadosamente tratado, sobretudo considerando sua complexidade e subjetividade.

Assim, o uso de metodologias diversificadas nos estudos relacionados aos aspectos psicológicos dos atletas e esportistas contribuirá para a investigação do nível de desenvolvimento de características psicológicas que colaborem para a prática esportiva ou atividades físicas e de lazer, devendo, para isso, fazer uso de um conjunto de procedimentos que podem conter entrevistas, escalas, questionários, testes de desempenho de processos sensórios, sensório-motores, testes psicológicos, entre outras ferramentas. Enfatiza-se, portanto, a importância da utilização de instrumentos e métodos diversificados para que se obtenha dados mais seguros para a tomada de decisão relacionada a características psicológicas.

Mundialmente, autores sugerem que a avaliação de aspectos psicológicos no esporte está pautada em procedimentos e distintas metodologias, como observações presenciais ou com uso de tecnologia, entrevistas, anamnese de vida, experimentos em laboratório, experimentos pedagógicos, testes psicológicos etc., contribuindo para a investigação de características psicológicas no ambiente esportivo. Movimentos essenciais, sejam eles correr, chutar, saltar ou arremessar, caracterizam-se por um acréscimo da eficiência biomecânica e pela incorporação de novos elementos à estrutura do movimento quando praticados e treinados, e são frutos do processo de competência que se define como a capacidade de execução motora adequada. São as experiências motoras básicas, reconhecidamente importantes na evolução do comportamento e desenvolvimento cognitivo, que permitirão a aquisição posterior das habilidades específicas, promovendo o alcance das habilidades necessárias para aquela modalidade.

Pesquisas têm mostrado que a inclusão da avaliação psicológica nos processos de treinamento físico e nas questões relacionadas à saúde populacional otimiza o conhecimento sobre capacidades e limitações de cada atleta, colaborando para a clareza dos efeitos do esporte e do exercício na vida dos esportistas, e permitindo planos de intervenção e desenvolvimento mais ajustados, com estratégias que incorporem as particularidades de cada sujeito.

Questões para reflexão

1. Descreva uma técnica ou método utilizado para avaliação de aspectos psicológicos no esporte, apresentando alguma característica que diferencie esta técnica das demais.
2. Descreva algumas contribuições que dados de qualificação e quantificação de estados emocionais em situações de treinamento e competição podem oferecer para o desenvolvimento do atleta.
3. A entrevista pode ser considerada um instrumento de investigação dentro do processo de avaliação de aspectos psicológicos? Justifique.

REFERÊNCIAS BIBLIOGRÁFICAS

1. Luckesi CC. Avaliação e prática educativa. Rio de Janeiro: ABT; 1990.
2. Azevedo BMD, Cruz RM. O processo de diagnóstico e de intervenção do psicólogo do trabalho. Cad Psi Soc Trab. 2006;9(2):89-98.
3. Wang YP. Aspectos históricos da doença maníaco-depressiva. In: Moreno RA, Moreno DH (eds.). Da psicose maníaco-depressiva ao espectro bipolar. São Paulo: Segmento Farma; 2005. p.13-42.
4. Alonso-Fernández F. Estratificación de los sentimientos. In: Fundamentos de la psiquiatria actual. 2.ed. Madrid: Editorial Paz Montalvo; 1972. p.337-69.
5. Berrios GE. The history of mental symptoms: descriptive psychopathology since the nineteenth century. Cambrige: Cambrige University Press; 1996.
6. Baldaçara L, Bueno CR, Lima DS, Nóbrega LPC, Sanches M. Humor e afeto: como defini-los? Arq Med Hosp Fac Cienc Med Santa Casa São Paulo. 2007;52(3):108-13.
7. Ribot TH. Les maladies de la mémoire. 19. ed. Paris: Felix Alcan; 1906.
8. Jaspers K. Os fatos particulares da vida psíquica. Sentimentos e estados de ânimo. In: Jaspers K (ed.). Psicopatologia geral. Rio de Janeiro: Atheneu; 1979. p.132-43.
9. Ey H, Berard P, Brisset C. Semiologia da afetividade de base ou "holotímica". In: Ey H, Berard P, Brisset C (eds.). 5. ed. Manual de psiquiatria. Rio de Janeiro: Masson do Brasil; 1981. p.104-5.
10. Paim I. Alterações da afetividade. In: Paim I (ed.). Curso de psicopatologia. 11. ed. São Paulo: EPU; 1993. p.181-92.
11. Angelini AL. Motivação humana: o motivo de realização. Rio de Janeiro: José Olympio Editora; 1973.
12. Murray EJ. Motivação e emoção. 4. ed. Rio de Janeiro: Zahar; 1978.
13. Allport G. Traits Revisited. American Psychologist. 1966;22.
14. Dorin L. Personalidade e sexualidade. Jundiaí: Artesanal; 1997.
15. Salgueiro GB, Moretti AR. Avaliando a personalidade: Eysenck personality Inventory. In: Angelo LF, Rubio K (eds.). Instrumentos de avaliação em psicologia do esporte. São Paulo: Casa do Psicólogo; 2007. p.55-70.
16. Schultz DP, Schultz SE. Teorias da personalidade. Trad. Eliane Kanner. São Paulo: Pioneira Thonson Learnig; 2002.
17. Rubio K. A avaliação em psicologia do esporte e a busca de indicadores de rendimento. In: Angelo LF, Rubio K (eds.). Instrumentos de avaliação em psicologia do esporte. São Paulo: Casa do Psicólogo; 2007.
18. Rodiónov AV. Psicologia del deporte de altas marcas. Moscou: Vneshtorgizdat; 1990.
19. Manoel EJ. Desenvolvimento motor: implicação para a educação física escolar I. Rev Paul Educ Física. São Paulo. 1994;8,82-97.
20. Castro IJ. Efeito da frequência relativa do feedback extrínseco na aprendizagem de uma habilidade motora discreta simples. Dissertação de Mestrado. São Paulo: Escola de Educação Física da Universidade de São Paulo. 1988.
21. Rudik PA. Objeto específico y tarefas de la psicología del deporte. Moscou: Editorial Fiskultura y Sport; 1990.
22. Vealey RS. Personality and sport: a comprehensive view. In Horn TS (org.) Advances in sport psychology. Champaign: Human Kinetics; 1992.
23. Morris T. Psychological characteristics and talent identification in soccer. Sports Sci. 2000;18:715-26.
24. Guillén F, Castro JJ. Comparación de la personalidad en deportistas y no deportistas, utilizando como instrumento el EPQ-A de Eysenk. Rev Psicol Deporte. 1994;5:5-14.
25. Auweele YV, Cuyper B, Mele V, Rzewnicki R. Elite performance and personality: from description and prediction to diagnosis and intervention. In: Singer RN, Nurphey M, Tennant LK (eds.). Handbook of research in sport psychology. New York: Macmillan. 1993;257-89.
26. Butt DS. Personality of the athlete. In: Butt DS (org.). The psychology of sport. New York: VNR; 1987. p.95-105.
27. Cox RH. Sport psychology: concepts and applications. 2. ed. Dubuque: Brown & Benchmark; 1994.
28. Saint-Phard D, Van Dorsten B, Marx RG, York KA. Self-perception in elite collegiate female gymnasts, cross-country runners and track-and-field athletes. May Clin Proced. 1999;74:770-74.
29. Bara Filho MG, Ribeiro LCS, Garcia FG. Comparação de características da personalidade entre atletas brasileiros de alto rendimento e indivíduos não atletas. Rev Bras Med Esporte. 2005;11(2):115-20.
30. Rabelo IS. Investigação de traços de personalidade em atletas brasileiros: análise da adequação de uma ferramenta de avaliação psicológica. 163 f. Tese de Doutorado. Escola de Educação Física e Esportes, São Paulo: Universidade de São Paulo. 2013.
31. Weinberg R, Gould D. Fundamentos de psicologia do esporte. Porto Alegre: Artmed; 2001.
32. Mac Kay I. Aprendendo a perguntar. São Paulo: Nobel; 2001.
33. Doron R, Parot F. Dicionário de psicologia. São Paulo: Ática; 2006.
34. Queiroz MIP. Relatos orais: do indivisível ao divisível. In: Von Simson OM. Experimentos com histórias de vida (Itália – Brasil): enciclopédia aberta de Ciências Sociais. São Paulo: Vértice; 1998.
35. Rubio K. O atleta e o mito do herói. São Paulo: Casa do Psicólogo; 2001.
36. Rubio K. Memória e imaginário de atletas medalhistas olímpicos brasileiros. São Paulo. Tese de Livre-docência apresentada à Escola de Educação Física e Esporte da Universidade de São Paulo. 2004.
37. Rubio K. As mulheres e o esporte olímpico brasileiro. São Paulo: Casa do Psicólogo; 2011.
38. Holanda F. Construção de narrativas em história oral: em busca de narradores plenos. Rev Hist Oral Oralidades. 2009;15-32.
39. Meihy JCSB, Holanda F. História oral: como fazer, como pensar. São Paulo: Contexto; 2007.
40. Rubio K. Medalhistas olímpicos brasileiros: memórias, histórias e imaginário. São Paulo: Casa do Psicólogo; 2006.
41. Giglio SS. Representações do futebol nos Jogos Olímpicos e na Copa do Mundo. Tese de Doutorado. Escola de Educação Física e Esporte da Universidade de São Paulo. 2013.
42. Rubio K. Atletas olímpicos brasileiros. São Paulo: Sesi; 2015.
43. Angelo LF, Rubio K (eds.). Instrumentos de avaliação em psicologia do esporte. São Paulo: Casa do Psicólogo; 2007.

44. Kaneta CN. Avaliação da personalidade utilizando o Inventário Fatorial de Personalidade. In: Angelo LF, Rubio K (eds.). Instrumentos de avaliação em psicologia do esporte. São Paulo: Casa do Psicólogo; 2007.

45. Lage GM, Ugrinowitsch H, Malloy-Diniz LF. Práticas esportivas. In: Malloy-Diniz LF, Fuentes D, Mattos P, Abreu N (orgs.). Avaliação neuropsicológica. Porto Alegre: Artmed; 2010.

46. Potgieter J, Bisschoff F. Sensation seeking among medium and low-risk sports participants. Perceptual and motor skills. 1990;60:1203-6.

47. Jack SJ, Ronan KR. Sensation seeking among high- and low-risk sports participants. Personality and individual differences. 1998;14:1063-83.

48. Llewellyn DJ, Sanchez X. Individual differences and risk taking in rock climbing. Psychol Sport Exercise. 2008;9:413-26.

49. Maresh CM, Sheckley BG, Allen GJ, Camaione DN, Sinatra ST. Middle age male distances runners: physiological and psychological profiles. J Sports Med Phys Fit. 1991;31(3):461-70.

50. Morgan WP, Costill DL. Selected psychological characteristics and health behaviors of aging marathon runners: longitudinal study. Int J Sports Med. 1996;17:305-12.

51. Glick ID, Horsfall JL. Diagnosis and psychiatric treatment of athletes. Clin Sports Med. 2005;24(4):771-81.

52. Rubio K, De Godoy Moreira F, Rabelo IS. Percepção do esforço e da dor pelos atletas de Multiathlon. Rev Dor. 2010;11(1):37-44.

53. Silva EMD, Rabelo IS, Rubio K. A dor entre atletas de alto rendimento. Rev Bras Psic Esporte. 2010;3(1):79-97.

54. Rotella RJ, Heyman SR. El estrés, las lesiones y la rehabilitación psicológica de los deportistas. In: Williams JM (org.) Psicología aplicada al deporte. Madrid: Biblioteca Nueva; 1991. p.493-522.

55. Matarazzo F. A tipologia junguiana e sua utilização no esporte. In: Rubio K (org.). Psicologia do esporte: interfaces, pesquisa e intervenção. São Paulo: Casa do Psicólogo; 2000. p.67-85.

56. Thomas A. Esporte: introdução à psicologia. Rio de Janeiro: Ao Livro Técnico; 1994.

Capítulo 7

Aspectos nutricionais

Antonio Herbert Lancha Junior
Luciana Oquendo Pereira Lancha

Objetivos do capítulo
- ▶ Mostrar os aspectos da nutrição aplicada às quatro áreas da atividade física.
- ▶ Indicar a importância dos nutrientes para atividade física.
- ▶ Destacar alguns suplementos cientificamente comprovados.

CONTEXTUALIZAÇÃO

Historicamente, nosso padrão genético assemelha-se ao do hominídeo que ocupou a terra há milhões de anos. Esse padrão evoluiu em um ambiente hostil onde a disponibilidade de alimentos ocorria durante aproximadamente metade do ano, sendo que na outra metade (outono e inverno) restava pouca ou nenhuma oferta alimentar. Diferentemente de outras espécies, que conseguiam reduzir sua necessidade energética com manobras metabólicas elaboradas como a hibernação, o hominídeo mantinha o padrão metabólico de sono e vigília e, com isso, a necessidade de energia elevada. Por conta dessas características de nossa espécie, foram selecionados ao longo do tempo os seres mais eficientes em estocar energia, ou seja, os mais aptos a engordar.

Mais recentemente, a urbanização foi outra variável que contribuiu intensamente para a redução do gasto energético diário. Vale lembrar que a verticalização das edificações nos centros urbanos, a chegada dos elevadores e a concentração de centros comerciais nas regiões próximas às residências tornaram a vida contemporânea com reduzida demanda energética.

Observando rapidamente a linha do tempo, percebe-se que a humanidade passou a apresentar um comportamento diferenciado após a o período cibernético. O computador, que surgiu para trabalhar pelo homem,

elevando assim seu tempo livre, passou a ser usado neste tempo livre, elevando a produtividade. Com isso, a atividade motora no dia a dia ficou prejudicada, bem como o gasto energético. Colocando essas variáveis juntas – o padrão genético econômico do hominídeo e o gasto calórico reduzido do homem moderno –, as consequências são a pandemia de obesidade, diabetes e todas as doenças associadas em ascensão desenfreada.

DESENVOLVIMENTO

A atividade motora foi então institucionalizada de diferentes formas em nossa cultura recente. Ao discutirmos nutrição aplicada à atividade motora, devemos inicialmente descrever as formas diferentes de manifestação do movimento humano. Para isso, classificaremos essas manifestações em quatro situações distintas, como descrito por Lancha Junior e Riani.[1]

Esporte

Prática classificada pelas características competitivas com regras definidas, em que seus praticantes são classificados como atletas. O profissional que atua nesta área deve possuir Bacharelado em Esporte. Sua formação é direcionada para o desempenho do praticante e fundamenta-se nas áreas do conhecimento biodinâmico, psicodinâmico e sociodinâmico.

O atleta diferencia-se do indivíduo comum pela prática esportiva realizada em seu limite de competência fisiológica e biomecânica. O atleta faz do desempenho esportivo sua forma de atuação profissional, praticando aquela modalidade em seu limite pessoal. Portanto, ele se destaca dos demais indivíduos por apresentar resultados no limite superior ao padrão de normalidade populacional. Com isso, temos os atletas respondendo pelos desempenhos extremos dos humanos, os quais são avaliados periodicamente em competições.

As competições possuem critérios de julgamento da modalidade padronizados e condições ambientais e de equipamentos que devem ser reprodutivas. Elas servem para avaliar, na linha do tempo, se outro atleta desempenhou, na mesma modalidade, melhor resultado. Este melhor resultado é registrado, ou gravado como recorde.

Pelos aspectos descritos, a definição de atleta tem características próprias e não pode ser confundida com a de indivíduos fisicamente ativos.

Dança

Prática classificada pela expressão corporal na qual seus praticantes desempenham, dentro do seu limite de competência, a melhor expressão do tema proposto. Os praticantes são os dançarinos, ou ainda, como herança da tradição do balé, bailarinos, termo genérico considerado equivocado pelos profissionais.

A dança pode ser competitiva, trazendo as características do esporte para si. Desse modo, as regras devem ser definidas e sua avaliação deve seguir, dentro do possível, padrões específicos para garantir sua reprodutibilidade. Como no esporte, seus praticantes desempenham a dança dentro do seu limite de competência fisiológica e biomecânica e são destacados os que apresentam melhores capacidades físicas, como flexibilidade e força, além de habilidades – como saltar, girar, aterrissar, equilibrar – aliadas às expressões artísticas. Podemos distinguir o dançarino do atleta, pois este agrega, ao desempenho, a conotação artística.

Recreação e lazer

Prática definida como lúdica, com o objetivo de ocupação do tempo livre com atividades corporais. Pode se valer de modalidades esportivas, porém o praticante realiza seu desempenho dentro da média de normalidade humana. Em alguns países, essa prática é utilizada para avaliar desempenho destacado em crianças e adolescentes, com o objetivo de selecionar talentos nas habilidades esportivas e/ou artísticas. Nesse caso, os profissionais que aplicam as tarefas possuem formação capaz de preparar o ambiente e observar o praticante, diferenciando-o dos demais. O praticante de atividades de recreação e lazer é caracterizado pela grande maioria da população. Assim, pode haver uma modalidade esportiva com praticantes classificados como atletas e indivíduos se recreando.

As corridas de rua constituem um exemplo cada vez mais popular, em que o vencedor de uma maratona, por exemplo, percorre os 42.195 metros em pouco mais de 2 horas e o atleta amador necessita de 1,5 vez ou 3 vezes esse tempo. Este dado enfatiza a atenção a ser dada a este praticante recreativo, pois sua exposição a fatores ambientais como vento, temperatura e umidade relativa do ar o tornará mais vulnerável que o atleta a desidratação, hipertermia e demais ocorrências dessa natureza.

Educação física

É definida como prática sistemática que se utiliza de testes fisiológicos e metabólicos, além de avaliações de composição corporal, capacidades e habilidades motoras para aferir o estado de saúde do seu praticante ao longo do tempo. O profissional que atua nesta área é o Bacharel em Educação Física e/ou aquele que faz a licenciatura nesta área, chamado de professor de educação física, o qual apresenta competências de um educador e domina as diversas áreas do conhecimento (biodinâmico, psicodinâmico e sociodinâmico).

Em nossa cultura, o profissional de educação física tem por objetivo o desenvolvimento de habilidades como equilíbrio, coordenação e agilidade, além de capacidades, conhecidas como elementos definidores da aptidão física, que são a força, a resistência aeróbia, a flexibilidade etc. A atuação desse profissional é consagrada em nossa cultura pelas aulas de educação física nas escolas. Consideramos essa atuação fundamental para o desenvolvimento motor das crianças e adolescentes, sendo altamente recomendável a presença desse profissional nos diversos níveis de ensino escolar.

Com essas definições, podemos abordar a nutrição aplicada à atividade motora com objetivos distintos em cada uma dessas áreas, muito embora situações semelhantes ocorram em todas elas. Essas formas manifestas e institucionalizadas do movimento humano apresentam papel importante na evolução, uma vez que nossa origem genética sempre foi de dinamismo motor em busca de alimento e preservação da espécie.

A evolução humana tornou nosso organismo eficiente em promover deslocamento com a menor demanda energética possível. Essa capacidade econômica faz com que, ao repetir uma determinada tarefa motora, gastemos menos energia ao longo do tempo. Em contrapartida, a vida moderna na era cibernética passou a demandar do homem contemporâneo menor necessidade motora para as tarefas cotidianas. A cada década, temos grande queda na demanda energética diária, assim, podemos dizer que a pandemia da obesidade é apenas uma consequência desses fatos que paradoxalmente chamamos de evolução.

Evidências sugerem que a prevalência do sobrepeso e da obesidade tem aumentado em taxas alarmantes, incluindo países desenvolvidos e subdesenvolvidos. Mann et al.,[2] em seu artigo "As dietas não são a resposta", revisaram 31 estudos sobre os resultados a longo prazo das dietas restritivas de calorias, sendo a dieta declarada um preditor consistente de ganho de peso. Eles observaram que até dois terços das pessoas ganharam mais peso do que antes perderam. Os autores concluíram que "as pessoas com dieta não conseguiram manter suas perdas de peso a longo prazo, e não havia evidências consistentes de que as dietas resultaram em melhorias significativas em sua saúde". O peso recuperado ou perder e ganhar peso constantemente também estão associados a problemas de saúde aumentados, como acidente vascular cerebral, diabetes[3] e redução do colesterol de lipoproteínas de alta densidade.[4] Portanto, não só a obesidade é uma ameaça para a saúde, mas repetidas tentativas mal-sucedidas para perder peso aparentemente podem contribuir para outros problemas de saúde.

A ciência atual revela frequentemente ajustes na ingestão alimentar e/ou necessidade nutricional específica que aproximam o homem da sua capacidade nominal de realizar esforço. Com base nesse aspecto, algumas variáveis merecem atenção quando pensamos em nutrição aplicada à atividade motora. A descoberta de qualquer substância que promova aumento do desempenho humano deve ser considerada segundo dois aspectos resultantes da seguinte pergunta: essa substância está garantindo ao indivíduo sua capacidade plena de realização de esforço dentro do seu limite de competência? Se a resposta for positiva, esta substância deve ser encarada como nutriente e sua essencialidade merece atenção da ciência da nutrição; se a resposta for negativa, ou seja, a substância proporciona desempenho acima do limite de competência do indivíduo, então devemos considerá-la como ergogênico não metabólico e sua investigação caberá às autoridades ligadas ao uso de substâncias ilícitas e passíveis de punição perante os comitês esportivos.

A preocupação sob o ponto de vista de saúde para o consumo de tais substâncias recai sobre a população não atleta. Isso porque os atletas são constantemente avaliados pelas respectivas confederações e estão sujeitos a penalidades rigorosas, podendo ser banidos do esporte. Já o indivíduo comum sofrerá consequências em sua própria saúde, sendo que muitas vezes os sintomas serão percebidos tardiamente, quando a preservação da sua integridade pode ser inviável. Sob esta ótica, o Colégio Americano de Medicina do Esporte e as Associações Americana e Canadense de Nutricionistas elaboraram um elegante documento em que apresentam os principais fatores determinantes do desempenho, bem como os preservadores da integridade de saúde dos atletas.[5]

PONTOS RELEVANTES DO CONHECIMENTO DA NUTRIÇÃO APLICADA À ATIVIDADE MOTORA

Os indivíduos ativos precisam consumir energia suficiente durante os períodos de alta demanda energética ou períodos de treinamento de longa duração para manter o peso corporal estável, a saúde e maximizar efeitos do treinamento. Baixo consumo de energia pode resultar em perda de massa muscular, disfunção menstrual, perda ou falha da manutenção da densidade óssea, aumento do risco de fadiga, lesões e doença, resultando em processo de recuperação prolongado. Peso corporal e composição não devem ser utilizados como critério único para a realização das atividades motoras diária. A observação diária do peso corporal é prática indesejável, pois pode estimular práticas que predispõem ao desenvolvimento de distúrbio alimentar. As frações de gordura corporal ideal dependem de sexo, idade e hereditariedade do indivíduo e podem ser específicas de acordo com a modalidade. As técnicas de avaliação da gordura corporal apresentam variabilidade e limitações inerentes a elas, uma vez que todas representam formas indiretas de determinar o percentual de gordura corporal; a única forma direta é a dissecção de cadáver.

COMPOSIÇÃO CORPORAL

As técnicas de avaliação da composição corporal podem ser do tipo unicamente indireto (pesagem hidrostática e pletismografia) e duplamente indireto, como dobras corporais, bioimpedância, diâmetros e circunferências. Composição e peso corporais são dois dos muitos fatores que contribuem para o desempenho do exercício em condições ótimas. Juntos, esses dois fatores podem afetar um potencial atleta para o sucesso de um determinado esporte. O peso corporal pode influenciar diversos aspectos de um atleta, como velocidade, resistência e potência, enquanto composição corporal pode afetar força, agilidade e aparência. Um corpo magro, ou seja, aquele com maior quantidade de músculos em relação à gordura, geralmente é vantajoso em esportes em que a velocidade é envolvida. O desempenho atlético não pode ser previsto precisamente com base apenas no peso e na composição corporais, uma vez que muitos fatores podem afetar a composição corporal.[6] Algumas modalidades esportivas, ainda hoje, preservam a cultura de que os atletas apresentem baixo peso corporal; um exemplo desse comportamento são os atletas de ginástica artística, que precisam de força para realizar suas atividades. Esses atletas precisam de força e flexibilidade em suas tarefas e, por vezes, são cobrados por seu peso.

Os atletas que participam em modalidades classificadas pelo peso, como luta greco-romana e remo, podem ser obrigados a perder ou ganhar peso para se qualificar para uma categoria específica. Os indivíduos que praticam dança, ginástica, patinação artística e mergulho, por exemplo, podem ser pressionados para perder peso e gordura corporal para ter um corpo magro, embora seu peso atual para a saúde e o desempenho sejam adequados. Com as restrições de energia extrema, as perdas de massa muscular e gordura podem influenciar negativamente o desempenho. A individualização da avaliação da composição corporal, considerando a modalidade esportiva em questão, pode ser vantajosa para a melhoria do desempenho em qualquer circunstância. Idade, sexo, genética e as exigências da modalidade são fatores que influenciam a composição corporal do atleta. O peso corporal composto por quantidades mínimas de gordura, sem comprometer as respostas fisiológicas, favorece a competitividade do atleta, maximizando seu desempenho. As metodologias e os equipamentos para realizar as avaliações de composição corporal devem ser acessíveis e de baixo custo, uma vez que serão repetidas inúmeras vezes no ano para o acompanhamento do atleta em suas diversas fases do treinamento. Nem todos os métodos existentes atendem a esses critérios para o praticante. Um exemplo são as metodologias consideradas referências em avaliação de composição corporal, como pesagem hidrostática, pletismografia e densitometria por dupla emissão de raios X (DEXA). Esses métodos requerem equipamentos específicos de elevado custo; ainda assim, a utilização dessas técnicas é justificável em modelos científicos que visem a avaliar precisamente a alteração na composição corporal dos indivíduos. Para assegurar a saúde do atleta em modalidades classificadas pelo peso corporal, é realizada a pesagem antes da competição. Assim, aqueles que realizarem a perda de peso para adequação na categoria sofrerão prejuízo no desempenho, pois não terão tempo para a recuperação do estado fisiológico. Com isso, a prática de perda de peso seria rapidamente desestimulada.

Além disso, atletas e treinadores devem saber que existem erros associados com todas as técnicas de avaliação da composição corporal e que elas representam uma estimativa da quantidade de gordura corporal, não uma medida. Em vez disso, um intervalo de percentagens, ajustado a cada metodologia de composição da gordura corporal, deve ser recomendado. Três níveis técnicos de avaliação são utilizados para avaliar a composição corporal.[7] A avaliação direta com base na análise de cadáveres, embora não utilizado na prática clínica, é designado como um nível técnico I. Os outros dois níveis técnicos são avaliações indiretas (nível II) e avaliações duplamente indiretas (nível III). Hidrodensitometria ou pesagem subaquática, absorciometria com raios X de dupla energia, o mesmo tipo utilizado em DEXA, e pletismografia por deslocamento de ar são técnicas de nível II; já medições de dobras cutâneas e análise de impedância bioelétrica (BIA) são técnicas de nível III. Técnicas de níveis II e III são utilizadas na prática por nutricionistas dedicados a atletas.

Pesagem subaquática, considerada o critério padrão de referência, é mais utilizada em estudos científicos; já a DEXA, originalmente desenvolvida para avaliar a mineralização do osso, pode ser usada para a composição corporal.[6] Embora a DEXA seja bastante precisa, rápida e não invasiva, o custo e o acesso aos instrumentos limitam sua utilização na prática. Além disso, a avaliação da gordura visceral é prejudicada por essa técnica, por utilizar uma análise em duas dimensões. A pletismografia por deslocamento de ar (BodPod; Vida Medição, Inc., Concord, CA) é também usada para determinar a composição corporal pela densidade do corpo,[7] e percentual de gordura corporal, calculado usando a equação de Siri[8] ou Brozek[9]. Embora esse método ofereça uma avaliação válida e confiável da composição corporal, pode subestimar a gordura corporal em adultos e crianças em 2 a 3%.[10]

Dois dos mais utilizados métodos de nível III são as medidas de dobras cutâneas e BIA. Além disso, as medidas de peso, altura, circunferência de pulso e cintura, e medidas de dobras cutâneas são habitualmente utilizadas por nutricionistas para avaliar a composição corporal. Normalmente, são sete locais de dobras cutâneas utilizados: bíceps, abdominal, coxa, panturrilha medial, subescapular, supraespinal e tríceps. As técnicas convencionais e definições de cada um desses sítios são fornecidos por Heymsfield et al.[7] e Marfell-Jones et al.[11] As equações de predição por meio de medidas de dobras cutâneas para determinar conteúdo de gordura corporal são numerosas.[7] Aproximadamente 50 a 70% das equações estimam a densidade corporal e indiretamente projetam o percentual de gordura. Além disso, as diferenças populacionais limitam a capacidade de troca das equações de predição e padronização dos sítios de dobras cutâneas, assim como as técnicas variam de autor para autor. Até o compasso de dobras cutâneas é uma fonte de variabilidade.[7] Apesar de problemas inerentes à medição de dobras cutâneas, essa técnica continua a ser um método de primeira escolha, pois é conveniente e barato. Nos Estados Unidos, o Comitê Olímpico defende o uso da soma de sete dobras cutâneas (mm) em vez do percentual de gordura corporal.[11] BIA é baseada no princípio de que um sinal elétrico trafega mais facilmente por meio de tecido magro do que a gordura ou osso. A massa adiposa é estimada subtraindo-se a BIA que estima a massa magra corporal total.[7] A BIA depende de vários fatores que podem causar erro na medição e devem ser levados em conta para obter uma estimativa mais precisa. O estado de hidratação é o fator mais importante que pode alterar a composição corporal nessa técnica. Sua aplicação depende da familiarização do profissional com a técnica. Ainda assim, não é apontada como primeira escolha.

MACRONUTRIENTES

As recomendações de carboidratos para os atletas vão de 6 a 10 g.kg^{-1} de peso corporal. Os carboidratos atuam para manter a glicemia estável durante o exercício e repor o glicogênio muscular. A quantidade necessária depende do total energético gasto diário, tipo de intensidade, duração da atividade, sexo do praticante e condições ambientais. Representa foco de interesse científico a ingestão de carboidrato em momentos diferentes da prática da atividade motora, assim como a forma química de ingestão, como monossacarídeos ou polissacarídeos.[5] Vários estudos têm sido conduzidos com a finalidade de identificar substâncias que auxiliem na recuperação de atletas que fazem provas longas como maratonas, *ironman*, entre outras. Sabe-se que essas atividades deprimem o sistema imune e esses atletas ficam mais suscetíveis a infecções do trato respiratório superior, por exemplo. Nessa situação, o consumo adequado de carboidratos tem ação preventiva da redução da atividade do sistema imune decorrente de atividades de longa duração.

Por falar em sistema imunológico, esses atletas têm hábito de consumir altas doses de vitamina E. Em estudo, a suplementação de 800 UI de vitamina E por 2 meses antes de uma prova de *ironman* provocou aumento de interleucinas pró-inflamatórias com IL-6, agravando o processo inflamatório decorrente da prova.[12]

As recomendações de ingestão de proteína são quase unânimes em permanecer no intervalo 1,2 a 2 g.kg^{-1}. Essa recomendação de ingestão de proteínas geralmente pode ser atendida somente por meio da dieta, sem a

necessidade de proteína ou aminoácidos suplementares. O consumo de energia suficiente para atender à necessidade diária é necessário para que a proteína desempenhe sua função principal e dê estrutura tecidual em vez de fonte energética. É motivo de investigação a utilização de tipos diferentes de fontes proteicas e do momento de seu consumo com o objetivo de estimular a síntese proteica e tornar a recuperação da atividade o mais rápida possível. É também motivo de interesse científico o papel eventual dos aminoácidos sobre mecanismos intracelulares de sinalização da síntese proteica.

O consumo ideal de proteína deve ser fracionado ao longo do dia, de preferência em quatro momentos. Em cada um desses momentos, a ingestão não deve ultrapassar 0,3 g/kg de peso corporal, cerca de 20 g por vez.[13] Além disso, tem sido demonstrado que o uso de *whey protein*, comparado ao BCAA (aminoácidos de cadeia ramificada), é mais efetivo no aumento de massa muscular. Vinte gramas de BCAA *versus* 20 g de *whey protein* pós-exercício físico mostraram que o BCAA aumentou 22% a síntese proteica, enquanto o *whey protein* provocou aumento de 49%.

O uso de EPA e DHA também tem sido apresentado como forma de favorecer a síntese proteica. O uso de 5 g/dia por 8 semanas favoreceu a síntese protéica.[14] O possível mecanismo para isso seria a modificação da membrana fosfolipídica com a suplementação de EPA e DHA em 4 semanas.[15]

A ingestão de lipídios superior a 20% do total energético não beneficia o desempenho de indivíduos ativos. Os lipídios são fontes de energia, vitaminas e ácidos graxos essenciais, e sua importância na alimentação dos indivíduos ativos saudáveis é ponto de interesse, uma vez que a estrutura química dos lipídios pode determinar favorecimento a processos de inflamação ou ações anti-inflamatórias. As dietas ricas em gordura são desencorajadas pelas pesquisas de uma forma geral. Indivíduos que restringem o consumo de energia ou uso severo de práticas de perda de peso, eliminando um ou mais grupos de macronutrientes de sua alimentação, estão suscetíveis a deficiências de micronutrientes. O exemplo mais frequente é a restrição ao consumo de alimentos ricos em carboidratos visando à perda de peso.[16] Diversos dados apontam para maior oxidação de gordura diante de uma dieta hiperlipídica para atletas de elite (0,0002% da população mundial). No entanto, os autores não encontraram melhora do desempenho físico, o que tem desencorajado os pesquisadores a orientar esse tipo de alimentação, visto que ela comprovadamente deprime o sistema imune, como comentado anteriormente.[17]

Apenas três nutrientes fornecem energia na alimentação: carboidratos, lipídios e proteínas. Assim, a restrição de um deles implica naturalmente elevação dos outros dois. A restrição de carboidratos implica maior ingestão de gordura, como queijos, carnes e peixes, considerados popularmente fontes proteicas, mas que fornecem elevada quantidade de gordura. A ingestão de todos os nutrientes contribui ao equilíbrio de diversos processos metabólicos, inclusive a sinalização da interrupção do consumo de alimentos pelos processos de saciedade e saciação. Diversos autores avaliam a restrição de macronutrientes como um fator de estímulo para o consumo compulsivo de alimentos.

Desidratação (déficit hídrico de 2 a 3% da massa corporal) diminui o desempenho do exercício, portanto, adequada ingestão de líquidos antes, durante e após o exercício é importante para a saúde e o desempenho dentro da capacidade individual. O objetivo de ingerir líquidos é evitar a desidratação durante o exercício, e os indivíduos não devem beber acima da taxa de transpiração.[18] Outro assunto que vem sendo bastante discutido é a perda de cálcio na sudorese, que tem levado a perda óssea em ciclistas, por exemplo.[19] Essa perda acontece provavelmente porque a perda normal de cálcio no suor do ciclismo é mais intensa, uma vez que essa atividade é realizada por muitas horas, levando a um grande volume de suor perdido pelo atleta. A perda de cálcio na transpiração é um processo fisiológico, mas promove redução das concentrações de cálcio no plasma e estimulação da PTH (paratireoide), que, por sua vez, promove reabsorção óssea de cálcio, liberando cálcio para circulação a fim de normalizar a sua concentração no sangue. Esse processo ocorre em todas as atividades físicas que promovem transpiração; a diferença é quando a atividade possui impacto (efeito piezoelétrico); após o processo de reabsorção decorrente da sudorese, há estímulo intenso na estrutura óssea para formação óssea. Nesses casos, o balanço ósseo é positivo, isto é, o estímulo para síntese é maior que para reabsorção, levando a aumento da densidade mineral óssea. No entanto, no caso do ciclismo e da natação, como há baixo impacto, o estímulo para reabsorção promove perda da densidade mineral óssea a médio e longo prazos.

Vegetarianos podem estar em risco de baixa ingestão de energia, proteína, gordura e micronutrientes essenciais, como ferro, cálcio,[20] vitamina D,[21] riboflavina, zinco e vitamina B12. Ainda alvo de interesse científico, estudos de médio e longo prazos dessa população são carentes e provavelmente revelarão pontos consideráveis na preservação da saúde desse grupo. No caso da vitamina D, diversos pesquisadores têm apontado a necessidade de revisar a recomendação desta vitamina, que hoje varia entre 400 e 600 UI. Da mesma forma, as quantidades circulantes, que hoje giram em torno 40 a 70 ng/mL, também devem subir para 100 ng/dL, pelo menos para atletas. Hoje, já há um consenso entre os pesquisadores de que a vitamina D deve ser dosada regularmente em pessoas com dores musculares recorrentes, dificuldade de recuperação e lesões constantes. Em atletas, principalmente aqueles que treinam *indoor* e nas épocas de baixa insolação, é muito comum a deficiência dessa vitamina. Recomenda-se, então, pelo menos 1.000 UI para indivíduos comuns e 2.000 UI para atletas. A exposição ao sol é extremamente importante e fatores de proteção solar acima de 8 não permitem a síntese de vitamina D. Holick[21] demonstrou a variação da síntese de vitamina D de acordo com a época do ano, por isso sua suplementação deve ser individualizada e levar em conta o local em que vive o atleta e a época do ano.

Substâncias específicas como creatina, aspartato, asparagina, beta-alanina, betaína, quercitina, glutamina, taurina, cafeína, entre outras, representam motivo de interesse nas investigações de seus efeitos sobre a atividade motora, e a resposta a essas investigações as apontarão como nutrientes essenciais ou suplementos ergogênicos, avançando sobre o conhecimento das necessidades específicas do ser humano.

CONSIDERAÇÕES FINAIS

A diferenciação das quatro áreas que envolvem a atividade física é fundamental para adequar a necessidade nutricional aplicada ao indivíduo envolvido. Todos os nutrientes exercem propriedades fundamentais na manutenção do organismo. Assim, não parece razoável a privação de um em privilégio de outro nutriente.

Ajustes da ingestão ao longo do período de treinamento e especificamente para as provas se fazem valer de demandas metabólicas, como o glicogênio para atividades de longa duração, e assim elevar a ingestão de alimentos que promovam maior concentração de glicogênio.

A ingestão de suplementos nutricionais deve considerar a intensidade do esforço, características antropométricas, etapa do treinamento e competição-alvo.

RESUMO

A nutrição aplicada à atividade motora se divide em quatro áreas do movimento humano: esporte, educação física, dança e recreação/lazer. Essa definição conceitual diferencia a população-alvo da intervenção nutricional.

O organismo humano sempre apresentou o movimento como parte de sua atividade cotidiana e selecionou evolutivamente os organismos mais econômicos. Em contrapartida, por conta de demandas sociais, financeiras, entre outras, a vida moderna impôs o sedentarismo como padrão de comportamento motor que, aliado ao padrão genético de economia, resultaram nas doenças modernas, como obesidade, diabetes etc. Assim, a sociedade institucionalizou o movimento humano criando as manifestações distintas descritas, e suas necessidades específicas passaram a ser de interesse acadêmico/científico. Nutricionalmente, os estudos se concentram no balanço energético, na necessidade de carboidratos, proteínas e lipídios, assim como dos micronutrientes e outros compostos biologicamente ativos. Esses estudos definem essas substâncias sob critérios de essencialidade ou efeito ergogênico superior à capacidade fisiológica. O primeiro determina mudanças nas necessidades nutricionais e o segundo, substâncias consideradas ilícitas. No presente momento, grande parte da comunidade científica dedicada à nutrição aplicada à atividade motora dirige sua vocação na tentativa de descobrir as necessidades específicas provocadas pela prática regular da atividade motora, permitindo seu exercício regular para que propicie os benefícios na manutenção da saúde de forma plena nas quatro áreas descritas.

Questões para reflexão

1. Qual a diferença fundamental entre o indivíduo comum e o atleta em demanda energética?
2. Existem diferentes técnicas de composição corporal. Qual apresenta melhor aplicabilidade clínica e qual apresenta melhor aplicabilidade científica?
3. A ingestão de proteína é melhor quanto maior sua quantidade em gramas/kg/peso?

REFERÊNCIAS BIBLIOGRÁFICAS

1. Lancha Junior AH, Riani L. Conceitos. In: Lancha Junior AH, Pereira-Lancha LO. Nutrição aplicada à atividade motora. 3.ed. São Paulo: Atheneu, 2011.
2. Mann T, Tomiyama A, Westling E, Lew AM, Samuels B, Chatman J. Medicare's search for effective obesity treatments: diets are not the answer. Am Psychol 2007;62:220-33.
3. French SA, Folsom AR, Jeffery RW, Zheng W, Mink PJ, Baxter JE. Weight variability and incident disease in older women: The Iowa Women's Health Study. Int J Obes Rel Met Disor 1997;21: 217-23.

4. Olson MB, Kelsey S, Bittner V, Reis S, Reichek N, Handberg E, et al. Weight cycling and high-density lipoprotein cholesterol in women: evieence of an adverse effect. A report from the NHLBI-sponsored WISE Study. J Am Coll Cardiol 2000;36:1565-71.
5. Rodriguez N, Di Marc N, Langle S. American College of Sports Medicine position stand. Nutrition and athletic performance. American Dietetic Association, Dietitians of Canada, American College of Sports Medicine. Med Sci Sport Exer 2009;709-31.
6. Houtkooper L. Body composition. In: Manore M, Thompson J (eds.). Sport nutrition for health and performance. Champaign: Human Kinetics, 2000.
7. Heymsfield S, Lohman T, Wang Z, Going S. Human body composition. 2.ed. Champaign: Human Kinetics, 2005.
8. Siri W. Gross composition of the body. In: Lawrence J, Cornelius A (eds.). Advances in biological and medical physics. New York: Academic Press, 1956.
9. Brozek J. Body composition: models and estimation equations. Am J Phy Anthropol 1966:239-46.
10. Going S. Optimizing techniques for determining body composition. Sports Science Exchange 2006; 109.
11. Marfell-Jones M, Olds T, Stewart A, Carter L. International standards for anthropometric assessment. Potchefstroom: International Society for the Advancement of Kinanthropometry, 2006.
12. Nieman D, Henson D, Mcanulty S, Mcanulty L, Morrow J, Ahmed A, et al. Vitamin E and immunity after Kona Triathlon World Championship. Med Sci Sports Exerc 2004;328-35.
13. Moore DR, Churchward-Venne TA, Witard O, Breen L, Burd NA, Tipton KD, et al. Protein ingestion to stimulate myofibrillar protein synthesis requires greater relative protein intakes in healthy older versus younger men. J Gerontol Ser Biol Sci Med Sci 2015;57-62.
14. Smith G, Atherton P, Reeds D, Mohammed B, Rankin D, Rennie MJ, et al. Omega-3 polyunsaturated fatty acids augment the muscle protein anabolic response to hyperinsulinaemia-hyperaminoacidaemia in healthy young and middle-aged men and women. Clinical Sci 2011;121:267.
15. Jeromson S, Gallagher I, Galloway S, Hamilton D. Omega-3 fatty acids and skeletal muscle health. Marine Drugs 2015; 6977-7004.
16. Nattiv A, Loucks AB, Manore MM, Sanborn CF, Sundgot-Borgen J, Warren MP; American College of Sports Medicine. American College of Sports Medicine position stand. The female athlete triad. Med Sci Sports Ex 2007;1867-82.
17. Burke LM. Re-examining high-fat diets for sports performance: did we call the 'nail in the coffin' too soon? Sports Med 2015;33-49.
18. Pereira-Lancha LO, Marquezi ML, Lancha Junior AH. Hidratação. In: Lancha Junior AH, Pereira-Lancha LO. Nutrição aplicada à atividade motora. 3.ed. São Paulo: Atheneu, 2011.
19. Barry DE, Kohrt W. BMD decreases over the course of a year in competitive male cyclists J Bone Min Res 2008; 484.
20. Zemel MB. Role of calcium and dairy products in energy partitioning and weight management. Am J Clin Nutr 2004; 907S-12S.
21. Holick MF. Vitamin D: importance in the prevention of cancers, type 1 diabetes, heart disease, and osteoporosis. Am J Clin Nutr 2004; 362-71.

Capítulo 8

Aspectos referentes a crescimento e desenvolvimento

Fábio Rodrigo Ferreira Gomes
Luciana Perez Bojikian
Alessandro Hervaldo Nicolai Ré
Marcelo Massa

Objetivos do capítulo
▶ Compreender os conceitos referentes ao desenvolvimento humano: crescimento físico, maturação e desenvolvimento.
▶ Identificar as diferenças entre idade cronológica e idade biológica e suas implicações na avaliação e seleção de atletas jovens.
▶ Conhecer os principais métodos de avaliação do crescimento físico, da maturação e do desenvolvimento.

CONSIDERAÇÕES INICIAIS

Desde sua concepção até a morte, o ser humano passa por modificações decorrentes de sua herança genética em interação com o meio ambiente. Assim, o desenvolvimento humano pode ser entendido como alterações e mudanças ocorridas ao longo do tempo, envolvendo o crescimento e a maturação.[1]

O desenvolvimento humano pode ser estudado a partir de uma abordagem cronológica, em que se descrevem todos os aspectos referentes ao desenvolvimento em cada período do ciclo vital. Tais modificações são consequências de fatores biológicos e socioculturais, bem como a interação entre ambos.

Ao interagir com o meio ambiente, o ser humano apresenta alguns pontos que sofrem mais interferência (p.ex., qualidade de alimentação e sobrepeso) do que outros (p.ex., a prática em demasia de esporte e a estatura). Assim, o indivíduo pode ser considerado único e é resultante desse processo de interação. Nesse sentido, cada um terá seu processo individual de desenvolvimento, mas parte desses processos é comum a todos os indivíduos, e inevitavelmente todos passarão no decorrer da vida, mas podem diferir em velocidade, intensidade e momento específicos de vivência dos acontecimentos.[2]

O crescimento e o desenvolvimento não ocorrem de maneira linear, pois, a partir da data de nascimento, crianças e adolescentes apresentam picos de crescimento em estatura e maturação sexual em épocas diferentes e em ritmos distintos. Dessa forma, esses estágios maturacionais podem ser classificados relacionando a idade biológica (características maturacionais) com a idade cronológica (tempo de vida a partir da data de nascimento) como precoce, normal ou tardia. Dessa forma, adolescentes com a mesma idade cronológica podem apresentar diferentes estágios maturacionais, fato que pode interferir diretamente no seu desempenho motor, por exemplo.[2]

Portanto, no que tange ao processo de formação esportiva, o conhecimento dos estágios maturacionais é fundamental para treinadores de jovens atletas, haja vista que o processo de seleção de categorias competitivas é determinado pela idade cronológica, e é primordial levar em consideração que os jovens podem pertencer a diferentes fases de desenvolvimento, influenciando diretamente no trabalho do treinador no que se refere à avaliação e predição de desempenho, e podendo incidir em erro de planejamento até nas cargas de treinamento.

O número de estudos que apresentam dados referenciais de crianças e jovens brasileiros das variáveis envolvidas no processo de desenvolvimento ainda é escasso, o que também ocorre com estudos em crianças e jovens brasileiros submetidos a treinamento, principalmente no que se refere a pesquisas que consideraram o efeito das variáveis de maturação sobre as demais.

Levando em consideração a importância da temática, este capítulo pretende esclarecer questões referentes ao processo de crescimento, desenvolvimento e maturação pós-natal sob o ponto de vista biológico, e sua importância na seleção e no treinamento do jovem atleta.

CONCEITOS BÁSICOS EM CRESCIMENTO, MATURAÇÃO E DESENVOLVIMENTO

O desenvolvimento humano é um processo que se estende do instante da concepção até a morte. Assim, mudanças transcorrem no aspecto qualitativo e quantitativo, tanto em aspectos positivos, no sentido da melhoria do desempenho das funções do organismo e do aumento das proporções corporais, como no aspecto negativo, ou seja, com a perda da eficiência do funcionamento. No que se refere ao desenvolvimento durante o ciclo vital do ser humano, há implicações em diferentes aspectos relacionados à mudança: aspectos físicos, motores, cognitivos e psicossociais. O processo de desenvolvimento engloba crescimento e maturação, que ocorrem simultaneamente e são altamente inter-relacionados, apesar de não acontecerem na mesma intensidade e na mesma ordem cronológica para todos os indivíduos.

Durante o ciclo de vida de um ser humano ocorrem diversas modificações inatas à nossa espécie, tendo início em um processo de multiplicação e divisão celular (meiose e mitose), que pode ser chamado de crescimento. Segundo Guedes,[3] crescimento se refere às transformações progressivas acerca do aumento quantitativo das proporções corporais, seja pelo aumento no número (hiperplasia), seja pelo aumento no tamanho (hipertrofia) das células. O crescimento nos diferentes segmentos corporais não ocorre de forma linear, mas em surtos ou estirões, implicando diferentes momentos de pico, ou seja, o crescimento tem uma fase muito intensa durante a infância e outra durante a adolescência.

Já o processo de maturação, diferentemente do crescimento (alterações quantitativas), está relacionado à mudança na funcionalidade do organismo, proporcionando alterações qualitativas. A maturação e o crescimento atingem o seu auge de forma positiva (maior estrutura e melhor funcionamento) por volta dos vinte anos de idade, e após este período o corpo apresenta alguns anos de estabilidade, iniciando-se posteriormente um processo de declínio das funções.

As alterações no crescimento e na maturação são altamente controladas geneticamente, mas interagem diretamente com o meio ambiente, no que se refere à alimentação e à prática de atividade física e esporte, culminando por fim na formação do indivíduo nos seus aspectos físicos, motores, psicológicos, culturais e sociais.[4]

Na verdade, o indivíduo sofre influências do meio ambiente antes do nascimento, e por isso há grande zelo com a gestante no que tange aos cuidados com a nutrição, o uso de tabaco, bebidas alcoólicas e outras drogas utilizadas pela futura mãe, pois podem ser fatores cruciais para a saúde do bebê, uma vez que podem comprometer definitivamente a vida do indivíduo que está sendo gerado. Outros aspectos relacionados ao meio ambiente são relativos à aprendizagem, ou seja, além da necessidade de o corpo humano estar preparado funcionalmente para determinadas tarefas, a prática e a experiência se tornam essenciais para o sucesso da aprendizagem.[1]

A puberdade é um estágio biológico que, apesar de variar em relação à idade cronológica, é implacável, ocorre em todos os seres humanos, modificando funcionalmente seu corpo, tornando-o capaz de se reproduzir. Basicamente, verificam-se dois tipos de mudanças: as chamadas características sexuais primárias (concernem às modificações dos órgãos sexuais) e as secundárias (p.ex., formação das mamas nas meninas, mudança na voz dos meninos etc.). Assim, durante a adolescência, os hormônios sexuais são secretados em maior quantidade; concomitantemente ocorre o estirão do crescimento e, apesar de a adolescência dar início às mudanças biológicas relativas à puberdade, o ser humano sofre influências do meio cultural e social em que vive.

O fato de a puberdade variar em relação à idade biológica tem grande influência genética. Sob o ponto de vista sexual, maturação pode ser definida como idade biológica, enquanto a idade cronológica refere-se ao tempo de vida (idade do indivíduo contada em anos, meses e dias). Posto que a puberdade ocorre cronologicamente em momentos diferentes nos adolescentes, e que pode haver uma diferença de até três anos em média entre a idade biológica e a idade cronológica, entre os jovens atletas que fazem parte de uma mesma categoria competitiva, como a sub-15 (anos), biologicamente existem sujeitos de 12 até 18 anos, consequentemente uma grande variação do desempenho não pelo nível de habilidade e *expertise*, mas com grande influência da diferença nas capacidades físicas, considerando idades biológicas distintas.[4]

No esporte, um tema que discute a seleção e o treinamento de jovens atletas, comparando sua idade cronológica com a idade biológica, é nomeado efeito de idade relativa (EIR). Especificamente, o EIR é o resultado da diferença na idade cronológica em atletas compreendidos em uma mesma faixa etária em um determinado esporte, comumente caracterizado pela maioria daquele nicho de atletas nascidos nos primeiros meses do ano. Uma revisão sistemática com 25 artigos nacionais indicou que o EIR foi encontrado principalmente no futebol.[5]

CRESCIMENTO EM ESTATURA E DESENVOLVIMENTO DO SISTEMA ÓSSEO

O aparecimento das primeiras células ósseas indica o início do período fetal (por volta da oitava semana de gestação). Inicialmente, o tecido ósseo é cartilaginoso, tornando-se mais rígido ao longo da vida. No entanto, durante o processo de crescimento, parte da massa óssea continua cartilaginosa, pois é nesta parte do osso que ocorre o crescimento. O crescimento ósseo especificamente cessa com a integração entre epífise e diáfise (cartilagens de crescimento). A estabilização positiva da estatura ocorre quando as placas epifisárias de crescimento não mais apresentam tecido cartilaginoso e, no que concerne à espessura dos ossos, esta ocorre simultaneamente com o aumento da densidade óssea.[6]

O crescimento físico não é linear, e em dois momentos da vida ocorrem picos de crescimento, chamados de estirões. O primeiro se dá durante os dois primeiros anos de vida, quando o crescimento é tão acelerado que jamais é repetido em outro momento do ciclo vital. O segundo ocorre na puberdade, também chamado de estirão da puberdade, em que a velocidade de crescimento em estatura aumenta, normalmente mais precoce nas meninas e mais tardio para os meninos, considerando indivíduos com a mesma idade cronológica[6] (Figura 1). A estatura máxima do indivíduo é estabelecida por herança genética, mas pode sofrer influência negativa por fatores ambientais, pois algumas doenças, a desnutrição, a falta de atividade física, condições de sono inadequadas, entre outros fatores, podem gerar um *déficit* na estatura final.

Vários hormônios do sistema endócrino são responsáveis pelo crescimento. Entre eles, vale citar os hormônios da tireoide, o hormônio de crescimento (GH) e os hormônios sexuais. Cabe aos hormônios da tireoide auxiliarem a ação de outros hormônios responsáveis pelo crescimento e a síntese proteica, sendo essenciais no desenvolvimento cerebral. O hormônio do crescimento ou GH, conhecido também como somatotrofina, é liberado pela glândula hipófise anterior na corrente sanguínea principalmente durante o sono e o exercício físico. Assim, o sono e o exercício físico são primordiais para um crescimento normal e salutar.[1]

O GH estimula a produção dos IGFs (*insulin growth factor 1* ou fator de crescimento insulina-1). O IGF é responsável por estimular a formação de células cartilaginosas nas placas de crescimento dos ossos longos, resultando no aumento da estatura (Figura 2). O hormônio de crescimento é excretado em diferentes dosagens ao longo da vida, mas isso ocorre com mais ênfase na infância e na adolescência.[6]

Já os hormônios sexuais, também de suma importância para o crescimento, são os andrógenos, os estrógenos e a progesterona, ambos produzidos em meninos e meninas desde a infância, mas com um aumento acentuado de liberação no início da adolescência. O hormônio andrógeno tem sua predominância em homens e os estrógenos em mulheres, e a função principal desses hormônios está no desenvolvimento sexual primário e secundário, ainda que atuem também no crescimento

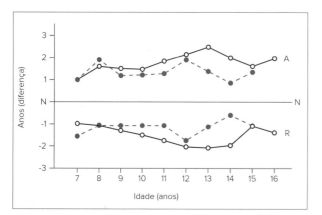

FIGURA 1 Desenvolvimento precoce e tardio em relação à idade cronológica.
Fonte: Adaptada de Weineck.[33]

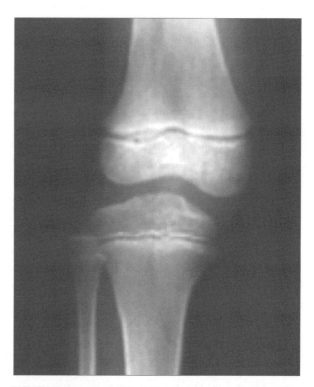

FIGURA 2 Imagem radiográfica de membro inferior destacando as placas epifisárias ou cartilagens de crescimento do fêmur e da tíbia.

ósseo e na maturação esquelética, aumentando a deposição de cálcio e a formação da matriz óssea. Durante a puberdade, os hormônios sexuais são responsáveis pela aceleração do fechamento das placas epifisárias, entendendo que, nesta fase, o sujeito está atingido praticamente sua estatura final.[6] O estágio de maturação óssea em que o sistema esquelético se encontra pode ser avaliado por meio de um cálculo da idade óssea.[6] Um estudo com jovens atletas entre 18 e 25 anos, de variados esportes (judô, karatê, polo aquático) concluiu que, em modalidades com maior impacto, os participantes apresentam maior densidade óssea.[7] Em outros dois estudos, um com jovens tenistas e outro com ginastas comparando-os a adolescentes não atletas, os grupos atletas apresentaram maior densidade óssea que o grupo não atleta.[8,9] Vale ressaltar que, no estudo com tenistas, os atletas e não atletas apresentaram baixa ingestão de cálcio. Em um estudo que comparou a densidade óssea em ex-atletas de elite do sexo feminino na idade pré-menopausa com mulheres não atletas, foi encontrada maior densidade óssea, entre 3 e 20%, nas mulheres ex-atletas.[10]

No mesmo sentido dos achados nos estudos anteriormente citados, em uma revisão literária destacaram-se os fatores que devem ser respeitados no desenvolvimento ósseo, ou seja, além dos aspectos genéticos, a ingestão de cálcio e a atividade física.[11] Assim, o exercício físico adequado praticado durante as fases iniciais da vida (infância e adolescência) leva a um aumento na densidade mineral óssea, que acompanhará o indivíduo em seu ciclo de vida, podendo evitar ou retardar problemas como osteoporose na terceira idade.[12]

Apesar dos vários fatores que podem auxiliar o crescimento, nenhum deles pode fazer com que o indivíduo cresça em estatura mais do que o determinado geneticamente, exceto por meio de intervenções cirúrgicas para alongamento dos ossos.

No entanto, o exercício em demasia pode ser considerado um vilão nesse processo, prejudicando o crescimento e antecipando o fechamento das epífises de crescimento. Foram relatados casos de jovens atletas de diversas modalidades com problemas de osteopenia e osteoporose em idades precoces, bem como aumento da incidência de fraturas por estresse.[13]

CRESCIMENTO E DESENVOLVIMENTO DO TECIDO ADIPOSO

O tecido adiposo pode se localizar logo abaixo da superfície da pele (gordura subcutânea) e entre os principais órgãos (gordura visceral), e é constituído por células adiposas (adipócitos), fluidos extracelulares,

endotélio vascular, colágeno e fibras elastinas. Pode-se dizer que há lipídios essenciais, que são necessários para um bom funcionamento do organismo, e lipídios não essenciais.

Durante os dois primeiros anos de vida, a criança tende a aumentar seu tecido adiposo em até três vezes, em forma de hipertrofia em meninos e meninas, concentrando-se em diferentes partes do corpo. Após o segundo ano de vida até o início da adolescência, sem levar em consideração crianças obesas. Já a hiperplasia do tecido adiposo é lenta até o início da puberdade, seguida de uma aceleração, em ambos os sexos.[1,4]

Em relação à gordura subcutânea, as meninas tendem a apresentar um aumento após a puberdade, enquanto os meninos apresentam diminuição.[14] Em relação à distribuição da gordura corporal, existe uma diferença entre meninos e meninas, com um padrão em que as meninas acumulam mais gordura no tronco e membros, diferentemente do que acontece antes da puberdade. Em estudo longitudinal realizado no Brasil, encontrou-se que as meninas iniciam tal acúmulo de gordura ainda antes da puberdade. O tecido adiposo tem como função o metabolismo de glicose, insulina e lipídios, além de atuar como mecanismo de regulação da pressão sanguínea.[1]

A leptina é considerada um hormônio que, além de auxiliar na regulação da composição corporal, interfere na maturação do sistema reprodutor. A produção de leptina pelo tecido adiposo é maior nas regiões das coxas e dos quadris em meninas, enquanto nos meninos a leptina apresenta menor quantidade na puberdade por conta do aumento de massa muscular e diminuição de massa gorda. Meninas que apresentam uma quantidade menor de leptina tendem a entrar na puberdade tardiamente, atrasando a menarca ou sofrendo até a suspensão do ciclo menstrual. Este fato é bem comum em meninas jovens atletas, principalmente ginastas e bailarinas, pois apresentam alta intensidade de exercício físico e baixa ingestão calórica.[14,15]

Alguns trabalhos apontaram que meninas pós-menarca apresentam mais força em relação aos membros superiores, no entanto em relação aos testes de aptidão física (*shuttle-run*, velocidade em 30 m, corrida de 9 min, salto horizontal e salto vertical), a melhora não é significativa. Uma hipótese levantada é que tal resultado pode ser atribuído à presença de gordura corporal aumentada na região dos membros inferiores, prejudicando o desempenho. Relacionando com atletas jovens, constata-se menor taxa de gordura corporal em ambos os sexos, mas essa diferença se apresenta de maneira mais acentuada no sexo feminino.[1]

CRESCIMENTO E DESENVOLVIMENTO DO SISTEMA MUSCULAR

Durante o período intrauterino predomina a hiperplasia no crescimento do tecido muscular esquelético. Já no período pós-natal, ocorre predominantemente a hipertrofia. A hipótese desse acontecimento se dá pelo aumento do número de núcleos nas fibras musculares. Malina e Bouchard[1] afirmam que as fibras musculares aparecem por volta da 30ª semana de gestação, já apresentando fibras dos tipos I e II, com suas características específicas atribuídas por fator genético. Em relação à característica muscular do recém-nascido, pode-se afirmar que: cerca de 40% das fibras musculares são do tipo I, consideradas de contração lenta; 45% de fibras são do tipo II (subdivididas em IIA e IIB), classificadas como de contração rápida; e 15% de fibras ainda não estão definidas, chamadas de IIC. Após o primeiro ano de vida, o bebê tem proporções musculares similares à do adulto, que apresenta apenas cerca de 5% de fibras IIC.[1,16] Estudos recentes afirmam que o tipo de fibra muscular pode ser modificado com treinamento (porcentagem de fibras rápidas do tipo IIA e IIB).[16]

Via de regra, a massa muscular gera aumento de força muscular, ou seja, para ambos os sexos, à medida que a idade aumenta, a força também aumenta, sendo valores pouco maiores nos meninos.[17] Mas, com a produção de testosterona na puberdade, o aumento de força e massa muscular nos meninos é muito maior, levando em consideração que a estabilização nas meninas ocorre cronologicamente antes.[18,19] Um estudo que avaliou diferentes fases de maturação em indivíduos que fazem parte de um mesmo grupo de treinamento não apontou diferença de força nas diferentes faixas maturacionais. Os autores ressaltam a maior necessidade de estudos nesta área e atribuem a similaridade nos testes ao efeito do treinamento, haja vista que todos os sujeitos são submetidos ao mesmo tipo e carga de treinamento (os participantes da pesquisa se encontravam em sua maioria nos estágios 4 e 5 da prancha de Tanner – próximos da idade adulta).[20] No que tange às meninas treinadas, a força muscular é significativamente maior do que em meninas não treinadas.

Como dito anteriormente, o aumento da massa muscular leva a um aumento de força, mas não é considerado um fator substancial no aumento de força, pois pode-se levar em consideração outros artifícios, como a melhor eficiência na coordenação motora intermuscular e intramuscular, sem que seja aumentada a seção transversa do músculo.[21]

SOMATÓTIPO

O somatótipo tem como peculiaridade o tipo físico do indivíduo, em um dado momento, caracterizado por sua composição morfológica.[22] O somatótipo do indivíduo pode ser classificado em três padrões (endomorfia, mesomorfia e ectomorfia) e seus tipos combinados. Tais características antropométricas servem como instrumento para classificar indivíduos e atletas em concordância com sua função em uma determinada modalidade esportiva.[23] A análise de somatótipo é realizada por meio de medidas antropométricas como estatura, peso corporal, espessuras das dobras cutâneas tricipital, subescapular, suprailíaca e panturrilha medial, diâmetros ósseos de fêmur e úmero e circunferências corrigidas de braço e de panturrilha.

Assim, vale destacar alguns componentes relacionados ao somatótipo. O primeiro é um componente característico da endomorfia (gordura) que varia da magreza à obesidade e é proveniente da soma de três dobras cutâneas (tricipital, subescapular e suprailíaca). O segundo é o componente relacionado à mesomorfia (muscularidade); é indicado pelo desenvolvimento muscular consoante com a estatura, e é determinado por um cálculo realizado a partir das circunferências biepicondilar e bicondilar, da circunferência do braço flexionado ponderado pelo valor da dobra cutânea tricipital e da circunferência da panturrilha ajustada pela espessura da dobra cutânea da panturrilha medial. Desse modo, o componente de mesomorfia é a representação da massa magra relativa à estatura. Já a ectomorfia (linearidade) pode ser indicada por uma fórmula referente à linearidade relativa do corpo, conseguida pelo índice ponderal (estatura dividida pela raiz cúbica do peso).

Em um estudo que realizou a correlação entre o desempenho em testes motores com o somatótipo em testes escolares, os resultados indicaram que o componente da endomorfia correlaciona negativamente com os testes motores aplicados. O componente ectomorfia apresentou maior correlação com a capacidade aeróbia máxima, mas o componente da mesomorfia não apresentou correlação significativa com nenhum dos testes motores realizados.[24] Entretanto, em estudo de somatótipo com atletas de alto rendimento em que foram realizadas correlações com testes de agilidade, observou-se que maiores escores de endomorfia equivalem a uma faixa inferior de desempenho em agilidade, ao mesmo tempo em que a mesomorfia apresenta correlação oposta, positiva e significante.[25] Quando o somatótipo é observado no curso do crescimento e do desenvolvimento, o indivíduo pode apresentar diferença nas faixas etárias, ou seja, o somatótipo pode apontar diferenças, variando de idade para idade.[1] Especificamente durante a adolescência, existem muitos questionamentos em relação à estabilidade do somatótipo. Tais questionamentos têm seu alicerce nas mudanças drásticas nas dimensões e na composição corporais que ocorrem na adolescência, modificando a configuração corporal de meninos e meninas.

CRESCIMENTO E DESENVOLVIMENTO DE SISTEMA RESPIRATÓRIO

O crescimento do sistema cardiorrespiratório acompanha o crescimento do corpo em geral, tendo grande influência do sistema endócrino.[26] Na adolescência, durante o estirão do crescimento, ocorre um significativo aumento do coração, aproximadamente 50% em tamanho e dobrando de peso, situação similar ao que acontece com a massa corporal no geral.[1] Com o coração maior e mais forte, ou seja, com o crescimento do músculo cardíaco, simultaneamente ocorre um aumento do calibre e do comprimento dos vasos sanguíneos, proporcionando maior eficiência no transporte de oxigênio e nutrientes e, consequentemente, maior capacidade de esforço.

Todos os fatores anteriormente citados permitem maior eficiência geral do sistema, assim há uma diminuição da frequência cardíaca basal e do número de batimentos cardíacos ao longo do tempo. Por exemplo, a frequência cardíaca basal de uma criança recém-nascida é de aproximadamente 140 batimentos por minuto (bpm); já por volta de 1 ano de idade, a frequência cardíaca diminui para aproximadamente 100 bpm, chegando a 80 bpm aos 6 anos de idades e caindo para 70 bpm aos 10 anos de idade. A frequência cardíaca diminui aproximadamente 50% a partir do nascimento até a idade adulta, e o débito cardíaco pode ser dez vezes maior.[1]

O crescimento dos pulmões acompanha o crescimento na puberdade, enquanto variáveis como volume e capacidade respiratória estão mais relacionadas com o aumento da estatura e a idade cronológica. Vale ressaltar que, na adolescência, há uma elevação delas, com valores ligeiramente mais altos para os rapazes. Foi observado que os rapazes apresentam maior consumo de oxigênio do que as moças, com menor quantidade de oxigênio expirado e aumento da capacidade respiratória máxima.[1]

Um experimento comparou jovens atletas e não atletas de ambos os sexos com três medições realizadas a cada seis meses, totalizando assim um ano e meio de acompanhamento. Os atletas apresentaram valores mais altos em ambos os sexos, em relação ao aumento nos valores ao longo do processo de crescimento de modo geral, concluindo que tanto o processo natural de crescimento como o treinamento interferem na capacidade de resistência.[14]

Jovens atletas submetidos a treinamento em modalidades de resistência podem apresentar VO_{2MAX} e hemoglobina mais elevados, em consequência do maior tamanho do coração e dos pulmões, entretanto, tanto o consumo de oxigênio como o de hemoglobina voltam ao índice normal com o término do treinamento.[1]

CRESCIMENTO E DESENVOLVIMENTO DO SISTEMA NERVOSO

Diferentemente do crescimento e da maturação geral, o cérebro apresenta seu crescimento mais acelerado principalmente a partir da metade da gestação até os quatro anos de idade. O progresso nomeado de hiperplasia das células gliais e a mielinização (facilitador dos impulsos nervosos) ocorrem até os 18 meses de idade. No que se refere ao crescimento do cérebro, seu maior crescimento ocorre entre o último mês de gestação e os 18 meses de idade, fase em que a quantidade de células se apresenta próxima da fase adulta. Entre as funções realizadas pelo cérebro está o controle postural, o equilíbrio e a coordenação motora.

As células nervosas apresentam grande influência genética, no entanto, a formação do sentido das sinapses e a mielinização têm a necessidade de estímulos externos (ambientais) a que a criança é exposta. Assim, a qualidade e a quantidade das conexões nervosas que atuarão na aprendizagem de movimentos durante o ciclo de vida sofrem influência direta dos estímulos externos.[1]

AVALIAÇÃO NO PROCESSO DE CRESCIMENTO E DESENVOLVIMENTO

Avaliação do crescimento

Para monitorar e planejar com mais qualidade os treinamentos e as aulas, as áreas de educação física e esporte utilizam normalmente as medidas antropométricas, mas também utilizam protocolos para avaliação da idade óssea.

Em relação às medidas antropométricas, os parâmetros mais comuns utilizados são: estatura; peso; comprimento de membros inferiores; altura troncocefálica; a envergadura; perímetros e diâmetros epicondilares de úmero e fêmur. Quando essas avaliações objetivam esportes específicos, algumas medidas antropométricas são mais relevantes, por exemplo na natação – largura de ombros e quadris, comprimento das mãos e dos pés – e no voleibol – estatura, envergadura, comprimento de membros inferiores.[27,28]

Já para avaliação da idade óssea existem diversos métodos, mas os mais utilizados são os de Greulich-Pyle e Tanner-Whitehouse 2 (TW2), sendo o método Greulich-Pyle mais simples de se aplicar e o Tanner-Whitehouse 2 (TW2), mais confiável, pois depende de cálculos matemáticos e tabelas referenciais que apresentam uma grande variabilidade.[38] Outra maneira de avaliar a idade óssea é por meio de radiografias, que mostram também se ainda há cartilagem de crescimento nas epífises ósseas (Figura 2), pois existem tabelas que permitem estimar quantos centímetros o indivíduo crescerá.

Segundo Papalia e Feldman[4], durante a segunda e a terceira infância (dos 2-3 anos aos 10-11 anos de idade), o crescimento ocorre de maneira mais linear (entre 5 e 7,5 cm por ano). Em seguida, na adolescência, o corpo passa por uma grande aceleração e um processo de estabilização (Figura 3). Esse período de aceleração é conhecido como estirão, pico ou surto de crescimento na estatura. Dessa forma, é relevante o acompanhamento da criança e do jovem em relação ao seu crescimento, até mesmo por uma questão de saúde. Todavia, quando se refere a um jovem atleta, é primordial o acompanhamento do seu crescimento, pois interfere diretamente no desempenho.

Em 2007, a Organização Mundial da Saúde (OMS) disponibilizou tabelas para monitorar o crescimento de crianças e jovens. Elas apresentam gráficos com curvas representativas dos valores de estatura, peso e IMC, referentes ao sexo e à idade. Essas tabelas foram construídas com um cuidado metodológico e levando em consideração populações de diversos países, inclusive referenciando estudos com populações brasileiras, sendo aceitas no Brasil por especialistas. Essas curvas são chamadas de curvas de referência, porque foram elaboradas mediante uma amostra ampla de crianças saudáveis, e podem ser utilizadas para a avaliação do estado de crescimento. Os valores padronizados para estimar a curva de crescimento elaborada pela OMS podem ser acessados no endereço eletrônico <http://nutricao.saude.gov.br/sisvan.php?conteudo=curvas_cresc_oms> (Figuras 4 e 5).

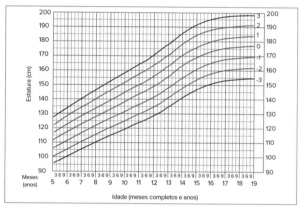

FIGURA 4 Curvas da OMS em percentis de estatura por idade em meninos de 5 a 19 anos.
Fonte: disponível em: http://189.28.128.100/dab/docs/portaldab/documentos/graficos_oms/maiores_5anos/estatura_por_idade_meninos_escores.pdf. Acesso em: 12 maio 2018.

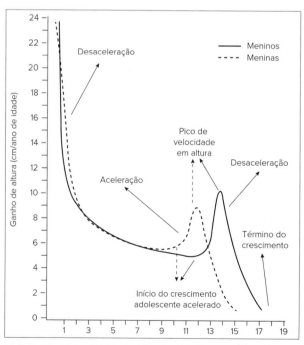

FIGURA 3 Velocidade de crescimento em estatura de meninos e meninas.
Fonte: adaptada de Malina et al.[1]

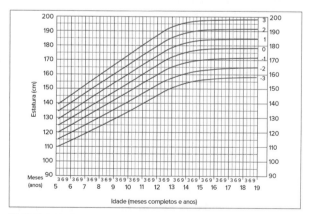

FIGURA 5 Curvas da OMS em valores padronizados de estatura por idade em meninas de 5 a 19 anos.
Fonte: disponível em: http://nutricao.saude.gov.br/documentos/graficos_oms/maiores_5anos/estatura_por_idade_meninas_escores.pdf. Acesso em: 12 maio 2018.

Os valores de referência são representativos, pois contêm a variabilidade existente na população. Especificamente quando se refere ao percentil 50, relaciona-se com a mediana, ou seja, o valor do meio relativo a todas as amostras. Isso quer dizer que 50% das crianças pertencentes à amostragem estão acima dessa média e os outros 50% estão abaixo. Ao acompanhar a curva de crescimento de uma criança, pode-se ter uma noção da estatura final (quando adulta) desta criança, pois o mais comum é que, durante a fase de crescimento, o indivíduo perdure em uma mesma faixa de percentil dos anos anteriores. O que se deve levar em consideração é se a criança não apresenta mudanças bruscas de percentil e, caso ocorra, essa criança deve ser acompanhada por um médico.

Durante a fase do estirão de crescimento, os meninos crescem em média 10,3 cm/ano, enquanto as meninas crescem aproximadamente 9 cm/ano.[29] Vale frisar que existe alta correlação entre o pico de velocidade de estatura (PVE) com o aumento de secreção do hormônio de crescimento (GH).[29]

Outra característica da puberdade é o aparecimento dos pelos pubianos (em meninos e meninas) um pouco antes do estirão de crescimento e, posteriormente, dos pelos axilares. Os meninos atingem o PVE por volta dos 14 anos e as meninas aos 12 anos em média (1,30 m). Utilizando os estágios de Tanner como referência, meninas atingem o PVE por volta dos estágios 3 e 4 do desenvolvimento das mamas, e os meninos aproximadamente no estágio 4 do desenvolvimento genital.[30]

Para averiguar se o adolescente já atingiu o PVE pode-se utilizar outro indicador, especificamente mediante o acompanhamento das medidas antropométricas indicadoras da proporcionalidade corporal. A proporcionalidade corporal é a relação entre o comprimento dos diversos segmentos corporais (tronco, membros, cabeça). Foi verificado que a razão determinada pela divisão do comprimento de membros inferiores (CMI) pela estatura sentada ou altura troncocefálica (ATC) aumenta até que o adolescente alcance o PVE e, depois, começa a decrescer (essa comparação deve ser realizada entre medidas realizadas anualmente).[31] A aferição dos membros inferiores pode ser realizada por meio de medida direta do ponto anatômico ou indireta, calculando a diferença entre as medidas de estatura sentada e estatura em pé.

O tamanho relativo do corpo humano varia de acordo com a idade. A cabeça, que representa 50% do tamanho total do feto de 2 meses, tornando-se 25% no recém-nascido, chega a representar 10% da estatura na idade adulta. Quando uma medida apresenta uma tendência contínua e linear nas pesquisas relacionadas à saúde, é denominada tendência secular. No caso, a estatura média da população tem apresentado aumento de uma geração para outra. Uma das explicações para este fenômeno seriam melhores condições socioeconômicas e culturais.

Avaliação da maturação

Em relação à avaliação da idade biológica, vários métodos têm sido utilizados, entre eles a avaliação da maturação dental, a maturação morfológica, o pico de velocidade da estatura (PVE), a maturação óssea (esquelética) e a maturação sexual.

O cálculo da maturação dental pode ser realizado indiretamente por meio de tabelas preexistentes da idade média do surgimento dos dentes ou, de modo mais direto, utilizando radiografias que indicam o estágio de calcificação dos dentes permanentes.

Para a avaliação da maturação morfológica ou maturação somática são utilizadas tabelas relacionando a idade cronológica, a estatura e o peso corporal. Todavia, é possível também realizar cálculos indiretos da provável estatura final do indivíduo, utilizando como referência a estatura dos pais biológicos. Outros arranjos são utilizados para estimar a altura final, por exemplo:

Tanner,[32] que propõe:

Meninas: $$H_{menina} = \frac{H_{mãe} + (H_{pai} - 0,13) \pm 0,09}{2}$$

Meninos: $$H_{menino} = \frac{H_{pai} + (H_{mãe} + 0,13) \pm 0,1}{2}$$

Gails (1977), citado por Weineck:[33]

Meninas: $$H_{menina} = \frac{H_{pai} \times 0,923 + H_{mãe}}{2}$$

Meninos: $$H_{menino} = \frac{(H_{pai} + H_{mãe}) \times 1,08}{2}$$

Em que:

H_{menina} é a altura estimada de uma menina;
H_{menino} é a altura estimada de um menino;
$H_{mãe}$ é a altura da mãe da criança;
H_{pai} é a altura do pai da criança.

Alguns autores analisaram modelos de previsão de estatura final e concluíram que esses modelos dificilmente cumprem critérios confiáveis para serem considerados ideais.[34] É possível de inferir um percentual da estatura final atingido nos modelos, mas, sem avaliação da idade biológica, tal informação não estará completa, pois é necessário ter ciência se o indivíduo já atingiu o PVE ou não.

Utilizando um acompanhamento longitudinal do aumento em estatura, pode-se identificar o PVE. Alguns trabalhos podem prognosticar a idade do PVE mediante medidas antropométricas transversais, como os trabalhos realizados por Mirwald et al.,[31] mas esses valores nem sempre se mostraram fidedignos. Em estudo comparando valores da idade do PVE calculado indiretamente por esse método, não foram encontradas correlações altas com os valores da avaliação dos caracteres sexuais secundários de meninos e meninas brasileiros (prelo). No entanto, trata-se de estudo comparando duas medidas indiretas, e é primordial que se façam comparações com medidas longitudinais para validação do método.

$$\text{Meninas:} \quad \begin{aligned} &-9{,}376 + 0{,}0001882 \times \text{CMI} \times \text{ATC} + \\ &0{,}0022 \times \text{I} \times \text{CMI} + 0{,}005841 \times \text{I} \times \text{ATC} \\ &- 0{,}002658 \times \text{I} \times \text{M} \times +0{,}007693 \times \frac{\text{M}}{\text{H}} \end{aligned}$$

$$\text{Meninos:} \quad \begin{aligned} &-9{,}236 + 0{,}0002708 \times \text{CMI} \times \text{ATC} - \\ &0{,}001663 \times \text{I} \times \text{CMI} + 0{,}007216 \times \text{I} \times \\ &\text{ATC} + 0{,}02292 \times \frac{\text{M}}{\text{H}} \end{aligned}$$

Em que:
I é a idade em anos;
M é a massa da criança em quilogramas;
H é a estatura;
CMI é o comprimento de membros inferiores;
ATC é a altura troncocefálica.

Nesse estudo, observou-se se os participantes atingiram o PVE pelo acompanhamento anual das medidas de CMI e ATC. Assim, foram necessárias pelo menos duas medições com intervalo de um ano. Verificou-se que a razão CMI/ATC tende a aumentar enquanto o PVE não for atingido, em razão de os membros inferiores tenderem a cessar seu crescimento antes da altura troncocefálica.

A maturação sexual representa o momento em que o indivíduo em questão está apto para reprodução, ou seja, está apto a dar continuidade à espécie. Nesse sentido, diversos métodos podem ser utilizados para avaliar a maturação sexual. Os testículos e os ovários são os encarregados pela produção de hormônios sexuais, a testosterona nos meninos e o estrógeno e a progesterona nas meninas.

Nos meninos, ocorre pouca modificação no que se refere a tamanho e peso dos testículos durante a infância. Tal modificação ocorre de maneira mais abrupta na puberdade. Já nas meninas, os ovários apresentam um crescimento mais gradativo durante a infância e, consequentemente, menos severo na adolescência.

A produção de hormônios nas gônadas é moderada por outros hormônios da glândula pituitária anterior, que são o hormônio folículo-estimulante (FSH) e o hormônio luteinizante (LH). Nos meninos, o FSH ativa a produção de espermatozoides e o LH estimula a fabricação de testosterona pelos testículos.[6] Já nas meninas, o FSH estimula ovários a produzirem o estrógeno e o LH é encarregado pela ovulação, liberando assim a progesterona. Nos meninos, a fabricação desses hormônios torna-se relativamente linear quando atingem a maturidade sexual, mas nas meninas a liberação desses hormônios é periódica, acompanhada pelo ciclo menstrual. Pelo exame de sangue é possível verificar o estágio de maturação sexual de maneira direta, analisando a quantidade de testosterona e dos estrógenos.

Outra maneira de realizar a avaliação da maturação sexual é examinar o aparecimento de caracteres sexuais secundários. Nas meninas, o desenvolvimento de mamas; nos meninos, o aparecimento de pelos no corpo e no rosto, o aumento no tamanho do pênis e do escroto e o engrossamento da voz; já o aparecimento da pilosidade pubiana e axilar ocorre em ambos os sexos. Com o objetivo de avaliar o processo de maturação sexual, Tanner[30] elaborou um método que divide o desenvolvimento maturacional em cinco estágios. Este método ainda é bastante utilizado por médicos e pesquisadores (Figura 6).

Para cada aspecto de avaliação, Tanner elaborou 5 estágios. Para avaliação do desenvolvimento das meninas, foi avaliado o desenvolvimento das mamas (M1, M2, M3, M4 e M5) e da pilosidade pubiana (P1, P2, P3, P4 e P5). Para os meninos, foi avaliado o desenvolvimento de genitais (G1, G2, G3, G4 e G5) e da pilosidade pubiana (P1, P2, P3, P4 e P5). Todos os estágios foram fotografados e descritos detalhadamente, hoje chamados de estágios de Tanner ou pranchas de Tanner. Nessa perspectiva, o estágio 1 indica uma criança que ainda não entrou na puberdade, sendo, portanto, considerada pré-púbere; os estágios 2, 3 e 4 apresentam uma sequência de desenvolvimento, em que os adolescentes são classificados como púberes; e o estágio 5 representa o estágio de desenvolvimento como adulto, ou pós-púbere. Para mais detalhes, veja a Figura 6 (estágios propostos por Tanner em forma de desenhos). A subdivisão facilita a detecção das várias fases ou estágios e permite detectar a ocorrência de cada uma delas, já que se

P1 - Estágio 1
Pré-púbere (ausência de pelos)

M1 - Estágio 1
Pré-púbere (somente elevação da papila).

P2 - Estágio 2
Pelos longos, finos e lisos ao longo dos grandes lábios.

M2 - Estágio 2
Broto mamário.

P3 - Estágio 3
Pelos mais escuros, mais espessos e encaracolados parcialmente sobre o púbis.

M3 - Estágio 3
Maior aumento da mama e da aréola, sem separação dos seus contornos.

P4 - Estágio 4
Pelos mais escuros, espessos e encaracolados, cobrindo totalmente o púbis, sem atingir as raízes das coxas.

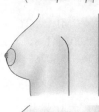
M4 - Estágio 4
Projeção da aréola e da papila, com aréola saliente em relação ao contorno da mama.

P5 - Estágio 5
Pelos estendendo-se até as raízes das coxas.

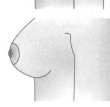
M5 - Estágio 5
Aréola volta ao contorno da mama, saliência somente da papila. Mama adulta.

G1 - Pré-puberal

G2 - Crescimento do escroto e dos testículos. Mudança na textura da pele escrotal

G3 - Crescimento do pênis no comprimento e na circunferência. Aumento dos testículos e do escroto

G4 - Crescimento e desenvolvimento da glande. Escurecimento da pele escrotal

G5 - Genitais masculinos com tamanho e forma adultos

FIGURA 6 Estágios de maturação sexual de Tanner representados por desenhos.[36,37]

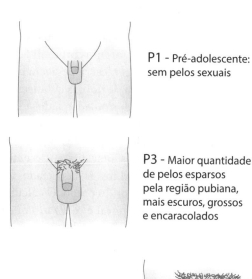
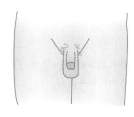

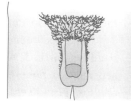

FIGURA 6 (Cont.) Estágios de maturação sexual de Tanner representados por desenhos.[36,37]

trata de um processo contínuo. Vale destacar que o processo é diferente em meninos e em meninas e que os estágios não estabelecem associação com a média da idade cronológica dos indivíduos.

Apesar dos métodos acima citados, alguns ainda não são disponibilizados para os professores e treinadores, sendo aplicados somente por médicos. Mas é viável utilizar o método de autoavaliação de maturação sexual[35,36] e também o acompanhamento da estatura e do PVE.

O período da menarca (primeira menstruação) nas meninas é um método bastante utilizado tanto na área acadêmica e científica como na prática, mas é necessário que a menina consiga informar com clareza pelo menos o mês da primeira menstruação. Um aspecto que dificulta a aplicação desse método é que a menarca consiste em um fenômeno tardio na puberdade das meninas, ou seja, ao avaliar o estágio de maturação das meninas que não chegaram na menarca, é necessário averiguar as características sexuais secundárias. É de conhecimento comum que a menarca tem alta correlação hereditária e acontecerá quando a menina estiver perto dos estágios M4 e P4 de Tanner em relação ao desenvolvimento das mamas e da pilosidade pubiana, e o PVE acontecerá entre 2 meses e 1 ano após a menarca.[1]

Trabalhos científicos têm demonstrado que a menarca ocorre em idades cronológicas variadas e se apresenta tardiamente em atletas. Em um estudo utilizando a autoavaliação das características sexuais secundárias em atletas de alto rendimento, a menarca apresentou-se tardiamente, concluindo que, quanto mais avançado o nível competitivo das atletas jovens, mais tardia é a menarca.[38] Nesse mesmo sentido, em um estudo com atletas norte-americanas de voleibol olímpico e atletas universitárias, verificou-se que as atletas olímpicas atingiram a menarca em idades mais elevadas[39] (14,2 anos ± 0,9 ano, em média), do que as atletas de nível universitário (13,8 anos ± 1,6 ano).

Na população brasileira, a idade média para ocorrência da menarca é entre 12,3 e 12,6 anos de idade, e em atletas de voleibol tem surgido mais tardiamente (19,55 anos).[27,40] Várias hipóteses são levantadas em relação a essa condição: a seleção natural do próprio esporte, por conta do alto gasto calórico e controle alimentar, tendo como consequência baixa quantidade de gordura corporal. É possível que o baixo percentual de gordura culmine em uma puberdade retardada, pois o organismo não envia os estimuladores de liberação dos hormônios sexuais.[40]

Malina et al.[1] indicam uma tendência de as crianças com maturação normal ou tardia ultrapassarem em estatura as crianças com maturação precoce ao chegarem à idade adulta. Além do peso e da estatura se mostrarem maiores, a largura dos ombros é menor e a dos quadris é maior em relação às crianças precoces. Outro aspecto que vale destacar é que indivíduos com valores de ectomorfia (componente do somatótipo correspondente à linearidade do físico) e comprimentos maiores dos membros inferiores são verificados em crianças de maturação tardia, após se tornarem adultas.

AVALIAÇÃO DA COMPOSIÇÃO CORPORAL E DA MASSA MUSCULAR

A avaliação mais comum no âmbito da atividade física e do esporte para estimar a composição corporal é o índice de massa corporal (IMC), obtido pela seguinte fórmula

$$IMC = \frac{massa\ corporal\ (kg)}{estatura\ (m)^2}$$

Entretanto, este índice está fundamentado em dois parâmetros de medida apenas, o que pode produzir resultados equivocados, pois tais parâmetros não são suficientes para distinguir o peso de massa magra do peso de gordura corporal.

A Figura 7 apresenta gráficos de valores de IMC considerados normais, abaixo ou com excesso de peso em meninas e meninos, de acordo com a idade cronológica.

Outros métodos indiretos apresentam separadamente os diversos componentes da composição corporal, como a pesagem hidrostática, protocolos por dobras cutâneas (compara valores absolutos ou o somatório de dobras, o percentual de gordura corporal) ou impedância bioelétrica. Dessas técnicas, a pesagem hidrostática e a medida de espessura de dobras cutâneas requerem equipamentos sofisticados ou adequados e calibrados, além da perícia do avaliador. Já o método de impedância bioelétrica depende de cuidados rigorosos pré-avaliação, pois podem apresentar diferenças entre valores calculados quando aparelhos são conectados à extremidade inferior ou superior do corpo. O cálculo do percentual de gordura corporal é realizado por meio de equações que se baseiam nas medidas das dobras cutâneas. Tais equações foram desenvolvidas por pesquisadores que avaliaram populações específicas e, dessa forma, é preciso atentar a esse detalhe ao utilizá-las.

Não é recomendado que se utilize equações construídas a partir de uma população específica de forma generalizada, por exemplo, um protocolo elaborado para adultos aplicado em crianças. Com o objetivo de generalizar alguns grupos, um trabalho foi elaborado com equações para meninos brancos e negros, utilizando as dobras de tríceps e subescapular e, a partir do somatório das dobras, com valores acima ou abaixo de 35 mm, a fórmula utilizada é diferente.[41] Em contrapartida, outros trabalhos acadêmicos sugerem equações para todas as idades; a equação deste último utiliza constantes para idade, sexo e raça.[42,43]

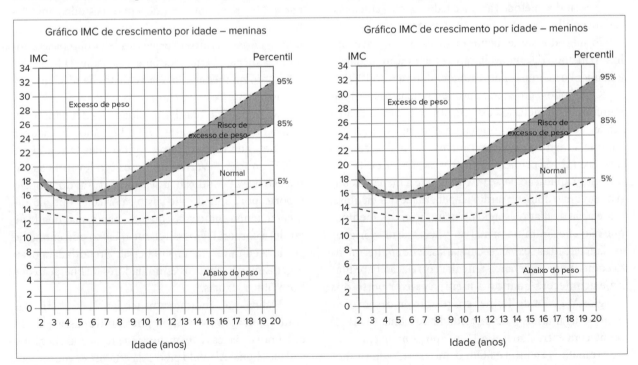

FIGURA 7 Valores de IMC para ambos os sexos.
Fonte: disponível em: http://saude.hsw.uol.com.br/indice-de-massa-corporal2.htm. Acesso em: 3 jan. 2010 – HowStuffWorks Brasil.

A pesagem hidrostática é outra possibilidade de estimativa da gordura corporal, calculada por meio dos valores de densidade corporal que podem utilizar equações preditivas. A avaliação da quantidade e da localização da gordura corporal e da massa muscular só pode ser inferida de maneira direta utilizando exames de absorciometria por dupla emissão de raios X (DXA). Tal método é considerado não invasivo, pois a dosagem de radiação em relação ao tempo de execução é considerada muito baixa. Essa técnica possibilita distinguir o tecido gorduroso do tecido ósseo e dos tecidos moles (músculos, órgãos e vasos). Alguns métodos de avaliação da composição corporal têm sido utilizados em pesquisas e avaliação do treinamento, como percentual de gordura corporal, medidas isoladas e somatório de dobras cutâneas.

Tanto a quantidade de massa muscular como a quantidade de gordura corporal podem ser quantificadas de modo direto, por meio de emissão de raios, mas esses métodos têm alto custo financeiro e são invasivos, não sendo acessíveis a todos.

Medir o perímetro da musculatura no ponto do eixo máximo é uma forma de avaliar a quantidade de massa muscular indiretamente.[44] Isoladas, essas medidas não aferem apenas a massa muscular, mas podem ser ajustadas ou corrigidas pela dobra cutânea correspondente, ou seja, desconsiderando a gordura subcutânea estimada pela dobra. Algumas fórmulas foram desenvolvidas para esse cálculo, podem ser mais facilmente aplicadas e levam a um índice de muscularidade relativa, como a de Gurney e Jelliffe:[45]

$$\text{Circunferência corrigida} = \text{circunferência (cm)} - [\pi \times \text{dobra cutânea (cm)}]$$

No esporte, o monitoramento desses aspectos é de suma importância, pois é conhecido na literatura que o desempenho em algumas capacidades, principalmente movimentos com exigência de deslocamento do corpo no espaço, estão ligados à quantidade de gordura corporal.[14,46] Na Figura 8, é possível observar uma relação negativa ($r = -0,34$) entre a soma de dobras cutâneas e a impulsão de bloqueio em atletas de voleibol, ou seja, quanto maior a altura do salto (o valor em centímetros), menor o valor da soma de dobras

Deve-se atentar à escolha do método de cálculo da composição corporal, pois é imprescindível averiguar se ele é adequado à população em questão com respeito à idade, ao sexo e à condição de treinamento.

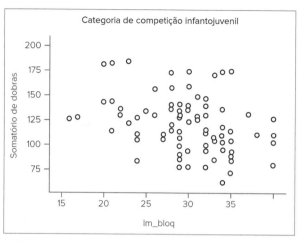

FIGURA 8 Gráfico de dispersão mostrando a relação entre a variável de somatório de dobras cutâneas e a impulsão com movimento de bloqueio em jogadoras de voleibol da categoria infantojuvenil (Bojikian, dados não publicados).

O treinamento de longo prazo (TLP) e o processo de crescimento e desenvolvimento

Conhecer e avaliar os aspectos relacionados ao crescimento e ao desenvolvimento de jovens atletas contêm diversas implicações, como: planejar e elaborar o treinamento, de maneira a atingir melhores resultados; tentar prevenir problemas e lesões decorrentes do próprio treinamento, levando em consideração as características morfológicas e de idade biológica do atleta jovem; colaborar para um desenvolvimento saudável do indivíduo para o resto de sua vida, haja vista que a maioria dos atletas jovens não se torna atleta de alto rendimento.

Por conta da melhora no desempenho em diversas capacidades motoras em detrimento da evolução normal no processo de crescimento e maturação, avaliar os efeitos do treinamento isoladamente se torna complicado. Logo, é primordial valorizar todos os aspectos em conjunto,[47] pois é fundamental compreender que tanto em atletas como em não atletas o processo de maturação ocorre em época, duração e intensidades individuais.

Nesse sentido, é plausível que crianças com maturação tardia tenham oportunidade de participar dos processos de treinamento, pois podem ter algumas vantagens sobre os demais em relação a sua composição corporal a médio e longo prazo, principalmente em algumas modalidades. Lamentavelmente, em grande parte dos clubes de nosso país, os resultados do esporte atingem as categorias infantis e juvenis, obrigando os treinadores a selecionar jovens mais fortes e mais rápidos que, nessas faixas etárias, são muitas vezes jovens de maturação precoce, possivelmente excluindo atletas de maturação tardia, que devem demorar um pouco mais para alcançar resultados. Alguns estudos têm verificado, sobretudo em jogadores de futebol do sexo masculino, a tendência de maturação precoce nas primeiras categorias de competição.[48,49]

Apesar de incomum, os clubes e escolas de formação de atletas devem privilegiar o treinamento de longo prazo, ou seja, manter os jovens participando e treinando por mais tempo antes de selecionar indivíduos de maneira precoce e excluir possíveis talentos no futuro.

Assim, entender que a criança ou jovem atleta é um indivíduo em processo de formação não só física e motora, mas também de seu caráter, personalidade e autoconceito é fundamental, e para isso merecem dedicação de seus treinadores, com um trabalho competente, digno e ético.

RESUMO

Nesse capítulo foram esclarecidos conceitos básicos relativos a crescimento (aumento das estruturas do corpo), desenvolvimento (mudanças no nível de funcionamento do organismo durante o ciclo vital) e maturação (evolução do organismo até o estágio maduro).

O crescimento, o desenvolvimento e a maturação têm influência da genética, no entanto o ambiente pode influenciar. Especificamente, os fatores que afetam o desenvolvimento humano são a hereditariedade, o sistema neuroendócrino, a nutrição, as condições ambientais e as influências contextuais, como família, condições socioeconômicas, etnia e cultura. As mudanças que ocorrem durante todo o ciclo vital não se apresentam de maneira linear, ou seja, na mesma velocidade e na mesma proporção em todos os sistemas e tecidos.

Durante o primeiro ano de vida e na adolescência, acontecem os períodos de maior crescimento, com grandes mudanças. Existem várias maneiras de avaliar o processo de crescimento, desenvolvimento e maturação, direta ou indiretamente, sendo algumas maneiras mais acessíveis que outras.

Os profissionais do esporte (técnicos e professores) que trabalham com essas faixas etárias têm como obrigação avaliar e acompanhar seus jovens atletas, obtendo mais subsídios para planejar o treinamento mais adequado e trazendo benefícios imediatos e futuros, para a vida pessoal e profissional de cada indivíduo.

Questões para reflexão

1. Explique os conceitos de crescimento, desenvolvimento e maturação.

2. Qual a importância em diferenciar a relação entre idade cronológica e idade biológica?

3. Por que é importante avaliar e acompanhar o processo de crescimento, desenvolvimento e maturação de jovens atletas durante o processo de treinamento a longo prazo?

REFERÊNCIAS BIBLIOGRÁFICAS

1. Malina RM, Bouchard C, Bar-Or O. Growth, maturation, and physical activity. 2.ed. Human Kinetics; 2004. 731 p.
2. Gallahue DL, Ozmun JC, Goodway J. Understanding motor development: infants, children, adolescents, adults. 7.ed. McGraw-Hill; 2012. 461 p.
3. Guedes DP. Crescimento e desenvolvimento aplicado à educação física e ao esporte. Rev Bras Educ Física E Esporte. 2011;25(spe):127-40.
4. Papalia DE, Feldman RD. Desenvolvimento humano. 12.ed. Porto Alegre: Artmed; 2013. 793 p.
5. Rigon RCC, Silva ECR da. O efeito da idade relativa no esporte no Brasil: uma revisão sistemática; 2016 [citado 30 de Abril de 2017]; Disponível em: www.monografias.ufop.br/handle/35400000/203.
6. Silverthorn DU. Fisiologia humana: uma abordagem integrada. Porto Alegre: Artmed; 2010. 957 p.
7. Andreoli A, Monteleone M, Van Loan M, Promenzio L, Tarantino U, De Lorenzo A. Effects of different sports on bone density and muscle mass in highly trained athletes. Med Sci Sports Exerc. 2001;33(4):507-11.
8. Juzwiak CR, Amancio OMS, Vitalle MSS, Szejnfeld VL, Pinheiro MM. Effect of calcium intake, tennis playing, and body composition on bone-mineral density of Brazilian male adolescents. Int J Sport Nutr Exerc Metab. 2008;18(5):524-38.
9. Nickols-Richardson SM, Modlesky CM, O'Connor PJ, RD. Premenarcheal gymnasts possess higher bone mineral density than controls. Med Sci Sports Exerc. 2000;32(1):63-9.
10. Torstveit MK, Sundgot-Borgen J. Low bone mineral density is two to three times more prevalent in non-athletic premenopausal women than in elite athletes: a comprehensive controlled study. Br J Sports Med. 2005;39(5):282-7.
11. Rogol AD, Clark PA, Roemmich JN. Growth and pubertal development in children and adolescents: effects of diet and physical activity. Am J Clin Nutr. 2000;72(2):521s-528s.
12. Karam FC, Meyer F, Souza ACA de. Esporte como prevenção da osteoporose: um estudo da massa óssea de mulheres pós-menopáusicas que foram atletas de voleibol. Rev Bras Med Esporte.1999;5(3):86-92.
13. Mantoanelli G, Vitalle MS de S, Amancio OMS. Amenorreia e osteoporose em adolescentes atletas. Rev Nutr. 2002;15(3):319-40.
14. Böhme MTS. Determinação de critérios de desempenho a serem utilizados no processo de detecção, promoção e seleção de talentos esportivos no treinamento a longo prazo. Relatório de pesquisa encaminhado à CERT/USP (Comissão Especial de Regimes de Trabalho) e à FAPESP (Fundação de Amparo à Pesquisa do Estado de São Paulo), concluído em julho de 2002. São Paulo; 2002.
15. Bojikian LP, Luguetti CN, Böhme MTS. Aptidão física de jovens atletas do sexo feminino em relação aos estágios de maturação sexual. Rev Bras Ciênc e Mov. 2006;14(4):71-8.
16. Kirkendall DT, Garrett Junior WE. A ciência do exercício e dos esportes. Porto Alegre: Artmed; 2003.

17. Schneider P, Benetti G, Meyer F. Força muscular de atletas de voleibol de 9 a 18 anos através da dinamometria computadorizada. Rev Bras Med Esporte. 2004;10(2):85-91.
18. Ré AHN, Teixeira CP, Massa M, Böhme MTS. Interferência de características antropométricas e de aptidão física na identificação de talentos no futsal. Rev Bras Ciênc Mov. 2003;11(4):51-6.
19. Schneider P, Meyer F. Avaliação antropométrica e da força muscular em nadadores pré-púberes e púberes. Rev Bras Med Esporte. 2005;11(4):209-13.
20. Alves CVN, Raider dos Santos L, Vianna JM, Novaes G da S, Damasceno V de O. Força explosiva em distintos estágios de maturação em jovens futebolistas das categorias infantil e juvenil. Rev Bras Ciênc Esporte. 2015;37(2):199-203.
21. Andrade RM, Kiss MAP, Gagliardi JF. Relação entre índices de muscularidade e o desempenho do salto vertical. Rev Bras Ciênc Mov. 2007;15(1):61-7.
22. Carter JEL. Somatotypes of olympic athletes: kinanthropometry of olympic athletes. Med Sport Sci. 1984;18:80-109.
23. Rocha MA, Dourado AC, Gonçalves HR. Estudo do somatótipo da seleção brasileira de voleibol categorias infanto-juvenil e juvenil-1995. Rev Assoc Profr Educ Física Londrina. 1996;11(19):21-30.
24. Guedes DF. Estudo da correlação entre o somatótipo e variáveis de performance física em escolares. Rev Bras Ciênc Esporte. 1982;3(3):99-105.
25. Caldeira S. Relação entre somatótipo e agilidade em atletas de alto nível. Simpósio Cienc Esporte An São Caetano Sul CELAFISCS. 1982;10:38.
26. Martin D. Handbuch kinder-und jugendtraining. Schorndorf: Hofmann; 1999.
27. Bojikian LP. Características cineantropométricas de jovens atletas de voleibol feminino [Dissertação de (Mestrado)]. [São Paulo]: Escola de Educação Física e Esporte da Universidade de São Paulo; 2004.
28. Massa M, Böhme MTS, da Silva LRR, Uezu R. Análise de referenciais cineantropométricos de atletas de voleibol masculino envolvidos em processos de promoção de talentos. Rev Mackenzie Educ Física E Esporte. 2009;2(2).
29. Rogol AD, Roemmich JN, Clark PA. Growth at puberty. J Adolesc Health. 2002;31(6):192-200.
30. Tanner JM. Growth at adolescence. Oxford: Blackwell Scientific Publications; 1962.
31. Mirwald RL, Baxter-Jones AD, Bailey DA, Beunen GP. An assessment of maturity from anthropometric measurements. Med Sci Sports Exerc. 2002;34(4):689-94.
32. Tanner JM. Human growth. 2.ed. Vol. 3. 1986. p. 95-112.
33. Weineck J. Biologia do esporte. São Paulo: Manole; 1991.
34. Setian N, Kuperman H, Manna TD, Damiani D, Dichtchekenian V. Análise crítica da previsão da altura final. Arq Bras Endocrinol Metab. 2003;47(6):695-700.
35. Martin RHC, Uezu R, Parra SA, Arena SS, Bojikian LP, Bohme MTS. Autoavaliação da maturação sexual masculina por meio da utilização de desenhos e fotos. Rev Paul Educ Física. 2001;15(2):212-22.
36. Morris NM, Udry JR. Validation of a self-administered instrument to assess stage of adolescent development. J Youth Adolesc. 1980;9(3):271-80.
37. Bojikian L, Massa M, Martin RHC, Kiss MAPDM, Bohme MTS. Autoavaliação puberal feminina através de desenhos e fotos. Rev Bras Ativ Física e Saúde, Londrina 2002;7(2):24-34.
38. Matsudo SMM, Matsudo VKR. Validade da autoavaliação na determinação da maturação sexual. Rev Bras Ciênc Mov. 1991;5(2):18-35.
39. Malina RM. Attained size and growth rate of female volleyball players between 9 and 13 years of age. Pediatr Exerc Sci. 1994;6(3):257-66.
40. Bojikian JCM, da Silva AVO, Pires LC, de Lima DA, Bojikian LP. Talento esportivo no voleibol feminino do Brasil: maturação e iniciação esportiva. Rev Mackenzie Educ Física E Esporte. 2009;6(3).
41. Slaughter MH, Lohman TG, Boileau Ra, Horswill CA, Stillman RJ, Van Loan MD et al. Skinfold equations for estimation of body fatness in children and youth. Hum Biol. 1988;709-23.
42. Boileau RA, Lohman TG, Slaughter MH. Exercise and body composition of children and youth. Scand J Sports Sci. 1985;7(1):17-27.
43. Lohman TG. Applicability of body composition techniques and constants for children and youths. Exerc Sport Sci Rev. 1986;14(1):325-58.
44. Marins JCB, Giannichi RS. Avaliação e prescrição de atividade física. 3.ed. Rio de janeiro: Shape; 2003.
45. Gurney JM, Jelliffe DB. Arm anthropometry in nutritional assessment: nomogram for rapid calculation of muscle circumference and cross-sectional muscle and fat areas. Am J Clin Nutr. 1973;26(9):912-5.
46. Böhme MTS. Aptidão física de jovens atletas do sexo feminino analisada em relação a determinados aspectos biológicos, idade cronológica e tipo de modalidade esportiva praticada. [Tese (livre docência)]. [São Paulo]: Escola de Educação Física e Esporte da Universidade de São Paulo; 1999.
47. de Oliveira Paes F, Uezu R, Massa M, Böhme MTS. Classificação e seleção de jovens atletas através da análise de cluster. J Phys Educ. 2008;19(3):369-75.
48. Philippaerts RM, Vaeyens R, Janssens M, Van Renterghem B, Matthys D, Craen R et al. The relationship between peak height velocity and physical performance in youth soccer players. J Sports Sci. 2006;24(3):221-30.
49. Vincent J, Glamser FD. Gender differences in the relative age effect among US Olympic Development Program youth soccer players. J Sports Sci. 2006;24(4):405-13.

Capítulo 9

Aspectos referentes à aprendizagem motora

Go Tani
Flavio Henrique Bastos

Objetivos do capítulo

Capacitar o leitor a reconhecer diferentes definições do fenômeno "aprendizagem motora", conhecer os desafios associados à avaliação da aprendizagem motora em diferentes tipos de habilidades motoras, compreender medidas que podem ser produzidas a partir do desempenho e como interpretá-las, bem como de que forma a aprendizagem motora pode afetar o resultado de um teste motor que visa a estimar uma capacidade física.

INTRODUÇÃO

Como se sabe que a aprendizagem motora está acontecendo? Para muitos, a pergunta faz pouco sentido e a resposta é imediata: basta observar. O aluno que executava o movimento desordenadamente está agora executando com mais precisão; o participante da pesquisa que demorava muito tempo para realizar uma tarefa motora o faz com mais rapidez depois de certo número de tentativas; o atleta que tinha percentual baixo de cestas numa sequência de tentativas no início da carreira demonstra atualmente frequência elevada de acertos e assim por diante. O presente capítulo pretende mostrar que não é tão simples assim. Uma singela pergunta pode bem ilustrar a dimensão e a profundidade do problema: a observação desses mesmos movimentos amanhã levará às mesmas conclusões?

Sabe-se que a avaliação é um processo complexo por natureza, independentemente da área em que é realizada, como foi amplamente discutido nos capítulos iniciais do presente volume. Ela envolve muitas variáveis que interagem entre si e mudam com o tempo. Além disso, toda avaliação implica, em maior ou menor grau, subjetividade. Não é incomum, em virtude dessas características inerentes, evitar colocar a avaliação em prática ou até mesmo subestimar sua relevância no domínio da intervenção profissional. Assim, vale a pena aqui relembrar e ressaltar: a avaliação é um instrumento fundamental de aperfeiçoamento, qualquer que seja o processo. A aprendizagem motora não pode ser exceção.

Diz-se que o ser humano, ao nascer, torna-se iniciante para todas as coisas. Com a aprendizagem, adquirem-se conhecimentos, habilidades e sensibilidades, tornando-se proficiente com relação a determinadas tarefas. Entretanto, com relação a outras tarefas, continua-se a ser um iniciante.[1] A aprendizagem não conhece o fim. É por ela que o ser humano tem acesso ao patrimônio cultural acumulado historicamente, para dele participar, usufruir e também construir e transformar.

O patrimônio cultural da humanidade se estende a vários campos. Assim, existe, por exemplo, a cultura da ciência, da arte, da literatura, da religião e do movimento. A cultura do movimento é uma parte importante desse rico patrimônio que abarca o esporte, o exercício, a ginástica, o jogo, a dança e as lutas.[2] Para possibilitar aos alunos o acesso a ele, de forma eficaz e significativa, professores de Educação Física se esforçam usando de todas as suas competências didático-pedagógicas. Como a aprendizagem motora constitui uma parte substancial de todas as aprendizagens que a Educação Física promove, a capacidade de avaliá-la torna-se uma parte fundamental dessas competências.

A avaliação da aprendizagem motora envolve o domínio de vários conceitos, procedimentos e técnicas, com o conhecimento não apenas de suas potencialidades, mas também de suas limitações. Ela muda dependendo de fatores como tipo de habilidade, fase da aprendizagem, nível de proficiência e contexto de desempenho. Para cada situação existem procedimentos e técnicas mais apropriadas, e eles continuam a ser aperfeiçoados por meio de pesquisas.[3] No entanto, a complexidade do fenômeno sugere cuidados na sua aplicação. Por exemplo, a avaliação da aprendizagem no contexto real de desempenho envolve variáveis muito diferentes daquelas encontradas em situações de laboratório em que os conhecimentos foram produzidos. No laboratório, muitas variáveis intervenientes são controladas para viabilizar a investigação. Em situações reais de desempenho, o eventual controle dessas variáveis torna a avaliação artificial, sem correspondência com a realidade, ou seja, perde-se sua validade ecológica.

Em suma, a avaliação é instrumento essencial para o aperfeiçoamento do processo, todavia é importante ter em mente não apenas suas potencialidades, como também suas limitações.

O presente capítulo está dividido em duas partes: a primeira abordará o objeto da avaliação – a aprendizagem motora. As perguntas que norteiam essa parte são: a) o que é aprendizagem motora? b) como se avalia a aprendizagem motora? c) quais são as possibilidades e as limitações inerentes a esse processo? A segunda parte abordará o processo de avaliação no que tange aos seus procedimentos práticos e implicações numa situação de intervenção profissional. As perguntas que guiam a busca de possíveis respostas são: a) quais medidas podem ser obtidas por meio do desempenho? b) como a interpretação dessas medidas pode orientar a intervenção profissional? c) como a aprendizagem motora pode afetar os resultados de testes motores?

APRENDIZAGEM MOTORA

A palavra aprendizagem motora é comumente utilizada para referir-se a duas coisas distintas, porém relacionadas: campo de investigação e fenômeno. Como campo de investigação, ela tem como meta o estudo dos mecanismos e processos subjacentes às mudanças no comportamento motor de um indivíduo como resultado da prática, bem como dos fatores que os influenciam.[4,5] A aprendizagem motora tem sua origem na psicologia experimental,[6] mas atualmente constitui uma subárea consolidada de investigação na Educação Física e no Esporte, como são a fisiologia do exercício e a biomecânica do esporte, para citar algumas das mais conhecidas.

Como fenômeno, a aprendizagem motora pode ser definida como uma mudança no estado interno de um indivíduo que é inferida a partir de uma melhora relativamente permanente no desempenho, que resulta da prática.[7] A melhora no desempenho aqui referida converte-se, em última instância, na aquisição de uma habilidade motora, de forma que a aprendizagem motora

pode também ser vista como o processo pelo qual a habilidade motora é adquirida.[8] Dependendo do aspecto focado, a aprendizagem motora contempla outras definições. Por exemplo, como o processo pelo qual erros de desempenho são reduzidos até alcançar desempenhos consistentes[1] ou como o processo de explorar a melhor solução para o problema motor.[4,5]

Assim, algumas características definidoras da aprendizagem motora como fenômeno podem ser identificadas:

- É um processo que conduz à aquisição de uma habilidade motora.
- É resultado direto da prática ou experiência.
- Trata-se de um processo interno e, portanto, a sua ocorrência é inferida por meio das mudanças no desempenho.
- Produz mudanças relativamente permanentes no comportamento.

Essas características precisam ser devidamente consideradas na avaliação, constituindo-se, muitas vezes, em fatores que facilitam ou dificultam o processo, como será visto mais adiante.

O termo habilidade motora é também utilizado para indicar duas coisas distintas, porém relacionadas:

a. Um ato ou tarefa que requer movimento e que deve ser aprendido para ser adequadamente executado.
b. Um indicador de qualidade do desempenho, isto é, grau de proficiência na execução do movimento.[8]

Como exemplos do primeiro caso, pode-se citar o arremessar no basquetebol, o chutar no futebol, o rebater no tênis e assim por diante. No processo de aprendizagem dessas habilidades, o grau de proficiência vai mudando com a prática, ou seja, observa-se uma melhoria no nível de habilidade. A palavra habilidade, utilizada como indicador de qualidade (item b), não se refere à tarefa, mas, sim, à pessoa envolvida com a tarefa. Como grau de proficiência na execução do movimento, a habilidade motora pode ser definida como uma ação complexa e intencional que envolve toda uma cadeia de mecanismos sensório, central e motor, a qual, mediante o processo de aprendizagem, tornou-se organizada e coordenada para alcançar objetivos predeterminados com máxima certeza[9] e também com o mínimo dispêndio de tempo e energia.[10] É por se referir à pessoa envolvida com a tarefa que expressões como "aquela pessoa é habilidosa" ou "aquela pessoa demonstra muita habilidade" são frequentemente utilizadas.

Avaliação da aprendizagem motora

Como visto, a aprendizagem motora se refere ao processo pelo qual a habilidade motora é adquirida, de modo que a sua avaliação se realiza por meio da apreciação do processo e do produto dessa aquisição. Isso envolve medição de desempenho. Aqui começa a dificuldade, mesmo porque não é possível uma constatação objetiva da ocorrência de aprendizagem; trata-se de uma *inferência*. A aprendizagem motora é um processo de mudança de comportamento que ocorre internamente ao organismo; é, portanto, oculta, razão pela qual ela só pode ser avaliada por meio do desempenho, que é manifesto, isto é, observável. Em outras palavras, para se avaliar a aprendizagem, é preciso medir o desempenho para fazer as devidas inferências sobre as mudanças internas.

O desempenho (*performance*, em inglês) é também uma palavra utilizada para expressar duas coisas relacionadas, porém distintas: o grau de proficiência corrente (naquele momento) em que uma pessoa executa uma habilidade; a execução de movimento ou simplesmente o comportamento observável, que vem do verbo *to perform*, em inglês, que significa, literalmente, executar.

Portanto, apesar de estarem intimamente relacionados, aprendizagem e desempenho têm diferenças importantes, com implicações práticas relevantes na avaliação. As principais são: aprendizagem é oculta, visto que se trata de uma mudança interna ao indivíduo; desempenho, por sua vez, é manifesto, implicando uma ação efetora; aprendizagem é relativamente permanente, sendo que desempenho pode sofrer flutuações de tempo a tempo em razão da influência de fatores como: condição física, crescimento e maturação, motivação e estados emocionais, condições de prática e requisitos da tarefa, fadiga, ferimentos e drogas.[8] Discutiremos, na segunda parte deste capítulo, quais estratégias podem ser utilizadas para separar esses efeitos transitórios no desempenho para uma melhor inferência sobre o que é relativamente permanente.

Uma importante implicação dessas diferenças se expressa exatamente na avaliação da aprendizagem por meio da medição de desempenho. Não existe outra possibilidade de avaliar a ocorrência de aprendizagem a não ser pelo desempenho, embora ele possa ser um indicador impreciso da ocorrência de aprendizagem, exatamente em virtude de suas flutuações no tempo. Para evitar que essas flutuações conduzam a uma avaliação errônea da aprendizagem, o recurso utilizado é a repetição das medições ao longo do processo.

Obviamente, o número de medições depende de vários fatores, entre os quais se pode destacar o tipo de tarefa, a fase da aprendizagem e o nível de habilidade do aprendiz. Existem tarefas que exigem um longo processo de aprendizagem em que as mudanças no desempenho acontecem de forma lenta, de modo que medições seguidas não são necessárias. As fases da aprendizagem, por sua vez, mostram características peculiares quanto às mudanças no desempenho; normalmente elas são mais intensas nas fases iniciais, alcançam uma estabilidade (também conhecidas como platô) na fase intermediária e são menores na fase final, quando se aproximam da automatização do movimento. Isso tem relação direta com o nível de habilidade que manifesta menor mudança de desempenho em estágios mais elevados; quando se alcança o nível de excelência, mudanças de desempenho são menos intensas em razão do nível de complexidade alcançado. Naturalmente, quando são mais intensas, as medições devem ser mais frequentes para que se tenha uma avaliação mais precisa do processo de aprendizagem. Da mesma forma, não faz sentido repetidas medições de desempenho na fase em que pouca mudança se observa.

A medição do desempenho pode ser realizada em relação a dois aspectos: padrão de movimento e resultado do movimento no meio ambiente. A medição do desempenho no que concerne ao padrão de movimento implica levar em consideração aspectos qualitativos em sua execução, muitas vezes com a utilização de critérios subjetivos como fluência, harmonia, suavidade, intensidade etc. A medição de aspectos qualitativos envolve normalmente o uso de instrumentos e testes como observação sistemática e lista de checagem em que a subjetividade se faz presente de forma mais acentuada. Mas isso não descarta o esforço e a possibilidade para manifestar medições subjetivas em forma de unidades numéricas para uma avaliação quantitativa.

A medição de desempenho em relação ao resultado no meio ambiente implica critérios objetivos e quantitativos, usualmente sobre a velocidade, a precisão, a magnitude e a latência da resposta.[7] A velocidade é medida pelo tempo para executar o movimento ou completar uma prova. Exemplos do primeiro caso podem ser o saque no tênis e o golpe no boxe; do segundo caso, as corridas no atletismo e no automobilismo e as diferentes provas na natação. A precisão do movimento pode ser medida pelo número de erros e acertos e o tempo no alvo. Exemplos do primeiro caso podem ser os gols no futebol, as cestas no basquetebol e os pontos no tênis; do segundo caso, o tempo de permanência em certos movimentos da ginástica, como parada de mãos no solo e crucifixo na argola. A magnitude da resposta, por sua vez, pode ser medida quanto à altura, à distância, ao número de respostas e de tentativas para completar a tarefa. Exemplos podem ser os saltos e os arremessos no atletismo, a tacada no golfe e o levantamento de peso no halterofilismo. Finalmente, a latência da resposta é medida pelo tempo de reação. Exemplos podem ser as largadas nas provas de velocidade do atletismo e da natação, e no automobilismo.

Algumas medidas de desempenho envolvem escalas arbitrárias como aquelas encontradas no alvo externo a ser atingido (arremesso de dardo, arco e flecha, boliche) e no corpo do oponente (boxe, taekwondo, esgrima) etc. Outras envolvem o preenchimento de requisitos técnicos preestabelecidos por níveis de dificuldade (ginástica, judô, saltos ornamentais). Em muitas situações, as medidas estão relacionadas a aspectos subjetivos como suavidade, fluência, harmonia, elegância, intensidade, eficiência, eficácia etc. Para tornar a avaliação menos sujeita a instabilidades e flutuações, uma avaliação coletiva envolvendo vários avaliadores independentes é utilizada. Além disso, em muitas medidas, somente o alcance da meta final indica um desempenho bem-sucedido. Por exemplo, no futebol, não importa o quanto um time domina uma partida; vence quem marca mais gols. Em outras, o número de metas parciais atingidas é considerado, como nas lutas. Isso significa que, muitas vezes, há uma falta de relação entre o desempenho e as suas medidas, ou seja, os critérios não estão necessariamente relacionados com bom ou mau desempenho.

Avaliação da aprendizagem motora: possibilidades e limitações

Para avaliar a aprendizagem, o professor/técnico/instrutor deve observar o desempenho de seus alunos e, a partir dessa observação, chegar à conclusão sobre a ocorrência ou não da aprendizagem. A observação é feita sobre o padrão de movimento (gesto motor, dinâmica do movimento) e o resultado do movimento no meio ambiente externo. Em outras palavras, a observação não se restringe à execução do movimento, mas também ao alcance da meta da ação. No entanto, isso depende do tipo de habilidade. Existem habilidades em que a meta da ação está no ambiente externo, de forma que o movimento é o meio pelo qual se alcança essa meta. Por exemplo, no lance livre do basquetebol, a meta é fazer a cesta, e o movimento de arremessar nada mais é do que o meio para fazer a bola passar pelo aro.

Nessas habilidades, é muito comum valorizar-se apenas o alcance da meta (p. ex., quantas cestas o aluno converteu numa sequência de arremessos) e subestimar a importância do movimento em si (meio). Em tese, de acordo com o princípio da equivalência motora[11-14] – capacidade do ser humano de realizar a mesma ação, alcançar um mesmo objetivo ou solucionar um mesmo problema motor por meio de diferentes movimentos –, a cesta poderia ser convertida por meio de diferentes movimentos – por exemplo, arremessando com as duas mãos por cima da cabeça, com as duas mãos por baixo ("lavadeira") etc. Todavia, sabe-se que a probabilidade de sucesso é maior quando arremessada com um dos braços, sendo a mão do outro braço usada apenas para dar apoio e sustentação à bola. Como existe uma correlação entre o alcance da meta e o movimento executado, não se exclui a importância, também nessas habilidades, da análise do padrão de movimento em si para se avaliar a ocorrência de aprendizagem.[5]

Por outro lado, existem habilidades em que a meta da ação é a execução do movimento em si, muitas vezes atendendo às especificações técnicas externamente definidas. Por exemplo, na parada de mãos da ginástica artística, anteriormente referida, a meta só será lograda quando o movimento for executado de acordo com as especificações da técnica, isto é, colocar o corpo alinhado e equilibrado em posição invertida com o apoio das mãos no solo e manter essa postura por algum tempo. Nessas habilidades, o objetivo e o meio se confundem, de forma que a definição de medidas de desempenho torna-se um enorme desafio para a avaliação da aprendizagem. A avaliação implica a análise do padrão de movimento, muitas vezes pela utilização de critérios que, apesar de subjetivos, são coletivamente adotados e aceitos pelos chamados especialistas da modalidade. A integração dos conhecimentos acadêmico-científicos de pesquisadores e dos conhecimentos técnicos e práticos de profissionais faz-se necessária na avaliação dessas habilidades.[5]

Outra característica marcante das habilidades motoras que dificulta a avaliação da aprendizagem por meio do desempenho é que elas apresentam, ao mesmo tempo, consistência e flexibilidade.[11,14,15] A observação de uma pessoa habilidosa realizando o mesmo movimento repetidas vezes dá a impressão de que um mesmo padrão de movimento está sendo executado com muita precisão. Entretanto, uma análise mais detalhada mostra variações sutis de tentativa a tentativa, de forma que não há dois movimentos idênticos. Existem basicamente três razões que impossibilitam a execução de dois movimentos idênticos: a primeira refere-se ao problema de controle dos inúmeros graus de liberdade que estão presentes na execução do movimento;[16] a segunda diz respeito ao problema da imprevisibilidade das variações ambientais que exigem adaptações do padrão de movimento às circunstâncias particulares daquele momento;

por fim, a terceira diz respeito ao problema da característica não linear dos próprios músculos, que implica um mesmo comando motor produzir diferentes efeitos, dependendo de suas condições iniciais.[16,17]

Se o ser humano é incapaz de executar dois movimentos idênticos, não é preciso maiores reflexões para perceber que a avaliação da aprendizagem por meio do desempenho impõe cuidados. Em primeiro lugar, o desempenho não pode ser medido levando-se em consideração os detalhes microscópicos do movimento. Evidentemente, o nível de detalhe a ser considerado depende do tipo de habilidade – maior nas habilidades finas (como a escrita e o pressionar de combinações de teclas num teclado de computador) e menor nas grossas (como o salto em distância). Em segundo lugar, não se deve confundir a variabilidade inerente ao sistema motor e a variabilidade que é consequência da inconsistência na execução da habilidade. Em terceiro lugar, não se pode confundir a variabilidade fruto da inconsistência que se observa nas fases iniciais da aprendizagem com a variabilidade que permanece mesmo nas ações habilidosas, ou seja, nas fases mais avançadas da aprendizagem. Essa última tem sido considerada fonte de adaptabilidade, e não de incapacidade ou inconsistência do sistema.[4,18]

Finalmente, as medidas descrevem o desempenho, mas não o explicam. Não se trata apenas de uma questão de possibilidade, validade ou confiabilidade de testes e medidas, mas de descrever e explicar de fato o desempenho. Não estamos apenas medindo partes do desempenho, ainda mais fora do ambiente em que ele se dá? Claro está que esse problema surge de forma mais marcante na avaliação de habilidades em que a meta da ação está na execução em si do movimento.

Uma possibilidade seria observar no desempenho a presença ou não de aspectos críticos da habilidade e verificar se elas mudaram com a prática. Por exemplo, olhar para a bola numa rebatida no tênis ou flexionar o joelho no lance livre no basquetebol. Em outras palavras, usar as características da habilidade como indicadores-chave para avaliar a ocorrência de aprendizagem. Evidentemente, essa possibilidade implica o conhecimento prévio dessas características essenciais em cada habilidade ensinada e avaliada.

Avaliação da aprendizagem motora: procedimentos e implicações

Medidas de desempenho

Como dito anteriormente, algumas medidas de desempenho referem-se ao resultado da ação no ambiente, enquanto outras ao próprio padrão de movimento. A obtenção de medidas pode ter como finalidade compreender o fenômeno "aprendizagem motora", embasar a proposição de um programa de intervenção profissional (ou adequações a um programa) ou fornecer informações (*feedback* extrínseco) que possibilitem ao aprendiz atingir níveis de desempenho além dos que seriam possíveis somente com base na informação proveniente de seus próprios órgãos dos sentidos (*feedback* intrínseco).

Tomemos como exemplo um iniciante em futebol de areia que deseja ser capaz de, numa cobrança de falta a uma certa distância do gol, "colocar a bola no ângulo", especificamente, próxima da junção superior esquerda das traves. Perceba que, nesse caso, saber quantos gols foram marcados pelo aprendiz não é uma medida sensível, ou adequada, para obter informação sobre o que ele deseja ser capaz de fazer. Em outras palavras, saber que ele marcou mais ou menos gols não diz nada sobre como tem se modificado sua capacidade de fazer com que a bola atinja uma determinada posição no gol. Alguém poderia argumentar que bastaria contar quantos gols são marcados com a bola passando por um alvo posicionado no "ângulo" desejado. No entanto, o iniciante pode precisar de muita prática para ser capaz de fazer isso, o que levaria a pensar que seu desempenho não está melhorando, ou seja, que a prática não está resultando em mudança interna na capacidade para o movimento. Medidas mais sensíveis, entretanto, poderiam indicar que a mudança tem ocorrido gradativamente.

Vamos a alguns exemplos de medidas que permitiriam avaliar o resultado da ação desse aprendiz no ambiente e que seriam mais sensíveis do que a quantidade de gols marcados. Embora o aprendiz tenha sempre disponível o *feedback* visual (intrínseco) do resultado de sua ação (posição cartesiana da bola ao passar pela linha de fundo), o professor/treinador pode aumentar a informação que ele tem possibilidade de obter visualmente por meio, por exemplo, de uma informação de resumo após cada bloco de 20 tentativas. Sem adentrar em detalhes técnicos (p. ex., a taxa de amostragem da câmera, a necessidade de outra câmera para possibilitar a medida precisa do momento em que a bola atinge a linha de fundo etc.), com uma câmera posicionada de frente para o gol, alinhada com o centro do "alvo" (posição ideal por onde a bola deveria passar) seria possível obter a distância entre a posição do centro da bola, quando ela atinge a linha de fundo (ou a trave) e o "alvo" (Figura 1). No momento em que este capítulo é escrito, *softwares* gratuitos de análise de vídeo possibilitam obter essa informação.

Calculando-se a distância entre o centro do alvo e o centro da bola obtêm-se o erro radial, pois é como se o centro da bola atingisse um alvo circular invisível, cujo centro é a posição ideal por onde a bola deveria passar. A média dos valores obtidos com as 20 tentativas de prática indica a magnitude do erro, ou seja, quão longe do alvo, em média, o aprendiz esteve. Com mais blocos de tentativas, ao longo de sessões de prática, esse dado pode indicar se o aprendiz tem se aproximado da meta da tarefa, ou seja, se tem ocorrido uma redução na magnitude do erro como resultado da prática – característica do processo de aprendizagem.

Como os valores obtidos até aqui foram tratados da mesma forma, independentemente da posição da bola em relação ao alvo, a média dos valores de erro obtidos pode ser chamada de "erro absoluto", pois não considera a direção ou o sinal (positivo ou negativo) que esse valor poderia ter (o efeito de manter o sinal será discutido quando o "erro constante" for abordado, a seguir). Dessa forma, embora indique quão próximo ou longe da meta o aprendiz está, essa medida não possibilitaria identificar algum viés. Por exemplo, embora seja um bom indicador da aproximação do aprendiz com a meta da tarefa, mais sensível do que a quantidade de gols marcados, é possível que o erro absoluto se torne bem baixo – indicativo de um bom desempenho – e a quantidade de gols marcados com a bola no ângulo permaneça baixa, o que pareceria contraditório. Entretanto, ao observar a Figura 1 (painel C), nota-se que nas tentativas praticadas pelo aprendiz, a maioria delas não foi convertida em gol. O que estaria ocorrendo? Ou ainda, que informação poderia ser fornecida ao aprendiz para ajudá-lo a buscar estratégias para melhorar seu desempenho?

Se a bola deve passar pelo centro de uma espécie de alvo invisível, pode-se assumir que dois eixos, x e y, cruzam-se no centro do alvo. Dessa forma, obtêm-se quadrantes em relação ao alvo que permitem obter informações adicionais, comparado ao erro absoluto. Por meio dessa medida que considera a direção do erro, ou seja, o "erro constante", observa-se que, na maioria das tentativas,

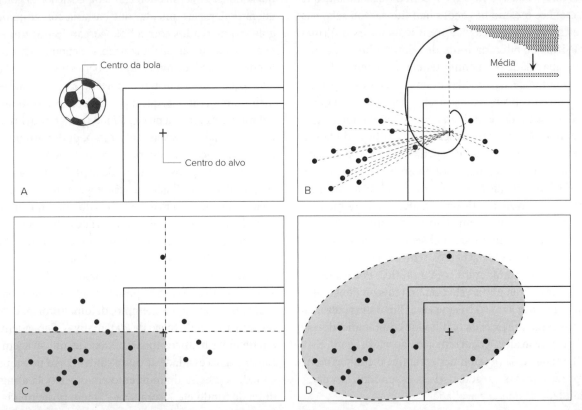

FIGURA 1 Representação esquemática (sem escala) do tipo de informação a que se tem acesso com os erros absoluto (B), constante (C) e variável (D). O painel A destaca a posição do centro da bola em relação ao centro do alvo, no momento em que ela atinge a linha de fundo (resultado da ação motora). Cada ● representa o resultado da ação motora em cada uma das 20 tentativas de prática. No painel B, estão representadas as distâncias entre o resultado de cada chute e o centro do alvo. A partir da média dessas distâncias, é produzido um indicador médio da magnitude do erro. No painel C, é possível observar que uma análise considerando quadrantes, ou a direção do erro, pode revelar um viés no desempenho. No painel D, a área ocupada pela elipse representa a variabilidade do desempenho. Note-se que considerar a direção do erro é essencial para uma medida adequada da variabilidade (ver o texto).

a bola estava no quadrante inferior esquerdo (Figura 1 – painel C). Essa análise indica que a altura da bola, em média, está adequada (eixo y), mas a direção, não (eixo x), havendo um viés do aprendiz em chutar a bola mais à esquerda do alvo. Com essa informação, o aprendiz poderia utilizar a estratégia de buscar chutar mais à direita, comparativamente ao que vinha executando.

Ainda considerando os quadrantes em que a bola foi chutada, é possível obter mais uma informação sobre o desempenho do aprendiz, o "erro variável" (Figura 1 – painel D). No exemplo da figura, o aprendiz não só apresenta uma magnitude de erro baixa (erro absoluto), como também uma variabilidade baixa. O que isso quer dizer? Como dito anteriormente, nas fases iniciais de aprendizagem, é esperada variabilidade ou inconsistência no resultado da ação motora. Deseja-se fazer a bola atingir o alvo, mas, a cada tentativa, a bola vai para lado e altura diferentes. Com a prática e o registro sistemático do desempenho, é esperado que a variabilidade do desempenho seja reduzida (embora não eliminada, como discutido na primeira parte deste capítulo), o que é outro indicativo de aprendizagem. Na Figura 1 (painel D), essa variabilidade é representada pela elipse que envolve os 20 desempenhos. Nesse caso, quanto mais inconsistente o desempenho, maior a área ocupada pela elipse. Uma medida comum dessa variabilidade do desempenho, conhecida como erro variável, é o resultado do desvio-padrão dos erros (diferença entre a posição do centro da bola e o centro do alvo), considerando a direção. A direção, que pode ser indicada matematicamente pelo sinal negativo ou positivo, é importante para essa medida, pois, se for desprezado o quadrante em que a bola foi chutada (usando somente a informação da distância em relação ao centro do alvo), a variabilidade será erroneamente interpretada, pois os pontos "parecerão" mais próximos uns dos outros do que estão na realidade. Para visualizar essa ideia, basta remover os pontos *acima* do eixo x (Figura 1 – painel C) e reposicioná-los a uma distância equivalente *abaixo* do eixo x. Se for feito o mesmo com os quatro pontos à direita do eixo y, reposicionando-os à esquerda, tem-se uma área muito menor sendo ocupada pelos 20 pontos, resultando num indicador inadequado da variabilidade no desempenho do aprendiz. O processo de "remover os quadrantes" (ou o sinal, que indica a posição do erro em relação aos eixos) é exatamente o que se faz para obter o erro absoluto, quando a informação que se deseja refere-se somente à magnitude média do erro, independentemente da direção.

Como dito ao discutir de maneira mais ampla a avaliação da aprendizagem motora, a medição do desempenho pode ser realizada não somente em relação ao resultado do movimento no meio ambiente, mas também em relação ao padrão de movimento. Uma série de informações pode ser obtida no que diz respeito ao padrão de movimento de um aprendiz e cabe aqui um parêntese antes de prosseguir. Na presença de tamanha variedade de informações sobre o padrão de movimento sendo executado, quais informações devem ser selecionadas? Uma resposta mais abrangente a essa questão foge ao escopo do presente capítulo. Entretanto, uma resposta curta seria que a seleção das informações depende da capacidade do profissional de perceber a informação que falta ao aprendiz para possibilitar-lhe um salto qualitativo, e da capacidade desse profissional de pensar em formas de obter e apresentar essa informação como *feedback*. Perceber a informação que falta ao aprendiz, obter essa informação e ser capaz de apresentá-la de forma que ele possa avançar no processo de aprendizagem depende de combinações entre os conhecimentos que o profissional possui sobre a habilidade motora sendo aprendida, os conhecimentos sobre aprendizagem motora e os conhecimentos técnicos (referentes a equipamentos e a como analisar os dados obtidos, p. ex.) como os que são abordados neste e em outros capítulos deste livro.

Embora não reduza a dificuldade de tomar decisões com relação a qual medida selecionar, um exemplo simples, continuando com o aprendiz que busca ser capaz de chutar com precisão, no "ângulo", pode ser útil para a compreensão do que seria uma medida associada ao padrão de movimento. Sabendo que há um ângulo de inclinação do tronco no momento do chute,[19] seria possível obter a variabilidade desse ângulo ao longo da prática, utilizando uma câmera posicionada atrás do aprendiz e um *software* gratuito de análise de vídeo. Essa informação poderia ser utilizada como um indicador da consistência do padrão de movimento, uma vez que uma alta inconsistência do padrão (discutida anteriormente) poderia afetar negativamente o resultado da ação.

Separando efeitos temporários

Já foi dito que aprendizagem e desempenho, embora relacionados, têm importantes diferenças que trazem implicações à avaliação da aprendizagem motora. Especificamente, utilizando-se as medidas descritas anteriormente ao longo de uma sessão de prática, o resultado alcançado ao final pode não refletir a aprendizagem motora, uma vez que fatores como fadiga e organização da prática podem afetar o desempenho. O que está por trás da insistência em tornar essa questão clara é que o resultado do processo de aprendizagem motora é uma capacidade aumentada para o movimento, e não uma mudança no comportamento observável.[6] A capacidade para o movimento é latente, ou seja, a pessoa tem capacidade de realizar aquele movimento mesmo quando não o está executando, isto é, mesmo quando não é possível a um observador inferi-la por meio do desempenho. Quando se faz testes para inferir aprendizagem motora, o que se deseja é "medir", indiretamente (por isso, nesse caso, o termo "inferir" é preferível a "medir") essa capacidade latente.

Um paralelo pode ser feito com um teste para estimar a força máxima de um indivíduo, por meio do teste de 1 Repetição Máxima (1RM). O que se quer saber com o teste é a capacidade daquela pessoa de produzir força, como uma variável latente, isto é, ainda que não se esteja observando o indivíduo produzir força, ele continua sendo "capaz de" produzi-la. Se, antes de realizar o teste de 1RM, os músculos envolvidos no teste forem levados à fadiga, o resultado será uma estimativa errônea da capacidade de força daquele indivíduo. Para se estimar corretamente a capacidade de força, nesse caso, é necessário remover o efeito transitório da fadiga. Testes para inferir sobre a aprendizagem motora, como os testes de retenção e transferência que serão apresentados a seguir, servem a esse propósito (embora não exclusivamente).

Na atuação profissional, para separar efeitos transitórios e poder inferir sobre a aprendizagem motora a partir do desempenho, é possível usar estratégias que são também utilizadas em experimentos sobre aprendizagem motora. Pesquisadores utilizam-se de seu conhecimento sobre o processo de aprendizagem motora para delinear estudos, separando-os em fases experimentais distintas, conforme o tipo de informação que esperam acessar em cada uma delas. Embora existam diferentes formas de organizar um estudo sobre aprendizagem motora, serão apresentadas a seguir as fases de aquisição, retenção e transferência, por serem comuns em estudos sobre o tema e permitirem o acesso a informações específicas.

Para facilitar a compreensão de algumas ideias e conceitos, na Figura 2 é possível observar dados simulados sobre o desempenho de um grupo de iniciantes praticando uma habilidade motora.

Suponha-se que a habilidade sendo praticada é o chute de precisão, exemplificado no tópico anterior. Como pode ser observado (Figura 2), há uma redução na magnitude do erro apresentada pelos aprendizes ao longo da fase de aquisição. Embora esse tópico fuja ao escopo do presente capítulo, é importante ressaltar que a aprendizagem de uma habilidade motora complexa, como o chute com precisão, requer uma grande quantidade de sessões de prática.

É possível observar que os aprendizes partem de diferentes níveis iniciais de habilidade, mas que essa diferença entre eles diminui progressivamente com a prática. Duas trajetórias distintas são destacadas na figura, para enfatizar os diferentes "caminhos" que aprendizes podem seguir durante o processo de aprendizagem motora. É importante enfatizar a possibilidade de encontrar diferentes trajetórias na aprendizagem motora, pois, em geral, uma curva de aprendizagem "clássica" com uma redução mais rápida do erro no início da prática, seguida por um aperfeiçoamento mais lento da habilidade, é mais frequentemente observada quando se faz a média dos desempenhos de vários aprendizes.[20]

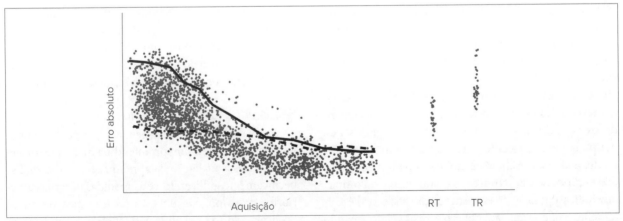

FIGURA 2 Representação esquemática (sem escala) do desempenho de aprendizes ao longo de uma fase de aquisição e testes de retenção e transferência (eixo x). O eixo y indica o erro absoluto (EA). Cada ● representa o EA alcançado num conjunto de tentativas de prática, por um dos aprendizes, de forma que o desempenho de vários aprendizes é apresentado simultaneamente. As linhas (sólida e pontilhada) indicam as trajetórias de dois indivíduos que, embora partam de diferentes condições iniciais, culminam num mesmo desempenho ao final da aquisição. RT: teste de retenção. TR: teste de transferência.

Uma ideia de como isso ocorre pode ser obtida ao se observar o padrão descrito por todos os pontos da figura em conjunto. Embora cada uma das linhas (pontilhada e sólida) na figura indique uma trajetória diferente para dois indivíduos, o conjunto dos pontos indica o padrão "clássico" para uma curva de aprendizagem, com a redução dos erros ocorrendo de maneira mais rápida no início da fase de aquisição e mais lentamente ao final dessa fase. O mesmo fenômeno pode ser observado em outros tipos de estudo, como no estudo da mudança da coordenação motora grossa de escolares.[21] Dessa forma, ao analisar o desempenho de um aluno ou cliente, é essencial ter em mente que uma curva de aprendizagem que difere da curva "clássica" é bastante provável e não indica nenhum tipo de distúrbio. Além disso, é importante ter claro que o tipo ("formato") da curva pode variar também conforme o tipo de habilidade motora que está sendo aprendido.[20]

Como dito na primeira parte deste capítulo, uma característica da aprendizagem de habilidades motoras é que a mudança interna deve ser relativamente permanente.[6] Isso implica que, mesmo após algum período sem praticar a habilidade de chutar com precisão ao alvo, nossos aprendizes deveriam ser capazes de executar a habilidade exibindo um nível de erro inferior ao que exibiam no início do processo de aprendizagem. Esse é o objetivo de um teste de retenção. Na Figura 2, observa-se o comportamento esperado do grupo de aprendizes, após 1 semana sem prática, submetidos às mesmas condições em que praticaram a habilidade motora durante a aquisição. Comparando-se a média do erro apresentado pelos aprendizes no teste de retenção com a média exibida no início da fase de aquisição, observa-se que algo foi retido, uma vez que o erro absoluto é, em média, menor no teste de retenção. É possível também observar que o desempenho exibido no teste de retenção não é o mesmo do exibido ao final da fase de aquisição. Esse resultado pode ser consequência de uma série de fatores, como taxa de esquecimento,[22] variação no nível motivacional,[23] entre outros.

Mesmo após uma quantidade maior de prática, uma diferença pequena entre esses dois momentos ainda é esperada, especialmente nas primeiras tentativas do teste de retenção. Essa queda no desempenho após um período sem prática, que ocorre mesmo em atletas com alto nível de habilidade[24] é conhecida como *warm-up decrement*.[20] Embora fuja do escopo do presente capítulo aprofundar esse tópico, é importante ter em mente a ocorrência desse fenômeno para evitar conclusões errôneas ao se fazer avaliações. Por exemplo, se uma habilidade motora é praticada por um longo período, envolvendo múltiplas sessões de prática, é esperado que o desempenho, no início de cada sessão de prática, seja inferior ao desempenho apresentado ao final da sessão anterior.

O objetivo do teste de transferência é inferir a capacidade de generalização do que foi adquirido, isto é, da capacidade de desempenhar com sucesso a habilidade motora em variações da tarefa praticada. Seria possível, por exemplo, observar o desempenho dos aprendizes quando chutam a partir de um ângulo diferente em relação ao gol ou de uma distância maior. A variação na tarefa depende de qual(is) processo(s) se deseja investigar (no caso de pesquisa experimental) ou conhecer melhor (a fim de modificar a prescrição do treinamento, por exemplo).

Implicações da aprendizagem motora na realização de testes motores

Nas áreas de Educação Física e Esporte, muitos testes envolvem realizar movimentos ou ações motoras. Embora possa parecer óbvio, é importante deixar isso claro, uma vez que há uma série de informações, também relevantes para a área, que poderiam ser obtidas a partir do uso de questionários, por exemplo.

Existem diversas classificações de habilidades motoras[7] que permitem examinar melhor as características dessas ações motoras presentes em testes motores. Essas classificações ajudam a tomar decisões em face de determinados problemas – como fornecer *feedback* extrínseco sobre uma determinada habilidade ou como simplificar uma habilidade sendo ensinada preservando características que possibilitem a aprendizagem dela em sua forma mais complexa, para citar alguns. Exemplos desse tipo de classificação podem ser habilidades cíclicas ou discretas (quando se utiliza como critério o fato de terem ou não início e fim bem definidos) e habilidades grossas e finas (quando o critério é o tamanho dos grupos musculares envolvidos).

Antes de prosseguir, cabe um esclarecimento quanto à utilização do termo "complexidade", tendo em vista que ele será utilizado mais adiante. Uma habilidade motora simples, em termos efetores, é aqui entendida como uma habilidade que envolve uma quantidade relativamente menor de grupos musculares e articulações. Uma habilidade motora complexa, em termos efetores, por sua vez, depende da coordenação de uma quantidade relativamente maior de grupos musculares e articulações. Há dois aspectos-chave neste ponto: "relativamente" e "em termos efetores". O primeiro visa deixar explícito que "maior" ou "menor" quantidade é sempre relativa a alguma coisa. Um agachamento sem sobrecarga, por exemplo, pode envolver uma quantidade menor de grupos musculares e articulações, em relação ao levantamento terra, porém maior em relação à extensão de joelhos realizada numa cadeira extensora. O segundo aspecto implica que a complexidade ao desempenhar uma habilidade motora poderia ser avaliada em relação a outros aspectos que não os relacionados ao controle de movimentos. A maior ou menor complexidade poderia estar associada a aspectos perceptivos, como a quantidade de informação proprioceptiva ou visual sendo processada, por exemplo.

Outros tipos de classificação se referem ao processo de mudança que é característico da aprendizagem de habilidades motoras. Uma dessas classificações divide a aprendizagem motora em duas categorias: a aprendizagem de sequências e a adaptação sensoriomotora.[25] A aprendizagem de sequências ocorre quando o aprendiz busca combinar movimentos isolados, ou discretos, em uma ação fluida e coerente. De forma geral, a aprendizagem de sequências está associada a habilidades motoras "novas", ou seja, que não fazem parte do repertório motor de quem aprende. Por sua vez, a adaptação sensoriomotora ocorre quando habilidades que já fazem parte do repertório motor de quem executa necessitam de um "ajuste". Esses ajustes podem ser necessários, por exemplo, quando se aprende uma habilidade utilizando um determinado equipamento esportivo e é necessário trocá-lo por outro, com peso ou dimensões diferentes. Essa classificação pode ajudar a pensar um elemento importante para uma série de testes motores: a familiarização.

A não ser que se esteja medindo o desempenho numa condição idêntica àquela em que se desempenhará a habilidade – por exemplo, para avaliar uma corredora de 100 metros, mede-se em quanto tempo ela percorre a distância de 100 m – o que se pretende com o uso de testes motores é inferir sobre uma capacidade. O que se pode querer inferir sobre a corredora de 100 m, continuando com o mesmo exemplo, é o que ocorre com sua capacidade de força ao longo de um macrociclo de treinamento. Especialmente no caso de uma primeira exposição aos testes, a familiarização pode significar a diferença entre um dado que realmente corresponda à capacidade que se pretende inferir e um dado de difícil interpretação ou que levará a conclusões equivocadas. No caso de uma primeira exposição, como a classificação de aprendizagem motora em aprendizagem de sequências e adaptação sensoriomotora pode ajudar a pensar a familiarização?

Numa primeira exposição a um teste com maior complexidade – em relação ao número de articulações e grupos musculares envolvidos – quem é testado tende a necessitar de uma quantidade maior de tentativas de prática para aprender o novo padrão de movimento. Por exemplo, o uso do "levantamento terra" como teste para inferir sobre a capacidade de força global de um atleta que não tem experiência prévia com o padrão de movimento envolvido no teste. Nesse contexto, componentes de habilidades como "extensão do quadril", "extensão dos joelhos", manutenção de uma rigidez ideal da coluna (*stiffness*) e manutenção do equilíbrio não são desempenhados pelo executante de forma coordenada e fluente. Ou seja, embora o atleta seja capaz de realizar esses componentes separadamente, a dinâmica de interação entre eles não faz parte do repertório motor do executante. O processo pelo qual esses componentes são integrados numa ação fluente e ideal – máxima eficiência com menor custo energético – pode ser descrito utilizando-se o modelo de três estágios proposto por Fitts e Posner.[26]

No primeiro estágio de aprendizagem desse modelo, denominado cognitivo, o iniciante busca compreender como seus segmentos corporais estão organizados em diferentes momentos do levantamento terra e como eles interagem de maneira global. Na presença de um instrutor que lhe fornece uma demonstração do levantamento terra, o iniciante presta atenção a detalhes do movimento que, em estágios seguintes, não lhe demandarão atenção. Erros no padrão de movimento são grosseiros e com frequência é possível observar os aprendizes falando consigo mesmos sobre o que precisam executar. No estágio associativo, a sequência de movimentos necessária para levantar a barra é recuperada da memória mais rapidamente, tornando o movimento mais fluido. Além disso, erros grosseiros, facilmente percebidos por um observador, já não ocorrem com frequência. No estágio autônomo, o desempenho da habilidade demanda pouca atenção sobre a execução do movimento e há alta consistência entre uma execução e outra. Os erros nessa fase, quando ocorrem, são mínimos e identificados pelo próprio executante com mais facilidade.

Idealmente, para que a capacidade de força global possa ser adequadamente inferida por meio de um teste utilizando o levantamento terra, os avaliados devem estar no nível autônomo. Dessa forma, a capacidade de força não seria subestimada por uma interferência negativa da capacidade para realizar o padrão de movimento.

Imagine-se que, numa exposição subsequente ao teste, haja uma mudança no diâmetro das anilhas utilizadas e que não será utilizado nenhum tipo de suporte para corrigir a mudança na altura inicial da barra. Nesse caso, será necessário um ajuste na amplitude de movimento de algumas das articulações envolvidas no padrão, mas sem a necessidade de aprendizagem de um novo padrão. Esse tipo de ajuste, ou adaptação sensoriomotora, ocorre rapidamente, com poucas tentativas de prática, ao contrário do necessário para a aprendizagem de um padrão de movimento novo (como descrito antes).

Considerando-se que o corpo muda o tempo todo (em razão de fadiga muscular, estado de alerta, entre outros), parece razoável pensar que o sistema sensoriomotor (modelos internos ou *forward models*) está também o tempo todo sendo "atualizado", ou "recalibrado". Se não fossem compensadas, essas mudanças levariam, em vez de a ações motoras precisas, a erros sistemáticos (isto é, repetidos no tempo), conforme a mudança ocorrida no corpo. Esses ajustes são realizados tendo como base um sinal de erro que se origina da diferença entre *feedback* sensorial – captado pelos órgãos dos sentidos – e predições que o sistema nervoso produz sobre esse *feedback* sensorial – ou seja, o que "deveria ser sentido" caso a ação motora ocorresse como esperado.[27]

Para esclarecer como a aprendizagem de sequências – ou novos padrões de movimento – e a adaptação sensoriomotora demandam diferentes quantidades de prática, vale lembrar do que ocorre quando se utiliza o *mouse* de outra pessoa para interagir com um computador. Os primeiros movimentos causam alguma "estranheza", pois a correspondência entre quanto/como o *mouse* deve ser movido, a fim de causar o deslocamento desejado na tela do computador, é diferente da correspondência predita pelo modelo interno dessa habilidade. Essa "estranheza" deve-se à experiência do erro entre o que foi predito pelo modelo interno (o *mouse* deveria ter chegado à diagonal esquerda da janela) e o *feedback* visual (o *mouse* está longe da diagonal esquerda da janela). Entretanto, a atualização desse modelo interno, responsável pela "correspondência" entre comandos motores e o que deve ser esperado como resultado sensorial do movimento, ocorre rapidamente, de forma que em poucos movimentos (ou "tentativas de prática") já se utiliza o *mouse* alheio como se fosse o seu próprio.

Numa primeira exposição a um teste com menor complexidade, os mecanismos em ação possivelmente se aproximarão dos anteriormente descritos. Por exemplo, se, para testar a capacidade de força de membros inferiores, for utilizado um equipamento como o *leg press*, o padrão de movimento envolvido (isto é, extensão do quadril e joelhos), faz parte do repertório motor, pois trata-se de uma variação de um padrão de movimento utilizado para saltar ou mesmo levantar de uma cadeira. Adicionalmente, num equipamento como esse, não há necessidade de realizar controle postural, ou seja, manter o equilíbrio, o que torna o padrão de movimento mencionado mais simples de ser controlado pelo sistema sensoriomotor. Dessa forma, com poucas tentativas de prática, torna-se capaz de realizar os ajustes necessários para executar o padrão de forma ideal.

CONSIDERAÇÕES FINAIS

O presente capítulo busca criar uma interface entre a área de aprendizagem motora e a intervenção profissional em Educação Física e Esporte. Especificamente, procura-se tratar aqui, sobretudo com o uso de exemplos, de tópicos relacionados à avaliação da aprendizagem motora em contextos de intervenção profissional.

Busca-se aprofundar os tópicos considerados essenciais ao objetivo principal do capítulo e, além disso, apresentar brevemente (em razão da limitação de espaço) algumas ideias, conceitos e questionamentos essenciais a esse ponto de contato entre a aprendizagem motora e a intervenção profissional. O objetivo com essa estratégia é mostrar que muito ainda pode e deve ser explorado nessa relação. Nesse sentido, espera-se que o presente capítulo aguce a curiosidade e induza os leitores a se questionarem sobre outras formas como o conhecimento da área de aprendizagem motora pode melhorar sua atuação nas áreas de Educação Física e Esporte.

RESUMO

Após esclarecer a distinção entre "aprendizagem motora" enquanto área de investigação e fenômeno, foram apresentadas diferentes definições do fenômeno com o intuito de tornar claro que compreendê-lo passa pela perspectiva adotada para observá-lo ou estudá-lo. Conceitos e questionamentos essenciais à área de aprendizagem motora foram apresentados, possibilitando conhecer os desafios associados à avaliação da aprendizagem motora em habilidades motoras distintas.

Buscou-se apresentar de forma clara os procedimentos referentes à realização de medidas, para permitir a compreensão de como é possível explorar e extrair diferentes informações a partir do desempenho. Por meio de exemplos, procurou-se mostrar como a interpretação dessas diferentes informações pode orientar a intervenção profissional ao trabalhar com o ensino de habilidades motoras. Por fim, buscou-se apresentar um olhar da aprendizagem motora – enquanto área – sobre a familiarização, procedimento comum a uma série de testes motores utilizados nas áreas de Educação Física e Esporte. Para que fosse possível esse olhar sobre a familiarização, foram abordadas classificações utilizadas na área de aprendizagem motora, além de conceitos como complexidade, fases de aprendizagem e adaptação sensoriomotora.

Questões para reflexão

1. Quais características da aprendizagem motora dificultam a avaliação dela?
2. Quais medidas podem ser geradas a partir do desempenho de uma habilidade motora? Qual informação cada uma delas pode fornecer sobre o desempenho?
3. A aprendizagem motora pode afetar o resultado de um teste motor que busca avaliar uma capacidade como força, por exemplo? Por quê?

REFERÊNCIAS BIBLIOGRÁFICAS

1. Tani G. Significado, detecção e correção do erro de performance no processo ensino-aprendizagem de habilidades motoras. RBCM. 1989;3:50-8.
2. Tani G. Desporto e escola: que diálogo ainda é possível? In: Bento JO, Constantino JM (eds.). Em defesa do desporto: mutações e valores em conflito. Coimbra: Almedina; 2007. p. 269-87.
3. Tani G, Júnior C de MM, Ugrinowitsch H, Benda RN, Chiviacowsky S, Corrêa UC. Pesquisa na área de comportamento motor: modelos teóricos, métodos de investigação, instrumentos de análise, desafios, tendências e perspectivas. Rev da Educação Física/UEM. 2010;21(3):329-80.
4. Tani G. Aprendizagem motora: tendências, perspectivas e problemas de investigação. In: Tani G (ed.). Comportamento motor – aprendizagem e desenvolvimento. Rio de Janeiro: Guanabara Koogan; 2013. p. 17-33.
5. Tani G, Corrêa UC. Da aprendizagem motora a pedagogia do movimento: novos insights acerca da prática de habilidades motoras. In: Lebre E, Bento JO (eds.). Professor de educação física: ofícios da profissão. Porto: Universidade do Porto, 2004. p. 76-92.
6. Schmidt R, Lee T. Motor control and learning: a behavioral emphasis. 5. ed. Champaign: Human Kinetics; 2011.
7. Magill RA. Aprendizagem motora: conceitos e aplicações. São Paulo: Blücher; 2000.
8. Tani G. Aprendizagem motora: uma visão geral. In: Tani G, Corrêa UC (eds.). Aprendizagem motora e o ensino do esporte. São Paulo: Blücher; 2016. p. 19-41.
9. Whiting HTA. Concepts in skill learning. London: Lepus Books; 1975.
10. Guthrie ER. The psychology of learning. Nova York: Harper; 1952.
11. Glencross DJ. Levels and strategies of response organization. In: Stelmach GE, Requin J, (eds.). Tutorials in motor behavior. Amsterdam: North-Holland; 1980.

12. Hebb DO. The organization of behavior: a neuropsychological theory. Londres: Taylor & Francis; 2002.
13. Tani G. Equivalência motora, variabilidade e graus de liberdade: desafios para o ensino de jogos desportivos. In: Tavares F, Graça A, Garganta J, Mesquita I (eds.). Olhares e contextos da performance nos jogos desportivos. Porto: Universidade do Porto; 2008. p. 85-92.
14. Turvey MT. Preliminaries to theory of action with reference to vision. In: Shaw R, Brandford J (eds.). Perceiving, acting and knowing: toward an ecological psychology. Nova Jersey: Lawrence Erlbaum; 1977.
15. Connolly KJ. The nature of motor skill development. J Hum Mov Stud. 1977;3:128-43.
16. Bernstein NA. The coordination and regulation of movements. Oxford: Pergamon; 1967.
17. Turvey MT, Fitch HL, Tuller B. The Bernstein perspective I: the problems of degrees of freedom, and context-conditioned variability. In: Kelso JAS (ed.). Human motor behavior: an introduction. Hillsdale, NJ: Lawrence Erlbaum, 1982.
18. Tani G. Variabilidade e programação motora. In: Amadio AC, Barbanti VJ (ed.). A biodinâmica do movimento humano e suas relações interdisciplinares. São Paulo: Estação Liberdade; 2000. p. 245-60.
19. Lees A, Asai T, Andersen TB, Nunome H, Sterzing T. The biomechanics of kicking in soccer: a review. J Sport Sci. 2010; 28(8):805-17.
20. Newell KM, Liu YT, Mayer-Kress G. Time scales in motor learning and development. Psychol Rev. 2001;108(1):57-82.
21. Basso L, Souza CJF de, Araujo UO, Bastos FH, Bianchi TT, Meira Júnior CM et al. Distinct views on the notion of stability and change in the performance of gross motor coordination. Rev Bras Educ Fís Esp. 2012;26(3):495-509.
22. Huang VS, Shadmehr R. Persistence of motor memories reflects statistics of the learning event. J Neurophysiol. 2009;102(2): 931-40.
23. Kerr JH. The experience of arousal: a new basis for studying arousal effects in sport. J Sport Sci. 1985;3(3):169-79.
24. Ajemian R, D'Ausilio A, Moorman H, Bizzi E. Why professional athletes need a prolonged period of warm-up and other peculiarities of human motor learning. J Mot Behav. 2010; 42(6):381-8.
25. Seidler RD. Neural correlates of motor learning, transfer of learning, and learning to learn. Exerc Sport Sci Rev. 2010;38(1):3.
26. Fitts PM, Posner MI. Human performance. Belmont: Brooks/Cole Publishing Company; 1967.
27. Shadmehr R, Smith MA, Krakauer JW. Error correction, sensory prediction, and adaptation in motor control. Ann Rev Neurosc. 2010;33(1):89-108.

Capítulo 10

Aspectos referentes à gestão de programas

Flávia da Cunha Bastos
Cacilda Mendes dos Santos Amaral
Ary José Rocco Jr

Objetivos do capítulo

▶ Apresentar as perspectivas da avaliação em gestão do esporte.
▶ Diferenciar e aplicar os diferentes processos envolvidos na avaliação de organizações e programas.
▶ Apresentar a avaliação de qualidade de programas de atividade física e esporte através de instrumentos de avaliação.

INTRODUÇÃO

A gestão do esporte é uma área relativamente recente em termos acadêmicos e científicos. No entanto, verifica-se um interesse cada vez maior acerca dos processos relativos à gestão no âmbito da Educação Física e do Esporte. Entre as temáticas estudadas e pesquisadas, a de avaliação de programas tem representado um avanço nas últimas três décadas e é considerada crucial tanto no âmbito acadêmico como na prática.

A área tem como características a inter e a multidisciplinaridade, pois muitos dos conceitos são oriundos de outras disciplinas como Administração, Economia, Sociologia, Comunicação, entre outras. Outro aspecto relativo à área é a existência de abordagens diferenciadas conforme a concepção de organização esportiva. Há autores que consideram a organização esportiva como aquela voltada ao oferecimento de produtos e serviços esportivos,[1,2] ou seja, aquelas que oferecem programas e serviços de atividade física e esporte. Os autores consideram que a gestão do esporte é a gestão que acontece nas organizações esportivas e se dá como atividade de coordenação de atividades de produção e marketing,[1] para que serviços e programas de atividade física e esporte sejam oferecidos com qualidade.

Dessa forma, não fazem parte desse escopo as organizações que usam o produto de organizações espor-

tivas para produzir e promover produtos. Essas atividades são denominadas por Chelladurai[1] atividades-satélite (mídia, fabricantes de material esportivo, agências de marketing, de turismo, construtores e empresas de manutenção de instalações e arenas esportivas, agenciamento de atletas).[1,2] As organizações que produzem essas atividades-satélite se enquadrariam no âmbito da indústria do esporte, que considera os setores de prática, de produção e de promoção. Nessa visão, as entidades de prática se apresentam como toda entidade ou organização que oferece ao consumidor produtos de participação ou entretenimento; as entidades de produção, aquelas que desenvolvem produtos necessários ou desejados à produção ou que têm influência na qualidade da prática esportiva, e as entidades do setor de promoção, as voltadas ao desenvolvimento de produtos oferecidos como instrumentos para se promover o produto esporte.[3,4]

No Brasil, encontramos apenas um autor que apresenta uma tipologia das organizações esportivas.[5] Na ocasião, o autor apresentou a organização esportiva como unidade social, classificando-a em dois grandes grupos: a organização que existe em função da atividade física, esportiva e de lazer – centros de treinamento e escolinhas, academias, clubes e associações exclusivamente esportivas, consultorias e assessorias, ligas, federações, confederações, fundações, instituições e comitês, entre outros; e a organização que tem setores voltados para a atividade física, desportiva e de lazer – prefeituras, governos estaduais, governo federal, clubes sociais, entidades representativas (Sesc, Sesi, sindicatos), hotéis, academias, *shoppings* etc.

Todas essas organizações oferecem uma gama de produtos e serviços diferenciados em termos da motivação para a prática, da faixa etária e da condição do público-alvo e do desenvolvimento do esporte. Além disso, podem ser consideradas sob a ótica dos setores da sociedade. Nesse contexto, existem organizações esportivas caracterizadas como do setor público (secretarias/departamentos de esporte municipais, estaduais, Ministério do Esporte), do setor privado (com fins lucrativos, como academias, escolas de esporte, assessorias/consultorias esportivas) e do terceiro setor (entidades privadas sem fins lucrativos, como ONG, fundações, federações, confederações, comitê olímpico e comitê paraolímpico brasileiro, Sesc, Sesi).

A avaliação é tema presente nos processos de gestão das organizações esportivas, independentemente do segmento a qual pertencem e o modelo de gestão adotado por elas. A avaliação se faz presente desde o desenvolvimento do processo de gestão mais tradicional (Fayol, 1949), do qual fazem parte o planejamento, a organização, a direção e o controle/ avaliação. Mais recentemente, na visão estratégica, que passou a ser aplicada na gestão das organizações, a avaliação também está presente como base para o processo da gestão, como análise dos ambientes, assim como em abordagens específicas, como o BSC, o PDCA, entre outros.

Neste capítulo, cujo enfoque é relativo à avaliação de programas de educação física e esporte, serão apresentados conceitos e instrumentos relacionados à avaliação de programas oferecidos por organizações/entidades que têm a atividade física e o esporte no seu escopo de atuação.

DESENVOLVIMENTO

Organizações esportivas

Antes de abordar especificamente a avaliação da gestão de programas esportivos, é importante traçar um breve panorama das organizações que desenvolvem programas e prestam serviços esportivos, em termos de sua natureza e objetivos na sociedade.

No Brasil, no âmbito do esporte, as entidades esportivas são descritas e consideradas na Lei n. 9.615,[6] que rege a organização esportiva no país. Nessa Lei são descritas as entidades integrantes dos Sistema Brasileiro do Desporto e do Sistema Nacional do Desporto.

O Sistema Brasileiro é composto pelas seguintes estruturas: o Ministério do Esporte; o Conselho Nacional do Esporte (CNE); o Sistema Nacional do Desporto e os sistemas de desporto dos Estados, do Distrito Federal e dos Municípios, organizados de forma autônoma e em regime de colaboração, integrados por vínculos de natureza técnica específicos de cada modalidade desportiva. Especificamente o Sistema Nacional do Desporto con-

grega as pessoas físicas e jurídicas de direito privado, com ou sem fins lucrativos, encarregadas da coordenação, da administração, da normatização, do apoio e da prática do desporto. Nesse sistema, quanto às entidades de prática, estão compreendidas aquelas filiadas ou não às ligas, federações e confederações e o Comitê Brasileiro de Clubes. Ou seja, em termos da legislação, a descrição específica é dada às entidades de prática voltadas a modalidades esportivas e ao alto rendimento.

Da mesma forma, observamos que, na Lei, o entendimento do Estado e do Governo Federal não discrimina entidades de prática no âmbito geral do Sistema Brasileiro do Desporto. Mesmo nos sistemas estaduais e municipais, são especificadas somente a implementação de sistemas voltados a modalidades esportivas. Não estão consideradas as entidades públicas que oferecem serviços e programas à população em geral, como centros esportivos ou unidades de secretarias estaduais ou municipais de esporte.

Dessa forma, não há um entendimento conceitual de esporte em seu sentido amplo na sociedade, assim como não há em outra normatização federal o reconhecimento das demais organizações de prática, sejam do setor público, privado ou do terceiro setor.

Numa outra instância federal que não a do Esporte, a do Ministério do Planejamento, as atividades relativas ao esporte desenvolvidas por organizações estão estruturadas na Classificação Nacional de Atividades Econômicas (CNAE).[7] Essa classificação é oficialmente adotada pelo Sistema Estatístico Nacional e pelos órgãos federais gestores de registros administrativos do país e é elaborada e atualizada pelo Instituto Brasileiro de Geografia e Estatística (IBGE).

As atividades esportivas estão inseridas na categoria R – Artes, Cultura, Esporte e Recreação. A divisão 93 dessa categoria é referente a "Atividades Esportivas e de Recreação e Lazer". Entre as divisões, o Grupo 93.1 é relativo a "Atividades Esportivas". Esse grupo contém quatro classes e em algumas delas são citadas: a organização esportiva clube (gestão de instalações de esportes; clubes sociais, esportivos e similares); as atividades de condicionamento físico; as atividades esportivas não especificadas anteriormente; a organização e a operação de eventos esportivos para profissionais ou amadores realizadas por organizações que utilizam suas próprias instalações.

Há uma subclasse que aponta organizações como academias, centros de saúde física e outros locais especializados que prestam serviços no que se refere a atividades de condicionamento (*fitness*), como ginástica, musculação, ioga, pilates, alongamento corporal, antiginástica, hidroginástica, as atividades de instrutores de educação física, inclusive individuais (*personal trainers*). Em outra subclasse estão as escolinhas de esporte.

Em outro levantamento nacional, identificamos as organizações do terceiro setor. Segundo o IBGE,[8] em 2010 existiam oficialmente no Brasil 290,7 mil fundações privadas e associações sem fins lucrativos (Fasfil), que são descritas como organizações não governamentais (ONG), organizações civis de interesses públicos (Oscips), fundações, associações culturais, clubes, integrantes do sistema S (Sesc, Senai e Senac), entre outras. No grupo da cultura e recreação, foram contabilizadas 36.921 entidades, das quais 24.926 fundações privadas e associações sem fins lucrativos que abordam o esporte e a recreação, e no grupo outras instituições privadas sem fins lucrativos, 1.215 entidades pertencem ao sistema S, entre as quais são oferecidos programas e serviços de atividade física e esporte.

Esse panorama geral sobre as organizações esportivas no Brasil evidencia uma diversidade de entidades em termos do setor da sociedade (com fins e sem fins lucrativos), que desenvolvem programas e prestam serviços. Nesse sentido, Chelladurai[9] considera que as organizações podem ser ainda classificadas quanto a fonte de sustentação financeira. Dessa forma, os tipos de organizações se caracterizam como organizações públicas ou privadas.[9]

Na perspectiva do consumidor, a partir das considerações de Chelladurai, em 1985, Slack e Parent[4] propõem a visão das organizações esportivas integrando essas classificações. Dessa forma, do ponto de vista das organizações que oferecem programas e serviços, ou seja, das entidades de prática descritas no modelo de Pitts e Stotlar,[3] de 2002, no Brasil, tem-se o seguinte panorama (Quadro 1).

QUADRO 1 Entidades de prática esportiva no Brasil, segundo a finalidade e o setor

	Com fins lucrativos	Sem fins lucrativos
Setor privado	Academias, escolas de esporte, clubes (entre eles, os de futebol), centros de treinamento	
Setor público (federal, estadual, municipal)		Academias, escolas de esporte, associações esportivas, centros esportivos, centros de treinamento, secretarias de esporte
Terceiro setor (privado sem fins lucrativos)		Clubes, sistema S, ACM, institutos, projetos sociais, associações esportivas, fundações, centros de treinamento

Internacionalmente, entre os modelos relativos aos negócios e à indústria do esporte,[10,11] um dos primeiros a serem desenvolvidos foi o proposto por Pitts, Fielding e Miller em 1994.[12] Em sua versão atual difundida na literatura, esse modelo considera que estão envolvidos nessa indústria todo esporte e produtos relacionados (bens, serviços, lugares, pessoas e ideias) oferecidos ao consumidor.[3] São considerados três segmentos: o de serviços e produtos ligados à prática, o da produção e o da promoção.

Os serviços e produtos ligados à prática consideram as atividades oferecidas ao consumidor como produto de participação ou entretenimento. Dessa forma, são considerados produtos e serviços de prática prestados por/em relação a:

- Modalidades esportivas (amador e profissional).
- Esporte de iniciativa privada.
- Esporte mantido pelo Governo.
- Organizações mantidas por associados.
- Organizações esportivas sem fins lucrativos.
- Educação esportiva.
- Academias de *fitness* e esportes.

Dessa forma, é considerada uma diversidade de organizações que oferecem a prática esportiva e se inserem no âmbito da iniciativa privada, do governo ou por organizações sem fins lucrativos. Os programas, serviços e produtos esportivos são considerados também em outros modelos de indústria do esporte sob o ponto de vista do seu consumo não só relativo à prática. No modelo de Shank, essa indústria está estruturada de modo a considerar e descrever o modelo da relação consumo-fornecimento.[10] Nesse modelo, os produtos esportivos são caracterizados também como eventos, bens, serviços de treinamento para o esporte e saúde, serviços de informação (livros, revistas, mídia, internet, material educativo etc.), ou seja, que não se relacionam necessariamente com a prática.

Já os consumidores, aqueles a quem se destinam os produtos e serviços, são considerados sob três pontos de vista: aqueles que participam na prática, os espectadores e aqueles que consomem o produto esporte do ponto de vista de realizar negócios, por exemplo, empresas, cujo objetivo (na maioria dos casos, um negócio) é trocar dinheiro ou produto pelo direito de associar seu nome ou produto com um evento esportivo.

Por fim, os produtores/intermediários entre os produtos e os consumidores são os proprietários de equipes, as entidades de administração (COI, COB, CPOB, confederações, federações, ligas), os investidores (patrocinadores que investem recursos financeiros ou em produtos para se associar a eventos, a mídia, os agentes e os fabricantes de produtos – seja para o praticante, seja para o marketing).

Dado esse panorama inicial, o tema avaliação da gestão de programas será abordado do ponto de vista dos programas de prática de esporte ou atividade física oferecidos ao consumidor. Na concepção de Chelladurai,[1] corroborada por autores nacionais,[2,13] a gestão do esporte e das organizações esportivas dá-se naquelas organizações que têm como atividade principal a produção de serviços e marketing de serviços relacionados ao esporte.

Dessa forma, o tema avaliação será tratado em relação a gestão de programas oferecidos por organizações esportivas, nos quais estão inseridas ações de marketing e sua avaliação.

PROCESSOS DE AVALIAÇÃO DA GESTÃO DE ORGANIZAÇÕES ESPORTIVAS E DA GESTÃO DE PROGRAMAS

Existem diferentes concepções acerca da avaliação da gestão de uma organização. No entanto, há um consenso entre os autores da área de que a avaliação pode e é aplicada em diversos níveis e processos presentes na gestão das organizações e com diferentes finalidades.

A gestão de uma organização é caracterizada por uma série de processos que visam levar a organização a atingir seus objetivos, e, nesses processos, são tomadas decisões, desde o processo de planejamento até ações corretivas em relação a diferentes aspectos. O planejamento e a implementação de recursos financeiros, recursos humanos, instalações, desenho organizacional, programas, entre outros, devem ser sustentados por um diagnóstico, uma análise e uma avaliação da situação, para que as decisões levem aos resultados desejados (em termos financeiros, da satisfação do cliente, do cumprimento de objetivos sociais etc.). Dessa forma, avaliação envolve medir e comparar para se ter *feedback* em relação ao cumprimento de objetivos,[1,14,15] qualquer que seja a finalidade e os objetivos da organização: escolar, serviços públicos, aprendizado e treinamento esportivo ou programas voltados a promoção/reabilitação da saúde.[14]

A avaliação na gestão de uma organização ainda pode ser considerada por meio de diferentes pontos de vista: da avaliação da própria gestão da organização como entidade, de uma unidade/departamento que presta serviço/programa específico (por idade, gênero, condição etc.) e do trabalho dos funcionários e dos recursos humanos.[1] As próximas seções tratarão da avaliação da gestão de programas e apresentarão instrumentos desenvolvidos para essa avaliação.

Avaliação de programas (produção/serviços)

A gama de produtos esportivos oferecidos é cada vez maior na sociedade. Aulas, sessões de treinamento, aulas em academias, orientações personalizadas, entre outros, são serviços esportivos prestados a pessoas ou grupos, segundo seus interesses, faixas etárias, necessidades e objetivos. A oferta de instalações, de eventos, com ou sem orientação de profissionais, também se constitui num serviço, mas não um programa, pois pessoas utilizam instalações esportivas ou não, preparadas especificamente para a prática de atividades esportivas ou de lazer.

A avaliação de programas, assim como em relação a organizações, refere-se a um processo sistematizado para se verificar os resultados obtidos, em que extensão os objetivos foram alcançados e se os próprios objetivos determinados foram adequados. O tema é tratado em todas as fases do processo de gerenciamento de um programa:

a. Planejamento:
   - Concepção/readequação.
   - Definição de objetivos.
b. Organização.
c. Implementação – direção.
d. Avaliação – controle.

Planejamento

O primeiro passo do planejamento de um programa é realizar avaliação diagnóstica, seja para se criar um novo programa, seja para se aperfeiçoar um já existente. Nesse sentido, a avaliação é parte essencial do processo, pois ela dá elementos e informações relevantes para balizar as decisões sobre o lançamento de um novo programa, a contínua melhoria ou a readequação de um programa existente. Seja qual for a motivação para a realização de um novo planejamento, a análise dessas informações tem como objetivo sustentar a realização de um planejamento consistente na busca da garantia do sucesso e da qualidade (Quadro 2).

QUADRO 2 Exemplos de objetivos de avaliação diagnóstica de um programa

Determinar, estudar e investigar a situação
Conhecer os antecedentes, identificar as causas
Estabelecer a importância dos problemas detectados
Estabelecer as consequências previsíveis

Em termos de planejamento estratégico,[16] essa avaliação diagnóstica é chamada de análise do ambiente, e é considerada em duas perspectivas:

- A análise interna da organização (podendo-se adaptar e aplicar ao programa, no que se refere aos recursos humanos, materiais, orçamentários, instalações, procedimentos metodológicos). As fontes para se obter informações são provenientes de relatórios e pesquisas internos, cujos dados devem ser avaliados. O objetivo é analisar dados e informações para entender as potencialidades e fragilidades da organização e, especificamente, do programa.
- A análise externa à organização (levando-se em consideração aspectos do ambiente econômico, político, sociocultural, demográfico do público-alvo, relativos à demanda pelo programa, e também dos programas oferecidos pela concorrência). As fontes para se obter informações são provenientes de relatórios e pesquisas externas encontradas em órgãos públicos, leis, publicações especializadas, cujos dados devem ser avaliados. O objetivo é analisar as informações e determinar se elas representam oportunidades ou ameaças para a organização ou o programa.

Qualquer que seja a maneira utilizada para a obtenção e a avaliação das informações, um diagnóstico bem executado fundamenta a determinação e o estabelecimento do objetivo do programa de forma mais precisa e com maiores possibilidades de se obter sucesso.

Definição de objetivos

Nesta fase do planejamento de programas, que foi fundamentada no diagnóstico, também é necessário que, a cada objetivo elaborado, sejam considerados alguns aspectos relativos à avaliação do programa, para que se tenham parâmetros para poder avaliar se os objetivos serão alcançados pelo programa. São exemplos de aspectos a ser considerados na elaboração dos objetivos e que podem ser avaliados:

- Qualidade do programa (na visão gerencial e dos consumidores).
- Taxas de desempenho dos recursos humanos.
- Eficiência do esforço promocional.
- Rendimento financeiro das atividades.
- Consumo de recursos (humanos, materiais).

Dessa forma, ao ser determinado um objetivo, deve conter indicadores e instrumentos, que serão utilizados para verificar se ele foi alcançado. Esses temas serão tratados no tópico final do capítulo. Portanto, ao se determinar um objetivo, é importante ter em mente características que assegurem que ele seja bem elaborado (Quadro 3). Destacamos que a utilização da avaliação das informações e dos dados no diagnóstico deve ser levada em consideração, especialmente em relação ao fato de o objetivo ser factível e realista.

QUADRO 3 Características de objetivo de programas

Objetivo
Mensurável – indicadores
Factível e realista
Claro e compreensível
Motivador
Assumido e aceito por todos da organização envolvidos no programa

Como vimos, cada objetivo deve explicitar indicadores que permitam que se verifique seu grau de realização nos diferentes aspectos, em relação aos quais seguem alguns exemplos:[17]

- Ampliar a base de clientes e a oferta de serviços do programa.
- Aumentar a satisfação dos clientes.
- Melhorar o resultado dos serviços ofertados.
- Melhorar a imagem do programa junto ao público e à organização.
- Assegurar a autonomia financeira do programa.
- Assegurar a permanente capacitação e motivação dos servidores que atuam no programa.

Para tanto, como já destacamos, é necessário que, no estabelecimento do objetivo, sejam determinados o que será avaliado e os indicadores que permitirão a avaliação.

Organização

Com base no diagnóstico e nos objetivos determinados para cada dimensão, a etapa de organização se dará no sentido de alocar os recursos necessários e disponíveis, identificados no diagnóstico, para que seja viabilizada a implementação do programa, em termos de recursos humanos, materiais, financeiros, de instalações, estrutura administrativa e ações de promoção.

Implementação – direção

Durante a implementação do programa, é recomendável que se estabeleçam momentos em que serão realizados controles, em termos do desenvolvimento dos objetivos. Esse processo é denominado controle, ou seja, acompanhamento/avaliação durante o desenvolvimento do programa, que poderão balizar ações corretivas, se necessário. Dessa forma, busca-se realizar ações para se garantir que os objetivos sejam alcançados ao final do processo.

São exemplos de avaliações de controle, reuniões com professores/técnicos, relatórios sobre consumo de materiais, manutenção das instalações/equipamentos, número de matriculados/desistências, ações promocionais, entre outros.

Essas ações devem ser definidas *a priori*, na fase de planejamento. Devem ser estabelecidos os controles necessários para cada objetivo, por exemplo, os relativos a administração, comunicação e marketing, clientes e setor operacional. Da mesma forma, é necessário que seja estabelecida a periodicidade em que acontecerão, podendo ser diária, semanal e mensal.

Avaliação – controle

Na avaliação final de um programa, quanto aos resultados esperados que foram determinados nos objetivos, é possível encontrar um dos três cenários (Quadro 4).

Observa-se que, independentemente do cenário, podem e devem ser realizadas ações que demonstrem que a avaliação da gestão de um programa faz parte do próprio processo de gerenciamento da organização, pois alguns dos resultados poderão demandar o envolvimento de setores da organização não diretamente atuantes na execução do programa e deverão ser estudadas e determinadas em função de possíveis impactos na organização como um todo.

Analisando-se um exemplo citado no Quadro 4, "mais recursos podem ser necessários", verifica-se que essa avaliação relacionada ao não se atingir o objetivo determinado não encerra o processo. A análise dessa avaliação deverá ser levada em consideração e gerar alguma ação da organização, pois requer a tomada de decisão sobre a intenção e/ou a viabilidade de a organização realizar mais investimento naquele programa (seja em termos de recursos humanos ou materiais).

Indicadores

Os indicadores de avaliação que podem ser aplicados na determinação dos objetivos de um programa podem ser de diferentes naturezas. Eles devem ser selecionados de maneira a permitir que o objetivo seja avaliado.

Cada objetivo pode conter um ou mais indicadores, seja de acompanhamento, seja em relação ao final do processo de implementação do programa, sejam quantitativos ou qualitativos.

São exemplos de indicadores quantitativos, ou seja, aqueles em que se tem um parâmetro numérico e concreto, obtidos por meio de dados exatos coletados com mensuração e tabulação: o número de usuários/inscritos em aulas e/ou atividades físicas ou de lazer; o valor arrecadado pelo programa, atividade ou evento; o número de equipes participantes de um evento esportivo ou de lazer; o percentual de alunos satisfeitos com o programa; o número de desistências do programa; o percentual de novos clientes no programa; o número de reclamações; entre outros.

Já os indicadores qualitativos são aqueles mais subjetivos, pois em sua maioria são construídos a partir de percepções em relação ao programa, podendo ser oriundas do próprio gestor ou do cliente. As informações podem ser obtidas por meio de pesquisas (de satisfação, de qualidade), entrevistas estruturadas ou não (com ou sem questionário), observação direta, entre outros (como o nível de dedicação do profissional ou da equipe profissional, o grau de satisfação dos participantes, a qualidade dos equipamentos/materiais utilizados nas aulas, a qualidade das instalações, a percepção da qualidade do programa pelos alunos).

A análise de todas as informações e dados obtidos em relação aos indicadores por meio da aplicação de instrumentos para obtê-los deve ser realizada para cada objetivo determinado no planejamento.

A avaliação dos resultados e impactos do programa envolve não apenas o cumprimento de seus objetivos, como todo o processo da gestão. Devem ser consideradas informações e relatórios gerenciais, como os de acompanhamento, assim como a percepção de profes-

QUADRO 4 Cenários da avaliação final dos objetivos de um programa

Igual ao esperado	O resultado é igual ao objetivo: uma recompensa pode ser apropriada
Menor que o esperado	O resultado ficou abaixo do objetivo: ■ Uma ação corretiva pode ser apropriada ■ A redução do objetivo pode ser apropriada ■ Mais recursos podem ser necessários
Acima do esperado	O resultado é maior que o objetivo: ■ Recompensas são apropriadas ■ O objetivo pode ser aumentado

sores, dos recursos humanos técnicos, administrativos e operacionais.

A avaliação final deve indicar a necessidade ou não de ajustes, inovações frente ao contexto dinâmico em que operam os programas de atividades físicas e esportivas no mundo atual. Ou seja, dessa forma, se inicia um novo ciclo de planejamento, no qual, como vimos, há a necessidade de se fazer um diagnóstico. Uma boa e completa avaliação gerencial de um programa se configura em um excelente ponto de partida para uma nova oferta do programa, aperfeiçoando-o nos aspectos necessários.

Avaliação do marketing de programas

O objetivo principal do planejamento estratégico em marketing, de forma bastante resumida, é a satisfação dos consumidores com a oferta, por parte das organizações esportivas, de produtos e eventos esportivos, em grande parte, determinada pela qualidade das experiências proporcionadas ao usuário, participante e/ou consumidor.[18] Essas experiências sofrem também o impacto de outros consumidores, dos arredores físicos (cenário de serviço) e do humor ou sensações do consumidor.

Em razão disso, alguns autores afirmam que o esporte e os produtos esportivos apresentam cinco características principais, cujas qualidades exclusivas e considerações merecem a atenção dos profissionais de gestão das entidades esportivas. São elas:[18]

- O mercado dos produtos e serviços esportivos.
- O produto esportivo propriamente dito.
- O custo do esporte.
- A promoção do esporte.
- A distribuição do esporte.

A estratégia de marketing pode ser definida, então, como um processo de planejamento, implementação e controle de esforços de marketing, cujo objetivo é atingir metas organizacionais e satisfazer as necessidades do consumidor.[18]

O processo de planejamento estratégico em marketing, por sua vez, pode ser resumido em uma variedade de fases ou etapas-chave. São elas:[18]

- Esclarecer e definir metas organizacionais e de marketing.
- Realizar análises de situação.
- Identificar e descrever mercados-alvo.
- Desenvolver uma estratégia de marketing para cada segmento.

- Implementar e coordenar planos de marketing.
- Controlar e avaliar o desempenho.

O planejamento estratégico de marketing de uma organização esportiva é um processo contínuo que responde ao *feedback* de informações. As mudanças podem ocorrer de várias formas: anualmente, por temporada, por campeonato ou continuamente.[19] Os gestores responsáveis pelo planejamento da organização deverão continuamente acumular e interpretar o significado dessas informações para utilização mercadológica.

Ao final de cada ano, campeonato ou temporada, mediante um sistema de acompanhamento e controle da estratégia organizacional, o planejamento estratégico de marketing é revisto pela organização, com a incorporação de ajustes necessários para o novo exercício ou competição que se inicia. Esse mecanismo de acompanhamento e controle confere ao processo de planejamento de marketing da organização certo grau de flexibilidade.

Cabe à avaliação e ao controle assegurar que as atividades da entidade estejam em conformidade com tudo aquilo que foi planejado anteriormente pela organização. As atividades de avaliação e de controle permitem que o desempenho real obtido pela organização seja comparado com os objetivos e metas estabelecidos no planejamento estratégico anual de marketing da entidade.[19] Padrões específicos de desempenho estão ligados ao alcance de metas, e um *feedback* possibilita que o desempenho real seja comparado com o desempenho desejado.

Para controlar – medir – e para avaliar a implementação e o desenvolvimento do planejamento estratégico de marketing são necessárias as ferramentas mais objetivas que se possa utilizar: os indicadores.[16] Os objetivos gerais e estratégicos de mercado mostram metas, desejos a alcançar, estratégias e caminhos a adotar para atingir esses desejos. Para que a avaliação seja eficiente, é preciso "quantificar" o desejo para podermos saber se os objetivos foram alcançados plenamente ou se aconteceram equívocos em todo o processo de gestão do marketing da organização.[16]

Quantificar ou estabelecer padrões de desempenho significa, na prática, selecionar indicadores aos quais a organização possa atribuir um determinado desempenho, em suas estratégias de marketing, que represente o máximo da eficiência e da eficácia organizacional para aquele determinado período.[16]

Os indicadores podem ser estabelecidos em relação aos objetivos gerais de marketing, aos seus objetivos estratégicos e aos resultados dos projetos ou planos de ação estabelecidos no planejamento de marketing da entidade esportiva.

Os indicadores são os itens e/ou variáveis que se pretende controlar para a consecução do planejamento de mercado da entidade e suas estratégias de produto, preço, praça e promoção. Nesse sentido e dentro do processo de avaliação do planejamento de marketing de uma organização esportiva, os indicadores (padrões de desempenho) podem ser classificados em: a) quantitativos, quando sua base de referência é um número, uma determinada quantidade, uma porcentagem, por exemplo, número de exames médicos; número de torcedores, usuários de piscinas, arrecadação das instalações, número de partidas etc.; b) qualitativos, quando se estabelecem sobre qualidades, situações a alcançar ou manter, como manter-se em determinada categoria ou divisão, participar de um campeonato de repercussão internacional; emitir licenças autônomas próprias etc.[16]

Como já mencionado anteriormente, todos os indicadores selecionados pela organização, sejam eles quantitativos ou qualitativos, devem ser mensurados objetivamente, ou seja, determinados em termos quantitativos. A linguagem numérica traduz, de forma clara, os objetivos estratégicos da empresa para todos os gestores responsáveis pela sua realização.

Instrumentos para a avaliação de programas

O setor de serviços como um todo tem se preocupado cada vez mais em implementar técnicas de avaliação e melhora de qualidade, o que consequentemente tem fomentado um aumento no desenvolvimento de indicadores e instrumentos de avaliação.[20] Pesquisadores do campo de gestão do esporte e do marketing esportivo têm iniciado recentemente um movimento de conceituação e mensuração da qualidade dos serviços esportivos ou dos programas esportivos, já estando à disposição alguns estudos com foco na qualidade de serviços e programas e na satisfação de usuários na literatura relacionada à gestão do esporte.[21]

Os estudos têm apresentado duas diferentes perspectivas: a avaliação por meio da comparação entre as expectativas e as percepções dos usuários dos programas e da percepção de desempenho que o usuário tem do programa.[22] Entretanto, há poucos estudos que avaliam a qualidade dos processos de gestão dos programas.[23] Se houver a intenção de se realizar a avaliação de um serviço ou programa, a seleção de qual instrumento ou modelo utilizar deve levar em consideração a estrutura do modelo, se é um instrumento validado (ou seja, testado), reconhecido como um modelo extensivamente aplicado na prática e também com prestígio internacional.[23]

Os poucos estudos na área de gestão do esporte têm focado em identificar dimensões relacionadas a qualidade em serviços específicos, como *fitness*, serviços de lazer e recreação, e programas municipais;[21] portanto, dependendo do tipo de setor ou serviço que se quer avaliar, será necessária uma adaptação de modelos ou instrumentos já existentes, pois muitos setores ainda não têm avaliações específicas.

Podemos verificar que, em termos generalistas, os serviços podem ser avaliados por meio de instrumentos voltados ao setor de serviços.[20,23,24] O setor de *fitness* talvez seja aquele ligado ao esporte que mais tem instrumentos para avaliação da qualidade dos serviços.[25-29] Há também um interesse crescente na avaliação de programas municipais,[22,30-32] no esporte profissional[33-35] e serviços oferecidos em centros de esporte, lazer e recreação.[36,37] No Quadro 5, estão relacionadas algumas das escalas e instrumentos já desenvolvidos no âmbito da avaliação da qualidade de serviços.

Apesar de a literatura apresentar estas e algumas outras opções de instrumentos para avaliar serviços e programas esportivos/atividade física, a prática de avaliar a qualidade dos programas não é comumente adotada pelos gestores dos programas nas instituições, bem como pelos profissionais que ministram as aulas nesses programas,[22] ainda que avaliação e controle sejam elementos básicos do planejamento de qualquer instituição.

Podemos verificar que a criação de alguns estudos/modelos baseados em outros instrumentos é comum. Contanto que as variáveis sejam modificadas para atender as especificidades da área, que sejam incluídos elementos que o instrumento de base não aborda e que essa nova escala seja testada e validada, não há nenhum impedimento de se utilizar instrumentos já validados como base para criar novos instrumentos para avaliações mais específicas. No que tange à prática, esses instrumentos podem ser utilizados e adaptados conforme a necessidade de avaliação do programa, mas a utilização de uma escala já validada e utilizada em outros programas e/ou serviços dá a possibilidade de comparação.

A utilização desse tipo de avaliação se mostra importante por colocar à disposição do gestor um *feedback* válido e fiável a respeito da gestão por meio de informação vinda do próprio usuário, que permitirá orientar as ações do programa de forma estratégica para aumentar a satisfação e a percepção de qualidade de seus usuários.[35]

CONSIDERAÇÕES FINAIS

A avaliação de programas de atividades físicas e de esporte está inserida em todos os processos da gestão

QUADRO 5 Instrumentos que dimensionam a qualidade de serviços

Nome da escala/instrumento	Autores	Setor/serviço avaliado	Adaptado de outra escala
SERVQUAL (*Service quality*)	Parasuraman et al., 1985[26]	Serviços em geral	Não
SAFS (*Scale attributes of fitness services*)	Cheladurai et al., 1987[25]	Centros de *fitness*	Não
QUESC (*Quality excellence of sports centres*)	Kim e Kim, 1995[26]	Centros de *fitness*	Não
TEAMQUAL	McDonald et al., 1995[33]	Equipes esportivas profissionais	Não
CERM-CSQ	Howat et al., 1996[36]	Centros esportivos e de lazer	Não
SPORTSERV	Theodorakis et al., 1998[34]	Espectadores e espetáculos esportivos	Sim – QUESC
FITSSQ (*Fitness and sport service quality*)	Papadimitrou e Karteroliotis, 2000[27]	Centros de *fitness*	Sim – QUESC
SSQPS (*Scale of service quality in participant sport*)	Ko, 2000[37]	Serviços esportivos	Não
ICPAF (*Inventario de calidad en programas de actividad física*)	Mendo e Argilaga, 2001[30]	Serviços esportivos municipais	Sim – SERVQUAL
SQFS (*Scale quality on fitness services*)	Chang e Chelladurai, 2003[29]	Centros de *fitness*	Sim – SERVQUAL e QUESC
SPDI	Romo Pérez, 2003[31]	Programas municipais de atividade física para idosos	Não
SQAS (*Service quality assessment scale*)	Lam et al., 2005[28]	Centros de *fitness*	Não
SERMUCAL (*Quality of municipal services*)	Martinez-Moreno et al., 2006[32]	Serviços esportivos municipais	Sim – EFQM
EFQM (*European Foundation for Quality Management*)	European Foundation for Quality Management (versão 2010)	Processos de gestão em geral	Não
QSport-10	Rial-Boubeta et al., 2010[35]	Centros esportivos	Não
QUESPMAFI (Questionário aos programas municipais de atividade física para idosos)	Dias e Carvalho, 2011[22]	Programas municipais de atividade física para idosos	Sim – SPDI

dos serviços a serem prestados pela organização, seja uma aula, um treinamento, um evento ou qualquer outra atividade. Há uma variedade de instrumentos disponíveis na literatura, o que não limita as possibilidades da sua aplicação, pois podem-se desenvolver instrumentos para atender a objetivos específicos. Obviamente, é necessário considerar critérios para a construção e a validação destes, já tratados em capítulo específico sobre o tema nessa obra. O gestor deve sempre ter em mente que um programa precisa ser planejado e executado conforme esse planejamento e que somente um planejamento e a realização de uma avaliação adequados levará ao sucesso do programa.

RESUMO

Neste capítulo, considerou-se a avaliação uma ferramenta que oferece aos gestores todas as informações necessárias para aprimorar o processo de planejamento e de gestão de programas e serviços, uma vez que é in-dispensável para a tomada de decisões. Também foi tratada como uma ferramenta para se aprimorar os programas, com vista a responder às necessidades dos beneficiários, sejam eles os clientes ou a organização como um todo, seja ela pública, privada ou do terceiro setor. A aplicação da avaliação é descrita em cada uma das etapas do processo de gestão de um programa – planejamento, organização, direção e avaliação. São apresentados ainda indicadores e instrumentos de avaliação próprios de programas de atividades física e esportivas.

Questões para reflexão

1. Em quais etapas da gestão de programas a avaliação se insere?
2. Selecione um exemplo de programa, levante seu objetivo e dê exemplos de indicadores quantitativos e qualitativos para sua avaliação.
3. Os indicadores podem ser estabelecidos em relação a quais aspectos das ações de marketing de um programa?

REFERÊNCIAS BIBLIOGRÁFICAS

1. Chelladurai P. Managing organizations for sport and physical activity. 4. ed. Scottsdale: Holcomb Hathaway; 2013.
2. Rocha CM, Bastos FC. Gestão do esporte: definindo a área. Rev Bras Educ Fís Esporte. 2011;25:91-103.
3. Pitts BG, Stotlar DK. Fundamentos de marketing esportivo. São Paulo: Phorte; 2002.
4. Slack T, Parent M. Understanding sport organizations: the application of organization theory. Champaign: Human Kinetics; 2006.
5. Rezende JR. Organização e administração no esporte. Rio de Janeiro: Sprint; 2000.
6. Brasil. Lei n. 9615, de 24 de março de 1998. Institui normas gerais sobre desporto e dá outras providências [Internet]. Brasil: Presidência da República; 1998. Disponível em: www.planalto.gov.br/ccivil_03/leis/L9615consol.htm.
7. Brasil. Ministério do Planejamento. Comissão Nacional de Classificação – Concla. Classificação Nacional de Atividades Econômicas - Versão 2.O [Internet]. IBGE. 2007 [cited 2015 Jan 1]. Disponível em: www.ibge.gov.br.
8. Brasil. Ministério do Planejamento. As fundações privadas e associações sem fins lucrativos no Brasil 2010 [Internet]. Brasília – DF; 2012. Disponível em: ftp://ftp.ibge.gov.br/Fundacoes_Privadas_e_Associacoes/2010/fasfil.pdf.
9. Chelladurai P. Contemporary approaches to leadership. In: Managing organizations for sport and physical activity: a sistem perspective. 5. ed. Scottsdale: Holcomb Hathaway Publishers; 2014. p.305-23.
10. Shank MD. Sports marketing: a strategic perspective. 3. ed. New York: Prentice Hall; 2005.
11. Heinemann K. La repercusión económica del deporte: marco teórico y problemas prácticos. EF Deportes Rev Digit. 2001;7(43):1-3.
12. Pitts BG, Fielding LW, Miller LK. Industry segmentation theory and the sport industry: developing a sport industry segment model. Sport Mark Q. 1994;3(1):15.
13. Bastos FC. Gestão do esporte no Brasil: reflexões sobre avanços, limites e desafios. Tese (Livre-docência). Escola de Educação Física e Esporte. Universidade de São Paulo. 2016.
14. Sancho JAM. Planificación deportiva: teoria y práctica: bases metodológicas para una planificación de la educación física y el deporte. 3. ed. Barcelona: Editorial Inde; 2004.
15. Mattar FN, Mattar MF (eds.). Gestão de negócios esportivos. Rio de Janeiro: Elsevier; 2013.
16. Roche FP. Gestão desportiva: planejamento estratégico nas organizações desportivas. Porto Alegre: Artmed; 2002.
17. Vieira RPPT. Gerenciamento estratégico baseado no Balanced Scorecard aplicado à organização esportiva de uma instituição pública de ensino superior: um estudo na Universidade Federal de Itajubá. Dissertação de Mestrado (Mestrado em Engenharia de Produção). Universidade Federal de Itajubá. 2017.
18. Morgan MJ, Summers J. Marketing esportivo. São Paulo: Thomson; 2008.
19. Rocco Júnior AJ. Marketing e gestão do esporte. São Paulo: Atlas; 2011.
20. Martínez-Moreno A, Suárez AD. Uso del modelo EFQM como contraste del nivel de gestión de la calidad en los servicios deportivos municipales. Rev Euroam Ciencias del Deport. 2017;6(1):101-6.
21. Tsitskari E, Tsiotras D, Tsiotras G. Total quality management & business excellence measuring service quality in sport services. Total Qual Manag Bus Excell 2006;17(April 2015):37-41.
22. Dias IB, Carvalho PG. A qualidade percebida em programas municipais de actividade física para idosos: validação estatística para Portugal. Motriz. 2011;17(1):145-59.
23. Martínez-Moreno A, Díaz Suárez A. Level of quality management in the Municipal Sports Services, contrast trough EFQM Excellence Model. Springerplus. Springer International Publishing 2016;5(1):1855.
24. Parasuraman A, Zeithaml V, Berry L. Conceptual model of service quality and its implications for future research. J Mark. 1985;49(fall 1985):41-50.
25. Chelladurai P, Scott FL, Haywood-Farmer J. Dimensions of fitness services: development of a model. J Sport Manag. 1987;1:159-72.
26. Kim D, Kim SY. QUESC: an instrument for assessing the service quality of sport centers in Korea. J Sport Manag 1995;9(2):208-20.
27. Papadimitriou D, Karteroliotis K. The service quality expectations in private sport and fitness centers: a reexamination of the factor structure. Sport Mark Q. 2000;9(3):157-64.
28. Lam ETC, Zhang JJ, Jensen BE. Service quality assessment scale (SQAS): an instrument for evaluating service quality of health-fitness clubs. Meas Phys Educ Exerc Sci. 2005;9(2):79-111.
29. Chang K, Chelladurai P. System-based quality dimensions in fitness services: development of the scale of quality. Serv Ind J 2003;23(5):65-83.
30. Mendo AH, Argilaga MTA. Análisis psicosocial de los programas de actividad física: evaluación de la temporalidad. Psicothema. 2001;13(2):263-70.
31. Romo Peréz V. Diseño de una herramienta de evaluación de la calidad de los programas municipales de actividad física para personas mayores. 2003.
32. Martínez-Moreno A, López MA, López JM. Planificación de la calidad en actividad física. 1 St. Granada: Servicio de Publicaciones. Universidad de Murcia. Instituto Propio de Ciencias del Deporte; 2006.
33. McDonald MA, Sutton WA, Milne GR. TEAMQUAL (TM): measuring service quality in professional team sports. Sport Mark Quarterly. 1995;4:9-15.
34. Theodorakis N, Costa G, Laios A. What finally service quality means for sport managers. European Association of Sport Management Conference. Funchal: EASM; 1998.
35. Rial-Boubeta J, Varela-Mallou J, Rial-Boubeta A. Modelización y medida de la Calidad Percibida en centros deportivos: la escala QSport-10. (Modelling and Measuring Perceived Quality in Sports Centres: QSport-10 scale). Rev Int Cienc Deporte. 2010;6:57-73.
36. Howat G, Absher J, Crilley G, Milne I. Measuring customer service quality in sports and leisure centres. Manag Leis. 1996;1:77-89.
37. Ko YJ. A multidimensional and hierarchical model of service quality in the participant sport industry. Ohio: Ohio State University; 2000.

Seção 3

Avaliação do desempenho em educação física

Capítulo 11

Avaliação do desempenho no domínio motor de crianças na segunda infância

Andrea Michele Freudenheim
Luciano Basso

Objetivos do capítulo

Apresentar subsídios para a aplicação da avaliação sistemática no contexto da intervenção para, a partir do quesito avaliação, contribuir para uma Educação Física (EF) de qualidade. Mais especificamente, os objetivos deste capítulo são, na intervenção em EF para crianças de segunda infância, favorecer, em relação ao domínio motor:
- ▶ Estabelecimento preciso dos comportamentos almejados (objetivos gerais e específico).
- ▶ Elaboração de instrumentos de avaliação sistemática pertinentes à intervenção.

INTRODUÇÃO

Para que uma atividade física possa ser entendida como EF, ela precisa estar vinculada ao alcance de objetivos claramente definidos. Portanto, atrelada a um programa de intervenção profissional relacionado a uma ou mais categorias da cultura corporal de movimento historicamente estudadas e ensinadas pela EF: o esporte, o jogo, a dança, as lutas e a ginástica.[1,2] No presente capítulo, a avaliação é vista como um dos componentes deste programa de ensino de EF (aqui abarcando escolar e não escolar) que contempla: valores, metas, objetivos (gerais e específicos), conteúdo, estratégia e avaliação. Portanto, no contexto da intervenção em EF, a avaliação não tem um fim em si mesma, mas somente em interação com os demais componentes do programa, como referência para uma diversidade de tomadas de decisão.[3,4]

Vale ressaltar que a maioria dos profissionais de EF está ciente da importância da avaliação sistemática no contexto do processo ensino-aprendizagem. No entanto, raramente a aplicam de fato. São vários os motivos para a falta de aplicação de uma avaliação sistemática, especialmente na EF de segunda infância. Sem querer esgotá-los, a seguir são elencados os principais:

- ■ Falta de estabelecimento preciso dos comportamentos almejados (objetivos específicos): ainda abundam programas e planejamentos ambíguos e pouco exigentes. Os objetivos elencados, muitas vezes, são gerais, com pouca possibilidade de aplicação de uma avaliação completa e rigorosa capaz de fornecer dados relevantes sobre o processo ensino-aprendizagem. Por outro lado, mesmo quando os objetivos específicos estão suficientemente detalhados no programa, com frequência, ocorre de não serem perseguidos e aplicados em conformidade pelo profissional. Por exemplo, há situações em que o profissional, a despeito de um programa bem detalhado, não estabelece explicitamente, objetivos genéricos nem os persegue em suas ações. A falta de estabelecimento de objetivos específicos claros, seja em decorrência de programas mal definidos e/ou de profissionais ambíguos e pouco exigentes, remete à impossibilidade de realizar avaliação criteriosa.
- ■ Dificuldade para encontrar instrumentos adequados: há décadas sabe-se que a maioria dos instrumentos de avaliação disponíveis na literatura não são pertinentes aos programas desenvolvidos no contexto da intervenção em EF.[5] Esse quadro se agrava quando se trata de EF para crianças de segunda infância, pois, em termos de taxonomia do desenvolvimento motor, crianças de segunda infância – idade cronológica considerada de 6-7 a 10-12 anos de idade – encontram-se na fase de combinação de habilidades motoras básicas.[6] A maior parte dos instrumentos de avaliação motora disponíveis diz respeito à avaliação das habilidades motoras fundamentais[7-9] e à execução técnica de gestos esportivos.[5,7,10] Como apresentaram Tani et al.,[11] a fase de combinação das habilidades motoras básicas parece ter sido esquecida pelos profissionais da EF.

Portanto, são escassos ou quase inexistentes na literatura instrumentos adequados para avaliar comportamentos que envolvem combinação de habilidades motoras básicas.

Este capítulo pretende contribuir com subsídios para a aplicação de uma avaliação do desempenho motor no contexto da EF de crianças de segunda infância, em duas frentes: estabelecimento de objetivos específicos claros e delimitados no domínio motor e elaboração de instrumentos para a avaliação criteriosa. Assim, serão abordados aspectos teóricos que possibilitam gerar subsídios para o alcance desses dois objetivos do presente capítulo.

SUBSÍDIOS PARA ESTABELECER OBJETIVOS ESPECÍFICOS NO DOMÍNIO MOTOR

O ser humano é um todo indivisível. Consequentemente, a realização de uma tarefa motora demanda interação de habilidades e capacidades nos três domínios do comportamento. Contudo, como recurso didático, os objetivos gerais da EF podem ser estabelecidos em termos dos domínios do comportamento, ou seja, dos domínios motor, afetivo-social e cognitivo (p. ex., aperfeiçoar a combinação de habilidades motoras básicas, desenvolver o respeito às diferenças individuais em atividades que envolvam combinação de habilidades motoras básicas e adquirir conhecimentos sobre aspectos fisiológicos de atividades que envolvam combinação de habilidades motoras básicas, respectivamente).

Por sua vez, os objetivos específicos – a serem estabelecidos a partir dos gerais –, podem remeter a cada um dos três domínios do comportamento e, em consequência, o conteúdo, a estratégia e a avaliação, de forma coerente, apresentarem correspondência. Veja em Freudenheim, Gama e Carracedo[12,13] exemplo de proposta de programa completo de EF no meio líquido organizado com base nos três domínios do comportamento. Com esse pano de fundo, no presente capítulo, será realizado um recorte destacando o domínio motor.

Características motoras da criança de segunda infância

As crianças na segunda infância encontram-se na fase de combinação de habilidades motoras básicas[6] ou, como proposto por Gallahue e Donnelly,[14] no estágio de transição para a fase de movimentos especializados. Nesse sentido, presume-se que já apresentem padrão maduro na maioria das habilidades motoras básicas.

Esse domínio é necessário, mas não suficiente, para a aquisição de habilidades que envolvem sua combinação. Dominar corrida e arremesso isoladamente não garante a execução com competência da combinação dessas habilidades. Ao solicitar que uma criança realize uma tarefa que demande a combinação de corrida e arremesso, é comum observar que ela corre, para, se reposiciona e, só depois da pausa, executa o arremesso. Esse comportamento é compreensível, pois correr, segundo o padrão maduro,[9] desfavorece a transição necessária ao arremessar.[15] Para que a criança consiga executar essa tarefa, ela deve estabelecer uma forma de sobreposição entre os padrões de movimento correr e arremessar mediante modificação na passada, no movimento do tronco e na maneira de atrasar o movimento do braço.[15,16] Esses ajustes de movimentos que ocorrem no final do trajeto de corrida para que a combinação possa ser efetivada resultam na redução da velocidade de corrida.[15,17] Uma vez que há uma alta correlação entre a fluência com que os componentes são acionados durante a corrida e a capacidade de manutenção da velocidade, a forma como essa sobreposição acontece é um fator importante na transferência da velocidade desenvolvida na corrida para a propulsão do implemento.[17] Aqueles que conseguem efetuar as modificações sem reduzir demais a velocidade normalmente apresentam melhor desempenho.[15] Portanto, há a necessidade de aprender a nova habilidade, ou seja, o padrão de corrida que permite que o arremesso a seguir seja realizado em sequência, sem interrupção.

O mesmo se aplica à combinação das habilidades motoras receber e arremessar: receber segundo o padrão maduro desfavorece a transição para o arremesso. O padrão de receber que permite sobrepor o arremesso a seguir, sem interrupção, requer reorganização espacial e temporal das habilidades, ou seja, implica a perda de um pouco das características consideradas expressão do padrão maduro de receber e arremessar. A criança aprende a combinar essas duas habilidades motoras à medida que consegue inserir o arremesso ao final da recepção. Essa ação envolve a aprendizagem do melhor momento para iniciar a preparação do braço para o arremesso. E, assim, sucessivamente: todas as combinações de habilidades básicas precisam ser adquiridas, pois não resultam da simples soma das habilidades já dominadas.[11]

Vale ressaltar que, para destacar a importância da aprendizagem da interação entre as habilidades motoras básicas, Tani et al.[6] propuseram a combinação de habilidades como uma fase do desenvolvimento motor, e não como um apêndice ou um estágio de transição de fase, como em Gallahue e Donnelly.[14]

Como o contexto do esporte, do jogo, da ginástica, das lutas e da dança envolve a combinação de habilidades motoras básicas, pode-se argumentar que há um vasto repertório motor que a criança de segunda infância necessita adquirir, diversificar e aperfeiçoar. Para se ter uma ideia da dimensão do desafio relacionado ao repertório a ser adquirido pelas crianças dessa faixa etária, considere-se a classificação das habilidades em manipulativas (receber, arremessar, quicar, rolar, chutar, prender, rebater etc.), estabilizadoras (girar, flexionar, equilibrar, estender etc.) e locomotoras (andar, correr, saltar, rastejar, saltitar, deslizar etc.).[13] O repertório que necessita ser adquirido, diversificado e aperfeiçoado diz respeito às combinações dentro de uma mesma categoria de movimentos (intracategoria) e entre habilidades pertencentes a categorias distintas (intercategorias). A título de exemplo, na categoria de habilidades de manipulação, há as combinações que envolvem duas habilidades, como receber-arremessar, receber-quicar, receber-chutar, ou três habilidades fundamentais, como receber-quicar-arremessar. Entre habilidades de categorias distintas, há a combinação de correr (locomoção) com arremessar (manipulação) e de saltar (locomoção), girar a corda (manipulação) e manter o equilíbrio (estabilização), necessária à tarefa de pular corda. Portanto, as combinações intra e intercategorias podem envolver duas, três ou mais habilidades aplicadas a jogos, esporte, dança, ginásticas e lutas.

Ainda, cada uma dessas combinações pode variar em termos de demandas temporais (lento, rápido e de desaceleração), espaciais (planos, níveis, direção e extensão) e de utilização de objetos (corda, bola, disco, cone, peteca, entre outros). Por exemplo, para considerar como adquirida, a criança deve ser capaz de receber-arremessar bolas com características distintas (tamanhos, pesos e texturas diferentes), bem como objetos diversos (peteca, discos etc.) em contextos de baixa, média e alta organização, de significado cultural distinto (esporte, jogo, dança, ginástica e lutas). A partir desses exemplos, pode-se deduzir facilmente que tendem ao infinito as possibilidades de combinação de habilidades básicas com significado cultural que podem ser objeto de aprendizagem de crianças de segunda infância.

Mas como diferenciar o repertório de combinação de habilidades básicas com significado cultural, a ser adquirido pela criança de segunda infância, da combinação de habilidades envolvida na execução de habilidades específicas (p. ex., do esporte, da dança e/ou das lutas)? A título de exemplo, segundo Tani et al.,[11] os componentes de um salto em distância do atletismo executado por um atleta e do salto em distância sobre uma faixa delimitada por duas cordas executado por uma criança são os mesmos: a corrida, a impulsão, a fase aérea e a aterrissagem. Portanto, no que concerne aos componentes, não existe nenhuma diferença entre esses dois saltos. Segundo os autores, a diferença está no objetivo da execução, com consequências no padrão de movimento a ser executado.

O salto do atleta de atletismo tem como objetivo o máximo rendimento. Por isso, precisa ser executado com base na realização dos componentes com parametrização específica, ou seja, a mais adequada aos objetivos do salto e às características do atleta saltador (p. ex., biótipo, força, velocidade). Qualquer salto executado fora desse padrão específico resultaria, provavelmente, em desempenho inferior ao desejado. Assim, quanto mais elevados e exigentes forem os níveis de desempenho, maiores as restrições sobre o padrão de movimento. Em outras palavras, menor grau de liberdade na escolha do padrão no que tange a variação na parametrização de cada um dos componentes.[11]

No caso do salto em distância de crianças de segunda infância, entendido como parte do repertório de combinação de habilidades básicas com significado cultural, o objetivo é vencer a distância demarcada. Nesse caso, as variações na parametrização dos componentes fazem pouca diferença, pois vários padrões podem ser escolhidos e executados e o objetivo ser igualmente alcançado. Isto é, há maior grau de liberdade na escolha do padrão. Portanto, há fortes restrições para a execução do salto em distância específico do atletismo, enquanto as variações na parametrização dos componentes do salto sobre uma faixa delimitada fazem pouca diferença.

Diante do exposto, Tani et al.[11] afirmam que é plausível inferir que aquele saltador, cuja infância propiciou oportunidades de explorar várias possibilidades de combinação de componentes para saltar diferentes obstáculos em diferentes situações, com diferentes níveis de exigência de desempenho, terá maiores opções (repertório de combinações) para chegar à configuração específica necessária ao esporte de rendimento, por exemplo, no de salto em distância do atletismo.

Em síntese, no caso da criança de segunda infância, a meta relacionada à aprendizagem do movimento é ampliar o repertório de movimentos e melhorar sua qualidade. Nesse contexto, pode-se considerar objetivo geral aperfeiçoar a capacidade de executar combinações de habilidades motoras básicas que, por sua vez, constituem a base para o desenvolvimento de movimentos mais complexos nas fases seguintes do desenvolvimento. Portanto, na EF voltada para a segunda infância, há extenso repertório a ser desenvolvido antes de adentrar o contexto das habilidades motoras específicas.

Na fase de combinação de habilidades, desenvolvem-se competências que favorecem a continuidade do aumento de complexidade envolvido no desenvolvimento motor. Somente a partir da aquisição das habilidades características dessa fase torna-se adequado, na fase seguinte, o trabalho em direção ao domínio das habilidades motoras específicas. O importante é reconhecer essa demanda e não ceder à tentação de pular essa etapa do desenvolvimento motor.[11,18]

Conhecer as necessidades da faixa etária é imprescindível para estabelecer objetivos (gerais e específicos) adequados, mas não suficiente. Também é preciso redigir de forma clara os comportamentos almejados. A redação adequada dos objetivos específicos favorece a aplicação da avaliação sistemática. A seguir, são apresentados alguns subsídios nessa direção.

REDAÇÃO DE OBJETIVOS ESPECÍFICOS

O primeiro aspecto a atentar é redigir os objetivos específicos em termos comportamentais precedidos de um verbo – no infinitivo – para denotar ação. Deve-se considerar que os objetivos específicos devem expressar de forma detalhada os comportamentos que se pretende alcançar. Objetivos específicos são observáveis, mensuráveis e podem estabelecer o critério de desempenho.

Partindo do objetivo geral de adquirir a capacidade de executar combinações de habilidades motoras básicas em contextos de baixa, média e alta organização de significado cultural distinto, como jogos, esporte, dança, ginásticas e lutas, pode-se ter:

Combinação intracategoria

Estabilização

Aplicado à ginástica de baixa organização: demonstrar capacidade de realizar[v], consecutivamente[d], duas cambalhotas para frente, saindo da posição agachada e finalizando nesta mesma posição[c].

Locomoção

Aplicado à dança de média organização: demonstrar capacidade de executar[v] a combinação de saltitar, correr e saltar, consecutivamente[c], com fluência, no ritmo externamente determinado[d].

Manipulação

Aplicado ao jogo de alta organização: demonstrar constância[d] na capacidade de realizar[v] a combinação da recepção de objetos (p. ex., bola, disco, arco ou pe-

teca) em movimento, com o arremesso de precisão a alvo móvel[c].

Combinação intercategoria

Aplicado à luta de baixa organização: demonstrar consistência[d] na capacidade de efetuar[v] a combinação de aproximar-se com pequenos passos de um colega (locomoção) e posicionar-se com base estável, em alerta, à sua frente (estabilização)[c].

Aplicado ao jogo de média organização: demonstrar[v] capacidade de combinar a ação de receber, estando em movimento, uma bola de borracha de tamanho médio (manipulação), com correr em velocidade com ela na mão (locomoção) e depositá-la num balde elevado à altura da cabeça (estabilização)[c], com fluência[d].

Aplicado à ginástica de alta organização: demonstrar consistência[d] na capacidade de efetuar[v] a combinação de lançar uma bola de borracha (manipulação), dar uma cambalhota para a frente (estabilização) e recebê-la com ambas as mãos no ar (manipulação)[c].

[v]Verbo/ação; [d]critério de desempenho; [c]comportamento observável.

SUBSÍDIOS PARA A ELABORAÇÃO DE INSTRUMENTO(S) DE AVALIAÇÃO PERTINENTES

Nesse ponto, é importante distinguir entre medição e avaliação. Medição é o processo de coletar informação sobre o desempenho. Avaliação é o processo de determinar o valor dos dados coletados. Em outras palavras, a avaliação é o procedimento que permite a apreciação qualitativa dos dados coletados pela medição. *A priori*, não existe um sistema de avaliação único considerado superior a todos os demais, mas aquele mais coerente com os objetivos estabelecidos. Ainda, como apresentado nas considerações iniciais, uma das dificuldades para a aplicação sistemática da avaliação na EF de segunda infância é a falta de instrumentos de avaliação disponíveis na literatura voltados à avaliação de combinação de habilidades motoras básicas. Para que seja possível aplicar uma avaliação sistemática pertinente às peculiaridades do programa, principalmente àqueles voltados às crianças de segunda infância, com frequência, é necessário que o profissional elabore o instrumento a ser aplicado.

Nesse sentido, mais importante do que apresentar uma coletânea de instrumentos de avaliação, visa-se a prover elementos para elaborá-los. A seguir, um roteiro de perguntas (adaptado de Freudenheim)[4] que, ao serem respondidas, geram subsídio para a elaboração de instrumento de avaliação pertinente aos objetivos específicos elencados no(s) respectivo(s) programa(s).

Roteiro

Quais os comportamentos a serem avaliados?

A resposta à pergunta acima é simples: deve ser avaliado o alcance (ou não) de todos os comportamentos explicitados como objetivo específico. Uma das principais dificuldades da avaliação é o tempo que se despende em sua aplicação. É relevante, portanto, escolher tarefas que evoquem comportamentos que representem bem o objetivo específico formulado.

Considere-se o objetivo específico: avaliar, aplicado ao jogo de alta organização, a constância[d] na capacidade de realizar[v] a combinação da recepção de objetos (p. ex., bola, disco, arco ou peteca) em movimento, com o arremesso de precisão a alvo móvel[c].

O comportamento a ser avaliado é: a capacidade de realizar a combinação da recepção de objetos (p. ex., bolas, discos, arcos ou petecas) em movimento, com o arremesso de precisão a alvo móvel.

Para avaliar, entre as possibilidades, pode-se escolher como tarefa um jogo que esteja contemplado no conteúdo (p. ex., o, queimada) e, entre os objetos, aqueles utilizados com maior frequência (p. ex., bolas de dois tamanhos diferentes).

Quais aspectos do desempenho a serem considerados para avaliação?

O desempenho na realização de habilidades motoras combinadas pode ser avaliado quanto a qualidade do movimento, padrão de movimento e/ou resultado no ambiente.

Em relação a sua qualidade, o comportamento pode ser avaliado, por exemplo, em termos de sua fluência, consistência e/ou constância.

- Fluência: diz respeito à interação entre os componentes de uma sequência, ou seja, à identificação de interrupção ou não na execução da combinação de habilidades, no momento da transição. Por exemplo, a sobreposição sem pausa entre a combinação das habilidades correr e arremessar é indicativo de fluência. Por outro lado, a parada brusca para efetuar o arremesso indica falta de fluência na execução dessa combinação.
- Consistência: significa que, sempre que necessário, a ação executada implica respostas apropriadas para a solução dos problemas motores apresentados. Portanto, diz respeito ao desenvolvimento de um controle confiável no sentido de uma possível repetição de seu padrão. Por exemplo, um modelo inicial do andar está adequado e confiável (consistente) quando uma criança pode utilizá-lo com segurança, sempre que quiser andar, quando mantidas as condições ambientais.[19]
- Constância: diz respeito à capacidade de o sistema alcançar um dado objetivo quando há variações nas condições externas. Portanto, é a flexibilidade da ação quando expressa na variação das estratégias para alcançar um fim, determinada pelas condições externas.[20] Por exemplo, a capacidade de, num jogo de queimada, receber e, em seguida, arremessar bolas de diferentes tamanhos, caracteriza constância motora.

Em relação ao padrão de movimento, o desempenho pode ser avaliado quanto à configuração total do corpo e/ou dos componentes intratarefa.[21] Por exemplo, como apresentado por Gimenez et al.[15] na combinação das habilidades correr e arremessar, pode-se analisar os componentes da corrida na preparação para o arremesso (ação do braço, do tronco e da passada), a transição da corrida para o arremesso (p. ex., identificar se há salto e/ou pausa entre a execução da corrida e do arremesso) e os componentes do arremesso na combinação (braço, tronco e pés) em conjunto e/ou separadamente.

Em relação ao resultado alcançado no ambiente (produto), o desempenho pode ser avaliado em função do alcance de uma pontuação e/ou, de forma mais geral, em função de acerto ou não. No caso da recepção seguida de arremesso num jogo de queimada, por exemplo, em função do alcance ou não do objetivo, ou seja, porcentagem de sucesso no passar a bola ao colega de equipe e/ou no queimar um dos adversários e, no caso da combinação do correr e arremessar, a distância alcançada pela bola.

Importante ressaltar que somente podem ser consideradas combinações de habilidades motoras básicas, e avaliadas como tais, as execuções nas quais há sobreposição na transição entre a execução dos componentes, ou seja, no exemplo, quando não há parada marcando a transição da corrida para o arremesso.

Qual o melhor instrumento?

Não há *a priori* um melhor instrumento, mas aquele mais adequado ao programa. Os instrumentos mais utilizados para avaliação de comportamentos no domínio motor são teste e lista de checagem.

O teste é um instrumento validado com protocolo de aplicação e julgamento consolidado conforme a norma da população, o que torna a avaliação objetiva.

A lista de checagem permite analisar fatores relevantes à execução de uma habilidade motora com base em uma listagem de comportamentos, tornando avaliações qualitativas (descritivas) em quantitativas (escore) para uma determinada habilidade. Encontram-se na literatura listas construídas e validades para avaliar o desempenho nos padrões de movimentos fundamentais[9,14] e o desempenho em uma série de habilidades culturalmente determinadas, como nado *crawl*,[22] golpe de judô Tai Otoshi[23] e do desempenho no voleibol.[10]

Embora possam ser muito úteis, encontramos na literatura somente uma lista de checagem elaborada com o propósito de avaliar o desempenho (padrão e consistência) na combinação de habilidades motoras básicas correr e arremessar, desenvolvida para investigação (para detalhes, ver lista de checagem apresentada por Gimenez et al.[15]).

O primeiro passo para elaborar uma lista de checagem é definir o conteúdo de itens de forma lógica, clara, simples e universal.[24] Para fins de intervenção, os itens da lista devem corresponder ao comportamento a ser avaliado e explicitar o critério de avaliação constante no objetivo específico. Por exemplo, uma lista para avaliar o comportamento de combinação da recepção de objetos em movimento com o arremesso de precisão a alvo móvel pode ter itens de conteúdo relacionados à observação dos componentes braço, tronco e membros inferiores durante a recepção na combinação com o arremesso, ou seja, da recepção incluindo as modificações necessárias para a preparação do arremesso; durante a transição para o arremesso (p. ex., se houve ou não parada) e durante o arremesso na combinação.

Em relação ao critério, pode-se criar uma escala para quantificar o desempenho, ou seja, um contínuo que permite situá-lo segundo o grau de desenvolvimento do comportamento ou característica (qualidade, padrão e/ou resultado) desejado. Por exemplo, escores 1, 2 e 3 correspondendo a três níveis de alcance do comportamento desejado, o 1 representando desempenho insatisfatório, o 2, intermediário, e o 3, expressando que o desempenho desejado foi alcançado em plenitude. Dessa forma, podem-se obter dados quantitativos (escore) em relação ao desempenho e, portanto, dados mais objetivos e sistematizados que favoreçam o processo de avaliação no contexto da intervenção em EF. Em relação ao exemplo da combinação do receber e arremessar aplicado à queimada, pode-se criar faixas de precisão, ou seja, acerto nos membros inferiores do indivíduo em movimento, valer 3, no tronco 2, e fora do alvo, 1.

A elaboração e a aplicação de lista(s) de checagem que corresponde(m) aos comportamentos almejados (objetivos específicos, claros e delimitados) favorece a aplicação de uma avaliação sistemática pertinente às peculiaridades do(s) programa(s) de EF. Em consequência, seus resultados podem servir como referência para uma série de tomadas de decisão, contribuindo-se, assim, com base no quesito avaliação, para uma EF de qualidade.

CONSIDERAÇÕES FINAIS

A avaliação em EF pode ser utilizada para diversos fins. Seu registro permite tanto uma visão geral do programa como uma visão das particularidades de cada criança. A visão geral pode ajudar a instituição a identificar aspectos macroscópicos do programa que merecem atenção, e decidir sobre, por exemplo, adequação do número de alunos, tempo de aula, estrutura e objetivos gerais. Para a instituição e para o profissional, pode servir de referência para as tomadas de decisão relativas ao programa, ou seja, para estabelecer e reestabelecer objetivo, conteúdo, estratégia e a própria avaliação. Nesse sentido, pode ser útil para o profissional verificar a necessidade de orientar a reformulação do programa aplicado. Por sua vez, a visão das particularidades individuais pode possibilitar o fornecimento de *feedback* preciso ao aprendiz, apontando seus avanços e possibilidades de superação, e ainda facilitar o desenvolvimento de sua capacidade de autoavaliação e, em consequência, de autocorreção, entre outros. Em relação aos pais e/ou responsáveis, pode servir para o acompanhamento do processo de aprendizagem da criança, aumentando inclusive o envolvimento para com ela. Por isso, a avaliação é um componente essencial do programa de intervenção e merecedor de esforço por parte do profissional para sua concretização.

RESUMO

O objetivo deste capítulo foi apresentar subsídios para a construção e a aplicação da avaliação sistemática no contexto da intervenção em EF no âmbito da fase de combinação das habilidades motoras básicas. Mais especificamente, favorecer, em relação ao domínio motor, o estabelecimento preciso dos comportamentos almejados (objetivo específico) e a construção de instrumento de avaliação sistemática pertinente às especificidades do programa desenvolvido. Nesse sentido, apresentamos uma síntese das demandas motoras da criança de segunda infância e alguns quesitos e exemplos para a redação dos comportamentos almejados.

Em sequência, apresentamos roteiro com tópicos para favorecer a elaboração de instrumentos de avaliação (listas de checagem) adequados às necessidades específicas dos programas de intervenção, acompanhado de exemplos ilustrativos.

Questões para reflexão

1. Quais são as características e as demandas motoras de crianças de segunda infância?
2. Qual a dificuldade em se proceder a uma avaliação sistemática no âmbito da intervenção em EF, especialmente no caso de programas voltados a crianças de segunda infância?
3. Como se pode superar essa dificuldade adicional?
4. A partir dos subsídios teóricos e exemplos apresentados, elabore uma lista de checagem para avaliar a combinação das habilidades correr e arremessar a distância.

REFERÊNCIAS BIBLIOGRÁFICAS

1. Silveira GCF, Pinto JF. Educação física na perspectiva da cultura corporal: uma proposta pedagógica. Rev Bras Esp. 2001;137-50.
2. Tani G. Pedagogia do movimento: reflexões sobre atividade física para crianças e adolescentes. In Correia W, Basso L (eds.) Pedagogia do movimento do corpo humano. São Paulo: Fontoura; 2013. p. 19-32.
3. Safrit MJ, Wood TM. Measurement concepts in physical education and exercise science. Champaign: Human Kinetics; 1989.
4. Freudenheim AM. Seleção da avaliação. In: Freudenheim AM (org.). O nadar: uma habilidade motora revisitada. São Paulo: EEFUSP/EFP; 1995. p. 83-92.
5. Strand BN, Wilson, R. Assessing sport skills. Champaign: Human Kinetics; 1993.
6. Tani G, Manoel EJ, Kokubun E, Proença JE. Educação física escolar: fundamentos de uma abordagem desenvolvimentista. São Paulo: EPU; 1988.
7. Burton A, Miller D. Movement skill assessment. Champaign: Human Kinetics; 1998.
8. Ulrich D. The test of gross motor development. 2. ed. Austin: Prod; 2000.
9. Wickstrom RL. Fundamental motor patterns. 2. ed. Philadelphia: Lea & Rebiger; 1977.
10. Collet C, Nascimento JV, Ramos V, Stefanello JMF. Avaliação do desempenho no voleibol. Rev Bras Cineantropom Desempenho Hum. 2011;43-51.
11. Tani G, Basso L, Corrêa U. O ensino do esporte para crianças e jovens: considerações sobre uma fase do processo de desenvolvimento motor esquecida. Rev Bras Educ Fís Esp. 2012:26(2).
12. Freudenheim AM, Gama RIRB, Carracedo VA. Fundamentos para a elaboração de programas de ensino do nadar para crianças. Rev Mack Ed Fis Esp. 2003:61-9.
13. Freudenheim AM, Gama RIRB, Carracedo VA. Curso aprendendo a nadar. In: Rubio K (org.). Memória dos cursos comunitários e extensão da EEFE-USP. São Paulo: EEFE-USP; 2009. p. 43-56.
14. Gallahue DL, Donnelly FC. Educação física desenvolvimentista para todas as idades. São Paulo: Phorte; 2008.
15. Gimenez R, Manoel EJ, Oliveira DL, Basso L. Combinação de padrões fundamentais de movimento: crianças normais, adultos normais e adultos portadores da síndrome de Down. Rev Bras Educ Fis Esp. 2004:101-16.
16. Hay JG. The biomechanics of sports techniques. London: Prentice Hall; 1978.
17. Mero A, Komi VP, Korjus T, Navarro E, Gregor RJ. Body segment contributions to javelin throwing during final thrust phases. J Hum Mov Stud. 1994:166-77.
18. Freudenheim AM. Características complementares da criança de segunda infância e suas implicações para a educação física: um ensaio propositivo. In: Walter RC, Basso L (org.). Pedagogia do movimento do corpo humano. Várzea Paulista: Fontoura; 2013. p. 53-65.
19. Keogh JF. Konsistenz und konstanz in der vorschulischen Bewegungsentwicklung. Motorik im Vorschulalter. Band 1; 1978.
20. Berkinblit, MB, Feldman, AG, Fukson, O. Adaptability of innate motor patterns and motor control mechanisms. Behav Brain Sci. 1986:585-638.
21. Roberton MA. Motor stages: heuristic model for research and teaching. In: Proceedings of the NAPECW/NCPEAM. National conference. Orlando: NAPECW/NCPEAM; 1977.
22. Madureira F, Gollegã DG, Rodrigues HF, Oliveira TAC, Dubas JP, Freudenheim AM. Validação de um instrumento para avaliação qualitativa do nado "crawl". Rev Bras Educ Fis Esp. 2008:273-84.
23. Gomes FRF, Meira JR. Go T, Shimoda WK. Validação de uma lista de checagem para análise qualitativa do padrão de movimento do golpe de judô Tai Otoshi. Academos, Revista Eletrônica da FIA.
24. Meira Jr. CM. Validação de uma lista de checagem para análise qualitativa do saque do voleibol. Motriz (Unesp). 2003:153-60.

Capítulo 12

Avaliação do desempenho em educação física para adultos

Monica Yuri Takito
Ursula Ferreira Julio
Valéria Leme Gonçalves Panissa

Objetivos do capítulo

▶ Discutir as recomendações em relação à prática de exercício físico na idade adulta e suas implicações para a avaliação de educação física.
▶ Discutir as possibilidades e os critérios de seleção para a avaliação da potência e da capacidade aeróbia.

INTRODUÇÃO

Evidências da importância do engajamento regular ao exercício físico reforçam a necessidade de treinamento cardiorrespiratório, resistido e de flexibilidade para a melhoria da aptidão física e para a saúde.[1] Ainda que todos os componentes da aptidão física sejam igualmente importantes, optou-se por abordar a aptidão aeróbia de maneira mais detalhada. As recomendações preconizadas para a manutenção da saúde têm sido amplamente divulgadas, mas para a efetividade do treinamento devem ter prescrição correta e esta depende de parâmetros mecânicos e fisiológicos que podem ou não estar em protocolos para avaliação da aptidão aeróbia. Assim, será foco do presente capítulo discutir critérios de seleção para a avaliação da potência e da capacidade aeróbia.

Alguns aspectos precedem a seleção de um protocolo de avaliação à prática de exercício físico. Recomendações recentes evidenciam a importância da identificação de risco individual ao exercício de intensidade moderada a vigorosa para indivíduos portadores ou com sintomas de patologias cardiovasculares, pulmonares, renais, metabólicas e outras condições, os quais devem realizar avaliação clínica prévia a um teste de esforço máximo.[2] Dessa maneira, serão considerados, no presente capítulo, indivíduos assintomáticos sem contraindicações para prática de exercício físico.

A escolha e a seleção de um protocolo para avaliação da aptidão aeróbia deve considerar não apenas a identificação do estado de treinamento, mas também auxiliar a prescrição e o monitoramento do exercício.[3] Especificamente para o treinamento aeróbio, a recomendação atual indica genericamente a necessidade de realizar exercícios de intensidade moderada a vigorosa que podem utilizar indicadores externos ou subjetivos do controle de intensidade durante a atividade, como o equivalente metabólico (MET), a percepção subjetiva ao esforço, a resposta fisiológica por meio da frequência cardíaca e do consumo de oxigênio.[1]

Dessa maneira, ainda que a utilização de testes submáximos possibilite predizer indicadores fisiológicos da potência aeróbia máxima, como o consumo máximo de oxigênio, os testes progressivos máximos são os protocolos mais indicados para a obtenção de índices máximos das variáveis relacionadas a aptidão aeróbia[4] e, dessa maneira, a possibilidade da prescrição individualizada. Esses testes apresentam alta reprodutibilidade,[5] entretanto, existem algumas variáveis dos protocolos (carga inicial, duração dos estágios, o incremento da carga e a duração total do teste) que, ao serem manipuladas, podem afetar as respostas obtidas com o teste.[3] Outro aspecto a ser observado é a especificidade, assim, a utilização de protocolos em diferentes ergômetros, como esteira rolante ou bicicleta, deve ser avaliada com cuidado na escolha e na aplicação do teste, ou seja, se o exercício for realizado na bicicleta, o protocolo de teste progressivo deve ser conduzido na bicicleta.

É interesse do avaliador que o protocolo escolhido para estimar os componentes da aptidão aeróbia seja o protocolo que resulte na melhor estimativa desses componentes e que a escolha de um em detrimento do outro não modifique os valores obtidos para possibilitar a melhor informação para a prescrição do treinamento. Assumindo que os testes progressivos são reprodutíveis e sensíveis, consequentemente, se o avaliador utilizar o mesmo protocolo, ainda que este contenha um erro em estimar os componentes da aptidão aeróbia, poderá comparar o indivíduo nos diferentes momentos de treinamento. Assim, a escolha inicial por um protocolo a ser adotado é um passo muito importante para a avaliação dos componentes da aptidão aeróbia.

Para avaliadores experientes, essa escolha deve ser facilitada, uma vez que as diferentes experiências vivenciadas possibilitam estabelecer qual é a melhor combinação das variáveis manipuladas no teste progressivo. Por outro lado, avaliadores com pouca experiência não encontram a mesma facilidade para essa escolha. Seria esperado, portanto, que houvesse na literatura diretrizes para contornar essas dificuldades dos avaliadores menos experientes e até mesmo guiar os avaliadores mais experientes na escolha de um protocolo menos empírico. Sobretudo, as principais diretrizes oferecem recomendações genéricas que comportam uma grande variedade de protocolos.

Sendo assim, este capítulo abordará as variáveis manipuláveis do teste progressivo e sua possível influência na obtenção das variáveis relacionadas à aptidão aeróbia em esteira e bicicleta, que são os ergômetros comumente utilizados para avaliação e prescrição do treinamento aeróbio, tentando estabelecer alguns direcionamentos para a escolha de um protocolo.

AVALIAÇÃO DA APTIDÃO AERÓBIA

Um teste progressivo máximo é realizado com o objetivo de avaliar dois componentes da aptidão aeróbia: potência e capacidade aeróbia. A potência aeróbia máxima é avaliada por meio do consumo máximo de oxigênio ($\dot{V}O_{2máx}$), que pode ser definido como a taxa máxima pela qual o oxigênio pode ser captado e utilizado pelo corpo durante exercício severo.[6] Além do valor de $\dot{V}O_{2máx}$ obtido, há também interesse na carga máxima atingida durante o teste, que é utilizada tanto para monitoramento como para prescrição do treinamento aeróbio e como indicativo da potência aeróbia máxima, uma vez que os valores de $\dot{V}O_{2máx}$ podem se manter estáveis em populações muito treinadas, porém o atleta pode apresentar uma melhora na carga máxima atingida associada ao $\dot{V}O_{2máx}$.[7]

Enquanto a potência aeróbia está relacionada ao maior ritmo de produção de energia pela via oxidativa, a capacidade aeróbia está relacionada com a quantidade máxima de trabalho produzido por essa via e é comumente representada pela maior intensidade na qual há um equilíbrio entre a produção e a remoção do lactato sanguíneo. Portanto, para essa capacidade, utiliza-se

demarcador de intensidade comumente conhecido como limiar anaeróbio. A identificação desse limiar pode ser estimada de maneira direta, porém é extremamente demorada, uma vez que requer vários testes com cargas constantes, realizados em diferentes intensidades para identificar a maior intensidade na qual há equilíbrio entre produção e remoção de lactato; esse método é conhecido como máxima fase estável do lactato sanguíneo.

Como alternativa, métodos indiretos podem ser utilizados para estimar o limiar anaeróbio. Nesses métodos utilizam-se valores fixos da concentração de lactato sanguíneo (3,5 ou 4 mmol.L^{-1}, dependendo do protocolo de teste progressivo utilizado) para identificar a intensidade associada ao limiar anaeróbio. Por fim, é possível utilizar métodos duplamente indiretos para identificar o limiar anaeróbio por meio de parâmetros ventilatórios. Durante um teste progressivo, identifica-se o aumento desproporcional da ventilação em relação ao volume de dióxido de carbono expirado (VE/VCO_2) e, posteriormente, a intensidade associada.[8]

De maneira geral, existem dois tipos de testes progressivos: um que avança por estágios com incrementos de carga ao final de cada estágio, e outro que também avança por estágios, mas o incremento de carga aplicada é contínuo considerando-se um intervalo de tempo mais curto quando comparado com os protocolos que incrementam a carga apenas no fim de cada estágio. Não existe definição clara na literatura quanto à nomenclatura para esses dois tipos de teste, então serão utilizados termos comumente conhecidos que são: protocolos de rampa, para os protocolos com carga contínua, e protocolos incrementais, quando há incremento ao final de cada estágio. Dessa maneira, esses testes possibilitam variações na intensidade inicial, na duração dos estágios e no incremento de carga. A intensidade, por sua vez, pode ser modificada em esteira pela velocidade e inclinação, ao passo que na bicicleta, pela carga e cadência da pedalada.

Na tentativa de compreender como a manipulação de uma variável dos protocolos progressivos interfere na obtenção dos índices da aptidão aeróbia, alguns estudos foram conduzidos, porém, em sua maioria, esses estudos manipularam diversas variáveis, dificultando a compreensão do efeito isolado de cada uma na obtenção dos parâmetros dos testes. Assim, ao observar alguma diferença, podemos inferir apenas que a interferência é resultado da somatória das manipulações, especialmente nos testes em esteira. Adicionalmente, os diferentes estudos têm como amostra pessoas com diferentes características quanto ao nível de treinamento e gênero. Nesse sentido, há também limitação em compreender se os diferentes achados observados nos diferentes estudos são resultantes dos diferentes protocolos e manipulações ou apenas porque as amostras dos estudos são diferentes. Além disso, alguns estudos conduziram os diferentes protocolos no mesmo dia[9] e existem estudos que utilizaram protocolos que dependem da realização de um teste prévio.[10] A seguir serão apresentadas as informações descritas nesses estudos que manipularam as variáveis dos protocolos incrementais separadamente para a bicicleta e a esteira rolante.

TESTES PROGRESSIVOS EM BICICLETA

De acordo com a literatura disponível, testes progressivos incrementais e de rampa iniciam com uma carga de baixa intensidade (50 a 120 W) que aumenta por estágios, cuja duração varia entre 1 e 5 minutos. O incremento da carga em cada estágio pode variar de 25 a 64 watts. Um estudo recente demonstrou aumento do consumo de oxigênio relativo à cadência de pedalada.[11] Ainda que alguns estudos[12,13] reportem haver controle da cadência da pedalada (60 a 90 rotações por minuto), outros permitiram que os participantes escolhessem a cadência de sua preferência.[14] Sendo assim, a duração do estágio, o incremento da carga e a cadência da pedalada são variáveis que podem ser manipuladas e alguns estudos têm demonstrado que a manipulação dessas variáveis pode influenciar as respostas associadas a aptidão aeróbia, como o $\dot{V}O_{2máx}$, os limiares metabólicos e a potência máxima atingida. Além disso, a manipulação dessas variáveis pode alterar a duração total do tes-

te, que também pode alterar essas respostas. Como pode ser observado na Tabela 1, nenhum dos estudos que manipularam a duração do estágio encontrou diferença significante no $\dot{V}O_{2máx}$, demonstrando que essa variável não é modificada quando manipulada a duração do estágio. Isso indica que, indiferentemente da escolha da duração do estágio do protocolo, o $\dot{V}O_{2máx}$ realizado em bicicleta não é afetado.

As recomendações para alcançar o $\dot{V}O_{2máx}$ indicam que o teste incremental deveria ter duração total entre 6 e 12 minutos,[17] entretanto, tais recomendações se baseiam em estudos da década de 1980, como o de Buchfuhrer et al.,[18] conduzido com cinco homens fisicamente ativos, no qual foram encontrados os valores mais elevados de $\dot{V}O_{2máx}$ em testes com essa duração. Além do problema do pequeno tamanho amostral para tal inferência, o estudo manipulou diversas variáveis, como o incremento da carga (objeto central do estudo), manipulação esta que pode ter ocasionado um viés na interpretação dos resultados. Nesses estudos recentes, a duração total dos protocolos de testes variou entre 10 e 26 minutos sem diferença na potência aeróbia, expressa pela variável $\dot{V}O_{2máx}$, o que indica que mesmo testes mais longos são efetivos para atingir o $\dot{V}O_{2máx}$. Nesses estudos conduzidos com o intuito de manipular especificamente a duração do estágio, o $\dot{V}O_{2máx}$ não diferiu em testes com estágios de 1 a 5 minutos. Um aspecto a ser observado nesses estudos que objetivaram manipulação da duração do estágio é que protocolos com estágios mais longos implicam testes com durações mais longas.

TABELA 1 Estudos que objetivaram avaliar o efeito da duração do estágio em variáveis relacionadas à aptidão aeróbia em testes progressivos em bicicleta

Autores	Amostra	Duração total (minutos)	Duração de cada estágio	Incremento	$\dot{V}O_{2máx}$ (mL·kg^{-1}·min^{-1})	PLAn (W)	%$\dot{V}O_{2LAn}$	$P_{máx}$ (W)	Resultados
Bishop et al.[15]	8 mulheres fisicamente ativas	10 ± 2 26 ± 4	1 minuto 3 minutos	25 W 25 W	42,2 ± 6,1 43,7 ± 4,6	NC	NC	284 ± 46 250 ± 38	$\dot{V}O_{2máx}$: NS $P_{máx}$: 1 < 2
Bentley et al.[10]	9 homens treinados (triatletas)		1 minuto 3 minutos	30 W 5% PAM#	62,8 ± 4,7 61,6 ± 5,8	345 ± 34 313 ± 18	82,9 ± 4,1 81,0 ± 4,8	424 ± 25 355 ± 17	$\dot{V}O_{2máx}$: NS PLAn: 1 > 2 %$\dot{V}O_{2LAn}$: NS $P_{máx}$: 1 < 2
Roffey et al.[6]	10 homens fisicamente ativos	10 ± 2 13 ± 2 25 ± 4	1 minuto 1 minuto* 3 minutos	30 W 30 W 30 W	50,9 ± 5,5 50,3 ± 4,6 50,6 ± 4,5	NC	77,2 ± 7,2 76,1 ± 7,4 75,3 ± 6,9	329 ± 47 332 ± 49 270 ± 41	$\dot{V}O_{2máx}$: NS PLAn: 2<1 ;2<3 %$\dot{V}O_{2LAn}$: NS $P_{máx}$: 2 < 1 e 3
Lemos et al.[16]	9 homens fisicamente ativos	11 ± 1 10 ± 3 24 ± 3	1 minuto 3 minutos 5 minutos	15 W 50 W 50 W	(L/min^{-1}) 2,7 ± 1,0 2,6 ± 1,0 3,0 ± 1,3	NC	NC	183 ± 57 153 ± 29 182 ± 43	$\dot{V}O_{2máx}$: NS $P_{máx}$: NS

*: manutenção da carga inicial de 30 watts durante 4 minutos; NC: não coletado ou reportado; NS: diferença não significante; PLAn: potência associada ao limiar anaeróbio; $P_{máx}$: potência máxima atingida; #carga inicial igual a 50% da potência pico atingida no protocolo 1; PAM: potência aeróbia máxima; $\dot{V}O_{2LAn}$: percentual do consumo máximo de oxigênio relativo ao limiar anaeróbio; $\dot{V}O_{2máx}$: consumo máximo de oxigênio.

Com relação ao efeito no limiar anaeróbio, ao que parece, de fato nenhuma diferença foi observada quando o limiar anaeróbio foi expresso pelo percentual do $\dot{V}O_{2máx}$ em protocolos com estágios de 1 minuto comparados com estágios de 3 minutos. No entanto, quando expresso pelo percentual da potência máxima, os estudos que utilizam os métodos relacionados ao equivalente ventilatório de identificação do limiar anaeróbio relatam haver diferença.[6,10] Ao comparar estágios mais longos (3 e 5 minutos), não foi verificada diferença na potência correspondente ao limiar anaeróbio identificado por meio de método com utilização de concentração fixa de lactato.[19] De fato, um fator que deve ser ressaltado é que os estudos utilizaram diferentes métodos de identificação do limiar anaeróbio, o que parece poder influenciar essas respostas.[20]

Com relação à potência máxima atingida, a maioria dos estudos demonstrou que essa variável é afetada, e em protocolos com duração de estágio maiores e consequentemente maior duração total do teste, a potência máxima atingida é menor. Amann et al.,[20] avaliando o efeito de dois testes progressivos (um em rampa e outro incremental) em 15 ciclistas bem treinados, identificaram que os valores atingidos de potência foram significativamente maiores para o protocolo mais curto (402 W ± 35, duração: 16:24 ± 1:30 minutos) quando comparados com o protocolo em rampa mais longo (363 ± 29 W, duração: 19:12 ± 1:42 minutos). Assim como o estudo anterior, Peiffer et al.[21], considerando critérios de potência aeróbia máxima (o platô de consumo, ou aumento inferior a 2,1 mL/kg/min^{-1}, 90% da frequência cardíaca máxima predita pela idade e razão de troca respiratória maior do que 1,1), demonstraram que em protocolos com duração de estágio menor (1 minuto), tanto a potência ao atingir o $\dot{V}O_{2máx}$ quanto a potência

máxima, foram significativamente superiores (387 ± 27 e 424 ± 29 watts, respectivamente) quando comparados ao protocolo com estágio de 3 minutos (342 ± 25 watts e 368 ± 28 watts). Adicionalmente, o trabalho total realizado no protocolo de 1 minuto foi 42% inferior ao protocolo de 3 minutos. Como Roffey et al.,[6] que demonstraram que nos protocolos com estágios mais longos houve maior taxa $\dot{V}O_2$/trabalho, indicando que o custo energético aumenta com maior proporção para a taxa de trabalho para esse protocolo. O acúmulo de trabalho na realização de protocolos pode implicar indução a fadiga, e o fato de, em protocolos com estágios mais curtos, os indivíduos conseguirem atingir potências mais altas com menor trabalho realizado e menor custo energético pode indicar menor nível de fadiga, pois tais protocolos resultam em menor trabalho acumulado.

A potência aeróbia máxima atingida é uma variável importante para a prescrição do treinamento, portanto, ao realizar testes máximos para prescrição do treinamento, é importante considerar a escolha do protocolo.

Nesse sentido, outra variável importante a ser investigada refere-se ao incremento da carga. A Tabela 2 apresenta os principais estudos que manipularam o incremento da carga.

Diferentemente do observado com a manipulação da duração do estágio, alguns estudos demonstraram diferença significativa para os valores de $\dot{V}O_{2máx}$ ao manipular o incremento da carga.[13,14,18]

Esses estudos demonstraram que, em protocolos com incremento de carga menores, os valores atingidos foram menores quando comparados a incrementos maiores de carga. Buchfuhrer et al.[18] avaliaram o comportamento do $\dot{V}O_{2máx}$ em três distintos incrementos de carga por minuto (10, 30 e 50 watts) e encontraram maiores valores do $\dot{V}O_{2máx}$ com incremento intermediário (30 watts). Weston

TABELA 2 Estudos que objetivaram avaliar o efeito do incremento da carga em variáveis relacionadas à aptidão aeróbia em testes progressivos em bicicleta

Autores	Amostra	Protocolos	$\dot{V}O_{2máx}$ (L/min^{-1})	PLAn (W)	%$\dot{V}O_{2LAn}$	$P_{máx}$ (W)	Resultados
Buchfuhrer et al.[18]	5 homens fisicamente ativos	1) 0 + 15 W/min^{-1} 2) 0 + 30 W/min^{-1} 3) 0 + 60 W/min^{-1}	3,35 ± 0,38 3,77 ± 0,43 3,62 ± 0,41	NR	NR	NR	$\dot{V}O_{2máx}$: 1 < 2 e 3; 2 > 3 DT: NR
Scheuermann et al.[22]	7 homens e 2 mulheres fisicamente ativos	1) 0 + 8 W/min^{-1} 2) 0 + 64 W/min^{-1}	3,36 ± 0,22 3,31 ± 0,26	121 ± 9 171 ± 3	51 ± 1 54 ± 2	252 ± 17 359 ± 24	$\dot{V}O_{2máx}$: NS PLAn: 1 < 2 $\dot{V}O_{2LAn}$: NS $P_{máx}$: 1 < 2
Weston et al.[13]	20 homens, ciclistas e triatletas	1) 75 W+10 W/min^{-1} 2) 75 W+30 W/min^{-1} 3) 75 W+50 W/min^{-1}	4,65 ± 0,53 4,89 ± 0,56 4,88 ± 0,57	292 ± 36 329 ± 42 352 ± 36	82 ± 4 80 ± 3 81 ± 4	354 ± 38 409 ± 42 437 ± 38	$\dot{V}O_{2máx}$:1 < 2 e 3 PLAn: 1 < 2 < 3 $\dot{V}O_{2LAn}$: NS $P_{máx}$: 1 > 2 > 3

NR: não reportado; NS: diferença não significativa; $\dot{V}O_{2LAn}$: percentual do consumo máximo de oxigênio relativo ao limiar anaeróbio; PLAn: velocidade associada ao limiar anaeróbio; $P_{máx}$: potência máxima atingida; $\dot{V}O_{2máx}$: consumo máximo de oxigênio.

et al.,[13] avaliando indivíduos treinados especificamente em pedalar, encontraram maiores valores em protocolos com incremento de 30 e 50 W de igual magnitude quando comparados com protocolos de incremento de 10 W. Entretanto, Scheuermann et al.[22] não encontraram diferença no $\dot{V}O_{2máx}$ entre protocolos com incremento de 8 e 64 watts por minuto. Diferentemente dos demais estudos, além de analisarem a resposta do $\dot{V}O_2$, limiar anaeróbio e potência máxima atingida, os autores analisaram também o RMS (*root mean square*) dos músculos vasto lateral e medial, que é uma medida representativa do recrutamento das unidades motoras obtido por meio de eletromiografia[22,23] em relação ao $\dot{V}O_2$ e ao trabalho realizado. Valores mais elevados de potência máxima para o protocolo de 64 watts foram acompanhados de valores superiores de RMS (% da contração voluntária máxima), e a relação entre o trabalho realizado/RMS foi igual entre os dois protocolos. Como, ao final do teste, o consumo de oxigênio máximo foi igual entre os protocolos, consequentemente o $\dot{V}O_2$/trabalho realizado e o $\dot{V}O_2$/RMS foi maior para o protocolo com incremento de 8 watts, demonstrando maior eficiência mecânica, já que com o mesmo consumo de oxigênio durante o protocolo de 64 watts os participantes conseguiram atingir maiores valores de potência máxima.

Zhang et al.[12] avaliaram o efeito de quatro protocolos de teste. O diferencial desse estudo foi a equalização da taxa de trabalho total constante para todos os testes. Para tal, os autores utilizaram os seguintes protocolos: um protocolo de rampa com 30 W/min, outro incremental com o mesmo incremento de 30 W/min e dois outros incrementais com cargas e duração de estágio maiores: 60 W a cada 2 minutos e 90 W a cada 3 minutos. Nenhuma variável relacionada a aptidão aeróbia foi diferente entre os testes, demonstrando a importância da taxa de trabalho externo gerado.

Com relação ao efeito nos limiares metabólicos tanto no estudo de Scheuermann et al.[22] quanto no estudo de Weston et al.,[13] assim como com a duração do estágio, o limiar anaeróbio relativo ao percentual do $\dot{V}O_{2máx}$ não diferiu entre os protocolos. Em contrapartida, ao observar os valores relativos ao percentual da carga máxima atingida, todos os protocolos diferiram entre si.

Assim como na manipulação da duração do estágio, a escolha do incremento da carga é uma importante variável para a definição da potência máxima atingida. De acordo com esses estudos, incrementos maiores e consequentemente com menor duração permitem atingir cargas maiores; no entanto, deve-se atentar ao estado de treinamento do avaliado, pois existem evidências de que incrementos muito grandes podem também gerar respostas menores subestimando essa variável. Buchfuhrer et al.[18]

atribuíram essa diferença para a duração total do teste, que foi maior para o incremento menor, o que acarretaria maior elevação da temperatura corporal, maior desidratação, maior fadiga dos músculos ventilatórios e diferenças na utilização dos substratos, embora os estudos não tenham realizado outras medidas fisiológicas. Weston et al.[13] também fazem justificativa parecida, indicando que a desidratação levaria ao aumento da temperatura, que levaria a uma redistribuição do volume de sangue central, reduzindo o débito cardíaco baseado em estudo anterior, relacionando tempo de exercício, mas não teste progressivo.[24] Tais suposições necessitam de mais estudos que avaliem as relações entre essas respostas fisiológicas e o $\dot{V}O_{2máx}$. A análise dessa variável seria de importante utilidade para justificar as diferenças na potência máxima atingida.

TESTES PROGRESSIVOS EM ESTEIRA

Os testes progressivos em esteira iniciam com uma intensidade baixa que é aumentada progressivamente até a exaustão voluntária do avaliado. Na literatura observa-se uma grande variedade de protocolos. Essa variação é observada pela manipulação das variáveis relacionadas a carga inicial, incremento de carga/inclinação, duração do estágio e inclusão de pausa entre os estágios.

Quanto à intensidade inicial, observa-se diferença tanto na velocidade (de 2,7 e 14,4 km.h^{-1})[25-27] quanto na inclinação (0 a 10%)[26,28].

A manipulação da velocidade para o incremento da carga[27,29] varia entre 0,5 e 2,1 km.h^{-1}, e os incrementos da inclinação[27] variam entre 1 e 5%. Outra variável que tem sido manipulada é a duração do estágio, que varia entre 1 e 6 minutos.[30] A manipulação de algumas variáveis do protocolo de teste tem sido realizada com o objetivo de controlar a duração total do teste, o que implica na manipulação do incremento diferente para que o avaliado apresente exaustão no tempo estabelecido.[31]

É compreensível a manipulação da inclinação da esteira como uma maneira de manipular o incremento da intensidade em protocolos progressivos; sobretudo, a aplicação das cargas mecânicas obtidas nesses testes para a prescrição do treinamento aeróbio são limitadas, uma vez que nem sempre o avaliado terá acesso a uma esteira com inclinação. Adicionalmente, ao obter a carga mecânica máxima do avaliado associada a inclinações muito elevadas, impossibilita-se que o avaliado consiga realizar uma corrida com alta velocidade. Essa ocorrência poderia ser uma implicação de alguns protocolos utilizados nos estudos de McConel e Clark[25] e Kang et al.,[26] pois, ao final do teste, o avaliado poderia alcançar inclinações máximas entre 20 e 25%.

Há ainda estudos que incluíram uma pausa de 30 segundos entre os estágios,[29] podendo haver limitação para a aplicação das cargas mecânicas obtidas nesses testes progressivos que incluem a pausa entre os estágios, uma vez que essa pausa pode influenciar no $\dot{V}O_{2máx}$.[32]

Uma indicação encontrada na literatura é relacionada ao tempo total do teste progressivo e, portanto, qualquer combinação que se faça entre as variáveis que possibilitem que o avaliado entre em exaustão nesse período torna o protocolo adequado. O tempo indicado para a exaustão está entre 8 e 12 minutos. Esse paradigma foi baseado no estudo de Buchfuher et al.[18] e suas

implicações foram apontadas no tópico anterior, demonstrando que essa indicação é limitada.

É possível que a manipulação dos protocolos resulte em uma diferença na obtenção dos índices fisiológicos e mecânicos relacionados a capacidade e potência aeróbia. Se confirmado, traz algumas implicações para o uso dos parâmetros obtidos com os testes progressivos tanto para aplicação prática desses resultados, como para a comparação entre estudos com aplicação de pesquisa. Alguns dos estudos que objetivaram comparar diferentes protocolos de testes progressivos em esteira são apresentados na Tabela 3. Há uma grande variação

TABELA 3 Estudos que objetivaram avaliar o efeito da carga inicial, do incremento da carga, do tempo do estágio e da duração total do teste em variáveis relacionadas à aptidão aeróbia em testes progressivos em esteira

Autor	Amostra	Protocolos	$VO_{2máx}$ (mL.kg^{-1}.min^{-1})	VAM (km/h^{-1})	Duração do teste (min)	Resultado
Pollock et al.[27]	29 homens sedentários	Åstrand modificado: CI: 8-13, 7 km.h^{-1} e 0%; I: 2,5; TE: 2 min Balke: CI: 5,3 km.h^{-1} e 0%; I: 1; TE: 1 min Bruce: CI: 2,7 km.h^{-1} e 10%; IV: 0,8-1,3; I: 2; TE: 3 min	37,7 ± 4,2 35,8 ± 4,1 35,3 ± 3,9 36,3 ± 4,4	NC	7,4 ± 1,1 14,7 ± 2,7 9,4 ± 1,1 8,3 ± 0,1	$VO_{2máx}$: 1 > 3 DT: NC
	22 homens fisicamente ativos	Ellestad: CI: 2,7 km.h^{-1} e 10%; IV: 1,6 – 2,1; I: 0-5; TE: 2 min	47,3 ± 5,4 44,1 ± 4,4 46,3 ± 5,7 46,7 ± 5,5		8,3 ± 1,0 19,8 ± 2,9 11,5 ± 1 10,5 ± 1,35	$VO_{2máx}$: 1 > 2 DT: NC
McConnel e Clark[25]	10 homens treinados	CI: 12,9 km.h^{-1} e 0%; I: 2,5; TE: 1 min CI: 12,9 km.h^{-1} e 0%; I: 2,5; TE: 2 min *Pacing* médio do treinamento: CI: 14 ± 0,8 km.h^{-1} e 0%; I: 2,5; TE: 2 min Selecionado pelo atleta *all-out*: CI: 12,7 ± 1,8 km.h^{-1} e 0%; I: 2,5; TE: 2 min	65 ± 5,6 64,5 ± 5,3 66,2 ± 3,9 64,7 ± 5,8	NC	10,1 ± 0,6 13,1 ± 1,2 11,8 ± 1,1 13,6 ± 2,5	$VO_{2máx}$: NS DT: 1 < 2, 3 e 4; 3 < 4
Lukaski, Bolonchuk e Klevay[28]	16 homens fisicamente ativos	Balke: CI: 5,3 km.h^{-1} e 0%; I: 2; TE: 1 min Bruce: CI: 2,7 km.h^{-1} e 10%; IV: 0,8-1,3; I: 2; TE: 3 min Ellestad: CI: 2,7 km.h^{-1} e 10%; IV: 1,6-2,1; I: 0-5; TE: 2 min	45,6 ± 1,4 47,9 ± 1,5 47,4 ± 6,3	PP Watts$^{-1\#}$ 236 ± 11 260 ± 12 284 ± 11	27,6 ± 0,7 18,0 ± 0,4 16,4 ± 0,2	$VO_{2máx}$: 1 < 2 e 3 P: 1 < 3 DT: 1 > 2 e 3
Kang et al.[26]	15 homens sedentários	Åstrand: CI: 9,7 km.h^{-1} e 0%; I: 2; TE: 2 min Bruce: CI: 2,5 km.h^{-1} e 10%; IV: 1,1 – 1,4; I: 2; TE: 3 min	VG	NC	9,8 ± 0,5 12,4 ± 0,4 4,9 ± 0,3	$VO_{2máx}$: NS
	12 homens corredores treinados	Costill/ Fox: CI: 14,4 km.h^{-1} e 0% (homens); 12,6 km.h^{-1} e 0% (mulheres); I: 2; TE: 2 min	47,3 ± 5,4 44,1 ± 4,4 46,3 ± 5,7; 46,7 ± 5,5		14,5 ± 0,5 17 ± 0,5 10,4 ± 0,4	$VO_{2máx}$: 2 < 1 e 3
Kirkeberg et al.[31]	12 homens fisicamente ativos	Protocolo curto: DT: 8 min; CI: 8 km.h^{-1} e 3%; IV: variável; TE: 1 min Protocolo médio: DT: 10 min; CI: 8 km.h^{-1} e 3%; IV: variável; TE: 1 min Protocolo longo: DT: 14 min; CI: 8 km.h^{-1} e 3%; IV: variável; TE: 1 min	48,2 ± 5,3 48,9 ± 5,1 49,1 ± 4,7	13 ± 1 13 ± 10 12 ± 1	9,22 ± 1,21 10,78 ± 1,31 13,06 ± 2,25	$VO_{2máx}$: NS VAM: 3 > 1 e 2; 2 > 1 DT: 3 > 1 e 2; 2 > 1
Midgley et al.[29]	9 homens corredores treinados	Escalonado contínuo: CI: 9 km.h-1 e 1%; IV: 0,5 – 1; TE: 1 min Escalonado intermitente: CI: 9 km.h-1 e 1%; IV: 1; TE: 2 min; P: 30s Escalonado intermitente: CI: 9 km.h-1 e 1%; IV: 1; TE: 3 min; P: 30s	(L.min^{-1}) 4,09 ± 0,54 4,10 ± 0,52 3,98 ± 0,49	16 ± 1 17 ± 1 15 ± 1	10,3 ± 1,7 22,2 ± 2,5 30 ± 2,8	$VO_{2máx}$: NS VAM: 1 < 2; 1 > 3; 2 > 3 DT: NS

$VO_{2máx}$: consumo máximo de oxigênio; VAM: velocidade aeróbia máxima; km.h^{-1}: quilômetros por hora; DT: duração do teste; min: minutos; CI: carga inicial do teste; I: incremento da % da inclinação; IV: incremento da velocidade em km/h^{-1}; TE: tempo do estágio; P: pausa entre os estágios; NC: não coletado; NS: diferença não significativa; PP expresso em Watts: potência pico calculada por peso corporal × distância × sen θ/6, 12; VG: expresso em gráficos, valor não reportado.

nos protocolos utilizados, nas amostras envolvidas e nos resultados observados. Para os diferentes protocolos, observamos a manipulação de mais de uma variável no mesmo estudo que, em conjunto com as diferentes características do nível de treinamento (sedentários, fisicamente ativos e treinados) e gênero (homens e mulheres), dificultam a comparação dos resultados. Consequentemente, inferências sobre o efeito de uma única variável não podem ser realizadas, apenas a combinação dessa variável com outras. Assim, a discussão desses estudos será realizada a partir dos índices fisiológicos e cargas mecânicas considerando a combinação da manipulação das variáveis dos protocolos.

O principal índice fisiológico comparado entre os estudos foi o $\dot{V}O_{2máx}$ para estimativa da potência aeróbia. Há inconsistência dos achados sobre a influência do protocolo sobre o valor de $\dot{V}O_{2máx}$, sendo essa diferença observada em alguns estudos[27,28] mas não encontrada em outros[25,29-31] ou até mesmo inconsistente entre as diferentes amostras do mesmo estudo.[26] Os estudos que observaram essa diferença utilizaram protocolos muito diferentes, ou seja, muitas variáveis manipuladas entre os protocolos,[26-28] dificultando a identificação de qual variável influenciou efetivamente; porém, nos estudos cuja manipulação de variáveis foi limitada, não foram observadas diferenças no valor do $\dot{V}O_{2máx}$.[25,29,31] Vale ressaltar que mesmo usando protocolos muito diferentes, Kang et al.[26] observaram que apenas atletas treinados apresentaram diferença no $\dot{V}O_{2máx}$, enquanto sedentários e fisicamente ativos apresentaram o mesmo valor.

Dessa forma, em casos que a obtenção do valor de $\dot{V}O_{2máx}$ é o objetivo da aplicação do protocolo incremental, reforça-se a importância de se estabelecer diretrizes específicas para a aplicação desses protocolos, pois mesmo que um protocolo seja reprodutível, é preciso que este seja objetivo em relação à estimativa do $\dot{V}O_{2máx}$.

Com relação à carga mecânica máxima obtida nesses protocolos, apenas quatro estudos compararam essa variável em diferentes protocolos.[28-31] Para avaliação da capacidade aeróbia, observamos que apenas dois estudos reportaram esse índice mecânico associado ao limiar anaeróbio, porém utilizando diferentes métodos para sua determinação (v-slope e MFELS).[26,30] Ao comparar a velocidade associada ao V-slope, Kang et al.[26] observaram diferença na resposta desse parâmetro entre os três diferentes protocolos para homens e mulheres sedentários, bem como homens treinados. Já Kuipers et al.[30] associaram a velocidade na MFELS com o limiar anaeróbio e observaram diferença nesse índice em resposta a diferentes protocolos para uma amostra de corredores treinados de ambos os gêneros. Ao que tudo indica, a carga mecâ-

nica associada a capacidade aeróbia também é modificada com a manipulação do protocolo incremental.

Por fim, a resposta da duração total do teste foi comparada entre os diferentes protocolos em quatro estudos descritos na Tabela 3 e novamente a resposta foi inconsistente, uma vez que alguns estudos observaram diferença,[25,28] ao passo que um dos estudos, não.[29] O estudo de Kirkeberg et al.[31] detectou diferença na duração total do teste, porém essa variação foi objetivada pelos autores, uma vez que eles determinaram a duração do teste e calcularam quais seriam os incrementos da velocidade necessários para que os avaliados tivessem exaustão nesse período. O intervalo da média da duração observada nos estudos foi de aproximadamente 5 e 30 minutos.[26,29]

Um achado interessante é observado no estudo de Midgley et al.[29] que, mesmo utilizando protocolos que resultaram em duração média de 10, 22 e 30 minutos, não observaram diferença no valor do $\dot{V}O_{2máx}$, porém observaram modificações na velocidade máxima. Assim, observou-se que o paradigma[18] de que testes mais curtos são mais indicados para obter o valor de $\dot{V}O_{2máx}$ pode não ser verdadeiro, porém pode se confirmar para a velocidade pico em testes incrementais.[28,29] Vale ressaltar que a afirmação de que a duração pode afetar a velocidade pico, mas não o $\dot{V}O_{2máx}$ não pode ser realizada, haja vista que Lukaski, Bolonchuk e Klevay[28] também observaram que testes com duração menor resultam em valores de $\dot{V}O_{2máx}$ maiores.

CONSIDERAÇÕES FINAIS

De acordo com as informações disponíveis na literatura, pode-se concluir que existe uma grande variedade de protocolos de testes progressivos para bicicleta e esteira, e que a aplicação deles apresenta diferentes respostas. Na maioria dos estudos, as variáveis manipuladas referem-se a carga inicial, incremento da carga e duração dos estágios. Os estudos manipulam uma ou mais variáveis de diferentes maneiras, o que dificulta inferir exatamente qual dessas variáveis pode afetar os parâmetros obtidos nos testes progressivos.

De modo geral, a variável que sofre menor influência da manipulação dos protocolos é o $\dot{V}O_{2máx}$, o que permite a utilização de diversos protocolos para obtenção desse índice fisiológico. As cargas mecânicas máxima e submáxima (associada ao limiar anaeróbio) atingidas parecem ser as variáveis mais afetadas. Protocolos mais curtos (estágios de menor duração ou incrementos maiores) geram valores de carga máxima mais elevados comparado a protocolos mais longos (estágios com maior duração ou incrementos menores de carga).

Como dito anteriormente, ainda são necessários estudos com metodologia mais definida, utilizando uma variável fixa (p. ex., duração do estágio ou incremento de carga) e que esgotem todas as possibilidades para essa variável. Em conjunto ou posteriormente, outros estudos deveriam ser conduzidos manipulando-se cada uma das variáveis isoladamente. Um ponto importante para a montagem dos protocolos desses estudos é a equalização do trabalho realizado, uma vez que essa variável parece influenciar diferenças observadas entre protocolos. Adicionalmente, é necessário atentar-se aos diferentes estados de treinamento e gênero, bem como os diferentes tipos de ergômetros (esteira, bicicleta, remoergômetro, entre outros).

RESUMO

A Tabela 4 resume as principais informações obtidas por meio dos estudos disponíveis na literatura para auxiliar a escolha de protocolos de avaliação.

TABELA 4 Recomendações gerais para escolha de variáveis relacionadas à elaboração de testes incrementais

Cicloergômetro		
	Síntese	Recomendação
Carga inicial	Cargas mais baixas (~ 50 W) para sedentários e mais altas (~ 120 W) para indivíduos bem treinados	~ 50 a 120 watts
Incremento da carga	25 W/min^{-1} para sedentários, sendo que, para mulheres sedentárias, o incremento pode ser ainda menor (~ 15 watts); e 50 W/min^{-1} para pessoas mais treinadas. Incrementos muito pequenos ou muito grandes podem subestimar a potência aeróbia máxima, o limiar anaeróbio e o $VO_{2máx}$	25 a 50 watts
Duração do estágio	Não há indicação de duração do estágio de acordo com o estado de treinamento. Protocolos com durações mais curtas (1 minuto) permitem obtenção de valores mais elevados de potência aeróbia máxima e de potência associada ao limiar anaeróbio. Para a potência no limiar, esse efeito não ocorre em protocolos com duração entre 3 e 5 minutos. Não há relatos de efeitos da duração do estágio nos valores de $VO_{2máx}$	1 a 3 minutos

(continua)

TABELA 4 Recomendações gerais para escolha de variáveis relacionadas à elaboração de testes incrementais (*continuação*)

Esteira		
	Síntese	Recomendação
Velocidade inicial	Velocidade inicial de ~ 3 km.h^{-1} para sedentários e velocidades mais altas (~ 10 km.h^{-1}) para pessoas bem treinadas	2,7 a 10 km/h^{-1} Inclinação: 0 e 1%
Incremento de velocidade	Valores mais baixos para pessoas sedentárias (~ 0,5 km/h^{-1}) e mais altos para indivíduos treinados (2 km/h^{-1}). Maiores incrementos de velocidade resultam em maiores valores de potência aeróbia máxima	0,5 km/h^{-1} a 2,1 km.h^{-1}
Duração do estágio	Mesma indicação que cicloergômetro. Não afeta a potência aeróbia, porém protocolos mais longos (3 a 5 minutos) devem ser utilizados quando avaliada a capacidade aeróbia	1 a 3 minutos

Questões para reflexão

1. Nos testes progressivos, é possível avaliar tanto a potência como a capacidade aeróbia, porém há protocolos que se adequam melhor para a obtenção de cada um desses parâmetros. Descreva as principais características de protocolos que priorizam avaliar a potência e diferencie-os dos protocolos que priorizam avaliar a capacidade aeróbia.

2. A manipulação das diferentes variáveis que compõem um protocolo progressivo na bicicleta para avaliação da potência e da capacidade aeróbia podem afetar os parâmetros mecânicos e fisiológicos obtidos. Se existentes, descreva quais variáveis manipuladas nesses protocolos afetam os parâmetros mecânicos e fisiológicos nos protocolos progressivos na bicicleta.

3. A manipulação das diferentes variáveis que compõem um protocolo progressivo na esteira rolante para avaliação da potência e da capacidade aeróbia podem afetar os parâmetros mecânicos e fisiológicos obtidos. Se existentes, descreva quais variáveis manipuladas nesses protocolos afetam os parâmetros mecânicos e fisiológicos nos protocolos progressivos na esteira rolante.

4. Um homem de 33 anos fisicamente ativo contratou você para prescrever um treinamento aeróbio que lhe permita realizar uma prova de corrida de 5 km na rua em um tempo inferior a 20 minutos. Considerando que você tenha acesso a todos os equipamentos e que seja necessário ter indicativos mecânicos e fisiológicos da potência e da capacidade aeróbia, qual protocolo progressivo selecionaria para avaliar os parâmetros necessários para a prescrição do treinamento desse aluno?

REFERÊNCIAS BIBLIOGRÁFICAS

1. Garber CE, Blissmer B, Deschenes MR, Franklin BA, Lamonte MJ, Lee IM et al. Quantity and quality of exercise for developing and maintaining cardiorespiratory, musculoskeletal, and neuromotor fitness in apparently healthy adults: guidance for prescribing exercise. Med Sci Sports Exerc 2011;43(7):1334-59.
2. Thompson PD, Arena R, Riebe D, Pescatello LS. ACSM's new preparticipation health screening recommendations from ACSM's guidelines for exercise testing and prescription. Curr Sports Med Rep 2013;12(4):215-7.
3. Bentley DJ, Newell J, Bishop D. Incremental exercise test design and analysis. Implications for performance diagnostics in endurance athletes. Sports Med 2007;77(7):575-86.
4. Midgley AW, Bentley DJ, Luttikholt H, McNaughton LR, Millet GP. Challenging a dogma of exercise physiology. Does an incremental exercise test for valid VO_2máx determination really need to last between 8 and 12 minutes? Sports Med 2008;38(6):441-7.
5. Roffey DM, Byrne NM, Hills AP. Effect of stage duration on physiological variables commonly used to determine maximum aerobic performance during cycle ergometry. J Sports Sci 2007;25(12):1325-35.
6. Bassett Jr. DR, Howley ET. Limiting factors for maximum oxygen uptake and determinants of endurance performance. Med Sci Sports Exerc 2000;32(1):70.
7. Caputo F, Oliveira MFM, Greco CC, Denadai BR. Exercício aeróbio: aspectos bioenergéticos, ajustes fisiológicos, fadiga e índices de desempenho. Rev Bras Cineantropom Desempenho Hum 2009;11(1):94-102.
8. Svedahl K, MacIntotch BR. Anaerobic threshold: the concept and methods of measurement. Can J Appl Physiol 2003;28(2):299-323.
9. Davis JA, Whipp BJ, Lamarra N, Huntsman DJ, Frank MH, Wassermann K. Effect of ramp slope on determination of aerobic parameters from the ramp exercise test. Med Sci Sports Exerc 1982;14(5):339-343.
10. Bentley DJ, McNaughton LR. Comparison of W(peak), VO_2 (peak) and the ventilation threshold from two different incremental exercise tests: relationship to endurance performance. J Sci Med Sport 2003;6:422-35.
11. Skovereng K, Ettema G, van Beekvelt M. The effect of cadence on shank muscle oxygen consumption and deoxygenation in relation to joint specific power and cycling kinematics. PloS One 2017;12(1):e0169573.
12. Zhang Y, Johnson MC, Chow N, Wasserman K. Effect of exercise testing protocol on parameters of aerobic function. Med Sci Sports Exerc 1991;23(5):625-30.
13. Weston SB, Gray AB, Schneider DA, Gass GC. Effect of ramp slope on ventilation thresholds and VO_2peak in male cyclists. Int J Sports Med 2002;23(1):22-7.
14. Czuba M, Zając A, Cholewa J, Poprzęcki S, Roczniok R. Difference in maximal oxygen uptake (VO_2max) determined by incremental and ramp tests. Stud Phys Cult Tourism 2010;17(2):123-7.
15. Bishop D, Jenkins DG, MacKinnon LT. The relationship between plasma lactate parameters, Wpeak and 1-h cycling performance in women. Med Sci Sports Exerc 1988;30:1270-75.

16. Lemos T, Nogueira FD, Pompeu FAM. Influência do protocolo ergométrico na ocorrência de diferentes critérios de esforço máximo. Rev Bras Med Esporte 2011;17(1):18-21.
17. American College of Sports Medicine (ACSM). Guidelines of exercise testing and exercise prescription. 8. ed. Philadelphia: Lea & Febiger, 2009.
18. Buchfuhrer MJ, Hansen JE, Robinson TE, Sue Dy, Wasserman K, Whipp BJ. Optimising the exercise protocol for cardiopulmonary assessment. J Appl Physiol 1983; 55:1558-64.
19. Mcnaughton LR, Roberts S, Bentley DJ. The relationship among peak power output, lactate threshold, and short-distance cycling performance: effects of incremental exercise test design. J Strength Cond Res 2006;20(1):157-61.
20. Amann MA, Subudhi I, Foster C. Influence of testing protocol on ventilatory thresholds and cycling performance. Med Sci Sports Exerc 2004;36(4):613-22.
21. Peiffer JJ, Quintana R, Parker DL. The influence of graded exercise test selection on Pmax and a subsequent single interval bout. J Exerc Physiol 2005;8(6):10-7.
22. Scheuermann BW, Tripse McConnell JH, Barstow TJ. EMG and oxygen uptake responses during slow and fast ramp exercise in humans. Exp Physiol 2002;87(1):91-100.
23. Ascenção A, Magalhães J, Oliveira J, Duarte J, Soares J. Fisiologia da fadiga muscular. Delimitação conceptual, modelos de estudo e mecanismos de fadiga de origem central e periférica. Rev Port Cien Desp 2003;3(1):108-123.
24. Fortney SM, Vroman NB. Exercise, performance and temperature control: temperature regulation during exercise and implications for sports performance and training. Sports Med 1985;2:8-20.
25. McConnell TR, Clark BA. Treadmill protocols for determination of maximum oxygen uptake in runners. Br J Sports Med 1988;22:3-5.
26. Kang J, Chaloupka EC, Mastrangelo MA, Biren GB, Robertson RJ. Physiological comparisons among three maximal treadmill exercise protocols in trained and untrained individuals. Eur J Appl Physiol 2001;84:291-295.
27. Pollock ML, Bohannon RL, Cooper KH, Ayres JJ, Ward A, White SR et al. A comparative analysis of four protocols for maximal treadmill stress testing. Am Heart J 1976;92(1):39-46.
28. Lukaski HC, Bolonchuk WW, Klevay LM. Comparison of metabolic responses and oxygen cost during maximal exercise using three treadmill protocols. J Sports Med Phys Fitness 1989;29(3):223-9.
29. Midgley AW, McNaughton LR, Carroll S. Time at VO_2max during intermittent treadmill running: test protocol dependent or methodological artefact? Int J Sports Med 2007;28(11):934-9.
30. Kuipers H, Rietjens G, Verstappen F, Schoenmakers H, Hofman G. Effects of stage duration in incremental running tests on physiological variables. Int J Sports Med 2003;24(7):486-91.
31. Kirkeberg JM, Dalleck LC, Kamphoff CS, Pettitt RW. Validity of 3 protocols for verifying VO_2max. Int J Sports Med 2011; 32(4):266-70.
32. Astorino TA. Alterations in VO_2max and the VO^2 plateau with manipulation of sampling interval. Clin Physiol Funct Imaging 2009;29:60-7.

Capítulo 13

Avaliação do desempenho em idosos

Denilson de Castro Teixeira

Objetivos do capítulo

Apresentar propostas de avaliações sob diferentes aspectos do comportamento humano e da aptidão física e funcional para pessoas idosas e auxiliar o profissional de educação física na tomada de decisão na tarefa de organizar e aplicar um programa de avaliação para essa população.

INTRODUÇÃO

O processo de envelhecimento, que se inicia após a maturação sexual, é caracterizado por alterações diversas, de natureza biológica e comportamental, que fazem os indivíduos na velhice terem características consideravelmente diferentes em relação aos jovens e adultos. Essas diferenças se pronunciam à medida que a idade avança e são aparentes nas funções físicas, cognitivas e psicossociais. As principais alterações associadas a esse processo estão relacionadas às mudanças genético/biológicas que afetam diretamente os sistemas corporais, levando à redução da massa muscular e esquelética, da capacidade cardiorrespiratória, da rede neural e da eficiência do sistema imunológico, que consequentemente tornam o idoso mais vulnerável a adquirir doenças, comorbidades e síndromes.[1] A magnitude dessas mudanças pode influenciar também os aspectos psicológicos do indivíduo idoso, afetando sua autoestima e sua percepção de bem-estar, sobretudo se ele interage em um ambiente despreparado para atender às suas necessidades e/ou em que não se sinta valorizado.[2] É importante destacar que, apesar de todas as alterações, o envelhecimento bem-sucedido é possível, desde que o idoso encontre condições favoráveis para seu desenvolvimento, como boa função física e cognitiva, ambiente familiar e social saudáveis, políticas públicas favoráveis, acesso a serviços de saúde, lazer e cultura, e recursos financeiros suficientes para uma vida com qualidade. É digno de nota que o acesso ou não a essas condições ou a qualidade com que elas estão presentes interferem no estilo de vida das pessoas, que, por sua vez, fazem-nas diferentes umas das outras. Particularmente na velhice, as diferenças interindividuais podem ser enormes, sendo possível encontrar na mesma faixa de idade indivíduos totalmente dependentes funcionalmente e indivíduos com alto desempenho físico, como, por exemplo, os atletas da categoria master.

Os fatores já apontados que caracterizam o processo de envelhecimento e a velhice tornam o desenvolvimento de trabalhos com essa faixa etária altamente complexo. Ao se deparar com a tarefa de planejar, aplicar e gerenciar intervenções de atividade/exercício físico para idosos, o profissional necessita conhecer variáveis que possam lhe fornecer subsídios para tomadas de decisões, a fim de oferecer um trabalho adequado à sua população-alvo. Nesse sentido, a avaliação é uma ferramenta de trabalho obrigatória para o profissional de Educação Física que desenvolve ou vai desenvolver trabalhos com idosos.

Não é uma tarefa simples organizar um programa de avaliação para a população idosa em razão da grande variabilidade de fatores intervenientes dessa faixa etária e das variáveis correspondentes que podem ser mensuradas, além da grande quantidade de protocolos de avaliações disponíveis. É importante destacar nesse contexto que o envelhecimento é um processo multidimensional e, portanto, há vários aspectos que modulam o comportamento ativo e sofrem influências da prática de atividade/exercício físico nessa faixa etária. Nesse sentido, é importante que o profissional conheça seu cliente idoso sob esses vários aspectos, e não somente os de natureza biológica ou de desempenho funcional, como os aspectos subjetivos que determinam o comportamento e a saúde psicológica. É papel do profissional de educação física, além de gerenciar e monitorar esforços físicos, também interferir em aspectos subjetivos do comportamento que modulam a percepção de bem-estar e podem ser importantes para a adesão e aderência à prática de atividade física.

Este capítulo não tem a pretensão de apresentar todas as possibilidades de avaliação, mas, sim, de indicar opções viáveis a serem aplicadas na prática profissional, nos diferentes contextos de atuação da Educação Física com idosos, como grupos comunitários, academias, clínicas, treinamento personalizado e programas de orientação para um estilo de vida mais ativo. Outros critérios adotados para a escolha das avaliações foram a validação e a aplicabilidade para a população brasileira, instrumentos com propriedades psicométricas aceitáveis e de fácil aplicação, não requerendo instrumentos sofisticados e caros. Embora o foco seja a aplicação de testes para a prática profissional, as avaliações apresentadas são reconhecidas internacionalmente e também amplamente utilizadas em pesquisas científicas.

O capítulo foi organizado em três partes: a primeira voltada a apresentação de opções de questionários sobre informações gerais do idoso, estado de saúde e variáveis psicossociais; a segunda sobre avaliação da aptidão física e funcional e baterias de testes; e a terceira sobre dicas para a organização e o bom funcionamento de um programa de avaliação em idosos. No decorrer do capítulo, são apresentados também valores de referências paras as avaliações a fim de auxiliar o profissional na classificação do desempenho dos idosos.

AVALIAÇÕES POR QUESTIONÁRIOS E NÍVEL DE ATIVIDADE FÍSICA HABITUAL

Os questionários são instrumentos importantes na avaliação de indivíduos idosos, pois auxiliam na identificação de variáveis que podem ser úteis ao trabalho do profissional de Educação Física, principalmente para conhecimento das condições de saúde, estado cognitivo e variáveis mais subjetivas, como medo de quedas, percepção de qualidade de vida, estados depressivos, entre outros. Essas variáveis, somadas às físicas e motoras, permitem compreender o idoso em sua totalidade e as necessidades que devem ser priorizadas nos programas de exercícios físicos e/ou de aconselhamentos para uma vida mais ativa.

Os questionários para idosos, na maioria das vezes, devem ser aplicados mediante entrevista (face a face), pois, por causa da baixa escolaridade, muitos apresentam dificuldade na leitura e na escrita. Ademais, a entrevista permite que o profissional conheça melhor o idoso e interaja com ele. Na sequência, são apresentados questionários que permitem ao profissional ter uma visão mais ampliada sob aspectos subjetivos e objetivos do comportamento intervenientes na saúde e no bem-estar das pessoas idosas.

Informações gerais sobre o idoso

As informações gerais sobre o idoso que vai iniciar a prática de atividade/exercício físico podem ser obtidas pela anamnese, que normalmente é a primeira avaliação a ser realizada e uma das mais importantes para quem vai trabalhar com idosos. Na aplicação desse instrumento, o profissional tem a oportunidade de conhecer melhor o cliente idoso, seu estado de saúde, suas necessidades, interesses e objetivos. Essa avaliação, frequentemente em forma de questionário, objetiva levantar informações sociodemográficas (sexo, idade, escolaridade, endereço, situação conjugal, entre outras), estado de saúde (doenças e comorbidades) e outras características que o profissional julgue necessário saber, como atividades de lazer e histórico de prática de atividade física. Nesse questionário, também é importante constar informações que possam ser úteis em situações de necessidade, como contatos familiares, plano de saúde e contato médico, caso o idoso possua.

Identificação de riscos para a prática de atividade física

O PAR-Q (questionário de prontidão para a atividade física)[3] é um questionário amplamente utilizado com o objetivo de identificar os riscos para a prática de atividade física. O instrumento é composto por sete questões relacionadas a possíveis sintomas durante a prática de atividade/exercício físico, como problemas cardíacos, angina, perda de consciência, exacerbação de sintomas osteomusculares durante o exercício, uso de medicamentos e outras razões que possam impedir a prática. Caso alguma resposta seja afirmativa, recomenda-se que o indivíduo só comece a atividade após uma avaliação médica. Embora esse questionário não substitua a avaliação médica, ele é importante para o profissional identificar aquele idoso que não deve iniciar a prática sem antes ser avaliado pelo médico. Ele pode ser útil principalmente para o profissional que trabalha em grupos comunitários ou em populações de baixa renda, em que o acompanhamento médico é de difícil acesso.

É importante ressaltar que, apesar do instrumento ser amplamente utilizado e ser uma ferramenta útil, como qualquer instrumento, ele também possui as suas limitações. O profissional deve complementar as informações obtidas com outras informações e questionamentos e deve agir com cautela antes indicar a prática de exercícios para idosos que aparentemente não apresentem problemas.

Avaliação do estado mental

Os declínios cognitivos fazem parte do processo normal de envelhecimento, porém não devem ser acentuados a ponto de comprometer a autonomia do idoso. Quando a zona da normalidade é extrapolada, provavelmente o idoso esteja desenvolvendo ou está em um quadro de demência, que é uma doença que leva ao prejuízo cognitivo com pelo menos dois ou mais dos seguintes sintomas: alterações de memória, desorientação em relação a tempo e espaço, raciocínio, concentração, aprendizado, realização de atividades complexas, julgamento, linguagem e habilidades visuoespaciais.[4] Nesse sentido, é importante que o profissional conheça o estado mental do idoso para que adote estratégias adequadas em suas intervenções, como tipo de comunicação, complexidade das tarefas, ambiente de prática e recursos materiais.

Entre as várias possibilidades de avaliação, o miniexame do estado mental (MEEM)[5] é um dos instrumentos de rastreamento cognitivo mais utilizados no mundo, sobretudo por ter boa correlação com a evolução do processo demencial e por sua simplicidade e praticidade. O instrumento apresenta 30 questões que avaliam o estado cognitivo sob cinco dimensões: 1) orientação temporal e espacial; 2) memória imediata; 3) atenção e cálculo; 4) evocação; 5) linguagem. A pontuação máxima é de 30 pontos e o nível de escolaridade deve ser considerado em sua intepretação. Não há unanimidade em relação aos pontos de corte em idosos brasileiros, mas um dos mais utilizados são os sugeridos por Bertolucci et al.:[5] 13 pontos para analfabetos, 18 para idosos com 1 a 8 anos de estudo e 24 para 9 anos ou mais de estudo. Valores abaixo sugerem uma investigação clínica e médica mais específica. No Quadro 1, é apresentado o modelo MEEM.

Capacidade funcional

A capacidade funcional é definida como o grau de preservação da capacidade do indivíduo de realizar suas atividades do cotidiano. Essas atividades são subdivididas em atividades básicas de vida diária (AVD) e atividades instrumentais da vida diária (AIVD). As AVD dizem respeito às atividades de autocuidado, como vestir-se, banhar-se, alimentar-se, atividades de transferência, uso do banheiro e locomoção. As AIVD referem-se a atividades mais complexas, como fazer compras, pagar as contas, manter compromissos sociais, usar meios de transporte, cozinhar, cuidar da própria saúde e manter a própria integridade física.[6]

As inúmeras alterações biológicas associadas ao envelhecimento, somadas ao tempo e ao diversificado estilo de vida que as pessoas adotam, permitem uma enorme variabilidade entre os idosos no que diz respei-

QUADRO 1 Modelo do instrumento MEEM

Orientação
Identificar: ano, semestre, mês, data, dia, estado, cidade, bairro, local geral em que o idoso se encontra (p. ex., hospital), local específico onde o idoso se encontra (p. ex., consultório) (1 ponto para cada acerto = 10 pontos)
Memória imediata
Repetir: carro, vaso e tijolo (1 ponto para cada acerto = 3 pontos)
Atenção e cálculo
Subtrair: 100 - 7 = 93   93 - 7 = 86   86 - 7 = 79   79 - 7 = 72   72 - 7 = 65   (1 ponto para cada acerto = 5 pontos)
Memória de evocação
Lembrar os três objetos que foram repetidos anteriormente (carro, vaso e tijolo) (1 ponto para cada acerto = 3 pontos)
Linguagem
Nomear dois objetos sobre a mesa: relógio e caneta (1 ponto para cada acerto = 2 pontos)
Repita o seguinte: Nem aqui, nem ali, nem lá (1 ponto)
Seguir o comando com 3 estágios: "Pegue este papel com a mão direita, dobre-o ao meio e o coloque no chão" (1 ponto cada estágio = 3 pontos)
Leia e execute a ordem: FECHE OS OLHOS (1 ponto) - Escreva uma frase (1 ponto) - Copie o desenho (1 ponto)

Pontuação máxima: 30 pontos.

to a suas condições físicas, cognitivas, psicológicas e funcionais. Considerando esses aspectos e, principalmente, que a idade cronológica isoladamente não é um parâmetro adequado para classificar a funcionalidade física do idoso, Spirduso[6] propõe uma classificação hierárquica em cinco níveis, considerando a condição funcional global do idoso, a realização das AVD e AIVD e a prática de atividade física. Essa classificação, denominada *status* funcional (SF), pode ser útil ao profissional de educação física, pois permite identificar com mais facilidade a condição do seu cliente idoso e as necessidades que devem ser priorizadas nos programas de exercício físico, para que a sua condição funcional seja preservada e/ou melhorada (Quadro 2).

Não há um instrumento único proposto que classifique o idoso em um dos cinco níveis do SF, porém sua classificação pode ser feita mediante entrevista com o próprio idoso ou seu cuidador, caso seja dependente, e com o uso de alguns instrumentos, como escalas para a avaliação da capacidade funcional.

Avaliação da capacidade funcional

Entre os instrumentos que avaliam as atividades cotidianas, os mais conhecidos e fáceis de serem aplicados são o índice de Katz,[7] que avalia as AVD, e a escala de Lawton e Brody,[8] que avalia as AIVD. Esses instrumentos são mais indicados para idosos fisicamente mais frágeis e que já apresentam dificuldades em realizar as atividades cotidianas. Em idosos que aparentam ter sua condição física e funcional ideal, essas avaliações são dispensáveis, porém eles podem ser classificados pelo SF proposto por Spirduso,[4] mediante entrevista.

Atividades básicas da vida diária (AVD) – Índice de Katz

O instrumento avalia seis atividades consideradas básicas da vida cotidiana, como: 1) tomar banho; 2) vestir-se; 3) usar o vaso sanitário; 4) transferir-se; 5) ter controle esfinctérico; 6) alimentar-se. Para cada atividade, há duas opções de respostas: "sim" e "não", e a pontuação varia de 0 a 6 pontos. Cada resposta "sim" significa que o idoso consegue realizar a atividade e equivale a 1 ponto. Classificação: 6 pontos = independente para a realização das AVD; 4 pontos = dependência parcial; 2 pontos ou menos = dependência significativa.

Atividades instrumentais da vida diária (AIVD) – Escala de Lawton e Brody

Avalia o nível de independência do idoso referente às AIVD em sete tarefas cotidianas: 1) usar o telefone; 2) realizar viagens; 3) fazer compras; 4) preparar as refeições; 5) realizar tarefas domésticas; 6) tomar medicamentos; 7) administrar o dinheiro e as finanças. Para cada tarefa, há três opções de respostas e pontuações: incapaz (1 ponto), com ajuda ou assistência (2 pontos) e sem ajuda (3 pontos). Os escores obtidos na avaliação sugerem: dependência total = 0 a 5 pontos, dependência parcial = 6 a 20 pontos e independência = 21 pontos. Existem duas atividades na cultura ocidental que são próprias das mulheres: preparo da comida e tarefas domésticas; dessa forma, a não realização dessas atividades por homens pode não representar incapacidade, e sim reflexo de hábitos culturais. Essa característica deve ser levada em consideração na avaliação e na pontuação dos homens.

Qualidade de vida

A Organização Mundial da Saúde (OMS) define qualidade de vida (QV) como "a percepção do indivíduo de sua posição na vida, no contexto da cultura e sistema de valores nos quais ele vive e em relação aos seus objetivos, expectativas, padrões e preocupações". Nesse sentido, a QV é considerada um construto com-

---

QUADRO 2 Classificação do *status* funcional proposto por Spirduso (1995)

Nível	Denominação	Características
1	Fisicamente dependente	Não realizam as AVD ou precisam de ajuda e dependem de cuidados contínuos de terceiros
2	Fisicamente frágil	Realizam as AVD, mas não as AIVD e necessitam de cuidados parciais de terceiros, principalmente para atividades mais intensas, de grandes deslocamentos e externas ao ambiente da casa
3	Fisicamente independente	Realizam todas as AVD e AIVD de forma independente, mas são insuficientemente ativos, por isso possuem baixa reserva funcional
4	Fisicamente ativo (apto)	São fisicamente independentes, exercitam-se regularmente várias vezes na semana e possuem capacidade funcional acima da média
5	Atletas de elite	São atletas, treinam regularmente e participam de competições

AVD: atividades básicas da vida diária; AIVD: atividades instrumentais da vida diária.

plexo que requer uma abordagem multidimensional com critérios de avaliação subjetivos e objetivos.[9] Dessa forma, somente o indivíduo pode avaliar sua QV, pois essa avaliação depende da sua percepção a respeito dos fenômenos que ele vivencia, permeados por suas crenças e valores.

Com o objetivo de criar um instrumento dentro de uma perspectiva transcultural para uso internacional, um grupo liderado pela OMS, denominado WHOQOL (The World Health Organization Quality of Life), criou, com a participação de vários países, dois instrumentos de avaliação da QV, o WHOQOL-100, com 100 questões, e o WHOQOL-Bref, com 26 questões.[9] Mais tarde, foi criado um instrumento específico para avaliar a QV dos idosos (WHOQOL-Old), pois o grupo identificou a necessidade de avaliar a qualidade de vida mediante aspectos específicos dessa faixa etária.

Os questionários WHOQOL-Bref[9] e WHOQOL-Old,[10] ambos validados para a população brasileira, devem ser aplicados conjuntamente para que se obtenham informações mais precisas sobre a QV dos idosos. O WHOQOL-Bref é constituído de 26 questões, com respostas que seguem uma escala de Likert de 1 a 5 (quanto maior a pontuação, melhor a qualidade de vida), divididas em quatro domínios: 1) físico, que avalia a percepção sobre aspectos da vida que envolvem dor/desconforto, energia/vitalidade, qualidade do sono, mobilidade, atividades diárias, dependência de medicamentos e tratamentos e capacidade de trabalho; 2) psicológico, que considera autoestima, sentimentos positivos e crenças religiosas e pessoais; 3) relações sociais, que avalia o envolvimento social; 4) meio ambiente, que avalia o ambiente que o indivíduo está inserido, como lar, recursos financeiros, cuidados com a saúde, oportunidade de aprender, atividades de lazer, transporte e ambiente físico como poluição, ruído, trânsito e clima.

O módulo WHOQOL-Old[10] é constituído por 24 questões e suas respostas também seguem uma escala de Likert, atribuídas a seis domínios: 1) funcionamento do sensorial, que avalia o impacto da perda de habilidades sensoriais na qualidade de vida; 2) autonomia, relacionada a independência, capacidade ou liberdade de viver de forma autônoma e tomar decisões; 3) atividades passadas, presentes e futuras, que avalia a satisfação sobre conquistas na vida e coisas a que se anseia; 4) participação social, sobre a participação nas atividades cotidianas, especialmente na comunidade; 5) morte e morrer, que avalia preocupações, inquietações e temores sobre a morte e sobre morrer; 6) intimidade, sobre a capacidade de ter relacionamentos pessoais e íntimos. Cada domínio tem quatro questões, podendo

oscilar de 4 a 20 pontos. As pontuações totais e de cada domínio dos dois questionários são convertidas em escores que podem chegar a 100 pontos; quanto maior a pontuação, melhor a percepção de qualidade de vida.

Avaliação de estados depressivos

O rebaixamento do humor e a depressão maior representam uma importante causa de incapacidade no mundo e vêm se constituindo em uma verdadeira "epidemia silenciosa". A prevalência de depressão aumenta em idosos e mais de 50% dos distúrbios depressivos não são diagnosticados na atenção primária. A repercussão da depressão no bem-estar geral e no funcionamento global do idoso é equivalente ou superior ao observado nas doenças crônicas clássicas.[4] Assim, identificar idosos com sintomas depressivos pode ser bastante útil a partir do momento que o profissional pode orientá-lo a buscar tratamento. Entre várias opções de rastreamento para a depressão, a GDS – *geriatric depression scale* (escala geriátrica de depressão) é uma das mais utilizadas (Quadro 3). A escala tem como objetivo realizar uma triagem para depressão e identificar a necessidade de tratamento na população idosa. Ela pode ser aplicada em qualquer ambiente e por qualquer profissional, e uma das versões mais utilizadas é a de 15 questões, por causa de sua aplicação rápida e fácil.[11] As questões apresentam respostas

---

QUADRO 3 Modelo do GDS – *Geriatric Depression Scale* (Escala geriátrica de depressão)

1. Você está satisfeito com a sua vida?* ( ) Sim ( ) Não

2. Você deixou de lado muitos de suas atividades e interesses?

3. Você sente que sua vida está vazia?

4. Você se sente aborrecido com frequência?

5. Você está de bom humor na maioria das vezes?*

6. Você teme que algo de ruim lhe aconteça?

7. Você se sente feliz na maioria das vezes?*

8. Você se sente frequentemente desamparado?

9. Você prefere permanecer em casa a sair e fazer coisas novas?

10. Você sente que tem mais problemas de memória do que antes?

11. Você pensa que é maravilhoso estar vivo?*

12. Você se sente inútil?

13. Você se sente cheio de energia?*

14. Você sente que sua situação é sem esperança?

15. Você pensa que a maioria das pessoas está melhor do que você?

*Considerar 1 ponto se a resposta for "não".
Resultado/pontos: 0-4 sem depressão; 5-10 depressão leve; 11+ depressão grave.

dicotômicas (sim e não), sendo que cada resposta afirmativa representa 1 ponto, com exceção das questões 1, 5, 7, 11 e 13, em que à resposta "não" deve ser atribuído 1 ponto; assim o escore total varia de 0 a 15 pontos. Cincos ou mais pontos indicam depressão e 11 ou mais pontos indicam depressão grave.

Prevalência e predição de quedas e medo de cair

As quedas são consideradas uma das maiores ameaças à saúde e à qualidade de vida do idoso, por terem forte associação com morbidades, incapacidades e mortalidade. Trinta por cento dos idosos com mais de 65 anos de idade caem pelo menos uma vez ao ano e aproximadamente 30% dessas quedas resultam em lesões.[12] Além das quedas, o medo de cair também traz impactos negativos, pois é considerado um fator de risco determinante para que as quedas venham a acontecer. Geralmente, esse sentimento acarreta alterações físicas, psicológicas e sociais no idoso fisicamente independente, como a restrição na realização das atividades motoras, prejuízos à autonomia, diminuição nas atividades sociais e sentimentos de fragilidade e insegurança.[13]

Os episódios de queda, por serem uma informação objetiva, podem ser identificados por meio de uma questão presente na anamnese, como: O sr.(a) sofreu alguma queda nos últimos 12 meses? Se sim, quantas? Houve algum tipo de lesão? Qual(is)? Já o medo de cair se constitui em uma avaliação mais complexa, pois envolve sentimentos relacionados ao medo e a preocupações em diversos tipos de tarefas cotidianas. Para avaliá-lo, o instrumento sugerido é o *Falls Efficacy Scale-International* (FES-I-Brasil),[14] que investiga o medo de cair em 16 atividades de vida diária e, para cada atividade, o avaliado deve relatar qual a sua preocupação em cair. As respostas da escala variam de 1 a 4, sendo 1 nem um pouco preocupado; 2 um pouco preocupado; 3 muito preocupado; 4 extremamente preocupado. A pontuação total mínima de 16 pontos indica nenhuma preocupação em cair e a máxima, de 64 pontos, indica a maior preocupação em cair. É possível identificar também em quais tarefas o idoso tem maior preocupação em sofrer quedas.

Os autores que validaram o FES-I-Brasil,[14] ao relacionarem a preocupação em cair com os episódios de quedas, verificaram que pontuação maior ou igual a 23 estaria relacionada à queda esporádica, e superior a 31, à queda recorrente (Quadro 4). Os autores ressaltam que a escala não é um instrumento preditivo de quedas no sentido estrito, mas funciona como um indicador da possível ocorrência do evento. O instru-

QUADRO 4 Modelo do questionário de preocupação com quedas (FES-I-Brasil)

1. Limpando a casa (p. ex., passar pano, aspirar ou tirar a poeira)
2. Vestindo ou tirando a roupa
3. Preparando refeições simples
4. Tomando banho
5. Indo às compras
6. Sentando ou levantando de uma cadeira
7. Subindo ou descendo escadas
8. Caminhando pela vizinhança
9. Pegando algo acima de sua cabeça ou do chão
10. Indo atender o telefone antes que pare de tocar
11. Andando sobre superfície escorregadia (p. ex., chão molhado)
12. Visitando um amigo ou parente
13. Andando em lugares cheios de gente
14. Caminhando sobre superfície irregular (pedras, buracos)
15. Subindo ou descendo uma ladeira
16. Indo a uma atividade social (p. ex., ato religioso, reunião de família ou encontro no clube)

Respostas: (1) nem um pouco preocupado; (2) um pouco preocupado; (3) muito preocupado; (4) extremamente preocupado.

mento deve fazer parte de uma avaliação geriátrica ampla que englobe fatores biopsicossociais e o contexto de vida do idoso.

Nível de atividade física habitual

O nível de atividade física habitual (AFH) refere-se ao quanto de atividade física cotidiana o indivíduo realiza, estando inclusas as atividades laborais, domésticas, de lazer e prática de atividade física/exercício físico. O nível de AFH pode ser estimado de forma subjetiva (questionários) e objetiva (pedômetros e acelerômetros), cujos resultados podem classificar o idoso em suficientemente ativo ou não.

Entre os diversos questionários validados para esse fim, um dos mais utilizados para idosos é o Questionário de Baecke modificado para idosos (QBMI).[15] O questionário estima o nível de AFH com base nos últimos 12 meses em três domínios: tarefas domésticas, atividades físicas e/ou esportivas e atividades de lazer. Os escores são obtidos por meio de perguntas específicas e pela relação entre tipo, frequência e intensidade da atividade. São estabelecidos escores para cada um dos três domínios e, do somatório dos três, obtém-se o escore total.

Outro questionário que pode ser utilizado para avaliar a AFH é o Questionário Internacional de Atividade

Física (IPAQ). O instrumento foi validado para estimar o dispêndio energético das atividades físicas diárias relacionadas com as atividades domésticas, de trabalho, lazer e transporte, realizadas em períodos de no mínimo 10 minutos, em intensidades moderada e vigorosa. O instrumento permite também avaliar o tempo dispendido em atividades passivas realizadas na posição sentada. O IPAQ foi proposto em 1998 por um grupo de pesquisadores com o objetivo de criar um instrumento com possiblidades de comparar dados internacionais.[16] Para idosos, sugere-se a utilização da versão adaptada proposta por Mazo e Benedetti.[15]

Em relação às medidas objetivas de AFH, os pedômetros são mais viáveis para a utilização nas intervenções práticas com os idosos em razão do baixo custo e fácil manuseio. O equipamento pode ser empregado com o objetivo de diagnosticar o nível de AFH e/ou de estimular seu aumento a partir de metas preestabelecidas. Segundo Tudor-Locke,[17] o esperado é que os idosos fisicamente independentes realizem em torno de 7.000 a 10.000 passos por dia para que sejam considerados suficientemente ativos.

O pedômetro é usado preso à cintura, na roupa ou no cinto, na linha hemiclavicular direita; deve ser colocado ao levantar-se pela manhã e retirado antes de dormir ou usá-lo por pelo menos 12 horas diárias. O equipamento deve ser retirado somente durante os banhos ou atividades aquáticas e ser recolocado imediatamente após o término. O avaliado deve ser orientado a manter o ritmo normal de suas atividades diárias. Em avaliações diagnósticas, é necessário o uso por 3 a 7 dias consecutivos. O cálculo do nível de AFH é feito com a média de passos realizados durante os dias de avaliação (3 a 7 dias). Existem vários modelos de pedômetros: os mais simples requerem que os avaliados anotem o número de passos realizados no dia de avaliação e os mais sofisticados têm mecanismos de registros que podem ser verificados pelo profissional no momento do retorno à consulta (Quadro 5).

AVALIAÇÃO DA APTIDÃO FÍSICA E FUNCIONAL

A avaliação da aptidão física e funcional é uma das etapas mais importantes do processo de concepção, aplicação e acompanhamento de um programa de exercício físico para pessoas idosas, pois as metas relacionadas à prescrição e à orientação de exercícios físicos dependem das informações sobre essas variáveis. Muitas avaliações utilizadas em idosos são as mesmas adotadas em jovens e adultos, sobretudo as realizadas em laboratórios e que requerem equipamentos sofisticados, porém há toda uma particularidade no que diz respeito a testes de campo em que protocolos específicos para a população idosa foram desenvolvidos. As avaliações nesse contexto normalmente versam sobre a aptidão física relacionada à saúde e à funcionalidade física com testes que se aproximam de ações motoras do cotidiano.

As avaliações nesse campo têm apresentado evoluções, sobretudo no que diz respeito à validação de procedimentos e estabelecimento de valores de referências para os seus resultados. Na sequência, são apresentadas sugestões de testes voltados à aptidão física relacionada à saúde (composição corporal, capacidade cardiorrespiratória, força muscular e flexibilidade) e à funcionalidade física (equilíbrio, mobilidade funcional e coordenação motora) e baterias de testes utilizadas para diagnosticar a condição funcional do idoso de forma mais ampla. São apresentados também valores de referência e desempenhos esperados com prioridades para os que foram obtidos com a população brasileira.

Composição corporal

A avaliação da composição corporal é considerada primordial em idosos, pois é um dos componentes da aptidão física relacionada à saúde que mais sofre modificações com o avançar da idade. As principais alterações,

QUADRO 5 Modelo de pedômetro e diário de anotação do número de passos percorridos por dia

Dia da semana: ( ) Segunda ( ) Terça ( ) Quarta ( ) Quinta ( ) Sexta ( ) Sábado ( ) Domingo

Horário que colocou o pedômetro: _____

Horário que retirou o pedômetro: _____

Número de passos registrados no momento da retirada à noite: _____

que são a redução da massa magra e o aumento da gordura corporal com acúmulo na região central do corpo, estão associadas a doenças e disfunções como a osteoporose, a sarcopenia e a obesidade, que constituem fatores de riscos para outras doenças, como as cardiovasculares, a hipertensão arterial e o diabetes melito. É importante destacar que alterações acentuadas na composição corporal em idosos também estão associadas a prejuízos na capacidade funcional, na dependência física e na perda da autonomia.

Várias técnicas de aferição da composição corporal estão disponíveis, porém nem todas são acessíveis para o dia a dia do profissional, principalmente por exigirem equipamentos de alto custo. A enorme variabilidade dos tecidos que compõem a massa magra em idosos dificulta a elaboração de equações para a predição da composição corporal nessa população por técnicas mais simples. Contudo, apesar das limitações, algumas técnicas de aferição, de fácil aplicação, são bem aceitas e servem de parâmetro para caracterizar o idoso nessa variável. Em razão da simplicidade e da facilidade de aplicação, neste capítulo são apresentadas as técnicas IMC e circunferências de cintura e quadril.

Índice de massa corporal (IMC)

O IMC é obtido por meio da massa corporal em quilogramas dividido pela estatura elevada ao quadrado em metros (IMC = massa corporal (kg)/estatura^2) e, apesar das suas limitações, é uma técnica de aferição bastante utilizada, pois traz indicadores importantes relacionados à saúde em diversas faixas etárias. Estudos epidemiológicos mostram que tanto o IMC alto como baixo estão associados à mortalidade em idosos.[18] Enfim, o IMC é uma ferramenta de fácil aplicação e que traz informações importantes para que o profissional adote metas necessárias para a preservação e a melhoria da saúde dos idosos em seus programas de exercício físico. No Quadro 6 são apresentados valores de referência para idosos, embora também se utilizem os valores preconizados para adultos.

Relação cintura-quadril

A identificação da localização da gordura corporal é tão importante quanto a da sua quantidade, pois, se acumulada na região abdominal, os fatores de risco à saúde são mais importantes. No envelhecimento, o

QUADRO 6 Valores de referência para idosos no IMC e no RCQ

IMC – idosos[19]	RCQ – mulheres idosas[20]	RCQ – homens idosos[20]
< 22 (baixo peso)	0,84 a 0,90 (risco alto)	0,99 a 1,03 (risco alto)
22,1-27 (normal)	> 0,90 (risco muito alto)	> 1,03 (risco muito alto)
> 27 (sobrepeso)		

padrão de distribuição da gordura corporal se mantém semelhante aos dos indivíduos adultos, ou seja, o homem com tendência a acumular gordura na região abdominal (padrão androide) e as mulheres na região glúteo-femoral (padrão ginecoide). Esses padrões podem ser avaliados pela razão cintura-quadril (RCQ), que é a obtida pela divisão dos perímetros da cintura e do quadril (RCQ = perímetro da cintura/perímetro do quadril).

Aptidão cardiorrespiratória

As propostas apresentadas neste livro são de simples aplicação e o profissional pode escolher a que melhor se enquadra aos seus objetivos, tempo disponível e estrutura física. São elas: teste de caminhada em 6 minutos (TC6)[21]; resistência aeróbia geral e habilidade de andar (RAG)[22] e marcha estacionária de 2 minutos (ME2) (Quadro 7).[21] Das três propostas apresentadas, o TC6 tem como resultado a distância percorrida em metros, o RAG, o tempo dispendido para percorrer uma determinada distância e o ME2, o número de ciclos de passos realizados durante o tempo do teste. Como é mais comum nesse tipo de testes, a zona de esforço recomendada é a moderada e as orientações indicam que os idosos devem realizar o percurso caminhando o mais rápido possível, e não correndo.

A duração dos testes TC6 e RAG giram em torno de 10 minutos, considerando aproximadamente 6 minutos de execução, mais 2 minutos iniciais e finais, respectivamente para as orientações ao avaliado e volta à calma. Já o teste de marcha estacionária de 2 minutos é bem mais rápido, constituindo-se em uma boa opção a ser aplicada em grupos maiores e espaços físicos restritos. O TC6 possui boa correlação com o teste realizado em esteira a 85% da frequência cardíaca máxima (r = 0,82 para homens e r = 0,71 para mulheres).[23]

QUADRO 7 Testes para a avaliação da capacidade cardiorrespiratória

Teste	Objetivo	Procedimento	Resultados esperados
Caminhada de 6 minutos (TC6)[21] 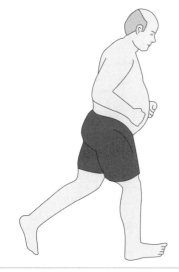	Avaliar a resistência aeróbica	Percorrer a maior distância possível em 6 minutos ao redor de um retângulo, totalizando 46 m divididos em 10 partes de 4,6 m	Mulheres • 60 a 69 anos[24]: 545 a 579,2 m[#] • 70 a 79 anos[25]: 430 a 615 m Homens • 60 a 69 anos[25]: 560 a 735 m • 70 a 79 anos[25]: 470 a 680 m
Resistência aeróbica geral e habilidade de andar (RAG)[22] 	Avaliar a resistência aeróbica geral e a habilidade de andar	Caminhar o mais rápido possível por um percurso de 804,67 m (pista de atletismo ou quadra poliesportiva)	Mulheres • 60 a 70 anos[26]: 467 a 499 s[#] • 70 a 79 anos[27]: 505 a 524 s Homens • 60 a 69 anos[28]: 428 a 456 s
Marcha estacionária de 2 minutos (ME2)[21]	Avaliar a resistência aeróbica quando o espaço físico é limitado	Marchar no lugar com elevação do joelho na altura do ponto médio entre a patela e a crista ilíaca do avaliado	Mulheres • 60 a 69 anos[25]: 73 a 107 ciclos de passos • 70 a 79 anos[25]: 68 a 101 ciclos de passos Homens • 60 a 69 anos[25]: 86 a 116 ciclos de passos • 70 a 79 anos[25]: 73 a 110 ciclos de passos

[#] percentil 50-75.

Força muscular de membros inferiores

Em razão da probabilidade de desenvolvimento da sarcopenia em idosos, sobretudo em membros inferiores, e da fragilidade física, a avaliação da força muscular dessa região é praticamente obrigatória nessa população. Como sugestão, o Quadro 8 apresenta dois testes de fácil aplicação e amplamente utilizados para avaliar idosos. São eles: o teste de sentar e levantar em 30 segundos (TSL-30s)[21] e o teste de sentar e levantar com 5 repetições (TSL-5x)[29]. O TSL-30s apresenta boa correlação com o teste de uma repetição máxima no *leg-press* (r = 0,78 para homens e r = 0,71 para mulheres).[23]

QUADRO 8 Testes para a avaliação da força muscular de membros inferiores

Testes	Objetivo	Procedimento	Resultados esperados
Levantar e sentar em 30 segundos (TSL-30s)[21] 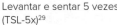	Avaliar a força de membros inferiores	Levantar e sentar na cadeira o maior número de vezes em 30 segundos sem o auxílio dos braços	Mulheres • 60 a 69 anos[24#]: 15 a 16 repetições • 70 a 79 anos[25]: 10 a 15 repetições Homens • 60 a 69 anos[25]: 12 a 19 repetições • 70 a 79 anos[25]: 11 a 17 repetições
Levantar e sentar 5 vezes (TSL-5x)[29] 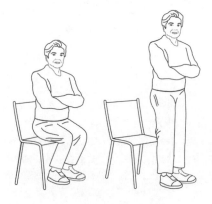	Avaliar a força de membros inferiores	Levantar e sentar na cadeira 5 vezes o mais rápido possível	Esse teste faz parte da Short Physical Performance Battery (SPPB), que tem seu resultado integrado com os outros testes. Por isso, o desempenho é convertido em pontos. Se o profissional utilizar esse teste isoladamente, espera-se que o idoso obtenha a pontuação de 3 a 4:[29] • Não consegue realizar ou > 60 s = 0 • ≥ 16,7 s = 1 • 13,7 a 16,69 s = 2 • 11,2 a 13,69 s = 3 • < 11,19 s = 4

Percentil 50 a 75.

Força muscular de membros superiores

A força de membros superiores também merece destaque no contexto da avaliação da aptidão física e funcional de idosos, pois é bastante utilizada na realização das tarefas motoras do cotidiano. O Quadro 9 apresenta duas sugestões de testes: o teste de flexão de braço (FORMS)[21,22] e o teste de preensão manual (PMAN).[30] O FORMS, validado por Rikli e Jones,[21] apresenta boa correlação com o teste de uma repetição máxima no supino (r = 0,84 para homens e r = 0,79 para mulheres).[23]

O PMAN traz informações valiosas sobre a força muscular do idoso, pois tem relação com a força corporal geral e pode indicar fragilidade. Para essa avaliação, é necessário um dinamômetro manual, um equipamento com custo mais elevado, porém possível de ser adquirido pelo profissional ou local de trabalho.

QUADRO 9 Testes para a avaliação da força muscular de membros superiores

Testes	Objetivo	Procedimento	Resultados esperados
Flexão de braço (FORMS)[21,22]	Avaliar a força e a resistência de membros superiores	Executar, durante 30 segundos, o maior número possível de flexões de cotovelo, com o braço dominante, segurando um halter. Em mulheres, utilizar halter de 2 kg e em homens, de 4 kg	Mulheres • 60 a 70 anos[26]: 23 a 28 repetições[#] • 70 a 79 anos: 22 a 24 repetições[27] Homens • 60 a 69 anos[28]: 25 a 26 repetições • 70 a 79 anos: 13 a 21 repetições[25]
Preensão manual (PMAN)[31]	Avaliar a força de preensão manual	Dependendo do modelo do dinamômetro, o teste pode ser aplicado com o avaliado sentado, com o membro testado em flexão de cotovelo de 90° ou em pé, com o braço estendido	Mulheres • 61 a 70 anos[31]: 23 a 27 kg[#] Homens • 61 a 70 anos[31]: 37 a 42 kg[#]

[#] Percentil 50 a 75.

Flexibilidade

Embora a realização das atividades da vida diária exija a utilização da flexibilidade de articulações específicas, suas mensurações são menos utilizadas na prática profissional com idosos em razão de maior complexidade na avaliação, necessidade de equipamentos mais sofisticados e maior dedicação de tempo. Por esse motivo, testes que avaliam segmentos corporais mais gerais e de aplicação mais simples e rápida são mais utilizados. O Quadro 10 apresenta duas adaptações do teste de sentar e alcançar: sentar e alcançar na cadeira, da bateria de testes Senior Fitness Test (FLEX-SFT),[21] e sentar e alcançar no chão, da bateria de testes AAHPERD (FLEX-AAHPERD);[22] mostra ainda uma que avalia a flexibilidade de ombros (ACOST).[21] O teste FLEX-SFT apresenta boa correlação com a flexibilidade dos isquiotibiais ($r = 0,76$ para homens e $r = 0,81$ para mulheres).[23]

QUADRO 10 Testes para a avaliação da flexibilidade

Testes	Objetivo	Procedimento	Resultados esperados
Sentar e alcançar na cadeira (FLEX-SFT)[21]	Avaliar a flexibilidade da região posterior do corpo (coluna, quadril e coxas)	Sentar em uma cadeira, na porção anterior do assento, com a perna de preferência estendida à frente, mãos sobrepostas e flexionar o tronco à frente levando as mãos em direção ao pé da perna que está estendida	Mulheres • 60 a 69 anos[24]: 2,85 a 3 cm[#] • 70 a 79 anos[25]: -1,5 a 4 cm Homens • 60 a 69 anos[25]: -3 a 4 cm • 70 a 79 anos[25]: -4 a 2,5 cm
Sentar e alcançar no chão (FLEX-AAHPERD)[22]	Avaliar a flexibilidade da região posterior do corpo (coluna, quadril e coxas)	Sentar no chão com as pernas estendidas e os pés afastados a 30,4 cm, em dorsiflexão, de acordo com a demarcação sugerida pelo teste. Flexionar o tronco e deslizar as mãos sobrepostas à frente, entre as pernas, sobre a fita métrica fixada no chão	Mulheres • 60 a 70 anos[26#]: 50 a 60,9 cm • 70 a 79 anos[27]: 63 a 70 cm Homens • 60 a 70 anos[28]: 54,6 a 73 cm
Alcançar as costas (ACOST)[21]	Avaliar a flexibilidade de ombros	Alcançar as mãos no meio das costas, com a mão de preferência sobre o mesmo ombro e a outra por baixo do mesmo ombro Se os dedos não se tocarem, o resultado será negativo (-); se encostarem, o resultado será 0; e se sobrepuserem, o resultado será positivo (+)	Mulheres • 60 a 69 anos[26#]: -5 a -3,35 cm • 70 a 79 anos[25]: -5 a 1 cm Homens • 60 a 69 anos[25]: -7,5 a 0 • 70 a 79 anos[25]: -9 a -1 cm

[#] Percentil 50 a 75.

Agilidade corporal e equilíbrios dinâmico e estático

A agilidade corporal e o equilíbrio são capacidades que se interagem em muitas tarefas do cotidiano, principalmente nas que requerem deslocamentos. Os desempenhos dessas capacidades estão relacionados também às quedas, que geralmente trazem lesões e impactam negativamente a capacidade funcional e a qualidade de vida do idoso.

O Quadro 11 mostra alguns testes utilizados para avaliar tais capacidades.

QUADRO 11 Testes para a avaliação da agilidade corporal e do equilíbrio estático e dinâmico

Testes	Objetivo	Procedimento	Resultados esperados
Teste de agilidade e equilíbrio dinâmico (AGI-AAPHERD)[22]	Avaliar a agilidade corporal e o equilíbrio dinâmico	A partir da posição sentada em uma cadeira, levantar-se e deslocar-se o mais rápido possível, contornando alternadamente dois cones dispostos atrás e para as laterais direita e esquerda da cadeira	Mulheres • 60 a 70 anos[26#]: 20 a 21,9 s • 70 a 79 anos[27]: 24,3 a 22,8 s Homens • 60 a 69 anos[28]: 20,2 a 22 s
Sentado, caminhar e voltar a sentar (AGI-SFT)[21]	Avaliar a agilidade corporal e o equilíbrio dinâmico	A partir da posição sentada em uma cadeira, levantar-se, deslocar-se o mais rápido possível, contornar um cone a 2,44 metros e retornar, sentando-se na cadeira	Mulheres • 60 a 69 anos[24#]: 5,44 a 5,54 s • 70 a 79 anos[25]: 7,9 a 4,9 s Homens • 60 a 69 anos[25]: 5,7 a 4,3 s • 70 a 79 anos[25]: 7,2 a 4,2 s
Equilíbrio estático apoio unipodal (EQ-UNI)[32] 	Avaliar o equilíbrio estático com controle visual	Permanecer com apoio unipodal no máximo 30 segundos, com a perna de preferência, mãos na cintura e olhar fixo à frente. Executar três tentativas. O toque do pé suspenso no chão é considerado desequilíbrio e a tentativa é interrompida	Para os resultados, utiliza-se a média dos tempos obtidos em cada uma das três tentativas. Não foram encontrados valores de referência para esse teste

(continua)

QUADRO 11 Testes para a avaliação da agilidade corporal e do equilíbrio estático e dinâmico *(continuação)*

Testes	Objetivo	Procedimento	Resultados esperados
Equilíbrio estático em três posições (EQ-3P)[29] Tandem — Semitandem — Bipodal	Avaliar o equilíbrio estático em três posições diferentes	Equilibrar-se em três posições estáticas diferentes: bipodal com pés unidos, semitandem e tandem (ver figura). Permanecer 10 segundos em cada posição, ou até se desequilibrar e mover os pés	Bipodal pés unidos[29] Esse teste faz parte da SPPB, que tem o seu resultado integrado com os outros testes, por isso o desempenho é convertido em pontos. Se o profissional utilizar esse teste isoladamente, espera-se que o idoso obtenha a pontuação 3 ou 4, somando as três condições de equilíbrio • 10 s = 1 ponto • < 10 s = 0 ponto • Não conseguiu = 0 ponto Semitandem[29] • 10 s = 1 ponto • < 10 s = 0 • Não conseguiu = 0 ponto Tandem[29] • 10 s = 2 pontos • 3 a 9,99 s = 1 ponto • < 3 s = 0 ponto • Não conseguiu = 0 ponto

Percentil 50 a 75.

Mobilidade funcional

A avaliação da mobilidade funcional se diferencia da avaliação da agilidade corporal por ser realizada em velocidade normal de deslocamento. É útil para discriminar déficits funcionais, estágios de fragilidade e predizer quedas (Quadro 12).

Coordenação motora

A coordenação motora também é bastante utilizada nas tarefas diárias, especialmente nas mais complexas. Mesmo em estados de fragilidade física, muitos idosos conseguem preservar por mais tempo a coordenação de membros superiores, o que lhes permite continuarem

QUADRO 12 Testes para a avaliação da mobilidade funcional

Testes	Objetivo	Procedimento	Resultados esperados
Timed up and go test (TUG)[33]	Avaliar a mobilidade funcional e o risco de quedas	Levantar da cadeira, caminhar em velocidade habitual a uma distância de 3 metros, retornar no mesmo percurso, sentando novamente na cadeira	Risco de quedas[33] • ≥ 10 s = sem risco • 11 a 20 s = frágeis e com risco • > 20 s = déficit na mobilidade e grande risco
Velocidade de marcha (VMA)[29] 1 m 2 m 3 m 4 m	Avaliar a velocidade da marcha em ritmo habitual	Caminhar uma distância de 4 metros sob uma linha demarcada no chão. Realizar duas tentativas e utilizar como resultado o menor tempo	Bipodal pés unidos[29] Esse teste faz parte da SPPB, que tem o seu resultado integrado com os outros testes, por isso o desempenho é convertido em pontos. Se o profissional utilizar esse teste isoladamente, espera-se que o idoso obtenha a pontuação 3 ou 4, somando as três condições de equilíbrio:[29] • 8,7 s = 1 ponto • 6,21 a 8,7 s = 2 pontos • 4,82 a 9,2 s = 3 pontos • < 4,82 s = 4 pontos

a desempenhar tarefas importantes para a sua sobrevivência e para o lazer (Quadro 13).

Baterias para avaliar a aptidão funcional

As baterias de testes são utilizadas para avaliar a aptidão funcional de idosos e, normalmente, são compostas por testes que, quando integrados, visam a uma representação global da capacidade funcional do idoso. A utilização das baterias permite uma interpretação individual de cada teste que a compõe e condição funcional do idoso. A seguir, são apresentadas três baterias amplamente utilizadas por profissionais tanto na prática clínica como em pesquisas científicas. A bateria *Senior Fitness Test* (SFT)[21] e a Bateria de Testes da AAHPERD (BTA)[22] avaliam a aptidão funcional global; a *Short Physical Performance Battery* (SPPB)[29] avalia o desempenho físico voltado aos membros inferiores.

Senior Fitness Test

A bateria SFT foi desenvolvida e validada por Rikli e Jones[21] com o objetivo de avaliar a aptidão física para a realização das atividades da vida diária. Originalmente, ela foi desenvolvida para avaliar idosos saudáveis, mas também tem sido utilizada para avaliar idosos com demência. Pelo fato de a bateria não utilizar instrumentos caros e não exigir técnicas apuradas, ela pode ser aplicada em praticamente qualquer ambiente, inclusive na casa do idoso. A bateria é composta por seis testes, sendo que todos já foram demonstrados nas sessões anteriores deste capítulo. Os testes e a sugestão de ordem são apresentados no Quadro 14. Além dos resultados específicos de cada teste, é possível obter um escore total com base na idade e nos resultados dos testes, classificando o desempenho do idoso em "muito bom", "bom", "regular", "fraco" e "muito fraco".

Bateria de testes da AAHPERD

A BTA foi desenvolvida especificamente para idosos pela American Alliance for Health, Physical Education, Recreation and Dance (AAHPERD)[22] e é composta por cinco testes que avaliam os componentes da capacidade funcional, resistência de força, capacidade aeróbica, agilidade e equilíbrio dinâmico, coordenação motora e flexibilidade. Todos os testes também já foram apresentados anteriormente e a sugestão de sequência de aplicação está no Quadro 15. A BTA também prevê um escore total baseado na idade e nos resultados dos testes, denominado IAFG (índice de aptidão funcional geral), classificando o desempenho do idoso em "muito bom", "bom", "regular", "fraco" e "muito fraco".

QUADRO 13 Teste para a avaliação da coordenação manual

Teste	Objetivo	Procedimento	Resultados esperados
Coordenação manual (COORD)[22]	Avaliar a coordenação oculomanual	Em uma mesa com uma linha paralela dividida em 6 marcas de 12,7 cm. Três latas de refrigerante devem estar nas marcas 1, 3 e 5. Com a mão dominante, virar o mais rápido possível a lata da marca 1 na 2, da 3 na 4 e da 5 na 6, e depois retorná-las na posição inicial na ordem inversa	Mulheres • 60 a 70 anos[26#]: 10,5 a 11,9 s • 70 a 79 anos[27]: 10,2 a 11 s Homens • 60 a 69 anos[28]: 10,8 a 11,4 s

Percentil 50 a 75.

QUADRO 14 Bateria *Senior Fitness Test* para a avaliação da aptidão funcional

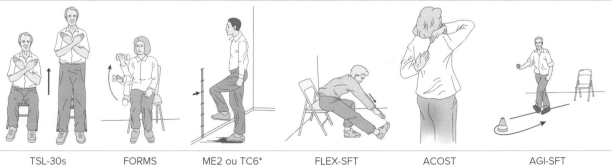

TSL-30s　　FORMS　　ME2 ou TC6*　　FLEX-SFT　　ACOST　　AGI-SFT

* Se a opção for pelo TC6, deve ser realizado no final da bateria.

QUADRO 15 Bateria de testes da AAHPERD para a avaliação da aptidão funcional

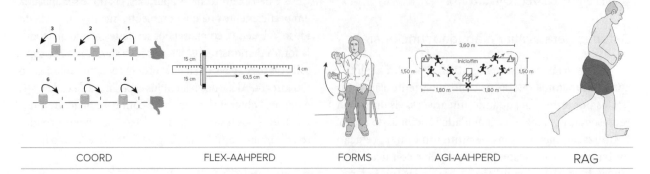

| COORD | FLEX-AAHPERD | FORMS | AGI-AAHPERD | RAG |

Short Physical Performance Battery (SPPB)

A bateria foi desenvolvida por Guralnik et al.[29] e tem como principal objetivo avaliar o desempenho físico de membros inferiores de idosos. A bateria é composta por três testes que avaliam o equilíbrio estático em pé, a velocidade de marcha em passo habitual e a força muscular de membros inferiores. Cada teste tem um somatório de 0 a 4 pontos, de acordo com o desempenho, somando 12 pontos possíveis no total, em que zero significa a pior função física e 12 é o nível mais alto da função. A bateria é apresentada no Quadro 16.

Avaliação da síndrome da fragilidade

A fragilidade em idosos é considerada uma síndrome com características atribuídas ao envelhecimento, a comorbidades e sintomas como diminuição da força e massa muscular, perda de peso, anorexia, exaustão e alterações no padrão de marcha. O estado de fragilidade é mais prevalente nas mulheres e está associado a desfechos indesejáveis, como dependência, institucionalização, quedas, piora no quadro das doenças, hospitalização e morte.[34] Muitos idosos funcionalmente ativos apresentam estágios iniciais de fragilidade, por isso a identificação desse possível acometimento deve ser uma meta dos profissionais da saúde, sobretudo os de educação física, que têm um papel direto na prevenção e na reabilitação dessa condição. Exemplos de testes para avaliá-los estão no Quadro 17.

Aspectos importantes para a avaliação em idosos

O sucesso de um programa de avaliação para idosos depende de vários fatores que precisam ser observados, como a aplicação adequada dos protocolos, treinamento do avaliador, compreensão da proposta de avaliação pelo avaliado, entre tantas outras. Na sequência, são apresentados os principais fatores que primam pela qualidade das medidas de segurança de um programa de avaliação para idosos:

1. Escolha das avaliações: a escolha das avaliações que farão parte do programa não é tarefa simples, mas deve ser permeada por alguns fatores, como objetivo do programa, o número de avaliados e de avaliadores e os equipamentos disponíveis. Como avaliação de entrada, a anamnese e o PAR-Q são indispensáveis, por fornecer informações necessá-

QUADRO 16 Bateria *Short Physical Performance Battery* para a avaliação de membros inferiores

   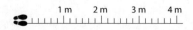 

| EQ-3P | VMA | TLS-5x |

QUADRO 17 Testes para a avaliação da fragilidade

Testes	Objetivo	Procedimento		Valores de referência

Fenótipo de fragilidade[34]	Avaliar o nível de fragilidade em idosos	Pontuações para a fragilidade:
		1 Perda de peso autorrelatada não intencional nos últimos 12 meses (+ de 4 kg)
		2 Exaustão avaliada pelas questões 7 e 20 da Escala do Center for Epidemiological Studies - Depression (CES-D)
		3 Nível de atividade física pelo Questionário de Minnesota
		  • Mulheres: < 270 kcal/semana
		  • Homens: < 383 kcal/semana
		4 Diminuição da força – preensão manual
		  • Mulheres
		   –< 17 kg (IMC < 23) < 17,3 kg (IMC 23,1 a 26)
		   –< 18 kg (IMC 26,1 a 29) e < 21 kg (IMC > 29)
		  • Homens
		   –< 29 kg (IMC < 24), < 30 kg (IMC 24,1 a 28)
		   –< 32 kg (IMC > 28)
		5 Lentidão da marcha – percurso de 2,6 metros
		  • Mulheres
		   –+ 7 s (estatura < 159 cm)
		   –+ 6 s (estatura > 160 cm)
		  • Homens
		   –+ 7 s (estatura < 173 cm)
		   –+ 6 s (estatura < 173 cm)
				Frágeis = resultados positivos em 3, 4 ou 5 avaliações[34]
				Pré-frágeis = resultados positivos em 1 ou 2 avaliações

Edmonton frail scale (EFS)[35]	Avaliar o nível de fragilidade por meio de questionário	Responder uma escala com 9 domínios e 11 itens, a respeito de sintomas que levam à fragilidade. Seus escores são agrupados segundo o grau de fragilidade que varia de não frágil a fragilidade grave		Pontuação fragilidade[35] • 0 a 4 = não apresenta • 5 a 6 = vulnerável • 7 e 8 = leve • 9 e 10 = moderada • ≥ 11 = severa

rias para que o programa seja concebido adequadamente às necessidades da população a ser trabalhada. Como triagem, o MEEM (estado mental) e o GDS (depressão) são importantes por trazer informações ao profissional sobre como o idoso compreende e como está seu estado de humor, elementos que interferem na adesão e na motivação para o programa. Outra avaliação também importante é identificar o *status* funcional do idoso para que as metas sejam elaboradas a partir das suas necessidades atuais. Os outros questionários apresentados neste capítulo têm sua importância, mas sua aplicação deve ser condicionada ao foco do programa e à disponibilidade de tempo dos avaliadores. Sobre os testes de aptidão física funcional, as baterias são opções interessantes por fornecer informações integradas sobre a função física do idoso. Caso não seja possível, em razão do tempo disponível, o profissional pode optar por alguns testes isolados elencando pelo menos uma para composição corporal, uma para a força de membros inferiores e superiores e uma de agilidade e equilíbrio dinâmico. Esses testes já podem oferecer ao profissional parâmetros sobre a condição física dos idosos e como evoluem durante o programa de treinamento.

2. Preparação do ambiente de avaliação: o ambiente para a realização das avaliações deve oferecer conforto e segurança para o avaliado. No caso da aplicação dos questionários, o ambiente deve favorecer a boa comunicação entre o avaliador e o avaliado e, portanto, deve ter privacidade, ser confortável, iluminado e sem poluição sonora. Já os testes motores devem ser aplicados em ambiente arejado, iluminado, com piso antiderrapante e com água e banheiros disponíveis. A preparação do ambiente, como colocação de mesas e cadeiras, demarcações no solo e disposição dos equipamentos, deve ser feita com antecedência.

3. Informações ao avaliado: todos os procedimentos relacionados à avaliação e que dependem do idoso devem ser repassados com antecedência e de preferência por escrito, como dia e horário das avaliações, vestimenta adequada, uso de óculos e, caso necessário, preparação anterior aos testes. Os idosos devem receber todas as informações a respeito dos procedimentos a que serão submetidos e devem assinar um termo de consentimento livre e esclarecido.

4. Preparação do avaliador: o avaliador deve conhecer o teste e tirar todas as possíveis dúvidas antes

da aplicação. Ele deve ter conhecimento das possíveis limitações dos idosos quanto a audição, dificuldade de compreensão e retenção das informações, para adotar estratégias adequadas para uma comunicação eficiente.

5. Número e ordem das avaliações: só devem ser aplicadas avaliações e ser extraídas informações que forem utilizadas. Muitas vezes os profissionais elencam um número exagerado de avaliações e esses resultados nunca são aproveitados. Essa conduta torna a avaliação morosa e desinteressante para os idosos. As sessões de avaliação não devem ser muito longas, com duração máxima de 2 horas. A ordem das avaliações também pode interferir nos resultados. Caso vários testes motores sejam realizados no mesmo período, iniciar com a avaliação da composição corporal e, na sequência, os que exigem menor esforço. Recomenda-se que a capacidade cardiorrespiratória seja a última, por exigir maior esforço físico.

6. Segurança nas avaliações: todos os procedimentos já mencionados nos itens anteriores conspiram para a segurança nas avaliações e, somados a eles, o profissional deve conferir, antes da realização dos testes, a percepção dos idosos a respeito da sua condição física no momento do teste. A aferição da pressão arterial é recomendada e, caso o idoso não atenda às recomendações do questionário PAR-Q, ele deve ser encaminhado a avaliação médica antes de realizar as avaliações e participar do programa de exercícios. Recomenda-se um aquecimento de 10 minutos e, no momento das avaliações, os idosos devem ser orientados a se esforçarem para obter seus melhores resultados. As propostas das avaliações apresentadas nesse capítulo não colocam o idoso em risco, mas mesmo assim é importante que o profissional conheça formas de acionar socorro rápido caso haja alguma intercorrência.

7. Devolutiva dos resultados: o idoso tem o direito de receber as informações a respeito do seu desempenho; ademais, os resultados das avaliações podem ser uma estratégia interessante a ser utilizada para a motivação para a prática, de modo que ela deve ser utilizada também para esse fim.

CONSIDERAÇÕES FINAIS

A avaliação precede todas as etapas que envolvem um processo de intervenção em atividade/exercício físico, portanto, é uma ferramenta fundamental para trabalho do profissional de educação física. No que diz respeito à população idosa, a avaliação é uma condição obrigatória, pois as particularidades que envolvem o processo de envelhecimento e as variantes interindividuais precisam ser conhecidas e controladas pelo profissional nas etapas de planejamento, aplicação e gerenciamento das intervenções. A avaliação inicial (diagnóstica) é que traz subsídios ao profissional para elaborar metas adequadas a serem atingidas em uma intervenção de atividade/exercício físico para idosos, e as avaliações durante e no final do processo é que trazem as informações, respectivamente, para tomadas de decisões sobre necessidade de ajustes e se as metas preestabelecidas foram alcançadas.

O profissional tem a sua disposição grande quantidade de opções para avaliar a população idosa, mas essa variedade também traz desafios no momento de escolher as mais adequadas para subsidiar o seu trabalho, levando-se em conta os objetivos da intervenção, o número de avaliados e avaliadores, a estrutura física e material e o tempo disponível. A avaliação sob aspectos multidimensionais é recomendada, pois, além dos aspectos de aptidão física e funcional, o profissional pode obter informações importantes sobre a vida do cliente idoso, sobre o seu estado mental e aspectos psicossociais, que são elementos que exercem influências diretas na participação do idoso nos mais diversos tipos de programa propostos pela área da educação física.

Este capítulo buscou reunir informações acerca da avaliação no idoso com uma perspectiva multidimensional, elencando opções simples e aplicáveis em qualquer contexto de trabalho, possibilitando uma visão sob vários aspectos importantes associados ao envelhecimento. As avaliações apresentadas são validadas e aplicáveis à população brasileira, possuem adequadas propriedades psicométricas e são utilizadas internacionalmente, podendo ser aplicadas tanto na prática profissional como em pesquisas científicas. A avaliação é uma importante ferramenta para o profissional de Educação Física organizar seu trabalho, mas tem outros objetivos não menos importantes, como 1) o de aproximação entre o profissional e o cliente/idoso nos momentos da avaliação diagnóstica, da devolutiva dos resultados e no estabelecimento de metas; e 2) na conscientização para a mudança de estilo de vida, adesão à prática e para a adoção de hábitos mais saudáveis.

RESUMO

O processo de envelhecimento é caracterizado por alterações diversas de ordem biopsicossocial que, somadas a fatores comportamentais, tornam os idosos detentores de características peculiares. Nesse sentido, a avaliação em idosos é uma condição obrigatória para o profissional de educação física planejar, aplicar e gerenciar um programa de intervenção em atividade/exercício físico para essa população. Este capítulo teve como objetivo apresentar propostas de avaliação sob diferentes aspectos do comportamento humano e da aptidão física e funcional para subsidiar o trabalho do profissional de educação física com idosos. Os critérios para as avaliações elencadas no capítulo foram instrumentos validados e aplicáveis à população brasileira, de fácil aplicação e com equipamentos de baixo custo. O capítulo é dividido em quatro partes: avaliações por questionários, avaliações e testes para a aptidão física e funcional, avaliação da síndrome da fragilidade e dicas para organização e aplicação adequadas de um programa de avaliação para idosos.

Questões para reflexão

1. Por que é importante avaliar idosos sob aspectos multidimensionais no contexto da educação física?
2. Quais as avaliações básicas (mínimas) sugeridas ao profissional para a organização do seu programa de avaliação em idosos?
3. Quais os cuidados que o profissional deve ter para garantir a segurança durante as avaliações em idosos?

REFERÊNCIAS BIBLIOGRÁFICAS

1. Cunha GL. Mecanismos biológicos do envelhecimento. In: Freitas EV, Py L. Tratado de geriatria e gerontologia. 3. ed. Rio de Janeiro: Guanabara Koogan, 2011. p.14-33.
2. Neri AL. Bem-estar subjetivo, personalidade e saúde na velhice. In: Freitas EV, Py L. Tratado de geriatria e gerontologia. 3. ed. Rio de Janeiro: Guanabara Koogan, 2011. p.1495-506.
3. Arraix GA, Wigle DT, Maio Y. Risk assessment of physical activity and physical fitness in the Canada Healthy Survey Follow-Up Study. J Clin Epidemiol 1992;45:419-28.
4. Moraes EM. Avaliação multidimensional do idoso: a consulta do idoso – instrumentos de rastreio. 3. ed. Belo Horizonte: Folium, 2010.
5. Bertolucci PHF, Brucki SMD, Campacci SR, Juliano Y. O miniexame do estado mental em uma população geral. Impacto da escolaridade. Arq Neuropsiquiatr 1994;52(1):1-7.
6. Spirduso WW. Physical dimensions of aging. Champaign: Human Kinetics Publishers, 1995.
7. Katz S, Ford AB, Moskowitz RW, Jackson BA, Jaffe MW. Studies of illness in the aged. The index of ADL: a standardized measure of biological ans psychosocial function. JAMA 1963; 185(12): 914-9.
8. Santos RL, Virtuoso Junior JS. Confiabilidade da versão brasileira da escala de atividades instrumentais da vida diária. Ver Bras Pesqui Saúde 2008;21(4):290-96.
9. Fleck MPA, Louzada S, Xavier M, Vieira G, Santos L, Pinzon V. Aplicação da versão em português do instrumento abreviado de avaliação da qualidade de vida "WHOQOL-bref". Rev Saude de Publica 2000;34(2):178-83.

10. Fleck MPA, Chachamovic E, Trentini C. Development and validation of the portuguese version of the Whoqol-Old module. Rev Saúde Pública 2006;40(5):785-91.
11. Sheikh JI, Yesavage JA. Geriatric depression scale (GDS): recent evidence and development of a shorter version. Clin Gerontol 1986;5:165-73.
12. Tinetti ME, Kumar C. The patient who falls: "It's always a trade-off". Jama 2010;303(3):258-66.
13. Yardley L, Smith H. A prospective study of the relationship between feared consequences of falling and avoidance of activity in community-living older people. Gerontologist 2002;42(1):17-23.
14. Camargos FFO. Adaptação transcultural e avaliação das propriedades psicométricas da "Falls efficacy scale-international": um instrumento para avaliar medo de cair em idosos [dissertação]. Belo Horizonte: Escola de Educação Física, Fisioterapia e Terapia Ocupacional, Programa de Pós-graduação em Ciências da Reabilitação da Universidade Federal de Minas Gerais; 2007.
15. Mazo GZ, Mota J, Benedetti TB, Barros MVG. Validade concorrente e reprodutibilidade teste-reteste do questionário de Baecke modificado para idosos. Rev Bras Ativ Fís Saúde 2001;6(1):5-11.
16. Zago AS, Gobbi S. Valores normativos da aptidão funcional de mulheres de 60 a 70 anos. Rev Bras Cie e Mov 2003;11(2):77-86.
17. Tudor-Locke C, Craig CL, Aoyagi Y, Bell RC, Croteau KA, Bourdeaudhuij I at al. How many steps/day are enough? For older adults and special populations. Int J Behav Nutr Phys Act 2011;8(80):2-19.
18. Silva SC. Medida e avaliação da aptidão física em idosos: morfologia. In: Farinatti PTV (Org.). Envelhecimento: promoção da saúde e exercício. Barueri: Manole, 2008. p.227-46.
19. Lipschitz DA. Screening for nutritional status in the elderly. Primary Care 1994;21(1):55-67.
20. Heyward V, Stolarczyk LM. Anthropometric method. Applied body composition assessment. Champaign: Human Kinetics, 1996. p.76-85.
21. Rikli R, Jones C. Development and validation of a functional fitness test for community residing older adults. J Aging Phys Act 1999; 7(2):129-61.
22. Osness WH. Functional fitness assessment for adults over 60 years. Reston: American Alliance for Health, Physical Education, Recreation and Dance, 1990.
23. Langhammer B, Stanghelle JK. The Senior Fitness Test. J Physiother 2015;61:163.
24. Mazo GZ, Petreça DR, Sandreschi PF, Benedetti TRB. Valores normativos da aptidão física para idosas brasileiras de 60 a 69 anos de idade. Rev Bras Med Esporte 2015;21(4):318-22.
25. Rikli R, Jones C. Functional fitness normative scores for community residing older adults, age 60–94. J Aging Phys Act 1999;7(2): 162-81.
26. Zago AS, Gobbi S. Valores normativos da aptidão funcional de mulheres de 60 a 70 anos. Rev Bras Ci Mov 2003;11(2):77-86.
27. Benedetti TRB, Mazo GZ, Gobbi S, Amorim M, Gobbi LTB, Ferreira L et al. Valores normativos de aptidão funcional em mulheres de 70 a 79 anos. Rev Bras Cineantropom Desempenho Hum 2007;9(1): 28-36.
28. Mazo GZ, Benedetti TRB, Gobbi S, Ferreira L, Lopes MA. Valores normativos e aptidão funcional em homens de 60 a 69 anos de idade. Rev Bras Cineantropom Desempenho Hum 2010;12(5):316-323.
29. Guralnik JM, Simonsick EM, Ferrucci L, Glynn RJ, Berkman, LF, Blazer DG et al. A short physical performance battery assessing lower extremity function. Association with self-reported disability and prediction of mortality and nursing home admission. J Gerontol 1994;49(2):85-94.

30. Vaz M, Thangam S, Prabhu A, Shetty PS. Maximal voluntary contraction as a functional indicator of adult chronic undernutrition. Br J Nutr 1996;76:9-15.

31. Leong DP, Teo KK, Rangarajan S, Kutty R, Lanas F, Hui C et al. Reference ranges of handgrip strength from 125,462 healthy adults in 21 countries: a prospective urban rural epidemiologic (PURE) study. J Cach Sarcop Musc 2016;7:535-46.

32. Greene LS, Williams HG, Macera CA, Carter JS. Identifying dimensions of physical (motor) capacity in healthy older adults. J Aging Health 1993;5:163-68.

33. Podsiadlo D, Richardson S. The timed "Up & Go": a test of basic functional mobility for frail elderly persons. J Am Geriatr Soc 1991;39(2):142-8.

34. Fried LP, Tangen CM, Walston J, Newman AB, Hirsch C, Gottdiener J et al. Frailty in older adults: evidence for a phenotype. J Gerontol A Biol Sci Med Sci 2001;56(3):M146-56.

35. Fabrício-Wehbe SCC, Schiaveto FV, Vendrusculo TRP, Haas VJ, Dantas RAS, Rodrigues RAP. Crosscultural adaptation and validity of the "Edmonton Frail Scale - EFS" in a Brazilian elderly sample. Rev Latino-Am Enferm 2009;17(6):1043-9.

Capítulo 14

Avaliação físico-funcional em educação física para pessoas com deficiência

Camila Torriani-Pasin
Giordano Márcio Gatinho Bonuzzi
Natalia Araujo Mazzini
Murilo Groschitz Ruas Almeida

Objetivos do capítulo

▶ Compreender, de maneira geral, a concepção da Classificação Internacional de Incapacidade, Funcionalidade e Saúde (CIF) e as possibilidades dessa classificação na área de educação física adaptada.

▶ Compreender, selecionar e, posteriormente, aplicar alguns instrumentos de avaliação nos domínios "estruturas e funções" e "atividades e participação", baseados no modelo da CIF para diferentes populações com deficiência.

▶ Compreender principais instrumentos de avaliação geral na área de educação física adaptada aos seus respectivos domínios no modelo da CIF, visualizando-os em um exemplo prático.

INTRODUÇÃO

No início do século XX, a educação física no Brasil caracterizava-se por aspectos higienista, militar, tecnicista e esportivo cujo foco era o organismo biológico e físico, voltado ao desempenho das funções orgânicas. Com o passar do tempo, inúmeras correntes pedagógicas acrescentaram diferentes pontos de vista sobre o movimento humano e o papel da educação física,[1] envolvendo concepções acerca do ser humano que se movimenta, em vez da limitada concepção anterior.[2] Essa nova perspectiva possibilitou a inserção daqueles anteriormente excluídos e marginalizados, os quais por questões diversas não eram incluídos como populações-alvo da atuação em educação física, como as pessoas com deficiência.[3]

Em paralelo às mudanças conceituais sofridas dentro da área de educação física, houve também uma reconceituação do próprio indivíduo com deficiência tanto pela sociedade quanto pelos profissionais da área da saúde. Se antes o foco ocorria na doença/disfunção/ incapacidade, sendo a própria definição de saúde da Organização Mundial da Saúde (OMS) baseada na ausência desses aspectos, atualmente, observa-se uma perspectiva voltada às potencialidades do indivíduo, sendo a concepção de saúde advinda da interação de aspectos físico, mental e social.

Assim, para que o profissional de educação física consiga propor uma intervenção para pessoas com deficiência, torna-se necessário saber avaliar e diagnosticar as potencialidades e limitações do indivíduo em questão. Desse modo, as intervenções não serão somente baseadas na melhora de aspectos orgânicos ou relativos a deficiência/incapacidade/disfunção, mas, sim, que permitam o aperfeiçoamento das condições físico-psico-afetivo-sociais, que são pessoais e subjetivas ao aluno/cliente com deficiência.[4]

Diante desse fenômeno, surge a necessidade do profissional de educação física avaliar os efeitos de sua intervenção em uma perspectiva multidimensional, a fim de englobar os diversos aspectos sobre os quais podem repercutir os efeitos da intervenção. O objetivo deste capítulo é oferecer ao leitor condições de avaliar a pessoa com deficiência de forma multidimensional e em busca de potencialidades e limitações, as quais possam servir de base para a elaboração de programas de intervenção específicos. Sugere-se que a avaliação física e a respectiva intervenção contemplem, portanto, a plenitude do indivíduo com deficiência, o qual não se insere em um vácuo social. A concepção advinda da Classificação Internacional de Incapacidade, Funcionalidade e Saúde (CIF) será a estrutura básica do capítulo e pode servir de modelo para avaliações físicas na área de educação física adaptada.

CLASSIFICAÇÃO INTERNACIONAL DE INCAPACIDADE, FUNCIONALIDADE E SAÚDE: UM ALICERCE NAS AVALIAÇÕES EM EDUCAÇÃO FÍSICA ADAPTADA

A CIF foi elaborada pela OMS para ser uma possível ferramenta de classificação que englobasse os vários aspectos da saúde. Dessa forma, a criação dela visou, em um primeiro momento, ofertar uma linguagem unificada para profissionais e acadêmicos da área da Saúde, possibilitando compreensão similar sobre os componentes que influenciam a saúde da população.

Desse modo, a CIF oferece um arcabouço teórico sobre a saúde e contempla os diversos sistemas que compõem o ser humano, caracterizando-se por sua visão multidimensional e universal.[5] Logo, optou-se por um modelo multifatorial não hierárquico, ou seja, um modelo de saúde que apresenta diferentes fatores que constituem o estado de saúde do indivíduo e que interagem simultaneamente com a deficiência/doença/disfunção/incapacidade apresentada pelo indivíduo.

A OMS define o termo saúde como o estado mais completo de bem-estar físico, mental e social. Ao considerar essa perspectiva, a CIF delimita uma análise das consequências da deficiência em uma perspectiva que engloba: funcionalidade e incapacidade e fatores contextuais, sendo essas partes compostas por subcomponentes. A interação dos componentes gerais da CIF pode ser verificada na Figura 1 e será detalhada a seguir.

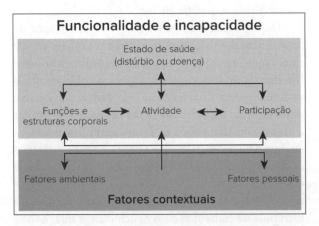

FIGURA 1 Modelo integrador dos componentes da CIF.

No que diz respeito à parte "funcionalidade e incapacidade", encontram-se os seguintes subcomponentes:

1. Funções e estruturas corporais: diz respeito às limitações físicas e/ou cognitivas advindas da deficiência, como espasticidade, fraqueza muscular, surdez, redução da sensibilidade, perda da capacidade de memória e abstração etc.
2. Atividade: diz respeito a possíveis dificuldades na execução de tarefas ou ações. Tais dificuldades são advindas das deficiências em certas estruturas e funções do corpo, tendo alta relação com as atividades da vida diária. São as dificuldades que o indivíduo pode ter para executar atividades, como andar, mover-se da posição sentado para em pé, pegar objetos e manipulá-los, andar, etc.
3. Participação: diz respeito ao envolvimento em situações da vida real e a como o indivíduo se engaja na vida social. São os problemas enfrentados ao se envolver em situações de vida, como situações profissionais, de lazer, hobby, participação cívica e religiosa, por exemplo.

Para ilustrar a interação entre os subcomponentes dessa primeira parte, imaginemos um senhor profissionalmente ativo que, em um determinado dia, é acometido por um acidente de carro e tem uma perna amputada. Entre as sequelas apresentadas, ele poderá apresentar dor, fraqueza muscular e encurtamentos musculares, o que o incapacita a levantar-se sozinho da cama e andar. Consequentemente, o impede de trabalhar, uma vez que era carteiro e necessitava caminhar longas distâncias. Nesse exemplo, a dor, a fraqueza muscular e os encurtamentos musculares encontram-se no subcomponente de estruturas e funções, a dificuldade de levantar-se e caminhar, na atividade, e a impossibilidade de trabalhar e os problemas financeiros subsequentes, na participação.

Nos "fatores contextuais" encontram-se os componentes denominados fatores ambientais e fatores pessoais, sendo ambos constituídos por fatores que interagem com os subcomponentes da primeira parte, agindo como barreiras ou facilitadores. Retomando o exemplo do senhor com uma perna amputada, políticas públicas de reinserção da pessoa com deficiência no mercado de trabalho, a prescrição e o acesso a uma boa prótese, a autoestima elevada e o apoio da família podem ser considerados facilitadores para que o indivíduo se adapte às limitações e às restrições consequentes da deficiência. No entanto, barreiras oriundas do descaso governamental, sistema de saúde que não oferece recursos tecnológicos de qualidade, quadros depressivos e abandono familiar poderiam agravar ainda mais o quadro, sendo considerados barreiras dentro dos fatores ambientais.

Portanto, o profissional de educação física que atua com pessoas com deficiência deve manejar avaliações físicas dentro desse cenário multifacetado de conceituação de saúde no âmbito da CIF, com implicações nas estruturas e funções, atividades e participação e fatores contextuais (ambientais e pessoais).[5] Isto é, deve levar em consideração cada componente da CIF para avaliar o cliente em sua totalidade. Espera-se que uma boa avaliação não só caracterize as condições reais do cliente, mas também proporcione um bom parâmetro para a tomada de decisão mais coerente acerca da estratégia de trabalho frente à condição específica do cliente em questão. Desse modo, sugerem-se avaliações que contemplem cada componente da CIF a fim de:

- Verificar as potencialidades e necessidades específicas do cliente.
- Coletar informações que permitirão adequação dos parâmetros utilizados durante o/a treinamento/atividade física (p. ex., frequência cardíaca máxima, limites de amplitude articular, identificação de contraturas, deformidades, dores articulares).
- Verificar a efetividade da intervenção a critério de reavaliação, possibilitando dados sensíveis o suficiente para demonstrar as modificações induzidas pela intervenção.

INSTRUMENTO DE AVALIAÇÃO: PROPRIEDADES PSICOMÉTRICAS E APLICAÇÃO DE ACORDO COM A CIF

Os instrumentos de avaliação que compõem a avaliação física devem possuir boas características psicométricas, a fim de que o dado extraído seja confiável e aplicável. Dessa forma, espera-se que o instrumento de avaliação tenha sido testado em relação a confiabilidade, validade e poder de resposta.

Entende-se como confiabilidade a capacidade do instrumento de avaliação de medir fielmente aquilo que este se propõe a medir.[6] Considera-se, então, a confiabilidade interavaliador e a confiabilidade intra-avaliador sendo referentes, respectivamente, à capacidade de uma análise ser replicada por diferentes avaliadores e obter o mesmo resultado e à capacidade de um avaliador ter um mesmo resultado para uma mesma condição, após análises em diferentes momentos no tempo.[6]

Por sua vez, a validade é compreendida como a capacidade de um determinado instrumento em mensurar com precisão o que se propõe a medir.[6] Em relação à validade, destacam-se: validade do conteúdo, que se refere a escolha, adequação, importância e representatividade do conteúdo frente a algum determinado contexto;[7] validade de critério, que se refere ao grau de

exatidão que uma medida possui em comparação a uma medida de padrão-ouro.[7]

Por fim, o poder de resposta reflete a capacidade de um determinado instrumento em captar mudanças significativas ao longo do tempo. Em relação a essa propriedade psicométrica, ressaltam-se as informações relativas aos valores de mínima mudança detectável, definida como a menor mudança que pode ser detectada pelo instrumento de análise para além do erro padrão de medição e os valores de mínima mudança clinicamente importante, também conhecido como significância clínica, que é a menor diferença na pontuação de um domínio de interesse que o cliente/paciente ou o profissional entendem como importante.[8]

Portanto, ao considerar essas propriedades psicométricas, pode-se sugerir que os aspectos de confiabilidade e validade se relacionam com a precisão, a credibilidade e a coerência de sua medida para o desfecho a ser avaliado. A confiabilidade e a validade permitem maior confiança no uso do instrumento de avaliação e, por conseguinte, na medida proveniente de seu uso. Por outro lado, medidas de poder de resposta, mais especificamente a significância clínica, permitem a estimativa funcional do cliente ou a predição de riscos. Como exemplo, pode-se dizer que baixas pontuações na escala de equilíbrio de Berg (Berg) são relacionadas ao aumento do risco de quedas em idosos,[9] bem como os efeitos que a intervenção promoveu ao longo do tempo (p. ex., supondo que, em função da intervenção, um idoso que estava com a pontuação na BERG de 46 pontos conseguiu, após 12 meses de intervenção, 54 pontos, pode-se considerar que houve diminuição do risco de queda de 56%).[9]

Portanto, com a utilização de instrumentos de avaliação bem estruturados e com medidas psicométricas adequadas, o profissional de educação física deve avaliar seu cliente tanto em relação a deficiências e potencialidades, quanto em relação a padrões funcionais e/ou estimativas populacionais de diagnóstico e prognóstico. Dessa forma, estão ilustrados nas Tabelas 1 a 3 os principais instrumentos de avaliação em educação física adaptada nos domínios estruturas e funções corporais, atividades e participação, respectivamente. Além disso, são apresentadas as classificações funcionais, com os respectivos códigos utilizados na CIF, para os quais o instrumento é utilizado.

De posse de tais instrumentos, o profissional de educação física deve considerar a população-alvo em que se pretende realizar a avaliação, bem como suas deficiências e disfunções. É aconselhado que o profissional busque instrumentos de avaliação específicos à população em questão, dado que existem instrumentos criados para atender às necessidades de cada uma. Somente no caso de não haver instrumentos específicos à população, sugere-se ao profissional de educação física a utilização de escalas e instrumentos genéricos, originalmente criados para a faixa etária independentemente da doença apresentada pelo indivíduo, conforme os descritos nas tabelas a seguir. Cabe ao profissional escolher medidas que se relacionem e que permitam compreender as necessidades de seu cliente, envolvendo os domínios de estruturas e funções corporais, atividades e participação, de acordo com a CIF. Exemplos de escolha do instrumento de avaliação de forma genérica, sem especificar uma condição de saúde, são apresentados a seguir.

TABELA 1 Instrumentos de avaliação nos domínios de estruturas e funções corporais

Código CIF	Categoria avaliada	Instrumento de avaliação
Funções do aparelho cardiovascular (b410 a b429)	Capacidade aeróbia	Teste de caminhada de 6 minutos
		Teste de caminhada de 2 minutos
		Teste de caminhada de 1.600 metros
		Ergoespirometria
Funções neuromusculares (b730 a b749)	Espasticidade	Escala de Tardieu
		Escala de Ashworth modificada
Força muscular (b730)	Força	Teste de preensão manual
		Teste de repetição máxima
		Teste de repetições máximas
		Teste de arremesso de *medicine ball*
		Dinamometria lombar
		Dinamometria escapular
		Teste de sentar e levantar
		Teste muscular manual
Mobilidade óssea (b720)	Flexibilidade/mobilidade articular	Teste de sentar e alcançar – banco de Wells
		Avaliação goniométrica
		Flex test
		Amplitude ativa e passiva de movimento
Funções de controle do movimento voluntário (b760)	Proficiência motora	Índice de motricidade
		Teste de desenvolvimento motor total (TGMD)
		Teste *Körperkoordination Test für Kinder* (KTK)
		Basic gross motor assessment (BGMA)
		Escala de desenvolvimento motor de Peabody (PDMS)

TABELA 2 Instrumentos de avaliação no domínio das atividades

Código CIF	Categoria avaliada	Instrumento de avaliação
Transportar, mover e manusear objetos (d430-d449)	Função do membro superior e destreza manual	Teste dos nove pinos nos buracos
		Teste de caixas e blocos
		Teste de função motora de Wolf
		Teste de mão de Jebsen-Taylor
		Sistema de classificação das habilidades manuais

(continua)

TABELA 2 Instrumentos de avaliação no domínio das atividades (*continuação*)

Código CIF	Categoria avaliada	Instrumento de avaliação
Mudar e manter a posição do corpo (d410-d429)	Equilíbrio	*Timed up and go* (TUG)
		Escala de atividades específicas de confiança no equilíbrio
		Escala de eficácia de quedas (FES-1)
		Teste de alcance funcional
		Teste de alcance multidirecional
		Teste de equilíbrio de Berg
		Escala de equilíbrio avançado de Fullerton
Andar e deslocar-se (d450-d469)	Mobilidade	Avaliação do desempenho orientado à mobilidade
		Índice de mobilidade de Rivermead
		Avaliação funcional de marcha
		Bateria rápida de desempenho físico
		Teste de mobilidade orientada pelo desempenho
		Timed up and go
		Índice dinâmico de marcha
		Categoria de deambulação funcional
Cuidado pessoal (d510 a d599) Vida doméstica (d610-d699)	Lavar-se, vestir-se, comer, beber e cuidar da própria saúde. Aquisição do necessário para viver, tarefas domésticas, cuidar dos objetos, da casa e ajudar outras pessoas	*Frenchay Activities Index*
		Medida de Independência Funcional (MIF)
		Índice de Barthel

TABELA 3 Instrumentos de avaliação no domínio da participação

Código CIF	Categoria avaliada	Instrumento de avaliação
Aprendizagem e aplicação de conhecimentos (d110 a d199)	Experiências sensoriais intencionais, aprendizado básico, aplicação de conhecimento	*Medical outcomes Study short form 36 – SF-36 Nottingham health profile scale*
Relações e interações interpessoais (d710 a d799) Vida comunitária, social e cívica (d910 a d999)	Relações interpessoais gerais e particulares Vida comunitária, recreação e lazer Religião e espiritualidade Direitos humanos, vida política e cidadania	*London handicap scale*
		Community integration questionnaire
		Frenchay activities index Medical outcomes Study short form 36 – SF-36
Áreas principais da vida (d810 a d899)	Educação, trabalho e emprego; vida econômica	*Zarit Burden Interview*

ESCOLHA DOS INSTRUMENTOS DE AVALIAÇÃO E COLETA DE INFORMAÇÕES: UM EXEMPLO PASSO A PASSO NO ACIDENTE VASCULAR CEREBRAL (AVC)

Conheça e explore o quadro clínico geral da população

Nesse primeiro passo, espera-se que o profissional de educação física busque levantar informações sobre a população à qual sua intervenção será dirigida. Vale levantar todas as dificuldades e potencialidades que o cliente apresenta. Desse modo, uma boa anamnese, coletando informações iniciais do cliente, é fundamental ao iniciar a avaliação. Logo, conheça a clientela à qual o serviço será oferecido.

Assim, sabe-se que, após um AVC, inúmeras disfunções em múltiplos sistemas podem vir a ocorrer, sendo essas disfunções dependentes da área encefálica lesada. Desse modo, para exemplificar, considerando a atuação na área da educação física sob a perspectiva da CIF, indivíduos pós-AVC podem apresentar deficiências no domínio "estruturas e funções": disfunções cognitivas e mnemônicas (código b140, b144 e b164);[10] deficiências perceptuais (código b156), deficiência proprioceptiva (código b260), tátil (código b265) e de caráter vestibular (código b240);[11] perda do movimento voluntário no hemicorpo contralateral ao da lesão (código b760); diminuição da capacidade de gerar força (código b730); mobilidade articular afetada (código b720); fadiga crônica (código b450-b469 e b540); espasticidade (código b735); rigidez muscular (código b7800), entre outros.[12,13]

Tais deficiências nas "estruturas e funções" geram limitações no domínio das "atividades". Como consequência, as principais atividades impactadas podem ser as relacionadas à função de membro superior e a destreza manual no membro contralateral a lesão (código d430-d449), equilíbrio dinâmico e estático (código d410-d429) e mobilidade e marcha (código d450--d469),[12,13] entre outras.

Essas limitações anteriormente descritas geram restrições na participação. Como consequência, podem apresentar perda da autonomia (código d610-d699) e da capacidade do autocuidado (código d510-d599),[14] mobilidade restrita e estão mais propensos a quedas (código d450-d469), podendo levar a internações prolongadas e suas complicações ou até mesmo evoluir para óbito. Além disso, o vínculo socioafetivo do paciente pós-AVC sofre restrição (código d710-d799), o que somado à percepção da incapacidade adquirida, pode relacionar-se às dificuldades na reinserção no mercado de trabalho (código d840-d859),[15] depressão e diminuição da qualidade de vida (código d910-d999).[16]

De posse de tais informações, percebe-se a relação existente entre os componentes da CIF na consolidação dos parâmetros de saúde do indivíduo. Considerando indivíduos pós-AVC, como nesse exemplo, nota-se que as disfunções nas estruturas e funções impactam nas atividades e participação. Como consequência, haverá menor engajamento nas atividades de vida diária, o que resulta em diminuição da capacidade funcional e, portanto, maiores disfunções nas estruturas e funções. Com isso, apresenta-se um ciclo vicioso a ser combatido pelo profissional de educação física em que, somente a partir da avaliação física, os parâmetros ideais de intervenção podem ser identificados para a quebra do referido ciclo e resultar em melhora da saúde do aluno/cliente.

Conheça as condições específicas de seu cliente

Considerando que as avaliações físicas, motoras, cognitivas e funcionais devem seguir o princípio da especificidade e da individualidade biológica, será uti-

lizado o caso descrito a seguir para exemplificar a escolha dos instrumentos de avaliação:

A. F. B., 45 anos, sexo masculino, foi encaminhado ao profissional de educação física 4 meses após o evento com diagnóstico médico de AVC. Teve alta do serviço de terapia ocupacional e fisioterapia há dois dias e foi liberado para atividade física pelo médico. Relata ser hipertenso não tratado desde os 30 anos e ter na história familiar avô e tio com AVC. Apresenta-se com sobrepeso e, atualmente, faz controle alimentar da ingestão de açúcar e gorduras. Como profissão, relata que trabalhava como empresário, o que o impedia de realizar atividades físicas regulares, pois estava sempre viajando a trabalho. Como hobby gostava de jogar futebol aos finais de semana, além de jogar cartas com amigos. Apresenta como queixa principal a dificuldade de levantar-se do sofá mais baixo e, principalmente, o cansaço para caminhar curtas distâncias (com bengala). Também relata dificuldade de movimentar a mão esquerda para atividades mais finas, fazendo com que muitas atividades antes realizadas com facilidade pelo membro sejam realizadas de modo bimanual ou preferencialmente pelo membro menos comprometido (direito). Sente insegurança para caminhar na rua sozinho, pois relata que se desequilibra e que a perna é fraca. O hemicorpo comprometido após o AVC foi o esquerdo, apresentando uma hemiparesia com predomínio crural à esquerda. Relata ser independente para as atividades diárias de autocuidado, higiene, alimentação e vestuário. Relata, também, que, após o AVC, sua memória não é mais a mesma, esquecendo-se de compromissos, horários e fatos ocorridos no dia anterior.

No caso apresentado, destacam-se algumas condições fundamentais de serem contempladas na avaliação. No âmbito das estruturas e funções, nota-se que o cliente apresenta problemas relacionados com sobrepeso (código b530) e hipertensão (código b420), os quais são fatores de risco cardiovascular e merecem monitoramento, a fim de parametrização dos treinamentos em uma condição segura e prevenção de futuros eventos recorrentes de AVC.

Além disso, nas estruturas e funções, o cliente ainda relata problemas relacionados à memória (código b144), que devem ser avaliados (por um profissional capacitado, como neuropsicólogo, terapeuta ocupacional, neurologista) a fim de subsidiar as atividades motoras propostas, sendo possível melhorar esse componente com a intervenção física adequada.[17] Essa disfunção pode estar relacionada a um possível déficit cognitivo ainda não identificado (código b110 a b1189) e limitar as condições de retorno ao trabalho (código d810 a d899) e o aprendizado e a aplicação de novos conhecimentos (código d110 a d199).

Outro aspecto identificado é a baixa capacidade cardiorrespiratória desse cliente, detectada pela intolerância a atividade física (código b455), especificamente ao caminhar. Esse aspecto pode ser agravado pela possível utilização de um padrão motor de marcha pouco efetivo e produtivo (código b450 a b469), com alto gasto energético. Essas condições, quando não sanadas, podem induzir a quadros de fadiga crônica, o que aumenta a chance de sedentarismo, restringindo a mobilidade e o convívio social (código d910 a d99).

O cliente relata apresentar diminuição da força muscular (código b730), principalmente no hemicorpo contralateral ao da lesão cerebral. Aparentemente, essa disfunção gera efeitos na mobilidade, especificamente em tarefas de transferência postural (código b420), como de sentado para em pé; além de impactar negativamente o equilíbrio (código b410 a b429). Condições como essas tendem a associar-se a maior incidência de quedas e, consequentemente, suas possíveis complicações.

Por fim, o sr A. F. B. ainda apresenta disfunções no controle motor do membro superior esquerdo (código b760). Essa condição faz com que o cliente tenha que utilizar estratégias motoras mais custosas para atingir o objetivo das tarefas realizadas com o membro superior. Como citado, o cliente opta por realizar as tarefas com as duas mãos ou com uma estratégia de compensação com o membro superior direito. Essas estratégias compensatórias tendem a ocasionar piora das condições motoras do membro afetado, considerando que a condição de desuso pode levar à piora de força, destreza e amplitude de movimento do membro. Além disso, o uso de tais compensações exacerbadas pode ocasionar problemas osteoarticulares em longo prazo, como artrose, tendinites e estresse por sobrecarga.

Escolha os instrumentos de avaliação em função das necessidades identificadas anteriormente

Após a realização da anamnese e a identificação das disfunções e restrições do cliente, o profissional de educação física deve realizar o levantamento dos possíveis instrumentos de avaliação que farão parte da avaliação físico-funcional.

A escolha dos instrumentos deve levar em consideração alguns aspectos:

- A validação e a confiabilidade do instrumento de avaliação para a população atendida: essas propriedades psicométricas permitem ao profissional atribuir maior confiança à medida derivada do instrumento de avaliação. Portanto, é necessária a identificação de estudos que validam e realizam a confiabilidade do instrumento de avaliação pretendido.
- A especificidade do instrumento de avaliação para a população atendida: nesse caso, pode ser que haja mais de um instrumento de avaliação disponível para a avaliação de um mesmo desfecho. O profissional de educação física deve sempre optar pelo instrumento que apresenta maior especificidade para a população atendida.
- A especificidade do instrumento para o desfecho pretendido: segundo o princípio da especificidade, as adaptações do treinamento/intervenção são específicas às condições ofertadas durante a intervenção. Dessa forma, quanto mais específico for o treinamento, maiores serão os efeitos da intervenção sobre o desfecho pretendido. As avaliações físico-funcionais também devem levar em consideração essa perspectiva. Portanto, a avaliação deve refletir mais especificamente o desfecho a ser melhorado.
- Praticidade em termos de tempo dispendido para a avaliação: há alguns protocolos/instrumentos de avaliação que necessitam de muito tempo para sua execução, o que compromete a praticidade e a viabilidade de reavaliações durante o cronograma destinado à intervenção. O profissional deve buscar, na medida do possível, um instrumento de avaliação prático que contenha um satisfatório nível de precisão.
- Relação custo × benefício: na prática profissional, existem situações em que os instrumentos de avaliação padrão-ouro são muito caros e indisponíveis para a maioria dos profissionais. Considerando que o profissional deverá realizar protocolos de avaliação idênticos após um determinado tempo, é necessário o planejamento da logística financeira para a realização dos protocolos de avaliação em mais de um momento ao longo do cronograma, levando-se em conta o tempo gasto e o custo dos equipamentos necessários para sua realização. Existem muitos instrumentos de baixo custo e de fácil acesso, os quais produzem medidas confiáveis e precisas. O profissional deve optar pela melhor relação custo x benefício com um planejamento que englobe a viabilidade dessas avaliações em todos os momentos programados ao longo da intervenção.
- A presença de estimativas de poder de resposta na literatura: o acompanhamento das adaptações promovidas pela intervenção torna-se mais bem reali-

zado quando não só se comparam as medidas ao longo do tempo, mas também quando se têm parâmetros de significância clínica. Nesse sentido, sugerem-se instrumentos de avaliação que contenham mínima mudança detectável e mínima diferença clinicamente importante para a população à qual a intervenção está sendo dirigida.

Após considerar esses aspectos para a escolha dos instrumentos de avaliação, é possível criar um programa de avaliação específico para as necessidades e as potencialidades do cliente. Consideraremos novamente o caso do sr. A. F. B. para exemplificar esse processo. Pode-se verificar na Tabela 4 todo o programa de avaliação físico-funcional montado para esse cliente, que considerou cada uma das disfunções, queixas e restrições apresentadas por ele em seu respectivo domínio da CIF.

Como verificado na anamnese, o sr. A.F.B. possui sobrepeso e hipertensão, e por esse motivo optou-se por incluir no programa de avaliação as medidas clássicas de IMC e índice cintura-quadril para realizar o monitoramento desses fatores de risco cardiovascular. Tais parâmetros são validados na população geral, não pos-

suindo especificidade para a população pós-AVC. Portanto, adotaram-se esses parâmetros como medidas de acompanhamento, mesmo considerando sua pouca especificidade para o caso.

Também foram relatadas na anamnese condições de fadiga para a realização de atividades diárias, principalmente as que envolviam marcha e aptidão aeróbia. Escolheu-se solicitar um teste ergoespirométrico de esforço para a estimativa da sobrecarga interna ideal na quantificação da intensidade dos treinamentos aeróbios. Contudo, a ergoespirometria possui relação custo × benefício não ideal, o que inviabiliza sua utilização periódica. Além disso, não se encontram na literatura dados normativos para essa população, nem tampouco medidas de significância clínica. Dessa forma, como medida de acompanhamento da aptidão aeróbia, será também utilizado o teste de caminhada de 6 minutos, que tem mínima mudança clinicamente importante de 3,34 metros. Com isso, se for possível melhorar o desempenho no teste de caminhada de 6 minutos em uma diferença de 3,34 metros, será possível fazer com que o cliente A. F. B. perceba subjetivamente a melhora da aptidão aeróbia, segundo o estudo de Tang, Eng e Rand.[18]

TABELA 4 Instrumentos de avaliação escolhidos em função do quadro clínico do cliente A. F. B.

Domínio da CIF	Categoria avaliada	Instrumento de avaliação	Poder de resposta/parâmetros de acompanhamento
Estruturas e funções	Composição corporal	IMC	Classificação segundo os parâmetros da OMS
		Índice cintura-quadril	Quanto mais próximo a 1, maior a probabilidade de desenvolver complicações cardiovasculares
	Capacidade aeróbia	Ergoespirometria	Não há parâmetros específicos para essa população
		Teste de caminhada de 6 minutos	MMD = 34,37 metros;[19] MDCI = 34,4 metros[18]
	Cognição/memória	Miniexame de estado mental	Classificação segundo a escala
	Força	Medical Research Council	Classificação segundo a escala
		Teste do sentar e levantar	Não há parâmetros específicos para essa população
	Amplitude de movimento	Goniometria	Não há parâmetros específicos para essa população
	Proficiência motora	Escala de Fugl-Meyer	MDCI: 10 pontos na sessão de membro superior, 10 pontos na sessão de membro inferior[20]
Atividades	Equilíbrio	Escala de equilíbrio de Berg	MMD = 4,13 pontos[21]
		Teste de alcance funcional	MMD = 6,79 cm[22]
		Timed Up and Go (TUG)	MMD = 2,9 segundos[23]
	Mobilidade	Medida de independência funcional (MIF)	MDCI: pontuação total = 22 pontos, pontuação subescala = 17 pontos[24]
		Índice de Barthel	MMD = 4,02 pontos, MDCI = 1,85 ponto[25]
	Função de membro superior e destreza manual	Teste de função motora de Wolf	MMD = 0,7 segundo, MDCI = 19 segundos[26]
Participação	Qualidade de vida e autonomia	*Stroke Impact Scale* (SIS)	MMD: subescala AVD – 17,3, MDCI: subescala AVD = 5,9[27] Força: 24 (MMD) e 9,2 (MDCI) Mobilidade: 15,1 (MMD) e 4,5 (MDCI) Função de mão: 25,9 (MMD) e 17,8 (MDCI)

AVD: atividades da vida diária; CIF: Classificação Internacional de Incapacidade, Funcionalidade e Saúde; IMC: índice de massa corporal; MDCI: mínima diferença clinicamente importante; MMD: mínima mudança detectável; OMS: Organização Mundial da Saúde.

A memória, como um dos aspectos cognitivos, foi também mencionada na anamnese, por isso optou-se por incluir o miniexame de estado mental para avaliar os possíveis déficits cognitivos após o AVC. Esse instrumento não possui mínima mudança detectável e mínima diferença clinicamente importante estabelecida para essa população. Portanto, será utilizada a classificação da própria escala como medida de acompanhamento. Assim, a classificação se dá: 24 a 30 pontos = sem déficit cognitivo, 18 a 24 pontos = déficit moderado, 0 a 17 pontos = déficit grave.[28] Logo, qualquer transição entre as classificações será interpretada como uma mudança de capacidade funcional cognitiva.

Aspectos relacionados à diminuição da força, principalmente do lado comprometido, podem ser avaliados por dois instrumentos: a escala do Medical Research Council[29], que não possui mínima mudança detectável e mínima mudança clinicamente importante, mas possui boa condição custo × benefício e praticidade. Essa escala pode ser considerada um parâmetro de força para os grupos musculares alvo, sendo seus parâmetros de acompanhamento: 0 = sem esboço de contração muscular, 1 = fibrilação, 2 = contração que não move o segmento corporal, 3 = contração que move o segmento contra a gravidade, 4 = contração que move o segmento contra pequena resistência, 5 = contração que move o segmento contra moderada resistência.

Mesmo a escala do Medical Research Council, que apresenta importantes aspectos de avaliação da força, não possui especificidade frente às exigências mais apontadas pelo cliente. Na anamnese, o sr. A. F. B. relatou dificuldade na transferência postural sentada para a ortostática, portanto, também foi adotado o teste do sentar e levantar. A medida de acompanhamento será o próprio desempenho do sr. A. F. B. no teste, ou seja, o tempo em segundos para realizar 5 movimentos de sentar e levantar. Pode-se, também, mensurar o número de vezes que ele se levanta e senta em trinta segundos.

Para a avaliação da mobilidade articular e flexibilidade foi programada a utilização de goniometria em articulações-alvo. Essa estratégia garante especificidade de avaliação de articulações-alvo, podendo ser identificados parâmetros advindos de compensações ou contraturas específicas. Além disso, esse parâmetro fornece condições de amplitude articular em condições ativas e passivas, os quais informam sobre processos neuromotores e amplitude de movimento.

Na avaliação da proficiência motora, pode-se utilizar a escala de Fugl-Meyer. Com a utilização desse instrumento, obtém-se de forma objetiva a avaliação da recuperação neuromotora em pessoas pós-AVC. Além

disso, a escala possui mínima diferença clinicamente importante, sendo que, se houver melhora de 10 pontos ou mais na sessão de membro superior ou de membro inferior, pode-se relacionar à melhora do desempenho em atividades diárias e diminuição de estratégias de compensação.[20]

No âmbito das atividades, pode ser observado que o sr. A. F. B. possui algumas limitações para atividades que envolvem equilíbrio. Dessa forma, sugere-se avaliar o equilíbrio estático e o equilíbrio dinâmico. Para a avaliação do equilíbrio dinâmico, foi escolhida a escala de equilíbrio de Berg. Essa escala é amplamente utilizada para a avaliação do equilíbrio em populações neurológicas, sendo validada para a população pós-AVC, e consegue avaliar o equilíbrio estático e dinâmico em diferentes condições. A escala de equilíbrio de Berg possui apenas a mínima mudança detectável de 4,13 pontos para indivíduos pós-AVC,[21] ou seja, apenas mudanças acima dessa pontuação podem ser atribuídas a melhora/piora do cliente, e não a erros de medida do instrumento. Em relação a significância clínica, a escala de equilíbrio de Berg não é um bom indicador do risco de quedas, não havendo relação entre sua pontuação e a ocorrência de quedas em indivíduos pós-AVC.[30]

Nesse sentido, para incrementar a avaliação do equilíbrio, optou-se por acessar os limites de estabilidade por meio do teste de alcance funcional, que demanda tempo de execução curto e baixo custo, ou seja, apresenta boa praticidade. Além disso, possui mínima mudança detectável de 6,79 cm,[22] tornando-se uma boa medida complementar para a escala de equilíbrio de Berg. Para ambos os instrumentos de avaliação, há apenas o desempenho no próprio instrumento como medida de acompanhamento.

Na avaliação da mobilidade e que também complementa a avaliação do equilíbrio, optou-se pela utilização do *Timed Up and Go*, a medida de independência funcional e o índice de Barthel. O teste *Timed Up and Go* foi escolhido por sua praticidade e por refletir uma das maiores dificuldades do sr. A. F. B.: a dificuldade de levantar-se. O *Timed Up and Go* possui mínima mudança detectável de 2,9 segundos,[23] porém não possui mínima diferença clinicamente importante.

Para acessar não somente o desempenho em tarefas de mobilidade, mas o autorrelato da capacidade em desempenhar essas tarefas, será utilizada a medida de independência funcional e o índice de Barthel. Esses instrumentos de avaliação apresentam boa praticidade e refletem medidas diretamente relacionadas à capacidade autopercebida, que proporciona a percepção do cliente sobre sua independência e autonomia durante a realização de atividades de vida diária. Além disso, ambas as escalas apresentam mínima diferença clinicamente importante, sendo que, para a medida de independência funcional, esse valor é de 22 pontos[24] e, para o índice de Barthel, o valor é de 1,85 ponto.[25] Logo, mudanças promovidas pela intervenção acima desses valores podem ser interpretadas como a autopercepção do sujeito em relação à melhora da mobilidade e o aumento da autonomia para as atividades de vida diária.

Em tempo, o cliente relata dificuldade de realizar atividades com o membro superior comprometido pelo AVC. Para avaliar a destreza motora e a função de membro superior, pode-se utilizar o teste de função motora de Wolf. Trata-se de um teste amplamente utilizado em indivíduos pós-AVC, validado para indivíduos pós-AVC e para a população brasileira. Possui mínima diferença clinicamente importante, sendo que diferenças após intervenção de 19 segundos para a realização da tarefa são interpretadas como melhora do desempenho com o membro superior parético, bem como maior envolvimento espontâneo desse membro para a realização no dia a dia.[26]

Por fim, no âmbito da participação, faz-se necessária a avaliação da qualidade de vida, a qual pode ser feita pela *Stroke Impact Scale*. A mínima diferença clinicamente importante é de 5,9 pontos na subescala de atividades diárias, estando relacionada com a melhora da autonomia e da qualidade de vida.[27]

Assim, pode-se finalizar o processo de planejamento e escolha dos instrumentos de avaliação pelo profissional de educação física de modo coerente ao quadro clínico da população e considerando as especificidades do cliente em questão. Basta realizar os procedimentos técnicos de cada instrumento de avaliação de modo mais reprodutivo possível e planejar os objetivos da intervenção e os ajustes ao longo do tempo em função dos resultados obtidos nas reavaliações.

CONSIDERAÇÕES FINAIS

Esperamos que o leitor tenha percebido a importância de propor avaliações em educação física adaptada seguindo um modelo que visa identificar as potencialidades do indivíduo, não se limitando somente à descrição da deficiência. Uma boa avaliação serve não só para identificar e classificar as disfunções e as limitações do cliente, mas também para prover informações que mudarão de modo significativo a vida desse indivíduo. Os autores deste capítulo acreditam que a

concepção de saúde da CIF pode oferecer ao profissional de educação física um alicerce para avaliar, planejar e intervir em aspectos representativos de cada indivíduo ao qual se destina a intervenção.

RESUMO

Com o passar do tempo, o pensar a saúde como ausência de doença/disfunção/incapacidade deu espaço à inserção de uma perspectiva na qual as potencialidades do indivíduo se tornam protagonistas e estão associadas aos componentes físicos, mentais e sociais. Essa visão ampliada das condições de saúde de cada pessoa com deficiência fez com que esse público ganhasse seu devido espaço na atuação do profissional de educação física. Esse profissional, por sua vez, necessita de ferramentas adequadas para avaliar esses clientes de forma específica e de acompanhar os efeitos de sua intervenção.

A concepção multidimensional de saúde advinda da Classificação Internacional de Incapacidade, Funcionalidade e Saúde (CIF) provê um importante pano de fundo teórico para a avaliação e o planejamento da intervenção de pessoas com deficiência. Deve, portanto, ser utilizada como base para o manejo das avaliações em educação física adaptada de forma a englobá-las nos componentes de estruturas e funções, atividades e participação e fatores contextuais (ambientais e pessoais).

Adicionalmente, o processo de escolha dos instrumentos de avaliação deve levar em conta a precisão, a credibilidade e a coerência, a praticidade e a disponibilidade de uso, assim como podem servir para estimativas funcionais e predição de riscos.

Por fim, cabe ao profissional escolher as melhores medidas de avaliação, levando-se em conta peculiaridades da população alvo e/ou características específicas do cliente, sempre dando prioridade às medidas desenvolvidas para o público com o qual a intervenção será realizada.

Questões para reflexão

1. Qual a importância da utilização da Classificação Internacional de Incapacidade, Funcionalidade e Saúde (CIF) por um profissional de educação física?
2. Quais as características necessárias para que os instrumentos de avaliação sejam confiáveis e aplicáveis?
3. Frente às inúmeras opções de medidas de avaliação validadas, como devemos escolher aquelas que serão utilizadas durante a atuação do profissional em educação física?

REFERÊNCIAS BIBLIOGRÁFICAS

1. Bracht V. A constituição das teorias pedagógicas da educação física. Cad CEDES 1999;19(48):69-88.
2. Freire JB. Educação de corpo inteiro: teoria e prática da educação física. 3. ed. São Paulo: Scipione, 1992.
3. Costa AM, Sousa SB. Educação física e esporte adaptado: história, avanços e retrocessos em relação aos princípios da integração/inclusão e perspectivas para o século XXI. Rev Bras Ciência e Esporte 2004;25(3):27-42.
4. Gorgatti MG, Costa RF. Atividade física adaptada. Barueri: Manole, 2005.
5. Torriani-Pasin C, Bastos FH. Contribuições da Classificação Internacional de Funcionalidade e Saúde (CIF) para profissionais de Educação Física que atuam com pessoas com deficiência. In: Correia WR, Basso L, eds. Pedagogia do movimento do corpo humano. São Paulo: Fontoura, 2013. p.109-20.
6. Thomas JR, Nelson JK, Silverman SJ. Métodos de pesquisa em atividade física. São Paulo: Artmed, 2012.
7. Pilatti LA, Pedroso B, Gutierrez GL. Propriedades psicométricas de instrumentos de avaliação: um debate necessário. Rev Bras Ensino Ciência e Tecnol 2010;3(1):81-91.
8. Gil J. Medição e avaliação em fisioterapia. Saúde Tecnol 2011;6:5-9.
9. Shumway-Cook, Baldwin M, Polissar NL, Gruber W. Predicting the probability for falls in community-dwelling older adults. Phys Ther 1997;77(8):812-9.
10. Teasell R, Hussein NMMM. Rehabilitation of cognitive impairment post stroke. In: Stroke Rehabilitation Clinician Handbook 2014. p. 1-41.
11. Pérennou D, Piscicelli C, Barbieri G, Jaeger M, Marquer A, Barra J. Measuring verticality perception after stroke: Why and how? Neurophysiol Clin Neurophysiol 2014;44(1):25-32.
12. Winstein CJ, Stein J, Arena R, Bates B, Cherney LR, Cramer SC et al. Guidelines for adult stroke rehabilitation and recovery. Stroke. 2016;STR.0000000000000098.
13. Langhorne P, Bernhardt J, Kwakkel G. Stroke rehabilitation. Lancet 2011;377(9778):1693-702.
14. Veerbeek JM, Kwakkel G, van Wegen EEH, Ket JCF, Heymans MW. Early prediction of outcome of activities of daily living after stroke: a systematic review. Stroke 2011;42(5):1482-8.
15. Brannigan C, Galvin R, Walsh ME, Loughnane C, Morrissey E-J, Macey C et al. Barriers and facilitators associated with return to work after stroke: a qualitative meta-synthesis. Disabil Rehabil 2017;39(3):211-22.
16. Fei K, Benn EKT, Negron R, Arniella G, Tuhrim S, Horowitz CR. Prevalence of depression among stroke survivors. Stroke 2015; 115.010292.
17. Pedersen BK, Saltin B. Evidence for prescribing exercise as therapy in chronic disease. Scand J Med Sci Sport 2006;16(S1):3-63.
18. Tang A, Eng JJ, Rand D. Relationship between perceived and measured changes in walking after stroke. J Neurol Phys Ther 2012;36(3):115-21.
19. Eng JJ, Dawson AS, Chu KS. Submaximal exercise in persons with stroke: test-retest reliability and concurrent validity with maximal oxygen consumption. Arch Phys Med Rehabil 2004;85(1):113-8.
20. Shelton F de NAP, Volpe BT, Reding M. Motor impairment as a predictor of functional recovery and guide to rehabilitation treatment after stroke. Neurorehabil Neural Repair 2001;15(3):229-37.
21. Flansbjer U-B, Blom J, Brogårdh C. The reproducibility of Berg Balance Scale and the single-leg stance in chronic stroke and the relationship between the two tests. PM&R 2012;4(3):165-70.
22. Outermans JC, van Peppen RP, Wittink H, Takken T, Kwakkel G. Effects of a high-intensity task-oriented training on gait performance early after stroke: a pilot study. Clin Rehabil 2010;24(11):979-87.
23. Flansbjer U-B, Holmbäck AM, Downham D, Patten C, Lexell J. Reliability of gait performance tests in men and women with hemiparesis after stroke. J Rehabil Med 2005;37(2):75-82.
24. Beninato M, Gill-Body KM, Salles S, Stark PC, Black-Schaffer RM, Stein J. Determination of the minimal clinically important difference in the FIM instrument in patients with stroke. Arch Phys Med Rehabil 2006;87(1):32-9.
25. Hsieh Y-W, Wang C-H, Wu S-C, Chen P-C, Sheu C-F, Hsieh C-L. Establishing the minimal clinically important difference of the barthel index in stroke patients. Neurorehabil Neural Repair 2007;21(3):233-8.
26. Lang CE, Bland MD, Bailey RR, Schaefer SY, Birkenmeier RL. Assessment of upper extremity impairment, function, and activity after stroke: foundations for clinical decision making. J Hand Ther 2013;26(2):104-15.
27. Lin K, Fu T, Wu C, Wang Y, Liu J, Hsieh C et al. Minimal detectable change and clinically important difference of the Stroke Impact Scale in stroke patients. Neurorehabil Neural Repair 2010;24(5):486-92.
28. Folstein MF, Folstein SE, McHugh PR. "Mini-mental" – a practical method for grading the cognitive state of patients for the clinician. J Psychiatr Res 1975;12(3):189-98.
29. Medical Research Council. Aids to the examination of the peripheral nervous system. In: Memorandum. Palo Alto: Pedragon House; 1978.
30. Harris JE, Eng JJ, Marigold DS, Tokuno CD, Louis CL. Relationship of balance and mobility to fall incidence in people with chronic stroke. Phys Ther 2005;85(2):150-8.

Seção 4

Avaliação do desempenho em esporte

Capítulo 15

Natação

Antonio Carlos Mansoldo

Objetivos do capítulo

▶ Informar ao leitor quais são as condições inerentes ao praticante para que, uma vez dentro da água, consiga se deslocar com o máximo de eficiência.

▶ Explanar posições e ações básicas dos membros inferiores durante o nado, para que os praticantes possam ter atuações efetivas na coordenação geral dos movimentos.

▶ Determinar, nas braçadas, as fases e suas funções, nomeando-as e classificando-as segundo sua importância durante a execução do nado.

CONSIDERAÇÕES INICIAIS

É importante esclarecer que este capítulo se destina à orientação e à avaliação da Natação, englobando os quatro nados olímpicos: nado livre (*crawl*), costas, borboleta e peito, levando-se em conta que o praticante já tem domínio rudimentar dessas modalidades.

De início, considera-se que a água não é o hábitat natural, exigindo que o praticante da Natação, antes de aprender a nadar, aprenda a sobreviver neste ambiente líquido que exige relaxamento, controle dos movimentos e determinada técnica.

Uma vez alcançadas as habilidades de convívio com a água, é preciso progredir no sentido de aprimorar as capacidades que darão condições para o deslocamento com eficiência na execução dos gestos natatórios. Para tanto, vale concentrar-se na análise dos exercícios que propiciam:

- Sentir, controlar e posicionar o corpo na água.
- Alcançar com plenitude a capacidade de relaxar e deixar o corpo ser sustentado pela água.
- Alcançar a eficiência nos movimentos responsáveis pelo deslocamento na água.

- Ter domínio técnico na execução dos quatro nados olímpicos.

O POSICIONAMENTO DO CORPO NA ÁGUA, RELAXAMENTO E EQUILÍBRIO HORIZONTAL

O posicionamento do corpo na água é uma condição fundamental para o praticante aprimorar a execução dos nados e está intimamente ligado ao relaxamento e ao aproveitamento integral do empuxo[*] gerado pela entrada do corpo em contato com a água, na posição de nado, proporcionando assim a flutuação, fator vital para o nado de superfície. Sentir o empuxo, fenômeno físico que explica a flutuação, conhecê-lo, aproveitá-lo e saber de suas variáveis, tentando controlá-las na medida do possível, fará o praticante evoluir em sua técnica natatória. São variáveis importantes na correlação com o empuxo:

- Composição corporal.
- Densidade corporal.
- Densidade da água em que se está nadando.
- Sexo do praticante.

A composição corporal é o fator que indica a proporcionalidade de tecidos que compõem o corpo, além de suas dimensões, dando condição de avaliar centro de massa e centro de equilíbrio, elementos que oferecem informações sobre o posicionamento horizontal do corpo na água. Já a densidade corporal é entendida como o peso específico do corpo, com um valor médio de 0,982 para o homem e 0,971 para a mulher. A gordura (tecido adiposo), fator altamente mutante no corpo, tem valor inferior a estes dois valores.

---

[*] Força de baixo para cima igual ao peso do volume do líquido deslocado.

Outros valores de composição corporal também são relevantes, pois, em alguns casos, tais valores podem ser alterados, por exemplo, os músculos, cujo peso específico é de 1,052. Porém, há componentes na constituição corporal que não podem ser alterados, como os ossos, que, quando saudáveis, têm a densidade de 1,80.

Assim, fica claro que, tendo conhecimento desses dados, já se pode ter uma noção do que esperar do comportamento do corpo dos alunos quando entrarem em contato com a água, pois, dependendo da composição corporal, haverá condição de maior ou menor flutuação.

Como dado complementar, a densidade da água de piscina é de 1,00 e da água do mar é de 1,025 em média, pois a densidade depende do índice de salinidade, que é variável nos diversos oceanos e mares existentes no planeta.[1]

Uma vez consideradas as variáveis supracitadas, o primeiro passo para avaliar o comportamento do corpo na água é sugerir ao aluno que deite na água integralmente, inclusive com o rosto, prendendo o ar nos pulmões em inspiração máxima (apneia inspiratória); os braços e as pernas devem ficar ligeiramente afastados com a distância equivalente à largura dos ombros, não esquecendo o relaxamento corporal total. Feito isso, pode-se observar o comportamento em flutuação do praticante, sendo esperados os resultados mostrados nas Figuras 1 a 4.

Em todos esses supostos posicionamentos que o corpo do praticante possa assumir, ele sempre pode ficar na superfície, por meio de movimentações técnicas que propiciem a sustentação. A movimentação básica para esta sustentação seria um batimento de pernas cuja origem se dá na coxa e se propaga para o restante dos membros inferiores até chegar aos pés, que devem ficar estendidos, descontraídos e com rotação interna aproximando os háluces (dedão dos pés).

Com o posicionamento adequado, iniciando a movimentação para baixo e para cima, ocorre um determinado deslocamento. Dependendo da velocidade de execução, tal deslocamento cria condição necessária para o posicionamento horizontal do praticante na superfície. A avaliação da posição dos pés é fundamental neste momento, juntamente com a flexão alternada da perna sobre a coxa.[2,3]

ALCANÇAR A EFICIÊNCIA NOS MOVIMENTOS RESPONSÁVEIS PELO DESLOCAMENTO NA ÁGUA

Na análise dos deslocamentos na água, é preciso levar em conta os segmentos responsáveis por esta ação. São eles membros inferiores (MMII), compreendendo coxa, perna e pé, membros superiores (MMSS), compreendendo braço, antebraço e mão, e também o tronco, que tem sua ação propulsiva em determinados nados.

FIGURA 1 O corpo ficará totalmente na horizontal (geralmente isso ocorre com as mulheres).

FIGURA 3 O corpo fica totalmente na vertical com a água atingindo o topo da cabeça.

FIGURA 2 O corpo fica inclinado com tendência ao afundamento das pernas.

FIGURA 4 O corpo submerge até alcançar o fundo da piscina (pessoas musculosas com pouco tecido adiposo).

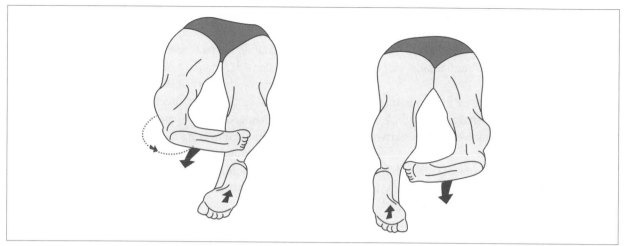

FIGURA 5 Posicionamento dos pés durante o batimento de pernas do nado *crawl*.

Considerando os quatro nados competitivos e a propulsão de MMII, tem-se quatro tipos diferentes de movimentação: o batimento de pernas do nado *crawl*, o batimento de pernas do nado de costas, a "golfinhada" do nado borboleta e o batimento de pernas do nado de peito. Cada uma dessas movimentações tem um percentual de rendimento diferente em relação ao nado completo, exigindo do praticante sensibilidade, domínio, técnica, potência e resistência para obter grau satisfatório de execução.[6]

No batimento de pernas do nado *crawl*, há a seguinte técnica: os MMII atuam de maneira constante durante o nado em questão, sendo que a importância de suas ações está mais ligada ao equilíbrio e ao nivelamento do corpo do que propriamente à propulsão. Batimento de pernas é a ação dos MMII quando se movimentam para baixo e para cima alternadamente durante o nado *crawl*. Essa movimentação apresenta duas fases distintas: descendente e ascendente.

A fase descendente é a fase mais importante do batimento, uma vez que conduz o MI para baixo, que é onde se encontra maior quantidade de água parada, ideal para conseguir propulsão. No momento em que o MI está indo para baixo, deve-se posicionar os pés, voltando-os para dentro e estendendo-os, porém, não se esquecendo de relaxá-los. Neste momento, ocorre também uma semiflexão da perna sobre a coxa de cerca de 90°, o que permite que o movimento para baixo seja conduzido também para trás, sendo de grande importância para a propulsão.

Durante a fase descendente há forças atuando para baixo e para trás e criando também um efeito helicoidal por intermédio do posicionamento do pé, que, em função da amplitude da articulação tibiotarsal (tornozelo)

e do seu tamanho, pode ter um maior ou menor rendimento proporcionalmente.

É importante salientar que esta movimentação para baixo tem duas ações: a primeira consiste em um chute, em função da extensão da perna sobre a coxa, e a segunda é a condução do MI por intermédio da coxa, em direção ao fundo da piscina, terminando esta fase a uma profundidade entre 50 e 60 cm. Quanto maior for a extensão da perna sobre a coxa, maior será o rendimento do batimento, sendo que o nadador que tiver hiperextensão de joelho se sairá melhor em termos de rendimento.

A segunda fase do batimento é a ascendente, fase em que o MI é conduzido totalmente estendido e descontraído para cima, mantendo-se os pés voltados para dentro. É importante salientar que, durante os batimentos, deverá ser observada sua amplitude, ou seja, a distância entre um pé e outro. Para que haja um rendimento satisfatório, a distância entre eles deve ser de 30 a 35 cm. Com esta distância, ocorre a compressão das massas de água entre os pés, ocorrendo, assim, a propulsão.

A ação dos MMII é chamada de pernada ou batimento de pernas, e corresponde a um ritmo preestabelecido com determinado número de batimentos, tendo como referência um ciclo de braçada, correspondendo à ação dos dois braços. Assim, fala-se em uma relação de batimentos de 6x1, ou seja, para cada ciclo de braçadas foram dados 6 batimentos de pernas. As relações conhecidas de batimentos por ciclo são: 2x1, 4x1 e 6x1. Cada uma dessas relações tem características próprias, com usos específicos.

O batimento 2x1, chamado de batimento cruzado ou arrastão, é um típico ritmo de provas longas em que o nadador, para poupar energia, usa as pernas apenas para equilibrar o corpo. Cabe salientar que este ritmo deve ser executado por aqueles que conseguem ficar com o corpo na horizontal durante esta execução, caso contrário o ritmo deve ser aumentado até se alcançar esta condição.

O ritmo 4x1, por sua vez, é um ritmo intermediário que pode ser usado em qualquer condição de nado, representando 4 batimentos de pernas para cada ciclo de braçada.

Por fim, o ritmo 6x1, considerado o ritmo ideal em termos de rendimento e utilização dos MMII. Tal ritmo é considerado o mais veloz que um nadador pode empreender ao batimento, assim, a sustentação e o equilíbrio gerados são máximos, como também a propulsão é plena, porém, não se pode esquecer que o gasto energético é altíssimo com batimento desta natureza, havendo necessidade de um bom condicionamento cardiorrespiratório, além da resistência localizada de MMII.[2,4-6]

Na análise do desempenho do batimento de pernas do nado *crawl*, há três possíveis comportamentos quanto ao deslocamento. O primeiro comportamento é de sustentação e propulsão, que corresponde a 5 a 10% do nado. O segundo comportamento é apenas de sustentação, caracterizando somente o movimento para baixo e para cima dos MMII sem o deslocamento. O terceiro comportamento é o de sustentação, porém, sem propulsão, ocorrendo até o deslocamento do praticante para trás.[2]

Para identificar as razões da falta de propulsão e até da progressão para trás, é preciso observar primeiramente a posição dos pés, ou seja, quanto mais estendidos, descontraídos e voltados para dentro, melhor. Se os pés ficarem perpendiculares ao fundo da piscina, o resultado propulsivo será zero, ocorrendo apenas a sustentação horizontal do corpo. No terceiro comportamento, em que a progressão pode ser para trás, o fato pode ocorrer se os pés assumirem um ângulo menor que 90° em relação às pernas.

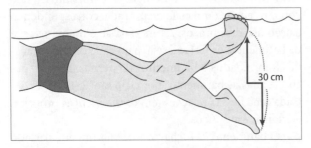

FIGURA 6 Amplitude entre os membros inferiores durante o batimento de pernas do nado *crawl*.

Esta análise feita para o batimento de pernas do nado *crawl*, em que o nadador permanece na posição de decúbito ventral (barriga para baixo), pode ser também considerada para o batimento do nado de costas que, apesar de ser realizado em decúbito dorsal (barriga para cima), tem a mecânica dos movimentos bem semelhante, diferindo nas ações propulsivas, que são de suma importância para a manutenção do equilíbrio e alinhamento do corpo do nadador. Por essas razões, o ritmo de batimento de pernas deve ser de 6 tempos de perna para 1 ciclo de braçada, o que caracteriza um batimento bastante forte, porém indispensável.

No batimento de pernas do nado costas, há duas fases principais: a fase ascendente e a fase descendente. Na primeira, existe uma ação dupla do MI em que, antes de seguir para cima, tem de haver uma flexão da perna sobre a coxa de cerca de 120°, que é o ângulo de torque do MI.

Feita a flexão, há então o chute que, em função da posição dos pés voltados para dentro e estendidos, tem direcionamento para a frente e para cima. Este chute deixa o MI totalmente estendido e horizontalizado em relação à linha da água, sem que nenhuma parte dos pés apareça, tendo como limitante para tal a ação da patela.

Uma vez terminado o chute, entra-se na fase seguinte, a de abaixamento do MI, em que o segmento deve ficar totalmente estendido durante este percurso até chegar a uma profundidade de 30 a 40 cm da superfície.

Como elemento de orientação, é interessante pedir aos alunos que façam espuma com a ponta dos pés, durante o batimento, assim fica claro que os MMII estão subindo até a superfície, mas não estão saindo da água. É importante que seja controlada a amplitude desses movimentos e, para tanto, deve-se observar a distância entre um pé e o outro durante o batimento. Tal distância deve ficar entre 30 e 35 cm para que haja condições de ser mantido o ritmo e o rendimento dos movimentos.

Um dos detalhes que se diferenciam entre o batimento de pernas do nado costas com o batimento *crawl* é que, durante o batimento do nado costas, os joelhos não podem sair da água; caso isto ocorra, caracteriza-se a pedalada, condição que diminui muito o rendimento do batimento.[7]

No batimento de pernas do nado borboleta, chamado de "golfinhada", em que os membros inferiores realizam sua movimentação propulsiva herdada dos movimentos de cauda feitos pelos golfinhos, razão pela qual a movimentação é chamada desta forma, a ação propulsiva dos MMII é obtida pela atuação conjunta e unida dos membros no plano vertical, movimentando-

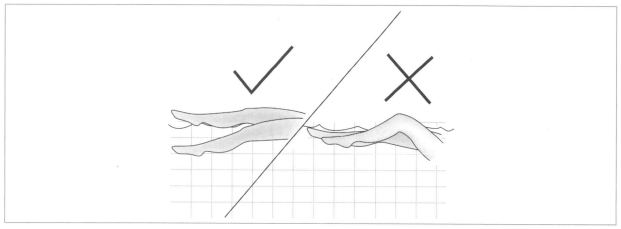

FIGURA 7 Durante o batimento de pernas no nado de costas, os joelhos não podem sair da água.

-se para baixo e para cima constantemente. Nesta movimentação, notam-se duas fases distintas: a primeira é a fase descendente, fase esta mais importante da pernada, pois vai de encontro ao fundo da piscina, que é o local onde há maior volume de água parada, ideal para a propulsão.[3,7,8]

Nesta fase, distinguem-se dois momentos diferentes pertencentes à mesma ação. O primeiro é quando se dá início à fase descendente, em que ocorre uma flexão das pernas sobre as coxas de cerca de 120°, o ângulo de torque dos MMII. Esta flexão não faz as pernas saírem da água, porque é o joelho que afunda, criando o ângulo entre pernas e coxas, e neste momento também ocorre um ligeiro afundamento do quadril.

Um detalhe importante a ser notado é a posição dos pés, que devem obedecer a rotação para dentro, usada nos nados anteriores. Agindo desta maneira, os pés ficam apenas com os dedos maiores se tocando. Em razão deste posicionamento, ocorre um pequeno afastamento dos MMII, equivalente ao comprimento dos pés. Uma vez assumida a flexão, ocorre um potente chute, igual ao dado em uma bola de futebol, porém, com direcionamento para trás e para baixo. Esta somatória de movimentos faz o quadril subir em direção à superfície e, muitas vezes, até sair ligeiramente da água.

É necessário, nesta extensão, que os MMII alcancem sua máxima amplitude até as pontas dos pés, para que as golfinhadas sejam totalmente aproveitadas e, ao final deste movimento, as pernas unem-se novamente e os pés retomam a posição estendida e unida.

A fase seguinte é a ascendente, que ocorre quando os MMII retomam sua posição inicial na superfície. Esta elevação ocorre com os MMII totalmente estendidos e descontraídos, deixando apenas com que a patela seja responsável pela manutenção da extensão dos MMII. Nesta fase, a preocupação são os pés, pois estes devem

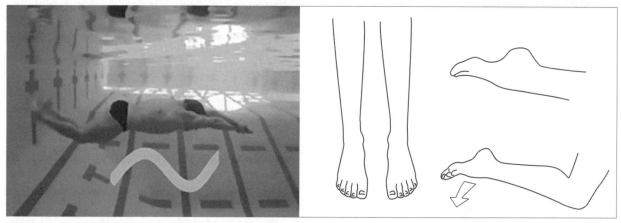

FIGURA 8 Flexão ideal para realização da golfinhada.

estar estendidos de maneira máxima. Esta elevação alcança seu limite quando os MMII estão horizontalizados abaixo da linha da água.

A movimentação das pernas no nado de peito, também chamada de "chicotada", é considerada a propulsão mais potente entre os quatro nados competitivos pois, diferente de todos os outros movimentos propulsivos, não tem características similares na Natação. Sua movimentação reporta a milênios e sua utilização nas atividades aquáticas foi e é bastante ampla.[2,3]

O rendimento propulsivo desta pernada pode chegar a até 50% do nado como um todo, e sua execução expõe o nadador a uma movimentação antinatural passível de lesão em casos extremos de rendimento.

Ao realizar a pernada do nado de peito, o praticante deve levar em consideração que a base desta movimentação é golpear a água de maneira bastante rápida e potente em um primeiro momento e, após esta aplicação de potência, há um momento de deslizamento e recuperação bem mais lentos que o movimento inicial. Sendo assim, pode-se dividir a pernada do nado de peito em quatro fases distintas, as quais se integram dentro de um ritmo que combina movimentação explosiva, movimentação lenta e inércia.

A primeira fase da pernada do nado peito, chamada armação, tem como base o início do nado de superfície, quando os MMII encontram-se estendidos e unidos. Como o próprio nome diz, esta é a fase em que o nadador prepara os MMII para gerar deslocamento; neste caso, esta movimentação é totalmente desprovida de propulsão.

Inicialmente, há a flexão da perna sobre a coxa e a flexão da coxa sobre o tronco, mantendo-se neste movimento os MMII unidos e, durante estas duas flexões, os pés que também estão unidos devem gradativamente realizar uma dorsiflexão, mantendo os pés paralelos ao fundo da piscina.

Ao término das flexões já citadas, os MMII do nadador devem estar com as seguintes angulações: coxa sobre o tronco a não menos que 90°, perna sobre a coxa em flexão total, que alcança em média 30°, e pé em relação à perna que, ao final da armação, deve estar a 90°.

Salienta-se que toda esta movimentação acontece ainda com os MMII unidos. Quando este posicionamento estiver pronto, ocorre, então, a rotação para fora dos pés, que se localiza na altura dos joelhos, exigindo dos ligamentos colaterais mediais uma distensão que, muitas vezes, pode ser traumática.[6] Este movimento de rotação para fora da perna é considerado antinatural, em razão de exigir dos joelhos uma movimentação que,

anatomicamente falando, não condiz com a estrutura desta articulação. Ao fazer este giro para fora, os joelhos devem ficar preferencialmente com um afastamento não superior à largura dos quadris.

Quando o nadador acabar de realizar este posicionamento, a fase de armação estará acabada, lembrando que a velocidade empregada para a realização da armação é rápida, porém inferior à fase seguinte, chamada de chute ou chicotada. Neste momento, o nadador utiliza toda a sua potência para estender os MMII para trás, para fora e para baixo, gerando uma enorme força de propulsão muitas vezes sentida nos ligamentos dos joelhos.

Esta movimentação é feita inicialmente com a água sendo empurrada pela parte interna do tornozelo, planta dos pés e perna. O nadador deve tentar manter os pés em um ângulo de 90° em relação à perna durante a extensão dos MMII, pois este posicionamento faz a pernada empurrar mais para trás do que para baixo, o que é o ideal.

A terceira fase é a união, o momento em que, após o chute, os MMII se encontram estendidos e devem aproximar-se. Esta aproximação é feita até a união completa dos MMII e deve ser executada de maneira contínua ao chute, até que os tornozelos se unam e os pés se estendam, podendo chegar até à união das plantas dos pés, que estarão estendidos. Assim como o chute, a união deve ser realizada de maneira rápida e potente para alcançar um bom rendimento.

A última fase é o deslize, em que os MMII totalmente unidos e estendidos realizam uma pequena elevação quase que até a superfície e permanecem parados por uma fração de segundo. Esta fração de segundo ocorre independentemente da velocidade de execução em razão da atuação dos MMSS, que atuam de maneira quase que independente à ação dos MMII, agindo de maneira sequencial e não conjunta, razão pela qual este nado é qualificado como um nado de golpes, e não um nado contínuo.[2,3]

AÇÃO DOS MEMBROS SUPERIORES DO NADO *CRAWL*

É importante também salientar que a ação dos membros superiores se divide em dois momentos totalmente distintos: o primeiro momento é quando o segmento está submerso, gerando propulsão, e o segundo momento é quando este segmento sai da água e retorna ao ponto inicial por fora da água, alternando esta ação com o outro membro.

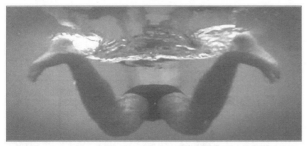

FIGURA 9 Posicionamento dos membros inferiores na execução da pernada do nado de peito.

Membros superiores (MMSS) são compostos de braço, antebraço e mão. No nado *crawl*, cada um destes elementos deve se posicionar e atuar de maneira preestabelecida pela técnica do nado em questão, levando-se em conta as oito posições citadas anteriormente.

A primeira posição, conhecida como penetração, é a fase da braçada em que o praticante entra com os MMSS em contato com a água. O primeiro contato se dá pelas mãos, por intermédio dos dedos, em especial os dedos polegar e indicador, que estão voltados para fora em um ângulo de 45°, juntamente com a mão, considerando-se o eixo longitudinal. Esta entrada deve ser limpa, ou seja, com o mínimo de espirramento (*splash*) de água. O braço e o antebraço, neste momento, estão flexionados entre si com um ângulo aproximado de 90°, o que faz o contato com a água ser de cerca de 45°, ângulo considerado ideal para que a entrada na água não crie forças contrárias ao deslocamento, que seriam as forças elevatórias, caso a mão estivesse espalmada e sem ângulo de entrada.

Não se pode esquecer o ponto de entrada na água que, em termos de distância, se dá pelo comprimento do MS e do ângulo braço-antebraço, agora no plano transversal. O ponto de entrada na água tem como referência a distância que vai da projeção do ombro até o meio da testa, distância esta de cerca de 20 cm; respeitando tal referência, não há risco de se criar desalinhamento no deslocamento do corpo na água.

Em seguida à entrada na água, há a fase de deslize, em que o praticante estende o antebraço sobre o braço com a intenção de utilizar toda a extensão do MS, não esquecendo de continuar a trajetória descendente até alcançar a profundidade ideal, de 25 a 30 cm, chamada de profundidade de trabalho; ela dá condições de entrar em contato com uma água menos agitada e, portanto, mais adequada para gerar propulsão, em que a posição da mão retorna para a pronada, ou seja, palma da mão para baixo.

Após a extensão do MS, entra-se na fase seguinte, chamada de apoio ou pegada. Tal fase caracteriza-se pela movimentação da mão sobre o punho, onde há uma semiflexão entre eles de aproximadamente 45°, fazendo a mão assumir uma posição mais perpendicular ao fluxo laminar da água, criando assim condições para uma ação propulsiva mais eficiente.

Alcançada a posição ideal do MS, inclusive a da mão, pode-se dar início a uma das fases mais importantes da braçada, a fase da tração, cuja característica é trazer o MS da posição estendida até a perpendicular em relação ao fundo da piscina. Esta fase tem início com um movimento em semicírculo para fora, ao mesmo tempo em que se inicia a semiflexão do antebraço sobre o braço, que faz também o cotovelo apontar para cima, ocorrendo assim o movimento de semicírculo inicialmente para fora, porém, ao longo da flexão, a mão direciona o movimento para dentro, até alcançar a linha média do tronco na altura do tórax. Durante a execução desta fase, o tronco deve ficar rotacionado lateralmente para baixo, favorecendo a ação dos músculos dorsais e peitorais neste movimento e diminuindo o atrito frontal. Esta posição lateral do tronco é dinâmica e se alterna a cada braçada, sempre se inclinando durante a fase subaquática em relação ao MS, que está iniciando a fase propulsiva.

Este movimento de rotação lateral do tronco chama-se rolamento e ocorre alternadamente em relação a cada braçada, ou seja, o tronco rola de um lado para o outro sem nunca ultrapassar a perpendicular, de 90°, levando-se em conta a posição em decúbito ventral.

A fase de empurre ou empurrada tem início com o braço e o antebraço em ângulo de 90° e caracteriza-se pela extensão dos membros, tendo como ponto de partida o centro do tronco, realizando a movimentação para trás e para fora em semicírculo. Neste momento, dois semicírculos já foram realizados desde o início da braçada: um para fora voltando para dentro e um de dentro voltando para fora e para trás, muito parecido com a letra "S" invertida.

Esta fase é a mais importante, pela alavanca alcançada pelo MS e também pelos grupos musculares que entram em ação, consistindo na fase mais potente e veloz de toda braçada. Durante esta extensão, deve-se ter o cuidado de manter os dedos da mão voltados para o fundo de maneira perpendicular, exigindo para tanto uma dorsiflexão de 90° em relação ao punho. Esta fase segue até o momento em que todo o MS estiver estendido e junto à coxa, ainda com os dedos apontados para baixo, finalizando o semicírculo. Esta fase dever ser executada de maneira mais intensa que a anterior, com maior velocidade e força (potência).[7]

A seguir, tem-se a finalização ou palmateio, que é a última fase propulsiva subaquática, consistindo na rotação da mão vigorosamente para dentro em direção à coxa, enquanto o restante do MS fica estendido. Desta maneira, a mão fica posicionada lateralmente com o dedo mínimo para cima, o que facilita a retirada da mão da água.

A retirada do MS da água ocorre na fase de recuperação, quando a braçada inicia sua fase aérea. Este movimento é feito por intermédio da elevação do cotovelo conduzido pelo braço até alcançar o ponto mais alto apontando para o teto. O antebraço, por sua vez, sai da água relaxado, formando um ângulo geralmente agudo em relação ao braço, que deve chegar até a perpendicular da lateral do tronco, que agora inicia o rolamento para o outro lado.

Esse rolamento se dá conjuntamente com a última fase da braçada, o ataque, que ocorre quando, a partir da recuperação, posiciona-se o MS para entrar em contato com a água. Novamente, é criado um ângulo de 90° entre braço e antebraço, provocado pela ação do antebraço, que se coloca à frente, preparando a braçada para submergir. Este movimento que cria o ângulo de entrada na água é feito de maneira descontraída, com baixo consumo de energia, como na recuperação.

A Figura 10 apresenta um exemplo da fase aquática da braçada, em que a flexão de 90° entre braço e antebraço propicia maior rendimento, ou seja, maior potência na realização da braçada.[2,3,8,9]

AÇÃO DE MEMBROS SUPERIORES NO NADO DE COSTAS

A ação propulsiva dos membros superiores no nado de costas tem muita semelhança com os movimentos feitos durante o nado *crawl*, porém com algumas alterações: o decúbito da realização do nado, que no nado de costas é dorsal, e a limitação articular da escápula; este é um fator limitante bastante importante, pois leva os movimentos propulsivos a serem realizados lateralmente em relação ao corpo.[9]

Ao iniciar o nado de costas, tendo como ponto de partida a posição hidrodinâmica, é necessário fazer um rolamento de todo o corpo para o lado da mão que está por cima, pois uma vez alcançada esta posição, somente este MS realiza a braçada, primeiramente descendo o braço estendido rente às orelhas até alcançar a profundidade de trabalho de 25 a 30 cm na fase de deslize. O MS oposto aguarda a realização de toda a fase subaquática da braçada inicial para então terem início as braçadas alternadas.

FIGURA 10 Posição do membro superior na execução da braçada do nado *crawl*, no momento de aplicação de maior força.

Uma vez na profundidade adequada, a mão faz uma ligeira flexão sobre o punho de cerca de 45°. Este momento é chamado de apoio ou pegada, e serve para posicionar a mão de acordo com o direcionamento da braçada, dando firmeza para a realização da fase seguinte, de tração, em que o antebraço começa a flexionar-se em direção à linha dos ombros. O braço, dando apoio, também é tracionado lateralmente até que mão, antebraço, cotovelo e braço fiquem alinhados com o ombro formando um ângulo de exatos 90° entre braço e antebraço. Neste momento, o cotovelo está voltado para o fundo perpendicularmente e a mão, em função da posição da braçada, está com a ponta dos dedos rente à superfície da água.

Esta fase ocorre com o movimento do MS descrevendo um semicírculo de baixo para cima, em que a mão iniciou o trabalho entre 25 e 30 cm de profundidade e, no final da tração, está quase rompendo a superfície. Quando o MS atinge a posição final da tração, o MS está na melhor posição possível para aplicação de potência, pois encontra-se com um ângulo de 90°, o qual, em termos biomecânicos, forma a alavanca ideal para se alcançar o melhor momento de rendimento propulsivo, a fase de empurre, em que o nadador estende vigorosamente o antebraço sobre o braço realizando a extensão total do MS em direção aos pés e ao fundo da piscina, ocorrendo outra trajetória em semicírculo, só que agora indo do alto para baixo.

Ao término desta fase, o MS está totalmente estendido, porém, abaixo da coxa, a mão fica como prolongamento do antebraço, ficando com a palma voltada para o fundo. Entra-se, então, na finalização, que ocorre quando a mão, em ato contínuo com a extensão do MS, empreende uma meia remada muito rápida e potente girando a palma da mão para dentro em direção à coxa. Neste momento, o MS superior está pronto para sair da água, estando com a palma da mão para dentro, em posição de corte e com o polegar para cima; esta fase é chamada de recuperação, em que o MS fica totalmente estendido com o polegar para cima até atingir a linha da cabeça, ou seja, o MS fica perpendicular ao corpo do nadador, quando então a mão faz um giro para fora posicionando-se para a entrada na água. Tal fase chama-se ataque, e vai até o ponto em que a mão espalmada e voltada para fora entra com o dedo mínimo na água, durante a entrada concomitante com o rolamento do corpo e o MS totalmente estendido, fase denominada penetração.

O ponto de entrada na água deve ficar entre a linha de prolongamento do ombro até o meio da cabeça e, neste espaço de aproximadamente 30 cm, dependendo da largura do ombro do praticante, a mão entra na água de lado, com o dedo mínimo entrando primeiro e, se possível, com o ombro junto à orelha; por intermédio do rolamento, o MS alcança então a profundidade de trabalho citada no início. É importante salientar que o rolamento no nado de costas é um elemento indispensável; sua utilização principal é o fato de as limitações articulares da escápula impedirem a realização de uma braçada mais eficiente, como a do nado *crawl*. Ao observar a trajetória da braçada do nado de costas, nota-se que seu desenho se assemelha à letra "S" na horizontal, em que, no início, o MS vai para o fundo, depois sobe até a altura dos ombros e desce novamente para subir ao final da fase subaquática. Todos esses movimentos são realizados de maneira semicircular, caracterizando a letra "S" já citada.[2,3,10]

A Figura 11 apresenta a fase mais importante da braçada do nado de costas com a formação da alavanca de potência de aproximadamente 90° braço-antebraço.

AÇÃO DE MEMBROS SUPERIORES DO NADO BORBOLETA

A ação propulsiva dos membros superiores é responsável por aproximadamente 85% da propulsão total do nado borboleta, sendo de suma importância a maximização de seu rendimento. Para tanto, a perfeita técnica é fundamental, porém depende, na maioria dos casos, de uma flexibilidade nem sempre presente.[11]

Ao analisar a movimentação de maneira contínua, a primeira ação da braçada é a entrada na água, chamada de penetração. Nesta fase, os MMSS devem estar totalmente estendidos, as mãos devem estar espalmadas no prolongamento do antebraço e voltadas para fora com a largura equivalente à dos ombros e com os polegares voltados para baixo. Neste momento, ocorre um atrito muito grande com a água, em função da impossibilidade de se criar ângulos de ataque. Este atrito pro-

FIGURA 11 Movimentação completa durante o nado de costas.

voca, durante a penetração, um inevitável espirramento (*splash*) muito grande de água. No momento em que ocorre a penetração dos MMSS na água, é importante que a cabeça esteja bem abaixada para favorecer a entrada com o menor atrito possível.

Após a entrada na água, os MMSS devem atingir a profundidade ideal de trabalho, que é de aproximadamente 30 cm. Esta ação ocorre durante a fase de deslize, em que todo o corpo do nadador está estendido e ligeiramente inclinado à frente.

Uma vez nesta posição, inicia-se a fase de apoio ou pegada, quando ocorre uma flexão da mão sobre o punho de cerca de 45°, preparando, assim, os MMSS para dar início à primeira fase propulsiva, a tração, em que o praticante, já posicionado com a flexão das mãos, inicia a braçada separando os MMSS até um ângulo de 45° em cada lado, tendo como ponto 0° a cabeça. Ao atingir esta angulação, tem início a flexão do antebraço sobre o braço trazendo os MMSS para trás juntamente com o braço em uma trajetória semicircular, mantendo os cotovelos altos até alcançar a altura dos ombros.

Esta trajetória semicircular iniciada com os MMSS separados a 45° termina com o posicionamento de duas alavancas de 90° em cada um dos MMSS, os quais estão alinhados com os ombros perpendicularmente ao fundo da piscina, com os dedos indicadores quase se tocando. Ao término desta fase, o praticante está com metade da trajetória subaquática realizada, e a partir deste posicionamento pode aplicar toda a potência que desejar em razão de estar com os MMSS em posição de alavancas ideais para tal.

Esta fase de potência da braçada é chamada pelos norte-americanos de *power fase*. No Brasil, pode-se chamá-la de empurre ou empurrada, que é, em termos práticos, o que acontece nesta fase, em que os antebraços são estendidos vigorosamente para trás e para cima. Esta extensão é a fase mais importante da braçada, sendo que, em seguida, ainda com a intenção de aproveitamento da braçada, há a fase de finalização, o momento que, em ato contínuo à extensão dos antebraços, as mãos do nadador executam uma meia remada ou palmateio para dentro, em direção à coxa, posicionando-as assim de forma que elas possam sair da água com o mínimo de arrasto possível, estando assim com os dedos mínimos para cima.

Este posicionamento das mãos voltadas para dentro e praticamente com a largura do quadril é o momento final da fase subaquática da braçada, seguida do momento de retirada dos MMSS da água, quando se entra na fase de recuperação, em que os MMSS, totalmente estendidos com as mãos no prolongamento do antebraço e voltadas para dentro, portanto com os dedos mínimos ainda para cima, são retirados da água com uma pequena elevação deles e conduzidos lateralmente, sem tocar na água, à frente.

Durante esta fase, a posição dos MMSS não se altera até que passe pela altura dos ombros, quando se entra na fase de ataque, em que o nadador conduz os MMSS no mesmo sentido em que a ação está ocorrendo, porém preocupando-se em posicionar os MMSS com a distância aproximada da largura dos ombros e mantendo as mãos espalmadas, estendidas e voltadas para fora com os polegares para baixo, para poder entrar novamente em contato com a água.

A Figura 12 ilustra o momento mais importante e potente da braçada dupla do nado borboleta, em que ambos os braços flexionam-se a 90°.[2,3]

AÇÃO DE MEMBROS SUPERIORES NO NADO DE PEITO

A ação propulsiva dos MMSS no nado de peito pode ser considerada uma ação de curto percurso em razão da relação de coordenação entre MMII e MMSS ao exigir que cada segmento trabalhe independentemente. Tal fato torna a braçada do nado de peito rápida e curta, com praticamente a metade do percurso das demais braçadas. Sua ação tem início com os MMSS totalmente estendidos; a partir daí, o praticante faz uma rotação com as mãos para fora, colocando-as a 45° em relação ao plano horizontal, formando uma letra "V" com o dorso das mãos. Feito isso, tem início o afastamento dos MMSS, ainda estendidos, até alcançarem uma abertura de 45° de cada lado, tendo o eixo da cabeça como ângulo 0°; esta abertura entre os MMSS também tem a aparência de um "V", com a cabeça do nadador no meio.

Esta fase de abertura dos MMSS é a primeira fase propulsiva do nado de peito, podendo ser chamada de fase inicial ou fase de separação. Para que esta fase seja propulsiva, é importante, durante sua execução, criar uma pressão para baixo com as mãos.

FIGURA 12 Posição dos membros superiores no nado de peito, na fase final da tração.

Ao término da abertura dos MMSS, tem início a fase de apoio ou pegada, caracterizada por uma pequena flexão das mãos (palmar) sobre o punho, que pode chegar a 45°, tendo como objetivo posicionar a mão de uma maneira ideal para pressionar a água e obter maior propulsão.

Após esta fase, entra-se na tração ou remada, que é o momento de maior propulsão e velocidade de execução, caracterizado pela rotação do antebraço sobre o braço, tendo o cuidado de manter os cotovelos altos, mais altos que as mãos, no mínimo. Esta rotação tem de aproximar as mãos e os cotovelos o máximo possível, fazendo o praticante assumir a posição de oração, ou seja, mãos justapostas e cotovelos próximos. Tal movimentação leva as mãos quase à superfície e, dependendo do estilo adotado, que pode ser plano ou ondulado, o praticante pode, ao final, tirar até 90% dos antebraços da água.

Ao entrar na posição de oração, a fase de remada está acabada, entrando assim a fase seguinte, de lançamento, em que o nadador lança os MMSS à frente, ainda mantendo a posição de oração, até que os MMSS fiquem totalmente estendidos, dando início a uma nova braçada.[2,3,5]

CONSIDERAÇÕES FINAIS

Ao final deste capítulo, é importante salientar que o desenvolvimento da Natação está intimamente ligado ao esforço e à dedicação para superar as possíveis barreiras encontradas ao longo do caminho. Cada indivíduo apresenta um grau diferente deste desenvolvimento, visto que a Natação é uma atividade individual em um meio em que flutuabilidade, sensibilidade, força, flexibilidade, consciência corporal e coordenação motora são fatores determinantes para o domínio das habilidades aquáticas inerentes aos quatro nados. Contudo, pode-se assegurar que todo ser humano tem a capacidade de dominar o meio líquido, bastando apenas dedicação e perseverança.

FIGURA 13 Momento principal da braçada, quando os MMSS realizam a remada flexionando braço e antebraço em 90° e pressionando a água entre ambos os segmentos por meio da aproximação dos cotovelos.

RESUMO

O êxito na Natação depende inicialmente da posição que o corpo do praticante assume na água. Esta posição está intimamente ligada ao grau de flutuação e consciência corporal que o aluno tem. Isso quer dizer que, quanto mais o praticante dominar seu corpo na água, mais fácil será aprender a nadar, e este domínio do corpo é adquirido por meio da adaptação ao meio líquido. Em seguida, iniciam-se os deslocamentos na água, em que o batimento de pernas é o primeiro, por ser mais simples, e é usado nos nados *crawl* e costas. No nado borboleta, as pernas trabalham juntas, mas, igualmente aos nados *crawl* e costas, ou seja, para baixo e para cima. Por fim, o nado de peito tem uma pernada de golpes (chicotada), com ambas as pernas empurrando a água para trás, para fora e para baixo. Nos nados *crawl*, costas e borboleta, as braçadas têm dois momentos principais: fase aquática, em que ocorre a propulsão, e fora da água, em que ocorre a recuperação. Ambas as fases têm em seu conjunto oito posições: penetração, deslize, apoio, tração, empurre, finalização, recuperação e ataque. A grande diferença está no nado de peito, que tem uma braçada curta, igual à metade dos outros nados, e não há fase aérea, sendo que a braçada é realizada dentro da água, tanto na fase de tração como de recuperação. Suas fases são: deslize, apoio, tração e lançamento.

Questões para reflexão

1. Considerando o comportamento dos corpos na água, justifique por que a tendência do corpo da mulher é de flutuar mais que o corpo do homem?
2. Em que momento angular as braçadas dos nados atingem maior eficiência?
3. Como devem ficar os pés durante o batimento de pernas no nado *crawl* para poderem atingir rendimento máximo?

REFERÊNCIAS BIBLIOGRÁFICAS

1. Palmer LM. A ciência do ensino da Natação. São Paulo: Manole; 1996. 360 p.
2. Mansoldo AC. Técnica e iniciação aos 4 nados. São Paulo: Ycone; 2009. 136 p.
3. Maglischio EW. Nadando o mais rápido possível. 3.ed. Barueri: Manole; 2011. 693 p.
4. Salo D. Condicionamento físico para Natação. Barueri: Manole; 2011. 254 p.
5. Stager JM, Tanner DA. Natação: manual de medicina e ciência do esporte. Barueri: Manole; 2008. 162 p.
6. Costil DL, Maglischo EW, Richardson AB. Swimming, handbook of sport medicine and science. Blackwell Science; 1992. 212 p.
7. Gusman R. Natação, exercícios de técnica para melhoria do nado. Barueri: Manole; 2008. 693 p.
8. Mansoldo AC, Silva CGS, Bonacella PH, Almeida VRC, Tertuliano IW, Farias Júnior HF. Estudo do tempo médio do nado crawl em crianças de diferentes faixas etárias nas provas de 25 e 50 metros: análise longitudinal. EFDeportes. 2011;16(123):1-9.
9. Lerda R, Cardelli C. Breathing and propelling in crawl as a function of skill and swim velocity. Int J Sports Med. 2003;24(1):75-80.
10. Colwin CM. Nadando para o século XXI. São Paulo: Manole; 2000. 350 p.
11. Seifert L, Chollet D, Rouard A. Swimming constraints and arm coordination. Hum Mov Sci. 2007;26(1):68-86.

Capítulo 16

Ginástica artística*

Michele Viviene Carbinatto
Myrian Nunomura

Objetivos do capítulo

▶ Apresentar a avaliação como um fenômeno complexo.
▶ Demonstrar a importância da avaliação técnico-pedagógica na ginástica artística.
▶ Descrever uma proposta de avaliação do aspecto técnico-pedagógico de elementos básicos na ginástica artística em quatro aparelhos: mesa de salto, barras paralelas assimétricas, trave e solo.

CONSIDERAÇÕES INICIAIS

A avaliação é tema recorrente em todos os setores da sociedade, seja no ambiente público, no ambiente privado ou autarquias, seja no âmbito educacional, comercial e de serviços. Sua prática pode englobar as funções de diagnosticar uma dada realidade, orientar um processo ou mesmo indicar resultados alcançados. No esporte, essas premissas podem ser constatadas, sobretudo, na aferição de indicadores biológicos, comportamentais e socioculturais, imprescindíveis para o planejamento coerente da sessão de aula e/ou treinamento.[1,2]

A avaliação no esporte prosperou concomitantemente ao desenvolvimento científico e tecnológico, desde os materiais de medição – cada vez mais precisos – aos testes que se aproximam da realidade da ação do atleta, portanto, se tornou desafiante e instigante.[3]

Em vista do respaldo tradicional no paradigma cartesiano, era comum que a avaliação no esporte ocorresse, majoritariamente, na esfera física. A premissa grega *"citius, altius, fortius"* (mais rápido, mais alto e mais forte) fora interpretada pela matematização de habilidades e capacidades que, por meio de dados numéricos, indicavam as carreiras de atletas que poderiam ter sucesso (alcançar o alto rendimento).[4]

Em decorrência, a classificação – em ordem crescente – permeava os ambientes esportivos, nos quais a mensuração e a comparação eram interpretadas como efetivas. A ingerência desse sistema passou a alocar os resultados em níveis de prática que indicavam aquele grupo no qual o atleta se adaptaria melhor. No entanto, impasses com características de personalidades e características psicológicas, apoios institucionais, períodos de maturação biológica, motivação e empenho do aprendiz, entre outros, passaram a instigar mudanças nos processos corriqueiros ora considerados ideais.

Uníssono ao reconhecimento das ciências humanas e sociais, a avaliação esportiva passou a ser objeto de estudo entre diversos profissionais. Então, a associação arcaica proporcionada à avaliação passou a ser revista, e foram definidos os indicativos em esferas variadas, como avaliação nutricional (nos quais foram averiguados os parâmetros sobre boa alimentação, reposição energética, entre outros); avaliação bio-fisiológica (com acompanhamento dos índices glicêmicos, estrutura e batimentos cardíacos); avaliação de habilidades motoras básicas e específicas para cada esporte (verificação biomecânica da corrida, do salto); avaliação de coordenação motora (análise de driblar e arremessar); avaliação médica (qualidade do sono, crescimento ósseo) e, mais recentemente, a avaliação técnico-pedagógica.[1,3,5]

Atualmente, os discursos sobre o tema enfatizam que a avaliação concede a apreciação e o julgamento de ações que permitam ver e rever, fazer e refazer trajetos, e pode agir como reguladora ou mola propulsora de

---

*As autoras deste capítulo agradecem a contribuição do educador Edward Yuji Yamaguti e dos monitores Bruno Mendes Pinheiro, Anne Pacheco, Guilherme Lui, Carla Puppo, Danilo Santos, pertencentes ao projeto de pesquisa e extensão Gymnusp: Escola de Ginástica, da Escola de Educação Física e Esporte da Universidade de São Paulo (EEFE/USP), no segundo semestre de 2016.

melhorias em políticas públicas do e no esporte, organizações e clubes esportivos, na elaboração de propostas para a formação e atuação profissional, bem como intervenção direta e propositiva a um grupo ou atleta.

POR QUE AVALIAR?

Parece óbvio que os instrumentos avaliativos delineiem vivências de aprendizagens em prol do desenvolvimento do esportista, tanto para a vida ativa como para a formação do atleta em longo prazo e, para tanto, se faz necessária a distinção entre medida, teste e avaliação.

A medida designa um número a alguma característica ou propriedade em um ser, ou seja, é a representação numérica de algo descritivo. O teste é o instrumento utilizado para lograr a medida e, por fim, a avaliação "é um processo de tomada de decisão que estabelece um julgamento de valor sobre a qualidade de algo que se tenha medido" (p. 15).[6] Normalmente, a avaliação possui uma referência, que pode ser a comparação dos resultados do próprio sujeito entre os pares ou padrões médios (como média obtida por atletas-modelos). Assim, julga-se valor e se interpreta o resultado testado e sua medida.[2-5]

É consenso dizer que um atleta sofre inúmeras interferências no decorrer da carreira esportiva até chegar ao alto rendimento esportivo e tornar-se profissional. Não basta ser o mais rápido se não houver apoio para participação em eventos nacionais e internacionais. Não basta ser o mais forte se a resiliência não prevalecer sobre os momentos de fracasso. Não basta ser o mais alto se faltar coordenação e técnica para executar bem uma combinação de elementos.

Na ginástica artística (GA) – objeto central deste capítulo –, Bessi[7] ilustra alguns fatores que influenciam o rendimento na modalidade, quais sejam:

- Ginasta (talento, qualidades físicas – força, resistência, flexibilidade –, técnica, tática, capacidades cognitivas, capacidades psíquicas).
- Treinamento (horário, volume, organização).
- Treinador (conhecimentos ginásticos, pedagógicos, capacidade de liderança, reconhecimento – premiações e salário).
- Infraestrutura física (ginásio, equipamentos).
- Contexto (escola, família, profissão, situação política do país).
- Outros (médicos, fisioterapeutas, patrocinadores, recursos econômicos).

Como praxe, os instrumentos avaliativos não estão isentos daqueles fatores e tampouco neutros de valores sociais, éticos, políticos e culturais. Por isso, modelos advindos de diferentes países e estados ou clubes poderiam se encaixar no local em que se atua, desde que subsequentes ao processo de reflexão por parte do profissional.

Alguns autores[1,6] destacam atributos gerais relevantes na área de Educação Física e Esporte, como medidas antropométricas, testes motores, monitoração mecânica e fisiológica, testes de sobrecarga e amplitude de movimento. Nesse ínterim, tomamos a liberdade de inserir os aspectos técnico-pedagógicos, pois, por vezes, eles são ignorados pela literatura sobre avaliação, apesar de serem igualmente importantes para o sucesso no esporte.

A atenção aos aspectos técnico-pedagógicos é comum no esporte, no exercício físico e em diferentes níveis de prática (iniciação ao alto rendimento) e podem ser selecionados dependendo da particularidade de cada esporte.[1,6]

Outrossim, o profissional de Educação Física e Esporte deve atentar para o fato de que a avaliação pode (e deve) ocorrer em diferentes momentos:

- A avaliação diagnóstica, que é empregada antes do início das aulas/sessão de treino, estuda a situação e suporta a decisão do planejamento.
- A avaliação processual indica resultados preliminares e periódicos e adentra na análise da formulação original ou necessidade de redirecionamento.
- A avaliação final, que aponta a pertinência de conteúdos, propostas e metodologias empregadas.[8]

Em vez de se voltar ao produto final, a avaliação formativa é realizada durante todo o processo e, como uma bússola, indica o caminho mais propício para se atingir a eficácia. Dessa forma, defendida no sentido holístico e complexo, a avaliação não se fecha apenas ao praticante, mas à revisão da atuação do profissional de Educação Física e Esporte e das variáveis interferentes no processo esportivo.[3]

O objetivo básico do treinamento esportivo é a execução ótima de uma tarefa de movimento (comumente considerado desempenho) à forma ideal e à manutenção daquela em períodos competitivos. Esse desempenho é dependente das condições pessoais, não pessoais e limitantes.[3] A primeira pode ser diretamente observável (condições físicas, técnica e tática do sujeito) e indiretamente observável (sistemas corporais e condições psicológicas). A segunda, fracionada em condições sociais (família, escola) e condições materiais (local de prática, instalações). Por fim, as condições limitantes pessoais, como a relação escola/estudo, profissão ou ainda as condições sociais, como o valor da modalidade em determinada época, sistema de formação do treinador, entre outros.

A AVALIAÇÃO NA GINÁSTICA ARTÍSTICA

Como elencado anteriormente, as avaliações não devem ser arbitrárias, controladoras e reprodutoras a ponto de não levarem à otimização do desempenho esportivo em qualquer nível de atividade. É recorrente, inclusive, a desistência da prática devido à displicência no diagnóstico e na avaliação do ginasta,[9] revelação de doenças irreversíveis – como a tríade da mulher atleta,[10] aversão à prática de exercícios físicos[11] ou mesmo ampliação da possibilidade de lesão.[12]

Portanto, o objetivo central do profissional deve ser "a identificação dos procedimentos necessários para o aumento e a manutenção do desempenho esportivo, e a sincronização das variáveis de influência sobre o desempenho para, sob as condições pessoais e situacionais, alcançar-se o melhor resultado" (p. 105).[13] Como exemplo, ao disponibilizarmos informações funcionais-motoras (técnicas), progressões e limitações, o profissional delimitará estratégias mais adequadas às condições de cada ginasta[1] para a realização de cada movimento ginástico.

Os elementos da ginástica artística competitiva estão descritos no Código de Pontuação. Uma comissão de *experts* determina o valor para cada um deles, o que indica o nível de dificuldade da execução desses elementos. Na GA não há placar, mas o desafio é que a nota final (após a apresentação a uma banca de árbitros) seja a mais próxima da nota de partida da série (definida pelo somatório dos valores de todos os elementos apresentados pela/o ginasta, exigências de composição, valores de ligação e sua execução). Quando não concernente à competição, a expectativa se volta à execução do elemento e à progressão das dificuldades por parte do aprendiz.

Dessa forma, é relevante que o praticante compreenda qual elemento está aprendendo e o que é preciso desenvolver na aula e/ou treinamento. Sigamos com alguns exemplos. Nos esportes individuais, como na GA, é recorrente a análise da idade cronológica e sua relação com a idade biológica do praticante no alto rendimento.[14] Nesse contexto, para determinados elementos, as medidas antropométricas poderiam influenciar na qualidade técnica e/ou no processo de ensino-aprendizagem.

A cronologia refere-se aos anos de vida do praticante pautados no calendário civil. Em contrapartida, a idade biológica retrata o estágio de maturação do sujeito ao comparar assunções quantitativas e qualitativas esperadas para cada idade cronológica. Essas não necessariamente coincidem, e apontam os estágios maturacionais em avançado (cronológico < biológico); tardio (cronológico > biológico) ou esperado (cronológico = biológico).[15] Quando o praticante se encontra em períodos críticos desse processo, como a transição da infância para a adolescência, e dessa fase para a adulta, a interferência no progresso dos elementos da GA – especialmente na feminina (GAF) – pode ser bastante direta.

Pesquisas revelam dados antropométricos de ginastas com certa frequência. Hedbavny e Svobodová[16] relataram que a média de altura de atletas de elite da República Tcheca era de 1,61 m, 8 cm a mais do que as americanas que participaram dos Jogos Olímpicos de 2008. Apesar de o peso corporal ter sido maior do que as finalistas do Campeonato Mundial de GAF de 2003, as medidas subcutâneas revelaram índices melhores do que das ginastas participantes dos campeonatos europeu e mundial entre 1998 e 2013.[17]

Após analisarem altura, peso, índice de massa corporal e idade de ginastas olímpicas, Sands et al.[18] confirmaram que entre 1956 e 2008 houve considerável decréscimo dessas medidas. Por sua vez, Cuk et al.[19] detectaram que as ginastas da antiga Iugoslávia e as atuais ginastas eslavas, participantes do principal evento da área em 1933 e 2000, respectivamente, mantiveram índices parecidos em relação a altura e peso, mas notável alargamento das medidas do ombro e estreitamento do quadril. Para os autores, esse fato pode ser justificado pelo aumento nas rotações do eixo transversal e longitudinal, afinal, há o favorecimento de corpos em que a massa fique mais próxima daqueles eixos.

Mas por que atentar para esses dados? Ora, é recorrente a ideia de que cada esporte de alto rendimento demanda somatótipo e características físicas pareadas,[14] mas é preciso alertar que tal fato não exclui os desvios-padrão, mas delineia parâmetros avaliativos aos profissionais, indicativos para a preparação física ou mesmo atestam que há mudanças históricas nas medidas antropométricas dos ginastas.[16] Inclusive era – e, em alguns casos, ainda é – insistente a seleção para o treinamento da GA com base em características físicas e habilidades motoras por volta dos seis anos de idade, apesar das inúmeras críticas a esse fato.[19]

Outro dado interessante se refere às lesões. A entorse de tornozelo nas aterrissagens, principalmente no aparelho solo, é uma das lesões mais comuns na GA. Em alguns casos, a duração do treinamento e as repetições demasiadas de esforço nessa região constituem fatores de risco. Afinal, se a carga de trabalho for demasiada para o corpo, há potencial risco de lesão; por exemplo, uma boa avaliação da força dos músculos responsáveis pelos movimentos e estabilização do tornozelo e da resistência aeróbica do atleta poderiam fornecer sinais para evitar aquela situação.[12]

Na ginástica artística masculina (GAM), mais precisamente no aparelho de argolas, é necessário que o ginasta produza altos valores de força, pois realizam exercícios que envolvem posições estáticas, dinâmicas e a combinação de ambas em ações e posições corporais distintas, como balanço em apoio e em suspensão. A sobrecarga na articulação glenoumeral é elevada e, portanto, é essencial otimizar o treinamento para preparar adequadamente o atleta. A compreensão do perfil dos níveis de produção de força e flexibilidade de ginastas de elite e a atenção para a simetria desses componentes no seu próprio atleta poderiam referenciar um treinamento eficaz e promissor.[20]

Frisa-se que o profissional de educação física e esporte possui autonomia para selecionar os testes de controle para seu praticante, mas alguns são diretamente indicados à modalidade GA. Quanto mais específico for o treinamento e mais elevado for o nível do atleta, maior a exigência por avaliações precisas, detalhadas e que estejam o mais próximo possível das condições associadas aos elementos da modalidade.

Analogicamente, as avaliações biomecânicas, por meio da utilização de plataforma de força e de pressão, eletromiografia, dinamômetro isocinético, câmaras de vídeo de alta resolução, entre outros, podem calcular variáveis com o máximo de rigor e minúcia, que poderão incentivar pequenos ajustes na execução de um elemento, e que serão responsáveis pelas diferenças de décimos na pontuação de um ginasta.[14,17] Entretanto, muitos desses recursos não são de acesso imediato da maioria dos treinadores, particularmente no Brasil.

A distribuição dos conteúdos em uma sessão de GA, a depender do nível de prática, é normalmente orientada pela preparação corporal geral, preparo físico geral e indicações técnicas específicas que estão intrinsecamente relacionadas. Normalmente, uma sessão de treino é subdividida em aquecimento geral e alongamento, exercícios de força, flexibilidade, resistência de força e anaeróbica, treinamento técnico e compensatório final. Uma avaliação adequada desses componentes viabilizaria a melhor organização das partes intervenientes do treino.

Sobre a avaliação técnica de elementos, encontramos algumas possibilidades na literatura. Leguet,[21] na obra "Ações Motoras na Ginástica", propôs a análise de movimentos de aprendizagem em seis fases: a fase em que o aluno evita o movimento (N_0); aquela em que há uma tentativa (N_1), mas não se identifica o elemento; o movimento realizado (N_2), ainda que com diversas falhas técnicas; a demonstração adequada (N_3); a fase na qual o elemento é realizado com naturalidade pelo praticante (N_4); e, por fim, o virtuosismo (N_5), cujo elemento está incorporado a ponto de permitir variações de posições, rotações, entre outros.

Ellenbrand[22] recomenda a avaliação subjetiva como análise de habilidades específicas na ginástica, cuja verificação é realizada por meio da observação, que pode ser direta ou indireta (p. ex., vídeo). A pontuação do executante se dá por escores, que vão de zero até três pontos, conforme a Tabela 1. Para cada item executado há uma pontuação que representa o produto do nível de dificuldade e classificação do desempenho. A contagem final do teste é a somatória dos pontos para cada elemento executado.

TABELA 1 Escala de pontos ao avaliar elementos da ginástica, proposta por Ellenbrand[22]

Pontuação	
3 pontos	Desempenho correto. Mecânica apropriada. Executado com boa forma. O sujeito demonstra equilíbrio, controle e amplitude nos movimentos
2 pontos	Desempenho médio. Erros na mecânica e na forma. Pode demonstrar alguma carência de equilíbrio, controle ou amplitude nos movimentos
1 ponto	Desempenho fraco. Erros evidentes na mecânica e na forma. O sujeito demonstra pouco equilíbrio, controle ou amplitude no movimento
0 ponto	Desempenho impróprio ou inexistente. Mecânica incorreta ou completa falta de forma. Nenhuma demonstração de equilíbrio, controle ou amplitude no movimento

Fonte: adaptada de Ellenbrand[22] e Tritschler.[4]

Esse tipo de avaliação, também utilizado em outras modalidades com algumas adaptações – como no tênis[23] – é considerado útil e eficaz para acompanhamento técnico do atleta. Há de se considerar que esses métodos têm seu aspecto negativo quando o avaliador analisa a execução do ponto de vista da atitude, e não da técnica do movimento, ou quando um mesmo elemento recebe escores muito diferentes, normalmente quando um dos avaliadores possui parâmetros diferentes dos demais.

Ademais, Vidor,[24] apoiada no Programa de Idades da Federação Internacional de Ginástica (FIG), propõe uma cartilha pedagógica para cada um dos aparelhos da GAF. A autora utiliza quatro fases (aprendizagem, assimilação, aperfeiçoamento e domínio), definidas pela intersecção entre o exercício ginástico e as idades. Nesse caso, a fase não está intrinsecamente ligada ao que o praticante demonstra, mas define-se a fase que seria considerada "ideal" segundo a idade, o aparelho ou o elemento. Por exemplo, a "oitava", nas barras paralelas assimétricas, deve estar na fase 4, de domínio, entre 7 e 8 anos.

Sucintamente, percebemos que o profissional de educação física e esporte precisa compreender a técnica em geral no decorrer da execução, bem como atentar para elementos que têm sido explorados em eventos da modalidade em nossa realidade (Brasil, mais diretamente no estado de São Paulo). Por esse motivo e com a intenção de auxiliar profissionais com pouca ou nenhuma experiência na GA, adotamos a ideia da avaliação subjetiva por indicação de fases, descritas a seguir.

AVALIAÇÃO TÉCNICO-PEDAGÓGICA NA GINÁSTICA ARTÍSTICA

Nesse tópico, findamos a discussão específica dos elementos da GA. Aportadas na orientação técnico-pedagógica que apenas oferece indicações, aconselhamos a avaliação como diagnóstico, que levará o profissional a planejar e replanejar o seu processo de ensino, a fim de ultrapassar as dificuldades dos praticantes.

Análogo a outros instrumentos, a avaliação técnico-pedagógica reúne informações que auxiliam na identificação de características individuais associadas à prática do exercício físico e dá aportes para acompanhar o processo ensino-aprendizagem: como orientar o praticante para a execução segura e eficaz? Como detectar possíveis limitações para a realização de determinado elemento?

Desse modo, nossa proposta aponta as etapas básicas de avaliação,[3,6] ilustradas na Figura 1.

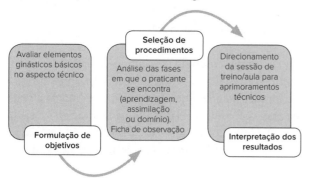

FIGURA 1 Etapas da avaliação técnico-pedagógica.

Sem dúvida, a compreensão das fases em que se encontra seu aluno ou grupo de alunos permeará o plano de ensino para adequá-lo e, então, atender aos preceitos esportivos da melhor maneira possível.

A sistematização proposta nesse texto sugere a avaliação indireta, ou seja, realizada durante o treinamento esportivo (e não no momento da competição) e que oferece subsídios sobre o desempenho esportivo do atleta.[3]

Além disso, a GA é uma modalidade considerada de habilidade fechada e interpretativa, ou seja, o praticante não realiza ajustes ou mudanças em razão do ambiente e/ou do adversário,[4] o que torna a análise mais próxima ao que o praticante executará na apresentação ou competição esportiva.

Defende-se três formas de apreciação de desempenho em um esporte: a observação informal, a observação com escala de avaliação e o teste de habilidades esportivas.[4] Neste capítulo, propomos uma escala de avaliação com meta na observação de alguns elementos únicos que poderão ser ampliados pelo profissional conforme a necessidade.

SISTEMATIZAÇÃO DE AVALIAÇÃO DE ELEMENTOS BÁSICOS NA GINÁSTICA ARTÍSTICA

É inegável a contribuição da sistematização de conhecimento à prática esportiva e para o seu desenvolvimento. Na GA, por exemplo, é comum a utilização de métodos de treinamento que se diversificam entre as nações, e aparentemente os modelos russos e norte-americanos são muito aplicados pelos treinadores.

É fato que qualquer tentativa de sistematização é empreendida de pessoas e, por tal, valores, crenças e motivações delineiam o arranjo e a composição a ser proposta. Nesta asserção, subsidiamos o detalhamento de elementos ginásticos básicos observados nos praticantes do projeto de extensão "Gymnusp: Escola de Ginástica", da Escola de Educação Física e Esporte da USP (EEFE/USP), os quais representam aqueles solicitados no regulamento "Troféu São Paulo", principal evento de massificação da GA organizado pela Federação Paulista de Ginástica. Esse regulamento tornou-se um balizador daquilo que se espera de um praticante nível iniciante na GA, ou seja, os elementos básicos e primordiais para cada um dos aparelhos.

Inclusive, os objetivos desse evento são: "difundir a modalidade Ginástica Artística, incentivar sua prática em diversas faixas etárias e níveis de habilidade – visando à massificação, seguindo as regras estabelecidas no regulamento; e orientar os profissionais com diretrizes para o desenvolvimento e evolução técnica na preparação de ginastas iniciantes" (p. 1).[25] Logo, não é permitida a participação de ginastas que competiram na Copa São Paulo ou em campeonatos estaduais.

As aulas do projeto foram preparadas e organizadas nos fundamentos das ginásticas,[26] quais sejam: posições estáticas (apoio, equilíbrio e suspensão) e movimentos não estáticos (deslocamentos, saltos, rotações e balanços) e as aterrissagens. Após exploração e variação daqueles fundamentos, partimos para o refinamento dos movimentos a elementos considerados essenciais do evento, ou seja, aqueles que estavam presentes nas séries obrigatórias indicadas no regulamento. Nessa ocasião, notamos similaridades e singularidades no nível técnico dos praticantes do projeto. Por fim, em reuniões frequentes, notamos proximidades técnicas em fases (inicial, intermediária e avançada) de cada exercício, que foram compiladas e organizadas em cada aparelho da GAF.

Ao interligarmos as fases da aprendizagem motora com possibilidades avaliativas, encontramos em Bessi[7] suporte para a compreensão de etapas distintas. A primeira delas é a forma aproximada, em que difere do proposto por Ellenbrand,[22] em que o elemento é identificado e executado pelo praticante. Posteriormente, alcança-se a boa forma, ou seja, há sucesso na demonstração do exercício, que pode ser inserido em uma série e/ou apresentação. Observa-se eficiência e segurança no desempenho. Por fim, a disponibilidade variável, em que o item (p. ex., uma parada de mãos) pode receber desafios no mesmo equipamento, como parada de mãos com giro completo no solo ou ser executado em diferentes aparelhos, a exemplo das barras paralelas simétricas.

Ressaltamos que este não equivale a um teste com validação científica, mas uma sugestão de análise de elementos técnico-pedagógicos que poderão subsidiar a formação do profissional de educação física e esporte que deseja atuar na modalidade de ginástica artística.

Pautados no Programa de Idades da Federação Internacional de Ginástica (FIG) e na Cartilha de Progressão Pedagógica de Georgetti Vidor, a análise propõe três fases distintas, expostas na Tabela 2.

TABELA 2 Distintas fases no processo ensino-aprendizagem de um elemento de ginástica

| Fase 1 | Aprendizagem e assimilação | O exercício é explorado pelo aluno, mas a execução é precária e com muitos erros |

(continua)

TABELA 2 Distintas fases no processo ensino-aprendizagem de um elemento de ginástica *(continuação)*

| Fase 2 | Aperfeiçoamento | O exercício é passível de identificação e executado pelo praticante, mas ainda com necessidade de acertos |
| Fase 3 | Domínio | O exercício está incorporado pelo aluno, que o executa com (ou próximo à) perfeição e pronto para ser inserido na rotina (série) ou implementado com outros desafios (mudanças de posicionamento corporal, combinações, ampliação de rotações, entre outros) |

Ao detalhar indícios das fases de elementos de GA procuramos oferecer ao profissional de educação física e esporte subsídios que o tornem capaz de situar, da maneira mais correta e eficaz possível, a ação do estímulo, de guia ao aluno.[27] Por exemplo, um sujeito que tenta realizar o salto grupado sobre o plinto* (Figura 2) compreende o exercício, flexiona os joelhos, posiciona corretamente as mãos, mas o profissional detecta que a velocidade da corrida não gera impulso adequado e satisfatório no trampolim para a elevação do quadril. Ao perceber esse detalhe, o professor/treinador poderia organizar a intervenção que aprimore a corrida e a abordagem no equipamento.

FIGURA 2 Salto grupado sobre o plinto.

A compreensão da fase em que o praticante se encontra estimularia o processo de ensino-aprendizagem de forma a atender, inclusive, aos fatores motivacionais da prática. É o que se relata ao clima motivacional da aula.

O clima motivacional diz respeito à orientação da motivação dos ginastas para a prática, quais sejam:

---

* Salto sobre o plinto equipara-se ao salto sobre a mesa. Em nível iniciante, é comum a mudança do aparelho, pois com o plinto, para além de outros fatores, é possível o ajuste da altura.

- Orientação para a execução da tarefa, conhecida como orientação para a aprendizagem.
- Orientação para o desempenho e o ego, voltada para o reconhecimento social e o desempenho.[28]

Os indivíduos orientados para o domínio da tarefa apresentam motivação intrínseca elevada, atitudes positivas frente ao que se deve aprender e autoconceito de competência indiferenciado, pois querem melhorar em relação a eles mesmos. Esse esforço leva ao progresso pessoal e ao domínio, ou seja, quanto mais esforço empregarem na tarefa, maior capacidade terão adquirido e, assim, perceberão maior competência para almejar a aprendizagem.[29] Por conseguinte, nas situações de insucesso, encaram os erros de forma positiva, pois são considerados referência para a próxima etapa no desenvolvimento de sua competência. Compreender a etapa da aprendizagem e orientar adequadamente a aprendizagem da tarefa pode, portanto, criar um clima positivo no treinamento.

Ao descrever as fases, nossa intenção é objetivar e delinear momentos do processo de ensino-aprendiza-gem para que o treinador seja mais pragmático durante o treino.

Sugere-se que a intervenção avaliativa atente para a reação do sujeito à proposta, ou seja, se o indivíduo está motivado, com medo ou estressado por estar sendo avaliado. É conveniente que esse processo seja desenvolvido da forma mais natural e coerente com o treino.

Na GAF, há quatro aparelhos oficiais: o solo, a trave, a paralela assimétrica e a mesa de salto. Como relatado, no Troféu São Paulo, há rotinas (séries) obrigatórias de elementos considerados básicos e que devem ser apresentados a uma banca de árbitros. A seguir, apresentamos nas Tabelas 3 a 6 os elementos selecionados e as fases que, normalmente, são executadas pelos praticantes. Destacamos que essas fases norteiam o que é comum, mas é possível que um praticante esteja na Fase 1, mas apresente uma variação descrita na Fase 2. Para tanto, sugerimos que o praticante seja alocado na fase em que apresenta a maior parte das características elencadas. Ademais, na ficha de avaliação, há um campo específico para a descrição das observações, se necessário.

TABELA 3 Avaliação técnico-pedagógica do aparelho solo

	Fase 1	Fase 2	Fase 3
Equilíbrio facial (avião)	Pouca elevação de uma das pernas, tronco fica abaixo da linha do quadril; não realiza ponta do pé; braços pouco estendidos e apontam para baixo, manutenção da posição por pelo menos 2 s	Elevação de uma das pernas acima da linha do quadril (amplitude de pelo menos 90°); tronco pouco acima da linha do quadril; apresenta ponta do pé, braços estendidos paralelos ao solo; manutenção da posição estática por pelo menos 2 s	Elevação de uma das pernas perpendicular ao solo e formando ângulo ≥ 180° com a perna de apoio; pequena movimentação do tronco para manutenção do equilíbrio; braços estendidos e ponta de pé demarcada; manutenção da posição por pelo menos 2 s
Salto galope	Pouca elevação dos joelhos em relação ao solo; não apresenta alternância entre as pernas (ou eleva apenas uma; ou eleva ambas quase concomitantes); pés podem tocar posterior de coxa; não apresenta ponta de pés; tronco curva-se e ombros se fecham durante o movimento; não apresenta chegada alternada dos pés no solo	Joelhos se elevam e ficam, pelo menos, paralelos ao solo; há alternância entre as pernas; pés se apresentam paralelos ao solo; por vezes não apresenta ponta de pés; há movimentação de tronco e ombro durante o movimento; apresenta chegada alternada dos pés no solo	Joelhos se elevam e ficam paralelos ao solo; há alternância entre as pernas; apresenta ponta de pés; tronco e ombros ficam estáveis e retos durante o movimento; apresenta aterrissagem alternada dos pés no solo
Salto grupado	Pouca elevação dos joelhos em relação ao solo; não apresenta simultaneidade de altura entre as pernas; pés tocam posterior de coxa; tronco curva-se e os ombros se fecham durante o movimento; não apresenta ponta de pés; não apresenta chegada simultânea dos pés no solo	Joelhos se elevam e ficam, pelo menos, paralelos ao solo; há simultaneidade de altura entre as pernas; pés tocam posterior de coxa; tronco e ombros têm pequena instabilidade durante o movimento; apresenta ponta de pés; apresenta chegada simultânea dos pés no solo, mas com passos adicionais ou movimentos demasiados para demonstrar finalização do movimento	Há impulsão suficiente para que os joelhos se aproximem ao máximo do tronco, que se encontra ereto; ombros e peito se mantêm abertos; apresenta aterrissagem dominada, com simultaneidade dos pés no solo, sem passos e/ou movimentos adicionais

(continua)

206   Seção 4   ■   Avaliação do desempenho em esporte

TABELA 3 Avaliação técnico-pedagógica do aparelho solo *(continuação)*

	Fase 1	Fase 2	Fase 3
Salto de 360°	Altura insuficiente por conta da pouca impulsão gerada pelas pernas e braços; giro não se inicia no ponto alto e é finalizado antes de completar 360°; não apresenta ponta dos pés; é possível visualizar braços e/ou pernas flexionadas durante a fase aérea; aterrissagem alternada dos pés	Altura insuficiente em razão da pouca impulsão gerada pelas pernas e braços; giro não se inicia no ponto alto e é finalizado antes de completar 360°; por vezes apresenta ponta dos pés; é possível visualizar braços e/ou pernas flexionados durante a fase aérea; aterrissagem simultânea dos pés, mas há desequilíbrio e falta de controle corporal	Ótima impulsão, com utilização de todas as alavancas do corpo e auxílio dos membros superiores; giro se inicia no ponto alto e é finalizado ao completar 360°; apresenta ponta dos pés; há coordenação de pernas e braços para gerar a impulsão; braços e pernas mantêm-se alongados e próximos ao eixo longitudinal do corpo; aterrissagem dominada com simultaneidade dos pés e com total controle corporal (sem passos e/ou movimentos adicionais)
Salto tesoura	Pouca elevação das pernas em relação ao solo; não apresenta alternância entre as pernas (ou eleva apenas uma; ou eleva ambas quase concomitantemente); não apresenta ponta de pés; tronco se abaixa e os ombros se fecham durante o movimento; não apresenta aterrissagem alternada dos pés no solo	As pernas são elevadas e ficam, pelo menos, paralelas ao solo; apresenta alternância entre as pernas e as pontas dos pés; o tronco se abaixa e os ombros se fecham durante o movimento; apresenta aterrissagem alternada dos pés no solo	Apresenta alternância entre as pernas e as pontas dos pés; tronco e ombros ficam estáveis e eretos durante o movimento; apresenta aterrissagem alternada dos pés no solo com total controle corporal (sem passos e/ou movimentos adicionais)
Rolamento para a frente	Flexiona-se os joelhos até a posição de cócoras; há o apoio das mãos no solo, paralelas entre si; há pouca elevação do quadril, ou elevação do quadril com movimentação das mãos e, como consequência, não há o desequilíbrio para a frente (sem movimento inicial de rotação)	Flexiona-se os joelhos até a posição de cócoras; há o apoio das mãos no solo e paralelas entre si; há elevação do quadril e desequilíbrio para a frente; há aproximação do queixo no peito e percebe-se o arredondamento das costas, porém, ainda são comuns a não coordenação para transferência de peso dos pés e mãos e pés e/ou rolamento ser apresentado com apoio de um dos ombros no solo. É comum não amortecer o rolamento utilizando os braços, então, apoiam antes a cabeça e finalizam com as costas quase retas, o que dificulta a finalização e a elevação. Por vezes, observa-se o afastamento de joelhos do peito, ou seja, abertura antes da hora, que amplia o raio de rotação e diminui a velocidade – o que dificulta a elevação do tronco. Logo, há dificuldade na elevação do corpo na posição em pé (por vezes, o praticante faz auxílio das mãos para subida)	Flexiona-se os joelhos até a posição de cócoras; há o apoio das mãos no solo e paralelas entre si; há elevação do quadril e desequilíbrio para a frente; há aproximação do queixo no peito e percebe-se o arredondamento das costas, e o alinhamento pés-mãos-costas. Ao subir o quadril, o desequilíbrio à frente provoca uma rotação satisfatória e com velocidade para elevar o corpo novamente e finalizar o exercício na posição em pé

(continua)

TABELA 3 Avaliação técnico-pedagógica do aparelho solo *(continuação)*

	Fase 1	Fase 2	Fase 3
Rolamento para trás	Flexiona-se os joelhos até a posição de cócoras; braços não ficam na posição de "aguardo" – ou seja, flexionados, com polegar tocando os ombros e palma das mãos para cima; não se observa aplicação de força para gerar o efeito de giro (não há transferência de peso dos pés para ombros/mãos e pés); não há arredondamento das costas (fechamento tronco-pernas) e, portanto, falta fluência no movimento; os membros inferiores são impulsionados, mas, sem a ajuda da repulsão dos membros superiores, os pés não tocam o chão ou quando o fazem não dão sustentação adequada para a elevação do corpo	Flexiona-se os joelhos até a posição de cócoras; braços ficam na posição de "aguardo" – ou seja, flexionados, com polegar tocando os ombros e palma das mãos para cima; quadril não toca o solo e há arredondamento das costas e, portanto, fluência no movimento rotacional; não há repulsão dos membros superiores e, portanto, ao tocar os pés no chão, há pouca alavanca para a sustentação adequada para a elevação do corpo	Flexiona-se os joelhos até a posição de cócoras; braços ficam na posição de "aguardo" – ou seja, flexionados, com polegar tocando os ombros e palma das mãos para cima; quadril não toca o solo e há arredondamento das costas e, portanto, fluência no movimento rotacional; há repulsão dos membros superiores e, portanto, ao tocar os pés no chão, impulso para elevação adequada do corpo
Parada de mãos	Posição inicial estendida e em afundo; aproximação e apoio dos braços ao solo ou muito próximo ou muito distante em relação ao pé de apoio; apoio de braços flexionados; elevação das pernas antes do quadril e tronco atingirem a posição vertical; abaixar demasiadamente a cabeça – o que leva o corpo a rolar; após o apoio de mãos, há falta de alinhamento, os segmentos (mãos-ombros-tronco-quadril e pernas); não olha para as mãos e o corpo se mostra arqueado	Posição inicial estendida e em afundo; aproximação e apoio dos braços ao solo sem aproximação de tronco ao pé de apoio ou distanciamento utilizando passos. O apoio de mãos no solo é quase simultâneo à impulsão da perna que estava atrás no afundo; quadril e pernas se elevam, mas não há controle da velocidade (por vezes, o corpo passa a linha de equilíbrio; por vezes, ela não chega). É possível visualizar flexão de braços e/ou pernas	Posição inicial estendida e em afundo; aproximação e apoio dos braços ao solo sem aproximação de tronco ao pé de apoio ou distanciamento utilizando passos. O apoio de mãos no solo é quase simultâneo à impulsão da perna que estava atrás no afundo; a perna de impulso define a vertical e a outra (de apoio) chega depois; quadril e pernas se alinham e há controle da velocidade. Há alinhamento entre braços, tronco, quadril e pernas. O tempo na posição pode variar, mas o ideal é que o praticante se mantenha na posição por pelo menos 2 segundos
Esquadro	As mãos ficam apoiadas próximas ao quadril e as pernas estão posicionadas lateralmente; há flexão dos braços; por vezes, as mãos não ficam inteiras no chão e observa-se tensão de apoio apenas nos dedos; os ombros ficam 'encolhidos'; não há elevação do quadril e perna que, por vezes, tocam o solo; os pés não estão em ponta; o tronco abaixa em direção ao solo; a posição estática não ultrapassa 1 segundo	As mãos ficam apoiadas próximas ao quadril e as pernas estão posicionadas lateralmente; as mãos ficam inteiras no chão; mantém-se quadril e/ou pernas sem tocar o solo, mas demonstra instabilidade; os pés estão em ponta; por vezes, braços e/ou pernas são fletidos; a posição estática não ultrapassa 3 segundos	As mãos ficam apoiadas próximas ao quadril e as pernas estão estendidas lateralmente; não há flexão dos braços e as mãos ficam inteiras no chão; mantém-se quadril e/ou pernas sem tocar o solo, com estabilidade; os pés estão em ponta; a posição estática ultrapassa 3 segundos
Espacate	Há falta de amplitude, menos de 180° de afastamento; joelhos e pés caem para dentro; quadril gira acentuadamente; por vezes, o tronco se aproxima do solo e os ombros se fecham	Há amplitude de 180° de afastamento; no entanto, as pernas ficam flexionadas, pés em ponta, o quadril gira e há instabilidade corporal; por vezes, o praticante precisa apoiar as mãos no chão para manter-se na posição estática	Amplitude de 180° com alinhamento entre as pernas e apoio estável no solo; peito dos pés e joelhos apontam para cima; tronco, ombros e membros superiores estão alinhados e, por vezes, os braços estão paralelos ao solo ou estendidos acima da cabeça

(continua)

Seção 4 ■ Avaliação do desempenho em esporte

TABELA 3 Avaliação técnico-pedagógica do aparelho solo *(continuação)*

	Fase 1	Fase 2	Fase 3
Estrela	Falta de extensão do corpo no início do movimento; flexão de braços quando estes apoiam no chão; apoio dos braços não alinhado com o pé de apoio; posição das mãos paralelas, mas assimétricas; impulso insuficiente das pernas; impulso realizado, primeiramente, com o pé de apoio; pernas flexionadas; não há ponta dos pés; transferência pés-mãos-pés não ocorre, ou seja, não há fluência; não descreve o semicírculo; movimento é interrompido após apoio das mãos no solo; corpo em grande desequilíbrio, finalização com as pernas flexionadas e o corpo abaixado	Extensão do corpo no início do movimento; pouca ou nenhuma flexão de braços quando estes apoiam o chão; apoio dos braços alinhado com o pé de apoio; posição das mãos paralelas; impulso suficiente das pernas, o que leva a falta de verticalidade de tronco e pernas; por vezes, pernas e/ou quadril são flexionados; as pernas ficam baixas e não há ponta dos pés; há transferência pés-mãos-pés, ou seja, não há fluência; descreve o semicírculo; pés chegam antes das mãos impulsionarem/saírem do solo; o praticante não olha para a mão; finalização com as pernas flexionadas e o corpo pouco abaixado	Extensão do corpo no início do movimento; pouca ou nenhuma flexão de braços quando estes apoiam o chão; apoio dos braços alinhado com o pé de apoio; posição das mãos paralelas; impulso suficiente das pernas; pernas estendidas; há transferência pés-mãos-pés, ou seja, há fluência; descreve o semicírculo; apresenta repulsão dos braços, finalização com as pernas estendidas e corpo reto
Rodante	Falta de extensão do corpo no início do movimento; flexão dos ombros quando estes apoiam o chão; não há rotação do corpo (1/2) para apoio das mãos; pé de apoio e mãos muito próximos/afastados na chamada; flexão do quadril após contato das mãos ou repulsão; falta de repulsão (curveta); há demora para unir as pernas e rotacionar o corpo; pernas chegam ao solo antes da repulsão das mãos	Extensão do corpo no início do movimento; pouca ou nenhuma flexão dos braços quando estes apoiam o chão; há rotação do corpo (1/2) para apoio das mãos; falta de repulsão (curveta); há demora para unir as pernas e rotacionar o corpo; pernas chegam ao solo antes da repulsão das mãos	Extensão do corpo no início do movimento; pouca ou nenhuma flexão dos braços quando estes apoiam o chão; há rotação do corpo (1/2) para apoio das mãos; há repulsão (curveta); há união das pernas e rotação do corpo; pernas chegam ao solo depois da repulsão das mãos

TABELA 4 Avaliação técnico-pedagógica do aparelho barra paralelas assimétricas

	Fase 1	Fase 2	Fase 3
Oitava	Após suspensão no barrote inferior, o praticante estende os braços, que afastam o corpo do barrote em vez de aproximá-lo. Por consequência, é comum a necessidade de auxílio externo (trampolim ou do profissional); pode haver afastamento lateral das pernas e/ou flexão delas; pode haver inversão de pegada (pronação para supinação) durante a rotação; é comum jogar a cabeça para trás, que faz o peso para baixo, em vez de deixar o queixo próximo ao peito e olhar para o barrote; não há controle da rotação, que pode apresentar velocidade menor ou maior do que a necessária	Após suspensão no barrote inferior, elevação do quadril até o barrote sem auxílio externo, mas com pequeno salto ou impulsão de uma das pernas com balanço; pode haver afastamento lateral e/ou flexão das pernas; não há inversão de pegada (pronação para supinação) durante a rotação; não há controle da rotação, que pode apresentar velocidade menor ou maior do que a necessária	Após suspensão no barrote inferior, elevação do quadril até o barrote sem auxílio externo, sem impulsão por balanço de uma das pernas; as pernas ficam unidas e estendidas; não há inversão de pegada (pronação para supinação) durante a rotação; há controle da rotação, finalizando o exercício em apoio no barrote

(continua)

Capítulo 16 ■ Ginástica artística 209

TABELA 4 Avaliação técnico-pedagógica do aparelho barra paralelas assimétricas *(continuação)*

	Fase 1	Fase 2	Fase 3
Giro de quadril (ao apoio facial)	Da posição de apoio no barrote; o praticante não mantém os braços estendidos e/ou pernas estendidas; ao impulsionar o quadril para trás, é comum a queda do corpo (linha do ombro abaixo do barrote, afasta massa do eixo de rotação) e aterrissagem no solo sem a rotação e/ou apoio da barriga e a impossibilidade em realizar a rotação; também é comum jogar a cabeça para trás, o que dá o efeito de afastar a massa do eixo de rotação (é preciso olhar o tempo todo para as mãos)	Impulsão do quadril para trás com alinhamento e extensão dos membros superiores e inferiores; velocidade insuficiente para fazer a rotação completa, sendo necessário o auxílio externo (p.ex., profissional); não há controle na finalização do exercício, ocorrendo queda ou mesmo continuação da rotação, após o giro de 360°	Impulsão do quadril para trás com alinhamento e extensão dos membros superiores e inferiores; velocidade suficiente para fazer a rotação completa e há controle na finalização do exercício (finaliza no apoio sem oscilação do corpo)
Lançamento e apoio dos pés no barrote baixo e transição para o barrote alto	Da posição de apoio no barrote inferior, o impulso do quadril para trás é inexistente e, portanto, o praticante apoia um pé de cada vez, com ou sem desequilíbrio e/ou com ou sem ajuda; há elevação do corpo, mas não coordena a impulsão dos pés com a soltura das mãos e abertura e elevação do tronco; por vezes, não ocorre a suspensão, e sim a queda do aparelho	O praticante impulsiona o quadril e apoia os pés no barrote inferior, mas é comum que esta ação não ocorra com a simultaneidade dos pés; há o salto para o barrote superior e a pega para a suspensão por vezes não é firme, ocorrendo a queda do aparelho	O praticante impulsiona o quadril e apoia ambos os pés no barrote inferior, há o salto para o barrote superior e a pega para a suspensão é feita com firmeza, balanço e preparo para outro elemento
Saída em onda/arco	Da posição de apoio, a impulsão do quadril para trás é insuficiente (abaixo da linha do barrote) e dificulta a aproximação dos membros inferiores em relação ao tronco; há dificuldade em manter o ângulo do ombro em relação ao tronco e leve fechamento do tronco em relação ao quadril; é comum jogar a cabeça para trás. Logo, há a queda no aparelho quase que na mesma linha do barrote	Boa impulsão do quadril para trás (pelo menos até a linha do barrote) e aproximação dos membros inferiores em relação ao tronco; fase descendente controlada; braços estendidos, porém, após passar pelo barrote, o corpo não realiza a curveta; aterrissagem brusca	Ótima impulsão do quadril para trás (acima da linha do barrote) e aproximação dos membros inferiores em relação ao tronco; fase descendente controlada; braços estendidos; após passar pelo barrote, o corpo realiza a curveta e há a repulsão dos membros superiores; aterrissagem cravada

TABELA 5 Avaliação técnico-pedagógica do salto sobre o plinto

	Fase 1	Fase 2	Fase 3
Aproximação ao trampolim de molas	Corrida lenta ou com diminuição de ritmo; corrida contínua sobre o trampolim de molas; não se observa o salto, apenas o apoio no plinto	Corrida com diminuição de ritmo ou velocidade insuficiente, aproximação ao trampolim com apenas um pé ou salto com ambos os pés antes do trampolim e no trampolim — não realiza a chamada que antecede o trampolim e que demonstra coordenação dos braços para impulsão (força de reação indireta — impulsão insuficiente para cima	Corrida com boa velocidade, salto único com ambos os pés e, no trampolim, boa utilização das alavancas corporais, auxílio dos membros superiores e trampolim para elevação do corpo para cima
Salto grupado	Falta de fase aérea antes do apoio das mãos; após apoio com ambas as mãos centralizadas no plinto, observa-se o apoio dos joelhos no plinto, normalmente entre as mãos	A impulsão do salto permite a elevação adequada do quadril e que os pés se apoiem no plinto (pernas flexionadas); por vezes, os pés não se apoiam por entre as mãos. Há uma quebra na dinamicidade do movimento, pois há tempo entre o apoio grupado e a saída. A saída com o salto estendido é realizada sem alinhamento e extensão corporal	A impulsão do salto e a repulsão dos braços permitem que os pés passem grupados pelo plinto sem tocá-lo. A saída é realizada com alinhamento entre membros e tronco, que estão estendidos. Há continuidade entre corrida, apoio das mãos e aterrissagem

(continua)

Seção 4 ■ Avaliação do desempenho em esporte

TABELA 5 Avaliação técnico-pedagógica do salto sobre o plinto *(continuação)*

	Fase 1	Fase 2	Fase 3
Salto afastado	Falta de fase aérea antes do apoio das mãos; após apoio com ambas as mãos centralizadas no plinto, observa-se o apoio dos joelhos no plinto. Por vezes, a falta de flexibilidade ou de coordenação para abdução de ambas as pernas dificulta que o apoio seja feito com afastamento lateral, em que se mantém as mãos por entre as pernas	A impulsão do salto permite a elevação adequada do quadril e que os pés se apoiem no plinto em paralelo às mãos (e estas por entre aqueles); as pernas estão estendidas. Há uma quebra na dinamicidade do movimento, pois há tempo entre o apoio estendido e a saída. A saída com o salto estendido é realizada sem alinhamento e extensão corporal	A impulsão do salto e a repulsão dos braços permitem que os pés passem afastados e sem tocar no plinto. A saída é realizada com alinhamento entre membros e tronco, que estão estendidos. Há continuidade entre corrida, apoio das mãos e aterrissagem
Reversão (Iba)	Após apoio centralizado de ambas as mãos no plinto, o corpo não se apresenta rígido o suficiente para que ocorra o efeito de giro longe do centro de massa, há pouca repulsão dos pés no trampolim e pouca ação indireta dos braços para gerar o efeito da rotação, o que impede a realização do primeiro voo (impulsão e alinhamento corporal para tocar o plinto)	Boa impulsão e alinhamento corporal (primeiro voo) que permitem apoio das mãos no plinto. No entanto, é comum que esse apoio apresente flexão do cotovelo e pouca ou nenhuma repulsão para o segundo voo, o que leva a uma saída sem alinhamento corporal e impulsão. Há uma quebra na dinamicidade do movimento e a aterrissagem não é segura	Há continuidade entre as fases do salto (corrida-primeiro voo-segundo voo e aterrissagem). No primeiro voo, há alinhamento corporal; apoio e repulsão dos braços permitem um segundo voo com boa altura e, portanto, a aterrisagem é segura. Quando esta fase está bem incorporada, é comum a inserção de rotações tanto no primeiro quanto no segundo voo, aterrissagem controlada

TABELA 6 Avaliação técnico-pedagógica da trave de equilíbrio*

	Fase 1	Fase 2	Fase 3
Entrada na lateral da trave com esquadro em afastamento lateral das pernas	Pouca impulsão para elevação do quadril e das pernas, portanto, há o apoio dos pés na trave para, posteriormente, realizar o esquadro; joelhos flexionados; pouca ou nenhuma elevação da pelve em relação à trave; ponto de apoio das mãos próximo ou abaixo da pelve	Boa impulsão e passagem direta dos pés pela trave; observa-se que os joelhos não estão completamente estendidos; esquadro tem altura, porém pode-se aumentar a distância da pelve com a trave; leve desalinhamento entre quadril e joelho; pouca permanência da posição na trave; braços flexionam impedindo posição estática por tempo mais elevado	Passagem direta das pernas pela trave, que se mantêm elevadas na mesma altura; pelve distante da trave; ponto de apoio das mãos levemente à frente da pelve; pés em ponta; manutenção da posição por no mínimo 2 s
2 a 3 passos para a frente e para trás na ponta dos pés	Postura instável e falta de contração (corpo rígido) a cada passo; calcanhar baixo; joelhos flexionados durante todo o trajeto; passos com distância curta; no passo para trás, faz uma curva lateral com a perna para a passagem do pé da frente para trás	A coluna fica ereta e o praticante caminha na ponta dos pés, com pequenas variações na altura do calcanhar; o praticante realiza pose durante cada passo, porém sem estabilidade; os passos apresentam distância média; pernas estendidas durante o passo	A coluna fica ereta e percebe-se alinhamento e equilíbrio corporal durante todo o trajeto; a caminhada é em meia ponta durante todo o trajeto, sem variação na posição do calcanhar; os passos apresentam dinamicidade, sem pausas e sem desequilíbrios, mesmo com as possíveis poses
½ giro na ½ ponta sobre os dois pés ou sobre um dos pés	Realiza a rotação com pequenos passos curtos; joelhos apresentam-se semiflexionados durante o percurso; projeção do tronco à frente para equilíbrio; braços estendidos e abertos horizontalmente, oscilando para os lados (estratégia para equilibrar-se); o giro na meia ponta é realizado com utilização também da parte medial do pé; em baixa velocidade e com oscilações laterais	Realiza o giro na meia ponta, mas finaliza o movimento com o pé inteiro apoiado na trave; utiliza parcialmente os braços para o equilíbrio; há oscilações laterais durante o giro, a velocidade é ampliada e, por vezes, há quedas; postura instável	Realiza a rotação com a postura ereta e sem oscilações; os braços permanecem estendidos ao longo do corpo ou acima da cabeça; os joelhos mantêm-se estendidos; o giro começa e finaliza em meia ponta, sem variação da altura do calcanhar

(continua)

TABELA 6 Avaliação técnico-pedagógica da trave de equilíbrio* *(continuação)*

	Fase 1	Fase 2	Fase 3
Saída com reversão	Corpo não rígido, não há passagem pela vertical (parada de mãos); os ombros avançam e dificultam a rotação; tronco baixo; não há repulsão dos ombros	O corpo fica mais rígido; realiza apoio dos braços na ponta da trave sem flexão dos cotovelos; ombros não avançam; há passagem pela vertical (parada de mãos), porém, sem repulsão dos ombros, o voo da saída é insuficiente e a aterrissagem, por vezes, fica muito próxima à trave	Corpo com rigidez permite o apoio dos braços na ponta e boa repulsão dos ombros para segundo voo, com altura suficiente para aterrissagem segura e afastada da ponta do equipamento. A passagem pela vertical (parada de mãos) apresenta alinhamento corporal
Saída com mortal grupado para a frente	Impulsão com pouca altura; tendência a pular à frente e/ou para cima e sem inclinação; pouca utilização dos braços para a impulsão (força de reação indireta); pouco efeito de rotação; giro lento; abertura do ângulo do quadril-pernas-joelhos além de 90°; aterrissagem sobre o quadril ou as costas; pouco amortecimento na aterrissagem	Boa impulsão e com inclinação; na fase aérea pré-aterrissagem, o ângulo entre quadril, joelho e tornozelo é próximo a 90° (tendência à extensão); aterrissagem sobre os pés, porém com certa projeção do quadril para trás e/ou pernas afastadas além da largura do quadril; amortecimento visível na aterrissagem; um ou dois passos adicionais na aterrissagem	Salto com altura e direcionado; há o uso dos braços como alavanca (iniciam o movimento); a aterrissagem apresenta tronco a 90° com o quadril na mesma linha do joelho; domínio completo da aterrissagem (crava o salto)

*Indica-se transferir para a trave os movimentos bem dominados no solo.

Ressaltamos que essa sistematização possui confiabilidade (ou fidedignidade), pois foi reproduzida na prática, com diferentes avaliadores em uma mesma amostra, e os dados foram semelhantes, o que indicou certo grau de precisão com que determinado elemento foi analisado. Nossa intenção é de ampliar a literatura sobre o tema para preparar o profissional para detectar e visualizar melhor os elementos ginásticos básicos.

Como toda ferramenta de avaliação, essa sistematização também não é perfeita,[4] mas busca suprir a carência de instrumentos para a avaliação da ginástica artística no país.[30,31] Marian e Ion[32] reforçam que critérios claros para compreender a técnica e sua relação entre força, mobilidade e flexibilidade contribuem substancialmente para a ampliação da complexidade dos elementos.

Alguns estudos já têm indicado que, apesar das particularidades, todos os praticantes avaliados apresentam superioridade em técnicas ou habilidades físico-motoras, independentemente do tempo de prática e frequência semanal. Ademais, esclarecem que o conhecimento do profissional deve ser sólido para organizar os resultados da avaliação e efetivar mudanças na sessão de treino.

Caso esses sejam os exercícios solicitados em uma série de um evento de massificação da ginástica, é de se esperar que se busque atingir a F3 nos elementos apontados neste capítulo. A questão é: pelo detalhamento das dificuldades do aluno, o que está faltando? Resistência dos membros superiores? Potência nos membros inferiores? Melhor compreensão da coordenação exigida no exercício? Confiança no equipamento? Por vezes, a melhoria da flexibilidade ou o aumento da força induz o praticante à aprendizagem do elemento, fato corroborado por pesquisas científicas.[32]

A repetição de elementos, típica dos esportes cíclicos, pode ser transposta para diferentes aparelhos (sejam eles tradicionais da competição da GA, adaptados ou construídos), bem como solicitados com mudanças de posicionamento corporal, por exemplo. Assim, em vez de ser desgastante, pode motivar e ampliar os desafios presentes na sessão do treino.

CONSIDERAÇÕES FINAIS

A ginástica artística (GA) é considerada um esporte com alta demanda psicológica e física de seus praticantes. O grau de dificuldade e as combinações entre os movimentos, bem como o rigor e a estética exigidos durante a *performance* reforçam a necessidade do cuidado técnico desde a base até o alto rendimento esportivo. Compreender e saber avaliar cada detalhe evitaria vícios ou execuções equivocadas na GA.[32]

Assim, passa a ser essencial otimizar o processo de aula e/ou treinamento por meio de informações e dados científicos relevantes.

Em termos gerais, a avaliação informa sobre avanços e limites e orienta a continuidade, tomada de decisão, correções ou mesmo revisão e reajuste do planejamento. Longe de ser utilizada como dispositivo de seleção e exclusão, poder e controle entre o profissional e praticante, a avaliação deve possibilitar a reconstrução de relações que privilegiem o respeito e a discussão coletiva de delineamentos futuros.

Testar, medir e avaliar. Verbos de ação de um mesmo processo que culmina na interpretação de dados e efetivação prática. Exacerbar o quantitativo de instrumentos não garante melhor qualidade de informações se o processo de reflexão e o direcionamento estratégico da sessão de treinamento não forem executados.

O profissional de Educação Física e Esporte deve compreender que a avaliação está em constante renovação e, por consequência, autoavaliar suas propostas é fundamental para que inovações cheguem até o seu ambiente de atuação para, então, atender com propriedade aos anseios daqueles que praticam esporte.

RESUMO

A formação de atletas em longo prazo é dependente de diversos fatores e, na ginástica artística, não é diferente. É sabido que alguns fatores influenciam o rendimento na modalidade, quais sejam:

- Ginasta (potencial para o desempenho, qualidades físicas – força, resistência, flexibilidade –, técnica, tática, capacidades cognitivas, capacidades psíquicas).
- Treinamento (horário, volume, organização).
- Treinador (conhecimentos ginásticos, pedagógicos, capacidade de liderança, reconhecimento – premiações e salário).
- Infraestrutura física (ginásio, equipamentos).
- Contexto (escola, família, profissão, situação política do país).
- Outros (médicos, fisioterapeutas, patrocinadores, recursos econômicos).

Como praxe, os instrumentos avaliativos não estão isentos desses fatores e tampouco são neutros de valores sociais, éticos, políticos e culturais. Esses podem ter indicativos nas esferas nutricional, médica, biofisiológica, motora básica e específica para cada esporte, coordenação motora e avaliação técnico-pedagógica. Análogo a outros instrumentos, a avaliação técnico-pedagógica reúne informações que auxiliam no acompanhamento do processo ensino-aprendizagem:

- Como orientar o praticante para a execução segura e eficaz?
- Como detectar possíveis limitações para a realização de determinado elemento?

A sistematização proposta neste capítulo propõe a avaliação indireta, ou seja, realizada durante o treinamento esportivo (e não no momento da competição) de distintas fases no processo ensino-aprendizagem de um elemento de ginástica:

- Fase 1: Aprendizagem e assimilação.
- Fase 2: Aperfeiçoamento.
- Fase 3: Domínio.

Ao detalhar indícios das fases de elementos de ginástica artística, procuramos oferecer ao profissional de Educação Física e Esporte subsídios que o tornem capaz de situar, da maneira mais correta e eficaz possível, a ação do estímulo, de guia ao aluno. A ginástica artística (GA) é considerada um esporte com alta demanda psicológica e física de seus praticantes. O grau de dificuldade e as combinações entre os movimentos, bem como o rigor e a elegância exigidos durante a *performance*, reforçam a necessidade do cuidado técnico desde a base até o alto rendimento esportivo. A compreensão e o conhecimento da avaliação de cada detalhe evitariam vícios ou execuções equivocadas na GA.

Questões para reflexão

1. Como a avaliação poderia atuar positivamente no desenvolvimento técnico, da iniciação ao alto rendimento?
2. O que diferencia a avaliação motora específica da avaliação técnico-pedagógica?

REFERÊNCIAS BIBLIOGRÁFICAS

1. Guedes DP, Guedes JERP. Manual prático para avaliação em educação física. Barueri: Manole, 2006.
2. Freitas RH. Medida e avaliação para o esporte e para a saúde. Rio de Janeiro: Rubio, 2004.
3. Kiss MAPD, Bohme MTS. Avaliação de treinamento esportivo. In: Kiss MAPD (org). Esporte e exercício. São Paulo: Roca, 2003.
4. Tritschler K. Medida e avaliação em educação física e esportes de Barrow & MacGee. Barueri: Manole, 2003.
5. Morrow JR, Jackson AW, Disch JG, Mood DP. Medida e avaliação do desempenho humano. São Paulo: Artmed, 2003.
6. Pitanga FJG. Testes, medidas e avaliação em Educação Física e Esportes. São Paulo: Phorte, 2008.
7. Bessi F. El mundo de la gimnasia artistica en teoría y práctica. Buenos Aires: Editorial Dunken, 2016.
8. Khandker SR, Koolwal GB, Samad HA. Handbook on impact evaluation: quantitative methods and practices. Washington: The World Bank, 2010.
9. Claessens AL, Lefevre J. Morphological and performance characteristics as drop-out indicator in female gymnasts. J Sports Med and Phys Fitness 1998;38(4):305-9.
10. Perini TA, Oliveira GLO, Dantas PMS, Fernandes PR, Fernandes Filho J. Investigação dos componentes da tríade da mulher atleta em ginastas. Rev Educ Fís UEM 2009;20(2):225-33.
11. Nordin S, Gillian H, Cumming J. Disturbed eating in young, competitive gymnasts: Differences between three gymnastics disciplines. European J Sport Sci 2003;3(5):1-14.

12. Dallas G, Kirialanis P, Dallas C, Gourgoulis V. A two-year epidemiological study of young artistic gymnasts' ankle injuries. Kinesiologia Slovenica 2015; 21(1) 5-14.
13. Grosser M, Neumaier A. Kontrollerfahren zur Leistungsoptimie-rung. Schorndorf: Hofmann, 1988.
14. Georgopoulos NA, Markou KB, Theodoropoulou A, Benardot D, Leglise M, Vagenakis AG. Growth retardation in artistic compared with rhythmic elite female gymnasts. J Clin Endocrinol Metab 2002;87(7):3169-73.
15. Regazzini M, Degaki ET, Kiss MAPD. Aspectos médicos e funcionais. In: Kiss MAPD (org.). Esporte e exercício. São Paulo: Roca 2003. p.321-36.
16. Hedbavny P, Cacek J, Svobodova L. Anthropometric characteristics in Czech elite female gymnasts. 8th INSHS International Christmans Sport Scientific Conference. Int Net Sport Health Sci 2014;9:481-89.
17. Georgopoulos NA, Theodoropoulou A, Roupas ND, Rottstein L, Tsekouras A, Mylonas P et al. Growth velocity and final height in elite female rhythmic and artistic gymnasts. Hormones 2012;11(1):61-69.
18. Sands WA, Slater C, Mcneal JR, Murray SR, Stone MH. Historical trends in the size of US olympic female artistic gymnasts. Int J Sports Phys and Performance 2012;7(4):350-6.
19. Cuk I, Korencic T, Tomazo-Ravnik T, Pecek M, Bucar M, Hraski Z. Differencies in morphologic characteristics between top level gymnasts of year 1933 and 2000. Coll Antropol 2007;31:613-9.
20. Dunlavy JK, Sands WA, Mcneal JR, Stone MH, Smith SL, Jemni M et al. Strength performance assessment in a simulated men's gymnastics still rings cross. J Sports Sci Med 2007;3:93-7.
21. Leguet J. As ações motoras em ginástica esportiva. São Paulo: Manole, 1987.
22. Ellenbrand DA. Gymnastics skills tests for college woman. Unpublished master's thesis. Indiana University: Bloomington, 1973.
23. Hesley LD. Tennis for boys and girls: skills test manual. Reston: VA, American Alliance for Health, Physical Education, Recreation and Dance, 1989.
24. Vidor G. Cartilha Pedagógica de elementos. Mimeo; s/d.
25. Federação Paulista de Ginástica (FPG). Troféu São Paulo. Ginástica Artística Feminina. Regulamento Geral; 2016.
26. Federação de Ginástica de Portugal. Fundamentos da Ginástica. Portugal; 2014.
27. Depresbiteris L. O desafio da avaliação da aprendizagem; dos fundamentos a uma proposta inovadora. São Paulo: EPU, 1989.
28. Duda JL. Motivation in sport settings: a goal perspective approach. In: Roberts GC. Motivation in sport and exercise. Illinois: Human Kinetics Books, 1992. p.321-46.
29. Valentini NC, Rudisill ME. Orientação de metas e contexto para a maestria: uma revisão de pesquisas contemporâneas e considerações para intervenções. Estudos de Psicologia 2006;2(23):159-71.
30. Simoes R, Moreira WW, Chaves AD, Santos SP, Coelho AL, Carbinatto MV. A produção acadêmica sobre ginástica: estado da arte dos artigos científicos. Rev Bras Educ Fís Esporte 2016; 30(1):183-98.
31. Carbinatto MV, Moreira WW, Chaves AD, Santos SP, Simões RR. Campos de atuação em ginástica: estado da arte nos periódicos brasileiros. Movimento 2016;22(3):917-28.
32. Marian C, Ion M. Acrobatic training of Junior athletes in gymnastics. Procedia – Social and Behavioral Science. 2012;46:4165-8.

APÊNDICE 1 Ficha para controle da avaliação técnico-didática de ginastas

Nome completo

Data de nascimento

Idade no dia do teste

Sexo

Início da prática da GA

Aparelho	Elemento	Fase 1	Fase 2	Fase 3	Observação
Mesa de salto					
Barras paralelas assimétricas					
Trave					
Solo					

Capítulo 17

Judô

Emerson Franchini
Ursula Ferreira Julio

Objetivos do capítulo

▶ Capacitar o leitor a identificar as capacidades físicas mais importantes para a prática do judô.
▶ Apresentar os principais testes utilizados para a avaliação dessas capacidades.
▶ Proporcionar tabelas de referência para os principais testes, de modo a facilitar a classificação por parte do avaliador.

INTRODUÇÃO

O judô é uma modalidade de combate de domínio, cujos objetivos centrais são:[1]

- Projetar o(a) oponente de costas com força, velocidade e controle, de modo a obter pontuações (*ippon* e *waza-ari*, conforme as regras atuais, dependendo da composição dos itens elencados).
- Imobilizar o(a) oponente por período superior a 10 segundos (*waza-ari*) até 20 segundos (*ippon*).
- Fazer o(a) oponente desistir da luta via aplicação de técnica de estrangulamento ou chave-articular (válida apenas na articulação do cotovelo).

As disputas na modalidade ocorrem para pessoas do sexo masculino ou feminino, em diferentes faixas etárias – sendo as principais as classes sub-18, sub-21 e sênior (na qual normalmente disputam atletas entre 21 e 35 anos de idade, embora seja permitida a participação de atletas com idades inferiores ou superiores) – e em sete categorias de peso. Dessa forma, as características físicas, fisiológicas e técnico-táticas diferem entre os distintos grupos que são formados com base na combinação dos fatores listados anteriormente.[2]

Durante as competições, os(as) atletas normalmente realizam entre quatro e sete lutas para que possam subir ao pódio. O intervalo entre as lutas pode oscilar entre 10 e 50 minutos, dependendo do nível da competição, da quantidade de áreas, da fase da chave e do número de atletas que participam da disputa.[3] Na classe sênior, as lutas podem durar de poucos segundos (em caso de ocorrência de *ippon*) até 4 minutos (caso exista alguma pontuação em favor de um(a) dos(as) atletas, podendo ser prorrogada até que a primeira pontuação ou punição resulte em vantagem neste período, o que ficou conhecido como *golden-score* ou ponto de ouro.[1] Embora a redução do tempo de luta para 4 minutos seja recente (janeiro de 2017) e não existam estudos sobre a estrutura temporal após esta modificação, as investigações prévias indicavam que as lutas eram compostas por períodos de 20 a 30 segundos de esforço (período entre o *hajime* – comando para iniciar a luta – e o *matte* – comando para paralisar o combate) e cerca de 10 segundos de pausa (tempo entre o *matte* e novo *hajime*). Durante o período de esforço, cerca de 4 segundos eram gastos em fase de aproximação, metade do tempo total de esforço era despendido em disputa de pegada e cerca de 1 a 3 segundos eram gastos na tentativa de execução de técnicas de projeção, sendo que eventualmente havia a ocorrência da luta de solo, cuja duração normalmente variava entre 10 e 20 segundos.[3]

Como a disputa no judô apresenta essas características e envolve diversos tipos de ações (dominar a pegada, realizar entrada de técnica de projeção, dominar o(a) oponente no solo etc.), existe elevada solicitação fisiológica durante a luta,[3] resultando em necessidade do aperfeiçoamento de diversas características físicas e fisiológicas para que o desempenho competitivo seja maximizado,[4] o que acaba por resultar em necessidade de avaliação desses componentes para que o treinamento seja apropriadamente prescrito e otimizado.[5,6] Além do componente fisiológico, a divisão em categorias de peso implica processos de adequação a esses limites[7] e ao desenvolvimento e/ou seleção de atletas com características antropométricas específicas.[8] Dada a complexidade da modalidade, o processo de avaliação envolve a consideração de diferentes variáveis e a tomada de diversas decisões.[9]

Este capítulo tem por objetivo apresentar testes genéricos e específicos comumente utilizados na avaliação de atletas de judô, que possam auxiliar no acompanhamento de diferentes componentes do desempenho (resistência de força, força máxima, potência muscular, potência e capacidade aeróbias e anaeróbias).

FORÇA MÁXIMA

Embora a manifestação da força máxima dinâmica durante as ações da luta de judô seja rara, dado que as ações de maior intensidade (p. ex., entrada de técnica de projeção) são executadas em menos de 2 segundos, a força isométrica máxima parece encontrar manifestação durante a execução de algumas ações de disputa de pegada e em técnicas de solo (p. ex., imobilizações).[3] Além disso, como o desenvolvimento da força máxima isométrica e dinâmica tem sido considerado importante em algumas fases do treinamento de judô,[5] é comum que os atletas desta modalidade sejam submetidos a avaliações desse componente.[6]

Valores de força isométrica máxima de preensão manual têm sido reportados em revisões sobre a modalidade,[10] porém não foram encontradas tabelas classificatórias para essa variável. Além disso, um importante aspecto a ser considerado é o fato de não ter sido reportada diferença significativa entre atletas de judô de elite em relação a atletas não elite.[11] Recentemente, Schwartz et al.[12] investigaram amostra representativa de judocas (n = 180) da cidade de São Paulo e reportaram valores de 101 ± 15 kgf quando os valores de força das duas mãos eram somados. Do total de avaliados, 40,2% foram considerados com desempenho fraco, 18,4% com desempenho abaixo da média, 19,6% com desempenho médio e 21,8% com desempenho acima da média. Portanto, os resultados desses dados em conjunto indicam que a força isométrica máxima de preensão manual não é uma variável discriminante para essa modalidade e que os praticantes e atletas apresentam valores similares ou abaixo da média populacional. Assim, outras variáveis (p. ex., força máxima dinâmica ou resistência de força isométrica e dinâmica) podem ser mais relevantes para o desempenho na modalidade.

A força máxima dinâmica tem sido acessada via testes de uma repetição máxima (1RM) para diferentes exercícios. O teste de 1RM envolve a execução de uma única repetição, com a maior carga possível, para um dado exercício realizado de forma tecnicamente adequada. Normalmente esse teste é precedido por aquecimento geral, aquecimento específico no exercício a ser executado, utilizando-se cargas submáximas, e 3 a 5 tentativas com intervalos de 3 a 5 minutos. A partir dos valores de 1RM em diferentes exercícios, o treinamento de força com foco em diferentes vertentes (potência muscular, força máxima e resistência de força) é prescrito.[13]

Uma revisão específica com atletas de judô[10] reportou valores de 1RM em diferentes exercícios e grupos de atletas. Um estudo[14] reportou diferenças nos valores absolutos e relativos no exercício de agachamento entre atletas de nível internacional e atletas recreativos, embora nenhuma diferença tenha sido constatada para o supino. Por outro lado, quando titulares e reservas da seleção brasileira de judô foram comparados, nenhuma diferença foi observada para os exercícios agachamento, supino e remada.[15] De fato, Franchini et al.,[10] em sua revisão, demonstraram que os valores encontrados em atletas de judô estavam entre os percentis 60 e 80 dos valores da população dos Estados Unidos. De qualquer forma, como a prática do treinamento com pesos é comum entre atletas de judô,[4] é relevante ter indicativos de desempenho em alguns exercícios que tipicamente compõem as sessões de treinamento destes atletas.

As Tabelas 1 a 3 apresentam os valores de uma repetição máxima (1RM) para supino reto, agachamento e encaixe (*power clean* ou primeira fase do arremesso), respectivamente, em atletas universitários japoneses de judô (n = 161), com classificação em muito fraco, fraco, média, bom e muito bom.[16]

POTÊNCIA MUSCULAR

A potência muscular é utilizada pelos atletas de judô nos momentos de aplicação dos golpes envolvendo a ação principalmente dos membros inferiores. Um ponto que deve ser considerado é que, durante a aplicação dos golpes, o executante deve aplicar uma ação potente provocando o desequilíbrio do seu oponente, ou seja, as ações de potência muscular no judô são executadas em intensidades elevadas. A potência muscular pode ser considerada uma capacidade física determinante para o resultado do combate de judô, pois a aplicação dos golpes é a ação que resulta em pontuação e, portanto, possibilita que o atleta apresente superioridade em relação ao seu adversário, obtendo assim a vitória. A aplicação de um golpe é realizada em um período extremamente curto (aproximadamente 1,14 segundos),[17] e essas ações são repetidas ao longo do combate.[18-20] O intervalo entre a realização das ações de potência muscular parece ser suficiente para recuperar essa capacidade física. A potência muscular tem sido avaliada principalmente pelos testes de saltos verticais: *squat*, contramovimento e *drop*. Valores de potência muscular obtidos com essas avaliações são reportados em revisões sobre a modalidade,[10] porém não foram encontradas tabelas classificatórias para essa variável.

A modificação da potência dos membros inferiores foi investigada ao longo de uma simulação de competição com três[21] ou quatro combates,[20] e os resultados parecem ser contraditórios. Bonitch-Domínguez et al.[20] não observaram modificação na curva força velocidade durante a extensão dos joelhos com sobrecarga externa após a realização de quatro combates, ao passo que Detanico et al.[21] observaram redução na altura do salto vertical com contramovimento sem sobrecarga externa após o segundo e terceiro combates, porém sem modificação na potência relativa ao peso corporal.

Embora a avaliação da potência muscular seja realizada em movimentos não específicos da modalidade,

TABELA 1 Valores de uma repetição máxima (1RM) no exercício supino (kg) em atletas masculinos de judô de diferentes categorias de peso

Categoria	Muito fraco	Fraco	Média	Bom	Muito bom
< 60 kg	≤ 85	87,5-90	92,5-97,5	100-105	≥ 107,5
< 66 kg	≤ 87,5	90-97,5	100-115	117,5-125	≥ 127,5
< 73 kg	≤ 90	92,5-100	102,5-117,5	120-127,5	≥ 130
< 81 kg	≤ 92,5	95-105	105-120	122,5-132,5	≥ 135
< 90 kg	≤ 95	97,5-107,5	110-122,5	125-135	≥ 137,5
< 100 kg	≤ 97,5	100-110	112,5-125	125,5-137,5	≥ 140
> 100 kg	≤ 100	102,5-120	122,5-145	147,5-165	≥ 167,5

Fonte: adaptada de Aruga et al.[16]

TABELA 2 Valores de uma repetição máxima (1RM) no agachamento em atletas masculinos de judô de diferentes categorias de peso

Categoria	Muito fraco	Fraco	Média	Bom	Muito bom
< 60 kg	≤ 102,5	105-117,5	120-135	137,5-152,5	≥ 155
< 66 kg	≤ 107,5	110-122,5	125-142,5	145-157,5	≥ 160
< 73 kg	≤ 110	112,5-125	127,5-145	147,5-160	≥ 162,5
< 81 kg	≤ 112,5	115-127,5	130-150	152,5-165	≥ 167,5
< 90 kg	≤ 115	117,5-132,5	135-165	167,5-185	≥ 187,5
< 100 kg	≤ 117,5	120-140	142,5-172,5	180-200	≥ 202,5
> 100 kg	≤ 127,5	130-165	167,5-200	202,5-235	≥ 237,5

Fonte: adaptada de Aruga et al.[16]

TABELA 3 Valores de uma repetição máxima (1RM) no encaixe ou *power clean* em atletas masculinos de judô de diferentes categorias de peso

Categoria	Muito fraco	Fraco	Média	Bom	Muito bom
< 60 kg	≤ 57,5	60-65	67,5-72,5	75-80	≥ 82,5
< 66 kg	≤ 60	62,5-70	72,5-82,5	85-92,5	≥ 95
< 73 kg	≤ 62,5	65-72,5	75-85	87,5-95	≥ 97,5
< 81 kg	≤ 67,5	70-80	82,5-92,5	95-105	≥ 107,5
< 90 kg	≤ 70	72,5-82,5	85-95	97,5-107,5	≥ 110
< 100 kg	≤ 72,5	75-85	87,5-97,5	100-110	≥ 112,5
> 100 kg	≤ 75	77,5-87,5	90-102,5	105-115	≥ 117,5

Fonte: adaptada de Aruga et al.[16]

a avaliação por meio de saltos verticais passa a ser uma boa alternativa. Zaggelidis et al.[22] compararam o desempenho de 10 homens não treinados (19 ± 2 anos) e 10 atletas de judô (17 ± 1 anos) em quatro tipos de saltos: *squat*, contramovimento, *drop* com 20 cm e *drop* com 40 cm. Os autores observaram superioridade dos valores nos quatro tipos de testes para os atletas de judô.

Por sua vez, Detanico et al.[23] compararam a altura e a potência relativa do salto contramovimento em 30 atletas de judô experientes (n = 11; 21 ± 3 anos; 76,7 ± 13,3 kg; 175 ± 8,6 cm; 12 ± 4 anos de prática) e novatos (n = 19; 21 ± 5 anos; 77,7 ± 14 kg; 175,7 ± 8,2 cm; 4 ± 1 anos de prática). Os resultados mostraram que os atletas experientes apresentaram valores superiores quando comparados aos novatos tanto na altura do salto (49,5 ± 4,9 *versus* 43,7 ± 4,6 cm) como na potência (30,5 ± 3,8 *versus* 26,2 ± 3,6 W/kg). Loturco et al.[24] compararam o desempenho dos 28 atletas da seleção brasileira olímpica (n = 14; 26 ± 4 anos; 77,4 ± 28 kg; 171,1 ± 13,1 cm) e paralímpica (n = 14; 28 ± 8 anos; 77,1 ± 25,7 kg; 168 ± 10,7 cm) na altura do salto *squat* sem sobrecarga externa. Cada uma das seleções foi composta por sete atletas do sexo masculino e sete do feminino; nos resultados dos testes, os autores observaram que os atletas da seleção olímpica apresentaram desempenho superior ao dos atletas da seleção paralímpica (32,64 ± 6,67 *versus* 29,27 ± 5,51 cm).

Em conjunto, esses três estudos[22-24] demonstram que a avaliação da potência muscular com esse tipo de avaliação não específica permite discriminar atletas de judô de pessoas não treinadas, atletas de judô de diferentes níveis competitivos, assim como atletas olímpicos e paralímpicos.

RESISTÊNCIA DE FORÇA

A exigência de resistência de força no judô ocorre essencialmente nas fases de disputa e manutenção da pegada.[3] Como a preensão no pano do *judogi* é fundamental para a sustentação da pegada, alguns autores implementaram testes de flexão de cotovelo na barra fixa com preensão no *judogi*[16,25] ou sustentação na posição de flexão máxima do cotovelo.[25] Para atletas de judô, Franchini et al.[26] reportaram superioridade de desempenho de atletas da seleção brasileira em comparação com atletas de nível estadual apenas para a versão dinâmica do teste (12 ± 5 *versus* 9 ± 4 repetições), ao passo que, para a versão estática, os grupos apresentaram resultados similares (35 ± 18 *versus* 39 ± 14 s). Posteriormente, Branco et al.[27] desenvolveram tabela classificatória, considerando tanto os resultados absolutos (Tabela 4) quanto os resultados relativos (Tabela 5), dado que a massa corporal é um fator interveniente nos resultados desses testes.

TABELA 4 Classificação do desempenho absoluto nos testes dinâmico e estático de barra com pegada no *judogi*

Classificação do desempenho	Número de repetições	Tempo de sustentação (s)
Muito ruim	≤ 1	≤ 10
Ruim	2-6	11-25
Regular	7-16	26-55
Bom	17-19	56-62
Muito bom	≥ 20	≥ 63

Fonte: adaptada de Branco et al.[27]

TABELA 5 Classificação do desempenho relativo nos testes dinâmico e estático de barra com pegada no *judogi*

Classificação do desempenho	Desempenho dinâmico (repetições/ kg de massa corporal)	Desempenho estático (série/kg de massa corporal)
Muito ruim	≤ 121	≤ 1.051
Ruim	122-474	1.052-2.041
Regular	475-1.190	2.042-3.962
Bom	1.191-1.463	3.963-4.008
Muito bom	≥ 1.464	≥ 4.009

Fonte: adaptada de Branco et al.[27]

APTIDÃO AERÓBIA

O judô é caracterizado como modalidade intermitente com alternância dos momentos de esforço e pausa. Ainda que as ações que definam o resultado do combate sejam predominantemente anaeróbias,[10] a aptidão aeróbia é considerada importante, pois valores elevados dessa variável permitem ao atleta a manutenção de altas intensidades durante o combate, visto que retardam o processo de fadiga e facilitam a recuperação entre os combates e entre os períodos de esforço do mesmo combate[32,33]. Além disso, um estudo demonstrou que há aumento temporal da contribuição do sistema aeróbio em combates simulados.[33]

A avaliação da aptidão aeróbia de atletas de judô tem sido realizada considerando-se duas variáveis:[28]

- Potência aeróbia: indicada por variáveis como $\dot{V}O_{2máx}$, $\dot{V}O_{2pico}$, intensidade associada a esses marcadores ou velocidade/potência aeróbia máxima.
- Capacidade aeróbia: indicada por marcadores submáximos, como a máxima fase estável do lactato sanguíneo, potência ou velocidade crítica, limiares metabólicos ou ventilatórios.

Em geral, essas avaliações são realizadas em ergômetros que não se assemelham às ações do combate e os valores observados nesses testes não discriminam atletas de diferentes níveis competitivos.[10] Nesse sentido, a avaliação da aptidão aeróbia de atletas de judô deve ser específica, ou seja, utilizando movimentos executados durante o combate.

Contudo, é importante notar que indicadores de potência aeróbia não diferem entre atletas de judô de elite ($\dot{V}O_{2máx}$ = 58,13 ± 10,83 mL/kg/min) e não elite ($\dot{V}O_{2máx}$ = 63,28 ± 10,55 mL/kg/min),[11] titulares ($\dot{V}O_{2máx}$ = 54,5 ± 4,9 mL/kg/min) e reservas ($\dot{V}O_{2máx}$ = 54,4 ± 5,6 mL/kg/min) de seleção nacional[29] ou entre vencedores ($\dot{V}O_{2máx}$ = 52,8 ± 0,84 mL/kg/min) e vencidos ($\dot{V}O_{2máx}$ = 50,4 ± 1,11 mL/kg/min) em confronto direto.[30] Para indicadores de capacidade aeróbia, também tem sido reportada ausência de diferença entre atletas de elite (*onset blood lactate accumulation* [OBLA] = 10,82 ± 1,52 km/h) e não elite (OBLA = 10,80 ± 1,67 km/h).[11] Por outro lado, atletas de judô com maior potência aeróbia apresentam maior recuperação após atividades extenuantes,[30] ao passo que atletas com valores superiores de limiar anaeróbio apresentam melhor desempenho em atividade intervalada de alta intensidade específica da modalidade (*Special Judo Fitness Test*)[9,15] e melhor desempenho em séries iniciais de teste de Wingate para membros superiores, conduzidas 15 minutos após a luta.[31] Adicionalmente, evidência recente indica o predomínio do metabolismo aeróbio durante a luta de judô,[33] sugerindo que o bom desenvolvimento da aptidão aeróbia seja um aspecto importante do treinamento.[5] Neste sentido, é recomendável apenas a verificação quanto aos valores apresentados pelo atleta sendo avaliado em relação aos valores médios observados na modalidade, utilizando-se testes que sejam específicos ao modo de exercício que será utilizado para a prescrição do treinamento aeróbio do atleta.[34] Para o treinamento aeróbio contínuo, recomenda-se a prescrição com base em valores de potência aeróbia e de limiares metabólicos, ao passo que o treinamento intervalado de alta intensidade pode ser mais bem prescrito, tendo indicador da velocidade máxima somado a esses dois indicadores supracitados.[35]

Como o princípio da especificidade tem sido considerado extremamente relevante para a prescrição do treinamento, seria importante conduzir testes específicos para adequação da prescrição do treinamento aeróbio de atletas de judô.[34] Embora exista uma publicação sobre teste utilizando técnica específica do judô para determinação da potência aeróbia,[36] tal teste envolve grande deslocamento (20 metros) na forma de corrida, o que o torna não específico.

O teste proposto por Azevedo et al.,[37] utilizando a entrada de golpes em equipamento de musculação, permite determinar a intensidade máxima durante o teste progressivo e, portanto, um indicador da potência aeróbia máxima. Mais precisamente, esse teste envolve a realização de movimentos específicos de *uchi-komi* aplicando o golpe *ippon-seoi-nage* em um aparelho de musculação (*cross-over*) com adaptação da pegada utilizando a manga do *judogi*. Um metrônomo é utilizado para o controle do ritmo da execução dos movimentos. A carga inicial é de 1,9 kg e os incrementos são de 1,2 kg a cada 3 minutos; entre os estágios, há um intervalo de 30 segundos para as coletas de lactato sanguíneo e ajuste de carga. O teste é realizado até a exaustão voluntária ou até o atleta não conseguir realizar a entrada de golpe de maneira correta e no ritmo preestabelecido. No entanto, as limitações desse teste são a utilização de equipamento de musculação (*cross-over*), além da utilização de equipamentos sofisticados (analisador de gases) para identificação do limiar ventilatório.

Além disso, existem boas iniciativas para a tentativa de determinar índices submáximos que indicariam a capacidade aeróbia dos atletas de judô, como a velocidade crítica durante o *nage-komi*,[38] o limiar anaeróbio durante movimentação com entrada de golpes[39] e o procedimento de lactato mínimo.[38]

Azevedo et al.[40] propuseram um teste específico para avaliar a capacidade aeróbia. Nesse protocolo, os atletas realizavam entrada de golpe (*uchi-komi*) aplicando *ippon-seoi-nage*, para determinar o limiar anaeróbio, utilizando o método do lactato mínimo. O teste inicia-se com 40 segundos de *uchi-komi* e, posteriormente, os atletas realizam oito séries de 1 minuto com incremento de carga de 8, 7, 6, 5, 4, 3, 2 e 1 segundo para cada entrada. O ritmo de entrada é controlado por metrônomo e, após cada estágio, o lactato sanguíneo é coletado. Não foram relatadas diferenças entre as concentrações de lactato no limiar de lactato mínimo e na frequência cardíaca (FC) de ambos, teste convencional e teste específico, sugerindo que esse teste pode ser utilizado para se obter indicadores de capacidade aeróbia. A principal limitação desse teste é seu custo, já que se faz necessária a análise de lactato sanguíneo.

Contudo, como essas iniciativas de desenvolvimento de testes aeróbios específicos para o judô são recentes, não existem dados suficientes para a elaboração de tabelas classificatórias.

APTIDÃO ANAERÓBIA

Os testes de potência e capacidade anaeróbias envolvem esforços de grande intensidade com durações de frações de segundo a alguns minutos. O teste anaeróbio de Wingate tem duração de 30 segundos, período em que o indivíduo que está sendo avaliado tenta pedalar o maior número de vezes contra uma resistência fixa, objetivando gerar a maior potência nesse período. A potência gerada durante os 30 segundos é denominada potência média e provavelmente reflete a resistência localizada do grupo muscular em exercício, utilizando energia principalmente das vias anaeróbias. A maior potência gerada em qualquer período de até 3 ou 5 segundos do início do teste é denominada de potência de pico e fornece informação sobre o pico de potência mecânica que pode ser desenvolvido pelo grupo muscular que realiza o teste. Como a potência de pico ocorre normalmente nos primeiros 5 segundos do teste, acredita-se que a energia para tal atividade provenha essencialmente do sistema ATP-CP, com alguma contribuição da glicólise.[41] O teste proporciona também o índice de fadiga, calculado conforme a equação a seguir:

$$\text{Índice de fadiga (\%)} = \frac{(\text{Potência de pico} - \text{Menor potência durante o teste})}{\text{Potência de pico}} \times 100$$

Tanto a potência média quanto a potência de pico podem ser expressas em relação à massa corporal (W/kg), permitindo comparação mais adequada entre sujeitos de diferentes massas corporais.[41,42] Além disso, o teste anaeróbio de Wingate pode ser realizado tanto na sua versão original para membros inferiores quanto em uma forma adaptada para membros superiores.[43,44]

Para a avaliação anaeróbia de atletas de judô, o Wingate tem sido o teste genérico mais utilizado, especialmente em sua versão para membros superiores.[44] Este teste possui tabelas classificatórias publicadas,[41] embora ainda não existam tabelas específicas para atletas de judô. O desempenho nesse teste tem sido capaz de diferenciar corretamente atletas de judô de elite (potência de pico = 7,63 ± 0,98 W/kg; potência média = 5,73 ± 0,77 W/kg) dos atletas não elite (potência de pico = 7,00 ± 1,30 W/kg; potência média = 5,36 ± 0,75 W/kg).[11] Assim, a avaliação de atletas de judô, por enquanto, pode utilizar esses valores como referenciais ou de estudos com populações específicas (para uma revisão, verificar Franchini et al.[10]).

Em termos de testes específicos, a proposta de Del Vecchio et al.[45] pode ser utilizada. Os autores propuseram a execução de entrada de golpes em sua forma básica (*hikidashi*), com durações de 20, 30 e 40 segundos. Embora, até o momento, apenas esses autores tenham reportado valores de repetições neste teste, assume-se que a versão de 30 segundos pode trazer resultados similares àqueles do Wingate, especialmente se a velocidade de execução puder ser determinada a cada 5 segundos de duração do teste, o que permitiria a determinação de velocidade pico, velocidade média e índice de fadiga durante o teste. Para o teste de 30 segundos, os autores reportaram valores de 24 ± 4 repetições em grupo de nível regional.

AVALIAÇÃO AERÓBIA E ANAERÓBIA EM SITUAÇÃO ESPECÍFICA

Existe uma grande variedade de testes específicos para o judô, com variação quanto aos quesitos reprodutibilidade, validade e recursos necessários para sua aplicação.[9,46] Entre esses testes, o *Special Judo Fitness Test* (SJFT) é o mais popular, por possibilitar a avaliação do atleta de judô no próprio local de treinamento e necessitar apenas de uma trena, cronômetro e monitor de frequência cardíaca para aplicação do teste. Adicionalmente, este teste já tem tabelas classificatórias tanto para o sexo masculino,[47] quanto para o feminino.[48]

O teste é dividido em três períodos: 15 segundos (A), 30 segundos (B) e 30 segundos (C), com intervalos de 10 segundos entre eles. Durante cada um dos períodos, o executante projeta dois parceiros (a uma distância de 6 m) o maior número de vezes possível, utilizando a técnica *ippon-seoi-nage* (Figura 1).

O *uke* (praticante que irá cair) deve ter estatura e massa corporal próximas às do *tori* (atleta que realizará o teste). Imediatamente e 1 minuto após o final do teste, é verificada a frequência cardíaca do atleta. A capacidade de realizar grande número de arremessos no curto período está relacionada principalmente à solicitação do metabolismo anaeróbio, ao passo que a frequência cardíaca de recuperação está relacionada ao metabolismo aeróbio. Os arremessos realizados são somados e o índice a seguir é calculado:

$$\text{Índice} = \frac{\text{FC final (bpm)} + \text{FC1 min após o final do teste (bpm)}}{\text{Número total de arremessos}}$$

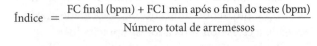
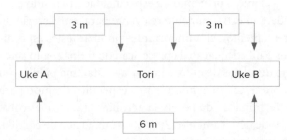

FIGURA 1 Representação esquemática das distâncias utilizadas no *Special Judo Fitness Test*. *Uke:* atleta que é projetado; *tori*: atleta que realiza a projeção.

Portanto, quanto melhor o desempenho no teste, menor o valor do índice. O desempenho pode ser melhorado por meio de:[49]

- Aumento do número de arremessos durante os períodos, o que representa melhora de velocidade, capacidade anaeróbia e/ou eficiência na execução do golpe.
- Menor frequência cardíaca ao final do teste, o que representa melhor eficiência cardiovascular para um mesmo esforço (igual número de arremessos).
- Menor frequência cardíaca 1 minuto após o teste, ou seja, melhor recuperação, o que representa melhoria da capacidade aeróbia.
- Combinação de dois ou mais itens citados.

A escolha da técnica *ippon-seoi-nage* baseou-se nos seguintes aspectos:

- Mecânicos: essa técnica exige que apenas uma das mãos realize a preensão no *judogi* do adversário, e o giro realizado para executá-la prepara o *tori* para o deslocamento no sentido contrário.
- Incidência em competições: essa técnica está entre as mais aplicadas em competições, e boa parte dos atletas de judô consegue executá-la apropriadamente, ainda que não a utilizem como técnica preferencial (*tokui-waza*).

A estrutura temporal do teste baseou-se no levantamento feito por Sikorski et al.,[50] posteriormente corroborado por estudos mais recentes.[3,18,19,51] A divisão em apenas três blocos objetivou fazer com que os atletas mantivessem um ritmo elevado de execução e evitassem economizar no início da tarefa ou realizá-la em ritmo estável.[51]

O desempenho no SJFT também tem sido correlacionado com o desempenho em outros testes. Como o número total de projeções tem sido considerado um indicativo da capacidade anaeróbia do judoca e o teste de Wingate tem sido aplicado para avaliar a capacidade anaeróbia em situação laboratorial,[53] alguns estudos verificaram a associação entre o desempenho nos dois testes.[49,54] Se considerarmos o teste de Wingate como um teste adequado para avaliar a capacidade anaeróbia, podemos aceitar o SJFT como um teste adequado para avaliar a capacidade anaeróbia em situação específica do judô, pois foram encontradas correlações moderadas para altas (r = 0,70 a 0,94) entre o desempenho nos dois testes.[49,54] De fato, esse aspecto parece estar associado ao fato do SJFT ser predominantemente anaeróbio, pois

estudo de Franchini et al.[55] indicou que 72% da energia necessária para executar o teste era fornecida pelo metabolismo anaeróbio (42% ATP-CP e 30% glicolítico) e 28% pelo metabolismo aeróbio.

O SJFT parece ser capaz de diferenciar atletas de níveis competitivos diferentes, conforme observado por Sterkowicz,[56] ao verificar que atletas classificados no Campeonato Polonês de 1994 realizavam maior número de arremessos e, consequentemente, apresentavam menor índice em relação aos atletas não classificados. Em outro estudo,[53] com 80 atletas brasileiros e poloneses, sendo 33 de nível nacional/internacional e 47 de níveis competitivos menores, foram encontradas diferenças no desempenho no SJFT, especialmente no número total de projeções e no índice. Em trabalho com 23 atletas medalhistas da classe sênior em competições nacionais ou internacionais e 53 atletas não medalhistas, Franchini et al.[57] verificaram diferenças significativas no número total de projeções no índice entre judocas com diferentes níveis competitivos. Contudo, o teste tem algumas limitações, das quais destacam-se:[58]

- O número de arremessos não pode ser fracionado, impedindo que haja distinção entre um atleta que terminou o teste logo após ter executado um arremesso e outro que terminou o teste quando estava para iniciar um arremesso.
- A FC sofre influências do clima (p. ex., temperatura e umidade) e de outros fatores como estresse e *overtraining*, demonstrando que as condições em que o teste é executado devem ser bem controladas.
- Apesar de utilizar uma técnica específica do judô, o deslocamento em forma de corrida não é característico do judô.
- O teste utiliza apenas um golpe, enquanto na luta o atleta executa vários.

Uma das grandes dificuldades dos profissionais que aplicam esse teste é classificar o atleta quanto ao resultado obtido. Para tentar suprir essa necessidade, a Tabela 6 apresenta proposta de classificação para judocas do sexo masculino que tenham realizado o teste. Essa tabela foi criada com base no resultado de 141 atletas de judô com as seguintes características, apresentadas como média ± desvio padrão e (amplitude): 21,3 ± 4,5 (16-34) anos de idade, 74,2 ± 15,9 (51-151,5) kg e 176,7± 8,2 (159-200) cm. Todos esses judocas eram competidores e tinham graduação entre 3º *kyu* e 3º *dan*.[47]

Por sua vez, uma proposta de classificação para judocas do sexo feminino que tenham realizado o teste foi apresentada por Sterkowicz-Przybycien e Fukuda.[48] Essa tabela foi criada com base no resultado de 161 atletas de judô obtido a partir da revisão de 11 estudos diferentes com atletas das classes júnior (n = 65; 14-19 anos) e sênior (n = 96; ≥ 20 anos), os quais são apresentados nas Tabelas 7 e 8, respectivamente.

TABELA 6 Classificação de desempenho para as variáveis total de arremessos, frequência cardíaca após (FC após), frequência cardíaca 1 minuto após (FC 1min) e índice no *Special Judo Fitness Test* (SJFT) para atletas de judô do sexo masculino

Classificação/ variáveis	Total de arremessos	FC após (bpm)	FC 1min (bpm)	Índice
Excelente	≥ 29	≤ 173	≤ 143	≤ 11,73
Bom	27-28	174-184	144-161	11,74-13,03
Regular	26	185-187	162-165	13,04-13,94
Fraco	25	188-195	166-174	13,95-14,84
Muito fraco	≤ 24	≥ 196	≥ 175	≥ 14,85

Fonte: adaptada de Franchini et al.[47]

TABELA 7 Classificação de desempenho para as variáveis total de arremessos, frequência cardíaca após (FC após), frequência cardíaca 1 minuto após (FC 1min) e índice no *Special Judo Fitness Test* (SJFT) para atletas de judô do sexo feminino da classe sênior

Classificação/ Variáveis	Total de arremessos	FC após (bpm)	FC 1min (bpm)	Índice
Excelente	≥ 30	≤ 160	≤ 129	≤ 10,21
Bom	29	161-170	130-138	10,22-11,31
Regular	26-28	171-189	139-158	11,32-13,48
Fraco	24-25	190-199	159-167	13,49-14,52
Muito fraco	≤ 23	≥ 200	≥ 168	≥ 14,53

Fonte: adaptada de Sterkowicz-Przybycien e Fukuda.[48]

TABELA 8 Classificação de desempenho para as variáveis total de arremessos, frequência cardíaca após (FC após), frequência cardíaca 1 minuto após (FC 1min) e índice no *Special Judo Fitness Test* (SJFT) para atletas de judô do sexo feminino da classe júnior

Classificação/ Variáveis	Total de arremessos	FC após (bpm)	FC 1min (bpm)	Índice
Excelente	≥ 26	≤ 167	≤ 128	≤ 12,18
Bom	25	168-175	129-139	12,19-13,71
Regular	23-24	176-190	140-161	13,72-16,13
Fraco	22	191-198	162-171	16,14-17,41
Muito fraco	≤ 21	≥ 199	≥ 172	≥ 17,42

Fonte: adaptada de Sterkowicz-Przybycien e Fukuda.[48]

CONSIDERAÇÕES FINAIS

Considerando que o desempenho dos atletas de judô é composto por diferentes capacidades físicas e que há diferentes possibilidades de mensurar cada uma delas, cabe ao avaliador escolher os testes que sejam mais adequados ao objetivo que se tem com a avaliação, considerando essencialmente as necessidades do atleta, a disponibilidade de recursos materiais e de tempo do atleta. Quando possível, é recomendável escolher testes que possam ser utilizados não apenas para classificar o desempenho dos atletas, mas também que possam ser utilizados para a prescrição do treinamento. Tão importante quanto a escolha de testes que envolvam movimentos da modalidade é a escolha de testes que possam diferenciar o desempenho do atleta avaliado, seja este mensurado em um momento inicial ou após um período de treinamento.

RESUMO

Este capítulo apresentou a relevância das capacidades físicas que compõem o desempenho físico de atletas de judô, bem como testes específicos e genéricos que podem ser aplicados para avaliação dessas capacidades físicas. Quando existente, foram apresentadas tabelas classificatórias do desempenho mensurado, que podem ser úteis ao profissional envolvido com a preparação física de atletas de judô. Quando não havia tabela classificatória disponível, alguns dados foram apresentados para orientar a classificação do desempenho mensurado.

Questões para reflexão

1. Quais são as capacidades físicas mais importantes para o atleta de judô?
2. Considerando as principais capacidades físicas descritas na primeira questão, elabore uma proposta de avaliação a ser aplicada em atletas de judô. Hipoteticamente, imagine que você tem acesso a todos os equipamentos necessários e que essa avaliação pode ser aplicada ao longo de 1 semana.
3. Considerando as principais capacidades físicas descritas na primeira questão, elabore uma proposta de avaliação a ser aplicada em atletas de judô. Hipoteticamente, imagine que você tem acesso apenas ao local de treino dos atletas, incluindo o tatame e uma sala de condicionamento físico, e que essa avaliação deve ser aplicada em um único dia.

REFERÊNCIAS BIBLIOGRÁFICAS

1. Federação Internacional de Judô (FIJ). Disponível em: www.ijf.org. Acesso em: 15 abr 2017.
2. Franchini E. Judô: desempenho competitivo. 2. ed. Barueri: Manole; 2010.
3. Franchini E, Artioli GG, Brito CJ. Judo combat: time-motion analysis and physiology. Int J Perform Anal Sport. 2013;13:624-41.
4. Franchini E, Takito MY. Olympic preparation in Brazilian judo athletes: description and perceived relevance of training practices. J Strength Cond Res. 2014;28:1606-12.
5. Franchini E, Brito CJ, Fukuda DH, Artioli GG. The physiology of judo-specific training modalities. J Strength Cond Res. 2014; 28:1474-81.
6. Franchini E, Takito MY, Del Vecchio FB. Proposição de avaliação física para atletas de judô. In: Franchini E (ed.). Judô: desempenho competitivo. 2. ed. Barueri: Manole, 2010, p.369-81.
7. Artioli GG, Gualano B, Franchini E, Scagliusi FB, Takesian M, Fuchs M et al. Prevalence, magnitude, and methods of rapid weight loss among judo competitors. Med Sci Sports Exerc. 2010;42:436-42.
8. Franchini E, Sterkowicz-Przybycień KL, Takito MY. Anthropometrical profile of judo athletes: comparative analysis between weight categories. Int J Morphology. 2014;32:36-42.
9. Detanico D, Dal Pupo J, Franchini E, Santos SG. Relationship of aerobic and neuromuscular indexes with specific actions in judo. Sci Sports. 2012;27:16-22.
10. Franchini E, Matsushigue KA, Vecchio FB, Artioli GG. Physiological profile of elite judo athletes. Sports Med. 2011;41:147-66.
11. Franchini E, Takito MY, Kiss MAPDM, Sterkowicz S. Physical fitness and anthropometrical differences between elite and non-elite judo players. Biology of Sport. 2005;22:315-28.
12. Schwartz J, Takito MY, Del Vecchio FB, Antonietti LS, Franchini E. Health-related physical fitness in martial arts and combat sports practitioners. Sport Sci Health. 2015;11:171-80.
13. Baechle TR, Earle ER (eds). Essentials of strength training and conditioning. National Strength and Conditioning Association. 3. ed. Champaign: Human Kinetics; 2008.
14. Fagerlund R, Häkkinen H. Strength profile of Finnish judoists – measurement and evaluation. Biol Sport. 1991;8:143-9.
15. Franchini E, Nunes AV, Moraes JM, Del Vecchio FB. Physical fitness and anthropometrical profile of the Brazilian male judo team. J Physiol Anthropol. 2007;26:59-67.
16. Aruga S, Onda T, Aso K, Shirase H, Yamashita Y, Nakanishi H, et al. Measurement of barbell lifting capacity and making strength standards in judo players. Tokai J Sports Med Sci. 2003;315:7-17.
17. Blais L, Trilles F, Lacouture P. Three-dimensional joint dynamics and energy expenditure during the execution of a judo throwing technique (Morote Seoï Nage). J Sports Sci. 2007;25(11):1211-20.
18. Miarka B, Panissa VLG, Julio UF, Del Vecchio FB, Calmet M, Franchini E. A comparison of time-motion performance between age groups in judo matches. J Sports Sci. 2012;30:899-905.
19. Miarka B, Cury RL, Julianetti R, Battazza R, Julio UF, Calmet M et al. A comparison of time-motion and technical–tactical variables between age groups of female judo matches. J Sports Sci. 2014;32(16):1529-38.
20. Bonitch-Domínguez J, Bonitch-Góngora J, Padial P, Feriche B. Changes in peak leg power induced by successive judo bouts and their relationship to lactate production. J Sports Sci. 2010;28(14):1527-34.
21. Detanico D, Dal Pupo J, Franchini E, dos Santos SG. Effects of successive judo matches on fatigue and muscle damage markers. J Strength Cond Res. 2015;29(4):1010-6.
22. Zaggelidis G, Lazaridis SN, Malkogiorgos A, Mavrovouniotis F. Differences in vertical jumping performance between untrained males and advanced Greek judokas. Arch Budo. 2012;8(2):87-90.
23. Detanico D, Dal Pupo J, Graup S, dos Santos SG. Vertical jump performance and isokinetic torque discriminate advanced and novice judo athletes. Kinesiol. 2016;48(2):223-8.
24. Loturco I, Nakamura FY, Winckler C, Bragança JR, da Fonseca RA, Moraes-Filho J, et al. Strength-power performance of visually impaired paralympic and olympic judo athletes from the Brazilian national team: a comparative study. J Strength Cond Res. 2017;31(3):743-9.
25. Franchini E, Takito MY, Bertuzzi RCM, Kiss MAPDM. Nível competitivo, tipo de recuperação e remoção do lactato após uma luta de judô. Rev Bras Ciência Mov. 2004;12(1):39-44.
26. Franchini E, Miarka B, Matheus L, Del Vecchio FB. Endurance in judogi grip strength tests: comparison between elite and non-elite judo players. Arch Budo. 2011;7:1-4.
27. Branco BHM, Diniz E, Santos JSF, Shiroma SA, Franchini E. Normative tables for the dynamic and isometric judogi chin-up tests for judo athletes. Sport Sci Health. 2017;13:47-53.
28. Denadai BS, Greco CC. Educação física no ensino superior: prescrição do treinamento aeróbio. Rio de Janeiro: Guanabara; 2005.
29. Borkowsky J, Faff J, Starczewska-Czapowska J. Evaluation of the aerobic and anaerobic fitness in judoists from the Polish national team. Biol Sport 2001; 18:107-11.
30. Suay F, Salvador A, González-Bono E, Sanchis C, Martinez M, Martínez-Sanchis S, et al. Effects of competition and its outcome on serum testosterone, cortisol and prolactin. Psychoneuroendocrinology. 1999;24(5):551-66.
31. Gariod L, Favre-Juvin A, Novel V, Reutenauer H, Majean H, Rossi A. Evaluation du profit energetique des judokas par spectroscopie RMN du P31. Sci Sports. 1995; 10(4):201-7.
32. Franchini E, Takito MY, Nakamura FY, Matsushigue KA, Kiss MAPDM. Effects of recovery type after a judo combat on blood lactate removal and on performance in an intermittent anaerobic task. J Sports Med Phys Fitness. 2003;43(4):424-31.
33. Julio, UF, Panissa VLG, Esteves JVC, Agostinho MF, Cury R, Franchini E. Energy system contributions to simulated judo matches. Int J Sports Physiol Perform. 2017;12(5):673-83.
34. Julio, UF, Panissa VLG, Franchini E. Desenvolvimento da aptidão aeróbia de lutadores. In: Franchini E (orgs.). Preparação física para lutadores – treinamento aeróbio e anaeróbio. São Paulo: Clube de Autores; 2016. p.11-139.
35. Buchheit M, Laursen PB. High-intensity interval training, solutions to the programming puzzle: Part I: cardiopulmonary emphasis. Sports Med. 2013;43:313-38.
36. Thomas PH, Goubault C, Beau C, Brandet JP. Test d´evaluation au judo, derivé du test de Léger-Mercier. Médicine du Sport. 1989;6:286-8.
37. Azevedo PHSMA, Pithon-Curi T, Zagatto AM, Oliveira J, Perez S. Maximal lactate steady state in judo. Muscles Ligaments Tendons J. 2014;4(2):132-6.
38. Franchini E, Silva Neto AM, Matheus L. Adaptação dos conceitos de potência crítica e capacidade de trabalho anaeróbio para o judô. Anais do XXVI Simpósio Internacional de Ciências do Esporte; 2003, São Paulo, Brasil. Edição Especial da Revista Brasileira de Ciência e Movimento. 2003;247.
39. Santos L, González V, Iscar M, Brime, JI, Fernandez-Rio J, Egocheaga J, Rodríguez B, Montoliu MA. A new individual and specific test to determine the aerobic -anaerobic transition zone (Santos Test) in competitive judokas. J Strength Cond Res. 2010;24:2419-28.
40. Azevedo PH, Drigo AJ, Carvalho MC, Oliveira JC, Nunes JE, Baldissera V, et al. Determination of judo endurance performance using the uchi-komi technique and an adapted lactate minimum test. J Sports Sci Med. 2007;6:10-14.
41. Inbar O, Bar-Or O, Skinner JS. The Wingate anaerobic test. Champaign: Human Kinetics; 1996.
42. Bar-Or O. The Wingate anaerobic test: an update on methodology, reliability and validity. Sports Med. 1987;4:381-94.

43. Horswill CA, Miller JE, Scott JR, Smith CM, Welk G, Van Handel P. Anaerobic and aerobic power in arms and legs of elite senior wrestlers. Int J Sports Med. 1992;13(8):558-61.

44. Koutedakis Y, Sharp NCC. A modified Wingate test for measuring anaerobic work of the upper body in junior rowers. Br J Sports Med. 1986;20(4):153-6.

45. Del Vecchio FB, Dimare M, Franchini E, Schaun GZ. Physical fitness and maximum number of all-out hikidashi uchi-komi in judo practitioners. Med dello Sport. 2014;67(3):383-96.

46. Tavra M, Franchini E, Krstulovic S. Discriminant and factorial validity of judo-specific tests in female athletes. Arch Budo. 2016;12:93-99.

47. Franchini E, Del Vecchio FB, Sterkowicz S. A special judo fitness test classificatory table. Arc Budo. 2009;5:127-9.

48. Sterkowicz-Przybycien KL, Fukuda DH. Establishing normative data for the special judo fitness test in female athletes using systematic review and meta-analysis. J Strength Cond Res. 2014;28(12):3585-93.

49. Franchini E, Nakamura FY, Takito MY, Kiss MAPDM, Sterkowicz S. Análise de um teste específico para o judô. Kinesis. 1999;21:91-108.

50. Sikorski W, Mickiewicz G, Majle B, Laksa C. Structure of the contest and work capacity of the judoist. Proceedings of the International Congress on Judo "contemporary problems of training and judo contest. 1987. p.9-11.

51. Marcon G, Franchini E, Jardim JR, Barros Neto TL. Structural analysis of action and time in sports: judo. J Quant Anal Sport 2010; 6(4):1-15.

52. Sterkowicz S. Test specjalnej sprawnoci ruchowej w judo. Antropomotoryka. 1995;12-13:29-44.

53. Sterkowicz S, Franchini E. Specific fitness of elite and novice judoists. J Hum Kinet. 2001;6:81-98.

54. Sterkowicz S, Zuchowicz A, Kubica R. Levels of anaerobic and aerobic capacity indices and results for the special fitness test in judo competitors. J Hum Kinet. 1999;2:115-32.

55. Franchini E, Sterkowicz S, Szmatlan-Gabrys U, Gabrys T, Garmys M. Energy system contributions to the Special Judo Fitness Test. Int J Sports Physiol Perform. 2011;6:334-43.

56. Sterkowicz S. Searching for new special motor fitness test in judo. Trening. 1996;3:46-51.

57. Franchini E, Takito MY, Bertuzzi RCM. Morphological, physiological and technical variables in high-level college judoists. Arch Budo. 2005;1(1):1-7.

58. Franchini E. Judô: desempenho competitivo. Barueri: Manole; 2001.

Capítulo 18

Basquetebol

Leonardo Lamas Leandro Ribeiro
Felipe Luiz Santana
Paula Korsakas

Objetivos do capítulo

Neste capítulo, o leitor deverá:
- Apresentar e discutir abordagens de análise do desempenho estratégico-tático de uma equipe.
- Demonstrar como a análise estratégico-tática no basquetebol pode ser empregada no cotidiano dos treinadores em diferentes níveis de desempenho e com finalidades distintas.

INTRODUÇÃO

O êxito de uma equipe de basquetebol depende da convergência de fatores intervenientes em seu rendimento, como estratégia, tática, técnica, condicionamento físico e psicológico dentre outros, para que a equipe realize mais cestas que a equipe adversária em um jogo. A simplicidade desse objetivo não implica necessariamente facilidade em sua obtenção, fazendo do desempenho no basquetebol um atraente objeto de estudo científico e um desafio diário para os técnicos. Como avaliar o desempenho e utilizar os resultados para que a equipe evolua depende de um esforço conceitual não trivial para que as respostas sejam válidas e úteis. Aqui são apresentados três critérios para uma avaliação estruturada do desempenho:

- objeto da análise;
- modelo de análise;
- contexto da análise.

O objeto da análise, muitas vezes, é o conteúdo do jogo. Procura-se identificar a taxa de sucesso de determinada ação de jogo (p. ex., percentual de acerto de arremessos) e detalhá-la: o percentual de acerto de arremessos de um jogador em determinada região da quadra, após receber um bloqueio, por exemplo. No

entanto, a avaliação da equipe deve considerar também o conteúdo de outras etapas da preparação que contribuem para o desempenho, principalmente o desenho da estratégia e o treinamento (ver capítulo 22 deste livro). Portanto, o jogo não é o único objeto de avaliação possível, e nem o único necessário para se compreender por que uma equipe teve êxito. Erros no plano de jogo (estratégia) e na transmissão desse plano (treinamento) podem explicar insucessos no confronto.

As diversas possibilidades de objetos de análise e as muitas interações existentes entre elas apontam para a necessidade de definir um bom modelo antes de coletar e analisar os dados. Por modelo entende-se o conhecimento da estrutura do que se pretende analisar, assumindo ainda que o modelo pode ser mais ou menos preciso e sempre sujeito a aperfeiçoamento com o tempo. Em análises empíricas, influenciadas pela subjetividade inerente a quem observa o jogo sem o suporte de um modelo de análise, corre-se o risco de o problema do desempenho ser abordado de maneira imprecisa. Por exemplo, uma frequente constatação é: "A equipe perdeu porque defendeu mal". Esta afirmação pode, muitas vezes, ser absolutamente verdadeira, mas, em alguns casos, pode estar equivocada ou incompleta. O ataque adversário pode ter tido boa leitura das melhores opções ofensivas e, mesmo atuando contra uma defesa bem planejada, tê-la superado em desempenho, com diferença significativa no placar. Afirmar que a equipe defendeu mal, neste caso, seria uma avaliação genérica e linear, desconsiderando a complexidade do jogo de basquetebol. Em outra circunstância, ainda que, de fato, o mau desempenho da defesa tenha levado à derrota, tal verificação, por si só, não contribui para que mudanças sejam implementadas e o desempenho seja aperfeiçoado por carecer de precisão. A equipe pode ter defendido mal por um equívoco da estratégia de defesa, diante das características do adversário ou pela má execução, pelos jogadores, da estratégia definida. O baixo desempenho defensivo pode ter ocorrido principalmente no jogo de meia-quadra, nas posses de bola definidas em transição, em ambas as situações ou por tantos outros motivos. Dessa forma, um desafio encontrado ao analisar o jogo de basquetebol é modelar a causalidade dos eventos em seus múltiplos níveis de análise, partindo do simples para o complexo e preservando a objetividade e a reprodutibilidade usando critérios precisos, que permitam a qualquer indivíduo utilizar o modelo de análise. Por exemplo, um modelo que vise a explicar a causa de pontos sofridos deve ter uma estrutura que permita tratar o problema como uma sequência de eventos encadeados:

- o time sofreu muitos pontos do adversário;
- sofreu muitos pontos porque defendeu mal;
- defendeu mal porque o balanço defensivo foi comprometido em X% das vezes e as rotações após *pick and roll central* resultaram em X% de aproveitamento de dois pontos etc.

Finalmente, os contextos de análise também devem ser considerados. O contexto de análise é um critério que influencia os dois anteriores. Por contexto compreende-se o nível de experiência dos jogadores. Assim, as escolhas de análise devem se modificar conforme o nível de jogo praticado pela equipe e/ou jogadores sendo avaliados. A avaliação dos motivos pelos quais uma equipe fez mais cestas que o adversário deve ser mais enfatizada quanto maior for a experiência dos jogadores. No sentido contrário, a avaliação de elementos processuais relacionados a como se construiu a posse de bola (independentemente de seu resultado em pontuação) é mais pertinente no período de formação inicial. Quando se pensa na formação de atletas e equipes na base, ainda que o resultado final das ações de jogo seja importante, tão ou mais importante é analisar os processos de construção de tais ações, podendo ser valorizadas mesmo não resultando em pontos do ataque ou recuperações de posse de bola. Em Psicologia do Esporte, por exemplo, o estudo de metas (para motivação de atletas) contempla metas de resultado (p. ex., pontos marcados, número de vitórias, posição no *ranking* etc.) e metas de desempenho (porcentagem de arremessos certos, rebotes etc.), mas também salienta a importância das metas processuais mais qualitativas e voltadas para melhora, aprendizagem e aperfeiçoamento que, na dimensão estratégico-tática, podem consistir na melhor coordenação das ações de cober-

tura dos jogadores em uma defesa ou incremento da velocidade e sincronismo de deslocamentos dos jogadores no jogo de transição. Dessa forma, a análise dos elementos processuais é fundamental nas fases de aprendizagem e aperfeiçoamento para estabelecer objetivos (processuais) e também conteúdos e estratégias de treino eficazes, que resultem em melhora de desempenho e que, naturalmente, contribuam para aumentar a probabilidade de melhores resultados.

Em síntese, a avaliação dos elementos envolvendo inteligência dos processos de decisão no basquetebol é um campo bastante vasto, cuja complexidade supera o alcance de análises subjetivas de um observador do jogo.[1] De acordo com as evidências, mesmo técnicos experientes não retêm mais de 40% das informações úteis de um jogo.[1] Este capítulo tratará justamente das diversas possibilidades de avaliação do desempenho observado, esclarecendo sobre a viabilidade e a adequação dos tipos de abordagem de avaliação a cada contexto, e maneiras de integrá-las para contribuir na gestão do desempenho da equipe.

PRODUTIVIDADE POR POSSE DE BOLA

Eu nunca acreditei ser possível ilustrar quão bem nós estávamos ofensivamente baseando-me no número de pontos que convertíamos. O ritmo do jogo podia nos limitar a 50 pontos e ainda assim podíamos estar jogando muito bem ofensivamente. Em alguns jogos, podíamos marcar 85 pontos e ainda assim estar jogando mal ofensivamente. (Dean Smith, head-coach da Universidade da Carolina do Norte (1961-1997), tradução livre do original)

O excerto acima, do consagrado técnico Dean Smith, é parte de seu livro *Basquetebol: ataques e defesas múltiplas*.[2] No livro, ele e Bob Spears, então assistente-técnico e *head-coach*, respectivamente, da equipe de basquete da Academia da Força Aérea, nos Estados Unidos, explicam como já em 1955 conceberam uma avaliação da posse de bola que buscava capturar elementos de sua dinâmica. Nomearam a abordagem de avaliação da posse, e a definiram como o número médio de pontos marcados a cada posse de bola da equipe durante o jogo. O "jogo perfeito" no ataque teria uma média de 2 pontos por posse de bola (na época, não havia cesta de 3 pontos). A interpretação da eficiência ofensiva e defensiva se dá, respectivamente, a partir de quanto a equipe se aproxima de 2 pontos por posse no ataque e mantém o adversário próximo de 0 ponto por posse na defesa.

Dessa forma, o foco não está em quantos pontos a equipe fez, pois uma equipe que joga em ritmo mais intenso terá mais posses de bola e mais chances de marcar pontos, o que vale também para a equipe adversária. Quando a análise é baseada nos pontos feitos em cada posse de bola, o ritmo de jogo da equipe ou do jogo analisado não interfere na análise. O foco é colocado no aproveitamento das posses que ocorreram, sejam elas muitas ou poucas.

A noção de eficiência a partir da produtividade por posse de bola continua sendo empregada por outros autores para a análise do jogo.[3,4] Para aprofundar a compreensão, será abordada primeiro sua definição. Uma posse de bola tem início quando uma equipe ganha controle da bola e termina quando a equipe perde esse controle. O término da posse pode ocorrer de diferentes maneiras:

- arremessos de quadra ou lances livres;
- rebote de defesa;
- erro ou violação (*turnover*).

De acordo com essa definição, um rebote de ataque não inicia uma nova posse, mas uma nova jogada.[4] Com isso, o número de posses de bola para cada equipe é aproximadamente o mesmo, consistindo em um fator de normalização para a avaliação da eficiência das equipes (e também de jogadores). Há duas maneiras mais usuais de se computar o número de posses de bola de uma equipe em um jogo: i) contagem do número de posses ao longo do jogo, segundo os critérios aqui descritos, o que pode ser feito também a partir da informação registrada no *play-by-play* (ou seja, anotações lance a lance de um jogo), em que constam dados de arremessos, rebotes de defesa e erros (critérios de fim de posse); ii) estimada a partir dos dados de *box score* (ou seja, o resumo estruturado dos resultados de um jogo, compreendendo o placar do jogo e os indicadores de desempenho individuais e coletivos), tradicionalmente disponibilizado em jogos de competições oficiais ou passível de ser gerado por anotação simples até mesmo em tempo real no jogo. Uma fórmula bastante utilizada para estimar a quantidade de posses de bola em um jogo é a seguinte:[5]

$$\frac{\text{Posses}}{\text{de bola}} = 0{,}976 \times (\text{AT} + 0{,}44 \times \text{LLT} - \text{RA} + \text{E})$$

Na fórmula, AT é o número de arremessos tentados pela equipe; LLT é o número de lances livres tentados;

RA é o número de rebotes de ataque capturados; *E* é o número de erros da equipe.

Com os dados dos indicadores do *box score* associados a esta fórmula, é possível calcular indicadores como a eficiência ofensiva/defensiva, considerando pontos convertidos e sofridos, por posse de bola, levando em conta o ritmo do jogo. Como exemplo de aplicação do cálculo de eficiência para enriquecer a análise, considere-se o caso real de uma equipe com o 12º melhor ataque do campeonato. Informações de *rankings* como essa circulam com frequência sobre equipes. Imagine-se, porém, que essa equipe tem a 5ª melhor eficiência ofensiva. Isso significa que a equipe tem, efetivamente, o quinto melhor aproveitamento de pontos por posse de bola entre as equipes. Contudo, sua qualidade ofensiva é mascarada, porque a equipe tem um dos menores ritmos de jogo do campeonato, o que pode indicar apenas uma característica estratégica da equipe, e não um ataque ineficiente.

Indicadores como a eficiência ofensiva/defensiva têm o mérito de detalhar a produção da equipe, considerando o ritmo do jogo (ou seja, a quantidade de oportunidades). Em uma perspectiva complementar, há outro conjunto de indicadores que resultam do uso dos indicadores presentes no *box score* e têm mais poder explicativo. São denominados estatísticas avançadas. Aqui, por consistência com o termo indicador, será utilizado o termo indicadores avançados.

INDICADORES AVANÇADOS DE JOGO

Serão apresentados alguns desses indicadores ligados a rebotes e arremessos. Para um conjunto mais extenso de indicadores avançados, outras fontes podem ser consultadas.[4,6]

Sobre os rebotes, há indicadores que procuram discriminar melhor o desempenho da equipe, além de informar a quantidade de rebotes defensivos e ofensivos capturados. Para tanto, avalia-se o percentual de rebotes capturados, dado o total de rebotes ocorridos em cada lado da quadra. Considere-se, por exemplo, o fato de arremessos não convertidos terem maior chance de serem recapturados pela equipe da defesa. É possível que bons times, principalmente com boas defesas, peguem mais rebotes do que seus adversários porque convertem mais arremessos. Nesse caso, para isolar o efeito do aproveitamento dos arremessos no desempenho de captura dos rebotes, considera-se a proporção de rebotes capturados diante do total de rebotes disputados naquela cesta. O percentual de rebotes ofensivos e defensivos da equipe (%REB) é definido, respectivamente, por:

$$\%REB(OF) = \frac{REB(OF)}{REB(OF) + REB(DEF)adv}$$

$$\%REB(DEF) = \frac{REB(DEF)}{REB(OF)adv + REB(DEF)}$$

Em que adv: adversário.

Arremessos constituem a ação de jogo de maior destaque no basquetebol. O indicador arremessos de quadra efetivos (*effective field goals* – eFG%) procura medir a efetividade de um jogador em todos os seus arremessos de quadra, conjuntamente. Portanto, considera arremessos de 2 e 3 pontos, sensível ao fato de o arremesso de quadra de 3 pontos valer um ponto a mais que um arremesso de 2 pontos. Por exemplo: o jogador A converte 4 arremessos em 10, sendo duas cestas de 3 pontos, e o jogador B converte 5 arremessos em 10, não obtendo nenhuma cesta de três pontos. Cada jogador tem 10 pontos de arremessos de quadra. Se considerada uma forma usual de avaliação, que contabilize arremessos de quadra convertidos/tentados, tem-se, respectivamente, 40% e 50% de aproveitamento. Contudo, ambos conseguiram produzir 10 pontos em 10 arremessos tentados. O eFG% define uma medida mais sensível à produção efetivamente obtida com os arremessos realizados. Para tanto, utiliza-se a fórmula (FG + 0,5 × 3P) ÷ FGA, sendo o peso acrescido aos arremessos de 3 pontos um fator de correção. No exemplo citado, tem-se: i) jogador A: eFG% = 4 + 0,5*2/10 = 50%; ii) jogador B: 5 + 0,5*0/10 = 50%, equiparando a efetividade, dado que ambos produziram 10 pontos. O eFG% leva em conta apenas arremessos de quadra. Na sequência, será apresentada uma métrica que considera também lances livres.

O percentual real de arremessos (*true shooting percentage*, TS%) é semelhante ao eFG%, mas considera a efetividade do jogador em todos os seus arremessos (2 pontos, 3 pontos e lances livres). O cálculo de TS% é feito da seguinte forma:

$$TS\% = \frac{Pontos}{2 \times [AT + (0,44 \times LLT)]} \times 100$$

Em que AT: arremessos tentados; *LLT*: lances livres tentados.

O eFG% detalha o aproveitamento de arremessos por contemplar os diferentes pesos de arremessos de 2 e 3 pontos convertidos. Já o TS%, além dos arremessos

de quadra, contempla também os lances livres. O TS% procura medir a eficiência total do jogador em suas tentativas de pontuação, enquanto o eFG% considera a eficiência do jogador em seus arremessos de quadra. Essas métricas trazem explicações adicionais sobre o desempenho, mas também possuem limitações que precisam ser consideradas. No TS%, por exemplo, se o jogador produz 4 pontos a partir de dois arremessos de 2 pontos tentados, terá um resultado distinto de 4 pontos a partir de 4 lances livres. Essas não são as situações mais frequentes e, para as mais frequentes, as fórmulas tendem a discriminar os desempenhos com mais precisão, mas é importante considerar essas limitações.

Por fim, há indicadores que sintetizam os dados do *box score* em um índice, com o intuito de expressar o desempenho em um único número. Pela sua própria definição, trata-se de um tema controverso, pois resumir o desempenho a um número é algo genérico, e um mesmo valor do índice pode ser construído por muitas composições diferentes de desempenhos bons e ruins das variáveis que o compõem. Na prática, porém, os índices são bastante utilizados para caracterizar o desempenho de jogadores e compará-los, o que torna importante compreender as suas formulações. Na sequência, serão examinados dois deles.

Primeiramente, o mais/menos (*plus/minus*). O *plus/minus* considera os pontos convertidos pela equipe com o jogador avaliado em quadra, comparado a quando o jogador não está em quadra. Aplicando o conceito, suponha-se que os jogadores J_A, da equipe A (Eq_A), e J_B, da equipe B (Eq_B), estão em quadra para o início do jogo. Assim que o jogo começa, Eq_A converte 10 pontos e abre 10 a 0 no placar. Nesse momento, J_A e J_B são substituídos. Para J_A, o *plus/minus* resultante é +10, consistindo na diferença de pontos convertidos pela Eq_A desde o momento de entrada até o momento da saída de J_A da quadra. Para J_B, o *plus/minus* é -10, diferença no momento da saída de J_B da quadra, -(-10). Logo, -20 – (-10), totalizando -10. O exemplo ilustra que, embora muito utilizado na avaliação de jogadores, constando em *box scores* de muitas ligas e campeonatos, o *plus/minus* tem a limitação de não ser sensível à participação efetiva do jogador na construção do resultado. Pode ocorrer, por exemplo, de um jogador com grande potencial ofensivo, mas atuando em uma equipe fraca, ter valores de *plus/minus* semelhantes a um jogador mediano em seu potencial ofensivo que jogue em uma equipe com ataque forte, pela participação total dos jogadores para o resultado das posses de bola, além de não ser sensível aos jogadores adversários em quadra no momento. Disso decorrem tentativas de aperfeiçoamento do indicador original, como o *plus/minus* ajustado,[7] entre outras.

Outro índice a ser destacado é o de eficiência. Este índice procura unificar em um valor a produção dos indicadores constantes no *box score*. Novamente, é bastante utilizado para comparar atletas, mas com limitações bastante evidentes. Algumas limitações na sua construção são a falta de equilíbrio entre variáveis defensivas e ofensivas, pois há predominância de variáveis de ataque. Além disso, os pesos atribuídos às variáveis não consideram a taxa de crescimento de cada uma delas no jogo: um arremesso certo pode valer 1, 2 ou 3, enquanto um arremesso bloqueado, rebote ou assistência valem sempre 1. Em síntese, é preciso ter claro o que se pretende com a análise para definir quais indicadores utilizar, ciente de suas limitações.

Ainda no âmbito das análises que exploram dados de *box score*, é crescente tanto a quantidade de dados disponíveis como abordagens computacionais e estatísticas de análise. Códigos em diferentes linguagens computacionais encontram-se disponíveis, e diversas perguntas podem ser respondidas empregando códigos já organizados para processamento e análise dos dados. Técnicas de visualização dos dados também vão sendo aprimoradas e contribuem para o rápido entendimento de padrões gerais de jogadores e equipes. A seguir, o tópico é exemplificado com mapas de todos os arremessos das temporadas 2013-2014, 2014-2015 e 2015-2016 do NBB, para seis jogadores de expressão neste campeonato (Figura 1). As cores e os tamanhos dos pontos indicam, respectivamente, percentual de acerto e frequência de arremessos. Os dados agrupados de três temporadas permitem identificar algumas tendências para cada jogador quanto à densidade em zonas preferenciais e não preferenciais de finalização, bem como o aproveitamento em cada uma das zonas.

ANÁLISES DINÂMICAS NO BASQUETEBOL

As abordagens dinâmicas de análise têm aumentado intensamente na literatura científica. O uso dessas variáveis é justificado pelo fato de a avaliação do desempenho, seja no nível individual, seja no coletivo, depender da compreensão tanto das sequências de ações que levam ao resultado da posse de bola como das interações entre os jogadores durante essas sequências. Em uma breve retrospectiva histórica, em 1995, foi realizado um estudo para analisar a carga fisiológica imposta aos jogadores de basquete em uma partida.[8] Ao todo, oito jogadores profissionais australianos foram analisados, tendo sido registradas suas frequências cardíacas, produção de lactato e tipos e intensidades de deslocamento durante todo o jogo. É um estudo representativo do estado da arte na época. Ao longo das duas décadas que seguiram até o presente, as abordagens foram sendo aprimoradas, seja pelo aumento do conhecimento a par-

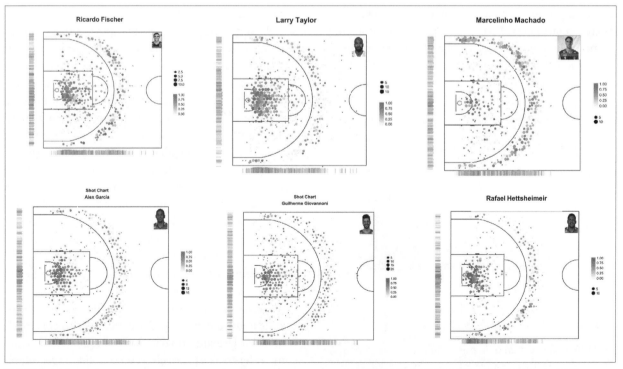

FIGURA 1 Mapa de arremessos de alguns jogadores nas temporadas 2013-2014, 2014-2015 e 2015-2016 do NBB.

tir da produção científica, seja pelos avanços tecnológicos que permitem adquirir informações de movimentações com alta frequência, gerando precisão nos dados e dando suporte a investigações mais especializadas sobre aspectos do jogo que antes não podiam ser mensurados.[9] Ilustrando esses avanços, é possível citar estudos que aplicam técnicas preditivas de desempenho a partir de bases de dados oriundas do rastreamento bi e tridimensional de grande quantidade de jogos de ligas profissionais.[10-12] Cervone et al.,[11] por exemplo, propõem um modelo multinível de predição do resultado da posse de bola no jogo, o valor esperado da posse de bola (EPV). O EPV é definido nesse estudo como uma probabilidade condicional: a pontuação esperada da equipe, dada a configuração espacial dos jogadores e da bola em um tempo t, sendo que t é atualizado periodicamente durante toda a posse de bola, modificando também a probabilidade de pontuação. Uma abordagem como essa requer um modelo de análise e a disponibilidade de grande quantidade de dados de alta frequência dos deslocamentos dos jogadores em quadra, associados à semântica das ações realizadas, para que as probabilidades possam ser calculadas. No estudo de Cervone et al., foram utilizados dados coletados a 50 Hz, de metade de uma temporada de todas as equipes da NBA, uma quantidade de dados inimaginável até recentemente. Embora esses dados comecem a existir, muitas vezes possuem acesso restrito, limitando boas práticas científicas de reprodutibilidade dos experimentos apresentados. No entanto, diversos grupos seguem desenvolvendo métodos de rastreamento automático de jogadores,[13,14] demonstrando uma clara tendência à ampla difusão desse tipo de informação em um futuro próximo. A Figura 2 auxilia na compreensão do crescimento da área de estudo envolvendo rastreamento de jogadores, com destaque para pesquisas com basquetebol. Esse crescimento impacta na superação de desafios metodológicos e consequente solução de problemas específicos do esporte, que podem ser abordados mediante a existência dos dados e de bons modelos para dar suporte às análises.

Estrutura da avaliação da dinâmica do jogo

A análise dinâmica permite acessar informações sobre os eventos que levaram às frequências acumuladas e registradas no *box score*. Conforme descrito no início da seção, considerável avanço tecnológico tem sido verificado na direção de automatização dos processos de análise e extração da semântica das ações de jogo. Entretanto, o uso em larga escala desses recursos ainda não é realidade. As informações obtidas por meio do rastreamento dos jogadores durante a partida devem ser complementadas com dados que identifiquem a causalidade de determinada dinâmica de interação entre os jogadores e a bola.[15] Para tanto, a sistematização de variáveis categóricas permite justamente qualificar as ações de jogo e quantificá-las, complementando informações oriundas de outras abordagens de análise (ver Capítulo 22 para detalhamento sobre avaliação baseada em variáveis categóricas). Alguns estudos já empregaram variáveis categóricas para analisar o comportamento das equipes, com viés para comportamentos ofensivos,[16,17] defensivos[18] ou, finalmente, focando na interação entre as equipes.[19-21]

Na prática da preparação de equipes, principalmente de alto rendimento, a contribuição complementar das análises categóricas às análises baseadas em indicadores de jogo é claramente evidenciada. Muitos técnicos buscam realizar análises qualitativas por meio do estudo de vídeos e ligas profissionais e têm se beneficiado muito do uso de serviços contratados que empregam variáveis categóricas em suas análises (p. ex., Synergy Scout®). Essa avaliação gera informações sobre a recorrência de ações ofensivas e defensivas de cada jogador e equipe, assim como a taxa de êxito em cada ação. Na sequência, serão destacados os conceitos fundamentais de uma perspectiva categórica de análise com o intuito de contribuir para que técnicos possam elaborar seus sistemas de avaliação extraindo mais significado tático de suas medidas.

A estruturação de um modelo dinâmico e categórico de análise deve começar pelo conceito central de equilíbrio/desequilíbrio da relação ataque-defesa, tendo como referência as variações da estabilidade na interação entre atacantes e defensores em cada momento do

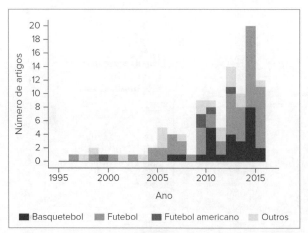

FIGURA 2 Crescimento de pesquisas sobre rastreamento de jogadores em esportes coletivos entre os anos de 1995--2015.[9]

jogo.[22] Em situações de oposição estáveis, há equilíbrio entre ataque e defesa, de modo que cada defensor permanece posicionado entre seu respectivo atacante e a cesta (Figura 3A). Contudo, frequentemente este equilíbrio é rompido por ações individuais ou grupais do ataque (Figura 3B) ou por ações defensivas que visam recuperar a posse de bola (Figura 3C), causando uma perturbação na dinâmica da oposição.

A inteligência do jogo atua sobre esta relação de equilíbrio e desequilíbrio entre as equipes, decorrendo diversas tendências de como lidar com esta relação na defesa (p. ex., tipos de ajudas, rotações etc.) e no ataque (p. ex., tipos de sistemas ofensivos ou jogadas). Consequentemente, na avaliação da equipe, é fundamental definir critérios para analisar como a equipe resolve o problema de desequilibrar a defesa (equipe atacante) ou conter o ataque (equipe defensora) e diferenciar esta avaliação da que se ocupa de analisar o resultado da interação que gerou ou não desequilíbrio. Isso porque desequilibrar a defesa de modo muito eficiente pode não resultar em cesta por um simples erro técnico. O desequilíbrio pode ter sido efetivo e ter resultado de processos envolvendo inteligência na tomada de decisão e orquestração das ações dos jogadores envolvidos. O erro da finalização pode ter decorrido de uma falha técnica. As implicações para o treinamento são bastante distintas e a análise deve discriminá-las.

Dinâmicas de Criação de Espaço (DCE)

A partir do conceito de equilíbrio e desequilíbrio da relação ataque-defesa, sistematizou-se um conjunto pequeno e exaustivo de classes de ações ofensivas que agrupam todas as possibilidades de uma equipe desequilibrar a defesa adversária.[17] Essas classes foram denominadas Dinâmicas de Criação de Espaço (DCE), conforme ilustrado na Figura 4. No modelo original, o conjunto de DCE era composto por:

- bloqueio direto (*pick*);
- bloqueio indireto (*screen*);
- um-contra-um no perímetro (*1on1*);
- um-contra-um próximo à cesta (*postup*);
- corte sem bola (*cut*).

Posteriormente, o modelo foi mais detalhado, gerando mais três classes:[16]

- mão-a-mão (*handoff*);
- prontidão para finalização do perímetro (*spotup*);
- prontidão para finalização na zona do garrafão (*dime in*).

O *handoff* consiste em uma ação de passe, sendo que o passador se posiciona para realizar um bloqueio para o atacante que recebe a bola (Figura 4F). O *spotup* engloba casos em que o atacante se posiciona na região do perímetro para receber o passe em situações em que o sistema defensivo adversário esteja em atraso ou desequilíbrio (Figura 4G). O *dime in* é análogo ao *spotup*, porém, o atacante se posiciona próximo à cesta (Figura 4H).

Em Lamas et al.,[17] os autores utilizaram as DCE como base para discriminar os perfis ofensivos das oito seleções nacionais mais bem classificadas nos Jogos Olímpicos de Beijing (2008). Verificou-se que a equipe dos Estados Unidos (EUA) utilizou o 1x1 como DCE predominante, o que era esperado, tendo em vista que esta ação é bem característica da cultura de jogo norte-americana. Já a China mostrou forte associação com a DCE *postup*, o que também era previsto, considerando que essa seleção tinha como principal jogador o pivô Yao Ming, com 2,28 m de estatura. A utilização de medidas baseadas em variáveis categóricas, seguindo um

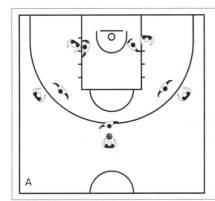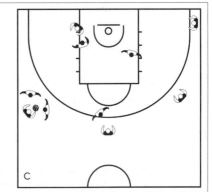

FIGURA 3 Equilíbrio/desequilíbrio da relação ataque-defesa. A: equilíbrio estabelecido entre atacantes e defensores. B: desequilíbrio provocado pelo ataque (no exemplo, penetração do atacante com bola). C: desequilíbrio provocado pela defesa, por uma ação de dobra defensiva sobre o atacante em posse da bola.

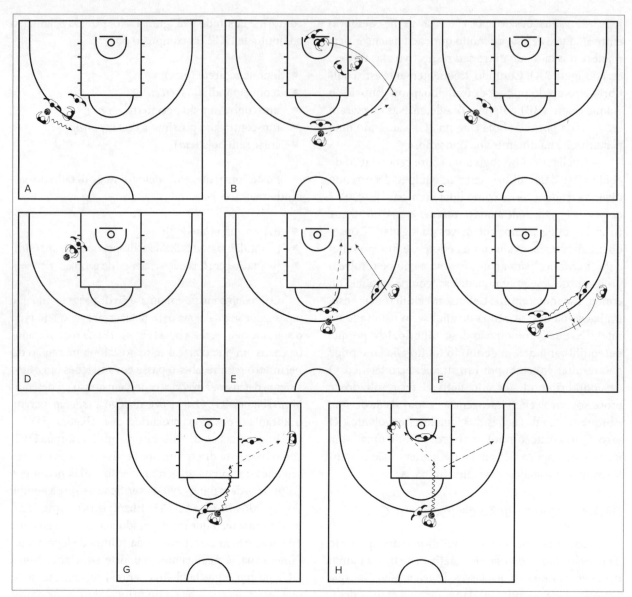

FIGURA 4 Dinâmicas de criação de espaço. A: bloqueio direto; B: bloqueio indireto; C: 1x1 perímetro; D: 1x1 interior; E: corte sem bola; F: mão-a-mão; G: prontidão para finalização – perímetro; H: prontidão para finalização interior. G e H foram ilustrados a partir de uma situação de 1x1, em que há uma ajuda defensiva e o atacante se posiciona para receber o passe no perímetro ou próximo à cesta, respectivamente.
Fonte: Adaptada de Lamas et al.[17] e Santana.[19]

modelo estruturado de descrição das ações, enriquece a análise com informações táticas e confere objetividade acerca de um conteúdo do jogo geralmente avaliado com elevada subjetividade.

Dinâmicas de Proteção de Espaço (DPE)

Para complementar as DCE, foram sistematizadas classes de ações defensivas de contenção de cada DCE, denominadas Dinâmicas de Proteção do Espaço (DPE).[18] Nesta subseção, a apresentação das DPE será restrita àquelas relacionadas à DCE bloqueio direto para explicar a proposta da modelagem. O bloqueio direto foi escolhido como referência porque essa dinâmica ofensiva é, frequentemente, a mais recorrente em uma partida.[18] A Figura 5 mostra as possibilidades de DPE, levando em consideração as ações de contenção tanto do atacante com a bola como do bloqueador. Observa-se elevada diversidade de alternativas de DPE para a mesma ação ofensiva, indicando riqueza e complexidade estratégica. Assim como na avaliação ofensiva com as DCE, a sistematização das DPE permite uma análise mais acurada e, consequentemente, a geração de informações mais úteis para o treinamento da equipe.

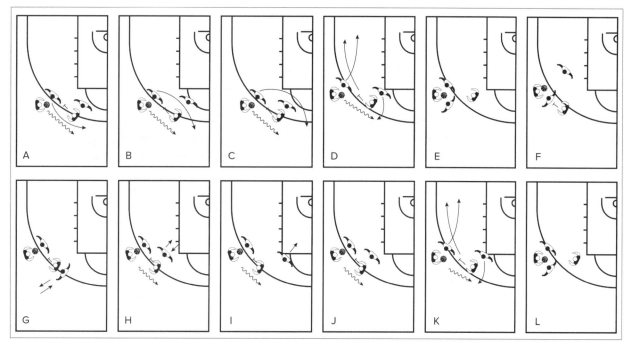

FIGURA 5 Dinâmicas de Proteção de Espaço (DPE) para o bloqueio direto. Em relação ao defensor do atacante com bola, A: passar em segundo (junto); B: passar em terceiro (meio); C: passar em quarto (por trás); D: trocar; E: dobrar; F: inversão. Opções para o defensor do bloqueador – G: mostrar e voltar; H: abrir; I: afastar; J: empurrar; K: trocar; L: dobrar.[18]

Em outro estudo que modelou, particularmente, as maneiras de defender o bloqueio direto,[21] as maiores eficiências encontradas foram: passar em segundo (junto), na defesa do jogador com a bola, e mostrar-voltar e dobrar, na defesa do bloqueador.

Os dois tipos de defesa por parte do bloqueador, embora mais eficientes, foram os que tiveram menor recorrência nas partidas analisadas. Uma possível explicação para este acontecimento deve-se ao fato de que tanto o mostrar-voltar como o dobrar são ações que obrigam o defensor, normalmente o pivô da equipe, a se afastar da região da cesta e defender com mais agressividade, aumentando as chances de cometer faltas, pois trata-se de um jogador com características mais lentas. Por esse motivo, normalmente os técnicos evitam estas duas DPE, a não ser que possuam em seu elenco pivôs mais atléticos, que consigam se deslocar com mais agilidade.

Durante a partida, a comissão técnica deve tomar a decisão sobre qual DPE utilizar, levando em conta uma série de variáveis no contexto, como as características dos atacantes envolvidos, as características dos defensores, o histórico desta dinâmica ao longo da partida, a quantidade de faltas dos defensores, entre outras. Se a característica predominante do atacante com bola for arremessar durante as ações de bloqueio direto, uma estratégia adequada é o defensor da bola 'passar junto', enquanto o defensor do bloqueador realiza um 'mostrar-voltar', forçando o atacante a realizar o passe. Já em situações em que este atacante não é bom arremessador, os defensores podem 'passar de terceiro e abrir' ou 'passar de quarto e empurrar', oferecendo ao adversário o arremesso como opção principal. Outro exemplo que vem se mostrando uma tendência entre equipes de diferentes níveis é realizar a defesa 'trocar' quando o bloqueio direto é realizado restando poucos segundos para estourar o tempo de posse de bola (24 segundos). Neste caso, a alternativa que resta ao ataque é jogar 1x1 com as situações de desvantagem criadas, seja o atacante com bola sendo defendido por um jogador mais lento, seja o pivô jogando próximo à cesta contra um defensor de menor estatura. Contudo, como restam poucos segundos de posse de bola, os atacantes jogam com maior pressão ocasionada pelo tempo e, havendo ajudas defensivas, dificilmente há tempo suficiente para realização de passes extras, obrigando o atacante a finalizar a cesta sem um bom posicionamento. Portanto, cada dinâmica defensiva visa a conter uma ação principal dos atacantes, considerada forte, criando, simultaneamente, algumas vulnerabilidades momentâneas em seu próprio sistema. Por meio da análise das dinâmicas ofensivas do adversário, a comissão técnica pode identificar os principais padrões táticos do oponente em resposta às DPE e se preparar para explorar seus pontos fracos. A avaliação da oposição utilizando as classes de DCE e DPE pode contribuir para predizer desdobramentos da interação ataque-defesa e as melhores alternativas visando ao êxito na oposição.

Aprofundamento da análise dinâmica: modelagem de ações concatenadas

Nas análises dinâmicas, é importante considerar não apenas cada ação realizada, mas identificar a recorrência de sequências com as mesmas ações encadeadas. Em equipes com estratégias bem desenhadas, muitas das jogadas ou sistemas ofensivos são compostos por encadeamentos específicos, de modo que, ao chegar à última DCE da sequência, a defesa esteja desestruturada ou com defasagem maior do que se a DCE tivesse sido realizada de maneira isolada.[19] Alguns dos sistemas ofensivos mais recorrentes nas estratégias de várias equipes de basquetebol possuem essa característica. Por exemplo, o sistema Flex (*flex offense*), em que o atacante que realiza um bloqueio indireto para um companheiro na primeira ação imediatamente recebe um bloqueio indireto de outro companheiro na ação subsequente. O fato de o defensor deste atacante necessitar realizar uma ajuda sobre o primeiro bloqueio faz com que sofra um atraso, que é ampliado pela realização da segunda ação.

Santana et al.[19] validaram dois tipos de encadeamentos de DCE: concatenações independentes e concatenações dependentes. Nas concatenações independentes não há sobreposição do final da primeira e o início da segunda ação encadeada. Por exemplo, a situação de um bloqueio direto seguido de um bloqueio indireto, podendo ou não haver participação de um ou mais jogadores em ambas as ações, caracterizará uma concatenação independente desde que não haja sobreposição do término da primeira com o início da segunda DCE. Já a concatenação dependente ocorre quando o início da segunda ação se sobrepõe ao término da primeira, e há repetição da participação de pelo menos um dos jogadores. No Sistema Flex, mencionado anteriormente, há exemplos de concatenações dependentes, pois atendem ao critério da sobreposição de ações sequenciais. Neste mesmo estudo,[19] foram sistematizados 27 tipos de concatenações dependentes. Nos resultados experimentais, verificou-se baixa recorrência das concatenações dependentes, embora tenham apresentado maior eficiência quando comparadas às concatenações independentes. A baixa recorrência se explica pela maior necessidade de sincronização entre os jogadores participantes. Entretanto, a maior eficiência pode ser decorrência da maior complexidade estratégica dessas ações e a maior dificuldade para contê-las por parte da defesa. Na parte experimental do estudo, foram analisadas as quatro equipes semifinalistas da NBA na temporada 2013-2014 (San Antonio Spurs, Miami Heat, Oklahoma City Thunder e Indiana Pacers). As Figuras 6 a 8 ilustram as concatenações dependentes mais recorrentes de cada uma das equipes (a equipe do Thunder não apresentou recorrência suficiente neste tipo de concatenação para caracterizar nenhum padrão preferencial).

AVALIAÇÃO DO DESEMPENHO NO DIA A DIA DO TÉCNICO DE BASQUETEBOL

As seções anteriores tiveram por objetivo caracterizar alguns aspectos importantes do estado da arte da avaliação do desempenho em jogo no basquetebol. O objetivo desta seção é apresentar maneiras práticas de empregar esses conceitos para qualificar o processo de preparação da equipe. A análise de variáveis de desempenho é uma ferramenta aliada dos treinadores ao longo da formação de atletas de basquetebol, que oferece possibilidades de uso distintas desde os anos iniciais na base até o alto rendimento.

Este texto, assim como todo o livro do qual faz parte, defende que a avaliação é uma ferramenta essencial para os técnicos esportivos. Contudo, o seu uso de maneira sistemática e produtiva – como ferramenta incorporada ao trabalho cotidiano do treinador –, eficaz para auxiliar na gestão da equipe e do treinamento, ainda é um desafio a ser superado em muitas modalidades e também no basquetebol.

Nas categorias de base, é frequente um técnico ser responsável pelo treinamento de duas ou mais equipes. Ainda que uma equipe, em qualquer escalão etário, tenha complexidade suficiente para absorver a jornada de trabalho completa do técnico, diversas questões, principalmente econômicas, levam muitos técnicos no Brasil a treinarem várias equipes. Já no alto rendimento, o treinador geralmente é responsável pelo treinamento exclusivo de uma equipe. Nesse contexto, o critério vitória/derrota tem peso muito alto para caracterizar o sucesso ou fracasso do grupo, e a concorrência impõe a necessidade de eficiência no processo de preparação do time, sob o risco de não satisfazer tal critério.

Muitos profissionais contam apenas com suas próprias impressões para tomar decisões e planejar treinos e competições, por falta de conhecimento do que e como avaliar e, também, pela falta de uma cultura de avaliação no treinamento esportivo, sendo bastante escassa a própria produção científica sobre a temática da avaliação em esporte.[23]

Quando se pensa em como e por que aplicar esses conhecimentos na prática, é comum surgirem muitos questionamentos, como os seguintes:

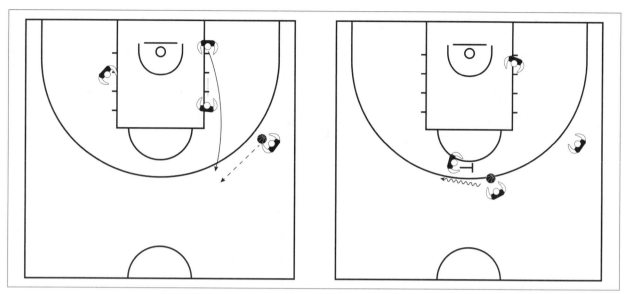

FIGURA 6 Concatenação dependente preferencial do Indiana Pacers. *Pick to screen receiver* (bloqueio direto para o receptor de um bloqueio indireto). Neste tipo de concatenação, o jogador recebe um bloqueio indireto de um companheiro e imediatamente corre para receber o bloqueio direto de um outro jogador.

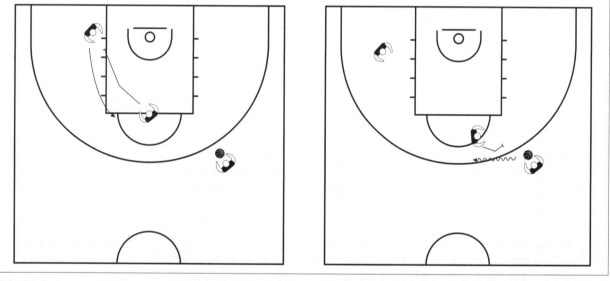

FIGURA 7 Concatenação dependente preferencial do Miami Heat. *Receive screen and pick* (recebe bloqueio indireto e faz bloqueio direto). Neste tipo de concatenação, o atacante recebe um bloqueio indireto de seu companheiro e imediatamente realiza um bloqueio direto para outro companheiro.

- Como técnicos que atuam com equipes no início da formação podem aplicar tais avaliações e aproveitar os dados que ela oferece?
- Como avaliar o desempenho tático da equipe sem grandes recursos tecnológicos ou equipe multidisciplinar?
- O que se pode ou se deve avaliar em uma escolinha de basquete?
- O que se pode ou se deve avaliar no pré-mini, e assim por diante?
- Como usar as informações usuais de *box score*?
- Como interpretar as métricas e utilizá-las para pensar o desempenho dos jogadores?
- Como aplicar análises dinâmicas para avaliar a equipe?

Estas são algumas das perguntas que o texto busca responder a seguir, a fim de apoiar treinadores a perceberem o potencial desta abordagem no incremento dos processos de treino e na consequente melhora da apren-

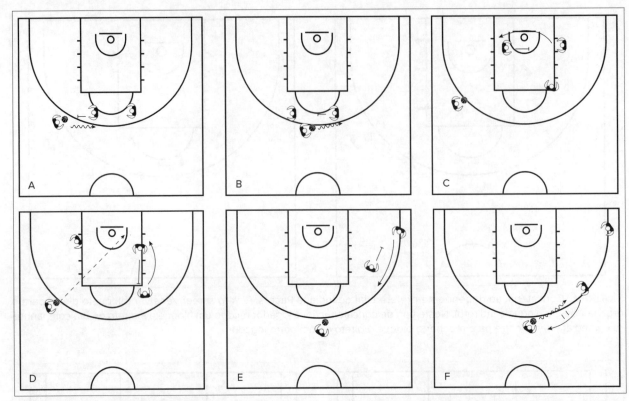

FIGURA 8 Concatenações dependentes preferenciais do San Antonio Spurs. Em A e B, está ilustrada a concatenação *staggered pick* (bloqueios diretos sequenciais). Neste tipo de concatenação, o mesmo jogador recebe dois bloqueios diretos, em sequência. Em C e D, está a concatenação *sequential screens* (bloqueios indiretos sequenciais). Aqui, o mesmo atacante realiza dois bloqueios indiretos para dois companheiros distintos. Em E e F, aparece a concatenação *hando-ff to screen receiver* (mão a mão para o receptor do bloqueio indireto), no qual o jogador que recebe um bloqueio indireto de seu companheiro imediatamente recebe um mão a mão do jogador que tem a bola.

dizagem e/ou aperfeiçoamento dos atletas, tanto quanto dos resultados em competições.

A avaliação, como uma etapa da ação de planejar, se encaixa em diferentes momentos desse processo e, em cada um deles, desempenha funções específicas, em um ciclo contínuo de avaliação e planejamento. No início de um trabalho – uma nova temporada, a formação de uma nova equipe –, a avaliação tem caráter diagnóstico, a fim de conhecer as potencialidades (físicas, técnicas, táticas e psicológicas) dos atletas e da equipe. Algumas das perguntas que guiam a avaliação diagnóstica são:

- Quem são os atletas?
- O que sabem e o que não sabem?
- O que fazem bem?
- O que precisam aprender ou melhorar?
- Quais recursos estão disponíveis?

Na busca destas e outras respostas, a avaliação diagnóstica auxilia o treinador a definir os objetivos, conteúdos e estratégias dos treinos. Ao longo dos treinamentos, avaliações processuais apoiam os treinadores na checagem dos avanços alcançados (ou não) e possível correção de rota, se necessário. É o momento em que se retomam os objetivos traçados no planejamento inicial para analisar se o caminho percorrido para alcançá-los está surtindo efeito ou se há necessidade de alterações nos conteúdos e/ou estratégias planejadas, ou até mesmo mudança de objetivos. Na avaliação processual, pergunta-se:

- Os atletas estão aprendendo ou melhorando aquilo que foi definido no planejamento?
- Quanto já evoluíram (qualitativamente e quantitativamente)?
- Quais os próximos objetivos a serem traçados?
- O que precisa ser modificado: as estratégias de treino e/ou os objetivos estabelecidos?

Já ao final de um ciclo, a avaliação tem enfoque nos resultados e pergunta:

- Quais foram os objetivos alcançados e quais não o foram?

- Quais resultados foram conquistados?
- Quais as causas de sucesso ou insucesso?

Note-se que, como foi destacado inicialmente, a avaliação faz parte de um ciclo contínuo de planejamento, e uma avaliação de resultados ao final de uma etapa já pode e deve apoiar o treinador com dados de diagnóstico para o próximo planejamento, e assim sucessivamente.

É exercitando as ações de avaliar e planejar que o treinador tem a chance de reconhecer sua importância e incorporá-la como ferramenta de trabalho. Avaliar é um instrumento valioso de aprendizagem para o próprio treinador, servindo inclusive como autoavaliação, oportunidade para que ele revise suas escolhas, ações e atitudes e possa aprimorá-las numa próxima vez. Avaliar também melhora a aprendizagem e o aperfeiçoamento dos atletas, na medida em que produz informações mais precisas sobre o desempenho individual e coletivo a partir de metas preestabelecidas e compartilhadas por todos, e indica o grau de evolução dos atletas e da equipe, como também o quão distante ou próximo estão dessas metas. Favorece o foco e a motivação de todos em busca destas metas, aguçando o senso de compromisso coletivo.

Para que a avaliação seja, de fato, uma ferramenta de suporte para melhorar os processos de treinamento e o desempenho de atletas e equipes de basquetebol, ela deve ser pensada de maneira sistêmica e não como uma ação isolada, esporádica.[24] Além disso, a avaliação produzirá resultados positivos quanto mais alinhada estiver com a filosofia de trabalho do treinador, considerando todas as dimensões do treinamento: física, técnica, tática e psicológica. Especificamente neste capítulo, interessa tratar com mais detalhes a dimensão tática, uma vez que esta é a ênfase dada no conteúdo abordado, além de ser um campo muito pouco debatido e com enorme potencial a ser explorado pelos treinadores nos mais variados níveis competitivos.

A avaliação estratégico-tática no processo de formação de atletas de basquetebol

A estrutura do basquetebol é caracterizada por um alto grau de complexidade, que se dá pela interação dos elementos técnico-táticos que, no jogo, se expressam pelo encadeamento de ações táticas individuais, grupais e coletivas, tanto ofensivas como defensivas. É com base nesta complexidade que, nas últimas décadas, novos modelos de ensino e de treinamento do basquetebol têm sido propostos com ênfase na dimensão tática, em detrimento da tradicional abordagem analítica focada na técnica, a partir da compreensão do jogo pela sua lógica estratégico-tática.[25,26]

Mais do que apenas substituir os usuais exercícios analíticos de repetição técnica por jogos reduzidos ou outras formas jogadas, tais abordagens têm sugerido uma série de conhecimentos táticos de nível conceitual (regras de ação que delimitam as opções táticas em função das situações próprias do jogo) e procedimental (aplicação destas regras em ações técnico-táticas para solucionar as situações reais de jogo) a serem ensinados, aprendidos e treinados. Além disso, destacam o desenvolvimento de habilidades cognitivas como percepção, antecipação e tomada de decisão, entre outras, como fundamentais para o aprimoramento destas capacidades táticas.[27-30] Os jogadores precisam aprender a perceber e antecipar as situações do jogo e a tomar decisões acertadas, lidando com toda a imprevisibilidade presente na modalidade. Enquanto jogam, meninos e meninas tomam decisões a todo o momento e, para formar atletas de basquetebol inteligentes e capazes de ler as situações de jogo, bem como escolher e executar as ações técnico-táticas mais adequadas para cada uma delas, é necessário que os conhecimentos táticos e as habilidades cognitivas façam parte do planejamento do treinador como conteúdos a serem aprendidos e praticados durante os treinos, para que possam ser executados nas competições.

Aqui, retoma-se a ideia de que o ato de avaliar está diretamente relacionado à ação de planejar. A avaliação deve responder ao planejamento. São os objetivos e conteúdos elencados no planejamento de uma determinada categoria do basquetebol que guiam as escolhas sobre o que e como avaliar. Assim, um programa de formação de atletas de basquetebol pautado por uma abordagem estratégico-tática que busca a formação de jogadores competentes em tomar decisões em quadra deve promover essa cultura estratégico-tática também por intermédio da avaliação. Quando o treinador elenca seus critérios e indicadores de avaliação, ele comunica, mesmo que implicitamente, o que julga importante para sua equipe. O estabelecimento, pelo treinador, de parâmetros e estratégias de análise tática, portanto, informa aos seus atletas que este é um aspecto valorizado na sua filosofia de jogo.

Aprender a jogar basquetebol significa desenvolver a capacidade de solucionar os problemas que o jogo apresenta a cada momento. Na perspectiva estratégico-tática da modalidade, a aprendizagem e o treinamento tático baseiam-se em um intenso processo reflexivo sobre as ações de jogo, que também se caracteriza como uma ação eminentemente avaliativa. Entre diferentes propostas metodológicas com abordagem tática, há um ponto em comum, que é a ação deliberada do treinador de expor seus atletas a situações de jogo tratadas pedagogicamente como uma "pergunta". As estratégias de aprendizagem e treinamento tático baseiam-se na criação de situações-problema que devem ser resolvidas pelos atletas, e os eventuais erros por eles cometidos oferecem oportunidades preciosas de aprendizagem quando bem mediadas pelo treinador por meio de processos avaliativos.

No longo prazo, durante as etapas de iniciação e formação esportiva, as competições e suas consequentes aferições de desempenho devem servir como conteúdos e estratégias de treino.[31,32] Se no basquetebol adulto os processos avaliativos estão voltados principalmente para o desempenho da equipe e os resultados em competições, nas etapas de iniciação e formação as avaliações podem e devem ser inseridas nos treinamentos como ferramenta pedagógica. Pensar na avaliação como uma estratégia no processo de aprendizagem é planejar atividades avaliativas do conhecimento e da capacidade tática dos jogadores para que eles aprendam tais conhecimentos e incrementem seu rendimento tático.

Imagine-se um treino de uma categoria de base com dois grupos. O primeiro, com atletas em quadra praticando uma situação de jogo 3x3, em que não é permitido driblar com o objetivo de melhorar a construção de linhas de passe e tornar o ataque mais dinâmico. O segundo grupo conta com jogadores na espera que utilizam um instrumento de análise tática em papel para observar e registrar as ações que resultaram em finalização e as ações que resultaram em perda de posse de bola. Em seguida, o treino é interrompido e o técnico reúne todos os jogadores para analisarem juntos o que foi observado e registrado, elencando algumas regras de ação que identificaram ser importantes para a situação de jogo em questão. Na sequência, retomam a atividade de treino com o objetivo de aplicar tais regras de ação. Este é um exemplo simples de como a avaliação pode ser implementada no processo de treino para a aprendizagem de conhecimentos táticos mesmo sem recursos tecnológicos ou assistentes. Meios mais simples, como análises de filmagens tanto de treinos como de competições, são recursos bastante acessíveis atualmente, com o advento das câmeras de celulares, que podem ser exploradas com a mesma finalidade.

Outra estratégia de avaliação que pode ser utilizada em diferentes etapas, mas que tem apelo especial com crianças no processo de iniciação esportiva, é o uso de fotografias. Comumente, a imagem representativa de iniciantes jogando basquetebol é um aglomerado de crianças próximas à bola, que difere enormemente de uma equipe mais experiente que se distribui de maneira mais inteligente. Registrar em fotos a distribuição de uma equipe iniciante em quadra e pareá-la com uma foto de outra mais avançada, pedindo para que as crianças observem as diferenças da posição dos jogadores em relação à bola é um recurso poderoso para ajudá-las a compreender a lógica de ocupação de espaços no ataque. Além disso, um registro sistemático de fotos ao longo do tempo é capaz de demonstrar a evolução da equipe em relação a este aspecto, servindo também como meio para avaliar os resultados do treinamento.

Com isso, o que se pretende deixar claro nestes exemplos é que atrelar a avaliação às atividades de treino, em grande medida, implica deslocar os atletas da posição de jogadores para a condição de observadores, de analistas de desempenho, de estrategistas. Ao ocuparem esses diferentes papéis, os atletas têm oportunidade de desenvolver competências diferentes daquelas que exercitam como jogadores, mas que também são importantes para o desempenho em quadra. Aprender a avaliar os jogadores e as equipes – observar, coletar informações e analisá-las – é uma forma também de aprender a jogar. Enquanto fazem tais análises, os atletas elaboram hipóteses para solucionar e corrigir determinadas situações de jogo e, quando voltam para a quadra, têm a oportunidade de aplicá-las e testar sua efetividade. A realização sistemática desses exercícios apoia o desenvolvimento da inteligência tática dos jogadores, fundada justamente na capacidade refinada em perceber as situações de jogo e construir respostas adequadas para cada momento.

Outro ponto que merece atenção é o fato de que, no contexto esportivo, a competência de um atleta ou de uma equipe costuma estar associada a se destacar entre os melhores jogadores e/ou vencer. É muito comum, portanto, que dados gerados por processos avaliativos acabem sendo utilizados para comparar desempenhos e construir *rankings*, classificar atletas e equipes. Muitos treinadores o fazem acreditando que isso pode ser um fator de motivação a mais para que seus jogadores desejem melhorar seus desempenhos individuais. O fato é que, especialmente nos anos de iniciação e formação esportiva, a excessiva comparação de desempenho entre os atletas nem sempre provoca efeitos positivos. Pode inclusive desmotivar muitos deles, fazendo com que alguns abandonem a prática do esporte, pela experiência de fracasso que essa abordagem avaliativa provoca. Por isso, ao trabalhar com crianças e adolescentes, recomenda-se que os treinadores criem uma cultura de avaliação mais autorreferenciada, avaliando a competência de seus atletas e ensinando-os a se autoavaliarem a partir de parâmetros baseados no progresso individual.[33,34] Uma perspectiva autorreferenciada de avaliação aumenta as possibilidades de melhora, uma vez que permite estabelecer metas de desempenho mais realistas e ajustadas para um dado nível atual, além de nutrir a motivação intrínseca e a autoestima dos atletas, aspectos fundamentais para a adesão de crianças e jovens a programas esportivos.

CONSIDERAÇÕES FINAIS

A análise de jogo no basquetebol pode seguir abordagens bastante distintas, dependendo do contexto em que será aplicada. Cabe ao técnico definir as medidas e tipos de análise que empregará para extrair o máximo de informação útil para sua atuação. Este capítulo teve como intuito apresentar os tópicos sobre os quais os técnicos precisam decidir no processo de avaliação e também sobre como operacionalizar as medidas. Foram apresentados o potencial e as limitações de medidas discretas e dinâmicas, cabendo destacar que ambas as abordagens podem compor a avaliação e se complementarem. Destacou-se ainda a importância do foco da avaliação ser modulado em função do nível de prática e experiência dos atletas, podendo inclusive ser um eficiente instrumento pedagógico, por envolver os jogadores ativamente no processo de análise e levando-os a pensar sobre as causas e consequências de ações desempenhadas por seus companheiros.

RESUMO

O jogo de basquetebol baseia-se no objetivo fundamental da equipe de realizar mais cestas que a equipe adversária em um jogo. Avaliar o desempenho da equipe para alcançar esse objetivo depende de um esforço conceitual não trivial para que as respostas sejam válidas e úteis. Primeiramente, é importante destacar três critérios para estruturar a avaliação:

- objeto da análise;
- modelo de análise;
- contexto da análise.

Depois, com a especificação do objeto da análise a partir desses critérios, deve-se investigar qual abordagem de análise atende melhor às necessidades:

- discreta, baseada em indicadores de jogo do *box score* ou indicadores avançados;

- dinâmica, baseada em classes de ações de ataque, defesa ou combinações de ambos;
- modelos de avaliação com informações complementares de variáveis discretas e dinâmicas.

Finalmente, o entendimento processual da avaliação permite integrá-la no plano geral de preparação da equipe, tornando-a útil para aprimorar a estratégia da equipe e o treinamento visando ao desempenho no jogo, além de torná-la uma ação pedagógica, especialmente se os próprios atletas forem envolvidos na realização das análises, seja nos primeiros escalões formativos, anotando dados simples e com significado tático relevante, seja no alto rendimento, discutindo com a comissão técnica detalhes táticos para um próximo jogo em sessões de vídeo.

Questões para reflexão

1. Em que difere uma avaliação baseada em variáveis discretas de outra baseada em variáveis dinâmicas? Quais vantagens e desvantagens de cada uma das abordagens?

2. Como a sistematização de ações ofensivas e defensivas, respectivamente, pelas DCE e DPE podem auxiliar na avaliação do desempenho de uma equipe e na avaliação de tendências táticas de um adversário?

3. Quais as principais diferenças na avaliação de equipes de etapas formativas e de alto rendimento?

REFERÊNCIAS BIBLIOGRÁFICAS

1. Franks I, Miller G. Training coaches to observe and remember. J Sports Sci. 1991;9(3):285-97.
2. Smith D. Multiple Offenses and Defenses. Benjamin Cummings Editor; 1982.
3. Berri DJ, Schmidt MB, Brook SL. The Wages of Wins: Taking Measure of the Many Myths in Modern Sport. Stanford: Stanford University Press; 2006.
4. Oliver D. Basketball on paper: rules and tools for performance analysis. Brasseys' Inc.; 2004.
5. Kubatko J, Oliver D, Pelton K, Rosenbaum D. A starting point for analyzing basketball statistics. J Quant Anal Sports. 2007;3(3).
6. Shea S, Baker C. Basketball analytics: objective and efficient strategies for understanding how teams win. CreateSpace Independent Publishing Platform; 2013.
7. Rosenbaum DT. Measuring how NBA players help their teams win. 82games.com; 2004. Acessado em: 12 mar. 2017.
8. McInnes S, Carlson J, Jones C, McKenna M. The physiological load imposed on basketball players during competition. J Sports Sci. 1995;13(5).
9. Gudmundsson J, Horton M. Spatio-temporal analysis of team sports – a survey. arXiv: 1602.06994 [cs.OH]; 2016.
10. Oh M, Keshri S, Iyengar G. Graphical model for basketball match simulation, MIT Sloan Conference, Boston; 2015.
11. Cervone D, D'Amour A, Bornn L, Goldsberry K. A multiresolution stochastic process model for predicting basketball possession outcomes. CoRR. 2014;1(1):1-30.

12. Lucey P, Bialkowski A, Carr P, Yue Y, Matthews I. "How to get an open shot": analyzing team movement in basketball using tracking data. 8th MIT Sloan Conference, Boston, US; 2014.

13. Misuta MS. Análise do processo de rastreamento automático de jogadores em esportes coletivos. Tese. Universidade de Campinas: Campinas, 2009.

14. Perse M, Kristan M, Kovacic S, Vuckovic G, Pers J. A trajectory-based analysis of coordinated team activity in a basketball game. Comp Vis Image Understanding. 2009;113:612-21.

15. Tenga A, Kanstad D, Ronglan L, Bahr L. Developing a new method for team match performance analysis in professional soccer and testing its reliability. Int J Perf Anal Sports. 2009;9:8-25.

16. Ibañez JC. Analisis del comportamiento táctico em baloncesto NBA: estudio predictivo del uso y eficácia de las acciones e interaciones de los jugadores em el passe interior. Tese. Universidade de Granada: Espanha, 2016.

17. Lamas L, De Rose J, Santana F, Rostaiser E, Negretti L, Ugrinowitsch C. Space creation dynamics in basketball offence: validation and evaluation of elite teams. Int J Perf Anal Sports. 2011;11:71-84.

18. Santana F, Rostaiser E, Sherzer E, Ugrinowitsch C, Barrera J, Lamas L. Space protection dynamics in basketball: validation and application to the evaluation of offense-defense patterns. Motriz. 2015;21:34-44.

19. Santana F, Lamas L, Ugrinowitsch C. Analytical method for evaluating offensive teams' performance based on sequences of actions in basketball. International Association of Computer Science in Sport (IACSS) Conference: Brasília, 2016.

20. Lamas L, Santana F, Heiner M, Ugrinowitsch C, Fellingham G. Modeling the offensive-defensive interaction and resulting outcomes in basketball. Plos One. 2015;10(12).

21. Refoyo I, Romero J, Molinuevo J, Vecino J. Análisis de la decisión táctica en el bloqueo directo. Una comparación entre selecciones internacionales absolutas y clubes. V Congreso Ibérico de Baloncesto, 2009.

22. Hughes M, Bartlett R. The use of performance indicators in performance analysis. J Sports Sci. 2002;20:739-754.

23. Leonardi TJ, Galatti Lr, Scaglia AJ, De Marco A, Paes RR. Pedagogia do esporte: sinalização para a avaliação formativa da aprendizagem. Pensar a prática. Goiânia, jan./mar. 2017;20(1).

24. Tavares FJS. Analisar o jogo nos esportes coletivos para melhorar a performance, uma necessidade para o processo de treino. In: De Rose Jr D. Modalidades esportivas coletivas. Rio de Janeiro: Guanabara Koogan, 2006. p.60-7.

25. Tavares F, Janeira M, graça A, Pinto D, brandão E. Tendências actuais da investigação em basquetebol. Porto: FADEUP, 2001.

26. Oliveira J, Graça O. O ensino dos jogos desportivos. Porto: FADEUP, 2006.

27. Greco PJ. Iniciação esportiva universal: metodologia da iniciação esportiva na escola e no clube. Belo Horizonte: Editora UFMG, 1998.

28. Scaglia AJ, Reverdito RS, Leonardo L, Lizana CJR. O ensino dos jogos esportivos coletivos: as competências essenciais e a lógica do jogo em meio ao processo organizacional sistêmico. Rev Mov Porto Alegre. out./dez. 2013;19(4):227-249.

29. Greco PJ. Iniciação esportiva universal: metodologia da iniciação esportiva na escola e no clube. Belo Horizonte: Editora UFMG, 1998. p.39-56.

30. Julio C, Greco PJ. Cognição & ação nos jogos esportivos coletivos. Ciência & Cognição. 2010;15(1):252-71.

31. Garganta J. O treino da tática e da técnica nos jogos desportivos à luz do compromisso cognição-ação. In: Barbanti VJ et al. Esporte e atividade física: interação entre rendimento e qualidade de vida. Barueri: Manole, 2002. p.281-306.

32. Marques A, Oliveira J. O treino e a competição dos mais jovens: rendimento *versus* saúde. In: Barbanti VJ et al. Esporte e atividade física: interação entre rendimento e qualidade de vida. Barueri: Manole, 2002. p.51-80.

33. Korsakas P. O esporte infantil: possibilidades de uma prática educativa. In: De Rose Jr D. Esporte e atividade física na infância e adolescência: uma abordagem multidisciplinar. Porto Alegre: Artmed, 2002. p.39-49.

34. Korsakas P. O clima motivacional no esporte infantil: um estudo sobre os significados de esporte e educação. São Paulo, 2003. 138p. Dissertação (Mestrado). Escola de Educação Física e Esporte. Universidade de São Paulo.

Capítulo 19

Futebol

Renê Drezner
José Alberto Aguilar Cortez

Objetivos do capítulo

▶ Conhecer os procedimentos de avaliação mais utilizados no futebol, tanto nos clubes como no meio acadêmico. Para cada procedimento de avaliação, será realizada uma análise crítica da sua aplicabilidade e relevância, com destaque para seus pontos fortes e fracos.
▶ Conhecer as ferramentas para decidir sobre a viabilidade de sua utilização. Também serão apresentados alguns dados de referência coletados ao longo de mais de 10 anos de aplicação de testes físicos em equipes profissionais e sub-20 do estado de São Paulo.

IMPORTÂNCIA E ABORDAGEM DO TEMA

O futebol, assim como outras modalidades esportivas coletivas, é um esporte complexo que exige do jogador o domínio de diferentes capacidades e habilidades durante o jogo. Para jogar com excelência, é necessário que o praticante tenha o controle das alterações de posicionamento entre os jogadores e a bola, atentando para pontos-chave destas novas configurações e elaborando possíveis respostas para estas mudanças a partir dos seus recursos físicos e técnicos sob diversas situações de pressão.

São muitas as variáveis que podem influenciar o desempenho dos atletas, o que dificulta a identificação dos elementos críticos que condicionam a forma de atuação e sua respectiva qualidade. A identificação destes elementos influencia diretamente o processo de preparação, tanto no nível individual como no coletivo, pois os programas de treinamento devem ser orientados para o aprimoramento dos pontos críticos de desempenho. Assim, a mensuração das variáveis inerentes ao desempenho ganha um papel de destaque na preparação, o que torna a avaliação no futebol um item fundamental dentro do processo.

Atualmente, existe um grande número de testes com intuito de discriminar fatores relevantes à prática da modalidade, contemplando diversas áreas de conhecimento. De modo geral, estas avaliações podem ser agrupadas em grandes classes, tradicionalmente divididas em quatro: condição física, técnica, cognitiva (tática) e psicológica. Neste capítulo, serão abordadas as avaliações referentes a três destas classes: condição física, técnica e cognitiva (tática).

AVALIAÇÃO DA CONDIÇÃO FÍSICA: POTÊNCIA E RESISTÊNCIA

A condição física dos jogadores é uma das variáveis mais investigadas no campo acadêmico e um dos itens mais controlados na preparação das equipes. Isso acontece porque o desenvolvimento da pesquisa no esporte foi estruturado sobre as disciplinas das ciências biológicas (p.ex., fisiologia), o que deu às áreas da fisiologia do esporte e da preparação física mais espaço no processo de preparação das equipes, além de um maior crescimento em relação a outras áreas no campo científico. Atualmente, a avaliação da condição física é muito estruturada, tanto no meio acadêmico como entre os profissionais que atuam nos clubes de futebol. As variáveis fisiológicas inerentes ao desempenho já estão bem definidas, e são encontrados parâmetros de referência em diversos testes físicos em jogadores profissionais e das categorias de base. Neste capítulo, serão apresentadas as avaliações divididas em dois grupos: potência e resistência.

Avaliação da potência

A potência está presente no futebol nos momentos decisivos do jogo. Nas ações pontuais (de tentativa de gol), os jogadores precisam chegar mais rápido que os adversários, saltar mais alto na disputa aérea ou ganhar a posse de bola em uma dividida, por exemplo. Desta forma, um bom condicionamento da potência capacita o atleta a ter grande poder de definição, tanto ofensiva como defensivamente.

No campo das ciências do esporte, a variável mais utilizada para mensuração do desempenho de potência é a medida da potência pico. Este índice corresponde à máxima potência gerada em um dado momento na realização de uma determinada tarefa. Durante muito tempo, a potência pico foi avaliada no teste de Wingate. Este tipo de avaliação é aplicado na bicicleta ergométrica, em que o avaliado pedala com a máxima intensidade durante 30 s. A resistência do pedal é calculada de maneira proporcional ao peso do sujeito. Com esse protocolo, é possível avaliar a potência pico (máxima intensidade atingida no teste) e a resistência anaeróbia lática (percentual de queda de desempenho no decorrer do teste e potência média). Esta avaliação foi amplamente utilizada em várias modalidades esportivas, porém ela tem uma limitação indiscutível. Pedalar é um movimento inespecífico para os jogadores de futebol, o que faz o teste perder confiabilidade.

Hoje, o teste mais específico para mensuração da potência pico no futebol é o RAST (*Running Anaerobic Sprint Test*). O RAST se desenvolve por meio de uma sequência de seis corridas máximas de 35 m com 10 segundos de intervalo entre elas. Neste protocolo, são coletados os tempos de cada corrida (idealmente por meio de células fotoelétricas) e o peso dos avaliados. Para mensurar a potência pico, só será utilizado o menor tempo das seis corridas, provavelmente o tempo da primeira corrida. Os outros tempos cronometrados somente serão utilizados para o cálculo das variáveis de resistência, que será comentado mais adiante no texto. Com os dados do menor tempo e o peso do avaliado, aplica-se uma fórmula para obtenção da potência pico absoluta (em *watts*) e potência pico relativa (*W/kg*). As fórmulas são apresentadas a seguir:

$$\text{Potência absoluta (W)} = \frac{\text{Peso (kg)} \times \text{distância (m)}^2}{\text{Tempo (s)}^3}$$

Razão entre o produto do peso e da distância elevada ao quadrado (35 m = 1.225) pelo tempo elevado ao cubo.

$$\text{Potência pico relativa}\left(\frac{\text{W}}{\text{kg}}\right) = \frac{\text{Potência absoluta (W)}}{\text{Peso (kg)}}$$

Na literatura já são encontrados estudos que coletaram dados da potência pico relativa entre diferentes categorias do futebol de base e profissional. Na Tabela 1 estão representados os resultados referentes a uma equipe do Brasil.

TABELA 1 Resultados do teste de potência pico do RAST[1]

W/kg	Sub-15	Sub-17	Sub-20	Profissional
Média	8,58	9,79	10,82	11,32
Máxima	10,48	11,87	13,27	13,81
Mínima	7,24	6,65	9,02	9,86

Além do RAST, outra possibilidade de mensuração da potência pico é por meio do salto com sobrecarga ou do agachamento realizado com velocidade máxima concêntrica. Nesses protocolos, a potência pico é aferida por meio do pico de aceleração da barra sob diferentes sobrecargas. Essa maneira de avaliar permite analisar o desempenho de potência dos avaliados em diferentes faixas de porcentagem da carga máxima. Nos estudos de análise da potência em atletas, este procedimento está ganhando muita popularidade, mas ainda não é muito difundido nas investigações com o futebol.

Avaliação da potência no controle de desempenho das equipes

No campo prático, o maior interesse na avaliação da potência se prende à identificação de variáveis que exerçam influência direta sobre o desempenho no jogo. No futebol há quatro movimentos fundamentais: velocidade de corrida, altura do salto, velocidade de mudança de direção e velocidade do chute.

Entre os movimentos citados, os mais popularmente avaliados são a altura do salto e a velocidade de corrida. A velocidade de chute é muito pouco utilizada, apenas alguns estudos mediram essa variável e, por isso, não são encontrados muitos resultados de referência. Isso se deve à dificuldade de mensuração da velocidade do chute, pois é necessário ter um radar ou uma câmera de alta frequência. Quanto à velocidade de mudança de direção (agilidade), existe grande dificuldade para padronização dos testes. Cada pesquisador/preparador utiliza uma forma específica de avaliar, criando um novo teste ou aplicando uma forma adaptada de um teste existente. No esporte em geral, os testes mais populares são o *Shuttle Run*, *Illinois Agility Test* e *T Test*.

Avaliação do salto

O movimento de salto é efetuado pelos jogadores de linha nas disputas aéreas e pelos goleiros nos momentos de saída do gol e defesa. Os protocolos para mensuração do desempenho do salto podem ser divididos em dois modelos: mensuração da altura do salto vertical e distância do salto horizontal. Entre eles, a altura do salto vertical é a mais utilizada, porque necessita de menos espaço para realização do teste e pelos instrumentos que estão disponíveis para sua avaliação.

O salto vertical é um movimento complexo que se desenvolve pela coordenação dos membros inferiores, superiores e tronco, simultaneamente. Na execução do salto, é muito comum a ocorrência de um contramovimento antes do momento de propulsão para o aproveitamento do acúmulo de energia elástica no impulso total. Com isso, a altura final do salto depende de uma combinação de diversos fatores. No campo científico, eles são decompostos em três: potência da perna; acúmulo e restituição de energia do contramovimento; e aproveitamento da coordenação dos braços. Para identificar cada ponto crítico, surgiram três formas de avaliação do salto:

- Salto a: salto vertical parado sem restrições.
- Salto b: *counter movement jump*, que consiste em salto vertical parado com contramovimento sem a utilização dos braços (movimento se realiza com os braços na cintura).
- Salto c: *squat jump*, salto vertical parado na posição dos joelhos a 90° sem contramovimento e sem a utilização dos braços.

A partir da comparação de desempenho entre os três tipos de salto, é possível identificar a contribuição do contramovimento (diferença entre o salto com e sem contramovimento) e da coordenação dos braços (diferença do salto com e sem a utilização dos braços).

No futebol, as avaliações mais utilizadas são aquelas que restringem o uso dos braços para ganhar impulso (saltos b e c). O problema é que esses tipos de salto não costumam ser muito treinados pelos jogadores, fato que contribui para a ocorrência de grande variação de desempenho entre diferentes populações. Além disso, a forma de avaliação também contribui, pois os métodos mais precisos, como a plataforma de força (instrumento caro e de difícil acesso) e a análise cinemática do deslocamento do centro de gravidade (método bastante trabalhoso) são muito pouco utilizados. O instrumento mais usado para mensuração da altura do salto é a plataforma de contato. Nesse aparelho, a altura atingida é mensurada pelo tempo de voo. O problema é que o tempo de voo pode ser estendido pela queda com o

calcanhar ou com os joelhos mais flexionados, que respectivamente superestimam a altura final.

A Tabela 2 apresenta resultados de jogadores profissionais e de categorias de base no salto com contramovimento sem a utilização dos braços e no salto vertical parado, na posição de 90°, sem contramovimento. Os resultados dos jogadores profissionais se referem a um grupo de atletas brasileiros que participaram de um experimento de treino de potência[2] e os resultados das categorias da base se referem a atletas de equipes de elite da Bélgica.[3]

TABELA 2 Resultados dos testes de salto verticais de jogadores profissionais e de categorias de base[2,3]

cm	SCCM	SSCM	Referência
Sub-9	19,5 +/- 3,3	–	[3]
Sub-11	22 +/- 3,2	–	[3]
Sub-13	25,2 +/- 3,5	–	[3]
Sub-15	28,9 +/- 4,3	–	[3]
Sub-17	34,3 +/- 4,4	–	[3]
Sub-19	36,3 +/- 4,3	–	[3]
Profissionais	41,78 +/- 4,6	40,08 +/- 3,68	[2]

SCCM: salto com contramovimento; SSCM: salto sem contramovimento.

O teste de salto horizontal é pouco utilizado no futebol. Isso acontece pela necessidade de mensurar a distância do salto de maneira manual, o que aumenta a probabilidade de erro de aferição. Entretanto, mesmo com essa desvantagem, a distância do salto pode ser um bom indicador da capacidade de propulsão dos jogadores. No protocolo de avaliação do nosso grupo de estudo, é utilizado o teste de salto sêxtuplo. Nesse teste, o avaliado deve realizar seis saltos sucessivos com impulsão alternada dos membros inferiores, obtendo-se o resultado do teste por meio da medida da distância total. Como a distância fica próxima de 15 m, um pequeno erro de aferição (10 cm) terá pouca influência no resultado final. Além disso, ele apresenta boa correlação com o teste de velocidade de corrida na distância de 10 m (capacidade de aceleração). A Tabela 3 apresenta os resultados de 119 jogadores avaliados pelo nosso grupo (GEPEFFS). Os jogadores testados pertencem a equipes profissionais e sub-20 de divisões inferiores do futebol paulista.

Avaliação da velocidade

A velocidade de corrida está presente na maioria dos momentos determinantes do jogo, pela necessidade de chegar antes que o adversário em zonas cruciais do campo. Durante o jogo, de modo geral, as corridas má-

TABELA 3 Resultado dos testes de salto sêxtuplo de jogadores profissionais e da categoria sub-20 avaliados pelo nosso grupo de estudo

Metros	Média	Desvio	Máximo	Mínimo
Salto sêxtuplo	15,55	1,07	18,60	13,80

ximas não passam de 30 m de distância e, por essa razão, as avaliações da velocidade de corrida usadas nos testes costumam não ultrapassar a distância de 30 m. Tradicionalmente, o desempenho da velocidade de corrida é dividido em três componentes:

- Tempo de reação.
- Aceleração.
- Velocidade máxima.

No futebol, os protocolos de avaliação da velocidade têm preferência em mensurar a capacidade de aceleração utilizando a distância de 10 m e de velocidade máxima utilizando a distância de 30 m. Na maioria dos casos, 30 m não é a distância ideal para atingir a velocidade máxima.

Com relação ao tempo de reação, sua medida não é muito usada nas avaliações da velocidade de corrida, pois a maneira mais confiável para medir o desempenho de corrida é por meio de células fotoelétricas. Este instrumento mede eletronicamente o tempo de corrida por meio de sensores que ficam no local de saída e chegada e captam a passagem do avaliado. Com isso, é o jogador que aciona o disparo do cronômetro, o que impossibilita a mensuração do seu tempo de reação.

A Tabela 4 apresenta os resultados dos testes de 10 e 30 m de jogadores do futebol de base e profissionais. Os resultados dos profissionais se referem a um grupo

de 17 jogadores de uma equipe de elite da Noruega.[4] Já os resultados das categorias de base se referem aos atletas de equipes de elite da Bélgica[3] e um grupo de atletas de equipes da Alemanha que se submeteram a uma intervenção de 2 anos de treinamento de força.[5]

Com relação aos jogadores brasileiros, o nosso grupo (GEPEFFS) avaliou o tempo de corrida na distância de 30 m em 107 jogadores profissionais e sub-20 de equipes de divisões inferiores do futebol paulista. O tempo final foi aferido manualmente, a partir do início do movimento dos jogadores, em décimos de segundo, com o valor centesimal sendo arredondado para cima (p.ex., 3,84 foi arredondado para 3,9). Os resultados estão representados na Tabela 5.

TABELA 5 Resultados do teste de velocidade de corrida de 30 m aplicado em jogadores profissionais e da categoria sub-20

Segundos	Média	Desvio	Mínimo	Máximo
30 m	4,1	0,2	3,6	4,5

Avaliação da resistência

Durante o jogo de futebol é necessário realizar inúmeras repetições de esforços de alta intensidade intercaladas com curtos momentos de recuperação. Quanto melhor for a recuperação, menor será o tempo necessário para restituição da energia e mais rápido o jogador estará apto a realizar outro esforço de alta intensidade. Deste modo, a resistência dos atletas é relacionada com a velocidade de recuperação dos momentos de alta intensidade com o somatório do tempo em alta intensidade despendido durante o jogo. Na literatura, já existem indícios de que os jogadores mais resistentes conseguem percorrer maior distância duran-

TABELA 4 Resultados de testes de velocidade de corrida aplicados em jogadores profissionais e de categorias de base[3-5]

Segundos (s)	10 m		30 m		Referências
	Média	Desvio	Média	Desvio	
Sub-9	–	–	5,73	0,30	[3]
Sub-11	–	–	5,43	0,25	[3]
Sub-13	–	–	5,11	0,24	[3]
Sub-15	–	–	4,80	0,25	[3]
Sub-15	1,8139	0,078	4,5119	0,213	[5]
Sub-17	–	–	4,48	0,20	[3]
Sub-17	1,7319	0,078	4,1669	0,183	[5]
Sub-19	–	–	4,35	0,16	[3]
Sub-19	1,7129	0,045	4,1469	0,078	[5]
Profissionais	1,82	0,3	4	0,2	[4]

te o jogo, realizar mais *sprints* e ter mais envolvimento nas ações com bola.[6]

Avaliação da resistência no campo acadêmico

Entre os acadêmicos, são utilizados três indicadores de referência para avaliar a capacidade de resistência:

- Capacidade máxima de absorção de oxigênio (VO_2 máximo).
- Maior intensidade de exercício com predominância do sistema aeróbio (limiar anaeróbio).
- Menor custo de oxigênio a um determinado exercício submáximo (economia de corrida).[7]

Entre eles, provavelmente o mais relevante para o futebol seja o VO_2 máximo,[8] que é a variável mais avaliada no meio científico.

O VO_2 máximo é mensurado, tradicionalmente, na esteira rolante e com o uso de um espirômetro. A velocidade é aumentada progressivamente até a exaustão. Nesse tipo de teste, os jogadores profissionais de futebol atingem, em média, 60 mL/kg.min, valor que representa boa capacidade de resistência. Entretanto, na prática, este teste é inespecífico para o futebol, pois é realizado em esteira e é contínuo, diferente do padrão de atividade do jogo em questão. Por essa razão, no campo prático, não é muito utilizado.

Avaliação da resistência utilizada na preparação das equipes

O controle da capacidade de resistência é a avaliação mais tradicional entre as equipes. Durante muito tempo foi o principal teste de controle de desempenho dos jogadores, senão o único. Este teste era supervalo-

rizado, principalmente no Brasil. A valorização era tão grande que era comum os resultados dos testes serem divulgados pela imprensa da época, como mostra a Figura 1.

O primeiro teste utilizado para avaliação da resistência em jogadores de futebol foi o teste de Cooper. Ele era aplicado, na maioria das vezes, em uma pista de atletismo de 400 m onde os atletas corriam durante 12 min, tentando percorrer a máxima distância possível. O teste ficou popular por ser prático e exigir pouco material para aplicação. Contudo, o padrão de corrida contínua na pista é muito diferente do padrão de atividade do jogo, e por isso ele perdeu espaço. Atualmente, os testes que avaliam a capacidade de resistência têm um caráter intermitente, ou seja, esforço intercalado com recuperação. Dois testes se destacam: o *Running Anaerobic Sprint Test* (RAST) e o grupo YO-YO Test. O RAST se relaciona mais com a resistência do metabolismo anaeróbio, e o YO-YO com o metabolismo aeróbio.

Avaliação pelo RAST

O RAST, como dito anteriormente, é composto por seis corridas de 35 m intercaladas por fases de recuperação de 10 segundos entre elas. A partir dos tempos das seis corridas e do peso dos atletas, é calculada a potência pico (medida de potência), potência média, potência mínima e índice de fadiga (medidas de resistência). O cálculo da potência mínima é similar ao da potência máxima. A diferença é que será utilizado o maior tempo das seis corridas em vez do menor. As fórmulas estão expressas a seguir.

A potência mínima é calculada pela razão entre o produto do peso e da distância elevada ao quadrado (35 m = 1.225) pelo tempo elevado ao cubo.

JOGADOR	1.o TESTE em mts.	2.o TESTE em mts.	CONCEITO
Dirceu	3.750	3.850	ótimo
Luis Pereira	3.150	3.550	ótimo
Piazza	3.420	3.500	ótimo
Leivinha	3.150	3.400	ótimo
Marinho (B)	3.250	3.400	ótimo
Paulo Cesar (I)	3.280	3.350	ótimo
Marco Antonio	não fez	3.250	ótimo
Zé Maria	3.130	3.250	ótimo
Valdomiro	não fez	3.200	ótimo
Marinho (S)	3.050	3.100	muito bom
Alfredo	3.050	3.100	muito bom
Wendell	2.950	3.100	muito bom
Nelinho	não fez	3.050	muito bom
Jairzinho	não fez	3.030	muito bom
Cesar	não fez	3.020	muito bom
Paulo Cesar (F)	não fez	3.020	muito bom
Ademir da Guia	2.960	3.010	muito bom
Edu	não fez	3.010	muito bom
Rivelino	2.600	3.000	bom
Renato	não fez	2.360	bom
Clodoaldo	2.950	2.850	bom
Leão	não fez	2.600	aceitável

FIGURA 1 Resultados dos testes de Cooper dos jogadores brasileiros participantes da Copa do Mundo de 1974.[9]
Fonte: Jornal da Tarde, 1974.

$$\text{Potência mínima (W)} = \frac{\text{Peso (kg)} \times \text{distância (m)}^2}{\text{Tempo (s)}^3}$$

A potência mínima relativa pode ser obtida pela razão entre a potência absoluta e o peso.

$$\text{Potência mínima relativa} \left(\frac{W}{kg}\right) = \frac{\text{Potência absoluta (W)}}{\text{Peso (kg)}}$$

Já a potência média é calculada a partir do somatório da potência das seis corridas divididas por seis (número de corridas).

$$\text{Potência média} = \frac{(P1 + P2 + P3 + P4 + P5 + P6)}{6}$$

E, por último, o índice de fadiga é calculado a partir da diferença entre a potência máxima e a potência mínima dividida pelo somatório do tempo das seis corridas.

$$\frac{\text{Índice}}{\text{de fadiga}} = \frac{\text{Potência máxima} - \text{Potência mínima}}{(t1 + t2 + t3 + t4 + t5 + t6)}$$

O intuito da utilização deste teste é verificar a capacidade de manutenção de desempenho de corridas máximas com um intervalo curto de recuperação. Este é um teste de aplicação rápida e prática, que consegue de maneira simples avaliar a capacidade de manutenção do rendimento. Contudo, ele apresenta algumas características peculiares que requerem atenção. A primeira é com relação à garantia de que os jogadores farão esforços máximos durante as seis corridas. É muito comum alguns jogadores pouparem energia nas primeiras corridas para utilizar nas últimas. Se isso acontecer, o resultado do teste vai subestimar o desempenho da potência pico e, por outro lado, hiperestimar o da potência

mínima e do índice de fadiga, comprometendo a avaliação. A segunda é que o pouco tempo de recuperação (10 s) obriga os jogadores a realizarem as corridas em dois sentidos diferentes (p.ex., 1ª, 3ª e 5ª da direita para esquerda; 2ª, 4ª e 6ª da esquerda para direita), porque não haverá tempo hábil para voltar ao ponto de largada. Tal situação cria um grande problema para o desenvolvimento do teste com cronometragem manual, pois serão necessários dois avaliadores com cronômetros, e isso pode causar diferenças na aferição entre eles, o que comprometerá a confiabilidade dos resultados. A Tabela 6 apresenta resultados de jogadores profissionais e das categorias de base de um clube brasileiro.[1]

Avaliação YO-YO Test

O *YO-YO Test* foi desenvolvido pelo grupo do famoso pesquisador dinamarquês e fisiologista do futebol Jans Bangsboo. Este teste foi criado com o objetivo de reproduzir um teste progressivo de esforço específico às modalidades esportivas coletivas, como o futebol. Assim, nele foram incorporadas duas características importantes: movimentos de mudança de direção e intervalos de recuperação. O *YO-YO Test* é composto por um conjunto de três tipos de testes: *endurance test*, que é contínuo; *intermittent endurance*, com intervalo de 5 s; e *intermittent recovery*, com intervalo de 10 s, cada um com dois níveis de dificuldade, totalizando seis diferentes protocolos. Os jogadores devem percorrer uma distância de 20 m tanto na ida como na volta. Dependendo do tipo de teste utilizado, os avaliados também terão um espaço de 2,5 ou 5 m para percorrer andando na recuperação entre os tiros, como mostra a Figura 2.

A velocidade de corrida é controlada por um áudio gravado que indica o momento da saída para os tiros e o tempo que os avaliados terão que imprimir para chegar à metade e ao final do percurso. No decorrer do teste, a velocidade é aumentada progressivamente. O teste termina quando o avaliado desistir ou quando falhar em três vezes no cumprimento das metas de tempo. O resultado do teste é obtido pela distância

TABELA 6 Resultados da potência média e índice de fadiga no teste de RAST em jogadores profissionais e das categorias de base de um clube do Brasil[1]

		Sub-15	Sub-17	Sub-20	Profissional
Potência média (W/kg)	Média	6,97	7,82	8,74	9,29
	Máxima	8,11	9,60	10,51	11,02
	Mínima	5,94	5,68	7,36	8,11
Índice de fadiga (%)	Médio	33,47	37,19	34,90	32,45
	Máximo	47,98	49,04	44,77	39,73
	Mínimo	19,90	24,53	19,70	23,05

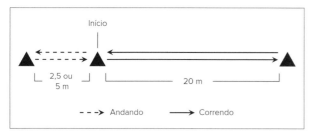

FIGURA 2 Representação do percurso do *YO-YO Test*.

acumulada pelo avaliado, lembrando que cada ida e volta tem 40 m.

Entre os seis tipos de teste, o *intermittent recovery* nível 1 tornou-se o mais popular e é, atualmente, o mais aplicado pelas comissões técnicas. Na literatura já foram encontrados indícios de forte correlação do desempenho obtido no teste com a distância percorrida em alta intensidade durante o jogo.[10] A seguir, na Tabela 7, seguem os parâmetros de desempenho internacional de jogadores profissionais[10] e categorias de base[11,12] e, na Tabela 8, resultados de testes de jogadores avaliados pelo nosso grupo de estudo.

TABELA 7 Resultados do teste *YO-YO recovery* nível 1 em jogadores profissionais de categorias de base padrão internacional[10-12]

Metros	Média	Desvio	Referência
Sub-13	1.270	440	[11]
Sub-15	1.818	430	[11]
Sub-17	2.151	373	[11]
Sub-20	2.289	409	[12]
Profissional – subelite	2.190	–	[10]
Profissional – elite internacional	2.420	–	[10]

TABELA 8 Resultados do teste *YO-YO recovery* nível 1 em jogadores profissionais e categoria sub-20 aplicados pelo nosso grupo de estudo

Metros	Média	Desvio	Mínimo	Máximo
Yo-Yo REC nível 1	1.510	371	880	2.560

Na comparação entre os resultados das Tabelas 7 e 8 é possível perceber grande diferença de desempenho entre os grupos. Os jogadores avaliados pelo nosso grupo apresentaram desempenho bem abaixo dos resultados reportados na literatura. Duas razões podem explicar essa diferença: a primeira se refere ao período em que foi realizado o teste. A maioria deles, realizada pelo nosso grupo, foi aplicada no início da pré-temporada, quando os atletas estavam começando o período de treinamentos. A segunda diz respeito à diferença de temperatura entre a Europa e o Brasil. Aqui os testes foram aplicados em altas temperaturas, prejudicando o desempenho geral. Contudo, mesmo considerando a influência da pré-temporada e da temperatura sobre os resultados, alguns atletas (11 de 78) conseguiram atingir desempenho satisfatório (mais de 2.000 m), e dois deles com nível elite internacional (mais de 2.420 m). Os resultados desses atletas dão indícios de que o período da temporada e a temperatura não interferiram tão significativamente no desempenho geral e que o desempenho da resistência dos jogadores que foram avaliados pelo nosso grupo parece ser realmente abaixo do padrão internacional.

Atualmente, o *YO-YO Test* é referência para o controle do desempenho de resistência do jogador de futebol. Entretanto, ele apresenta uma característica que atrapalha sua utilização durante a temporada competitiva. Por exigir muito esforço físico dos atletas, este teste prejudica o desempenho nas etapas seguintes da sessão de treinamento e, em alguns casos, até da sessão do dia seguinte. Para contornar esse problema, foi criada uma adaptação do *YO-YO Test*. A forma adaptada só utiliza os seis minutos iniciais do teste, e o desempenho é identificado pela medida da frequência cardíaca atingida e do percentual que ela representa em relação à frequência cardíaca máxima prevista para cada atleta. Os jogadores com melhor condicionamento apresentarão menor percentual em relação à frequência cardíaca máxima atingida. Caso, durante a temporada, ocorra um aumento da frequência máxima atingida, significa declínio da condição física e evolução, no caso contrário.

AVALIAÇÃO DO DESEMPENHO TÉCNICO

A forma como o jogador se relaciona com a bola é um dos pontos de maior destaque no momento do jogo. A precisão e a velocidade com que o gesto é executado, somadas à sua variabilidade, dão poder aos jogadores de realizar suas ações de maneira mais rápida, eficiente e imprevisível, além de dar beleza plástica ao jogo, atraindo muita atenção dos espectadores. Não há dúvidas a respeito da importância do domínio da técnica sobre o bom desempenho na modalidade, porém, a avaliação dos aspectos técnicos no futebol não é tão desenvolvida como deveria.

No campo prático, somente em alguns casos são aplicadas baterias de testes técnicos. Na maioria das vezes, a avaliação do desempenho técnico é realizada de maneira subjetiva a partir da análise das ações dos jogadores durante jogos e treinamentos. Na verdade, existe pouca tradição de utilização de testes de avaliação durante as sessões de treinamento dentro da modalidade (com exceção dos testes físicos). Além disso, os testes para avaliação da técnica exigem situações descontextualizadas de jogo, com a exclusão da oposição, situação que gera muitas críticas sobre a eficiência da avaliação das habilidades sobre o desempenho real no jogo.

No campo científico, a maioria dos artigos utiliza os testes técnicos como meio para controlar o sucesso ou fracasso das intervenções de treinamento propostas sem se atentar para a eficiência do teste proposto e a normatização do desempenho técnico. São encontrados muitos testes e muitas variações nos protocolos reportados na literatura, sem padronização de procedimentos. A seguir, será apresentado um resumo das principais formas de avaliação da técnica no futebol, com destaque para estudos recentes que estão propondo um protocolo padrão para avaliar o desempenho das habilidades no futebol.

De modo geral, a avaliação dos aspectos técnicos no futebol pode ser decomposta em sete tipos:[13]

- Condução de bola.
- Passe e controle.
- Finalização.
- Cabeceio.
- Paredão.
- Embaixadas.
- Cruzamentos.

A *condução de bola* é tradicionalmente avaliada por meio de testes que exigem deslocamento em zigue-zague, contornando cones (circuitos em *slalom*) o mais rápido possível com o menor número de erros (toque nos cones), sendo que cada erro pode ou não ser penalizado com acréscimo de tempo. Entre os protocolos usados, existe grande variedade no número de cones (5 a 10) e na distância entre eles (1 a 4,5 m).

Os testes de *passe e controle, finalização, cabeceio* e *cruzamento* avaliam a precisão no gesto e, em alguns casos, a qualidade da recepção. Geralmente, o avaliado tem de realizar o gesto em direção a um alvo, na maioria das vezes um espaço entre dois cones para passe, um gol com área demarcada com pontuação diferente para finalização e cabeceio e alvo para precisão dos cruzamentos. Na execução da tarefa, o avaliado poderá receber um passe, antes de executar o gesto, ou somente efetuar o movimento com a bola parada (no caso de passe, finalização ou cruzamento). Como ocorre no teste de condução, também não existem distâncias-padrão

para a realização dos gestos e definição do tamanho do alvo. De modo geral, para os passes, as distâncias ficam em torno de 30 m e o comprimento do alvo entre 1 e 2 m. Para as finalizações, são utilizadas distâncias entre 11 e 20 m, com o gol dividido em 6 a 12 áreas, e o mesmo ocorre para o teste de cabeceio. No caso dos cruzamentos, não são padronizadas nem a distância e nem o alvo.

Os testes de *embaixada* e *paredão* avaliam a habilidade do avaliado em manter o controle da bola. No caso das embaixadas, a bola deve ser mantida no ar sem contato com o solo. Já no paredão, o jogador deve manter o controle por meio de passes aéreos sucessivos para uma parede, com um toque no chão após o rebote. Os dois testes são baseados em tempo de execução ou número total de repetições. Entre todos os testes de habilidade técnica, estes são os mais criticados, pela falta de especificidade com os gestos executados durante o jogo.

Atualmente, existe na literatura e no campo prático grande rejeição a esta forma de avaliação da capacidade técnica, pois além de os testes serem executados sem oposição, eles avaliam os gestos de maneira isolada, na maioria das vezes sem pressão temporal e, em alguns deles, com a bola parada, muito diferente do que acontece no jogo. Além disso, é necessário realizar um teste para cada habilidade, o que torna a avaliação muito demorada. Para solucionar esse problema, nos últimos anos começaram a surgir novas formas de avaliação baseadas em circuitos multi-habilidades. Estes circuitos exigem do avaliado velocidade de execução e precisão do movimento. A seguir, são apresentados dois dos testes mais utilizados atualmente: Loughborough Soccer Passing e Loughborough Soccer Shooting. Ambos foram desenvolvidos na Universidade de Loughborough, na Inglaterra, com o intuito de criar uma forma de avaliação da habilidade técnica mais prática e específica ao futebol.

Avaliação por testes multi-habilidades

O teste Loughborough Soccer Passing se desenvolve em um circuito representado na Figura 3. Dentro deste circuito, o avaliado deve realizar uma sequência de 16 passes (8 curtos e 8 longos) nos alvos coloridos o mais rápido possível, com o menor índice de erros. A ordem dos alvos é aleatória, e o avaliado só tem conhecimento do próximo alvo no momento da execução do passe anterior. O alvo é formado por uma espécie de parede que *devolve* o passe para o executor. O teste se inicia com o avaliado com o domínio da bola no círculo central, e o resultado final será composto pelo tempo de realização do circuito mais o tempo de acréscimo ou decréscimo motivado pelas penalizações ou bonificações cometidas durante a realização dos passes.[14]

Penalizações ou bonificações:

- +5 segundos: passar para fora da parede ou na parede de cor errada.
- +3 segundos: passar para fora da zona alvo (parte colorida com 60 cm de comprimento).
- +2 segundos: pegar a bola com a mão, passar a bola fora da zona de passe ou deixar a bola tocar em algum cone.
- +1 segundo: após passar o tempo de 43 segundos, 1 segundo de acréscimo para cada segundo extrapolado.
- −1 segundo: se acertar o centro do alvo (área central da parede com 10 cm de comprimento).

O teste Loughborough Soccer Shooting se desenvolve por meio do circuito representado na Figura 4. Este teste avalia a precisão do chute em duas condições: intensidade do chute e alta pressão temporal. A intensidade do chute é mensurada por um radar que só valida o gesto quando ele atinge velocidades superiores a 64 km/h. A pressão temporal é controlada pelo tempo total de execução do circuito, que não pode exceder 8,5 s. O circuito começa com o avaliado se posicionando no centro da área de finalização, de costas para o gol. O avaliador escolhe um lado para o avaliado correr e inicia a contagem do tempo. Iniciada a contagem, o avaliado se desloca até o cone do lado escolhido, toca-o com a mão e volta em direção à bola para realizar um passe contra a parede que vai *tabelar* com o passador. Em seguida, o avaliado pode ou não controlar a bola (se tiver necessidade), chutar a gol e correr até o goleiro manequim quando o circuito se encerra. A pontuação decorrerá da zona do gol atingida pelo chute. Ao todo são 10 tentativas (5 com cada perna) realizadas de forma aleatória e com 1 min de intervalo entre elas. O resultado final dependerá da média dos chutes que acertaram o gol com velocidade e tempo de execução adequados. A direção do chute é determinada pelo posicionamento do goleiro manequim (que fica posicionado do lado oposto ao cone inicial que o avaliado deve correr). Todas as execuções devem ser orientadas para a zona oposta a ele.[14]

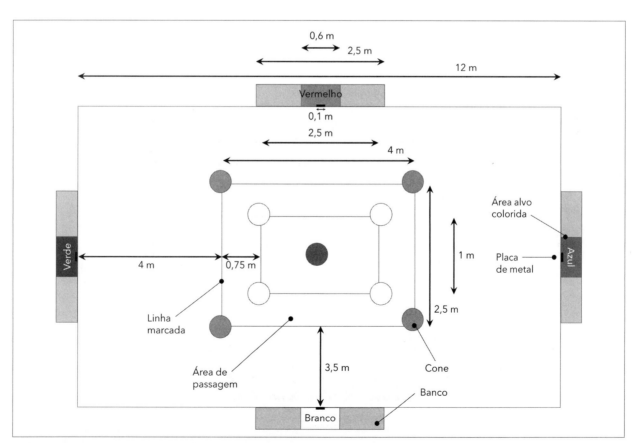

FIGURA 3 Representação esquemática do teste Loughborough Soccer Passing.
Adaptado de Ali et al.[14]

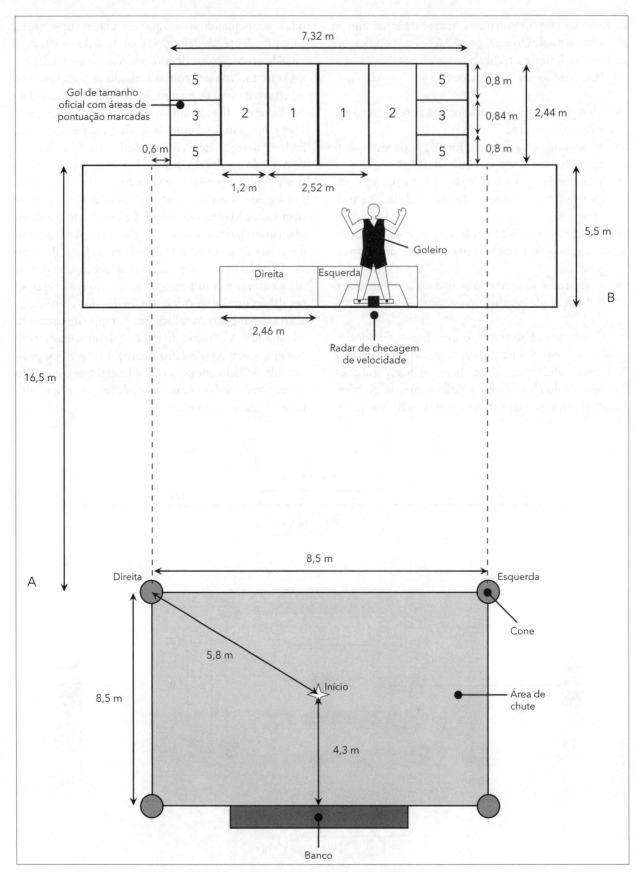

FIGURA 4 Representação esquemática do teste Loughborough Soccer Shooting.
Fonte: adaptada de Ali et al.[14]

Apesar da grande evolução ocorrida na forma de avaliar, os dois testes ainda apresentam alguns pontos negativos. O circuito de passes necessita de tempo considerável para a familiarização, e o circuito de chute requer grande aparato para ser montado e um radar para avaliar a velocidade. Contudo, já estão surgindo estudos com validação dos resultados em diferentes níveis competitivos.

AVALIAÇÃO DOS ASPECTOS TÁTICOS

O jogo de futebol se desenvolve por meio do confronto entre as equipes, em que cada jogador possui liberdade para realizar suas ações, que são pautadas pelas regras do jogo e pelos princípios de organização da sua equipe. Cada ação é realizada com o intuito de manipular o ambiente do jogo a seu favor para levar vantagem no confronto. Como o jogo possui 22 agentes manipuladores, a ação de cada jogador será muito influenciada pelas ações dos outros jogadores. Deste modo, para ser bem-sucedido no jogo, é necessário interpretar corretamente as informações do ambiente geradas pelas ações dos seus companheiros de equipe e oponentes, além de selecionar as respostas adequadas de acordo com seus objetivos e seus recursos (técnico, físico e psicológico). Essa habilidade é comumente denominada de *tática*.

Ao longo dos anos, o condicionamento da habilidade tática dos jogadores tem ganhado cada vez mais espaço na preparação das equipes e nas investigações científicas. Atualmente, o desenvolvimento tático dos jogadores (junto com o treinamento da organização da equipe) é o elemento central empenhado nos treinamentos dos grandes times e nas categorias de formação. Essa realidade está trazendo um grande desafio para os pesquisadores e profissionais do campo prático em desenvolver avaliações táticas que consigam discriminar de maneira eficiente o desempenho dos jogadores para dar suporte à sua preparação. O problema é que o desempenho tático é influenciado por muitos fatores cognitivos intrínsecos aos sujeitos que realizam a ação, algo difícil de atingir e avaliar, porém já existem alguns modelos interessantes para avaliação do desempenho tático dos jogadores.

A seguir serão apresentados alguns dos métodos de avaliação da capacidade tática mais utilizados nas pesquisas de futebol e, em alguns casos, pelos profissionais que atuam nas equipes. Esses métodos serão agrupados em três classes: avaliações do conhecimento sobre o jogo; construção de índices de desempenho; e avaliações do desempenho a partir da quantificação da classificação subjetiva do desempenho.

Avaliação do conhecimento sobre o jogo

A avaliação do conhecimento sobre o jogo (também denominada avaliação do *conhecimento declarativo*) se desenvolve por meio de testes que exigem dos avaliados a escolha de uma alternativa de ação diante da representação (geralmente foto ou vídeo) de uma situação de jogo. Neste tipo de avaliação, o sujeito tem somente que escolher uma alternativa, geralmente delimitada pelo teste (p.ex., resposta A, B ou C), sem necessidade de realização da ação (Figura 5). A mensuração do desempenho é realizada a partir do somatório da nota de cada resposta (escolha da alternativa) do sujeito. A nota de cada alternativa é definida previamente por especialistas, com a alternativa mais adequada ganhando maior pontuação. Às vezes também são avaliados os motivos que influenciaram a escolha da resposta.

Essa forma de avaliação ganhou muita popularidade entre os pesquisadores durante as décadas de 1990 e começo de 2000. Um dos motivos para isso ocorrer foi a facilidade para sua aplicação e a eficiência em discriminar o conhecimento dos avaliados sobre o jogo. Contudo, essa forma de proceder apresenta algumas limitações significativas. A principal delas está relacionada com a descontextualização das avaliações. É muito diferente saber o que fazer e saber fazer. Durante a partida, o jogador não tem uma visão geral da situação e, muitas vezes, não consegue perceber e agir adequadamente a determinada condição. Além disso, existem fatores de distração e também, em muitos casos, pouco tempo para agir. Assim, não necessariamente o jogador que tem bom conhecimen-

FIGURA 5 Exemplo de uma imagem utilizada para avaliar a desmarcação sem bola.
Fonte: retirada de Blomqvist et al.[15]

to do que fazer conseguirá realmente um bom desempenho no jogo.

Avaliação baseada em índices de desempenho

A avaliação baseada em índices de desempenho se desenvolve a partir da quantificação (e qualificação) das ações dos jogadores realizadas no decorrer do jogo e tem o objetivo de discriminar o desempenho de uma forma quantitativa e objetiva, dividindo as ações a partir das situações do jogo e classificando o desempenho de acordo com o resultado das ações. Na literatura, existem dois modelos de destaque: Team Sport Assessment Procedure (TSAP) e o Game Performance Assessment Instrument (GPAI).

O TSAP foi elaborado em 1997 pelo grupo do professor Jean-Francis Gréhaigne, com intuito de proporcionar aos professores de educação física escolar uma ferramenta de avaliação do desempenho nas modalidades coletivas de invasão e rede.[16] A avaliação do desempenho é orientada sobre a participação das ações com bola dos jogadores, com a mensuração da forma de obtenção da posse da bola e do resultado de sua ação. A forma de obtenção da bola é dividida em duas variáveis:

- Recuperação da bola (RB), bola solta, interceptação ou desarme.
- Bola recepcionada de um passe do companheiro (BR).

O resultado da ação, por sua vez, é decomposto em quatro variáveis:

- Perda da posse da bola (PB).
- Passe neutro (PN).
- Passe ofensivo (PO).
- Finalização ao gol (FG).

A partir dessa classificação são calculados os seguintes índices de desempenho:[16]

- Volume de jogo (quantificação da participação): RB + BR.
- Índice de eficiência: $\dfrac{(RB + PO + FG)}{(10 + PB)}$.
- Desempenho geral:
$$\left(\frac{\text{volume de jogo}}{2}\right) + (\text{índice de eficiência} \times 10).$$

O GPAI foi desenvolvido em 1995 por Mitchell, Oslin e Griffin com a intenção de mensurar a habilidade dos jogadores em solucionar os problemas táticos e executar as respostas motoras escolhidas.[17] Dentro do protocolo, o desempenho dos jogadores foi decomposto em sete classes que contemplam ações de jogo sem a bola e variáveis descritivas das ações com bola. As variáveis relacionadas às ações sem bola são:

- Base (retorno à posição de marcação após a participação no ataque).
- Cobertura.
- Guarda (marcação sobre o jogador com a bola ou sem a bola).
- Suporte (desmarcação sem bola).
- Ajuste (atualização da posição às mudanças de configuração do jogo).

E as variáveis descritivas das ações com bola são:

- Tomada de decisão.
- Execução da resposta motora.

O modelo permite que as variáveis sejam analisadas de maneira separada ou conjunta. A partir dessa classificação, é possível realizar dois tipos de avaliação: a quantificação da classificação subjetiva, que será comentada no próximo tópico, e a quantitativa, baseada em índices de desempenho.

A avaliação baseada em índices de desempenho classifica as variáveis em apropriadas e inapropriadas. A partir dessa classificação, são aplicados quatro índices:[17]

- Índice de decisões apropriadas (ID): número de decisões certas dividido pelo número total de decisões.
- Índice de execuções apropriadas (IE): número de execuções certas dividido pelo número total de execuções.
- Desempenho no jogo: (ID +IE)/2.
- Envolvimento do jogo: soma de todas as decisões e ações realizadas.

Os dois métodos apresentados são eficientes na produção de indicadores para quantificação do desempenho no jogo. Contudo, eles apresentam algumas limitações importantes. O TSP avalia somente as ações com bola, e ambos os métodos apenas quantificam o resultado das ações sem contribuir com informações sobre as razões para os resultados serem positivos ou negativos. Vale ressaltar que o jogo proporciona muitos tipos de ações dentro de uma mesma situação, e saber somente se a ação foi adequada ou não é insuficiente para dar subsídios que possam contribuir com a correção dos erros apresentados.

Avaliação pela quantificação de classificações subjetivas do desempenho

A avaliação subjetiva permite a realização de análises detalhadas com grande poder descritivo do desempenho tático dos jogadores avaliados. Entretanto, ela carece de parâmetros objetivos para pautar suas conclusões. Para contornar o problema da objetividade começaram a surgir modelos de avaliação baseados em categorias de descrições de desempenho. Cada categoria pode ser originada a partir de uma combinação de diversos tipos de indicadores, como o tipo de ação realizada, o contexto em que a ação foi realizada, o grau de dificuldade da ação e a frequência de acerto. A partir da definição, estabelece-se uma organização hierárquica das categorias ordenadas pelo melhor valor de desempenho (o valor mais alto para o melhor desempenho, o segundo valor mais alto para o segundo melhor [...]). Essa técnica permite quantificar o desempenho apresentado pelos avaliados a partir de um modelo descritivo de desempenho, dando significado à nota atribuída. A seguir serão apresentados três modelos de categorização: GPAI; Kora Test e o Teste GR3 – 3GR.

O modelo de categorização do GPAI é composto de cinco categorias de pontuação que são discriminadas principalmente pela frequência de acerto das ações:

- Desempenho muito efetivo.
- Desempenho efetivo.
- Desempenho moderadamente efetivo.
- Desempenho fraco.
- Desempenho muito fraco.

Essa pontuação se aplica a cada uma das sete variáveis que estratificam o desempenho tático dos jogadores (ver sessão anterior) no decorrer do jogo. Cada categoria de pontuação é caracterizada por um indicador de frequência específico:

- Muito efetivo, *sempre*.
- Efetivo, *maioria das vezes*.
- Moderadamente efetivo, *esporadicamente*.
- Fraco, *raramente*.
- Muito fraco, *nunca*.

A partir dos indicadores de frequência de acerto, cada professor terá liberdade para complementar as categorias da maneira que achar mais conveniente, ajustando-as à modalidade selecionada e ao seu grupo de atletas.[17] Essa característica da avaliação torna-a muito específica para cada caso, fato que impede a criação de perfis normativos de desempenho e comparação entre diferentes grupos.

O Kora Test foi desenvolvido na Universidade de Heidelberg na Alemanha com intuito de discriminar o desempenho tático nas modalidades coletivas de invasão em duas situações específicas: na capacidade de distribuição do jogo, quando se tem a posse do implemento (bola), e na desmarcação, quando se está sem o implemento (bola). Para cada tipo de situação, foi criado um teste específico que é filmado para sua posterior avaliação. Para avaliar a distribuição de jogo, foi criado o teste "Reconhecer espaços" (Figura 6A). Neste teste, os jogadores da extremidade devem passar a bola entre os jogadores defensores que estão na zona central por meio de passes preferencialmente rasteiros (até 1,5 m de altura) na condição de não poderem correr com a bola. Além disso, é proibido que os jogadores saiam da sua zona de origem. Cada bateria tem duração de 3 min, e os jogadores trocam de posição entre as baterias.[18]

Para avaliar a desmarcação sem o implemento, foi criado o teste "Oferecer-se e orientar-se" (Figura 6B). Este teste se desenvolve por meio de um confronto de três contra três em que as equipes têm o objetivo de manter a posse da bola. Os que atuam como defensores ficam proibidos de roubar o implemento do jogador que tem a posse (deve manter uma distância ideal de 1 m). O teste é composto por duas baterias de 3 min com a inversão das posições de ataque e defesa. Se a bola sair do campo ou os defensores conseguirem roubar a bola, o jogo recomeça do quadrado central.[19]

A avaliação do desempenho é realizada por meio de uma tabela com escala de valores de 1 a 10 em que três peritos, previamente treinados para fazer a avaliação, determinam a categoria correspondente. São avaliados dois comportamentos para cada teste: o convergente (relacionado à inteligência do jogador) e o divergente (relacionado à criatividade tática).[19] As 10 categorias de classificação do comportamento convergente são baseadas na combinação da complexidade da ação (fácil ou difícil) com a frequência de acerto (sempre, quase sempre, frequentemente, alternadamente, quase nunca e nunca). As 10 categorias de comportamento divergente se baseiam no nível de originalidade (muito original, original, quase sempre original, algumas vezes original, ainda faz coisas novas, consegue coisas novas, com pou-

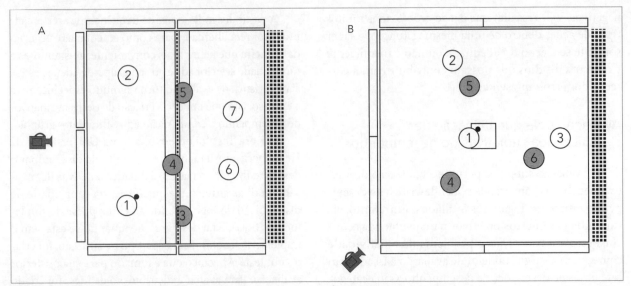

FIGURA 6 Representação dos testes "Reconhecer espaços" (A) e "Oferecer-se e Orientar-se" (B). Retirado de Memmert.[18]

cas coisas novas, próximo do padrão, quase somente padrão e somente padrão) combinadas com número de movimentações originais (duas ou mais, duas soluções diferentes que não são originais, uma solução diferente e nenhuma) e com a frequência de ocorrência (frequente, pouco frequente e inexistente).

De modo geral, as avaliações do Kora Test conseguiram discriminar de maneira consistente o desempenho tático dos jogadores. O problema é que elas ficam restritas a apenas duas situações do momento ofensivo. Além disso, é necessário um prévio treinamento para capacitar os avaliadores, fato que dificulta a sua utilização.

O teste GR3 – 3GR, criado por Israel Teoldo da Costa, foi desenvolvido com o intuito de avaliar o comportamento tático do jogador de futebol baseado em 10 funções específicas de jogo, 5 ofensivas e 5 defensivas. Ele é realizado em um campo de 36x27 m, em que duas equipes de três jogadores mais o goleiro se enfrentam por 4 min. As regras do teste são similares às dos jogos oficiais, com exceção da regra do impedimento, que não é aplicada. A avaliação é realizada por meio da análise da filmagem do teste.[20]

No protocolo de avaliação, o desempenho do jogador é discriminado pelo somatório de ações realizadas em cada categoria durante o jogo, gerando um perfil de atuação individual e um coletivo. Cada categoria foi gerada por meio da relação da movimentação do jogador com o posicionamento da bola, dos companheiros de equipe, dos adversários e da meta. A partir desta combinação, foram delimitados 5 tipos de ações ofensivas:

- Cobertura ofensiva.
- Mobilidade.
- Espaço.
- Unidade ofensiva.
- Penetração.

Foi possível delimitar também 5 tipos de ações defensivas:

- Contenção.
- Cobertura defensiva.
- Concentração.
- Equilíbrio.
- Unidade ofensiva.

O interessante desta avaliação é que as ações dos jogadores são decompostas em categorias bem específicas, com grande poder de discriminação tanto do tipo como da abrangência das ações realizadas durante a avaliação. Entretanto, só é avaliada a ocorrência das ações, sem discriminação da sua qualidade.

CONSIDERAÇÕES FINAIS

Em razão de sua complexidade, o futebol apresenta um grande número de avaliações dos seus componentes de desempenho. Atualmente é possível analisar diversos fatores de diferentes maneiras. Assim, cabe ao avaliador selecionar os objetos de avaliação mais adequados ao seu grupo de jogadores e os modelos mais relacionados às suas condições de trabalho. O ponto positivo é que, mesmo em condições mais precárias, é possível avaliar o desempenho dos jogadores. Como perspectiva futura, espera-se maior direcionamento das avaliações para contextualização do jogo, com sensível desenvolvimento dos modelos de mensuração dos aspectos técnicos e táticos.

RESUMO

Este capítulo apresenta as avaliações mais aplicadas no futebol em três dimensões: condicionamento físico, condicionamento técnico e condicionamento tático. A avaliação da condição física está focada em testes de mensuração das capacidades de potência e resistência. Na avaliação de potência, são apresentadas descrições e resultados dos testes de mensuração da potência pico, propulsão de salto e velocidade de corrida. Na avaliação da resistência, são mostrados modelos de mensuração do desempenho aeróbio e anaeróbio. A avaliação do condicionamento técnico enfatiza os métodos de avaliação multi-habilidades por meio da aplicação de circuitos técnicos. E a avaliação do condicionamento tático aborda os métodos de análise do conhecimento sobre o jogo, os modelos de quantificação baseados em índices de desempenho e as avaliações baseadas em quantificação da classificação subjetiva.

Questões para reflexão

1. Quais são os testes mais utilizados para avaliação da potência e resistência no futebol? Por que eles possuem maior preferência?
2. Qual é o método mais efetivo para avaliação do condicionamento técnico no futebol? Quais são seus pontos positivos e suas limitações?
3. Quais são as formas de mensuração do desempenho tático no futebol? Quais são as virtudes e as limitações de cada modelo de avaliação?

REFERÊNCIAS BIBLIOGRÁFICAS

1. Spigolon LMP, Borin JP, Leite GS, Padovani CRP, Padovani CR. Potência anaeróbia em atletas de futebol de campo: diferenças entre categorias. Colec Pesqui Educ Fis. 2007;6:421-8.
2. Loturco I, Pereira LA, Kobal R, Zanetti V, Gil S et al. Half-squat or jump squat training under optimum power load conditions to counteract power and speed decrements in Brazilian elite soccer players during the preseason. J Sports Sci. 2015;33(12): 1283-92.
3. Deprez D, Fransen J, Boone J, Lenoir M, Philippaerts R, Vayenes R. Characteristics of high-level youth soccer players: variation by playing position. J Sports Sci. 2015;33(3):243-54.
4. Wisløff U, Castagna C, Helgerud J, Jones R, Hoff J. Strong correlation of maximal squat strength with sprint performance and vertical jump height in elite soccer players. Br J Sports Med. 2004;38:285-8.
5. Sander A, Keiner M, Wirth K, Schmidtbleicher D. Influence of a 2-year strength training programme on power performance in elite youth soccer players. Eur J Sport Sci. 2013;13(5):445-51.
6. Hoff J. Training and testing physical capacities for elite soccer players. J Sports Sci. 2005;23(6):573-82.
7. Hoff J, Wisløff U, Engen LC, Kemi OJ, Helgerud J. Soccer specific aerobic endurance training. Br J Sports Med. 2002;36(3):218-21.
8. Hoff J, Helgerud J. Endurance and strength training for soccer players: physiological considerations. Sports Med. 2004;34(3):165-180.
9. James N, Lobão MJJ. Alemanha 1974: o nosso futebol. Jornal da Tarde, 1974.
10. Bangsboo J, Iaia FM, Krustrup P. The Yo-Yo Intermittent recovery test: a useful tool for evaluation of physical performance in intermittent sports. Sports Med. 2008;38(1):37-51.
11. Deprez D, Coutts AJ, Lenoir M, Frasen J, Pion J, Philippaerts R et al. Reliability and validity of the Yo-Yo intermittent recovery test level 1 in young soccer players. J Sports Sci. 2014;32(10):903-10.
12. Chaouachi A, Manzi V, Wong DP, Chaalalia A, Laurencelle L, Chamari K et al. Intermittent endurance and repeated sprint ability in soccer players. J Strength Cond Res. 2010;24(10): 2663-9.
13. Ali A. Measuring soccer skill performance: a review. Scand J Med Sci Sports. 2011;21:170-83.
14. Ali A, Williams C, Hulse M, Strudwick A, Reddin J, Howarth L et al. Reliability and validity of two tests of soccer skill. J Sports Sci. 2007;25(13):1.461-1.470.
15. Blomqvist M, Vanttinen T, Luhtanen P. Assessment of secondary school students' decision-making and game-play ability in soccer. Phys Educ Sport Pedag. 2005;10(2):107-119.
16. Richard JF, Godbout P, Tousignant M, Gréhaigne JF. The try-out of a team sport performance assessment procedure in elementary and junior high school physical education classes. J Teach Phys Educ. 1999;18:336-56.
17. Memmert D, Harvey S. The Game Performance Assessment Instrument (GPAI): some concerns and solutions for further development. J Teach Phys Educ. 2008;27:220-40.
18. Memmert D. Testing of tactical performance in youth elite soccer. J Sports Sci Med. 2010;9:199-205.
19. Giacomini SD, Greco JP. Comparação do conhecimento tático processual em jogadores de futebol em diferentes categorias e posições. Rev Port Ciên Desp. 2008;8(1):126-36.
20. Costa IT. Comportamento tático no futebol: contributo para a avaliação do desempenho de jogadores em situação de jogo reduzido. [Dissertação de mestrado]. Porto: Universidade do Porto; 2010.

Capítulo 20

Handebol

Ana Lúcia Padrão dos Santos
Antonio Carlos Simões
Diogo Castro

Objetivos do capítulo

▶ Apresentar as principais características do handebol.
▶ Introduzir a complexidade do tema e, a partir de uma análise crítica, compreender como adequá-la à sua realidade de trabalho.
▶ Apresentar ao leitor os métodos de avaliação no alto rendimento em handebol.

INTRODUÇÃO

Atualmente, no campo dos jogos esportivos coletivos, os processos psicopedagógicos relacionados com ensinar e aprender handebol podem ser considerados fundamentais na formação de crianças jovens praticantes de handebol, entendidos na perspectiva do desenvolvimento das condições físicas, técnicas, táticas e psicológicas, além das relações sociais.

Deve-se ressaltar também que os processos relacionados com a prática do handebol oferecem amplas oportunidades de levar crianças e jovens adolescentes a expressar seus desejos de jogar handebol, de se aperfeiçoarem e de aprofundar conhecimentos sobre si, seus companheiros e adversários.

O desenvolvimento das competências físicas, técnicas, táticas e psicológicas se tornam, então, um campo de conhecimento que se insere nos objetivos de quem pretende ensinar handebol para crianças, adolescentes e jovens, bem como de jogadores de alto rendimento. Os trabalhos realizados em escolas públicas, particulares, escolinhas de esporte, clubes e no alto rendimento permeiam a cultura da prática do handebol e seu desenvolvimento. Desse modo e por essa razão, todo o processo de inclusão de crianças e jovens adolescentes pode ser abordado a partir de duas perspectivas: a que se refere à utilização de processos psi-

copedagógicos associados ao uso de métodos e técnicas de avaliação relacionados com o aprendizado de handebol e outro mais especificamente voltado ao handebol de competição.

A partir de tais demandas, nos últimos anos houve um aumento da produção científica sobre handebol, tanto em relação ao número de artigos como ao número de pesquisadores, o que contribuiu para a expansão do conhecimento da modalidade. Entre os aspectos mais estudados em handebol estão a medicina do esporte, a antropometria e a biomecânica. Quanto à origem das pesquisas, nota-se a prevalência da produção europeia, representando aproximadamente 88% dos estudos recentemente produzidos sobre a modalidade, com particular destaque para os pesquisadores noruegueses.[1]

Nesse sentido, este capítulo tem duas funções básicas. A primeira função é apresentar os estudos mais recentes relacionados à avaliação em handebol, permitindo assim que tal conhecimento seja acessível aos leitores de língua portuguesa, uma vez que as publicações em geral são em inglês e os artigos científicos são de difícil acesso à maioria dos profissionais que trabalham na modalidade. A segunda função importante é a de registrar e analisar os métodos de avaliação no handebol de alto nível contemporâneo.

O HANDEBOL NO BRASIL E NO MUNDO

O handebol no Brasil é organizado oficialmente pela Confederação Brasileira de Handebol – CBHb, uma instituição de caráter esportivo e sem fins lucrativos. Como tal, está filiada ao Comitê Olímpico Brasileiro, ao Pan-american Team Handball Federation e à International Handball Federation. De acordo com o estatuto, a CBHb tem por finalidade fazer a gestão e incentivar, em todo o país, a prática do handebol em diversos níveis, como o de alto rendimento, o estudantil e o universitário, bem como a prática de handebol de cunho social.[2]

Ainda assim, em relação à difusão da prática da modalidade, há um longo caminho a ser percorrido. Em um diagnóstico feito no Brasil pelo Ministério do Esporte,[3] foi verificado que o handebol é praticado por 1,6% da população pesquisada, ficando atrás de modalidades como futebol (42,7%), voleibol (8,2%), natação (4,9%), corrida (4,1%), futsal (3,4%) e ciclismo (2,9%).

Entretanto, no que diz respeito às equipes de alto rendimento, foram implementadas diversas iniciativas com o intuito de aprimorar a participação do país em competições internacionais. A princípio, deve-se considerar que o país foi sede de diversos eventos esportivos, como os Jogos Pan-Americanos em 2007, o Campeonato Mundial de Handebol Feminino em 2011, os Jogos Mundiais Militares e o Campeonato Mundial Junior de Handebol Masculino em 2015, além dos Jogos Olímpicos e Paraolímpicos em 2016.[4-7]

Além do intercâmbio proporcionado pelas competições, no último ciclo olímpico, os treinadores das seleções masculina e feminina eram de países com tradição na modalidade, como Espanha e Dinamarca, respectivamente. Deve-se ainda considerar a contribuição dos atletas de elite do Brasil que passaram a atuar na Europa, especialmente no handebol feminino, o que permitiu o aperfeiçoamento individual e das seleções em geral.[8]

Os resultados obtidos pelas Seleções Brasileiras de Handebol Feminina e Masculina, na categoria adulto nas competições entre 2004 e 2016, são apresentados nas Figuras 1 a 4.

A partir da constatação de um desequilíbrio entre o desenvolvimento da modalidade nas fases de iniciação, aperfeiçoamento e especialização, torna-se oportuno refletir sobre quais são os parâmetros e procedimentos de avaliação em handebol como forma de nortear o desenvolvimento da modalidade de maneira harmônica.

Parâmetros de análise no handebol

Teorias recentes sobre o desenvolvimento holístico da carreira do atleta têm indicado a importância de levar em consideração diferentes aspectos da vida do esportista, tais como os fatores atlético, psicológico, social, acadêmico e profissional.[10,11] No entanto, para cumprir o objetivo deste capítulo, serão considerados prioritariamente os fatores físicos e motores, os fatores técnicos e táticos e os fatores psicológicos e sociais do jogador de handebol, uma vez que outros aspectos são descritos mais detalhadamente em outros capítulos do livro.

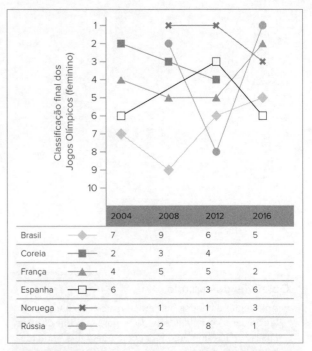

FIGURA 1 Categoria adulta feminina: classificação de países que participaram em três das quatro edições dos Jogos Olímpicos até 2016 e que conquistaram medalhas, e a posição do Brasil na competição.[9]

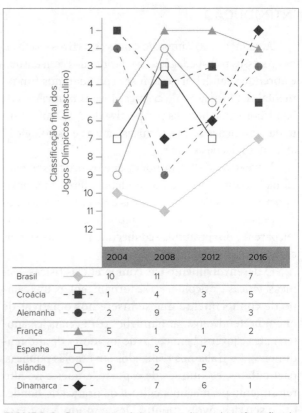

FIGURA 2 Categoria adulta masculina: classificação de países que participaram em três das quatro edições dos Jogos Olímpicos até 2016 e que conquistaram medalhas, e a posição do Brasil na competição.[9]

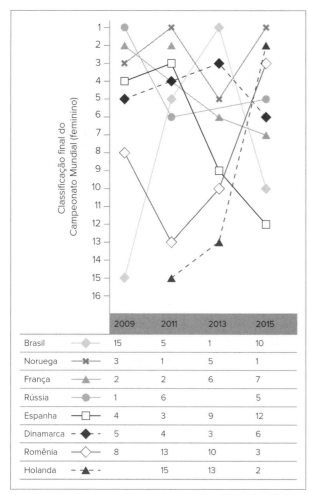

FIGURA 3 Categoria adulta feminina: classificação de países que participaram em três das quatro edições do Campeonato Mundial até 2015 e que conquistaram medalhas, e a posição do Brasil na competição.[9]

O treinamento eficaz depende do conhecimento das exigências do esporte, o que pode fornecer informações valiosas para aprimorar os aspectos de formação e rendimento do atleta. O handebol é um jogo intermitente, e é importante descobrir os fatores que afetam o desempenho em uma partida, o que não é simples, uma vez que demanda uma análise multifatorial.[12]

A Figura 5 representa esses fatores de maneira simplificada.

Atletas de handebol: aspectos físicos

Para Trosse,[14] há critérios específicos que fazem especial referência às características esportivas do jogo, e a avaliação de tais características é útil para o planejamento do treinamento adequado. Cabe ainda ressaltar a importância do conhecimento de tais parâmetros para a formação de uma equipe.

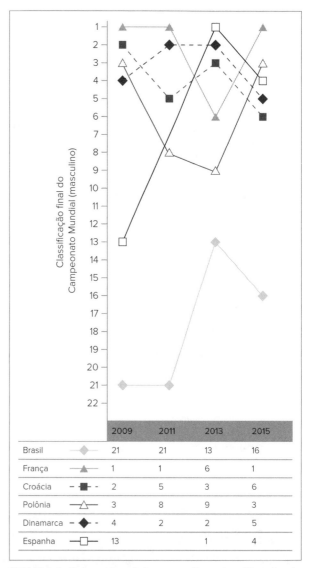

FIGURA 4 Categoria adulta masculina: classificação de países que participaram em três das quatro edições do Campeonato Mundial até 2015 e que conquistaram medalhas, e a posição do Brasil na competição.[9]

De acordo com Garcia,[15] a antropometria e as capacidades físicas dos atletas têm sido os parâmetros mais considerados na detecção de talentos em handebol.

Nas competições internacionais, algumas dessas informações podem ser encontradas. Em relação aos aspectos antropométricos, a própria Federação Internacional de Handebol[16] disponibiliza dados sobre algumas características dos jogadores que participaram de competições organizadas pela entidade, incluindo as equipes masculinas e femininas, nas categorias juvenil, júnior e principal.

É possível saber, por exemplo, que a Seleção Brasileira de Handebol feminino que disputou o Mundial de Handebol em 2015 tinha em média 1,77 m e pesava 69 kg;

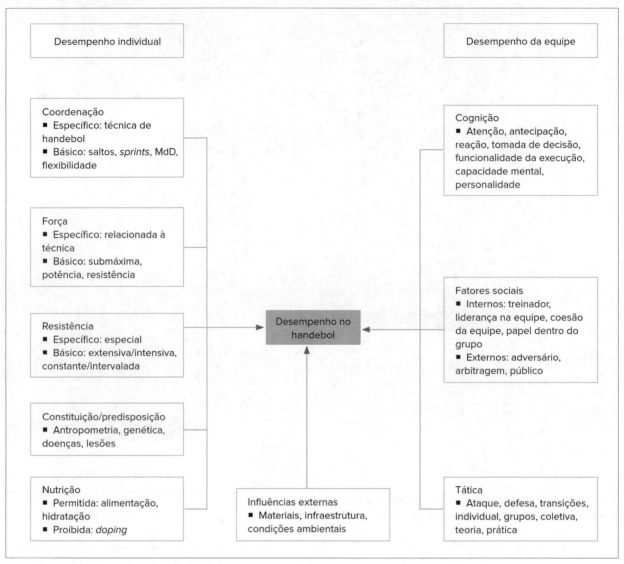

FIGURA 5 Aspectos determinantes no desempenho em handebol.
Fonte: adaptada de Wagner et al.[13]

já a Seleção Brasileira Feminina na categoria de atletas até 18 anos, que disputou o Campeonato Mundial Juvenil em 2016 tinha em média 1,69 m e pesava 68 kg. No masculino, a equipe principal que disputou o Campeonato Mundial em 2015 tinha em média 1,91 m e pesava 94 kg, enquanto a Seleção Masculina na categoria de atletas até 18 anos tinha 1,91 m e pesava 99 kg em média.[16]

No jogo de handebol, a massa corporal é importante, particularmente em situações de confronto um contra um.[16] A avaliação da média de altura e peso dos jogadores é uma informação necessária, mas não suficiente, para analisar uma equipe. Deve-se considerar que as características corporais apresentam variações de acordo com a posição de cada jogador em quadra.[17] Vila[18] descreve que existem diferenças estatisticamente significativas entre as posições dos jogadores de handebol. Entre todas as posições, os atletas que jogam como pontas são os jogadores mais leves e com menor estatura. Já os pivôs são mais pesados que os armadores.

Para Garcia,[19] uma proposta adequada de avaliação física para jogadores de handebol envolve um protocolo de avaliação composto por duas etapas. Na primeira etapa, existem as medidas diretas, constituídas por altura, peso, envergadura e medida diagonal da mão, e entre as medidas indiretas estão o índice de massa corporal e o índice de envergadura-altura. Na segunda etapa, sugere-se a avaliação da condição física com testes de força, potência, resistência, velocidade, capacidade cardiorrespiratória, equilíbrio e flexibilidade. Tais características podem ser avaliadas isoladamente ou combinadas e aplicadas em testes específicos para membros inferiores, superiores e musculatura abdominal.

O protocolo de testes para avaliar a aptidão física dos jogadores deve ser norteado pelas características do jogo de handebol, considerando sua especificidade. Alguns estudos acadêmicos auxiliam o entendimento desses critérios.

Karcher e Buchheit[20] relatam que, em 70% do tempo de jogo, os movimentos dos jogadores são de baixa intensidade, como manter-se em pé ou andar, porém a modalidade é considerada uma atividade intensa para todos os jogadores em razão do grande número de ações como *sprints*, saltos, arremessos, mudanças de direção, disputa pelo espaço envolvendo contato físico. Em média, um jogador de handebol percorre uma distância de aproximadamente 3.600 m, utilizando diferentes formas de se deslocar.[17,21-23] Contudo, essa análise também precisa considerar as variações desses indicadores, especialmente em virtude das posições dos jogadores em quadra. Estudos recentes têm utilizado a diferenciação entre as posições de goleiro, armadores, pivôs e pontas para estabelecer uma avaliação apropriada dos jogadores de handebol.[22]

Portanto, os programas tradicionais que propõem a todos os jogadores a mesma intensidade e frequência de treinamento físico devem ser revistos. A literatura atual sugere que o planejamento do trabalho para o aprimoramento das capacidades físicas deve ser individualizado ou pelo menos adequado à demanda específica da posição de jogo.[23] Além disso, os protocolos de testes aplicados devem considerar ainda a idade dos atletas, a experiência prévia em treinamento e a familiaridade dos atletas com os testes aplicados.[24] Destaca-se que ainda não existem estudos que indiquem os impactos das mudanças de regras ocorridas em 2016 e a possível influência na exigência física dos jogadores.

Handebol: aspectos técnicos e táticos

Além do desenvolvimento físico, a técnica e a tática em esportes coletivos são importantes fatores para o sucesso.[25]

Para tal reflexão, Coronado e González[26] lembram que toda modalidade esportiva utiliza um vocabulário específico para definir seus conteúdos e assim adotar uma terminologia. A estruturação básica de uma partida de handebol é analisada a partir da posse da bola e da organização espacial dos jogadores para definir suas fases. A Tabela 1 apresenta a proposta dos autores para a terminologia da modalidade.

TABELA 1 Descrição da terminologia básica do jogo de handebol

Terminologia	Conceito
Defesa	Fase cujo objetivo final é impedir que a equipe contrária consiga introduzir a bola na baliza.
Contra-ataque	Fase em que, uma vez recuperada a posse de bola, objetiva progredir o mais rapidamente possível à baliza contrária para conseguir o gol.
Ataque	Fase em que, se o objetivo do contra-ataque não é alcançado, objetiva obter o gol.
Recuperação defensiva	Fase cujo objetivo é evitar que a equipe adversária obtenha o gol por meio de um contra-ataque, recuperando o mais rápido possível a situação de defesa.
Técnica	Conjunto de elementos técnicos (gestos) que determinam a motricidade específica e especializada do jogador de handebol. Pode ser ofensiva ou defensiva.
Tática individual	Aplicação inteligente da técnica em situações concretas, mediante princípios de atuação. Pode ser ofensiva ou defensiva.
Tática coletiva	Forma de relação entre dois ou mais jogadores para coordenar entre eles a técnica e a tática individual utilizando meios básicos táticos e a combinação entre eles (procedimentos táticos). Pode ser ofensiva e defensiva.
Sistemas de jogo	Ordenação inicial dos jogadores na quadra. Pode ser ofensivo ou defensivo.
Regras do jogo	Conjunto de artigos para ordenar e estabelecer o modo de jogar handebol.

Fonte: adaptada de Coronado e Gonzalez.[26]

Tal terminologia não é definitiva em si, mas um recorte a partir do qual é possível estabelecer uma linguagem que permita aprofundar as discussões sobre handebol. O jogo de handebol pressupõe infinitas possibilidades de combinações e nuances. Como afirma Castro,[27] o objetivo final de um trabalho é promover a formação de jogadores inteligentes que se caracterizam pela criticidade, autonomia e capacidade de estabelecer estratégias. Elzaurdía[28] descreve a importância da inteligência esportiva de uma maneira definitiva, ao afirmar que há pessoas que admiram os jogadores que sabem ler a partida, mas são muito mais admiráveis os jogadores que sabem escrevê-la. Nesse sentido, é importante observar o jogo e pensar em como se pode organizar um ambiente de aprendizagem que permita ao praticante desenvolver-se, tornando-se um jogador inteligente.

Nesse sentido, a fundamentação teórica é importante. De acordo com Schimidt e Wrisberg,[29] a aquisição de habilidades implica conjugar elementos como a identificação do indivíduo, a característica da tarefa, o contexto em que se insere tal experiência, a preparação das sessões de prática, a apresentação da habilidade, a estrutura da prática e o *feedback*. Em complementação a esse pressuposto, deve-se considerar que, ao executar uma habilidade específica, ocorre a identificação do estímulo, a seleção da resposta, a programação da resposta e a resposta efetivamente executada. Todos esses aspectos ocorrem em diferentes níveis de complexidade e infinitos arranjos entre tais elementos.[30]

Novamente, apenas para ter clareza de quais são tais elementos, uma descrição básica de tais fatores pode auxiliar uma posterior análise do jogo, particularmente quando se discute a avaliação em handebol.

Para Coronado e Gonzalez,[26] para obter êxito nessas fases é necessário que os atletas e a equipe saibam fazer uso dos seguintes instrumentos (Tabela 2):

- Elementos técnicos ofensivos, defensivos e específicos de goleiros.
- Princípios táticos individuais ofensivos, defensivos e específicos para goleiros.
- Meios básicos táticos coletivos ofensivos e defensivos.
- Sistemas de jogo ofensivos e defensivos.

No aspecto tático, é preciso considerar as ações individuais e coletivas no ataque e na defesa, o conhecimento das possibilidades táticas, a compreensão da situação de jogo, o que implica a capacidade de percepção, antecipação e reação dos jogadores, a percepção espacial e temporal e a atitude de adaptação e de tomada de decisão, o que demanda solucionar problemas táticos a partir dos princípios de jogo.[14]

Consequentemente, torna-se necessário introduzir avaliações e normas de controle dessas qualidades visando o aprimoramento do comportamento motor,

TABELA 2 Descrição dos princípios básicos individuais

Ofensivos	Jogador sem bola	Atitude ofensiva	
		Criação e ocupação do espaço	
		Progressão e fixação nos espaços	
		Profundidade e largura da quadra	
		Linha de recepção da bola	
		Momento de intervenção	
		Continuidade ofensiva	
	Jogador com bola	Atitude ofensiva	
		Criação e ocupação dos espaços	
		Progressão e fixação nos espaços	
		Profundidade e largura da quadra	
		Linha de passe	
		Posse de bola	
		Continuidade ofensiva	
Defensivos	Atitude defensiva		
	Momento de intervenção		
	Antecipação e ocupação dos espaços		
	Redução do êxito ofensivo	Linha de intercepção da bola	
		Dissuasão	
		Marcação e controle	
	Continuidade defensiva		
	Colaboração defensiva: ajudas de marcação		
Goleiro	Atitude ofensiva e defensiva		
	Momento de intervenção		
	Antecipação		
	Oferecer e fechar espaços de arremesso		

Fonte: adaptada de Coronado e Gonzalez.[26]

seguindo determinados modelos conceituais que pressuponham intervenções didáticas e pedagógicas, e que contribuam para incrementar elementos de consistência cognitiva, gestos técnicos aplicados e táticas individuais e coletivas.

Em uma abordagem genérica para avaliar o comportamento tático de um jogador ou uma equipe, pode-se contar ações específicas. Isso pode ser feito manualmente, por contagens simples, ou com ajuda de um sistema de computador. Os resultados típicos de tais análises são frequências absolutas ou relativas de ações ou taxas de sucesso.[25]

De acordo com Eaves,[31] historicamente a avaliação desses elementos do jogo de handebol vem sendo feita por meio de análise notacional. Nesse sentido, há duas formas principais de tentar registrar o que acontece em um jogo. A primeira abordagem utiliza símbolos, letras e/ou ideogramas para registrar os eventos e as ações do jogo. A segunda abordagem bastante comum é a que busca medir distâncias, direções e duração de deslocamentos com o intuito de analisar a duração dos movimentos.

Alguns aspectos são facilmente observados nos registros das competições que a International Handball Federation disponibiliza em seu site. Por exemplo, é possível verificar o desempenho das Seleções Brasileiras de Handebol masculino e feminino depois de seis jogos disputados nos Jogos Olímpicos do Rio de Janeiro em 2016. Os arquivos com as estatísticas acumuladas indicam ações como assistências, arremessos e gols, na posição de 6, 7 e 9 m, contra-ataques, defesas, punições em relação às regras, entre várias outras informações.[9]

Mais recentemente, outra abordagem de análise de jogo é feita por meio de registros em vídeos e *softwares* específicos. Diversos tipos de informações podem ser utilizados, como as estatísticas e sequências de vídeo. O desenvolvimento tecnológico recente permite ao treinador estruturar as suas sessões de treinamento de maneira mais adequada. Assim, os treinadores podem fazer melhor uso do tempo de treinamento a partir da análise prévia da atuação tática de sua equipe durante os jogos.[32]

Por outro lado, algumas fragilidades dessas abordagens podem ser constatadas na literatura acadêmica recente. Itoda[33] lembra que, no handebol, os componentes de uma equipe e os adversários compartilham o mesmo espaço, e mudam dinamicamente seus comportamentos em função das ações e intenções dos outros jogadores. Tais interações são extremamente complexas e de difícil compreensão. Recentemente, diversos estudos têm analisado os comportamentos relacionados

diretamente ao jogador que está com a bola, no entanto é preciso considerar também as ações e interações que ocorrem entre jogadores que não estão com a bola, tanto nas fases ofensivas como defensivas. Um exemplo nítido desse tipo de situação é a atuação do pivô.

Em complementação a esta crítica, Tilp e Schrapt[25] afirmam que o registro de ações individuais não permite obter uma visão sobre o contexto do jogo específico e a situação em que a ação acontece, o que muitas vezes é o fator mais importante para o sucesso. Um desafio que se impõe ao uso de uma metodologia para a análise em handebol é obter entradas de dados suficientes em uma categoria específica de ações individuais, em razão das infinitas possibilidades de situações de jogo.

Apesar de todos os avanços na área, Travassos[34] lembra que os métodos atuais de análise de desempenho têm sido criticados pela falta de uma estrutura teórica viável para embasar o desenvolvimento dos princípios fundamentais que regulam o desempenho relacionado ao êxito. A integração de ideias, a partir de uma abordagem ecológica, que antecedem as atuais concepções de análise de desempenho, podem aprimorar a compreensão de como o desempenho esportivo resulta de uma interação contínua entre indivíduos, jogadores e equipes.

Atletas de handebol: aspectos psicológicos e sociais

O fator psicológico é um fator importante na descrição de um jogador de alto nível. Pode ainda ser considerado um fator mediador entre os aspectos físicos, técnicos e táticos de um jogador e seu rendimento real em competições. A avaliação das características psicológicas pode estabelecer hipóteses sobre a intervenção psicológica mais apropriada para obtenção dos resultados de alto rendimento. Entre tais características pode-se considerar a capacidade de controlar o estresse, a influência na avaliação do rendimento, a motivação, a habilidade mental e a capacidade de coesão da equipe.[35]

Existem diversas abordagens que tendem a valorizar alguns fatores, como perseverança e decisão, expressão de voluntariedade, combatividade, confiança na própria capacidade e dos companheiros de equipe, equilíbrio afetivo-relacional e emocional, em todas as circunstâncias. Kingston[36] corrobora tais afirmações ao citar aspectos particularmente importantes, como a motivação, a autodeterminação, a autoconfiança, o estresse competitivo e a ansiedade esportiva.

Entre as pesquisas recentes sobre os aspectos psicológicos relacionados especificamente ao handebol estão os estudos sobre traços de personalidade,[37,38] ansiedade competitiva e estresse,[39] características psicológicas e motivação,[40-43] e agressividade.[44] Destaca-se ainda, entre tais pesquisas, uma tendência recente de estudar a resiliência de jogadores de handebol, sendo a resiliência definida como a capacidade de superar situações adversas.[45,46]

Consequentemente, surge a necessidade de o treinador ter conhecimento nesta área. Pode ainda haver a colaboração entre um treinador e um psicólogo, que pode contribuir para que seja definido um "modelo psicológico de jogador", cujo conteúdo inclui um conjunto de atitudes e qualidades que devem ser trabalhadas no processo de formação de um atleta.

Do ponto de vista social, Matthews[47] ressalta a importância de reconhecer as diferenças individuais e compreender como tais interações acontecem. O valor do conhecimento sociológico reside no fato de possibilitar o aprimoramento da competência social, o que significa entender a razão pela qual os indivíduos se comportam de determinada forma. Nesse sentido, é preciso considerar o micro e o macroambiente em uma abordagem social.

Estudos específicos de handebol relacionados à sociologia do esporte incluem representações sociais do papel do treinador,[48,49] a dinâmica entre os papéis sociais nas equipes[50-52] e questões de gênero.[54,55]

Trosse[14] afirma que as formas de avaliação na modalidade devem levar em consideração o nível de handebol do indivíduo e das equipes, a descoberta de novos talentos, a capacidade de rendimento do grupo, o prognóstico da evolução dos resultados e consistir em um meio para aumentar o rendimento. Nesse sentido, os critérios para a escolha dos métodos de avaliação na modalidade envolvem a objetividade, a confiabilidade e a validade dos testes. Cabe ainda considerar os critérios qualitativos secundários, ou seja, a economia, a normatização, a comparabilidade e a utilidade dos processos avaliativos.

Avaliação no handebol de alto nível

Não há como falar do handebol de alto nível sem situar e diferenciar que os campeonatos de clubes dos principais países da Europa na modalidade são diferentes dos disputados no Brasil.

Os jogadores estão em grande parte da temporada nos clubes, onde treinam e jogam cotidianamente. Essa realidade reflete um calendário de jogos e competições com níveis e frequências diferentes entre os principais campeonatos da Europa e os campeonatos no Brasil.

Na Europa, é comum as grandes equipes terem dois jogos por semana, um deles sempre muito forte e difícil. Isso faz com que esses times não tenham muito tempo para treinar e muito menos para avaliar. Nesse contexto, os treinadores precisam considerar os seguintes questionamentos:

- O que avaliar nesse nível de jogo?
- Quais são os fatores mais determinantes ou mesmo importantes?
- Como e quando usar os dados e as informações destas avaliações?

No alto nível, o resultado é o que impera. O rendimento e o desempenho se subjugam a este fator. Com essa lógica de tantos jogos e viagens, intensa pressão por resultados imediatos e constantes, fica difícil não salientar uma questão fundamental: o tempo. Há pouco tempo para treinar, para trabalhar todos os fatores multidisciplinares e de forma integral o atleta, a equipe, o modelo de jogo, entre outros aspectos do handebol de alto rendimento, de modo que falta tempo também para avaliar. Nessa lógica, a avaliação tende a ser uma tarefa muito mais imediatista e direcionada ao objetivo, ou seja, à próxima vitória. O problema essencial é o tempo, que vai de encontro à potencialidade das condições objetivas para obter um salto qualitativo em tudo que tange às possibilidades de avaliação em uma equipe de alto nível de handebol.

Como enfatiza Sampedro,[55] avaliar não é igual a medir. Há um caráter subjetivo nesse processo, que demanda tempo e trabalho teórico para ser bem feito, que busca fugir da primeira aparência ou de uma conclusão precipitada ou mesmo limitada. Obviamente, há contrapontos a serem feitos. Pode-se dizer que há, em contrapartida a essa realidade do imediatismo do resultado e da falta de tempo do calendário, também um movimento de se pensar e cuidar do atleta, da equipe, das categorias de base e do modelo de jogo a médio e longo prazo.

Há uma tendência de buscar o embasamento em uma ampla gama de conhecimentos científicos, de profissionais de alta qualidade em suas áreas, de constituir um corpo técnico que funcione como um grupo de trabalho liderado pelo treinador ou, por vezes, pelo gerente, a fim de não deixar escapar nenhuma informação relevante ao desenvolvimento da equipe. Atualmente, as ciências que embasam o esporte oferecem muitas possibilidades técnico-científico-informacionais para a avaliação de equipes de handebol de alto nível.[56] Embora ainda haja muito a avançar e dificuldades para enfrentar alguns problemas que a prática impõe, atualmente há muito conhecimento disponível em avanços tecnológicos ou científicos.

Há também a ressalva dos que julgam esses processos desnecessários, que acreditam que o olhar do treinador basta ou que manter as velhas práticas na condução de uma equipe de alto nível já é suficiente. Muito embora essa exceção à regra exista, a tendência é que seja cada vez menor em representatividade e importância.

Avaliar também é recolher certas informações, em detrimento de outras. Ao escolher o que vai ser avaliado, há claramente (muito embora esse processo não se dê necessariamente de forma consciente) uma escolha, uma tomada de decisão do que se quer olhar, do que se objetiva com aquele processo avaliativo, mas também do que não é preocupante, de quais dados ou informações se vai abrir mão, mesmo que temporariamente. Isso pode ser, de fato, o grande questionamento a ser feito: quais informações e quais dados não utilizar, quais subutilizar, ou até mesmo utilizar de maneira menos decisiva? Os processos avaliativos devem, então, dialogar com essa questão.

Considerando que a realidade do alto nível se impõe como essa busca imediata por resultados positivos (muitas vezes um clube sabe que não almeja o título, mas, por exemplo, tem em seu planejamento a meta de não ser rebaixado ou de manter-se na divisão em que está, de modo que não se trata de vitória sempre que se fala de resultados), saber o que ajuda nesse caminho da busca por resultados positivos é fundamental. As avaliações devem ajudar a ter essas informações e conhecimentos, para que se trabalhe no caminho proposto.

Estatísticas e análises: tendência da metodologia observacional

Há uma infinidade de temas e áreas do conhecimento que podem fazer parte de uma equipe de trabalho em um grande clube ou em uma seleção de handebol. Todos esses tópicos têm suas subáreas e amplas possibilidades avaliativas, que utilizam protocolos, medidas, processos, questionários, entre outros instrumentos de avaliação.

Destaca-se ainda a necessidade de evoluir nesses já conhecidos processos avaliativos, ainda muito setorizados. Como integrar a avaliação psicológica e física com a bioquímica? Como usar a percepção subjetiva de esforço (PSE), a minutagem, que contabiliza quantos minutos cada jogador ficou em quadra, combinadas com os níveis de creatinaquinase (CK) e as escolhas estratégicas das rotações que o treinador pretende para o pró-

ximo adversário, sendo estes os desafios futuros para o desenvolvimento da avaliação em handebol.

Nos Jogos Olímpicos do Rio de Janeiro de 2016, o COB proporcionou ao Time Brasil a utilização de *softwares* que permitiram analisar e avaliar o desempenho motor e biomecânico do atleta em um vídeo e, ao mesmo tempo, realizar uma análise estratégico-tática do jogo, gerando estatísticas e diversas outras ferramentas de dados e informações que um olhar treinado pode aproveitar para que a avaliação seja a mais completa e global possível.

Com o intuito de enriquecer a reflexão sobre o tema, estão relatados a seguir alguns exemplos de avaliações utilizadas na Seleção Brasileira masculina, na Seleção Norueguesa feminina e na equipe principal masculina de handebol do Barcelona F. C. Mais do que modelos a copiar, tais exemplos podem promover uma reflexão sobre o debate da avaliação no handebol de alto nível a partir de situações práticas e reais, e do quanto ainda se pode evoluir nesta área. O mais difícil ainda é saber como avaliar em condições reais de jogo e utilizar todas essas informações do modo mais integrado possível.

Avaliar e analisar o desempenho

Dado o caráter subjetivo do processo avaliativo, é possível pensar nos limites da estatística e das informações restritas a um determinado aspecto. No Barcelona F. C., um grande desafio é como integrar os dados físicos e fisiológicos coletados *just in time* durante as sessões de treinamento, como a avaliação global de desempenho da equipe. A metodologia observacional no esporte trata de ajudar nesse sentido. Resumidamente, consiste em recolher informações do jogo ou do jogador em específico, em função de objetivos previamente organizados e planejados.[57]

Observa-se sempre a partir de desejos e projetos objetivos. Mais à frente, daremos exemplos de treinadores que desenvolveram suas avaliações a partir de conceitos da metodologia observacional e que, embora estejam subjetivamente (e objetivamente também, pois as avaliações estão pautadas em seu modelo de jogo) estruturadas em suas experiências passadas e seus objetivos a avaliar no jogo e/ou no jogador, têm uma metodologia por trás. Essa metodologia é muito receptiva aos treinadores, pois valoriza o conhecimento prévio e a experiência. Há muitos *softwares* e mecanismos de captação e análise das informações do jogo cada vez mais se valendo dessa *expertise*. Adiciona-se a essa tendência o papel crescente do *coaching* como prática dos treinadores em suas comissões técnicas multidisciplinares, tendo a metodologia observacional se mostrado parte importante desse processo de *coaching*.[58]

Por exemplo, saber que um armador lateral esquerdo fez 7 gols de 10 arremessos é algo importante. Mas não é suficiente para analisar e avaliar de fato seu desempenho ofensivo neste determinado jogo. De onde e em que circunstâncias foram esses arremessos? Em que momentos do jogo? A partir de que ações ofensivas e contra que sistemas defensivos se deram esses lançamentos? Quantas assistências ele fez ao extremo (ponta) ou ao pivô? Quantos erros geraram perda da posse de bola (*turnovers*)? Que trajetórias e deslocamentos, incluindo ciclo de passos e corrida prévia sem a bola, este jogador realizou? Em que situações se deram os gols? Qual o aproveitamento dos goleiros adversários neste jogo e no duelo contra ele? Essas e muitas outras perguntas são tão ou mais importantes para uma real avaliação do desempenho daquele jogador na fase ofensiva do jogo.

Parece cada vez mais que, sem a análise de vídeo, dificilmente se pode avaliar esses e outros fatores de desempenho. Existem ainda alguns estudos já utilizando ferramentas de vídeo em 3-D, para ajudar a tornar mais real a representação ou a visão do jogo em vídeo. Se a fotografia e o desenho são mais estanques em 2-D, o vídeo em 3-D pode significar um grande avanço em se trabalhar o jogo fora da quadra. Um estudo desse tipo foi feito por Hohmann,[59] com treino de vídeo e análise em 3-D. De acordo com os autores, muitos outros estudos deverão ser realizados, mas evidências atuais já indicam que a análise do jogo, sua forma e sua representação têm aspectos a evoluir.

Outro aspecto a ser discutido na análise de vídeo, enquanto ferramenta avaliativa do desempenho, é a atenção predominante para quem faz mais gols. No senso comum, os artilheiros são os bons jogadores. Matts Ollson, ex-goleiro da Seleção sueca na década de 1990, e atualmente membro da comissão técnica da Seleção da Noruega de handebol feminino, "desenvolveu" seu método de análise dos números estatísticos gerados pelas competições oficiais da Federação Internacional de Handebol – IHF, em consonância com o estudo de Foreti[60] no Mundial masculino da Croácia de 2009, criando critérios e utilizando o programa Match Analysis System – MAS. A reflexão inicial era o modo pelo qual era possível avaliar a real contribuição de um jogador em uma equipe e/ou em uma partida.

Já existem critérios como os pontos, resultado numérico que soma gols e assistências feitos por um jogador em um jogo ou campeonato, algo que na Liga de Hóquei de gelo dos EUA e Canadá (NHL) é considerado mais importante que o número de gols feitos. Parece óbvio, mas basta uma análise dos principais nomes do handebol, e quem são os principais ídolos, para ver que não necessariamente este tema está bem consolidado, inclusive entre treinadores e profissionais das ciências que subsidiam o desenvolvimento do esporte.

Ao analisar o critério proposto por Olsson, pode-se aprimorar tal pressuposto. Não basta olhar os pontos, mas, sim, subtrair os *turnovers* desse número absoluto. A título de ilustração, imagine-se a situação a seguir. Uma jogadora fez 10 gols, o que aparentemente remete à conclusão de que ela fez um grande jogo. No caso de ela ter feito uma assistência, ela teria 11 pontos. Se perdeu oito bolas (em decorrência de infrações a regras, erros de passe e recepção e ações similares), ficaria com apenas 3 pontos, e assim por diante. Ainda neste critério proposto por Olsson, poderiam ser somados pontos por interceptações da bola na fase defensiva do jogo, descontar os arremessos dados que não resultaram em gol e acrescer um índice para diferenciar se essas ações ocorreram com o time perdendo ou ganhando, se a diferença de gols entre as duas equipes estava na casa dos 3 a 5 gols ou 10 a 20 gols. Pondera-se ainda quantos minutos a atleta jogou, e com quantos minutos jogados ocorreram os *turnovers* e os arremessos errados. Verifica-se mais especificamente o desempenho nos últimos 10 minutos da partida. Tal análise permite concluir que, apesar de a atleta a princípio ser considerada uma grande goleadora, pode não ter feito uma partida tão boa assim. Ela poderia ter feito 10 gols e terminar com 20 pontos negativos.

O processo seria similar para analisar a atuação de um goleiro. Caberia ao treinador não só constatar a estatística final do jogo, mas fazer outras observações. Tais análises incluiriam a adoção de valores de *menos três* (-3) a *mais três* (+3), decorrentes da classificação da defesa ou o gol sofrido como mais ou menos defensável. Em suma, algo como o nível de dificuldade das defesas realizadas, avaliado pelos anos de experiência e estudo do próprio Olsson, e critérios adotados no plano estratégico do trabalho com os goleiros e a defesa da equipe, como divisão de ângulo longo e curto com o bloqueio.

Correlatamente ao exemplo da jogadora de linha, se um goleiro defende um arremesso que a princípio deveria conseguir defender, o valor atribuído seria *mais um* (+1). Se a defesa ocorre em uma situação muito difícil, em que o êxito do atacante era muito provável, é atribuído o valor *mais três* (+3). A mesma lógica se aplica para gols sofridos. Logo, é atribuído o valor *menos um* (-1) para um gol que ocorreu em uma circunstância amplamente favorável ao atacante, e não havia muita responsabilidade do goleiro. Em contrapartida, deve-se atribuir o valor *menos três* (-3) para o goleiro quando ele sofre um gol em que a situação era predominantemente favorável para a execução da defesa. As defesas também são valoradas de acordo com a evolução do jogo. Quando um goleiro consegue defender 50% das bolas arremessadas ao gol, considera-se que seu rendimento foi ótimo. Contudo, se no decorrer do jogo o goleiro estava com 55% de aproveitamento, e nos últimos 5 minutos não defendeu nenhum arremesso, tal atuação pode ocasionar a derrota da equipe em uma partida equilibrada. Tal avaliação deve ocorrer de acordo com os momentos críticos do jogo. Cabe ainda ressaltar outro elemento que normalmente não é revelado pela estatística de jogo, que é o tempo em que um goleiro fica sem realizar uma defesa, por exemplo, atuar durante 10 minutos sofrendo gols consecutivos, o que demanda uma análise específica.

Outro exemplo de avaliação no handebol de alto nível ocorre no acompanhamento sistemático dos atletas selecionáveis por parte de um treinador da equipe nacional. O treinador Jordi Ribera desenvolveu um método para acompanhar o desempenho de cada jogador ao longo da temporada, avaliar seu rendimento e justificar a convocação de cada atleta para a Seleção Brasileira Masculina. Apesar dos mecanismos de avaliação utilizados não terem sido validados cientificamente, o treinador e a comissão técnica basearam-se em anos de prática no handebol de alto nível para estabelecer critérios de avaliação ao longo dos 4 anos do ciclo olímpico, que culminou com os Jogos Olímpicos do Rio de Janeiro de 2016.

Resumidamente, tal método consistiu em acompanhar os jogos de cada atleta fazendo registros de sua participação. Foram observadas ações ofensivas e defensivas, setorizadas na quadra, com tempo, placar e respectivo resultado, valoradas com um sinal positivo ou negativo. Assim, ao final de cada partida foi possível ter um balanço de todas as ações de um determinado jogador, no qual foi incluída uma abordagem qualitativa a respeito de aspectos técnicos e táticos, além das fases e momentos do jogo em que ocorreram as intervenções. A partir do processo de análise de alguns jogos, pode-se estimar com determinada segurança o potencial de contribuição de cada jogador para a equipe e também os aspectos a serem aprimorados.

Apontamentos e tendências para o futuro

Identificar padrões a partir das avaliações e análises de preferências táticas no jogo é uma tendência no handebol de alto nível.[61] Este uso para o estudo da sua própria equipe e, sobretudo, para a análise dos adversários já é uma realidade. Entretanto, conseguir avançar nessas análises significa também avançar no que é o conhecimento a ser passado aos jogadores desta e às próximas gerações. Nesse contexto de pouco tempo de treino e muitas viagens e jogos, as ferramentas audiovisuais e as sessões de vídeo e, cada vez mais, a responsabilidade de cada atleta de olhar e estudar o conteúdo de vídeo que foi enviado para ele pela comissão técnica assume um papel diferenciado no aperfeiçoamento individual do atleta, o que vale também para o aperfeiçoamento e o ajuste da equipe.[62]

Parece que cada vez mais a pergunta-chave não é o que avaliar, mas sim o que ignorar ou o que descartar. Há tantos dados, e tão pouco tempo, que se não for feita uma boa seleção do que de fato deve ser levado em conta, ou o que de fato é determinante naquele momento, corre-se o risco de cometer o erro de tudo querer e nada ter.

De fato, ainda há contradições e grandes questões no que tange à avaliação do alto nível em handebol. A importância da avaliação nesse contexto não é ignorada. Contudo, ainda é necessário estabelecer prioridades a respeito do que fazer no tempo hábil e como aproveitar adequadamente todo o potencial nessa área. Aparentemente, entre a teoria e a prática, há uma grande distância.

CONSIDERAÇÕES FINAIS

Este capítulo teve o intuito de apresentar aos treinadores os parâmetros para avaliação em handebol segundo a produção científica mais recente sobre os métodos e procedimentos que abordam a especificidade da modalidade. Contudo, é essencial que o profissional que trabalha com handebol saiba fazer uso deste conhecimento de acordo com seu contexto e com a demanda do seu trabalho. Para isso, é fundamental que o trabalho seja pautado pela reflexão crítica, sistematizada e cotidiana. A educação continuada dos treinadores é elemento fundamental para a evolução dos jogadores, equipes, competições e a modalidade em si. O aprimoramento de um processo de treinamento necessita de treinadores que sejam capazes de entender como, quando, onde e por que este ou aquele procedimento é adequado ao contexto em que está inserido.

Para além deste aspecto, a literatura acadêmica indica que, quando tal postura é adotada pelo treinador na construção do seu processo de treinamento, ocorre a ampliação do entendimento de questões que articulam o micro e o macroambiente esportivo.[63]

RESUMO

A avaliação em handebol implica o conhecimento de sua prática nas mais variadas formas de manifestação esportiva, como o handebol de participação e o handebol de alto rendimento. Atualmente, muitas informações a respeito de jogadores e equipes estão disponíveis nos sites de federações e confederações. Os principais parâmetros para avaliação em handebol envolvem o desempenho individual e o desempenho da equipe, e estão relacionados aos aspectos físicos, técnicos, táticos, psicológicos e sociais. Nesse sentido, é importante considerar a especificidade da modalidade para aplicar instrumentos de avaliação compatíveis com a realidade do jogo. No handebol de alto rendimento, um dos desafios para o estabelecimento de um processo avaliativo de jogadores e equipes reside na combinação dinâmica de elementos do jogo. Outro fator restritivo para a adoção de protocolos de avaliação é imposto pela agenda de competições e compromissos de jogadores e atletas que, com certa frequência, obriga o treinador a estabelecer prioridades no seu planejamento de treinamentos. É fundamental que o treinador conheça os parâmetros e também os procedimentos de avaliação e saiba adequar tal conhecimento ao contexto em que atua, potencializando o uso das informações disponíveis para a melhoria do seu trabalho em handebol.

Questões para reflexão

1. Quais são os principais indicadores de avaliação em handebol e como é possível integrá-los ao seu ambiente específico de trabalho?
2. Quais são os dilemas mais comuns na escolha de métodos de avaliação em handebol?
3. Em que contexto devem ser utilizados os diversos métodos de avaliação em handebol?

REFERÊNCIAS BIBLIOGRÁFICAS

1. Prieto J, Gómez MA, Sampaio J. Revisión bibliométrica de la producción científica en balonmano. Cuad Psicol Deporte. 2015;15(3):145-54.
2. Confederação Brasileira de Handebol. Estatuto. Disponível em: www.brasilhandebol.com.br/Admin/Anexos/001969_ESTATUTO%20e%20ATA%20DE%20ASSEMBLEIA%20GERAL%20EXTRAORDINARIA%202016.pdf. Acessado em: 20/2/2016.
3. Ministério do Esporte. Diesporte: diagnóstico nacional do esporte. Brasília: Ministério do Esporte; 2017.
4. Comitê Olímpico Brasileiro. Rio 2007. Disponível em: www.cob.org.br/pt/time-brasil/brasil-nos-jogos/rio-2007. Acessado em: 16/11/2016.
5. Brasil. Ministério da Defesa. Brasil nos Jogos Mundiais Militares. Disponível em: jogosmilitares.defesa.gov.br/jogos-mundiais-militares. Acessado em: 16/11/2016.

6. International Handball Federation. Men's Junior World Championship. Disponível em: www.ihf.info/enus/ihfcompetitions/worldchampionships/mensjuniorworldchampionship/mensjuniorworldchampionship,bra2015.aspx. Acessado em: 16/11/2016.
7. International Olympic Committee. Rio 2016. Disponível em: www.olympic.org/rio-2016. Acessado em: 16/11/2016.
8. Confederação Brasileira de Handebol. Estatuto. Convocação Seleções. Disponível em: www.brasilhandebol.com.br/noticias_detalhes.asp?id=31409&moda=004&area=&ip=1. Acessado em: 16/11/2016.
9. International Handball Federation. Competitions Archive. Disponível em: www.ihf.info/en-us/ihfcompetitions/competitionsarchive.aspx. Acessado em: 16/11/2016.
10. Santos AL, Alexandrino RR. Desenvolvimento da carreira do atleta: análise das fases e transições. Conexões. 2015;13(2):185-205.
11. Wylleman P, Alfermann D, Lavallee D. Career transitions in sport: European perspectives. Psychol Sport Exerc. 2004;5(1):7-20.
12. Bělka J, Hůlka K, Šafář M, Weisser R. External and internal load of playing positions of elite female handball players (U19) during competitive matches. Acta Gymnica. 2016;46(1):12-20.
13. Wagner H, Finkenzeller T, Würth S, von Duvillard SP. Individual and team performance in team-handball: a review. J Sports Sci Med. 2014;13(4):808.
14. Trosse HD. Balonmano: ejercicios y programas de entrenamiento. Barcelona: Hispano Europea; 2012.
15. García J, Cañadas M, Parejo I. Una revisión sobre la detección y selección del talento en balonmano. E-Balonmano.com. 2007;3(3):39-46.
16. International Handball Federation. Statistics. Disponível em: www.ihf.info/en-us/ihfcompetitions/worldchampionships/womensworldchampionships/womensworldchampionshipden2015/statistics.aspx. Acessado em: 16/11/2016.
17. Michalsik L, Madsen K, Aagaard P. Activity match profile and physiological demands in female elite team handball. In: European Handball Federation Scientific Conference 2011. European Handball Federation.
18. Vila H, Manchado C, Rodriguez N, Abraldes JA, Alcaraz PE, Ferragut C. Anthropometric profile, vertical jump, and throwing velocity in elite female handball players by playing positions. J Strength Cond Res. 2012;26(8):2146-55.
19. García AD, García JM, Molina SF, Pachón AM, de la Cruz Sánchez E, Hermoso AG et al. Valoración de la condición física general de las selecciones extremeñas de balonmano en categorías de formación. E-balonmano.com. Rev Cienc Deporte. 2007;3(1):9-20.
20. Karcher C, Buchheit M. On-court demands of elite handball, with special reference to playing positions. Sports Med. 2014;44(6):797-814.
21. Barbero JC, Granda-Vera J, Calleja-González J, Del Coso J. Physical and physiological demands of elite team handball players. Int J Perform Anal Sport. 2014;14(3):921-33.
22. Krüger K, Pilat C, Ückert K, Frech T, Mooren FC. Physical performance profile of handball players is related to playing position and playing class. J Strength Cond Res. 2014;28(1):117-25.
23. Michalsik LB, Aagaard P, Madsen K. Locomotion characteristics and match-induced impairments in physical performance in male elite team handball players. Int J Sports Med. 2013;34(07):590-9.
24. Bautista IJ, Chirosa IJ, Robinson JE, van der Tillaar R, Chirosa LJ, Martín IM. A new physical performance classification system for elite handball players: cluster analysis. J Hum Kinet. 2016;51(1):131-42.
25. Tilp M, Schrapf N. Analysis of tactical defensive behavior in team handball by means of artificial neural networks. IFAC-PapersOnLine. 2015;48(1):784-5.

26. Coronado JFO, González PIS. Balonmano la actividad física y deportiva extraescolar en los centros educativos. Barcelona: Ministerio de Educación y Cultura; 1996.
27. Castro D. A concepção estratégico-tática no handebol: implicações para a formação de jogadores inteligentes [Dissertação de mestrado]. Campinas: Unicamp; 2013.
28. Elzaurdía ML. Jugar y hacer jugar. La formación de jugadores para el ataque posicional. Comunicaciones Técnicas. Madrid: Real Federación de Balonmano; 2006. p. 2-15.
29. Schmidt RA, Wrisberg CA. Aprendizagem e performance motora. Porto Alegre: Artmed; 2001.
30. Santos ALP. Manual de mini-handebol. São Paulo: Phorte; 2014.
31. Eaves SJ. A history of sports notational analysis: a journey into the nineteenth century. Int J Perform Anal Sport. 2015;15(3):1160-76.
32. O'Donoghue P. Match analysis for coaches. In: Jones RL, Kingston K. An introduction to sports coaching: connecting theory to practice. Abington: Routledge, 2013.
33. Itoda K, Watanabe N, Takefuji Y. Model-based behavioral causality analysis of handball with delayed transfer entropy. Procedia Comput Sci. 2015;71:85-91.
34. Travassos B, Davids K, Araújo D, Esteves PT. Performance analysis in team sports: advances from an ecological dynamics approach. Int J Perform Anal Sport. 2013;13(1):83-95.
35. Olmedilla A, Ortega E, de los Fayos EG, Abenza L, Blas A, Laguna M. Perfil psicológico de los jugadores profesionales de balonmano y diferencias entre puestos específicos. Rev Latinoam Psicol. 2015;47(3):177-84.
36. Kingston K, Thomas O, Neil R. Psychology for coaches. In: Jones RL, Kingston K. An introduction to sports coaching: connecting theory to practice. Abington: Routledge, 2013.
37. Arfa Y. Personality traits as predictors of physical capacities development. In: European Handball Federation Scientific Conference 2011. European Handball Federation.
38. Prieto Andreu JM, Ortega E, Garces de los Fayos EJ, Olmedilla A. Personality profiles related to the athlete's vulnerability to injury. Rev Psicol Deporte. 2014;23(2):431-7.
39. Gonzalez PIS, Coronado JFO. Competitive anxiety and stress in young handball players. In: European Handball Federation Scientific Conference 2011. European Handball Federation.
40. Vasconcelos-Raposo J, Moreira JM, Teixeira CM. Clima motivacional em jogadores de uma equipa de handebol. Motricidade. 2013;9(3):117.
41. Gonzalez PIS, Coronado JFO. Psychological characteristics of young handball players and its importance for handball coaches. In: European Handball Federation Scientific Conference 2011b. European Handball Federation.
42. Kajtna T, Pori M, Justin I, Pori P. Psychological characteristics of Slovene handball goalkeepers. In: European Handball Federation Scientific Conference 2011. European Handball Federation.
43. Oliva DS, Marcos FM, Miguel PA, Alonso DA, Calvo TG. Relación entre los motivos de práctica y los comportamientos de deportividad en jóvenes jugadores de balonmano. E-balonmano. 2010;6(3):111-22.
44. Fruchart E, Rulence-Pâques P. Condoning aggressive behaviour in sport: a comparison between professional handball players, amateur players, and lay people. Psicológica. 2014;35(3):585-601.
45. Sánchez MC, Cuberos RC, Ortega FZ, Garcés TE. Niveles de resiliencia en base a modalidad, nivel y lesiones deportivas. Retos: nuevas tendencias en educación física, deporte y recreación. 2016(29):162-5.
46. Cuberos RC, Sánchez MC, Garcés TE, Ortega FZ. Estudio de la resiliencia en función de la modalidad deportiva: fútbol, balonmano y esquí. Retos: nuevas tendencias en educación física, deporte y recreación. 2016(29):157-61.
47. Matthews N, Fleming S, Jones RL. Sociology for coaches. In: Jones RL, Kingston K. An introduction to sports coaching: connecting theory to practice. Abington: Routledge, 2013.
48. Dumitriu DL. Social representations of handball coaches' role. In: European Handball Federation Scientific Conference 2011a. European Handball Federation.
49. Gómez, VC, Luján, G, Francisco, J, Grijalbo Santamaría, C. Relationship between score and coaches' verbal behavior. Disponível em: https://rua.ua.es/dspace/bitstream/10045/32102/1/jhse_Vol_8_N_proc3_728-737.pdf. Acessado em: 16/11/2016.
50. Dumitriu DL. The importance of roles' dynamics inside a team. In: European Handball Federation Scientific Conference 2011b. European Handball Federation.
51. Luján G, Francisco J, Calpe Gómez V, Grijalbo Santamaría C, Imfeld Burkhard F. Una observación sistemática de las conductas verbales de los entrenadores en función de las acciones de juego competitivas. Rev Psicol Deporte. 2014;23(2):301-307.
52. Guzmán JF, Calpe-Gómez V. Preliminary study of coach verbal behaviour according to game actions. J Hum Sport Exerc. 2012;7(2):376- 382.
53. Høigaard R, Fuglestad S, Peters DM, Cuyper BD, Backer MD, Boen F. Role satisfaction mediates the relation between role ambiguity and social loafing among elite women handball players. J Appl Sport Psychol. 2010;22(4):408-19.
54. Marczinka Z. What's the difference? – Coaching female and male handball players. In: European Handball Federation Scientific Conference 2011. European Handball Federation.
55. Sampedro J. Fundamentos de táctica deportiva. Analysis de la estratégia de los deportes. Madrid: Gymnos; 1999.
56. Santos M. Técnica, espaço, tempo: globalização e meio técnico-científico-informacional. São Paulo: Edusp; 2008.
57. Anguera MT, Blanco-Villaseñor A, Losada, JL. Diseños observacionales, cuestión clave en el proceso de la metodología observacional. Metod Cienc Comport. 2001;3(2):135-61.
58. Azeredo TMP. Metodologia observacional no handebol: análise às ações ofensivas da seleção campeã do mundo 2011 [Dissertação de mestrado]. Vila Real: Universidade de Trás-os-Montes e Alto Douro; 2014.
59. Hohmann T, Obelöer H, Schlapkohl N, Raab M. Does training with 3D videos improve decision-making in team invasion sports? J Sports Sci. 2016;34(8):746-55.
60. Foreti N, Rogulj N, Papi V. Empirical model for evaluating situational efficiency in top level handball. Int J Perform Anal Sport. 2013;13(2):275-93.
61. Schrapf N, Tilp M. Action sequence analysis in team handball. Disponível em: https://rua.ua.es/dspace/bitstream/10045/30243/1/jhse_Vol_8_N_proc3_615-621.pdf. Acessado em: 16/11/2016.
62. Melnyk V, Pasichnyk V, Levkiv V, Kovtsun V. Tactical attacking actions of competitive handball players with different qualifications. J Phy Educ Sport. 2016;16(1):77.
63. Gilborne D, Marshall P, Knowles Z. Reflective practice in sports coaching: thoughts on process, pedagogy and research. In: Jones RL, Kingston K. An introduction to sports coaching: connecting theory to practice. Abington: Routledge, 2013.

Capítulo 21

Voleibol

Antonio Rizola Neto
Lucas Muller da Silva

Objetivos do capítulo
- Fornecer ao estudante de educação física uma visão geral sobre formas de aplicar avaliações no voleibol em habilidades técnicas, físicas e táticas.
- Possibilitar ao treinador de voleibol o conhecimento das diferentes formas de analisar as avaliações em seus alunos.
- Motivar os treinadores de voleibol a estabelecer seus critérios de avaliação com base em estudos pregressos.

INTRODUÇÃO

O voleibol profissional é praticado pelos países que representam a elite do esporte mundial e é uma modalidade esportiva em ascensão no cenário brasileiro. Os títulos conquistados nas últimas décadas pelas seleções brasileiras – principalmente as conquistas olímpicas da equipe feminina em 2008 e 2012 e da masculina em 2016 –, aliados ao fortalecimento e à maior visibilidade das competições pelos meios de comunicação, em que muitos ídolos surgiram, geraram um aumento significativo no número de espectadores. É importante mencionar também o aumento na procura por escolinhas e clubes por parte de novos admiradores em busca, na maioria das vezes, por uma carreira de sucesso na modalidade, ou simplesmente em fazer do esporte uma prática diária, visando a qualidade de vida e hábitos saudáveis.

As mudanças das regras, principalmente as ocorridas em 1988, promoveram não apenas um maior interesse do público pelo esporte, mas também a necessidade de constante adaptação do sistema de treinamento e avaliações para as novas exigências do esporte.[1]

Atualmente, o voleibol é jogado com maior velocidade, com a força explosiva prevalecendo na maior parte do tempo e a tomada de decisão sendo cada vez mais importante durante as partidas. A mudança da regra, que aboliu a "vantagem" (*rally point system*), facilitou ao público o entendimento do jogo, no entanto, aumentou a carga emocional sobre os atletas.

É fundamental estruturar o voleibol como um processo de preparação de muitos anos, assegurando atenção especial e garantindo diferenciação no tratamento para as categorias de base (infantil, infantojuvenil e juvenil) responsáveis pela sustentação do constante processo de renovação do voleibol nacional. O voleibol escolar é cada vez mais importante neste aspecto, pois é de onde saem os futuros atletas e cidadãos. Rizola afirma que:

> Não se pode desconhecer a importância da orientação científica do treinamento desde a etapa da preparação preliminar, especialização inicial e, especialização aprofundada, até se chegar ao alto nível, respeitando as peculiaridades das diferentes etapas. O apoio da ciência no controle do bem-estar clínico, emocional e social, dá ao desporte moderno maiores subsídios para um trabalho sistematizado.[1]

Melhorar a formação de futuros atletas no que diz respeito a capacidades técnicas, táticas, características físicas, entendimento do jogo e características emocionais é a melhor forma de avaliação e controle de cada quesito trabalhado.

Entre os diferentes componentes envolvidos em cada habilidade motora, destacam-se os processos sensórios e perceptivos, a tomada de decisão e a produção de movimentos; todos os fundamentos do voleibol envolvem marcadamente esses componentes.[2] Toda informação percebida por um atleta demanda decisões sobre o que fazer, como fazer e quando fazer.

O progresso da evolução física e técnica deve manifestar-se em um domínio cada vez mais apurado dos seus fundamentos e recursos; o desenvolvimento tático exige, de forma crescente, que o jogador se torne o mais completo possível.[3] Entende-se que cada vez mais o jogador deve compreender o jogo em todas as suas fases, ofensivas e defensivas. Para isso, deve-se promover controle sobre as ações por meio de sistemas de avaliação, que não devem ser necessariamente de alta complexidade.

É necessário que os profissionais da área da educação física que atuam na saúde, ou na execução de treinamento esportivo (p. ex., técnicos, professores e preparadores físicos), reconheçam a função vital que a ciência esportiva desempenha no sentido de que os programas de treinamento sejam bem-sucedidos.[4]

O jovem treinador deve buscar conhecimento em todas as ditas "escolas" do voleibol, a saber: asiática, europeia, americana e brasileira. Cada uma delas reconhece uma grande importância do desenvolvimento da técnica, mesmo que com diferentes visões, tanto no trabalho como no posicionamento de execução. Esse conhecimento global que o treinador deve buscar dá condições de entender qual a abordagem mais adequada ao seu grupo e à realidade do nível do campeonato-alvo.

Para Paolini,[5] o voleibol pode ser definido como toda atividade agonística, classificada como um esporte de situação, isto é, para aprender a jogar, é necessário aprender a técnica e também é importante ter uma boa capacidade de adaptação a todas as mutáveis situações de jogo, de forma que o jogador deve saber escolher o gestor técnico/professor correto, no momento certo.

A visão da execução da técnica no voleibol moderno tem uma interpretação muito pessoal de cada treinador, no entanto, a técnica no voleibol é tratada pela maioria dos autores de uma forma igual, na sua relação entre eficácia, regularidade e precisão.

Por isso, a necessidade de cada treinador encontrar sua forma de avaliar e que esta represente a ele clareza de interpretação, assim como precisão nessas informações. A forma correta de avaliar tanto a técnica como os aspectos táticos ou físicos é a que melhor se adapta à sua equipe e à sua realidade.

Bojikian[6] enfatiza que o professor deve ser cuidadoso na escolha dos exercícios que compõem a fase de aplicação das habilidades do voleibol, pois eles devem ser progressivamente mais complexos e sempre exequíveis pelos alunos.

AVALIAÇÃO DAS HABILIDADES ESPECÍFICAS

Tendo em vista a evolução das abordagens de ensino a partir da década de 1980, as quais relatam a necessidade de desenvolvimento conjunto entre os aspectos técnicos, táticos e de adaptação ao jogo, surge a necessidade de que os enfoques dos instrumentos de avaliação acompanhem a evolução dessas abordagens.[7] Um componente importante no treinamento das habilidades específicas do voleibol é seu acompanhamento por avaliações de cada habilidade. Tais habilidades devem ser avaliadas a partir de critérios estabelecidos pelo técnico/professor, com periodicidade. Quando se fala na realização de avaliações periódicas dos jogadores, deve-se ter em mente que o técnico/professor as utiliza para julgar o quanto seu método de condução do processo de ensino-aprendizagem-treinamento está surtindo os efeitos desejados e, a partir daí, segui-lo ou alterá-lo conforme as necessidades de sua equipe. Assim, o valor prático da análise do desempenho deve permitir aos treinadores identificar as razões das boas ou más atuações de jogadores e das equipes, bem como compará-las.[8]

A avaliação feita com base intuitiva pelo técnico/professor pode levar a conclusões equivocadas. É muito importante a participação do técnico/professor no dia a dia do seu atleta e que ele compreenda como cada indivíduo se comporta no desempenho em treinamento e em jogo. Porém, somente essa avaliação é insuficiente para uma formalização dos dados. Por exemplo, um atleta entende melhor seu desempenho quando são apresentados números de sua atuação do que quando ele é simplesmente mencionado. Não há necessidade de que essas avaliações e apresentações dos resultados sejam, ainda mais em iniciação, complexas e muito elaboradas. No entanto, elas devem ser claras e adaptadas a cada equipe, dentro dos critérios estabelecidos entre técnico/professor e sua equipe.

É necessário definir os indicadores de cada habilidade com clareza e simplicidade. A tentativa de utilizar métodos de avaliação já utilizados por outros profissionais pode ser útil para uma pessoa, porém é necessário analisar com antecedência se esse método e os indicadores estão de acordo com o nível técnico da equipe que será treinada. Pode-se utilizar um modelo já utilizado por outras equipes ou criar adaptações para as necessidades específicas de cada grupo de atletas.

Também é importante pensar que essas avaliações são o banco de dados que fornece ferramentas para preparar treinamentos e jogos. Assim, são fundamentais o diagnóstico e o acompanhamento constante do nível de desenvolvimento das situações de jogo e competição. A diferenciação entre avaliações técnicas em treinamentos e as avaliações em jogos serão abordadas adiante.

A atenção do técnico/professor deve estar focada na eficiência (como fazer), na eficácia (resultado) e na adaptação (como utilizar), sendo que tais aspectos estão constantemente relacionados e influenciam-se mutuamente.

Este capítulo não abordará as informações que tratam da avaliação de desempenho técnico-tático por meio de instrumentos tecnológicos, como os programas de computador (*softwares*). Atualmente, com a facilidade de acesso a esses programas até mesmo por celulares, basta que os técnicos/professores encontrem algum deles na internet e aplique em seu grupo de trabalho. O mais importante é a qualidade da avaliação feita pelo profissional e o conhecimento de seu grupo de trabalho, de forma individual. Ao focalizar apenas estatísticas e avaliações, prende-se apenas aos números e começa-se a aumentar a margem de erro.

O Quadro 1 sistematiza os instrumentos de avaliação no voleibol definidos no estudo de Collet.[9]

A avaliação técnica pode ser dividida em duas vertentes:

- Avaliação estatística numérica.
- Avaliação por filmagem do gesto técnico.

Avaliação estatística numérica

Nesta avaliação, o gesto técnico ou habilidade específica do voleibol é avaliado de forma qualitativa, transformada em quantitativa. Isso significa que a avaliação do gesto técnico ou habilidade específica é feita pelo resultado final da ação e transformada em um número representativo. A seguir, é apresentada uma tabela de sugestão para aplicação escolar ou no nível de iniciação.

QUADRO 1 Instrumentos de avaliação do desempenho técnico-tático utilizados no voleibol

Instrumento	Componentes	Autor(es) e ano
Scout (VIS/FIVB)	Eficácia nas ações de jogo	Marcelino, Mesquita e Sampaio (2008)
Proposto por Coleman (2005) e SOS-vgs (Moutinho, 2000)	Eficácia nas ações de saque, recepção, bloqueio e defesa Eficácia no levantamento	Ramos, Nascimento e Collet (2009)
SOS-vgs (Moutinho, 2000)	Eficácia no levantamento	Ramos et al. (2004)
Instrumento elaborado por Moreno et al. (2007)	Zona de origem do saque Zona de destino do saque Eficácia no saque	Moreno et al. (2007)
Instrumento elaborado por Maia e Mesquita (2006)	Zona de responsabilidade na recepção Eficácia na recepção	Maia e Mesquita (2006)
Instrumento elaborado por Gouvêa e Lopes (2008)	Incidência de ataque	Gouvêa e Lopes (2008)
Instrumento elaborado por Callejón e Hernández (2009)	Técnica utilizada na recepção Local da recepção Eficácia da recepção	Callejón e Hernández (2009)
Instrumento de observação *ad hoc*	Eficácia no bloqueio	Salas et al. (2005)
Scout	Eficácia e eficiência no saque	Martín et al. (2004)
Instrumento de avaliação do desempenho no jogo (GPAI)	Execução da habilidade Tomada de decisão Cobertura Ajustamento	Liu (2003)
Instrumento elaborado por Hopper (2003)	Desempenho geral no jogo Habilidades técnicas	Hopper (2003)
Instrumento de avaliação do desempenho no jogo (GPAI)	Tomada de decisão Ajustamento Execução da habilidade	Mesquita et al. (2005)
Instrumento elaborado por Afonso, Mesquita e Marcelino (2008)	Tomada de decisão no ataque	Afonso, Mesquita e Marcelino (2008)

Fonte: retirado de Collet.[9]

Um ponto importante na avaliação de um gesto técnico ou habilidade específica do voleibol é que o avaliador tenha um conhecimento do gesto e de seu objetivo.

No voleibol, apenas o saque é a habilidade específica que não ocorre após uma outra ação. Isso significa que todas as demais habilidades específicas – a saber: recepção de saque (manchete ou toque por cima), levantamento, ataque, bloqueio e defesa – ocorrem com a interferência ou participação de um outro atleta/aluno antes de ser realizado. As condições em que o atleta/aluno executa sua participação dependem das condições em que a bola chega a ele. Quem realiza as avaliações deve conhecer o jogo. As habilidades específicas ou gestos técnicos em situações de jogo mais difíceis de serem avaliadas são as de bloqueio e defesa; ambas sofrem grande interferência tática com participação dos outros atletas/alunos e, desta forma, podem camuflar ou induzir o avaliador a erro.

Na recepção de saque, um ponto importante além da condição técnica do atleta/aluno é a distribuição tática da equipe. O avaliador deve ter conhecimento da área de competência de cada componente da equipe na recepção do saque. Assim, pode-se avaliar de quem era a bola que caiu na quadra entre dois jogadores. As recepções perfeitas, nas mãos do levantador, não são difíceis de serem analisadas. As dificuldades começam nas recepções imperfeitas até chegar ao erro total. Nessa perspectiva, há de se considerar algumas coisas, por exemplo: como o jogador da recepção recebeu a bola sacada, com interferência de seu colega ou não? Era na sua zona?

A distribuição das notas ou avaliações de cada fundamento deve ser feita pelo técnico ou comissão técnica e ser adaptada à realidade da equipe. No modelo aqui apresentado, foram feitas cinco variações para cada gesto técnico. Porém, bem na iniciação, o técnico/professor pode eliminar duas variações intermediárias e ficar apenas com três; isso depende do nível da equipe e de seus objetivos.

Ao avaliar um levantamento, deve-se considerar a condição em que a bola chega ao levantador: rápida, lenta, na zona predeterminada, alta, baixa, se teve interferência de outro atleta/aluno com um movimento que interferiu no deslocamento do levantador etc.

Da mesma forma, na avaliação de um ataque deve-se considerar a condição do levantamento, por exemplo, com que qualidade o atacante recebe a bola para que possa executar seu ataque com condições ideais. Reitera-se que, no exemplo a seguir, foram inseridas cinco variações para cada gesto técnico, porém, no ataque, a

partir da evolução de sua equipe, o técnico/professor pode inserir mais variações, por exemplo, o tipo, a direção e o ponto de chegada do ataque. Essas variações mais específicas, com a melhora da técnica, podem dar mais condições de conhecimento da equipe no sentido de qualidades e defeitos a serem trabalhados.

Como enfatizado anteriormente, o bloqueio é uma habilidade específica do voleibol de difícil avaliação, pois muitas variantes interferem na sua realização. Indica-se que, no início das avaliações, o técnico/professor utilize o modelo apresentado a seguir e considere uma ação de bloqueio somente quando a bola tocá-lo. Importante também é ter uma definição de marcação para o atleta que efetivamente atuou tocando na bola, ou seja, se um, dois ou três atletas atuaram, a marcação deve ser feita somente para um. Este tipo de critério proporciona ao avaliador e a quem fará a leitura dos números a precisão do número total de ações executadas durante as partidas ou treinamento. Da mesma forma, proporciona uma visão mais técnica do erro ou acerto, e não uma visão tática. Justifica-se: se a anotação do erro for para um erro de marcação, a análise tática chegará a um número diferente da ação técnica. Esse tipo de avaliação deve ser feito posteriormente, com a evolução da equipe e o melhor entendimento dos atletas/alunos, bem como do jogo em si.

Na mesma linha do bloqueio, na defesa existe um forte componente tático que interfere muito na ação técnica do atleta/aluno. Um erro técnico de defesa pode estar associado ao erro de posicionamento tático de um atleta que efetivamente não tocou na bola. Portanto, sugere-se que as avaliações inicialmente contemplem apenas os atletas que efetivamente tiverem contato com a bola, tanto em treinamento como em jogo. Seguindo a tabela sugerida, a avaliação da habilidade de defesa será exclusivamente técnica e contemplará um atleta/aluno (o que teve o contato com a bola) e, mais à frente, com a evolução de sua equipe, incluem-se mais variações com maior especificidade.

A visão técnica do professor deve ser voltada para a sua equipe, não se preocupando se todos utilizam este ou aquele critério. O critério deve ser definido pelo técnico/professor e seus pares, visando a sua equipe e podendo depois realizar as comparações com eles mesmos e depois com outras equipes.

Um ponto importante nas avaliações das habilidades técnicas específicas do voleibol são os parâmetros a serem seguidos. Esta vertente é que muitas vezes subestima ou superestima os critérios de uma equipe. O professor/técnico deve ter presente em primeiro lugar o nível de experiência de seus atletas/alunos, a sua qualidade de execução do gesto técnico e a frequência de treinamentos específicos que realiza no período de preparação.

Estabelecidos os critérios para a sua equipe, o professor/técnico deve buscar em seu conhecimento adquirido os números de critérios de equipes de seu nível e de nível superior. Um bom exemplo para se definir os critérios e conhecer os parâmetros de níveis de equipes é categorizá-los em municipal, regional, estadual, nacional, continental e mundial. Essas diferenças são acentuadas e devem fazer parte do conhecimento do professor/técnico para que ele visualize onde sua equipe deve chegar e o caminho a seguir. Um grande erro de professores/técnicos inexperientes é o não conhecimento dos diferentes níveis de parâmetros e, com isso, não exigir de sua equipe o padrão para a sua categoria.

O sistema VIS/FIVB é utilizado desde 1996 em todas as competições da Federação Internacional de Voleibol (FIVB) para determinar o coeficiente de desempenho dos atletas. Os critérios de observação e avaliação do sistema foram estabelecidos pela Comissão Técnica da FIVB. Tal instrumento classifica as ações do jogo como ponto/excelente, continuidade e erro, tanto para as ações terminais (saque, ataque e bloqueio) como para as ações de continuidade (recepção, levantamento e defesa). Atualmente, a FIVB atualiza a cada quatro anos os critérios e percentuais para cada fundamento.

As ações técnico-táticas do voleibol têm sido avaliadas, prioritariamente, por meio do componente da eficácia, ou seja, relacionadas com o local de envio da bola, bem como os resultados obtidos na realização das ações de jogo de saque, recepção, levantamento, ataque, bloqueio e defesa.

Um modelo utilizado por alguns é o instrumento de observação proposto por Coleman,[10] que buscou avaliar e categorizar a eficácia das ações técnico-táticas no jogo de voleibol. De acordo com o instrumento, são avaliadas as ações de saque (0 = erro de saque; 1 = saque fácil; 2 = saque difícil; 3 = saque muito difícil; e 4 = saque ponto direto); recepção (0 = erro de recepção; 1 = recepção com dificuldade; 2 = recepção quebrada; e 3 = recepção com êxito); ataque em *side-out* (0 = erro de ataque; 1 = ataque continuado; e 2 = ataque ponto); ataque em *transition* (0 = erro de contra-ataque; 1 = contra-ataque continuado; e 2 = contra-ataque ponto); e bloqueio (0 = erro de bloqueio; 1 = bloqueio continuado; e 2 = bloqueio ponto).

Side-out é uma situação de ataque que envolve as ações de recepção, levantamento e ataque, enquanto *transition* é uma situação de contra-ataque que envolve as ações de defesa, levantamento e contra-ataque.

O Quadro 2 apresenta uma sugestão para cada fundamento, como um dos mais simples sistemas de avaliação técnica, que pode ser facilmente aplicado e avaliado pelo técnico/professor. Este é o primeiro modelo a ser aplicado pelo professor quando se inicia um trabalho. Tal modelo é tão simples que até mesmo um aluno, que esteja fora da partida, pode fazer as anotações preenchendo a planilha. O ponto fundamental é que todos tenham conhecimento teórico do que se está avaliando e que essa avaliação seja imparcial. Importante ressaltar que, a partir do momento em que os alunos conhecem teoricamente os fundamentos e os colocam em prática nos treinamentos, ocorre uma evolução do seu próprio gesto, pela conscientização cada vez mais formal no aluno/atleta.

Seguindo o raciocínio da evolução da equipe e das necessidades técnicas de observações mais aprofundadas, a proposta é que o professor/técnico busque, dentro de seus critérios, os pontos que ele e sua comissão técnica entendam capazes de ajudar no conhecimento mais aprofundado da qualidade e do rendimento de seus atletas.

Inicia-se com a habilidade específica ou fundamento do saque. Com a alteração das regras em 1994, houve aumento da zona de saque para 9 m (toda a linha de fundo),[11] e o fundamento passou a ter uma influência ainda maior na recepção do saque. Deve-se avaliar variantes importantes e que alteram o posicionamento tático da formação de recepção da equipe. São variantes importantes:

- Local de posicionamento do sacador em relação à linha de fundo de quadra:
  a. Próximo à linha de fundo de quadra (até 2 m).
  b. Em posição média de distância da linha de fundo de quadra (de 2,3 a 4 m).
  c. Em posição longa de distância da linha do fundo de quadra (acima de 4,3 m).
- Tipo de saque a ser realizado pelo sacador:
  a. Com os pés no chão, flutuante.
  b. Em salto, flutuante.
  c. Em salto, tipo "viagem".
- Tipo de trajetória da bola:
  a. Baixa.
  b. Média.
  c. Alta.
- Velocidade da bola:
  a. Lenta.
  b. Rápida.
- Local de chegada do saque no campo adversário:
  a. Zona 1, 2, 3, 4, 5 ou 6.

QUADRO 2 Critérios de avaliação de fundamentos (habilidades específicas do voleibol)

Avaliação / Fundamento	4	3	2	1	0
Saque	Ponto	Recepção sem possibilidade de armação de ataque	Recepção com possibilidade de continuidade do jogo	Recepção com possibilidade de todos os ataques	Erro de saque
Recepção	Perfeita com possibilidade de todos os ataques	Com possibilidade de ataques de extremidade	Com possibilidade de apenas um ataque	Sem possibilidade de ataques	Erro com ponto do adversário
Levantamento	Perfeito para o atacante	Afastado da rede sem possibilidade de variações	Com possibilidade de ataque sem força	Sem possibilidade de ataque	Dois toques
Ataque	Ponto direto	Com defesa e sem possibilidade de contra-ataque	Com defesa e com possibilidade de contra-ataque de bolas altas	Com defesa e com possibilidade de contra-ataque de todas as bolas	Erro de ataque ou ataque bloqueado
Contra-ataque	Ponto direto	Com defesa e sem possibilidade de contra-ataque do adversário	Com defesa e com possibilidade de contra-ataque de bolas altas	Com defesa e com possibilidade de contra-ataque de todas as bolas	Erro de contra-ataque ou contra-ataque bloqueado
Bloqueio	Ponto direto de bloqueio	Com possibilidade de contra-ataque da sua equipe	Sem possibilidade de contra-ataque do adversário	Com possibilidade de contra-ataque do adversário	Erro de bloqueio, invasão da rede ou explorado pelo atacante da equipe adversária
Defesa	Perfeita com possibilidade de todos os contra--ataques da sua equipe	Com possibilidade de contra-ataque de bolas altas	Sem possibilidade de contra-ataque com levantador tocando	Sem possibilidade de contra-ataque com levantador	Erro com ponto do adversário

- Efeito causado no saque:
  a. Ponto.
  b. Recepção sem possibilidade de armação de ataque.
  c. Recepção com possibilidade de continuidade do jogo.
  d. Recepção com possibilidade de todos os ataques.
  e. Erro de saque.

Para cada item avaliado, um código deve ser designado, facilitando, assim, a anotação e a interpretação.

Exemplo 1: sacador número 7, na direção da posição 5, longo, saque com os pés no chão tipo "flutuante", trajetória alta e velocidade lenta chegando na posição 5, com recepção com possibilidade de continuidade de jogo.

A marcação pode ser feita de duas formas:

- Com siglas: #7-5ACA5C.
- Em tabela (Quadro 3).

Para a recepção, deve-se avaliar variantes importantes que afetam diretamente a organização do sistema ofensivo da equipe. São variantes importantes:

- Local de posicionamento do sacador em relação à linha de fundo de quadra:

QUADRO 3 Sistema de marcação da avaliação do saque.

Saque/atleta #	7
Posicionamento do sacador	5
Tipo do saque	A
Trajetória do saque	C
Velocidade da bola	A
Local de chegada do saque	5
Efeito do saque	C

a. Próximo à linha de fundo de quadra (até 2 m).
b. Em posição média de distância da linha de fundo de quadra (de 2,3 a 4 m).
c. Em posição longa de distância da linha do fundo de quadra (acima de 4,3 m).

- Tipo de saque a ser realizado pelo sacador:
  a. Com os pés no chão, tipo flutuante.
  b. Em salto, tipo flutuante.
  c. Em salto, tipo "viagem".
- Tipo de trajetória da bola sacada:
  a. Baixa.
  b. Média.
  c. Alta.
- Velocidade da bola sacada:
  a. Lenta.
  b. Rápida.
- Local de chegada do saque e recepção:
  a. Zona 1, 2, 3, 4, 5 ou 6.
- Local de chegada da bola para o levantador:
  a. Na zona 3.
  b. Na zona de defesa fora da zona 3.
  c. Na zona de ataque.
  d. Fora da quadra.
- Efeito causado pela recepção:
  a. Perfeita com possibilidade de todos os levantamentos.
  b. Com possibilidade de levantamento de extremidade.
  c. Com possibilidade de apenas um tipo de levantamento.
  d. Sem possibilidade de ataques.
  e. Erro com ponto do adversário.

Para cada item avaliado, um código deve ser designado e, desta forma, facilitar a anotação e a interpretação.

Exemplo 1: receptor número 8, o sacador posicionado longo, saque com os pés no chão tipo "flutuante", trajetória alta e velocidade lenta chegando na posição 5, com recepção na zona 3, erro que gera ponto para o adversário.

A marcação pode ser feita de duas formas:

- Com siglas: #8-CACA5DE.
- Em tabela (Quadro 4).

Para o levantamento, vale lembrar que é possível determinar a avaliação para cada tipo de bola que a equipe utiliza em seu sistema ofensivo. Porém, sugere-se apenas uma tabela para um levantamento de forma geral, e não tipos de bolas específicas (rápida, de tempo, alta, chutada etc.). Da mesma forma, pode-se incluir as posições 1, 5 e 6 como zona de levantamento, aumentando as variantes para d), e) e f), respectivamente.

- Levantamento perfeito com passe perfeito:
  a. Para posição 2.
  b. Para posição 3.
  c. Para posição 4.
- Levantamento com condições de ataque restrito com passe perfeito:
  a. Para posição 2.
  b. Para posição 3.
  c. Para posição 4.
- Levantamento sem condições de ataque com passe perfeito:
  a. Para posição 2.
  b. Para posição 3.
  c. Para posição 4.
- Levantamento perfeito com passe fora da zona de ataque:
  a. Para posição 2.
  b. Para posição 3.
  c. Para posição 4.
  d. Erro de levantamento com ponto do adversário:

Exemplo: jogador número 9 realiza levantamento com passe perfeito com condições de ataque restrita do atacante, na posição 4.

QUADRO 4 Sistema de marcação da avaliação da recepção.

Recepção/atleta #	8
Posicionamento do sacador	C
Tipo do saque	A
Trajetória do saque	C
Velocidade da bola	A
Local de chegada do saque	5
Local de chegada da recepção	D
Efeito da recepção	E

A marcação pode ser feita de duas formas:

- Com siglas: #9-1C.
- Em tabela (Quadro 5).

Na avaliação do ataque, consideram-se apenas os ataques das posições 2, 3 e 4, visto que o pensamento é estabelecer critérios para equipes escolares e em iniciação. Obviamente, com a evolução de sua equipe, o professor/técnico poderá estabelecer critérios mais específicos de avaliação, aumentando as variáveis a serem pontuadas.

- Ataque perfeito com ponto:
  a. Da posição 2.
  b. Da posição 3.
  c. Da posição 4.
- Ataque bloqueado com contra-ataque da sua equipe:
  a. Da posição 2.
  b. Da posição 3.
  c. Da posição 4.
- Ataque com defesa difícil e sem contra-ataque organizado do adversário:
  a. Da posição 2.
  b. Da posição 3.
  c. Da posição 4.
- Ataque com defesa fácil e contra-ataque organizado do adversário:
  a. Da posição 2.
  b. Da posição 3.
  c. Da posição 4.
- Erro de ataque (na rede ou fora):
  a. Da posição 2.
  b. Da posição 3.
  c. Da posição 4.

Exemplo: jogador número 10 realiza ataque da posição 4, com defesa difícil e sem contra-ataque organizado do adversário.

A marcação pode ser feita de duas formas:

- Com siglas: #10-3C.
- Em tabela (Quadro 6).

Na habilidade específica de bloqueio, sugere-se o uso de apenas quatro critérios de avaliação. Essa é uma habilidade muito complexa e, na iniciação, são poucas as ações que efetivamente ocorrem. Dessa forma, o professor/técnico tem a liberdade, como nas outras habilidades específicas, de alterar os tipos de critérios em função da evolução da sua equipe.

- Bloqueio ponto direto para sua equipe:
  a. Na posição 2.
  b. Na posição 3.
  c. Na posição 4.
- Bloqueio com condições de contra-ataque da sua equipe:
  a. Na posição 2.
  b. Na posição 3b.
  c. Na posição 4.
- Bloqueio com continuidade de jogo do adversário:
  a. Na posição 2.
  b. Na posição 3.
  c. Na posição 4.
- Erro de bloqueio (ponto do adversário):
  a. Na posição 2.
  b. Na posição 3.
  c. Na posição 4.

Exemplo: jogador número 11 realiza bloqueio na posição 4, com ponto para sua equipe.

QUADRO 5 Sistema de marcação da avaliação do levantamento

Levantamento/atleta #	9
Levantamento perfeito com passe perfeito	C
Levantamento com condições de ataque restrito com passe perfeito	
Levantamento sem condições de ataque com passe perfeito	
Levantamento perfeito com passe fora da zona de ataque	
Erro de levantamento com ponto do adversário	

QUADRO 6 Sistema de marcação da avaliação do ataque

Ataque/atleta #	10
Ataque perfeito com ponto	
Ataque bloqueado com contra-ataque da sua equipe	
Ataque com defesa difícil e sem contra-ataque organizado do adversário	C
Ataque com defesa fácil e contra-ataque organizado do adversário	
Erro de ataque (na rede ou fora)	

A marcação pode ser feita de duas formas:

- Com siglas: #11-1C.
- Em tabela (Quadro 7).

Na habilidade específica de defesa no voleibol, sugere-se utilizar apenas quatro critérios de avaliação. Dessa forma, o professor/técnico tem a liberdade, como nas outras habilidades específicas, de alterar os tipos de critérios em função da evolução da sua equipe.

- Defesa perfeita para o contra-ataque:
  a. Na posição 1.
  b. Na posição 2.
  c. Na posição 3.
  d. Na posição 4.
  e. Na posição 5.
  f. Na posição 6.
- Defesa com condições de contra-ataque da sua equipe com dificuldade:
  a. Na posição 1.
  b. Na posição 2.
  c. Na posição 3.
  d. Na posição 4.
  e. Na posição 5.
  f. Na posição 6.

- Defesa com continuidade de jogo do adversário:
  a. Na posição 1.
  b. Na posição 2.
  c. Na posição 3.
  d. Na posição 4.
  e. Na posição 5.
  f. Na posição 6.
- Erro de defesa (ponto do adversário):
  a. Na posição 1.
  b. Na posição 2.
  c. Na posição 3.
  d. Na posição 4.
  e. Na posição 5.
  f. Na posição 6.

Exemplo: jogador número 12 realiza defesa na posição 5, com continuidade de jogo para o adversário.

A marcação pode ser feita de duas formas:

- Com siglas: #12-3E.
- Em tabela (Quadro 8).

Avaliação por filmagem do gesto técnico

Como explicado anteriormente, existem no mercado diversas opções de aplicativos em celulares que podem

QUADRO 7 Sistema de marcação da avaliação do bloqueio

Bloqueio/número do atleta	11
Bloqueio ponto direto para sua equipe	C
Bloqueio com condições de contra-ataque da sua equipe	
Bloqueio com continuidade de jogo do adversário	
Erro de bloqueio (ponto do adversário)	

QUADRO 8 Sistema de marcação da avaliação da defesa

Defesa/número do atleta	12
Defesa perfeita para o contra-ataque	
Defesa com condições de contra-ataque da sua equipe com dificuldade	
Defesa com continuidade de jogo do adversário	E
Erro de defesa (ponto do adversário)	

ser utilizados pelos professores/técnicos, e cada uma oferece diferentes menus para análises de gestos técnicos. Como todas são de caráter comercial, não será feita aqui a apresentação específica de nenhuma.

Ressalta-se que, para a utilização de análises de vídeos de gestos técnicos, os professores/técnicos devem ter o cuidado de demonstrar de forma clara a seus alunos, pois o que se pretende é que os alunos tenham a possibilidade de se autoanalisarem com os referidos vídeos.

Hoje, nas equipes adultas e de países que preservam a formação técnica, que são referência em nível mundial, a utilização desses recursos é frequente com os programas italianos, norte-americanos e alemães. É obvio que cada um tem suas vantagens e desvantagens. O importante é que sejam utilizados de acordo com as necessidades de sua equipe. Vale citar que muitas equipes não utilizam esses programas, e desenvolveram com suas comissões técnicas programas específicos para suas equipes que lhes são tanto ou mais eficiente que os comerciais.

AVALIAÇÃO TÁTICA

A avaliação tática, tanto ofensiva como defensiva, é feita para estabelecer a utilização de sistemas ofensivos ou defensivos de sua equipe e sua utilização pelos adversários.

Essa análise pode ser feita por meio de vídeos de jogos ou treinamentos antes, durante ou depois dos treinos. Existe uma tendência mundial para que as filmagens destinadas às avaliações táticas sejam feitas por trás da quadra de jogo, com o argumento de que, desta forma, a visão da movimentação e os espaços ficam mais claros para o avaliador. É uma questão muito subjetiva.

As avaliações táticas podem ser divididas em:

- Formação tática de recepção.
- Formação tática ofensiva: ofensiva de ataque e ofensiva de contra-ataque.
- Formação tática defensiva.

Como afirmado anteriormente, a escolha das avaliações é muito subjetiva. Os critérios e o conteúdo é que têm seu grande valor.

A avaliação feita por meio de filmes em equipes colegiais tem grande importância para ensinar aos atletas como se deve observar e como utilizar as estratégias contra os defeitos detectados nos adversários futuros. Este treinamento de observação e análise por parte dos atletas é fundamental para seu crescimento na avaliação estratégica.

AVALIAÇÃO FÍSICA

De maneira simplificada, uma avaliação física objetiva coletar, analisar e interpretar dados originados de testes e medidas, que permitem identificar o nível de aptidão de um indivíduo. Sendo assim, pode ser utilizada como ferramenta de seleção de futuros praticantes em determinado esporte ou para determinar o nível de condicionamento em que um atleta se encontra. A presente abordagem é dirigida aos profissionais de educação física e praticantes do voleibol. É imprescindível que o voleibolista se submeta a avaliações físicas propostas por médicos, educadores físicos, fisioterapeutas e nutricionistas de maneira multidisciplinar antes, durante e após começar qualquer tipo de rotina de treinamento esportivo. Tratando-se de alto rendimento, esses diversos profissionais integram uma comissão técnica.

As avaliações médicas são feitas preferencialmente antes de o voleibolista iniciar o programa de treinamento e consistem em uma análise clínica. Cabe ao médico conhecer um pouco do histórico de saúde familiar, possíveis lesões que o atleta possa ter sofrido e solicitar a realização de alguns exames laboratoriais e testes cardiorrespiratórios, portanto, trazendo resultados que auxiliarão os demais membros da comissão técnica na prescrição e orientação dos exercícios durante as sessões de treinamento.

São algumas das avaliações feitas pelo médico:

- Anamnese (questionários de perguntas).
- Exames laboratoriais (exame de sangue).
- Testes cardiorrespiratórios (eletrocardiograma; teste de esforço ou ergoespirométrico, que consiste em andar e correr na esteira ou pedalar na bicicleta ergométrica para avaliar o esforço e o monitoramento da atividade do coração, verificando a capacidade aeróbica e as faixas de batimentos cardíacos que determinam a intensidade ideal e adequada para o treinamento).

Cabe ao nutricionista realizar as avaliações antropométricas. O teste antropométrico determina a medida corporal linear, circunferências ou perímetros, massa ou peso, porcentagem de gordura ou de músculo, vísceras e ossos por meio das dobras cutâneas feitas com plicômetro ou por meio da bioimpedância com o uso de corrente elétrica.

Os aspectos morfológicos de um atleta podem influenciar seu nível de qualificação apontando para a existência de tipos físicos mais adequados para cada modalidade, por exemplo, jogadores de vôlei tendem a ser altos, fortes e magros.

O percentual de gordura corporal, em geral, varia entre 6 e 14% nos homens e cerca de 10 a 16% nas mulheres.[12] Por sua vez, o fisioterapeuta também realiza suas avaliações com o objetivo de identificar no atleta fatores físicos que possam ser trabalhados para uma melhora do desempenho e principalmente afastá-lo de lesões, principalmente por meio de análises posturais e testes neuromusculares apontando os desvios da coluna vertebral, ombros, joelhos e pés, bem como vícios e desequilíbrios musculares. Cabe ao educador físico, no papel do preparador físico, receber todos os dados e informações das avaliações feitas pelos demais profissionais e, juntamente com o treinador, planejar, executar e controlar um programa de treinamento com embasamento científico e alicerçado em práticas anteriores que atenda às necessidades individuais dos atletas e da equipe e avalie periodicamente o desempenho físico do time. O voleibol é um esporte que exige de seus praticantes principalmente o desenvolvimento das capacidades físicas de força, velocidade e potência, e é considerado um dos esportes mais explosivos e rápidos disputados atualmente. Cerca de 90% da energia necessária para suas ações são de fontes anaeróbias, com predominância de contribuição do sistema metabólico energético ATP+CP.[13] Para desenvolver as capacidades físicas necessárias para o voleibol, os atletas são submetidos a exercícios físicos fora da quadra propostos por meio de um programa de treinamento pelo preparador físico da equipe. Frente às características físicas da modalidade já citadas, percebe-se que a melhora da força constitui um fator importante no voleibol. Hoje em dia, o trabalho resistido é muito utilizado para o desenvolvimento de tais capacidades, observando a musculação como ferramenta mais utilizada. O salto vertical é evidenciado na maioria das ações do jogo, tais como ataque, bloqueio e saque. Um bom desempenho dessas ações pelo atleta possibilita superar dificuldades dentro da partida, como por exemplo um ataque superar a altura do bloqueio. Para um melhor desempenho, é preciso estar com as capacidades físicas bem desenvolvidas. A análise dos saltos verticais dos atletas pode ser uma maneira de avaliar o trabalho físico e saber se a força, a velocidade e a potência vêm realmente sendo desenvolvidas de maneira planejada.

TESTES DE CONTROLE APRESENTADOS POR RIZOLA[1]

Força explosiva de membros inferiores

- Impulsão vertical no bloqueio (IVB): início do teste em posição ereta, pés totalmente apoiados no solo, braços semiflexionados à frente do tronco, com ambas as mãos na altura dos ombros (posição inicial de bloqueio). A partir de uma semiflexão dos joelhos, o atleta realiza uma rápida transição excêntrica/concêntrica e salta o mais verticalmente possível tocando a régua com a ponta dos dedos de ambas as mãos previamente marcadas com pó de giz. São realizadas três repetições do salto/bloqueio, sendo considerado como controle a altura máxima de bloqueio. Instrumental: régua graduada em centímetros, fixada em uma parede a partir de 2,50 m edificada sobre uma laje, propiciando a realização dos movimentos preparatórios em um "vão livre".
- Impulsão vertical no ataque (IVA): semelhante ao teste anterior, o atleta faz uma corrida de aproximação com três passadas, oblíqua à parede, com ângulo entre 30° e 45°. Após a "chamada" nos dois pés, realiza um salto buscando a máxima elevação vertical com o braço dominante.

- Salto horizontal com as duas pernas: em pé, com as pernas semiflexionadas, em afastamento lateral pouco maior que a largura dos quadris. O atleta realiza uma impulsão horizontal com a ajuda do movimento dos braços. A medida é feita a partir do ponto mais próximo da linha de saída do salto.

Força explosiva de membros superiores

- Arremesso de *medicine ball* na posição sentada (Ar2b): sentado no solo com quadril, dorso e cabeça apoiados na parede, pernas estendidas e afastadas (aproximadamente 90°); o atleta lança a *medicine ball* de 2 kg com ambas as mãos, em uma ação semelhante ao "passe de peito" do basquetebol, sem balanço preliminar, com a máxima extensão dos cotovelos, sendo orientado a não perder contato com a parede durante o lançamento.
- Arremesso de *medicine ball* em pé (Ar2P): em pé, com afastamento lateral das pernas um pouco além do quadril, o atleta segura a *medicine ball* de 2 kg com as duas mãos atrás da cabeça e lança-a sobre a cabeça, buscando a maior distância, podendo utilizar o arco com a coluna.

Velocidade máxima de deslocamento

- Velocidade/agilidade (9-3-6-3-9): em pé atrás da linha de saída (linha de fundo da quadra de voleibol, área de saque). Ao comando de "à sua marca", "pronto" e "já", o atleta corre até a linha central divisória da quadra (9 m), retorna até a linha demarcatória da zona de ataque (3 m), corre até a linha demarcatória da zona de ataque oposta (6 m), retorna à linha central (3 m) e corre até a linha de fundo (9 m), totalizando 30 m de corrida com a máxima velocidade. Todas as linhas citadas são tocadas com uma das mãos. Para melhor orientação da direção de deslocamento, o teste é aplicado próximo à linha lateral da quadra.
- Velocidade/agilidade (3F): são fixadas no solo três faixas paralelas com fita crepe, medindo 1 m de comprimento x 0,025 m de largura, dispostas a cada 1 m medidas a partir da borda externa da fita. O atleta executa dez deslocamentos laterais (direita/esquerda) no menor tempo possível, partindo-se da posição ereta, pernas flexionadas com um pé de cada lado da linha central. Ao comando de "pronto" e "já", o atleta desloca-se inicialmente para a faixa fixada à sua esquerda colocando um pé para cada lado desta faixa; em seguida, retorna à linha central, quando se conta a primeira execução; realiza a mesma

sequência para o lado direito e assim sucessivamente, até completar as dez execuções previstas.

- Abdominal 1 minuto: deitado em decúbito dorsal, com as pernas semiflexionadas e os pés apoiados no chão, braços flexionados e cruzados sobre o peito, com a mão direita tocando o ombro esquerdo e a mão esquerda tocando o ombro direito, o atleta deve realizar flexões abdominais em velocidade, tocando os braços no joelho, sem afastá-los do peito e tocando as costas no chão. Cada ação de elevação do tronco é contada cada vez que o atleta eleva o tronco e toca na coxa. São marcados dois números, o primeiro na passagem de 30 s e o número final.
- Flexibilidade de Well's: o atleta se posiciona sentado com as pernas estendidas à frente, com os pés unidos e descalços. A uma altura de 25 cm, encontra-se uma plataforma onde o atleta coloca os pés por baixo e os apoia. O atleta executa uma flexão de tronco, mantendo os dedos indicadores unidos, e desliza as mãos por esta plataforma milimétrica, aferindo-se o valor alcançado.

CONSIDERAÇÕES FINAIS

O voleibol moderno exige de todos os profissionais envolvidos dedicação e estudos constantes para a promoção de crescimento tanto dos atletas como da estrutura de equipe.

Uma das grandes falhas observadas é que, muitas vezes, o conhecimento existe da parte dos profissionais que atuam na modalidade, porém há um ponto importante no que se refere à utilização dos recursos e métodos adaptados à realidade do grupo de atletas em que o profissional atua. Isso significa que os profissionais devem, sim, buscar conhecimento e os métodos mais avançados dentro de sua especialidade, mas devem ser coerentes com o material humano que têm em mãos para que a aplicação desses métodos seja absorvida pelos alunos. A progressão da aplicação de métodos e recursos em seu grupo deve se dar de maneira que exista uma adaptação ao novo, passo a passo.

A escolha do método de avaliação em todas as variantes deve ser muito bem estudada visando à eficiência e à eficácia de sua aplicação na equipe e na absorção dos dados pelos atletas. Muitas vezes, um método mais simples pode dar mais resultados para uma equipe do que métodos mais sofisticados.

O profissional recém-formado deve, sim, buscar as informações, mas deve estar atento em suas escolhas no momento de seu trabalho com jovens, pois o preparo pode não ser igual ou tão maduro como o esperado. Partir do "simples para o complexo" deve ser o lema em todas as linhas de trabalho. Qualquer tipo de avaliação deve servir como base de estudos e de comparação, portanto, a compilação dos dados, seu controle e a frequência das avaliações devem ser considerados de acordo com a realidade de cada estrutura. Muitas vezes, o ideal é utilizar um grande laboratório ou mecanismos de alta tecnologia, porém a realidade em que se está trabalhando não proporciona isto. O profissional de educação física deve buscar soluções que lhe atendam e que possam ser realizadas com a frequência necessária. Como afirmado anteriormente, o voleibol exige uma atuação multidisciplinar, porém o profissional muitas vezes atua em estruturas que não lhe fornecem essa multidisciplinaridade efetiva. Assim, este mesmo profissional deve buscar um conhecimento mínimo nas diferentes áreas e buscar orientação de apoio de profissionais das áreas afins, constantemente.

RESUMO

O voleibol é praticado pelos países que representam a elite do voleibol mundial, e é uma modalidade esportiva em ascensão no cenário brasileiro. Os recentes títulos conquistados nas últimas décadas pelas seleções brasileiras e principalmente as conquistas olímpicas feminina (2008 e 2012) e a masculina em 2016, aliados ao fortalecimento e à maior visibilidade das competições pelos meios de comunicação, levando ao surgimento de muitos ídolos, geraram um aumento significativo no número de espectadores. É importante mencionar também o aumento na procura por escolinhas e clubes por parte de novos admiradores em busca, na maioria das vezes, de uma carreira de sucesso na modalidade, ou simplesmente em fazer do esporte uma prática diária, visando a qualidade de vida e hábitos saudáveis.

As avaliações apresentadas neste capítulo buscam dar ao profissional que inicia sua prática uma visão geral da modalidade, bem como sua importância. Buscou-se, por meio de dados concretos, oferecer ao profissional do voleibol opções de práticas que vão desde a categoria de base aos níveis mais estruturados, e principalmente mostrar a importância da coerência na escolha de métodos ou recursos adaptados à realidade da equipe. O capítulo reforça a necessidade da busca da multidisciplinaridade no trabalho moderno e do conhecimento geral do profissional.

Procurou-se demonstrar que os profissionais devem buscar a forma de controle técnico, tático e físico de sua equipe por meio de métodos que sejam compatíveis com os níveis técnicos, táticos e físicos de seus atletas. A qualidade do nível de melhora do grupo está relacio-

nada com o processo de evolução dos métodos e recursos, "do simples ao complexo".

Reforça-se, assim, a importância da regularidade de aplicação das avaliações e da manutenção de seu histórico, bem como da reciclagem constante dos métodos aplicados.

Questões para reflexão

1. De maneira simplificada, qual o objetivo de uma avaliação física?
2. De que maneira as avaliações físicas podem ser utilizadas em praticantes de voleibol. Dê dois exemplos de avaliações utilizadas em praticantes da modalidade e por quem elas são executadas dentro de uma comissão técnica em uma equipe de formação?
3. Por que para estabelecer um planejamento esportivo, a avaliação é importante?
4. Qual a importância de se considerar a idade dos alunos para estabelecer uma bateria de testes físicos, táticos ou técnicos?
5. Por que o educador físico deve buscar conhecimento e métodos avançados de avaliação dentro de sua especialidade, mas deve ser coerente com o material humano que tem nas mãos, para que a aplicação desses métodos e testes seja absorvida pelos alunos?

REFERÊNCIAS BIBLIOGRÁFICAS

1. Rizola AN. Uma proposta de preparação para equipes jovens de voleibol feminino [dissertação]. Campinas: Faculdade de Educação Física, Universidade Estadual de Campinas, 2003.
2. Proença JE. Prática: condição fundamental para o aprendizado. Vôlei-Técnico. 1998;5(4):21-7.
3. Araújo JB. Voleibol moderno: sistema defensivo. Rio de Janeiro: Grupo Palestra Sport; 1994.
4. Foss ML, Keteyian SJ. Bases fisiológicas do exercício e do esporte. 6. ed. Rio de Janeiro: Guanabara Koogan; 2000.
5. Paolini M. Il nuovo sistema pallavolo. Itália: Calzetti Mariucci; 2001.
6. Bojikian JCM. Ensinando voleibol. São Paulo: Phorte; 1999.
7. Mesquita I. Ensinar bem para aprender melhor o jogo e voleibol. In: Tani G, Bento JO, Petersen RDS. Pedagogia do desporto. Rio de Janeiro: Guanabara Koogan; 2006. p.327-44.
8. Collet C, Nascimento JV, Ramos V, Stefanello JMF. Construção e validação do instrumento de avaliação do desempenho técnico-tático no voleibol. Rev Bras Cineantropom Desempenho Hum. 2011;13(1):43-51.
9. Collet C. Construção e validação do instrumento de avaliação do desempenho técnico-tático (IAD-VB) nas categorias de formação no voleibol [dissertação]. Florianópolis: Universidade Federal de Santa Catarina; 2010.
10. Coleman J. Analisando os adversários e avaliando o desempenho da equipe. In: Shondell D; Reynaud C (orgs.). A bíblia do treinador de voleibol. Porto Alegre: Artmed; 2005. p.316-38.
11. Bizzocchi C. O voleibol de alto nível. São Paulo: Fazendo Arte; 2000.
12. Arruda M, Hespanhol J. Fisiologia do voleibol. São Paulo: Phorte; 2008.
13. Kraemer WJ, Ratamess NA. Fundamentals of resistance training: Progression and exercise prescription. Med Sci Sport Exer. 2004;36(4):674-88.

Capítulo 22

Análise de jogo nos esportes coletivos

Leonardo Lamas Leandro Ribeiro
Renê Drezner
Junior Barrera

Objetivos do capítulo

- ▸ Apresentar o estado da arte da avaliação estratégico-tática em esportes coletivos,
- ▸ Contextualizar a análise do jogo no processo de preparação da equipe.
- ▸ Apresentar alternativas de avaliação estruturadas e operacionais para o cotidiano de um técnico.

INTRODUÇÃO

Análise do jogo nos esportes coletivos é uma expressão que engloba grande variedade de avaliações sobre as ações e os eventos em uma partida. Conteúdos estratégicos, táticos, técnicos, físicos, psicológicos, além de possíveis interações entre eles, constituem as opções de análise. Em geral, as avaliações procuram relacionar os comportamentos no jogo com os resultados e compreender como determinadas frequências de ações levaram ao sucesso ou ao fracasso da equipe. A motivação é obter conhecimento sobre os eventos analisados com o objetivo de fornecer informações úteis a técnicos e jogadores e melhorar o desempenho deles. É também esse objetivo que motiva uma grande evolução nas abordagens metodológicas para extração de informações mais relevantes do jogo.

Inicialmente, a frequência acumulada de ocorrência das ações mais populares em cada esporte costumava ser o foco das análises. Por exemplo, o número de pontos do jogador no basquetebol ou de passes certos no futebol. Nos dois exemplos, o foco de análise é no nível individual e o comportamento é analisado de maneira discreta e acumulada. São dados objetivos, mas com limitada condição de explicar o desempenho que depende da atuação coletiva e cuja causalidade dos eventos é explicada pela dinâmica do encadeamento das ações. Os pontos con-

vertidos pelo jogador de basquete, mesmo no caso de elevada pontuação, podem representar uma proporção baixa caso o número de arremessos tentados tenha sido muito alto. O número de passes certos no futebol pode ser irrelevante se trocados em zonas do campo de baixo risco de gol para o adversário. Dessa forma, os avanços metodológicos visam a definir variáveis mais explicativas acerca do desempenho da equipe.

A exemplo do que ocorre em outras áreas do conhecimento, um grande desafio na análise do jogo é fazer uso eficiente da quantidade crescente de informação disponível, consequência dos avanços tecnológicos para aquisição de dados. Atribuir significado aos dados aumenta a eficiência dos processos de controle do desempenho da equipe, que deve ocorrer em qualquer nível competitivo. Para tornar dados em informação útil, é preciso estabelecer conexões entre eles, o que depende de um modelo bem feito do fenômeno avaliado. No caso dos esportes coletivos, esse modelo pode/deve ser bastante abrangente, englobando eventos bem anteriores ao próprio jogo e ampliando as possibilidades de análise.

Juan Riera, em seu texto do início da década de 1990 sobre estratégia no esporte, fala dessa abrangência ao comentar sobre a pré-temporada, período em que as contratações e escolhas estratégicas do técnico definem características importantes da forma de jogar da equipe.[1] Nessa fase da temporada, começa a influência sobre o que se analisa em um jogo meses depois. Os jogadores contratados e as decisões sobre como aproveitá-los influenciará o resultado dos jogos. Várias métricas têm como foco a análise do desempenho nessa época e a relação com o desempenho no jogo, tempos depois. Serão examinadas duas dessas métricas para um exemplo simples: 1) custo por jogo (*cost per game*) – valor financeiro investido pela equipe na temporada/número de jogos realizados; 2) custo por vitória (*cost per win*) –

valor financeiro investido pela equipe na temporada/número de jogos ganhos. Quanto mais jogos tiver ganho a equipe, mais próximo estarão o custo por jogo e o custo por vitória. Quanto menor o valor do custo por vitória da equipe, melhor terá sido empregado o recurso, desde que atingido o número esperado de vitórias. Métricas como essas permitem avaliar a eficiência das ações nesse momento preliminar, mas fundamental da preparação da equipe, cuja avaliação deve estar interligada com a análise feita em todos os outros momentos. A combinação delas aprofunda o entendimento do desempenho alcançado pela equipe. Vale ressaltar que, embora o exemplo fornecido do custo da vitória seja mais vinculado ao desempenho no alto rendimento, o controle do processo de construção do desempenho é fundamental desde as primeiras etapas formativas. Quanto menor a idade, mais o foco deve estar no processo em si, no desenvolvimento de atributos que contribuirão para ter a vitória como fim no alto rendimento.

Neste capítulo será abordado o tema análise de jogo nessa perspectiva ampliada da avaliação, que leva em conta outras etapas cujo controle também contribui para o desempenho no jogo. Importante ressaltar também que o foco é o conteúdo da avaliação nas dimensões estratégica e tática.

MODELAGEM DO DESEMPENHO EM ESPORTES COLETIVOS

A seleção de variáveis para a avaliação do rendimento de uma equipe ou jogador requer atenção quanto a validade e operacionalização das medidas. Ou seja, se medem o que pretendem medir e se a análise é simples o suficiente para que possa ser realizada. A validade depende da modelagem da estrutura do jogo para definir as medidas que atendam ao propósito da avaliação. A operacionalização depende do ajuste do objetivo da análise aos métodos e/ou tecnologias disponíveis. Essa seção discute como a avaliação deve ser pensada para atender esses requisitos.

Em vários esportes coletivos, é bastante frequente a utilização de indicadores de jogo consagrados pelo uso para descrição do desempenho da equipe. Por exemplo, percentual de aproveitamento de finalizações, número de bolas recuperadas, número de assistências para conversão de pontos etc. Todos que acompanham um determinado esporte coletivo podem confirmar a utilização dessas métricas recordando os indicadores de jogo normalmente utilizados para descrever o desempenho em um jogo. No entanto, o uso desses indicadores é consagrado não como consequência de pesquisas de modelagem que os definem

como as melhores métricas para descrever o ocorrido na interação entre as equipes, mas pela facilidade de medida e de compreensão. Consequentemente, não são sensíveis aos motivos do desempenho registrado. Têm limitada condição de explicar os desfechos dos eventos e, consequentemente, de dar suporte às decisões do que deve ser alterado na estratégia ou treinamento da equipe. Nesse sentido, conforme aumenta a demanda por medidas melhores, surgem métricas mais precisas.

Esse desafio é bem resumido da seguinte forma:[2] definir indicadores sensíveis à produção não mapeada nas estatísticas convencionais, não percebida pela observação convencional, mais discriminatórios do real desempenho do jogador (ou equipe) e que possam gerar vantagens competitivas. Essas vantagens competitivas, no alto rendimento, podem ser expressas da seguinte forma:[3] "quanto maior a receita financeira gerada por um clube, maior número de jogos tem condição de ganhar. E quanto mais jogos ganha, mais receita gera. Se bons jogadores são contratados por menos do que valem, a equipe terá maior chance de ganhar mais jogos. Terá então mais receita para contratar bons jogadores por menos do que realmente valem". Para esse raciocínio funcionar, é fundamental ser capaz de contratar bons jogadores por menos do que valem. Isso implica definir "bom jogador" segundo outros critérios que os tradicionalmente utilizados baseados em indicadores consagrados pelo uso.

A redefinição de critérios para caracterizar o desempenho deve levar em conta a possibilidade de os jogadores buscarem maximizar o desempenho pelo qual acredita ser mais valorizado e com isso jogar para "fazer números".[4] Os indicadores convencionais são suscetíveis a esse viés, podendo ser usados em benefício do jogador que o realiza, à custa do desempenho da equipe. Pode ocorrer, por exemplo, de um pontuador ter suas marcas atingidas a partir de um número excessivo de finalizações tentadas. Em outro exemplo, um jogador com elevado percentual de passes certos pode ser considerado um bom passador, embora isso possa também significar falta de agressividade do jogador para arriscar passes com maior impacto ofensivo. Decorre dessas constatações o questionamento de a medida estar refletindo o que realmente se pretendia medir. E a solução depende do aperfeiçoamento dos modelos que definem as medidas, para captar elementos do desempenho que os indicadores tradicionais não revelam.

Um conjunto de seis critérios foi proposto para auxiliar na modelagem dessas variáveis de análise.[5] Os dois primeiros são: 1) o que: o evento do jogo ou resultado associado ao jogador ou à equipe; 2) quem: a identidade do(s) jogador(es) ou equipe analisada. Esses critérios direcionam para a definição de variáveis que captem elementos importantes e mais sutis da atuação de um jogador (p. ex., eventos defensivos); 3) onde: a região no campo de jogo onde o evento analisado ocorreu; 4) quando: o instante ou período do jogo em que o evento ocorreu. Essas variáveis se complementam para a realização de inferências sobre como o jogador ou a equipe atuou. Os dois outros critérios, expressos por 5) por que e 6) como, encaminham a análise para a dimensão explicativa e preditiva, e não apenas descritiva. A progressão da descrição à predição é uma característica da metodologia científica, nos diversos campos de conhecimento, à medida que se apropria do fenômeno investigado. Nos esportes coletivos, de forma análoga a outras áreas científicas, as propostas de avaliação vêm percorrendo uma trajetória com progressivo aumento de complexidade: 1) descritiva, "o que aconteceu?"; 2) diagnóstica, "por que aconteceu?"; 3) preditiva, "o que poderá acontecer na sequência?"; 4) prescritiva, "o que devemos fazer?". À medida que se progride nessa sequência, há aumento do impacto da análise, embora sejam necessários também modelos mais robustos. Análises prescritivas antecipam não somente "o que" vai acontecer e "quando" vai acontecer, mas também "por que" vai acontecer. Isso significa informação útil para sugerir opções de decisão em futuras oportunidades ao técnico. Diante dessas possibilidades de avaliação, com crescente grau de interpretação e prescrição, um desafio para realizar as análises é obter amostras de tamanho suficiente.

O conjunto de dados de um único jogo pode ser insuficiente para caracterizar padrões, sendo útil dispor de dados de múltiplos jogos, especialmente para realizar predições. Ainda assim, a variabilidade pode ser um fator limitante, pois ações se repetem com certo grau de semelhança, mas raramente de forma idêntica. Isso torna necessário agrupar ações em classes de equivalência. Para isso, a partir do significado tático da ação, definem-se classes de equivalência que as agrupam de forma mais ou menos genérica, conforme a necessidade da análise.[6] Por exemplo, uma classe genérica pode ser "passes certos". Detalhando, podem-se ter passes certos longos e passes certos curtos. A resolução aumenta se as classes forem detalhadas em passes certos no corredor direito do ataque, central, com mudança de corredor etc. Quanto mais detalhada a classe, mais dados são necessários para uma análise consistente. O uso de classes de equivalência é uma maneira de abordar recorrência de ações, de forma viável diante da quantidade de dados normalmente disponível.

Uma vez definido o conjunto de medidas para avaliar o desempenho, os dados podem ser adquiridos e analisados. Assim como a modelagem da avaliação, a análise dos dados adquiridos constitui amplo campo de estudo e possibilidades estatísticas. Como regra, na análise de dados de jogos, verificam-se frequências desiguais de ocorrência dos eventos analisados. Para lidar com as frequências desiguais e poder compará-las, é necessário normalizar os dados, dividindo-se a frequência do resultado pela frequência de ocorrência da variável analisada. A importância da normalização será ilustrada com a releitura dos resultados de Reep e Benjamin[7] feita por Hughes e Franks.[8]

Reep e Benjamin buscaram em seu estudo entender a relação entre o comprimento das sequências de passes e gols marcados no futebol. Usando uma extensa base de dados, os principais resultados foram: 1) aproximadamente 80% dos gols resultaram de sequências de três passes ou menos; 2) um gol foi anotado a cada dez finalizações. Desde sua realização nos anos de 1960, outras pesquisas confirmaram esses resultados. O estudo teve ampla repercussão, influenciando o "jogo de bola longa" ou "jogo direto". Diversos técnicos utilizaram esses resultados para definir uma estratégia que maximizasse chances de finalização alinhados aos resultados da pesquisa, ou seja, mover a bola na direção da meta adversária com o menor número possível de passes (i. e. jogo direto). Entretanto, o fato de equipes bem-sucedidas no alto nível não utilizarem o jogo direto motivou um estudo mais detalhado desses resultados.[8] Esses autores verificaram que os dados de Reep e Benjamin não foram normalizados. Refizeram o estudo com dados mais recentes e normalizaram os resultados pelo número de ocorrências da situação. Os achados dessa vez indicaram ter ocorrido mais gols a partir de sequências de passes mais longas do que de sequências curtas de passes e que as equipes realizaram de forma significante mais finalizações por posse de bola em sequências mais longas de passes. A conclusão do estudo original era que a maioria dos gols é marcada depois da troca de poucos passes. Logo, a indicação era jogar com poucos passes. A conclusão a partir dos resultados era precisa. Entretanto, havia uma falha na análise dos dados. Com isso, embora precisa, a conclusão era equivocada. Esforços de validade e operacionalização das medidas deve ser complementado pelo rigor metodológico na análise dos dados.

AMPLIAÇÃO DA ANÁLISE: MODELAGEM DOS FATORES DE DESEMPENHO

Poucos estudos focaram a relação do desempenho em jogo com as demais etapas do processo competitivo de uma equipe.[9,10] Nesses estudos, é descrita a existência de fases como planejamento, treinamento e jogo, porém, a relação entre as fases e o desempenho da equipe não é formalizada nem quantificada. Encontram-se ainda estudos que visaram a produzir sistemas de documentação de informações de cada uma dessas fases,[11] mas também sem o processamento das informações armazenadas para dar suporte ao processo de tomada de decisão do técnico. Um modelo de integração das etapas do processo competitivo teve início com a definição do ciclo de vida da estratégia.[12] O termo ciclo de vida da estratégia foi atribuído por haver etapas que se repetem, ciclicamente, muitas vezes ao longo de uma temporada (planejamento estratégico, treinamento e jogo) e por ter como ponto de partida a estratégia, que define como a equipe atuará, sendo que as etapas seguintes remetem também a ela.

O treinamento consiste na decomposição, em período predeterminado, dos conteúdos selecionados como mais importantes para serem praticados, tendo em vista a assimilação por parte dos jogadores das especificações da estratégia, de modo a resultar na orquestração necessária para ação coletiva dos jogadores. Há ainda conteúdos a serem assimilados necessários para operacionalizar a orquestração (p. ex., habilidades técnicas) que também concorrem com os conteúdos estratégicos na alocação dos tempos de treinamento. Assim, o treinamento impõe um grande desafio de otimização do tempo, diante de muitos conteúdos a serem treinados, sendo que, em cada momento, haverá um subconjunto de conteúdos prioritários.

Na estrutura do ciclo de vida da estratégia (CVE), a etapa que segue ao treinamento é o jogo. O jogo cumpre um importante momento de controle, pois todas as decisões das etapas anteriores foram influenciadas pela tentativa de maximizar o desempenho nesse momento. Dessa forma, as informações coletadas no jogo servem para replanejamento, reforçando o conteúdo da estratégia e a decomposição desse conteúdo nas sessões de treinamento ou levando à reformulações nessas etapas. O conhecimento da estrutura do CVE dá condições a técnicos e gestores de monitorar e avaliar melhor a condução da equipe. A Figura 1 ilustra a ideia básica do CVE.

Empiricamente, técnicos têm noções subjetivas sobre como os processos de uma equipe vão sendo conduzidos ao longo de uma temporada. Refletem a esse respeito e tomam decisões, havendo direta influência do nível de experiência do técnico nas decisões tomadas.[13,14] Técnicos mais experientes adquirem uma percepção mais acurada da evolução da equipe, enquanto técnicos iniciantes interpretam as tendências da equipe de forma mais simplificada. A imprecisão decorrente da subjetividade da análise associada à necessidade de ganho de experiência empírica para aperfeiçoamento do controle realizado é superada pela modelagem formal do conteúdo, tornando a abordagem objetiva e quantificável em vez de subjetiva e, por consequência, sujeita a vieses e falhas interpretativas.[15,16]

Baseado no conceito do CVE, a análise do jogo deve monitorar a recorrência e a eficiência dos conteúdos planejados (estratégicos) desenvolvidos nas sessões de treinamento.[16] A implementação dessas inter-relações gera uma estrutura de levantamento de dados que transcende o conteúdo do jogo, enriquecendo a análise de todo o processo. De modo complementar, um problema recorrente na prática esportiva é o de informações de cada etapa do CVE não serem registradas ou não serem registradas de maneira estruturada e com facilidade para aplicar métricas que permitam tirar conclusões sobre a eficiência do que foi realizado. Superar essa limitação implica definir métodos para organizar os conteúdos especificados pela comissão técnica para cada fase do CVE, de modo a serem facilmente recuperados e analisados. Nesse sentido, a interface computacional é indicada, sendo necessária uma apresentação intuitiva ao técnico e com resultados que realmente lhe auxiliem em seu uso cotidiano do CVE. Na sequência, cada etapa do CVE será detalhada.

Desenho da estratégia

O desenho da estratégia é a primeira etapa do CVE, momento no qual se estabelece como a equipe deverá atuar. Na literatura, encontram-se alguns estudos sobre a temática da estratégia, inicialmente em uma visão qualitativa,[17] evoluindo para a formalização do conceito e da definição mais precisa de sua estrutura e implicações para o desempenho da equipe.[18,19] A importância da estratégia para o rendimento de uma equipe já foi objeto de estudo de algumas pesquisas e os resultados apontam para uma grande influência de um planejamento bem feito sobre o sucesso.[20,21] No futebol americano, por exemplo, Braig[20] identificou que a contribuição da atuação estratégica dos técnicos pode exceder

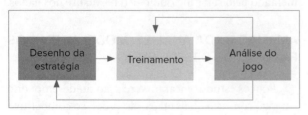

FIGURA 1 Ciclo de vida da estratégia.

25% da eficiência da equipe, superando até mesmo a contribuição da produção oriunda da execução das jogadas no campo de jogo. Trata-se de um exemplo particular dada a natureza do futebol americano, com viés estratégico bastante elevado. Resultados de outros esportes devem enriquecer essa evidência. Infelizmente, embora a importância da estratégia seja normalmente aceita pela comunidade de técnicos, pouco se evoluiu até o momento para a sistematização da avaliação dessa etapa do CVE em diferentes esportes coletivos.

Assim, segue como um desafio científico construir uma metodologia de análise da estratégia aplicada no momento de sua concepção, a partir de características que vão se definindo enquanto o técnico planeja o que a equipe irá realizar. Esse raciocínio vale para a estratégia no curto prazo (p. ex., plano de jogo para enfrentar o próximo adversário), médio prazo (p. ex., estratégia em curso durante o campeonato) e longo prazo (p. ex., estratégia geral para a temporada concebida a partir das definições de contratações para compor o elenco). Entre as poucas contribuições sobre esse tema, uma delas consiste no desenvolvimento de um simulador do jogo, no qual estratégias podem ser especificadas e testadas contra outras estratégias. Trata-se de um projeto interdisciplinar em curso, com uma publicação de resultados preliminares já obtidos.[22] No estágio atual, fornece elementos para que alguns aspectos da estratégia possam ser avaliados, pois a simulação utiliza como entrada dados precisos do planejamento individual e coletivo de ação dos jogadores. Na sequência, será descrito o conjunto de critérios que pode ser aplicado na avaliação da estratégia.

O primeiro critério é a sistematização das especificações estratégicas, de modo a propiciar sua quantificação. Para tanto, é possível utilizar uma linguagem formal para descrever a estratégia como um sistema dinâmico discreto.[19] De acordo com essa linguagem, ações são especificadas para cada jogador e, por meio da conexão entre essas ações, o sistema avança para novos estados. Um estado, nesse contexto, corresponde à configuração dos jogadores em dado instante e uma mudança de estado corresponde às ações realizadas pelos jogadores, de modo a modificar de forma relevante a configuração no campo de jogo. Sequências de estados interligados correspondem a uma movimentação organizada da equipe: por exemplo, uma jogada ofensiva ou um sistema de movimentação defensiva. As movimentações dos jogadores devem ser definidas para cada fase do jogo (em um modelo simples, fases de ataque, transição defensiva, defesa e transição ofensiva). Decorre dessa estrutura a possibilidade de avaliar, em

uma dada estratégia, a diversidade de movimentações especificadas para cada uma das fases. Um erro frequentemente detectado aplicando-se essa metodologia para o desenho de estratégias é o desequilíbrio nas proporções de conteúdos estratégicos entre as fases do jogo, o que pode levar à dificuldade para a equipe responder de forma organizada e coletiva a certas situações do jogo, por falta de conteúdo estratégico que oriente o que fazer na situação.

Outros dois critérios estruturais relacionados à diversidade de conteúdos especificados são as bifurcações nas movimentações e a circularidade da estratégia como um todo. Bifurcações significam alternativas de caminhos diante de respostas variadas do adversário. Se, em um ataque, há determinada especificação estratégica de circulação da bola e a progressão é contida pela defesa, devem haver alternativas planejadas. Já a circularidade define um caso particular de bifurcação. É um critério que aponta para a necessidade de movimentações não possuírem estados terminais, a partir dos quais não há como seguir por estados da estratégia. É importante sempre haver uma possibilidade de continuidade da movimentação dentro do conteúdo estratégico, ainda que implique uma reconfiguração que leve para um posicionamento distante do objetivo final da movimentação, tal qual uma situação de finalização ou contenção com pressão, respectivamente, no ataque ou na defesa.

A avaliação da estratégia pode ser auxiliada pela representação por meio de grafos.[19] Um grafo indica a relação entre os elementos de um determinado conjunto e vem sendo utilizado cada vez mais no âmbito esportivo, pela facilidade em indicar tendências de conectividade entre jogadores, tipos de ação, regiões do campo etc.[23-25] Nas estratégias esportivas, podem representar a conexão entre os estados nas sequências que descrevem as jogadas, sendo bastante útil por permitir fácil visualização da estrutura geral da estratégia e diversas análises topológicas dos conteúdos especificados. Propriedades como quantidade de movimentações especificadas por fase do jogo, bifurcações e circularidade da estratégia são facilmente observadas na representação, gerando *insights* qualitativos, além de possibilitar análises quantitativas realizadas a partir da matriz de dados que dá base à representação.

Processo de treinamento

Uma estratégia bem desenhada é necessária para o bom desempenho da equipe, mas não suficiente. É preciso complementá-la com um processo bem conduzido de aprendizado do seu conteúdo com treinamento qualificado. A Figura 2 ilustra a conexão entre estratégia e treinamento. O fluxo descreve uma sequência de processos (estruturas retangulares) que compõem a relação entre conteúdo planejado e executado em um jogo. Após o início do fluxo (círculo de início), *matching* representa o momento em que cada jogador cruza as informações sobre o contexto atual (estado do jogo presente: posicionamento no campo de jogo, dinâmica dos jogadores e da bola) e sobre a estratégia para o jogo, procurando pela especificação na estratégia da equipe que mais se aproxime do contexto percebido, de modo a orientar-se sobre o que fazer. O processo de treinamento estratégico-tático atua no aprimoramento do *matching*. Com o treinamento, procura-se gerar a assimilação da estratégia pelo jogador e exercitar o processamento mais eficiente das informações contextuais e reconhecimento da similaridade (ou ausência de similaridade) entre o ambiente percebido e as opções estratégicas disponíveis. Finalmente, também é do escopo do treinamento o desenvolvimento da capacidade de tomar a decisão do que fazer, considerando a si próprio e a orquestração com os demais jogadores da equipe (processo de planejamento, no fluxo). O resultado do planejamento é o que cada jogador executa na sequência, no confronto. Há três classes de possíveis respostas: 1) o jogador identifica uma especificação estratégica compatível com o contexto de jogo percebido e a executa; 2) o contexto do jogo apresentado é desprovido de uma orientação estratégica compatível e o jogador decide o que fazer desconectado do plano coletivo, mas busca a orquestração com companheiros por meio da decisão tomada; 3) o jogador não percebe a orientação estratégica compatível com o contexto e toma decisão distinta da prevista na estratégia. O confronto tem como opções de desfecho a continuidade, a interrupção ou o término do jogo.

A estrutura do processo de treino já foi objeto de pesquisas que buscaram classificar os conteúdos para analisar padrões de estruturas de treinamento e definir tendências de comportamentos de diferentes técnicos.[26,27] As evidências indicam que a organização do treinamento pelos técnicos é influenciada pelas tradições do esporte, intuição e estilos de outros técnicos.[28-30] No futebol, por exemplo, em vários contextos de prática, essas características determinam uma pedagogia com tendências diretiva e prescritiva e sessões de treinamento com maior ênfase técnica do que tática.[29,31-33] De forma complementar, não foram verificadas diferenças nas tendências de como conduzir o processo de treinamento em função da idade ou do nível de habilidade dos jogadores.[28] Os estudos evidenciam também distinções entre o discurso e a prática dos técnicos.[26] Por fim, os dados indicam grande ênfase em instrução prescritiva, no lugar de práticas menos conduzidas, em contraste com o desejo expresso pelos técnicos de "desenvolver o jogador integralmente", criando "tomadores de decisão" e tornando-os "facilitadores da criação do conhecimento do jogo". Considerando o treinamento um elemento-chave para a qualidade da execução da estratégia no jogo, os resultados experimentais disponíveis apontam para um amplo espaço de avanços na prática dessa etapa do CVE e, consequentemente, aumento do desempenho da equipe.

Desempenho no jogo

Na continuidade das etapas do CVE, há a avaliação do próprio jogo, com grande diversidade de abordagens. Uma das mais recorrentes tem o foco na quantificação de eventos relevantes para o desempenho em um jogo (p. ex., número de finalizações, passes certos, desarmes etc.) e sua relação com o sucesso.[34-36] Nesses estudos, a frequência dos eventos é analisada com o objetivo de

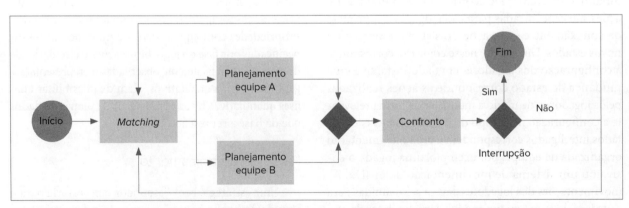

FIGURA 2 Dinâmica do jogo, na qual círculos representam início e término do fluxo; retângulos representam processos; primeiro e segundo losangos representam, respectivamente, uma integração de fluxo e um teste booleano; setas indicam a direção do sinal de controle.

identificar quais variáveis tiveram maior contribuição para o sucesso da equipe. Uma limitação identificada nessa abordagem é o fato das variáveis utilizadas serem incapazes de descrever a sequência de eventos da oposição que conduz ao desfecho da ação ao final de cada intervalo da oposição.[37] Assim, as conclusões alcançadas possuem restrita capacidade explicativa sobre o confronto, ainda que modelos estatísticos progressivamente mais elaborados venham sendo empregados.[38]

Os avanços metodológicos têm levado ao desenvolvimento de outras abordagens, com foco na dinâmica do jogo e com progressiva inserção nos meios práticos. Esses estudos buscam ampliar o poder explicativo da análise com o foco na identificação de padrões de comportamentos coletivos e seu encadeamento tático ao longo das posses de bola.[39-41] No início dessa abordagem, Borrie et al.[41] desenvolveram um algoritmo para identificação de comportamentos recorrentes com base em anotações realizadas em jogos de futebol. O êxito foi limitado pela escassez de variáveis referentes a conteúdos táticos, tendo sido efetivo para identificação de recorrências de eventos técnicos, com base nos quais a tática foi inferida de maneira pouco precisa. As propostas vêm evoluindo, incluindo modelos de conteúdos táticos para subsidiar a análise e também considerando a oposição, e não apenas uma das equipes. Para tanto, particularmente no futebol, alguns estudos propuseram categorias de circulação da bola no campo de jogo, usando como referência o posicionamento dos jogadores da defesa para definir a localização das ações ofensivas.[39,42] Em outra perspectiva, alternativas de medidas de conectividade em redes foram propostas para analisar a dinâmica de interação entre jogadores da equipe.[24] Ampliando as possibilidades de análises dinâmicas, verifica-se a crescente quantidade de dados adquiridos por sistemas de rastreamento automático ou semiautomático dos jogadores.[43-47] As tecnologias de rastreamento têm sua evolução orientada para subsidiar a aplicação de técnicas de reconhecimento de padrões ao conteúdo tático dos jogos e assim enriquecer as análises com o significado das ações realizadas.[48-51]

Em síntese, nos esportes coletivos, o tema da avaliação específica do jogo é objeto de muito mais estudos que as demais fases do CVE, e essa seção não pretende ser exaustiva. Procura-se apenas destacar algumas correntes existentes e os aspectos complementares entre elas. Nesse contexto, um desafio bastante atual é o de aliar a grande quantidade de dados disponível (por meio dos sistemas de rastreamento) com aumento do seu significado tático. Atualmente, uma análise com maior semântica incorporada é possível com anotação manual.

Como, na maioria dos contextos práticos, as possibilidades de avaliação dependem de anotação manual, na seção seguinte será apresentada uma proposta de avaliação que leva em conta o significado tático dos conteúdos anotados, sensível à natureza dinâmica do jogo, consistente com os conteúdos das demais etapas do CVE e viável com a infraestrutura normalmente disponível no cotidiano prático de um técnico.

MODELAGEM DINÂMICA

Uma análise dinâmica do jogo implica a detecção de comportamentos que recorrem ao longo do jogo ou de vários jogos, caracterizando padrões. A análise adquire maior poder preditivo na medida em que os condicionantes da recorrência são compreendidos, permitindo estimar a probabilidade de um resultado, dada a conjuntura do jogo. Identificar padrões de comportamento e definir circunstâncias em que os padrões se repetem pode ser feito pela modelagem do jogo como um sistema dinâmico categórico.

A modelagem dinâmica categórica emprega classes de equivalência para classificar os conteúdos do jogo com base em critérios bem definidos e que garantam a reprodutibilidade da classificação com base na observação de diferentes indivíduos.[52] Os eventos do jogo devem ser sistematicamente anotados, com frequência constante de coleta dos dados (p. ex., a cada 2 Hz), e as sequências de eventos anotadas definem padrões. Desse modo, o jogo é representado por um universo finito de sequências de estados encadeados, reduzindo a complexidade de um universo muito maior de possíveis comportamentos que podem ocorrer no jogo, dessa forma agrupados em categorias. Um desafio sempre presente na definição do conteúdo de um sistema categórico de análise é a correta seleção dos critérios para formação das classes de equivalência de eventos e seu grau de detalhamento (maior ou menor decomposição ou agrupamento das classes), para garantir compreensão satisfatória do conteúdo do jogo analisado.

As classes de comportamentos definidas são anotadas de forma sequencial no jogo, caracterizando as dinâmicas. A partir de amostras suficientes de dinâmicas anotadas em jogos é possível estimar a probabilidade de ocorrência para uma mesma equipe em diferentes jogos, contextos etc. A análise baseada em um sistema categórico pode contribuir para dois objetivos principais de avaliação: 1) caracterização de padrões táticos (comportamentos) da equipe; 2) análise da eficiência dos padrões. Esses objetivos podem ainda ser empregados em dois casos distintos: quando o plano estratégico é ou não conhecido. Ou seja, análise da própria equipe ou do adversário. Para planos estratégicos conhecidos, a comparação do plano desenhado com o executado leva a análises de consistência (similaridade entre o planejado e executado). Para planos estratégicos desconhecidos *a priori*, a análise deve primeiro realizar a inferência da estratégia para compreender a forma de jogar do adversário. E, se necessário, analisar a sua consistência.

Análise baseada em um sistema dinâmico categórico: aplicação ao futebol

Será apresentado o estudo de caso do segundo jogo da série entre Paris Saint-Germain e Barcelona, na fase eliminatória da UEFA Champions League 2017. Após perder por 4 × 0 no jogo de ida para o Paris Saint-Germain, o Barcelona precisava vencer por cinco gols de diferença para se classificar, o que de fato ocorreu. A análise dinâmica empregada permite compreender com objetividade algumas características estratégicas das duas equipes refletidas nos padrões táticos observados, dada a vantagem/desvantagem inicial para cada uma das equipes envolvidas.

Na análise dinâmica, cada evento do jogo foi discriminado por quatro variáveis categóricas: 1) equipe que realizou a ação; 2) ação realizada (ou evento decorrido da ação); 3) zona do campo de jogo em que a ação (ou evento) foi realizada; 4) espaço de ocupação defensiva da ação.[42] As três primeiras classes são tradicionais no campo da análise de desempenho, com foco na descrição dos eventos que acontecem em torno da bola. A quarta classe remete a uma variável com maior sensibilidade para a interação ataque-defesa. Conjuntamente, essas quatro variáveis categóricas constituíram o sistema categórico empregado na análise.

O espaço de ocupação defensiva (EOD) é uma variável que discrimina o grau de penetração de uma equipe no sistema defensivo adversário. Ele divide o espaço de penetração em quatro zonas: "F" fora do sistema defensivo adversário (quando o time adversário está todo atrás da linha da bola); "M" no confronto com a linha de meio de campo; "D" no confronto com a linha de defesa; "A" atrás da última linha de defesa (espaço entre a defesa e o goleiro). Além disso, cada zona do EOD (com exceção da zona F) é decomposta em periferia (p) e centro (c). Dessa combinação surgem sete zonas do EOD: F, Mc, Mp, Dc, Dp, Ac, Ap (Figura 3).

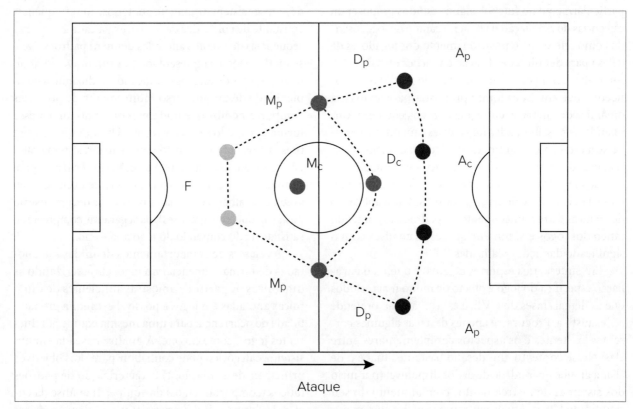

FIGURA 3 Zonas do modelo de espaço de ocupação defensiva (EOD).

Com base no sistema categórico definido, foram realizados dois tipos de análise dinâmica: 1) padrões de circulação da bola, para cada equipe, com a representação das frequências de comunicações entre zonas do EOD, normalizado pelo número de posses de bola; 2) perfil de circulação da bola pelas zonas do EOD nas posses concluídas com finalização.

A Figura 4 ilustra padrões de circulação da bola, para cada equipe, com a representação das frequências de comunicação entre zonas do EOD, normalizada pelo número de posses de bola. Na figura, está representado um grafo, no qual os nós (estruturas esféricas, com diâmetro variável) indicam zonas do EOD e arestas (linhas conectoras) comunicam nós que têm ligação entre si.

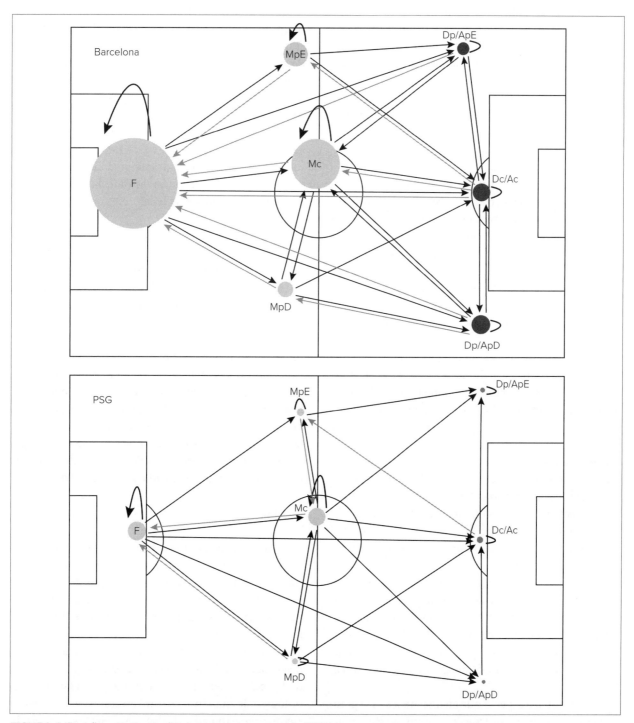

FIGURA 4 Padrões de circulação da bola entre zonas do EOD.

O diâmetro dos nós corresponde ao número de vezes em que a bola passou pela região, e a largura da aresta representa o número de vezes que a bola circulou de uma região para outra do EOD. Arestas que retornam para o mesmo nó correspondem a passes trocados dentro da própria zona. A análise mediu passes trocados e não considerou progressões da bola por meio de condução por um único jogador.

Uma primeira informação que chama a atenção é a diferença no tamanho dos nós e largura de arestas entre as equipes. Recorrendo ao contexto do jogo, essa diferença pode expressar uma opção do PSG de não priorizar a posse de bola, mas a proteção de sua meta ou a ineficiência em manter a posse de bola perante a forte marcação do Barcelona. Logo, houve drástica diferença em posse de bola e na qualidade da posse da bola. Observe-se que Barcelona e PSG tiveram, respectivamente: 1) 65% e 35% de posse de bola; 2) 591 e 251 passes; 3) 514 e 183 passes completados.[53] Note-se que as zonas do EOD estão posicionadas de forma didática, mas não correspondem necessariamente ao real local de ocorrência, dada sua natureza, pois a localização no campo de jogo depende do posicionamento da defesa no momento. O nó "F" do Barcelona, por exemplo, indica grande frequência de ocorrência pois, com a defesa do PSG recuada, a bola circulou muito por essa zona, apesar de muitas vezes isso ter ocorrido próximo à grande área de ataque. Além disso, é possível observar na circulação da bola do Barcelona uma preferência da zona Mp esquerda sobre a Mp direita. Essa preferência pode ser decorrente da procura da equipe do Barcelona em jogar com o Neymar. Com relação ao PSG, é interessante destacar o volume de jogo na zona Mc maior que na zona F. Essa preferência pode ser decorrente da estratégia do PSG em executar ataques rápidos e diretos logo após a retomada da posse de bola para aproveitar os espaços deixados pelo sistema defensivo do Barcelona ou pela ineficiência na manutenção da posse de bola.

A Figura 5 ilustra o perfil de circulação da bola pelas zonas do EOD combinado com a ocorrência das ações especiais do jogo (cruzamento; bola parada ofensiva; jogo aéreo; recuperação da posse da bola nas situações de cruzamento e finalização; gol contra e finalização) nas posses concluídas com finalização. Na figura está representada cada posse de bola por meio de uma sequência de pontos que indicam a circulação da bola em uma zona do EOD ou uma ação especial realizada.

Um primeiro aspecto que chama atenção é a grande ocorrência de finalizações da equipe do Barcelona oriundas de bola parada ofensiva (10 de 19 finalizações).

Além disso, também houve grande ocorrência de finalizações após a realização de cruzamentos ou jogo aéreo (8 de 19), sendo que, dessas oito, seis ocorreram após recuperação da bola nas disputas e somente duas de finalização após a ação ofensiva. Em contrapartida, apenas três finalizações se iniciaram com a posse de bola na zona F. Esses resultados combinados com os padrões de circulação da bola pelas zonas do EOD dão indícios de que o grande volume de jogo da equipe do Barcelona (principalmente na zona F) não foi eficiente em criar situações diretas de finalização, mas grande quantidade de situações de bola parada no campo ofensivo, e essas se tornaram a maior fonte de criação de finalizações. Já com relação ao PSG, os dados, apesar da pouca ocorrência (apenas seis finalizações), mostram grande preferência de finalizações por meio de ataques rápidos que se iniciaram nas zonas Mc e Dc (4 de 6). Isso pode ser um indício da estratégia da equipe do PSG de aproveitar os espaços da marcação do Barcelona logo depois da retomada da posse da bola.

CONSIDERAÇÕES FINAIS

A avaliação do desempenho em esportes coletivos é um tema que apresenta grande aumento de contribuições científicas observadas na literatura. Verificam-se avanços metodológicos e tecnológicos, que permitem o acesso a dados cada vez mais sofisticados. Como consequência, informações progressivamente mais precisas vão sendo extraídas do jogo, particularmente impulsionadas pela grande popularidade desses esportes. Em meio a esse fascinante desenvolvimento científico da área, é oportuno caminhar em paralelo em duas frentes, a de análise da ampla gama de dados disponível e a de modelagem da estrutura do objeto da análise, buscando entender melhor sua extensão e as sutilezas de sua estrutura.

RESUMO

Este capítulo aborda a avaliação nos esportes coletivos a partir da caracterização do escopo da avaliação estratégico-tática, da contextualização da análise do jogo no processo mais amplo de construção do desempenho e da apresentação de alternativas de abordagens discretas e dinâmicas para análise do jogo. O escopo da avaliação é discutido à luz da importância de a modelagem do fenômeno preceder e orientar a análise dos dados e de a análise ser estruturada com rigor metodológico de maneira a gerar resultados válidos e que conduzirão a tomadas de decisão eficientes. Em relação à contextualização da análise do jogo no processo de

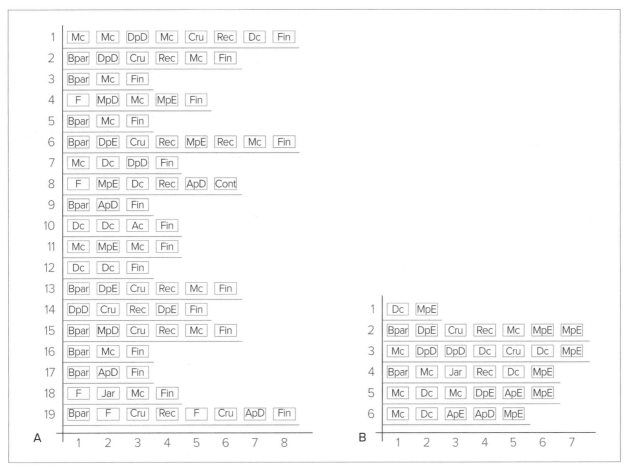

FIGURA 5 A: Barcelona; B: Paris Saint-Germain. Perfil de circulação da bola pelas zonas do EOD nas posses concluídas com finalização, no qual: F: fora; Mc: meio pelo centro; MpD: meio periferia direita; MpE: meio periferia esquerda; Dc: defesa centro; DpD: defesa periferia direita; DpE: defesa periferia esquerda; Ac: atrás da defesa pelo centro; ApD: atrás da defesa periferia direita; ApE: atrás da defesa periferia esquerda; Cru: cruzamento; Rec: recuperação; Jar: jogo aéreo; Fin: finalização; Cont: gol contra; Bpar: bola parada ofensiva.

preparação da equipe, foi apresentado o conceito de ciclo de vida da estratégia, demonstrando a inter-relação das etapas que compõem possíveis focos de monitoramento e controle, ampliando a noção corrente de que, em esportes coletivos, o jogo representa um foco isolado de avaliação. Por fim, foi conduzido um experimento de análise de jogo para ilustrar as possibilidades de uso de um sistema de avaliação do jogo baseado em variáveis categóricas e em uma linguagem formal de representação do jogo, que garante coletas de dados sistemáticas, reprodutíveis, sensíveis à dinâmica do jogo e que permitem a aplicação de métodos quantitativos para análise dos dados.

Questões para reflexão

1. Quais são os requisitos fundamentais para a realização de uma avaliação estruturada do desempenho de uma equipe?
2. A partir da definição apresentada do ciclo de vida da estratégia, quais são os focos de avaliação que complementam a análise do jogo em esportes coletivos?
3. Considerando as demandas práticas de um técnico no cotidiano de sua equipe, quais são possíveis vantagens da elaboração de uma avaliação baseada em variáveis categóricas? Quais os principais aspectos metodológicos e precauções a serem tomados para realizar a avaliação de maneira eficiente?

REFERÊNCIAS BIBLIOGRÁFICAS

1. Riera JR. Estratégia, táctica y técnica desportivas. Apunts Educación Física y Deportes 1995;39:45-56.
2. Berri DJ, Leeds MA, Leeds EM, Mondello M. The role of managers in team performance. Intern J Sports Finan 2009;4(2).
3. Kuper S, Szymanski S. Why England lose: and other curious phenomena explained. New York: Harper Collins, 2009.
4. NY Times. The No-Stats All-Star. 2009. Disponível em: www.nytimes.com/2009/02/15/magazine/15battier-t.html. Acesso em: 25/3/2017.

5. McGarry T. Applied and theoretical perspectives of performance analysis in sport. Scientific issues and challenges. Int J Perfor Anal Sport 2009;9:128-40.

6. Lamas L, De Rose Jr D, Santana F, Rostaiser E, Negretti L, Ugrinowitsch C. Space criation dynamics in basketball offense: validation and evaluation of elite teams. Int J Perfor Anal Sport 2011;11(1):71-84.

7. Reep C, Benjamin B. Skill and chance in association football. J Royal Stat Society 1968;131:581-85.

8. Hughes M, Franks I. Analysis of passing sequences, shots and goals in soccer. J Sports Sci 2005:23(5):509-14.

9. Lames M. Computer science for top level team sports. Int J Comp Sci Sports 2003;2(1):57-72.

10. Lames M, Hansen G. Designing observational system to support top-level teams in game sports. Int J Perfor Anal Sport 2001;1(1):83-90.

11. Perez MA, Macías M, Ibañes S, Feu S. Software for planning training: basketball application. Int J Perfor Anal Sport 2003;3(2): 79-89.

12. Lamas L. Modelagem estratégico-tática em esportes coletivos de invasão: aplicação ao basquetebol [tese]. São Paulo: Universidade de São Paulo; 2012.

13. Serrano J, Shahidian S, Sampaio J, Leite N. The importance of sports performance factors and training contents from the perspective of futsal coaches. J Hum Kinet 2013;38:151-60.

14. Leite N, Coelho E, Sampaio J. Assessing the importance given by basketball coaches to training contents. J Hum Kinet 2011;30:123-33.

15. Rangel W, Barrera J, Lamas L. An automated solution for planning, training and analyzing performance in team sports: definition of strategy life cycle in Team sports: computacional application to basketball. Proceedings of the 22º European College of Sport Science 2017 julho 5 – 8; MetropolisRuhr, Alemanha.

16. Rangel W. Modeling the training process in team sports: application to basketball. Proceedings of the International Association of Computer Science in Sport Conference; 2016 julho 31 – agosto 3; Brasilia, Brasil.

17. Grehaigne JF, Bouthier D, Godbout P. The foundations of tactics and strategy in team sports. J Teach Phys Educ 1999;18:159-74.

18. Lennartsson J, Lidström N, Lindberg C. Game intelligence in team sports. Plos One 2015;10(5).

19. Lamas L, Barrera J, Otranto G, Ugrinowitsch C. Invasion team sports: strategy and match modeling. Int J Perfor Anal Sport 2014;14:307-29.

20. Braig K. Quantifying NFL coaching: a proof of new Growth theory. J Quant Anal sports 2008;4(3).

21. Hadley L, Poitras M, Ruggiero J, Knowles S. Performance evaluation of national football league teams, managerial and decision. Econ 2000; 21:63-70.

22. Lamas L, Otranto G, Barrera J. Computational system for strategy design and match simulation in team sports. Proceedings of the 10th International Symposium on Computer Science in Sports (ISCSS). Loughborough, UK, 2015.

23. Oh M, Keshri S, Iyengar G. Graphical model for baskeball match simulation. Proceedings of the 9º annual MIT Sloan Sports Analytics Conference; 2015 fev 27 – 28; Boston, Estados Unidos.

24. Clemente FM, Couceiro MS, Martins FML, Mendes RS. Using network metrics in soccer: a macro-analysis. J Hum Kinet 2015;29(45):123-34.

25. Lusher D, Robins G. The application of social network analysis to team sports, meas. Phys Educ and Exerc Sci 2010;14:211-224.

26. Partington M, Cushion C. An investigation of the practice activities and coaching behaviors of professional top-level youth soccer coaches. Scand J Med Sci Sport 2013;23:374-82.

27. Cushion C, Harvey S, Muir B, Nelson L. Developing the coach analysis and intervention system (CAIS): establishing validity and reliability of a computerized systematic observation instrument. J Sports Sci 2012;30(2):203-218.

28. Ford PR, Yates I, Williams AM. An analysis of practice activities and instructional behaviours used by youth soccer coaches during practice: exploring the link between science and application. J Sports Sci 2010;28(5):483-95.

29. Williams AM, Hodges N. Practice, instruction and skill acquisition in soccer: challenging tradition. J Sports Sci 2005;23(6):637-50.

30. Cushion CJ, Armour KM, Jones RL. Coach education and continuing professional development: experience and learning to coach. Quest 2003;55:215-30.

31. Harvey S, Cushion CJ, Massa-Gonzalez A. Learning a new method: teaching games for understanding in the coaches' eyes. Phys Educ Sport Pedagogy 2010;15(4):361-82.

32. Cassidy T, Jones R, Potrac P. Understanding sports coaching: the social, cultural and pedagogical foundations of coaching practice. London: Routledge, 2009. p.55-65.

33. Potrac P, Cassidy T. The coach as a 'more capable other'. In: Jones RL, ed. The sports coach as educator: reconceptualising sports coaching. London: Routledge, 2006. p.2-13.

34. Gómez MA, Gómez-Lopez M, Lago C, Sampaio J. Effects of game location and final outcome on game-related statistics in each zone of the pitch in professional football. Eur J Sports Sci 2012;12(5):393-8.

35. Hughes M, Bartlett RM. The use of performance indicators in performance analysis. J Sports Sci 2002;20:739-754.

36. Trninic S, Milanovic D, Dizdar D. Dove è la differenza tra le squadre vincenti e quelle perdenti nella pallacanestro? Scolla dello Sport - Rivista di Cultura Fisica 1997;16(38):49-55.

37. Tenga A, Kanstad D, Ronglan LT, Bahr R. Developing a new method for team match performance analysis in professional soccer and testing its reliability. Int J Perfor Anal Sport 2009;9:8-25.

38. Liu H, Hopkins WG, Gomez MA. Modelling relationships between match events and match outcome in elite football. Eur J Spo Sci 2016;16(5):516-25.

39. Grehaigne JF, Caty DGP. Modelling ball circulation in invasion team sports: a way to promote learning games through understanding. Phys Educ Sport Pedag 2010;15(3):257-70.

40. Tenga A, Holme I, Ronglan LT, Bahr R. Effect of playing tactics on goal scoring in Norwegian professional soccer. J Sport Sci 2010;28(3):237-44.

41. Borrie A, Jonsson GK, Magnusson MS. Temporal pattern analysis and its applicability in sport: an explanation and exemplar data. J Sports Sci 2002;20 (10):845-52.

42. Seabra F, Dantas LEPBT. Space definition for match analysis in soccer. Intern J Perform Anal Sports 2006;6(2):97-113.

43. Mandeljc R, Pers J, Kristan M, Kovacic S. An alternative way to calibrate ubisense real-time location system via multi-camera calibration methods. Proceedings of the 19th International Electrotechnical and Computer Science Conference, 2010.

44. Miura J, Shimawaki T, Sakyiama T, Shirai Y. Ball route estimation under heavy occlusion in broadcast soccer video. Computer Vision and Image Understanding 2009;113:653-62.

45. Misuta MS. Análise do processo de rastreamento automático de jogadores em esportes coletivos [tese]. Campinas: Universidade de Campinas; 2009.

46. Perse M, Kristan M, Kovacic S, Vuckovic G, Pers J. A trajectory-based analysis of coordinated team activity in a basketball game. Computer Vision and Image Understanding 2009;113:612-21.

47. Carling C, Bloomfield J, Nelsen L, Reilly T. The role of motion analysis in elite soccer: Contemporary Performance Measurement Techniques and Work Rate Data. Sports Med 2008;38(10):839-62.

48. Moura FA, Van Emmerik R, Santana J, Martins LEB, Barros RML, Cunha SA. Coordination analysis of players' distribution in football using cross-correlation and vector coding techniques. J Sports Sci 2016; 34(24):2224-32.

49. Lucey P, Oliver D, Carr P, Roth J, Mattheus I. Assessing team strategy using spatiotemporal data. Proceedings of the 19º ACM SIGKDD Conference on Knowledge Discovery and Data Mining; 2013; Chicago, Estados Unidos.

50. Perl J, Grunz A, Memmert D. Tactics analysis in soccer – an advanced approach. Int J Comput Sci Sport 2013;12(1):33-44.

51. Ddutt-Mazumder A, Button C, Robins A, Bartlett R. Neural network modelling and dynamical system theory. Sports Med 2011; 41(12):1003-1017.

52. O'Donoghue P. Reliability issues in performance analysis. Int J Perform Anal Sport 2007;7(1):35-48.

53. Informações oficiais do jogo entre Paris Saint-Germain e Barcelona, na fase eliminatória da UEFA Champions League 2017. Disponível em: www.uefa.com/uefachampionsleague/season=2017/matches/round=2000784/match=2019621/statistics/index.html. Acesso em: ???

Seção 5

Avaliação da educação física e do esporte na escola

Capítulo 23

Educação infantil

Osvaldo Luiz Ferraz
Leonardo Moreira Lobo

Objetivos do capítulo

Neste capítulo, o leitor deverá compreender:
▶ A importância do planejamento pedagógico, em especial a fase de avaliação.
▶ As principais ferramentas para avaliação de desempenho dos alunos da educação infantil.
▶ A importância da dimensão motora no ensino da educação física na educação infantil.

CONSIDERAÇÕES INICIAIS

Docentes envolvidos com a escolarização enfrentam enormes desafios relacionados a sua prática pedagógica. Uma das possibilidades de aproximação, mesmo que parcial, para análise e reflexão sobre a prática pedagógica dos professores e professoras enfoca os temas do planejamento, como objetivos, conteúdos, estratégias de ensino e avaliação. Neste sentido, as seguintes questões podem ilustrar a complexidade do trabalho docente:

- Como propor e implementar um projeto pedagógico no qual a especificidade de cada área seja integrada em um contexto maior, considerando, entretanto, que as capacidades humanas se constituem em espaços diferenciados?
- Como estabelecer objetivos adequados ao nível de desenvolvimento dos estudantes atendendo às características culturais e sociais da comunidade a qual pertencem?
- Em que medida os conteúdos de ensino selecionados estão contemplando a dinâmica cultural dos grupos sociais menos favorecidos do ponto de vista econômico e social?
- A partir de quais critérios pode-se selecionar estratégias e estilos de ensino mais adequados às particularidades da classe?

- Como verificar se os objetivos de ensino foram alcançados e os conteúdos aprendidos?

Estas indagações demonstram a importância da escolarização para os alunos e a consequente complexidade da docência. Entretanto, o foco neste capítulo é analisar a avaliação em programas de educação física e esporte na educação infantil. Isso não quer dizer que a avaliação nestes programas possa desconsiderar as relações que o tema estabelece com a concepção que se tem de educação física e esporte e os elementos que compõem um programa de ensino. Todavia, em função da amplitude do tema, será adotada uma posição sobre estes programas no contexto da educação infantil para, em seguida, circunscrever a análise à avaliação especificamente. Sendo assim, inicialmente serão apresentados pressupostos básicos sobre avaliação escolar e educação infantil. Em seguida, o tema da avaliação na educação física e esporte da educação infantil será analisado e exemplos de instrumentos e critérios para a avaliação do desempenho serão apresentados.

AVALIAÇÃO ESCOLAR E EDUCAÇÃO INFANTIL

A avaliação escolar pode ser definida como um diagnóstico realizado para uma reorientação da prática pedagógica. Em outras palavras, é a coleta de informações que visa a orientar a tomada de decisão do docente referente aos três objetos da avaliação na escola, a saber: a aprendizagem dos alunos, o ensino e o projeto político-pedagógico.[1]

A aprendizagem dos alunos refere-se à obtenção dos objetivos de aprendizagem do programa e à aquisição dos conteúdos de ensino. Entretanto, mais do que simplesmente verificar se estas aquisições ocorreram, no caso da avaliação da aprendizagem, o docente deve acolher, nutrir e confrontar o conhecimento do aluno, implicando, portanto, em uma postura dialógica entre professor e aluno.[1] Sendo assim, este momento deve ser considerado como uma oportunidade de ensino, não só para descobrir o que o aluno não sabe, mas também para diagnosticar as dificuldades de aprendizagem.

Por isso, é preciso distinguir as noções de exame e de avaliação. Define-se exame como a coleta de informações cujas características básicas são ser pontual, focar no produto e permitir algum tipo de classificação. Já a avaliação escolar caracteriza-se como não pontual, com enfoque no processo e inclusiva. Nesse sentido, "o quê" e "como" avaliar são elementos interdependentes, uma vez que as maneiras pelas quais os alunos aprendem são, geralmente, determinadas pelo modo como são avaliados.

Muito embora o tema deste capítulo aborde o desempenho dos estudantes na educação física e esporte na educação infantil, é importante esclarecer os outros objetos da avaliação escolar, ou seja, o ensino e o projeto político-pedagógico. A avaliação do ensino está preocupada com as relações entre os objetivos do programa, seus pressupostos básicos e as formas de ensinar, mediante diferentes estratégias e métodos de ensino. Por exemplo, quando se propõe formar um "aluno crítico", é necessário que o ensino adote estratégias que estimulem o senso crítico por meio de situações em que seja possível e desejável a reflexão, a liberdade de emitir e tomar posições, a argumentação, entre outros. Se o ensino deseja contribuir para a formação de alunos autônomos, é imperativo avaliar se os estudantes estão participando das tomadas de decisão durante as aulas. No caso do projeto político-pedagógico, há que se observar a adequação dos pressupostos básicos do programa de ensino, dos objetivos e conteúdo de ensino com os avanços teóricos e profissionais nas áreas de educação e de educação física e esporte. Todavia, como afirmado anteriormente, o enfoque deste capítulo será a avaliação da aprendizagem dos alunos e alunas em programas de educação física e esporte na educação infantil.

No que diz respeito à educação infantil, a Constituição Federal,[2] no art. 208, inciso IV, institui que é dever do Estado o atendimento de crianças de zero a 6 anos de idade em creches e pré-escolas, sendo um direito da criança e uma opção da família. A Lei de Diretrizes e Bases da Educação Básica (LDB)[3] na Seção II – Da Educação Infantil – estabelece:

Art. 29. A educação infantil, primeira etapa da educação básica, tem como finalidade o desenvolvimento integral da criança de até 5 (cinco) anos, em seus aspectos físico, psicológico, intelectual e social, complementando a ação da família e da comunidade.

Especificamente em relação à avaliação na educação infantil, a mesma lei determina:

Art. 31. A educação infantil será organizada de acordo com as seguintes regras comuns:
I – Avaliação mediante acompanhamento e registro do desenvolvimento das crianças, sem o objetivo de promoção, mesmo para o acesso ao ensino fundamental;

Pode-se constatar que a educação infantil tem a função precípua de iniciar a escolarização de todas as crianças e deve ser compartilhada com a família e a comunidade. Além disso, é importante destacar que a concepção de desenvolvimento integrado adotada implica a compreensão da educação como um processo sistemático e contínuo, que necessita ser avaliado para que, após o diagnóstico, possam ser tomadas decisões relativas à prática pedagógica visando ao pleno desenvolvimento do educando.

A educação infantil é dividida em dois ciclos, e compreende as creches, responsáveis por atender as crianças de 0 a 3 anos de idade, e a pré-escola, que atende as crianças de 4 e 5 anos.[3] Aqui, será analisado com mais profundidade o ciclo da pré-escola.

Finalizando as considerações sobre a educação infantil a partir das bases legais, mencionam-se as Diretrizes Curriculares Nacionais para a educação infantil.[4] Além dos aspectos apresentados anteriormente na LDB, constata-se o pressuposto adotado de que a criança se constitui em um sujeito histórico e de direitos. O primeiro aspecto – sujeito histórico – enfatiza que a criança possui desejos, opiniões, capacidades de decidir, maneiras de pensar e de se expressar. Portanto, detém formas de compreender e atuar no mundo que são construídas na cultura do meio social em que elas vivem e que se modificam historicamente ao longo do tempo. A consequente implicação deste traço social para o ensino e a avaliação educacional é a necessidade de se considerar sua história pessoal, sua cultura familiar, o espaço em que ela habita, suas relações de pertencimento étnico, racial e de gênero. Afinal, esta dinâmica cultural própria alude ideias, valores e códigos que permitem à criança compreender o mundo que a circunda e também reinventá-lo.

Como um sujeito de direitos, o segundo aspecto considera que, independentemente de sua história, meio social e dinâmica cultural, a criança possui direitos garantidos legalmente sendo expressos nos princípios políticos: dos direitos de cidadania, do exercício da criticidade e do respeito à ordem democrática. Portanto, faz-se necessário oferecer às crianças oportunidades de convívio com outras crianças e adultos com base em relações sociais democráticas, ou seja, compartilhando situações diversas em que as crianças tenham formação participativa e crítica mediante questionamento de ideias, expressão de sentimentos e desejos, preocupação com o outro e o meio ambiente na busca do bem-estar individual e coletivo.

AVALIAÇÃO E EDUCAÇÃO FÍSICA E ESPORTE NA EDUCAÇÃO INFANTIL

No que diz respeito à educação física e ao esporte, é de conhecimento geral que oportunidades de movimento adequadas às características e necessidades dos alunos são fundamentais para seu desenvolvimento e inserção social. Entretanto, é necessário especificar que o conceito de movimento, neste contexto, implica muito mais do que o deslocamento do corpo e dos membros produzido como uma consequência do padrão espaço-temporal da contração muscular. Assim, movimento implica intenção, meta, sentido, e é por meio do movimento que o ser humano interage com o meio físico e social, aprendendo sobre si mesmo e sobre o outro, comunicando-se, expressando suas ideias e desejos.[5]

Desta maneira, a educação física e o esporte na escola estão envolvidos na estruturação de ambientes que proporcionem diferentes oportunidades aos estudantes de participarem de práticas corporais (jogos, danças, ginásticas, esportes, lutas, entre outras) inseridas na cultura corporal de movimento. Este envolvimento é uma das principais características do eixo de movimento, proposto pelo Referencial Curricular Nacional para a Educação Infantil[5] e pela Base Nacional Curricular Comum.[6]

Como destacado por diversos estudiosos, o movimento desempenha um papel fundamental na vida das crianças, pois este é um fator que está relacionado com os diferentes domínios do desenvolvimento humano, a saber: cognitivo, social, moral e afetivo.[7,8] Para a educação infantil brasileira, o mesmo entendimento é válido, pois o movimento é entendido como linguagem e, assim, pressupõe-se que, no decorrer da aquisição desta linguagem corporal, as crianças aprenderão várias possibilidades para agirem no meio físico, social e cultural em que estão inseridas. Como se pode perceber, o eixo de movimento assume um papel de destaque na educa-

ção infantil, o que sugere a necessidade de realizar um planejamento e estruturar as atividades que serão desenvolvidas nas aulas de educação física na educação infantil. Isso implica, essencialmente, a elaboração e a avaliação de programas de educação física e esporte específicos para a educação infantil.

No início do ano, os professores geralmente elaboram o planejamento inicial de suas aulas. Este processo inclui diversas ações, entre elas a seleção de alguns objetivos para suas turmas. Essa etapa envolve diversas tomadas de decisões referentes a uma gama de questões e ações pedagógicas, que têm como principal intenção influenciar – de alguma maneira – a formação de seus alunos e alunas. Para verificar se o objetivo definido foi atingido, é necessário realizar um processo de análise e, por essa razão, a fase de avaliação é de extrema relevância no contexto escolar. Para que ela seja efetiva, este processo deve estar adequado à realidade escolar e de acordo com os objetivos propostos inicialmente.[9] A fase de avaliação é uma fase complexa, que deve ser concebida de uma maneira ampla, pois não implica apenas a verificação dos desempenhos dos educandos, mas também a reestruturação das metas de cada etapa do planejamento, onde também se pode incluir a avaliação do ensino e/ou do professor. Deste modo, fica evidente que a avaliação não é utilizada para uma verificação de causa e efeito. Essa visão deturpada do processo de avaliação existe em razão da interpretação equivocada de que este é um procedimento linear, mas, como dito anteriormente, esses fenômenos são complexos e não lineares.[10]

Para que esta etapa seja realizada com sucesso, além de definir anteriormente os objetivos, outros cuidados devem ser tomados pelo professor, como realizar mais de uma avaliação, pois apenas uma avaliação final, realizada nos últimos dias do planejamento, não fornece informações suficientes para que o docente possa identificar quais fatores contribuíram para o desenvolvimento das crianças naquele período. Para que o professor identifique as razões que afetaram o desempenho dos educandos, é necessário levar em consideração as três fases da avaliação.[10,11]

1. Avaliação diagnóstica. O principal objetivo desta etapa é coletar informações que permitem identificar as dificuldades e os saberes iniciais das crianças. A partir destas informações, é possível realizar, de maneira adequada, a elaboração e a implementação do programa de ensino compostas de estratégias adequadas e que atendam às necessidades dos alunos.
2. Avaliação formativa. Esta fase é caracterizada pela busca de dados que identifiquem as conquistas dos

discentes durante o processo. Com base nos saberes adquiridos durante esta etapa, o docente será capaz de continuar com o planejamento inicial ou realizar alterações, e até mesmo reestruturá-lo de acordo com o resultado encontrado. A avaliação formativa tem sua ênfase no direcionamento do processo de ensino e aprendizagem.

3. Avaliação somativa. A última fase de avaliação tem como principal finalidade verificar o desempenho dos alunos ao final do programa, ciclo ou período letivo. Deste modo, esta fase é parte integrante da etapa final do planejamento.

Na área de educação física e esporte, existem diversas possibilidades para se realizar a avaliação das crianças, como entrevistas, questionários, testes motores, entre outros. Antes de decidir quais serão os métodos e/ou instrumentos a serem utilizados, o professor deve ter definido o objetivo ou as expectativas de aprendizagem.[12]

INSTRUMENTOS E CRITÉRIOS DE AVALIAÇÃO DA EDUCAÇÃO FÍSICA E ESPORTE NA EDUCAÇÃO INFANTIL

Serão apresentados e comentados exemplos de instrumentos e critérios de avaliação para educação física e esporte na educação infantil em contextos educacionais levando-se em consideração a aprendizagem dos alunos.

Na educação física infantil, os instrumentos que têm sido experimentados e que têm mostrado resultados proveitosos são: a) registros (texto, desenho e colagem); b) rodas de conversa; c) observação dos movimentos e testes motores; e d) registro de atitudes dos comportamentos de responsabilidade pessoal e social.

Registro (texto, desenho e colagem)

A ênfase do ensino das habilidades motoras básicas está na aprendizagem da ideia do movimento pelo aluno e nas dicas sobre os problemas mais comuns das habilidades motoras que frequentemente são associadas a metáforas e imagens lúdicas, por exemplo, ser um "tatu-bolinha" para dar cambalhota ou sempre olhar para a bola nas rebatidas utilizadas nos jogos de taco ou de rebater com raquetes. Outro exemplo é o jogo de regras, em que a ênfase da aprendizagem está na identificação das regras, na descoberta de modos de ocupação, no uso do espaço e na utilização de diferentes movimentos para obtenção da meta do jogo (p. ex., saltar, correr, desviar etc.). As Figuras 1 a 4 apresentam alguns exemplos de registro (texto, desenho e colagem).

FIGURA 1 Exemplo de registro dos alunos no jogo "mãe da rua".

FIGURA 2 Exemplo de registro dos alunos no jogo "corre, cotia".

Roda de conversa e aprendizagem de conceitos

Uma das formas de avaliação da aprendizagem de conceitos mais utilizadas na educação infantil é a roda de conversa (Figura 5 e 6). Professores de educação infantil utilizam este recurso em vários momentos do ensino, servindo para a avaliação e também para o ensino.

Todavia, quando se quer enfatizar a aprendizagem de conceitos, algumas orientações são importantes. Devem-se evitar perguntas que estimulem respostas automáticas. Por exemplo, ao final da aula, pergunta-se: "Vocês gostaram da aula?". Frequentemente, os alunos respondem uníssonos: "Sim!". Em vez dessa abordagem, sugere-se perguntar: "O que vocês mais gostaram nesta aula? Qual atividade? Por quê?". Além disso, é interessante escolher situações novas em pelo menos algum

FIGURA 3 Exemplo de registro dos alunos no jogo "nunca a três".

FIGURA 4 Exemplo de registro dos alunos para a roda de capoeira.

aspecto para conversar na roda, convidando os estudantes a emitir opiniões e fazer generalizações. Outro exemplo muito utilizado para o ensino das dicas de aprendizagem sobre os movimentos são as perguntas e situações: "O que é importante saber para dar cambalhotas?" ou "Ensine para seu colega como dar cambalhota".

Com estes procedimentos, busca-se valorizar a aprendizagem significativa e o que se chama de aluno ativo, estimulando os estudantes a exporem por si mesmos os conhecimentos aprendidos.

Observação e avaliação do comportamento motor

Uma dimensão importante da aprendizagem dos alunos diz respeito ao "saber fazer". Nesse caso, a observação do comportamento motor ganha importância como possibilidade de avaliação. É importante lembrar o que se deseja avaliar, ou seja, ampliação e aprimoramento do repertório motor e aquisição de conhecimentos sobre como melhorar. Por isso, a repetição de várias soluções de um problema contido em jogos, danças, ginástica, desafios motores, entre outros, deve ser enfatizada, pois os alunos frequentemente consideram a dimensão lúdica como um fator motivador e encontram nessas atividades sentido e significado.

Todavia, a observação como instrumento de avaliação pode alcançar níveis satisfatórios de objetividade, validade e confiabilidade, atentando-se para os seguintes aspectos:

a. Sistemática: os resultados são mais confiáveis quando as informações são abundantes e contrastadas em diferentes contextos.
b. Delimitada: apesar da necessidade de abarcar todos os aspectos, é necessário definir os principais, para facilitar a observação.
c. Registrável: tem a vantagem de poder ser analisada por diferentes pessoas, além de não ser recomendável confiar somente na memória.

A intenção da observação dos comportamentos motores dos estudantes é fazer um balanço com relação aos objetivos, diagnosticar as dificuldades de aprendizagem e verificar a adequação das estratégias de ensi-

FIGURA 5 Exemplos (A e B) de roda de conversa para aprendizagem de conceitos.

no utilizadas. No entanto, estes comportamentos motores observados devem ser interpretados com cuidado, evitando-se a simples comparação dos resultados individuais com os dos demais membros do grupo em função das diferenças individuais, do nível de aprendizagem e desenvolvimento e das experiências anteriores dos alunos.

Seguem-se exemplos de instrumentos de avaliação dos comportamentos motores dos alunos. Estes exemplos de instrumentos de observação devem ser considerados como sugestões, uma vez que a adequação de profundidade, amplitude e equilíbrio dos conteúdos deve ser analisada em função do projeto político-pedagógico.

Outra possibilidade de instrumento de avaliação é a seleção de habilidades básicas presentes no projeto político-pedagógico articuladas a critérios de desempenho. Após a seleção e organização, monta-se uma planilha com os nomes dos alunos para facilitar o registro e a observação sistematizada. Utiliza-se uma escala para classificar o desempenho, como na planilha a seguir. Cada coluna pode representar uma avaliação bimestral. Utilizando-se as cores, o professor pode visualizar mais facilmente o processo de aprendizagem destas habilidades básicas.

Serão apresentados agora dois testes padronizados para a avaliação motora dos alunos. Esses testes motores são estratégias para fornecer dados que os professores podem utilizar para problematizar as ações pedagógicas, orientar e reorientar as ações relacionadas ao processo de ensino. Betti e Zuliani alertam que testes motores podem ser inadequados se forem utilizados somente com o objetivo de medir o desempenho dos alunos, visando à simples classificação e normatização do seu comportamento motor.[13]

QUADRO 1 Avaliação das habilidades básicas de locomoção e estabilização na educação infantil

Habilidades básicas: locomoção e estabilização Nome:	1	2	3	4
1. Correr evitando colisão				
2. Correr – Parar – Mudar de direção				
3. Saltar sobre obstáculos variados				
4. Saltar amortecendo e utilizando braços para impulsão				
5. Escalar e equilibrar nos aparelhos do pátio				
6. Rolamentos com equilíbrio e segurança				
7. Apoios invertidos com segurança				
8. Saltar em jogos				
9. Entrar e pular corda				
10. Bater corda com força e ritmo				

*Este instrumento e critérios podem ser compartilhados com os alunos.
1 = sempre, 2 = frequentemente, 3 = raramente, 4 = nunca.

QUADRO 2 Avaliação das habilidades básicas de controle de objetos na educação infantil

Habilidades básicas: controle de objetos Nome:	1	2	3	4
1. Arremessar ao alvo e a distância com precisão				
2. Arremessar ao alvo e a distância em movimento				
3. Receber objeto pequeno e grande				
4. Receber estando em movimento				
5. Chutar bola parada				
6. Chutar bola em movimento				
7. Quicar parado variando força, altura e velocidade				
8. Quicar em movimento				
9. Rebater utilizando o corpo				
10. Rebater com implementos				
11. Arremessar, receber e correr em jogos				
12. Correr, saltar e desviar em jogos				
13. Chutar, correr e abafar em jogos				

*Este instrumento e critérios podem ser compartilhados com os alunos.
1 = sempre, 2 = frequentemente, 3 = raramente, 4 = nunca.

Existe uma variedade de baterias de testes motores que podem ser utilizados pelos professores, entre eles destaca-se uma lista dos testes encontrados na literatura: Bruininks-Oseretsky Test of Motor Proficiency[14], Movement Assessment Battery for Children Test[14], Test Gross Motor Development: Second edition (TGMD-2)[15] e o Körperkoordinations Test für Kinder (KTK)[16].

Na Educação Infantil, o desenvolvimento motor e a aquisição de habilidade motoras básicas têm sido um tema explorado por diversos pesquisadores.[17-20] Isso ocorre pois existe um consenso de que esse período é apropriado para a aquisição das habilidades motoras básicas e para a consolidação de um repertório motor adequado.[7,8,21] Sobre essa consolidação, Ferraz e Flores[22] destacam que é preciso construir um repertório motor por meio de "experiências de movimento variadas, para que as crianças possam apreciar e usufruir com segurança dos elementos que compõem a cultura corporal de movimentos".

Como citado anteriormente, serão descritos dois testes utilizados por pesquisadores na avaliação da influência de programas de Educação Física e Esporte no

QUADRO 3 Avaliação das habilidades básicas (movimentos do dia a dia) na educação infantil

Movimentos do dia a dia Nome:	1	2	3	4
1. Vestir-se sem assistência				
2. Dar laços no sapato				
3. Competência na higiene				
4. Boa postura sentada				
5. Boa postura em pé				
6. Cortar e tracejar com precisão				
7. Folhear sem amassar o papel				
8. Reconhecer as partes do corpo				
9. Diferenciar esquerda e direita				
10. Diferenciar forte e fraco				
11. Diferenciar rápido e lento				
12. Diferenciar dentro e fora				

1 = sempre, 2 = frequentemente, 3 = raramente, 4 = nunca.

QUADRO 4 Avaliação das habilidades básicas – controle de objetos e locomoção

Educação física	Controle de objeto						Locomoção			
Nomes	Arremessa diferentes tipos de bolas com uma mão para a frente	Arremessa diferentes tipos de petecas para o alto e para a frente com uma das mãos	Recupera diferentes tipos de bolas com as duas mãos após tocar o solo	Recupera diferentes tipos de objetos/petecas com as duas mãos antes de tocar o solo	Rola o arco sem perder o controle	Rola diferentes tipos de bolas com uma das mãos ao lado do corpo	Desloca-se em 2 apoios com velocidades variadas com mudança de direção	Sobe e desce percorrendo um circuito com materiais diversos	Corre e demonstra noção espacial	Salta para dentro e para fora de diversos materiais (p. ex., arco, formas geométricas, etc.)

Indicadores de avaliação	Atingiu	Atingiu parcialmente	Atingiu com intervenção do professor	Não atingiu

Esta planilha foi elaborada pelos professores Marcelo Eduardo de Souza Nunes e Daniela Nakayama, sendo utilizada em uma escola de educação infantil.

desempenho motor de crianças: TGMD-2[15] e KTK[16]. Esses dois testes serão abordados graças à sua aplicabilidade no contexto escolar e por existirem diversos estudos que utilizaram esses instrumentos de avaliação do desempenho motor, possibilitando comparar seus dados com alguma fonte confiável de informação, na falta de uma escala normativa adequada a sua realidade. Além disso, nós mesmos temos conduzido pesquisas dessa natureza.

O TGMD-2[15] é uma bateria de testes indicados para crianças de 3 a 10 anos de idade, composta por doze habilidades motoras básicas, divididas em duas categorias: habilidades de locomoção (correr, saltar, galopar, correr lateralmente, saltar um objeto e saltar horizontalmente) e habilidades de controle de objeto (arremessar, rebater, quicar, rolar a bola, receber e chutar). As habilidades são analisadas de acordo com 48 critérios, variando de 3 a 5 critérios por habilidade executada. Para exemplificar, será apresentado o modelo para avaliação de duas habilidades – salto horizontal e receber – sendo uma da categoria de locomoção e outra de controle de objetos (Figuras 6 e 7).

Para cada critério presente na execução da habilidade, a criança recebe 1 ponto. Assim, quanto maior a pontuação obtida pelo participante, melhor é o seu desempenho. Um dos resultados possíveis de se obter por meio desse teste é o escore bruto, que é a soma dos pontos obtidos em duas tentativas para cada habilidade. Essa pontuação pode variar de zero a 48 pontos para cada grupo de habilidades, podendo atingir a pontuação máximo de 96 pontos para as 12 habilidades. Esse é um teste de fácil administração, tanto pelo tempo de aplicação, aproximadamente 15 a 20 minutos, quanto pelas instruções de análise.[14] Já existe um trabalho elaborado por Valentini e colaboradores[23] que propõem uma versão reduzida para facilitar ainda mais o processo de coletas de dados em contextos escolares. Indica-se a leitura do *Manual do avaliador*[15] do teste TGMD-2 para verificar como realizar as avaliações das demais habilidades, assim como para verificar todas as orientações para a utilização do TGMD-2.

O KTK é um teste alemão, desenvolvido por Kiphard e Schilling[16], e significa "teste de coordenação corporal para crianças". É recomendado para crianças de 4,5 a 14,5 anos de idade e tem como principal objetivo avaliar a coordenação motora grossa. O teste é composto por quatro tarefas: andar de costas, saltos laterais, salto com um pé de apoio e transposição lateral. Essas tarefas apresentam demandas relacionadas ao domínio corporal e à coordenação motora. A partir do resultado de cada teste, utilizando tabelas de valores normativos, é possível obter um quociente motor que permite classificar a criança em vários níveis de desenvolvimento (para maiores informações sobre as classificações, verificar a refe-

Habilidade	Orientações	Critérios
Salto horizontal	Marcar uma linha de partida no chão. A criança deve se posicionar atrás desta linha. Diga para a criança saltar o mais longe que ela conseguir. Peça que a criança faça uma segunda tentativa	1. O movimento preparatório inclui flexão de ambos os joelhos, com os braços estendidos atrás do corpo
		2. Os braços estendem-se vigorosamente para a frente e para cima atingindo a extensão total acima da cabeça
		3. Saltar e aterrissar com ambos os pés simultaneamente
		4. Os braços são empurrados para baixo durante o pouso

FIGURA 6 Habilidade de saltar.
Fonte: traduzida e adaptada de Ulrich, 2000.[15]

Habilidade	Orientações	Critérios
Receber	Marque duas linhas, com a distância de 4,57 m entre elas. A criança estará posicionada em uma linha e o arremessador na outra. Lance a bola de maneira que forme um ligeiro arco apontando para o peito da criança. Peça à criança para pegar a bola com as duas mãos. Só devem ser contabilizados os arremessos que estiverem entre a cintura e o ombro da criança. Repita uma segunda tentativa	1. Na fase de preparação, as mãos estão na frente do corpo, com os cotovelos flexionados 2. Os braços são estendidos para receber de acordo com a aproximação da bola 3. A bola é recebida apenas com as mãos.

FIGURA 7 Habilidade de receber.
Fonte: traduzida e adaptada de Ulrich, 2000.[15]

rência 24. A seguir, serão descritas, de maneira reduzida, as tarefas que compõem o KTK:

1. Andar de costas: as crianças irão caminhar de costas em três traves de madeira – de 3 m de comprimento, 3 cm de altura e diferentes larguras (6 cm; 4,5 cm; 3 cm). A tarefa tem início na trave mais larga e, após três tentativas, o discente irá para a trave de largura intermediária, onde serão realizadas três novas tentativas antes de iniciar as três tentativas na última trave. Cada passo equivale a 1 ponto, até o máximo de 8 pontos por tentativa. Caso a criança coloque o pé no chão, deverá parar naquele ponto e retornar ao começo da trave para iniciar a próxima tentativa. A pontuação final é o produto dos pontos de todas as tentativas de cada criança.[25] A seguir, o esquema com as medidas da trave de madeira:

Fonte: adaptada de Gorla et al., 2007.[24]

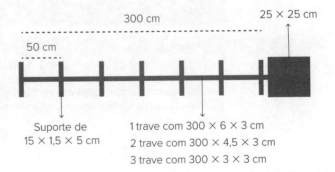

2. Salto lateral: nesta atividade, a criança deve saltar com apenas um pé, por cima de uma ou mais placas de espumas, colocadas uma sobre a outra. Cada vez que a tarefa for realizada com sucesso, será acrescentado uma nova placa, atingindo o máximo de 12 placas. A criança realiza esta atividade primeiro com o pé direito e depois com o esquerdo; ao final, são pontuados 3 pontos para os saltos realizados com sucesso na primeira tentativa, 2 para os saltos com sucesso na segunda e 1 para os saltos na terceira,[25] As placas de espuma têm a dimensão de 50 x 20 x 5 cm, de acordo com a figura a seguir:

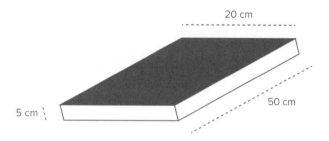

Fonte: adaptada de Gorla et al., 2007.[24]

3. Salto com um pé de apoio: em uma madeira retangular de 100 x 60 cm, dividida ao meio dos 100 cm por um implemento de 2 cm, o aluno deve saltar o maior número de vezes, de um lado para o outro em um intervalo de 15 segundos, sem tocar no implemento que divide os espaços. O resultado é obtido por meio da soma dos números de saltos em duas tentativas.[25] A seguir, encontra-se a descrição de como montar a placa de madeira.

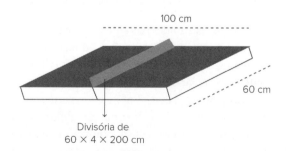

Divisória de
60 × 4 × 200 cm

Fonte: adaptada de Gorla et al., 2007.[24]

4. Transposição lateral: com posse de dois quadrados de madeira com 25 x 25 cm e altura de 3,7 cm, as crianças devem realizar o máximo de transposição de um quadrado para o outro, em uma direção única (esquerda para direita), durante 20 segundos. A pontuação é o número de transposições realizadas dentro do tempo limite.[25]

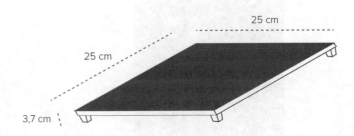

Fonte: adaptada de Gorla et al., 2007.[24]

Após essas pontuações coletadas, é possível calcular o coeficiente motor geral de cada criança, apenas realizando a somatória dos valores de cada tarefa. Para realizar a classificação dos resultados, podem-se utilizar as tabelas sugeridas no manual do teste[16] ou utilizar a versão traduzida e adaptada do teste em português, realizada por Gorla e Araújo.[24]

Por meio desses instrumentos, o professor pode obter informações sobre fatores ligados aos aspectos motores de seus alunos. A partir daí, de posse desses dados, o docente, conhecendo os seus alunos, pode organizar de maneira adequada o ambiente e as tarefas que serão desenvolvidas e verificar o quão eficaz foi o seu planejamento em relação à dimensão motora.

AVALIAÇÃO DE ATITUDES NOS COMPORTAMENTOS DE RESPONSABILIDADE PESSOAL E SOCIAL

Em relação às atitudes nas situações de responsabilidade pessoal e social, as pesquisas educacionais têm indicado que os professores consideram essa dimensão do conteúdo escolar como um aspecto importante do trabalho com os estudantes. Em nossa experiência profissional, temos percebido que uma possibilidade educacional interessante para essa aprendizagem é realizar a avaliação dos comportamentos desejados em conjunto com os alunos, constituindo-se em estratégia que articula o ensino, a aprendizagem e a avaliação.

A avaliação atitudinal pode focalizar os objetivos propostos no projeto político-pedagógico, como: afinidade para atividade física e esporte, atitude diante da competição e da cooperação no jogo, respeito às regras do jogo e regras sociais, atitude positiva diante dos materiais de trabalho e instalações, e; atitudes relacionadas à saúde e à qualidade de vida.

Uma experiência interessante de avaliação desenvolvida na Educação Infantil é a do processo de autoavaliação de comportamentos que resulta em atitudes de responsabilidades. Os procedimentos de avaliação adotados são:

- o professor discute com os alunos os comportamentos desejados e que poderiam caracterizar-se em diferentes formas de ser e conviver;
- após a explicação, os alunos conversam em grupo com o professor sobre as atitudes e o seu jeito de ser nas situações vividas na escola.

A partir dessa roda de conversa, o professor escreve os comportamentos desejados nas palavras dos próprios alunos. Entende-se que tal procedimento proporciona entendimento mais adequado dos motivos e valores por trás dos comportamentos.

Finalmente, o professor constrói com os alunos e organiza um quadro com os comportamentos desejados e com as atitudes e comportamentos que precisam ser melhoradas. Este quadro pode ser colocado na parede da sala de aula de cada classe para ser relembrado durante as aulas, como sugerido nos modelos a seguir.

QUADRO 5 Lista de atitudes e comportamentos na perspectiva dos alunos e do professor

O que o grupo precisa melhorar	
Professor	Alunos

QUADRO 6 Lista de combinados entre os alunos e o professor

Lista de combinados para o grupo melhorar

A seguir, são apresentadas sugestões de atitudes relacionadas à Educação Física e Esporte na Educação Infantil, como:

- superestimar a habilidade;
- subestimar a habilidade;
- pouco resistente ao fracasso;
- perseguir demais o sucesso;
- aceitar e respeitar regras;
- conseguir sentar e ouvir;
- manter-se na atividade;
- problemas em se relacionar;
- cuidados com os materiais;
- apreciar a atividade física.

CONSIDERAÇÕES FINAIS

A avaliação é uma etapa extremamente importante para o docente, pois é por meio dela que ele conseguirá verificar qual a eficácia das estratégias definidas durante o seu planejamento e utilizadas durante a prática, superando uma visão em que o professor, sem indícios da sua atuação, apoia-se unicamente em avaliação intuitiva, baseada apenas na crença criada nas expectativas delineadas no momento inicial do planejamento.

Assim, foram apresentados e discutidos aspectos inerentes à avaliação em Educação Física e Esporte na Educação Infantil, suas finalidades e cuidados e, em especial, a apresentação de instrumentos possíveis de serem utilizados e adaptados pelos professores em seus programas de ensino e prática pedagógica. Todavia, é necessário lembrar que toda avaliação deve ser realiza-

da de acordo com o planejamento elaborado, ou seja, em sintonia com os objetivos propostos inicialmente e é evidente que a avaliação de conhecimentos, habilidades e atitudes é fundamental para se contemplar todos os aspectos que compõem a Educação Física e Esporte na Educação Infantil.

Concluindo, reconhecemos a dificuldade da avaliação da aprendizagem dos alunos na Educação Física e Esporte na Educação Infantil. A intenção deste capítulo foi a de oferecer parâmetros para a elaboração de instrumentos e procedimentos de avaliação consideradas importantes e, assim, contribuir para a análise e reflexão desse aspecto da prática pedagógica.

RESUMO

Docentes envolvidos com a escolarização têm enormes desafios relacionados à prática pedagógica. Algumas questões pertinentes são: como estabelecer objetivos adequados ao nível de desenvolvimento dos estudantes atendendo às características culturais e sociais da comunidade a qual pertencem? Em que medida os conteúdos de ensino selecionados estão contemplando a dinâmica cultural dos grupos sociais menos favorecidos do ponto de vista econômico e social? A partir de quais critérios podem-se selecionar estratégias de ensino mais adequadas às particularidades da classe? Como verificar se os objetivos de ensino foram alcançados e os conteúdos aprendidos? Estas indagações demonstram a importância da escolarização para os estudantes e a consequente complexidade da docência. Entretanto, neste texto, foi abordado o tema da Avaliação em Programas de Educação Física e Esporte na Educação Infantil. Isto não significa que a avaliação nestes programas possa desconsiderar as relações que o tema estabelece com a concepção que se tem de Educação Física e Esporte e os elementos que compõem um programa de ensino. Todavia, em função da amplitude do assunto, foi adotada uma posição sobre estes programas no contexto da Educação Infantil para, em seguida, circunscrever a análise à avaliação especificamente. Desse modo, foram apresentados pressupostos básicos sobre Avaliação Escolar e Educação Infantil. Em seguida, o tema da avaliação na Educação Física e Esporte da Educação Infantil foi analisado e exemplos de instrumentos e critérios para a avaliação do desempenho foram apresentados.

Questões para reflexão

1. Explique a noção de avaliação no contexto educacional e identifique os objetos da avaliação escolar.

2. Exemplifique dois instrumentos de avaliação motora da educação física e esporte na educação infantil.

3. Construa um instrumento de avaliação conceitual e um instrumento de avaliação atitudinal, explicando procedimentos e cuidados na aplicação.

REFERÊNCIAS BIBLIOGRÁFICAS

1. Luckesi CC. Avaliação da aprendizagem escolar. São Paulo: Cortez; 1995.
2. Brasil. Constituição da República Federativa do Brasil. São Paulo, Brasil; 1988.
3. Brasil. Lei de Diretrizes e Bases da Educação Nacional. Brasil; 1996 p.25.
4. Brasil. Diretrizes Curriculares Nacionais para a Educação Infantil. Brasil: Ministério da Educação; 2010 p.38.
5. Ferraz OL. Educação Física Escolar: conhecimento e especificidade, a questão da pré-escola. Rev Paul. 1996;(supl. 2):16-22.
6. Brasil. Base Nacional Comum Curricular [Internet]. Brasília; 2017. Disponível em: http://basenacionalcomum.mec.gov.br/images/BNCC_publicacao.pdf
7. Gallahue DL, Ozmun JC, Goodway JD. Compreendendo o desenvolvimento motor: bebês, crianças, adolescentes e adultos. 7.ed. Porto Alegre: AMGH; 2013. 481p.
8. Haywood KM, Getchell N. Life span motor development. 6.ed. Champaign: Human Kinetics; 2014.
9. Hay PJ. Assessment for learning in physical education. In: Kirk D, Macdonald D, O'Sullivan M (eds.). The handbook of physical education. Londres: SAGE Publications; 2006. p.312-24.
10. Manoel EJ. Considerações sobre a avaliação em Educação Física escolar: uma visão da abordagem desenvolvimentista. In: Anais do V Seminário de Educação Física Escolar. São Paulo; 1999. p.20-32.
11. Jewet AE, Bain LL. The Curriculum Process in Physical Education. Dubuque: Wm C. Brown Publishers.; 1985. 401p.
12. Mosston M, Ashworth S. Teaching Physical Education. First Online Edition Muska. 2008. 378p.
13. Betti M, Zuliani LR. Educação Física Escolar: uma proposta de diretrizes pedagógicas. Rev Mackenzie Educ Física e Esporte. 2002;1(1):73-81.
14. Burton AW, Miller DE. Movement Skill Assessment. Champaign: Human Kinetics; 1998.
15. Ulrich DA. Test of Gross Motor Development, Second Edition (TGMD-2). 2000.
16. Schilling F, Kiphard EJ. Körperkoordinationstest Für Kinder. Vol. 10. Alemanha; 1974.
17. Lemos AG, Avigo EL, Barela JA. Physical Education in Kindergarten Promotes Fundamental Motor Skill Development. Adv Phys Educ. 2012;2(1):17-21.
18. Valentini NC, Rudisill ME. An Inclusive Mastery Climate Intervention on the Motor Skill Development of Children With and Without Disabilities. Adapt Phys Act Q. 2004;21:330-47.
19. Riethmuller AM, Jones RA, Okely AD. Efficacy of Interventions to Improve Motor Development in Young Children: A Systematic Review. Pediatrics [Internet]. 2009;124(4):e782-92. Disponível em: http://pediatrics.aappublications.org/cgi/doi/10.1542/peds.2009-0333
20. Barnett LM, Stodden DF, Cohen kristen E, Smith JJ, Lubans DR, Lenoir MEM, et al. Fundamental Movement Skills: an Important Focus. J Teach Phys Educ. 2016;35(3):219-25.
21. Clark JE, Metcalfe JS. The mountain of motor development: A metaphor. In: Clark JE, Humphrey J, editors. Motor development: Research and reviews. Reston, VA: NASPE Publications; 2002. p. 163- 190.
22. Ferraz OL, Flores KZ. Educação física na educação infantil : influência de um programa na aprendizagem e desenvolvimento de conteúdos conceituais e procedimentais. Rev Bras Educ Fís Esporte. 2004;18(1):47-60.
23. Valentini NC, Rudisill ME, Bandeira PFR, Hastie PA. Validity and reliability of two short forms of the Test of Gross Motor Development-2. In: Conference: NASPSPA, At Montreal, Quebec, Canada. Quebec; 2016.
24. Gorla JI, Araújo PF de. Avaliação Motora em educação Física Adaptada. 2007. 137p.
25. Augusto FBV. Desempenho e Diagnóstico Motor: um estudo correlacional entre KTK e TGMD-2. Dissertação de Mestrado. Universidade de São Paulo; 2015.

Capítulo 24

No ensino fundamental I

Sergio Roberto Silveira
Luiz Eduardo P. B. Tourinho Dantas

Objetivos do capítulo

▶ Apresentar as necessidades de avaliação do ensino em educação física escolar no ensino fundamental I.
▶ Descrever os elementos constitutivos da avaliação do ponto de vista do ensino do professor, cuja finalidade é a aprendizagem do aluno.
▶ Habilitar o leitor a sistematizar um plano de ação para intervenção no ensino, com base nos dados coletados na avaliação.

CENÁRIO DA AVALIAÇÃO EDUCACIONAL E A EDUCAÇÃO FÍSICA ESCOLAR

A necessidade de o ensino estar associado a um processo avaliativo que permita ao professor, ao gestor, à família e aos alunos conhecerem o que acontece é algo aceito por todo o campo educacional. A justificativa para isso pode ser levantada por qualquer pessoa envolvida com a educação, seja ela formal ou informal, em qualquer uma das posições acima. Tem-se constatado diversas ações no campo educacional, oriundas do meio acadêmico, do setor das políticas públicas, das parcerias privadas, bem como do interior da escola, que buscam levantar uma série de instrumentos que possam mensurar o que foi aprendido pelo aluno com vistas ao futuro redimensionamento daquilo que precisa ainda ser aprendido. Todavia, o que talvez precise ser levantado é a funcionalidade da atual primazia da avaliação na perspectiva do que foi aprendido em média (desempenho médio), ou seja, do resultado do aluno, em detrimento da avaliação na perspectiva do ensino do professor que está refletido, é claro, nas medidas de tendência central sobre o que foi aprendido.

A crítica à primazia da avaliação escolar em relação ao ensino propriamente dito e à dificuldade de desdobrá-la em significados que orientem quem está na pon-

ta (professor) do sistema de ensino formal não é uma crítica a esse tipo de avaliação especificamente, mas um alerta às dificuldades na vinculação dos diferentes níveis de informação sobre o sistema escolar em si e, consequentemente, do impacto na sala de aula. Vale destacar que isso é crítico no caso da educação física, não por qualquer tipo de falha no método avaliativo ou na sua comunicação e uso por gestores e professores, mas, sim, porque essas avaliações não partem de uma matriz de conhecimento que inclua a disciplina de educação física escolar.

Observando o entorno que cerca o sistema de ensino da educação básica em território nacional, é possível constatar, em nível federal e também em níveis estaduais, preocupações das diversas instâncias de gestão educacional com a avaliação da aprendizagem, com a aplicação de instrumentos como, por exemplo, Prova Brasil, Enem ou Sistema de Avaliação de Rendimento Escolar do Estado de São Paulo – Saresp. Foge ao escopo desse trabalho levantar os esforços empreendidos pelos gestores em educação para a desvinculação da avaliação com o ensino propriamente dito, apontar as causas dessa desvinculação ou, ainda, avaliar as formas selecionadas para transformação dessas importantes avaliações em ações que, a nosso ver, têm apresentado poucas implicações para o ensino real, especialmente da educação física, no cotidiano das aulas.

Em verdade, ao se reportar aos instrumentos de avaliação previamente citados, a intenção é apresentar as implicações que tais instrumentos têm gerado e colaborado no cenário para o ensino de educação física escolar. A preocupação desse tipo de avaliação é "a de produzir um diagnóstico da situação da escolaridade básica paulista, visando orientar os gestores do ensino no monitoramento das políticas voltadas para a melhoria da qualidade educacional" [...] "Os resultados apresentados nos boletins permitem à escola analisar o seu desempenho e, com o apoio da Secretaria da Educação, melhorar a qualidade de aprendizagem dos seus alunos e da gestão escolar".[1] Já a Prova Brasil "tem o objetivo de avaliar a qualidade do ensino oferecido pelo sistema educacional brasileiro a partir de testes padronizados e questionários socioeconômicos" [...] "podem definir ações voltadas ao aprimoramento da qualidade da educação no país e a redução das desigualdades existentes".[2] Cabe ressaltar que esses instrumentos se reportam a habilidades e objetos de conhecimento que não pertencem ao campo da educação física, cabendo ao professor inferir em que medida determinadas habilidades presentes em outras disciplinas, como Língua Portuguesa e Matemática, são contempladas nas habilidades e objetos de conhecimento específicos durante o ensino.

Essa tem sido uma árdua tarefa para os professores de educação física brasileiros. Diagnósticos educacionais não são importantes por si só, mas somente na medida em que a informação retirada fornece para os professores, pais e gestores uma visão do estado atual da escola e podem servir como um disparador de reflexão em relação ao conhecimento dos alunos, à qualidade do ensino do professor e para elaboração de orientações e expectativas para o corrente processo escolar. No caso brasileiro, infelizmente, os diagnósticos das avaliações educacionais nacionais ou estaduais utilizados para mensuração do que foi aprendido ainda têm apresentado baixo impacto para a análise da perspectiva do ensino de educação física.

Não há aqui intenção de desqualificar esse tipo de avaliação hegemônica no campo educacional brasileiro, mas destacar os seus problemas. Bonniol e Vial[3] e Fernandes[4] destacam alguns perigos que acompanham essa forma de avaliação, ou melhor, a sua potência para descrever a realidade e servir de referência para mudanças efetivas na realidade educacional avaliada. Segundo os autores, em avaliações como as citadas, "seria um erro acreditar que as medidas obtidas dão conta do *essencial* a ser controlado".[3,4] Há que se considerar outros elementos em uma avaliação, de modo a não cair nos perigos, pois "é perigoso confiar em uma regularidade estatística puramente empírica se não se puder dar conta desse fenômeno emergente, em termos de reações de sujeitos ao seu ambiente".[3,4] Em nossa interpretação, o essencial é a experiência de ensino e aprendizagem que se dá entre os atores – professores, alunos, objeto de estudo – no dia a dia da sala de aula, ou seja, o ensino propriamente dito.

Sem desmerecer o importante papel exploratório que o tipo de avaliação descrita tem, é sobre outro tipo de avaliação escolar que este capítulo se debruça. Uma avaliação implicada inexoravelmente ao ensino cotidiano de qualquer professor, como algo constituinte da sua ação docente, no seu espaço de aula e promotora de uma aprendizagem recíproca entre professor e aluno. A ação de avaliação em educação física escolar estudada nesse capítulo refere-se então àquela avaliação feita pelo professor a serviço do aprimoramento do seu ensino e consequentemente da aprendizagem dos seus alunos, no cotidiano escolar. Assim, estamos preocupados em discutir avaliações diagnósticas, na maioria das vezes não formais, que os professores de educação física lançam mão para orientar o ensino durante uma única aula e/ou uma unidade de ensino. Também faremos uma delimitação ao escopo de capítulo ao ensino fundamental I, com base em um estudo de caso de avaliação em educação física escolar na rede pública estadual de ensino de São Paulo.

A AVALIAÇÃO NA PERSPECTIVA DO ENSINO DE EDUCAÇÃO FÍSICA NA REDE PÚBLICA ESTADUAL DE SÃO PAULO

Em função dos objetivos deste capítulo, entre os documentos oficiais da rede pública estadual de ensino de São Paulo, selecionou-se aquele que norteia o processo de avaliação em educação física nos anos iniciais do ensino fundamental: *Educação Física – anos iniciais: orientações curriculares para o ensino*.[5] Buscou-se, assim, na análise desse documento, verificar os pressupostos que a Secretaria de Estado da Educação têm por avaliação, quando e o quê avaliar, bem como, em posse desses dados, como redirecionar o processo de ensino do professor e da aprendizagem do aluno na disciplina de educação física.

A avaliação em educação física (como em todas as outras disciplinas) pode ser entendida como uma atividade permanente de acompanhamento do processo de estudo e aprendizagem do aluno. O ato de avaliar deve indicar os caminhos percorridos e os avanços alcançados pelo discente durante o processo, com vistas à aquisição das habilidades cognitivas e dos conteúdos específicos do componente, com a construção e ressignificação dos saberes escolares relativos à cultura de movimento.[6]

Tendo como base o pressuposto acima, destacamos que é necessário considerar, "nos caminhos percorridos", que avaliar é, também, identificar as cenas que compõem os atos de ensino do professor, buscando descrevê-los e procurando a sua coesão com o que foi planejado, como também sua eficiência para provocar o envolvimento dos alunos nas atividades de ensino (estudar) e a associação desses atos de ensino com as aprendizagens específicas e a formação integral. Muitas das discussões sobre avaliação em educação física escolar esquecem da ação docente como foco da avaliação, deslocando o olhar apenas para a aprendizagem do aluno. Ora, apesar de podermos aprender sem professor, e isso acontece na escola cotidianamente, grande parte do que é aprendido na escola decorre direta ou indiretamente da ação docente, o que chamamos de ensino. Inclui-se aí o comportamento do professor na relação com os alunos durante as atividades de ensino (mediação docente entre os objetos de estudo e o estudo – ação dos alunos). Assim, pode-se notar a necessidade de o professor também se avaliar, em função do que foi planejado e em relação aos desdobramentos que emergem das ações de ensino/estudo nas experiências e relações da aula. Por último, mas não menos importante, podemos também pensar na avaliação concomitante com o ensino, que se dá de muitas formas. Desde pistas e sinais que o professor detecta no momento do ensino, há *insights* que emergem a qualquer momento do processo.

O professor deve focar o olhar nas intervenções a serem implantadas nas variadas experiências das aprendizagens fomentadas durante as situações de ensino nas aulas. O aluno, por sua vez, deve instrumentalizar-se para ressignificar as diversas experiências relativas à cultura de movimento, de modo a apropriar-se e utilizá-la em diversas situações de lazer, saúde, trabalho e outros momentos cotidianos. Nesse sentido, há a premissa de que o professor é capaz de ensinar e o aluno é capaz de aprender.[6]

A rede pública estadual de ensino de São Paulo, por exemplo, apresenta uma estrutura de avaliação da aprendizagem do aluno no ensino fundamental I centrada nas expectativas de aprendizagem. Em todas as áreas do conhecimento, a progressão da aprendizagem é avaliada com base nesse critério, inclusive, no componente curricular de educação física, desenvolvido por um professor especialista. Segundo Bräkling,[7] as expectativas de aprendizagem podem ser assim compreendidas:

> As expectativas definem as intenções básicas de aprendizagem de um determinado processo de ensino para um determinado período de tempo. Dito de outro modo, as expectativas definem a proficiência mínima que se pretende que seja constituída pelo aluno ao final de um processo de ensino específico, o qual pode ser determinado por diferentes períodos de tempo (mês, semestre, ano, segmento de ensino, por exemplo). No caso das expectativas em foco, o período corresponde a cada ano escolar dos anos iniciais do ensino fundamental. (Bräkling, 2013, p.5)

A definição das expectativas deve ser compreendida como uma ação de orientação do processo de ensino, fornecendo clareza, objetividade e progressão na aprendizagem, em face dos objetos de conhecimento em situações didáticas.[8] Entretanto, vale a pena apontar que essa definição conota, infelizmente, não uma expectativa orientadora, mas um produto a ser "fabricado" pelo processo de ensino. Isso tem implicações na delimitação do espaço de reflexão pedagógica, muitas vezes restringido a uma discussão apenas na sua relação meio (didática) e fim (expectativa de aprendizagem). O dicionário Houaiss[9] de sinônimos e antônimos da Língua Portuguesa traz como primeira definição para expectativa: "situação de quem espera a ocorrência de algo, ou sua probabilidade de ocorrência, em determinado momento".[9] A etimologia dessa palavra nos aproxima de sentidos de probabilidade, estimativa etc., o que revela que uma expectativa educacional é menos um produto do ensino (como é comumente interpretada no meio educacional) e mais uma referência de ensino. Assim, uma expectativa de aprendizagem não é algo que está esperando o professor ao final do processo de ensino/aprendizagem, como uma marca ou um critério da sua eficiência. Uma expectativa de aprendizagem, simultaneamente, é um objeto que medeia a reflexão contínua do ensino. Enfatizando, expectativa de aprendizagem não é um alvo que o professor deve atingir com acurácia, mas uma orientação que o professor utiliza para traçar um roteiro de ensino, referenciar possíveis rumos e atingir o que, diante dos outros elementos presentes na experiência de ensino, foi possível realizar dentro daquilo que era esperado (e o que foi possível do que se apresentou como desejável a partir do confronto com a realidade). Para tanto, é preciso refletir acerca das expectativas de aprendizagem nesse processo como um indicador das pistas deixadas no caminho.

Operacionalizando a avaliação: um estudo de caso

Pensando nas condições reais para a operacionalização da prática avaliativa em educação física, com base nas expectativas de aprendizagem, mas considerando a ligação fundamental entre avaliação e ensino, estudo e aprendizagem (tudo que acontece e o que os alunos e professores fazem com o que acontece), coletou-se uma síntese do planejamento de aula e a respectiva avaliação de uma docente da rede pública estadual de ensino para análise.

A avaliação selecionada pertence a uma professora de educação física que ministra aulas para alunos de uma escola integral de ensino fundamental I, atendendo crianças de 5 anos e meio até 10 anos de idade. O tempo para os afazeres avaliativos nem sempre está presente para a maioria dos professores de educação física. Tomando como exemplo a realidade do trabalho docente no estado de São Paulo, o mais rico do Brasil, 61,32% ministram mais de 30 h/semana de aulas e 49,51% trabalham em duas – 34,48% – ou três escolas – 15,03%,[10] o que aponta para uma escassez de tempo para planejar e executar o trabalho avaliativo.[10]

Essa professora é um caso entre muitos outros, mas justifica-se a sua seleção por ser considerada uma profissional competente mediante critérios dos gestores da própria Secretaria de Estado da Educação. Ela se enquadra em um grupo de professores especialistas com experiência profissional, selecionados para atuarem em programas de ensino integral.

Selecionou-se uma escola integral, porque corresponde a um modelo de escola na rede pública estadual de ensino de São Paulo que oferece condições de trabalho que concretamente permitem ao professor dedicar-se ao ensino, em todas as suas dimensões, e não somente dar aulas. Implantada em 2011 para o ensino médio e em 2015 para o ensino fundamental I, há, em 2017, 22 escolas nesse formato para o respectivo nível de escolarização. Nessa escola, o professor precisa se candidatar para passar por uma seleção e entrevista na Diretoria Regional de Ensino, em conjunto com a direção da escola. O professor selecionado passa a trabalhar em regime de dedicação exclusiva naquela escola, com uma carga horária de 40 horas semanais, distribuídas em diferentes atribuições: aulas de educação física, aulas para projetos, atendimento ao aluno, reuniões internas, estudo e acompanhamento escolar. O professor passa a receber 75% a mais do salário que receberia no ensino regular. Para tanto, entende-se que um professor, atuante nessa escola, apresenta uma experiência profissional e um projeto de trabalho que o qualificam para a intervenção profissional e, também importante, tem suficientes condições para realizar o seu trabalho docente em toda a sua complexidade na escola (ensinar, avaliar, planejar, pesquisar etc). A decisão de trazer à luz um recorte do trabalho dessa professora não é o de apresentar uma atuação modelo dos professores desse ciclo no âmbito da rede estadual de ensino de São Paulo. O que se busca aqui é trazer à luz essa dimensão avaliativa esquecida nas grandes discussões, o professor avaliando enquanto a comunidade de sala de aula ensina, estuda e aprende.

A avaliação analisada foi realizada no último trimestre de 2016, com alunos de 5º ano do ensino funda-

mental I, ou seja, com 10 anos de idade. São alunos que tiveram uma experiência de quatro anos anteriores, com aulas de educação física em outra escola e, praticamente, nove meses de aulas no ensino integral, sendo que em todos esses anos contou-se com a atuação de professor especialista.

Para garantir o sigilo das informações pessoais da professora e dos alunos, suprimiu-se a identidade da docente, bem como a identificação e a localização da escola, uma vez que há apenas 22 escolas para esse nível de escolarização em todo o Estado.

O Quadro 1 descreve o planejamento de uma unidade de ensino da referida professora.

QUADRO 1 Síntese do planejamento e avaliação/acompanhamento da situação de ensino e aprendizagem

Data: 25/10/2016
Turma: 5º A
Professora: A
Conteúdo: pré-desportivo ao voleibol – câmbio
Expectativa de aprendizagem: experimentar as diversas formas de se movimentar que possibilitem a manifestação do voleibol; desenvolver, buscando ampliar suas realizações em atividades com complexidade em aumento gradativo; representar suas ações na prática; utilizar os conhecimentos aprendidos para melhorar a ação e criar/recriar novas ressignificações do fazer na cultura de movimento
Avaliação: nessa aula, foram observados os alunos que apresentaram dificuldade de compreender o jogo em aula anterior. Foram orientados, novamente, quanto aos objetivos do pré-desportivo e suas regras. Notei que esses alunos continuam com dificuldade em prender atenção nas orientações. Já haviam apresentado dificuldades nas atividades com jogos mais simples. Busquei a orientação individual para melhor compreensão. Esses alunos apresentam interesse no voleibol e eles compreendem sua importância, porém, a maior dificuldade está na iniciativa de deslocar-se para recepcionar a bola. Os demais alunos caminham sem maiores dificuldades
Observação: no programa de ensino integral, trabalhamos com o plano de ensino onde definimos os conteúdos seguindo a matriz curricular dos anos iniciais bem como suas expectativas de aprendizagem de educação física

De acordo com o Quadro 1, observa-se que a aula foi ministrada no dia 25/10/2016, ou seja, os alunos já estavam juntos há nove meses. Eles estavam no 5º ano do ensino fundamental I, com 10 anos de idade, correspondendo a uma faixa etária que deveria apresentar um repertório motor que os permitissem participar de experiências motoras com maior nível de estruturação de movimentos, complexidades de situações motoras com diferentes modos de agir, e que, por isso, pode abrir-se para um espectro mais amplo da cultura de movimento, manifestações esportivas, lutas etc. com uma maior demanda de competência motora, cognitiva e socioemocional.

O conteúdo selecionado é o pré-desportivo ao voleibol – câmbio. De acordo com a matriz curricular da rede pública estadual de ensino, o conteúdo está em conformidade com a proposição prevista para o quarto bimestre, como descrito no Quadro 2. No caso, a professora selecionou o câmbio como conteúdo específico dentro das manifestações pré-desportivas ao voleibol para trabalhar em um conjunto de aulas pertinentes a uma determinada experiência de aprendizagem.

QUADRO 2 Matriz curricular com os conteúdos a serem trabalhados no quarto bimestre do quinto ano do Ensino fundamental da rede pública estadual de ensino de São Paulo[6]

Conteúdos de ensino para o 5º ano do ensino fundamental I
Luta: apresentação de formas individuais (a escolher)
Ginástica (envolvendo capacidades físicas e neuromotoras)
Ginástica geral
Ginástica artística
Esporte
Pré-desportivo ao voleibol

As atividades proporcionam:
- Conhecimento do corpo
- Conhecimento da manifestação de determinada luta, da ginástica geral e da ginástica artística
- Conhecimento do voleibol e suas possíveis variações de jogos correlatos
- Atividade em relação à cultura de movimento

Analisando o estudo de caso

Preliminarmente, podemos afirmar que a ação da professora, ao dividir a turma em dois grupos – os que estão progredindo dentro da expectativa e aqueles que estão enfrentando dificuldades com as atividades de estudo do conteúdo (câmbio) – explicita a sua experiência com a docência e, particularmente, com avaliação. Em referência aos alunos que dominam satisfatoriamente o conteúdo, apenas destacou-se que "caminham sem maiores dificuldades". A inexistência de informações referentes àquilo que poderia ser feito para que eles avançassem a partir do que já conhecem, o que demandaria alterações nas atividades de ensino de forma a acomodar essa discrepância "positiva", conota uma posição da professora em relação a quais alunos estão sobre o seu foco de atenção. Essa diversidade de perfis de alunos é o que faz o termo expectativa ser visto apenas como uma orientação inicial para o estudo do conteúdo. O professor deveria estar sempre aberto para saber quando alterar a expectativa de aprendizagem em função do que acontece nas aulas e, geralmente, transformar a expectativa inicial em outras novas expectativas derivadas da inicial, acomodando todo o espectro de alunos.

Com relação aos alunos com dificuldades, é interessante notar que a professora, com base na sua avaliação não formal, desvela fatos de dimensões distintas da situação de ensino. Um dos problemas levantados (percebidos pela professora) é a atenção dos alunos. Ao associar a situação dos alunos com dificuldades de atenção aos mesmos alunos que anteriormente apresentavam dificuldades de desempenho em aulas passadas, a professora constrói a hipótese de que o problema desses alunos pode ser uma dificuldade genérica. Se esse for o quadro, a sua provável conclusão é que terá que estar sempre em busca de atividades de ensino que acomodem o estudo da cultura de movimento desses alunos. Para essa professora, seja o diagnóstico de dificuldade motora válido ou não, a avaliação pede arranjos didáticos que superem o problema de atenção e as lacunas que porventura existam no repertório motor desses alunos.

Com relação a esse último aspecto, que podemos nomear insuficiência no repertório motor dos alunos, a professora aponta para uma falta de "iniciativa para deslocar-se para receber a bola". Pela idade das crianças, provavelmente a professora não está se referindo a uma falta de capacidade/habilidade para deslocar-se, mas sim a uma "prontidão" para antecipar o destino final da bola lançada, o que revela uma necessidade de nova avaliação dentro desse subgrupo de alunos para distinguir aqueles que apresentam um tipo de problema ou outro. O resultado da avaliação vai permitir ao professor fazer uma nova divisão entre os alunos, separando aqueles que necessitam de atividades que aprimorem o quanto for possível a sua capacidade de se deslocar daqueles que necessitam de atividades que estimulem a compreensão do jogo ou combinações dessas atividades para um grupo misto. Esse diagnóstico produzido pela avaliação aponta para a necessidade de os alunos aprenderem a "ler o jogo" e agir conforme essa leitura. Por exemplo, no caso dos alunos com dificuldades de leitura "do jogo" de câmbio, o professor deve desenvolver em aula arranjos didáticos que permitam aos alunos se coordenarem (cobrir o espaço individual e coletivamente) para a recepção da bola, que oportunizem o exercício da percepção em relação ao movimento de ataque do adversário (posição na quadra, postura corporal do atacante, movimento de lançamento) para antecipar a definição da trajetória e o alvo do lançamento.

Durante todo esse percurso do professor pelo ensino, a expectativa de aprendizagem descrita pela professora a acompanha durante toda a aula, ou seja, a expectativa de que o aluno, ao final do 5º ano, se aproprie da cultura de movimento com ações que partem da experimentação até alcançarem a recriação da própria prática de forma autônoma ("jogar o jogo").

Em referência a essa expectativa de saber fazer (os modos de coordenação de movimento, habilidades), o aluno precisa apresentar um amplo e eficiente repertório motor com relação a um conjunto de habilidades motoras de forma que saiba tanto "ler o jogo" como agir sobre ele na busca de uma condição competitiva ótima para criar condições para os seus estudos acerca do fenômeno esporte.

É possível notar os seguintes aspectos em sua apreciação: um olhar geral sobre o grupo; um olhar direcionado para aqueles que apresentam dificuldades; um olhar sobre seu planejamento ao longo do desenvolvimento das aulas; ações de intervenção e a preocupação constante com seu replanejamento das aulas. Evidencia, também, a problemática de acompanhar, individualmente, os alunos em todas as aulas.

Uma questão final do processo avaliativo da professora revela-se na referência ao envolvimento dos alunos; a professora revela que eles estão motivados. Essa relação positiva com o jogo de câmbio convida a professora a deslocar sua atenção para outros fatores relevantes. A despreocupação com a questão da motivação (fundamental para ensinar e aprender), não podemos esquecer, é fruto também da avaliação feita.

A avaliação na perspectiva do ensino do professor – reestruturação das ações

A avaliação na perspectiva do ensino do professor deve permitir ao docente um olhar constante sobre seu próprio papel na escolarização – o ensino e todo o processo de gestão envolvido. Na gestão do processo de ensino, é necessário olhar para o cenário da aula e, nesse sentido, considerar as ações de todos os atores envolvidos.

A avaliação do ensino deve favorecer, inevitavelmente, o percurso, com a reestruturação das ações ao longo do processo, possibilitando aos alunos novas oportunidades de aprendizagem, tanto para aqueles com dificuldades como para os alunos com facilidades. Assim, na intenção de dialogar com o leitor a respeito dos encaminhamentos mínimos que devem ocorrer após cada avaliação na perspectiva do ensino, o Quadro 3 apresenta uma proposta de plano para estruturação de intervenções didáticas, com base na avaliação da docente do estudo de caso anteriormente apresentado.

QUADRO 3 Plano de ação: sugestão de plano para intervenção didática para servir de base na reestruturação do ensino

Plano de ação	
Conteúdo: jogo pré-desportivo ao voleibol Jogo utilizado: câmbio	
Expectativa atual: experimentar as diversas formas de se movimentar que possibilitem a manifestação do voleibol; desenvolver, buscando ampliar suas realizações em atividades com complexidade em aumento gradativo; representar suas ações na prática; utilizar os conhecimentos aprendidos para melhorar a ação e criar/recriar novas ressignificações do fazer na cultura de movimento. De acordo com a avaliação, manter a expectativa atual: Sim ( ) Não ( )	
Em caso negativo, apresente a derivação da expectativa:	
Manter o mesmo jogo utilizado: Sim ( ) Não ( ) Em caso negativo, qual jogo utilizar? Por quê?	
Alunos com dificuldades	Plano de ação (encaminhamentos no ensino para as dificuldades)
1. Dificuldades de atenção 2. Dificuldades de desempenho em práticas de jogos mais simples 3. Leitura de jogo e movimentação 3.1. Arranjos estratégicos permitindo se coordenarem (para cobrir o espaço) na recepção da bola 3.2. Percepção em relação ao movimento de ataque do adversário 3.3. Antecipar a definição da trajetória e alvo do lançamento	
Alunos com facilidades	Plano de ação (encaminhamentos no ensino para os alunos avançarem na aprendizagem)
1. Caminham sem maiores dificuldades	

A reestruturação do planejamento de ações constitui-se uma ação necessária, por parte do professor, dentro de sua intervenção profissional. Pensar sobre a função social da escola remete à reflexão acerca de seu principal papel: o ensino. A instrumentalização de ações que possibilitem ao aluno o pleno exercício da cidadania perpassa, indiscutivelmente, pela ação da educação escolarizada. A avaliação deve, também, referir-se à ação vinculada ao ensino, contribuindo para o seu aprimoramento e, em especial, contribuindo para o aprimoramento da aprendizagem do aluno.[1]

CONSIDERAÇÕES FINAIS

Na educação física escolar, o ensino ocorre em torno de um conhecimento denominado cultura de movimento, em suas diversas práticas corporais. A educação física escolar tem uma proporcionalidade distinta no que se refere à distribuição do saber escolar para a estruturação da situação de ensino para o aluno no ensino fundamental I. A dimensão do saber fazer[11] canaliza uma demanda de tempo acentuada para o desenvolvimento do ensino nessa fase de escolarização.

A avaliação propriamente dita, apresentada no estudo de caso, mostra a ação reflexiva (síntese) da docente para, subordinada ao currículo, ensinar. Assim, é possível sintetizar o evento descrito nos seguintes aspectos em sua apreciação: um olhar geral sobre o grupo; um olhar direcionado para aqueles que apresentam dificuldades; um olhar sobre seu planejamento ao longo do desenvolvimento das aulas; ações de intervenção e a preocupação constante com o replanejamento de suas aulas.

A docente conhece a problemática de acompanhar, individualmente, os alunos em todas as aulas. Assim, a experiência de ensino da professora permite que ela reorganize uma forma de avaliar, acompanhando a sala por grupos de alunos, o que minimiza a sua demanda de atenção. No caso, ela divide dois grupos: alunos sem dificuldades que alcançam as variadas instâncias previstas na expectativa de aprendizagem e alunos com dificuldades. Para os alunos sem dificuldades, a professora entende que as proposições das aulas são suficientes para produzir respostas diversas e em conformidade com a tarefa. Para os alunos com dificuldades, a professora reflete sobre a necessidade de utilização de estratégias distintas, como retomar o conhecimento da aula anterior com a finalidade de reativar a memória para ajudar na ação do fazer. Ela também faz o movimento contrário quando está lidando com o grupo pequeno, deslocando o foco do atendimento do grupo para o individual, de modo a se aproximar de cada aluno e suas especificidades de aprendizagem.

Ao olhar para o desenvolvimento de seu planejamento, recupera consigo os problemas recorrentes, destacando duas vertentes: uma para a dificuldade em prestar atenção nas orientações e outra para uma dificuldade motora de se deslocar para receber a bola (sendo essa a principal dificuldade motora/perceptiva para a execução da prática).

Em verdade, nossa intenção residiu em conduzir o leitor por um caminho que o permitisse refletir acerca da importância de olhar para a avaliação sob a perspectiva do ensino do professor com vista à aprendizagem do aluno, pois, conforme discussão apresentada no estudo de caso, essa avaliação permite ao professor rever conhecimentos, percursos, conteúdos e procedimentos didáticos selecionados ao longo do processo de ensino.

Apesar de algumas singularidades da educação física em relação a outras disciplinas mais diretamente relacionadas com a escolarização, a atenção sobre a avaliação do ensino (muito menos em tempo real) é pouco discutida em todas as disciplinas, e podemos especular que a avaliação é pouco trabalhada nos cursos de formação inicial. Isso ocorre por muitas razões que fogem do escopo desse trabalho trazer à tona, mas isso depende de uma formação em exercício da docência e depende fortemente dos chamados estágios supervisionados.

RESUMO

Busca-se nesse trabalho trazer a análise sobre as implicações de uma avaliação para o cotidiano real da aula de educação física escolar; uma avaliação centrada no ensino do professor com fins da aprendizagem do aluno. Uma avaliação que considera o cenário da aula como um espaço de atuação didática com diversos personagens e diferentes resultados que acontecem no dia a dia sob a mediação docente durante o percurso do ensino. Assim, apresenta-se um estudo de caso, com alunos do 5º ano do ensino fundamental I, buscando-se refletir sobre a dimensão do professor avaliando sua própria ação docente, bem como a necessidade de reestruturação do ensino. Por fim, os resultados do trabalho indicam a necessidade dessa prática de avaliação na perspectiva de ensino, que requer investimentos no processo de formação em exercício da docência, desde as práticas dos estágios supervisionados na formação inicial.

Questões para reflexão

1. Quais são as necessidades apontadas para a avaliação em educação física escolar, no ensino fundamental I, em face do cenário da avaliação educacional?
2. Como as necessidades de avaliação do ensino em educação física escolar, no ensino fundamental I, são ou não contempladas no estudo de caso?
3. Quais são as possíveis intervenções a serem sugeridas nas situações de ensino para atender às necessidades dos alunos com facilidades e com dificuldades no estudo de caso apresentado?

REFERÊNCIAS BIBLIOGRÁFICAS

1. Secretaria de Estado da Educação de São Paulo. SARESP. São Paulo: SEE, 2017. Disponível em: www.educacao.sp.gov.br/saresp. Acesso em: 25 abr. 2017.
2. Ministério da Educação. Prova Brasil – Apresentação. Brasília: MEC, 2017. Disponível em: http://portal.mec.gov.br/prova-brasil. Acesso em: 25 abr. 2017.
3. Bonnial JJ, Vial M. Modelos de avaliação – Textos fundamentais. Porto Alegre: Artmed, 2001.
4. Fernandes, CM. Gestão e avaliação da educação profissional: subsídios para a discussão da lei orgânica. Documento base para participação no II Encontro Regional: Subsídios para a Discussão da Proposta de Anteprojeto de Lei da Educação Profissional e Tecnológica – Região Sudeste – São Paulo, 2004. Disponível em: http://portal.mec.gov.br/setec/arquivos/pdf/05apresenta01_.pdf. Acesso em: 26 abr. 2017.
5. Secretaria de Estado da Educação de São Paulo. Educação Física – Anos Iniciais: orientações curriculares para o ensino. São Paulo: SEE/CGEB, 2014. Disponível em: http://basenacional-comum.mec.gov.br/documentos/CURRICULOS/Sao_Paulo_Curriculo_Oficial_2012_Orientacoes_Curriculares_Anos_Iniciais_Educacao_Fisica.pdf . Acesso em: 1 mar. 2017.
6. Silveira SR. Avaliação em EFE. In: Secretaria de Estado da Educação de São Paulo. Educação Física – Anos Iniciais. São Paulo: SEE/CGEB, 2014. Disponível em: http://basenacionalcomum.mec.gov.br/documentos/CURRICULOS/Sao_Paulo_Curriculo_Oficial_2012_Orientacoes_Curriculares_Anos_Iniciais_Educacao_Fisica.pdf . Acesso em: 1 mar. 2017.
7. Bräkling KL. O que representam as expectativas de aprendizagem para a prática educativa. In: Secretaria de Estado da Educação de São Paulo. Educação Física. Orientações didáticas fundamentais sobre as expectativas de aprendizagem de língua portuguesa – Anos Iniciais do Ensino Fundamental. São Paulo: SEE/CGEB, 2013. Disponível em: www.educacao.sp.gov.br/a2sitebox/arquivos/documentos/963.pdf. Acesso em: 1 mar. 2017.
8. Secretaria de Estado da Educação de São Paulo. Orientações didáticas fundamentais sobre as expectativas de aprendizagem de língua portuguesa – Anos Iniciais do Ensino Fundamental. São Paulo: SEE/CGEB, 2013. Disponível em: www.educacao.sp.gov.br/a2sitebox/arquivos/documentos/963.pdf. Acesso em: 1 mar. 2017.
9. Dicionário Houaiss de Sinônimos e Antônimos da Língua Portuguesa. Instituto Antônio Houaiss de Lexicografia e Banco de Dados da Língua Portuguesa S/C Ltda. Rio de Janeiro: Objetiva; 2003.
10. Tokeuchi J, Bigotti S, Antunes FHC, Cerencio MM, Dantas LEPT, Leão H, et al. Retrato dos professores de Educação Física das escolas estaduais do estado de São Paulo. Motriz 2008; 14(4):418-28.
11. Zabala,A. A prática educativa: como ensinar. Porto Alegre: Artmed, 1998.
12. Silveira SR, Dantas LEPT. Processos de avaliação qualitativa na educação física escolar. In: Manoel EJ, Dantas LEPT (Orgs). A construção do conhecimento na educação física escolar: ensaios e experiências. Curitiba: CRV; 2017 p.33-52.

Capítulo 25

No ensino fundamental II

Ana Cristina Zimmermann
Soraia Chung Saura

Objetivos do capítulo

▶ Apresentar a avaliação como um processo contínuo imerso na complexidade de uma proposta educativa, considerando as visões de mundo e de humanidade presentes nas ações docentes.
▶ Mostrar avaliação como uma forma de reflexão sobre a proposta pedagógica, temas e metodologia.
▶ Descrever os objetivos e as possibilidades da avaliação no ensino fundamental II.

INTRODUÇÃO

A avaliação é um tema complexo e, se em algumas circunstâncias é estudado por pesquisadoras e pesquisadores que dedicam grande parte de sua carreira acadêmica a este tópico, em outras circunstâncias é tratado com pressa ou constrangimento. Embora as referências sejam amplas e variadas, na educação física destacamos o trabalho de Krug e Krug,[1] que se dedica à avaliação na educação física escolar e na formação de professores, pautado em longa experiência e pesquisa com a prática docente.

Cientes dos limites de nossa contribuição, esclarecemos antecipadamente que este texto não pretende abarcar todas as questões acerca da temática, tampouco oferece fórmulas ou sugestões técnicas para uso no dia a dia, mas empenha-se em compartilhar dúvidas, reflexões e possíveis caminhos na esperança de que contribuam na construção de diferentes perspectivas, respeitando a autonomia do fazer pedagógico que se concretiza em diferentes contextos.

Muitas vezes, a avaliação é o último assunto tratado nos cursos de formação, sugerindo já uma forma de compreensão linear do processo educativo. Usualmente, este processo é finalizado com a verificação da aprendizagem para fins classificatórios. Curiosamente, é também a principal pergunta nas aulas iniciais, durante a apresentação de disciplinas. Alunas e alunos perguntam logo ao início do ano letivo: "como vai ser a avaliação?". Esta pergunta já nos traz alguns indicativos:

- A avaliação é motivo de interesse e causa ansiedade.
- Muitas vezes, em nosso sistema educativo, o resultado ainda é mais importante do que o processo.
- Os alunos sabem que a avaliação traz consigo uma noção de educação e é um reflexo de como se dará o processo de ensino.
- A classificação (nota) é muito importante para os alunos, que não costumam refletir sobre ela, mas tentam moldar-se ao esperado para conseguir um melhor desempenho.

Podemos entender também que quando os alunos perguntam sobre a avaliação estão nos perguntando como serão nossas aulas e o que consideramos, enquanto professores, importante e relevante na seleção de conteúdos ou temas de ensino. Não é à toa que os alunos rapidamente associam as avaliações ao "estilo" de cada professor, embora geralmente o fracasso seja atribuído ao aluno e poucas vezes auxilie na reflexão sobre o processo. Assim, neste capítulo, retomamos estas questões mais amplas e convidamos a pensar as especificidades da educação física no ensino fundamental II.

Qualquer proposta de avaliação deverá ser coerente com o projeto político-pedagógico da escola e com a proposta metodológica do professor ou grupo de professores. Por diversas razões, nem sempre este nível de coerência em relação aos documentos oficiais é alcançado.[2] Entretanto, é minimamente necessário que cada professor reflita sobre sua atuação buscando consistência e coerência em relação ao que propõe, executa e avalia. Podemos citar como exemplo o fato de que, atualmente e por razões historicamente construídas, autonomia e diálogo são conceitos presentes e amplamente explorados na maioria dos projetos pedagógicos. Entretanto, muitas vezes, tais noções acabam sendo ignoradas nos processos de avaliação.

Avaliar significa atribuir um valor, mas quando se trata da educação contemporânea, não existem valores absolutos, apenas aqueles reconhecidos em determinadas condições, situados em um lugar e tempo. Portanto, a avaliação é também relacional, ou seja, significa posicionar um resultado em um sistema de relações. Um resultado vai ser interpretado como positivo, negativo ou sugerir diferentes posicionamentos em relação a um determinado contexto, objetivos e comportamentos. O mesmo resultado pode ter variadas interpretações em diferentes épocas ou contextos.

Considerando que o ensino fundamental II compreende um período de muitas mudanças para os alunos, tanto em aspectos pessoais de desenvolvimento e interação em grupos como na própria estrutura escolar, destacamos a importância de uma leitura abrangente dos alunos posicionados neste contexto específico. Estamos acostumados com a organização das turmas em séries e grupos de alunos inicialmente separados por idade cronológica. O período é considerado "ideal" em relação à idade e a determinados padrões de normalidade, que de certa forma são naturalizados a partir desta referência. Entretanto, esta é uma forma de organização que muitas vezes desconsidera as diferenças individuais, ou ainda as possibilidades de aprendizagem a partir da diferença. Na educação física em especial, cultivamos uma obsessão pela uniformidade: a classificação em grupos da mesma idade, sexo, altura, habilidades, capacidades classificadas, preferências e expectativas. Há que se ter cuidado, pois algumas vezes tais classificações se prestam apenas a determinar hierarquias ou reforçar estereótipos dos quais devemos, enquanto professores, tentar nos esquivar.

Entendemos ser de fundamental importância que o professor considere as alterações – em termos de desenvolvimento humano – características da faixa etária correspondente ao ciclo do 6º ao 9º ano nos processos avaliativos.* Entretanto, este não é o único indicador

que irá fornecer elementos para uma caracterização dos alunos. O contexto, urbano ou rural, de escola pública ou particular, das diferentes regiões do país, bem como aspectos históricos, socioeconômicos e culturais de um modo geral são igualmente relevantes para a organização de uma proposta de avaliação coerente e inclusiva. Um processo avaliativo mais individualizado e compreensivo que considere as variabilidades inerentes à faixa etária e aos diferentes contextos pode ser uma grande vantagem para o aluno, no sentido de que efetivamente auxilie nos processos de autoconhecimento, autodescoberta e construção de identidade.

Consideramos que especialmente na área de educação física, marcada pela diferença de convenções e formas de aprendizado em relação às outras disciplinas curriculares, podemos ousar não apenas no formato da aula e na apresentação de conteúdos inovadores e reveladores para o aluno, mas também na construção do processo avaliativo.

Tanto este ciclo de ensino como a comunidade escolar de um modo geral são marcadas pela forte presença da diversidade. Também é sabido que a construção de identidade e uma ampla formação dependem do encontro com essa diversidade. É por meio da diferença que encontramos o novo, nos propomos a experimentar e arriscar. Assim, a comunidade humana depende das nossas diferenças e multiplicidades e não da supremacia de uma única concepção de inteligência ou sucesso. A própria riqueza da cultura de movimento nos mostra o potencial da diferença.

Outra questão que pede cuidado é o enfoque no erro e a força da concepção de avaliação como produto. Muitas vezes, no contexto de ensino, as atenções estão voltadas à falta ou ao fracasso, no sentido de que sempre buscamos aprimorar nossos alunos naquilo que identificamos serem suas deficiências. Pela estreita ligação da educação física com a área da saúde, são fortes as referências desta grande área, inclusive em termos de avaliação; entretanto, precisamos lembrar constantemente que estamos tratando da aprendizagem no contexto educacional. Esquecemos recorrentemente de olhar para o processo e para a potência (entendida aqui como predisposições e preferências dos alunos). Este tema lembra o relato de casos em que os testes reduzem as pessoas a funções e déficits, ou os movimentos em habilidades

---

* Em relação à faixa etária correspondente ao ensino fundamental II, é importante considerar ainda a taxa de distorção idade-série. Esta taxa indica a proporção de alunos com mais de 2 anos de atraso em relação à idade considerada ideal para cada ano de estudo. No sistema escolar brasileiro, a criança deve ingressar no 1º ano do ensino fundamental aos 6 anos de idade, com a expectativa de que conclua até os 14 anos o período de 9 anos do ensino fundamental. Os dados disponibilizados pelo Inep indicam taxas de distorção próximas aos 30% para os anos finais do ensino fundamental, podendo ultrapassar 50% em determinados con-

textos. Os dados dos últimos censos indicam uma redução destas taxas, entretanto, ainda sinalizam grande variação etária e diferenças expressivas deste indicador entre regiões brasileiras, escolas públicas e privadas, área urbana e rural. Para informações detalhadas, sugerimos consultar o portal do Inep (http://portal.inep.gov.br) e do Observatório do Plano Nacional de Educação (www.observatoriodopne.org.br).

isoladas. Tais testes valorizam situações esquemáticas, a percepção de padrões e solução de determinados tipos de problemas nos quais muitos avaliados mostram-se um desastre.[3] Esses testes, utilizados em situações patológicas, ainda inspiram processos de avaliação em situações de aprendizagem e apontam para uma compreensão de corpo e movimento. Uma análise mais cuidadosa permite reconhecer que muitas vezes o problema está nos próprios instrumentos de avaliação, que não dão conta de reconhecer capacidades ou propor situações que façam sentido. O mesmo aluno que falha em um teste de equilíbrio, por exemplo, pode ser um exímio dançarino capaz de equilibrar-se graciosamente durante sua apresentação. Algumas pessoas reagem muito bem à música e aos jogos com movimentos que, se solicitados isoladamente, são dificultosos ou, inversamente, bons resultados em testes que analisam movimentos não indicam necessariamente sucesso em situações complexas de interação. Casos caricatos como esses revelam as falhas da própria avaliação e/ou das consequências que dela tiramos. Sabemos que os movimentos fragmentados, por exemplo, são completamente diferentes daqueles orientados pela música, pelo jogo, pela brincadeira, no que diz respeito ao potencial expressivo. Ademais, a vinculação com a área da saúde, bem como a especificidade em relação ao movimento humano, ainda nos aproxima de testes e medidas que possuem como referência padrões de normalidade naturalizados. Entretanto, considerando referência para a educação física escolar a cultura do movimento ou a cultura corporal de movimento, não estamos restritos a aspectos físicos ou motores, mas sim comprometidos com a complexidade dos temas trabalhados, em suas dimensões motoras e conceituais. Um aspecto importante em relação a avaliações que se limitam a aspectos físicos é a possibilidade de confusão entre o que consideramos desenvolvimento humano e a aprendizagem. Em um período no qual o crescimento, entre outras mudanças físicas, é marcante entre os alunos, não podemos correr o risco de considerar aspectos inerentes ao desenvolvimento como passíveis de atribuição de nota. Tal consideração exige também uma ampliação da compreensão acerca do processo de avaliação. Por outro lado, esta ampliação não pode gerar um descuido com o acompanhamento da aprendizagem, a apropriação de elementos culturais e a valorização do potencial expressivo. Em educação física, observa-se com bastante frequência uma avaliação com base em critérios de aptidão física, assiduidade e participação, excluindo outros elementos importantes deste processo.[4]

De modo geral, a questão é compreendermos os limites das nossas ações e como a avaliação pode nos auxiliar na prática pedagógica em educação física escolar. A mudança de foco do erro para a potência pode ser um bom balizador para nossas propostas. A potência é aquilo que nos sobra, que transborda, e indica ao mesmo tempo o caminho para aquilo que nos falta descobrir ou criar.[5] Chama a atenção para a importância de refletirmos constantemente sobre nossas concepções de inteligência ou sucesso.

Reforçamos, portanto, a proposta deste capítulo como convite à reflexão acerca das finalidades da educação, de nossas opções teóricas e propostas curriculares e da coerência em nossas ações. Por tal motivo, não oferecemos aqui um manual de avaliação, mas algumas considerações que talvez possam auxiliar o professor a construir com autonomia sua proposta.

AVALIAÇÃO EM EDUCAÇÃO FÍSICA ESCOLAR

Em um entendimento amplo, avaliação é um "julgamento de valor sobre manifestações relevantes da realidade, tendo em vista uma tomada de decisão".[6] Ao avaliarmos, elaboramos um juízo de valor sobre um dado, a partir de critérios preestabelecidos, com base naquilo que consideramos mais relevante. Entretanto, o medo e o disciplinamento social estão nas origens da ênfase na avaliação.[6] Estudos identificam uma centralidade da avaliação em boa parte dos sistemas formais de ensino atuais, de tal forma que a prática educativa passou a ser considerada uma "pedagogia do exame".[6] E, se examinarmos com um pouco de atenção, identificamos que a avaliação que ganha destaque é a classificatória. Ou seja, a estrutura de ensino está organizada em períodos que requerem aprovação linear em etapas subsequentes organizadas sob a forma de currículos oficiais. Do ensino infantil ao superior, passamos por diferentes testes, provas e concursos que atestam nossas condições de seguirmos em frente no processo.

Ser aprovado pode garantir a inclusão em um padrão de normalidade, que inclui uma forma de comportamento, participação e engajamento nas atividades propostas. A avaliação é assim considerada uma forma de controle coerente com o ensino hierarquizado.

Neste contexto, os dias de avaliação ganham grande importância. Como em um jogo de campeonato, os alunos precisam se preparar para estes momentos e a preocupação está no resultado. Além de saber o resultado, é importante compará-lo com outros em alguma escala. A classificação sugere uma postura competitiva, e de certa forma descabida em educação, posto que o fato de um aluno atingir os objetivos não impede que os demais também sejam bem-sucedidos. Com a evidência destas preocupações, esquecemos muitas vezes o mais importante, que é o próprio jogar, ou seja, o processo. Há grande expectativa em saber as notas finais e pouco foco no que foi realizado, na trajetória. Entretanto, a educação física tem algumas peculiaridades. Na maioria das vezes, no ambiente escolar, é uma disciplina que não reprova. E muitos professores demonstram desconsolo por esta situação, pois se ela não reprova, supostamente não é "levada a sério". Os próprios pais não estão preocupados com o desempenho nesta área, que ainda busca justificavas das mais diversas para se sustentar na escola. Todavia, muitas vezes o que parece uma fraqueza, se analisado por diferentes perspectivas, pode revelar-se fonte de força e vantagens. Neste caso, pelas características da nossa área de atuação, temos a possibilidade de repensarmos a avaliação sob outros aspectos e não apenas buscarmos nos igualar às demais disciplinas escolares, assumindo também seus problemas. Por exemplo, sem menosprezar a discussão acerca da dimensão conceitual das aulas teóricas, não será por meio de provas de educação física similares aos demais conteúdos escolares que se justificará a seriedade da área. Estaremos apenas adotando um modelo já problemático de avaliação e controle.

Entre as peculiaridades da educação física está o fato de dedicar-se ao movimento humano e, mais especificamente, às diferentes manifestações da cultura do movimento humano. Escapamos de antemão do problema de considerar a cognição como privilégio de uma mente que opera independentemente do corpo. Reconhecemos que o aprender se dá incorporado e se manifesta em saberes e conhecimentos expressos corporalmente, sob diferentes linguagens. A educação física reconhece o ser humano para além das dualidades mente e corpo, pensar e agir. Quando jogamos, estamos inteiros, somos um. Quando dançamos, corremos ou lutamos, compartilhamos uma linguagem e desenhamos outros mundos possíveis. Novas subjetividades e formas de ser são elaboradas.[7] Portanto, é a educação física a disciplina capaz de ensinar às demais áreas que o corpo não existe apenas para carregar a cabeça. A corporeidade ativa do aluno, que para muitos pode ser um incômodo, para nossa área é potência. Nossa comunicação com o mundo começa pelo movimento. O corpo aprendente participa, sonha, sente e exercita diferentes formas de se expressar, dialoga com a cultura e explora a experiência humana em seus aspectos éticos e estéticos.[8]

Neste caso, identificamos outro ponto de reflexão: que aspectos deste saber serão valorizados? Quais são os conhecimentos elencados como fundamentais? Novamente a orientação é dada pelo referencial teórico que adota cada professor ou escola. Historicamente elaboradas, convivem atualmente propostas que valorizam de diferentes formas a aquisição de habilidades, o desenvolvimento físico, aspectos técnicos e táticos de movimentos, elementos atitudinais, tais como participação e colaboração, aspectos conceituais acerca das práticas corporais, análises contextualizadas da cultura do movimento, entre outros. Acompanhando tais propostas, desenvolvem-se métodos e instrumentos: testes, provas, pesquisas individuais, trabalhos em grupo, seminários.[9] A discussão sobre a avaliação e os fazeres da área aparece de diferentes formas.[4,10] É importante ainda lembrar o pertencimento à área das linguagens e o foco nas competências comunicativas e interativas.[11] Para referenciais dialógicos, a expressão é considerada indispensável. Para o desenvolvimento de autonomia e posturas dialógicas, a autoavaliação ou a participação e reflexão acerca dos processos avaliativos são também elementos centrais.

Um fator problemático para o contexto escolar, de um modo geral, é a necessidade de avaliações quantitativas, ou seja, de situar os alunos em uma escala numérica. Qualquer avaliação indicará um olhar sob determinados aspectos, portanto, sempre será reducionista. Entretanto, na maioria das vezes, a quantificação não permite identificar quais foram os aspectos considerados e pode levar a conclusões generalistas. A nota levanta a discussão sobre o entendimento da avaliação como produto ou processo. Os números podem ser práticos ao sistema escolar, mas não auxiliam muito na orientação da aprendizagem, portanto, a ideia de trabalhar com avaliações qualitativas pode, no caso específico da nossa área e ciclo escolar, trabalhar com indicadores qualitativos e processuais.

O PROCESSO COMO RESULTADO

Ao avaliar, estamos dizendo claramente o que esperamos, o que consideramos desejável para nossa sociedade, nossa escola e nossa área de atuação. A forma de avaliar está diretamente associada a uma maneira de pensar a educação, a educação física em especial e as relações de aprendizagem.

Conforme comentamos anteriormente, nos processos de educação formal, estamos acostumados a pensar em progresso por etapas. Assim, o desenvolvimento é indicado pelas notas finais ou pelo cumprimento de etapas previstas no cronograma inicial, no planejamento anual. Vista apenas dessa maneira, a avaliação adquire *status* de seleção, e não de acompanhamento do processo para possíveis adequações necessárias. Entretanto, vale ressaltar que este aspecto seletivo não faz sentido no âmbito escolar. Seria desejável que todos os alunos atingissem os objetivos, e o fato de alguns atingirem plenamente estes objetivos não impede que outros também o façam. Este sistema, que atua em favor de um processo de seletividade, poderia ser mais inclusivo e considerar parâmetros do aluno e do processo.

Do nosso ponto de vista, mais do que um enfoque classificatório, a avaliação precisa enfatizar sua função no diagnóstico e na tomada de decisão, pois "a função classificatória subtrai da prática da avaliação aquilo que lhe é constitutivo: a obrigatoriedade da tomada de decisão quanto à ação, quando ela está avaliando uma ação".[6] Preferimos, portanto, reforçar a noção de avaliação diagnóstica como uma forma de acompanhar tanto os alunos como os processos de ensino e aprendizagem e refletir constantemente sobre objetivos e propostas pedagógicas, que podem ser remodelados constantemente e conjuntamente com os estudantes. Assim, a avaliação pode nos ajudar a reconhecer o que foi feito, confraternizar acerca de conquistas e identificar diferentes possibilidades de seguir o caminho.

Já em propostas notadamente dialógicas, é importante considerar constantemente a noção de relação e construção coletiva da aprendizagem, a identificação de potencialidades adquiridas anteriormente, interesses, dificuldades e possibilidades de superação. Um movimento ou um conceito é aprendido quando incorporado a um horizonte de possibilidades. Por exemplo, aprendemos uma nova forma de jogar quando identificamos as possibilidades de fazê-lo, e assim agimos corporalmente. Compreendemos o conceito de esporte moderno quando conseguimos identificar as práticas corporais existentes a ele associadas e somos capazes de estabelecer relações entre estas e outras manifestações da cultura do movimento. Estabelecer essas relações é mais do que decorar determinados enunciados e exige exercícios de reflexão conjunta. Em alguns esportes, tais como o futebol, aprendemos que a bola precisa "rolar", um jogo é feito de passes, pelos quais identificamos ou imprimimos certo ritmo, cadência de comunicação. Na fluidez do jogo, mais do que na fala, podemos ver que o que ali se apresenta é original por conta de um diálogo que se estabelece.[12] Jogar, e de um modo geral movimentar-se, é essencialmente manter um vínculo e compreender a dinâmica do jogo, é reorganizar a gestualidade de acordo com esta dinâmica. Aprender, nes-

te sentido, é familiarizar-se com o diferente, com o nunca antes visto ou experimentado, e reconhecer práticas como "familiares" é saber como interagir com elas, é perceber a sugestão de uma forma particular de comportamento. Aprender é também identificar possibilidades e ir além do que já somos.[13]

Deste modo, como avaliar o que está por vir senão pelo próprio processo de construção? Aprendizagem é esforço, requer engajamento. E o engajamento de alunos e professores no processo de avaliação pode trazer resultados que irão encaminhar novas ações conjuntas. Neste sentido, é importante que todo o planejamento contemple uma prontidão ao diálogo. Quando encontramos sentido nas propostas, mobilizamos esforços em sua direção, de modo que o planejamento deve estar aberto para mudanças de rotas e percursos, de acordo com as potências e os interesses da turma de alunos, a realidade escolar e os processos avaliativos.

Quando pensamos em um resultado processual, é importante notar que os meios e os fins se confundem, ou seja, a própria construção de conhecimento, os modos de aprender e as atividades realizadas – consideradas pela avaliação tradicional como processo – são, neste caso, o produto da avaliação. O percurso do aluno – de onde ele parte na avaliação diagnóstica e como percorre o caminho – pode ser considerado mais importante do que habilidades e conhecimentos adquiridos de maneira isolada. Apresentar o processo como fim solicita que realizemos atividades conjuntas como o registro sistemático – sendo a compilação destes registros, por exemplo, o resultado final. Se considerarmos as especificidades do ensino fundamental II, em diferentes níveis, identificamos que os alunos demonstram interesse em participar e compreender com profundidade as escolhas pedagógicas. O próprio processo de tomada de decisão sobre a avaliação pode ser educativo e formativo.

O PROTAGONISMO DO ALUNO

O registro do processo é muito importante para manter o acompanhamento das atividades e das conquistas, como também permite a reflexão sobre o protagonismo do aluno tanto na aprendizagem como na própria avaliação. Quando registramos, fazemos escolhas e elaboramos sínteses. Com a proposta de registro como forma de avaliação, gostaríamos de enfatizar a noção de exercício e fortalecer a parceria entre professor e aluno. Destacamos, assim, não o professor como controlador ou "explicador", mas como mestre, como aquele que pode auxiliar nas escolhas e reflexões e, a partir disso, orientar na tomada de decisões.[14] Na construção de relatórios ou portfólios pessoais – pela escrita (descrição ou depoimentos), desenhos ou outros recursos gráficos ou digitais – se exercita também a reflexão, a própria elaboração do pensamento. Weffort[15] reflete sobre o exercício de um olhar sensível e pensante para a elaboração de registros. A autora destaca a importância deste olhar que requer atenção e presença, que rompe com estereótipos. O registro, então, torna-se um instrumento de reflexão e elaboração do sujeito criador. Este exercício envolve disciplina e persistência e permite romper as barreiras de um cotidiano cego, passivo ou compulsivo, mediante reflexão e apropriação de nossa própria história. Ou seja, além do fazer, é importante pensar a prática e construir uma reflexão sobre o vivido. O registro revela os conhecimentos e compreensões que os alunos tiveram da aula, as dificuldades encontradas, oportuniza um crescimento na medida em que se vale de autoanálise e autoavaliação, bem como permite a construção coletiva dos conhecimentos, por meio da elaboração de estratégias conjuntas de melhorias e adequações. Pesquisas acerca da autoavaliação realçam seu potencial positivo também no desenvolvimento da autonomia e de posturas democráticas, mas tal prática precisa ser exercitada como momento reflexivo, e não apenas como atribuição de nota. Mesmo em relação às notas, alguns experimentos mostram dados similares entre os resultados da avaliação realizada pelo professor e a autoavaliação dos alunos.[16] Embora muitas dessas pesquisas estejam direcionadas ao ensino superior, ainda assim nos ajudam a pensar acerca da participação do aluno no processo. Os dilemas que envolvem esta prática estão associados à forma como ela é realizada e suas finalidades. De um modo geral, uma participação mais ativa do aluno no próprio processo avaliativo suscita reflexões importantes. O registro dos processos auxilia, portanto, na fixação do conteúdo apreendido, na reflexão e na análise, avançando em possibilidades em relação à avaliação mais tradicional.

Para embasar este material criativo, outras referências podem ser apresentadas, como diários de classe de professores, outros profissionais e até de artistas. Há ampla literatura sobre o assunto, explorando além dos diários, portfólios ou anotações científicas de estudos e processos, dossiês, entre outros. Algo a ser considerado no uso dos registros, tanto de alunos como de professores, é o uso de imagens – registrando as atividades realizadas. Isso porque a imagem congela o instante, permitindo que análises posteriores sejam realizadas a partir do olhar cuidadoso e atento, e muitas vezes proporcione a revelação de novos dados e preferências. Algo

que costuma mobilizar bastante os alunos é a proposta de produções de vídeos. Principalmente para a faixa etária correspondente ao ensino fundamental II, estes recursos são interessantes, familiares e podem auxiliar na composição de formas criativas de registrar. Um diálogo com recursos tecnológicos atualizados permite ainda uma maior aproximação com os alunos e abre espaço para discussões ampliadas sobre ética e estética.

Consideramos especialmente importante o olhar atento, a observação e a escuta cuidadosa. Esse exercício não se restringe ao professor em relação ao aluno, mas configura uma postura para os próprios alunos exercitarem. Reforçamos aqui a importância da compreensão do diálogo genuíno, aquele que indica uma posição de abertura ao outro.[17] Neste sentido, ouvir o outro não significa apenas conferir se sua fala corresponde a uma posição previamente determinada. A avaliação pode ultrapassar a noção de mera conferência de acertos e erros em relação ao saber do professor ou do conteúdo previsto em planejamentos. Em uma relação dialógica, a expressão do outro indica muito mais, a própria reconfiguração do diálogo. Muitas vezes uma resposta, movimento ou comportamento diferente dos padrões esperados contém uma riqueza que o sistema não consegue reconhecer, e é o professor que tem condições para reavaliar o próprio sistema, de maneira a torná-lo mais inclusivo. Escutar e observar é também valorizar a própria fala do outro com a possibilidade de encontrar novos caminhos.[5] Vale lembrar que a noção de passividade não se aplica ao diálogo genuíno, pois tanto momentos de fala como de escuta indicam uma postura ativa, a possibilidade de uma transição.

Vivemos uma época em que a facilidade de reprodução e divulgação de opiniões e mensagens muitas vezes causa a impressão de aproximação e diálogo, frequentemente frustrada pela pressa e superficialidade. A experiência da observação e do encontro exige atenção e tempo, uma pausa para aguçar a escuta que escape de ritmos e resultados previamente determinados.[18] Partilhar com o aluno a análise e a interpretação do processo confere a ele também o *status* de responsável, e não apenas um elemento que irá ou não atingir os padrões esperados. Durante o ensino fundamental, o aluno pode participar de diferentes formas desse processo, sugerindo atividades de avaliação, critérios, discutindo com os colegas, comparando e analisando resultados. Isso significa valorizar sua inteligência e capacidade.

Ao acompanhar o processo, o aluno pode perceber-se capaz de aprender, o que é possivelmente uma das maiores contribuições da educação. Perceber essa capacidade é também atribuir valor ao nosso potencial e permite problematizar questões tais como a noção de "talento". É muito comum o relato de pessoas que não gostam de educação física porque não têm "jeito para" ou porque são muito "ruins em esporte", por exemplo. Ou seja, sequer reconhecem a possibilidade de aprender diferentes elementos acerca das práticas corporais. Infelizmente, nós, professores, muitas vezes reforçamos em pequenos gestos essa interpretação.

Ademais, cada aprendizagem configura todas as anteriores, ou seja, não há apenas a sobreposição de etapas. Uma nova forma de agir potencializa as demais e, assim, o que aprendemos anteriormente adquire novo uso. Dessa forma, não é necessário que para todos os conteúdos sigamos os mesmos passos. Uma maneira de analisar o futebol, por exemplo, pode ajudar a pensar outras práticas esportivas, uma vez que um jogo tradicional ajuda a pensar o esporte moderno, e assim estabelecemos relações que ampliam o alcance de cada conteúdo. A avaliação precisa considerar a possibilidade destas relações complexas.

O PROFESSOR PESQUISADOR: SOBRE O ERRO E O ARRISCAR-SE

O olhar atento do professor significa inicialmente uma expectativa, significa que temos esperança, que reconhecemos um potencial. É uma demonstração de confiança. A escuta é cuidado; nossa atenção indica ao aluno que nos importamos com sua passagem pela escola, portanto, acompanhar o processo é também reconhecer o outro, nosso aluno ou aluna, como alguém digno de respeito. É importante que o aluno reconheça a presença do professor. Estar junto, presente, requer paciência, disponibilidade e empatia. Paciência para se deixar acompanhar, mudar de ritmo, ouvir repetidas perguntas ou mesmo reclamações. Disponibilidade para repetir, escutar, acompanhar, avaliar. Empatia para se reconhecer também aprendiz. A avaliação, sob o ponto de vista do acompanhamento, tem efeitos duradouros também como forma de incentivo ao aprofundamento.

O enfoque no registro abre espaço para pensarmos o professor como um pesquisador constante. Aquele que busca pelas frequências mas também pelo que destoa, pelo que chama atenção e pode indicar novos rumos. A atenção a diferentes instrumentos de registro, considerando as particularidades da área, tem sido destaque em estudos sobre avaliação em educação física.[4] Transformar a sala de aula em espaço de pesquisa e os alunos em sujeitos nesse processo requer engajamento. A sala de aula pode ser um imenso laboratório, se o planejamento não estiver absolutamente fechado e permitir alterações e mudanças de rotas. Considerar a avaliação processual é abrir-se ao imprevisto, ao risco, à escuta de novas possibilidades, sentimentos, percepções. Convida ao estranhamento. Ao contrário do previsível lugar que ocupa o professor diante do planejamento anual, é um convite a um universo de caminhos nunca antes percorridos.[19]

É necessário também estar atento a processos de exclusão que determinadas formas de avaliar podem gerar. Um foco maior no diagnóstico e sobretudo na potência – pois é esta que irá sinalizar modos de superação e autonomia – permite que os resultados gerem formas de facilitar a inclusão, e não o contrário.

Paulo Freire[20] chama atenção ao conformismo diante da realidade como fato consumado, uma "acomodação bem comportada", que, em nome da eficácia, asfixia a criatividade e o gosto da aventura do espírito. "A liberdade de mover-nos, de arriscar-nos vem sendo submetida a uma certa padronização de fórmulas de maneiras de ser, em relação às quais somos avaliados" (p.114). De um modo geral, em educação, não há espaço para o erro, para a incerteza, para o inesperado. Buscamos segurança, controle e previsibilidade. Mas assim a conduta exploratória está em parte prejudicada em seu ponto de partida. "Não há homem sobre a terra que não tenha aprendido alguma coisa por si mesmo e sem mestre explicador" (p.35),[14] o que mostra que somos todos capazes de aprender; por que então o professor? Se há um espaço para o professor, que não o de controle, é justamente aquele que autoriza e de certa forma alimenta o próprio investigar, o desejo de aprender. É sob a perspectiva da aventura que o aluno busca o olhar da professora, do professor, dos pais, quando aprende algo novo. "Você viu o que eu fiz?" Somos professores para compartilhar o esforço e o encantamento da descoberta. Investigar, refletir, aprender, é mais do que possuir conceitos, mas explorar as diversas formas de interagir com o mundo. Assumir um risco, neste caso, é abandonar temporariamente uma posição de controle e requer o exercício de lidar com a diferença, com o que não estava previsto, com aquilo que nos solicita criação.[5] Quando o aluno percebe que também assumimos riscos, entende que esta é uma postura necessária para a descoberta e o erro deixa de ter uma conotação meramente negativa. É apenas o impulso para uma nova tentativa, para mudanças de rota, para uma parceria professor-aluno. Neste sentido, Wivestad,[21] ao refletir sobre as condições para nos tornarmos melhores seres humanos, sugere que "se vivemos nossos esforços com sinceridade, paixão e paciência já estamos dando um bom exemplo às próximas gerações, mesmo quando falhamos em nossos projetos" (p.69). Nossas ações, a busca pela investigação acerca de possibilidades e limitações podem ser também um convite, que se estende para além de resultados imediatos.

Valorizar o risco e a criatividade permite uma crítica à visão culposa do erro e a associação com o castigo.[6] A vergonha e o medo inibem a participação; quantos são os depoimentos de alunos que aos poucos abandonam as aulas de educação física por medo de insucesso? E o quanto as escolas proporcionam a percepção de conquista? De que algo foi realmente construído? Como comentamos anteriormente, o movimentar-se exige experimentação, muito mais do que talento. Mais ainda, ter o desejo de buscar pelo conhecimento, de ser bem-sucedido em uma investigação. Desta forma, Luckesi[6] questiona também a noção de erro:

> Caso o resultado nos conduza à satisfação de uma necessidade – um produto, conhecimento novo – tivemos sucesso no nosso esforço; caso não tenhamos obtido a satisfação de nossas necessidades, chegamos a um insucesso. Neste caso não temos nem acerto nem erro, pois não existe um padrão que possa permitir o julgamento do "acerto" e do "erro". (p.55)

Para que exista erro, é preciso ter um padrão de conhecimentos, habilidades ou condutas, que deve ser seguido sem variações. O insucesso não é o erro, é apenas uma alternativa que requisita mais exercício ou diferentes formas de experimentação.

CONSIDERAÇÕES FINAIS

Levando em conta a complexidade de discutir a avaliação – tanto de seus elementos intrínsecos como para este ciclo de ensino em específico – buscamos tecer, neste texto, algumas reflexões, dúvidas e possíveis caminhos que surgiram a partir do nosso percurso como professoras e pesquisadoras da área de educação. Enquanto tal, estamos em constante indagação sobre o fazer avaliativo e suas múltiplas formas e abordagens, observando o que reverbera nos alunos com mais sentido e maior envolvimento – portanto, maior eficácia no que se refere à construção conjunta de conhecimento. As transformações, criatividades e mobilizações características nesse ciclo de ensino, em vez de representarem uma dificuldade ao processo avaliativo, podem ser um fator de grande suporte para nós, professores, se considerarmos o caráter relacional da avaliação, bem como as possibilidades ampliadas de interpretação de resultados e de como alcançá-los – no sentido de que efetivamente auxiliem os alunos nos processos de fortalecimento de identidade, autoconhecimento, descoberta e construção de conhecimento. Ao abordarmos questões específicas das avaliações em aulas de educação física – por sua abertura e diferença em relação aos outros componentes curriculares – acreditamos que tais especificidades podem oferecer subsídios para pensar também a prática de outras áreas. Acreditamos – e implementamos – a avaliação como processo e como fomentadora de uma relação menos hierarquizada e mais parceira com os estudantes. Do mesmo modo, consideramos o erro, o risco, as mudanças de rotas e percursos como provocações, e o espaço de aula como um possível laboratório de pesquisa para o docente.

RESUMO

A avaliação é um tema bastante complexo em educação e torna-se ainda mais desafiador quando consideramos as especificidades da educação física. Este capítulo, direcionado à educação física escolar no ensino fundamental II, empenha-se em compartilhar dúvidas, reflexões e possíveis caminhos na esperança de que contribuam na construção de diferentes perspectivas, respeitando a autonomia do fazer pedagógico que se concretiza em diferentes contextos. Inicialmente, apresentamos a avaliação como um processo contínuo imerso na complexidade de uma proposta educativa, considerando as visões de mundo e de humanidade presentes nas ações docentes. Assim, a avaliação torna-se também uma forma de reflexão sobre a proposta curricular, temas e metodologia. A compreensão do processo como resultado, o protagonismo do aluno, as possibilidades do professor pesquisador e da presença do risco e do erro são elementos fundamentais neste processo. A atenção, o exercício do olhar cuidadoso e a predisposição ao diálogo fornecem os subsídios que sustentam tais elementos. Considerando as peculiaridades do ensino fundamental II, destacamos o uso de registros variados que permitam acompanhar a trajetória do aluno, bem como a análise pelo próprio educando, com ênfase em resultados que permitam uma prática pedagógica mais inclusiva.

Questões para reflexão

1. Considerando os elementos presentes no texto, quais deles devem ser considerados na elaboração de uma proposta de avaliação para o ensino fundamental II?

2. De acordo com as reflexões do texto, levante algumas vantagens da avaliação processual. Elenque algumas formas possíveis de realizá-la.
3. O que pode fazer um professor para que sua sala de aula torne-se objeto de pesquisa e local de produção de conhecimento?

REFERÊNCIAS BIBLIOGRÁFICAS

1. Krug DF, Krug A. Avaliação. Curitiba: JM Editora e Livraria Jurídica, 2015.
2. Krug DF, Zimmermann A, Morais M, Magri PE. O desafio da coerência curricular na formação de professores de Educação Física. In: IV Colóquio Luso-Brasileiro sobre questões curriculares. Florianópolis: UFSC, 2008.
3. Sacks O. O homem que confundiu sua mulher com um chapéu e outras histórias clínicas. São Paulo: Companhia das Letras, 1997.
4. Santos W, Maximiano FL. Avaliação na educação física escolar: singularidades e diferenciações de um componente curricular. Rev Bras Ciênc Esporte 2013;35(4):883-96.
5. Zimmermann AC. Sobre pausas e silêncios. Rev Bras Educ Fís Esporte 2015;29:55-61.
6. Luckesi CC. Avaliação da aprendizagem escolar: estudos e preposições. São Paulo: Cortez, 2008.
7. Saura SC, Meirelles R. Brincantes e goleiros, considerações sobre o brincar e o jogo a partir da fenomenologia da imagem. In: Correia WR, Rodrigues BM (orgs.) Educação Física no Ensino Fundamental: da inspiração à ação. Várzea Paulista: Fontoura, 2015. p.35-60.
8. Saura SC, Zimmermann AC. Educação corporal na perspectiva do lazer. In: Carreira Filho D, Correia WR. (orgs.). Educação corporal: entre anúncios e denúncias. v. 17. Curitiba: CRV, 2016. p.31-44.
9. Darido SC. A avaliação da educação física na escola. In: Universidade Estadual Paulista. Prograd. Caderno de formação: formação de professores didática geral. v. 16. São Paulo: Cultura Acadêmica, 2012. p.127-40.
10. Charlot B. Ensinar a educação física ou ajudar o aluno a aprender o seu corpo-sujeito? In: Dantas Júnior HS, Kuhn R, Ribeiro SDD. Educação física, esporte e sociedade: temas emergentes. v. 3. São Cristóvão: Editora da UFS, 2009. p.231-46.
11. Kunz E. Transformação didático-pedagógica do esporte. Ijuí: Unijuí, 1994.
12. Zimmermann AC. Educação física no ensino fundamental: notas para reflexão. In: Correia WR, Basso L. (orgs.). Pedagogia do movimento do corpo humano. Várzea Paulista: Fontoura, 2013. p.165-84.
13. Zimmermann AC. Ensaio sobre o movimento humano: jogo e expressividade [Tese]. Florianópolis: Universidade Federal de Santa Catarina, Faculdade de Educação, 2010.
14. Rancière J. O mestre ignorante: cinco lições sobre a emancipação intelectual. Belo Horizonte: Autêntica, 2013.
15. Weffort MF (coord.). Observação Registro Reflexão: Instrumentos Metodológicos I. São Paulo: Publicações do Espaço Pedagógico, 1996.
16. Leach L. Optional self-assessment: some tensions and dilemmas. Assessment & Evaluation in Higher Education 2012; 37(2):137-47.
17. Buber M. Between Man and Man. London: Routledge, 2002.
18. Zimmermann AC, Morgan WJ. A time for silence? Its possibilities for dialogue and for reflective learning. Studies in Philosophy and Education 2016;34(4):399-413.
19. Saura SC. O imaginário do lazer e do lúdico anunciado em práticas espontâneas do corpo brincante. Rev Bras Educ Fís Esporte 2014;28(1):163-75.
20. Freire P. Pedagogia da autonomia: saberes necessários à prática educativa. São Paulo: Paz e Terra, 1996.
21. Wivestad SM. On becoming better human beings: six stories to live by. Studies in Philosophy and Education 2013;32:55-71.

Capítulo 26

Educação física escolar: avaliação dos saberes escolares

Walter Roberto Correia

Objetivos do capítulo

▸ Identificar e analisar questões recorrentes ao tema da avaliação com vista à legitimação do componente curricular na educação básica e suas implicações para a prática educativa.

▸ Mostrar a produção acadêmica da educação física escolar na perspectiva dos seus imperativos didáticos e suas implicações para a construção de práticas avaliativas.

▸ Analisar a relação do objeto de ensino e aprendizagem da educação física com os diferentes tipos de conhecimento passíveis de avaliação inerentes à especificidade da cultura escolar

INTRODUÇÃO

Nos últimos 40 anos, a educação física tem produzido uma pluralidade de concepções e perspectivas de ensino que se consubstanciaram nas denominadas abordagens de ensino desenvolvimentista,[1] sistêmica,[2] cultural/antropológica,[3] fenomenológica,[4] construtivista,[5] crítico-superadora,[6] crítico-emancipatória[7] etc. Estas elaborações foram denominadas por Darido[8] como "Movimentos Renovadores". Esses movimentos foram subsidiados pela dinâmica dos programas de pós-graduação, especialmente em áreas acadêmicas diferenciadas da própria educação física, o que, por conseguinte, produziu múltiplas leituras e proposições.

Dessa maneira, foram propostos objetos de ensino e aprendizagem, como movimento, condutas motoras, cultura física, cultura corporal, cultura corporal de movimento, corporeidade, educação corporal, entre outros. Todas essas interpretações se distanciavam dos modelos higienista, tecnicista, mecanicista e esportivizante do corpo e do movimento tão prementes no século XX e início do século XXI. Além desses aspectos, essas orientações e tendências pedagógicas produziram fundamen-

tos para pavimentar uma via de acesso à noção de componente curricular na Lei de Diretrizes e Bases (LDB),[9] deixando progressivamente para trás o conceito restrito de atividade ou prática escolar.

Considerando o processo evolutivo da área e reconhecendo os seus respectivos quadros teóricos de suporte, como estaria o estado da arte da educação física escolar do ponto de vista dos fundamentos teóricos e conceituais que a sustentam?

Betti, Ferraz e Dantas[10] desenvolveram um estudo cujo propósito foi caracterizar e problematizar a educação física escolar como prática profissional e subárea de pesquisa no campo mais amplo da educação física e das investigações educacionais. Para tanto, foram analisados 289 artigos caracterizados como pesquisa em educação física escolar, publicados em 11 periódicos brasileiros, classificando-os nas categorias ciclo de escolarização, prática corporal e tema. Entre os resultados obtidos, foi possível destacar uma significativa predominância de estudos envolvendo o tema do ensino fundamental nas práticas "jogo" e "esporte", além de pesquisas de cunho descritivo-interpretativo das aulas de educação física em várias dimensões e inter-relações. Das conclusões apresentadas pelos estudiosos, foi possível sublinhar a necessidade de investimentos investigativos nos âmbitos da didática e da implementação dos programas (currículos) formulados no bojo das políticas públicas e da formação de professores.

Sobre essa última questão, a didática e os currículos de educação física escolar têm sido objetos de análises face à importância dessas questões para as formações inicial e permanente de professores e professoras. Caparroz e Bracht[11] lançam um perspicaz questionamento a partir do texto "O tempo e o lugar de uma didática da educação física", oferecendo as seguintes indagações:

[...] estaria a produção acadêmica e, em função disso, também os cursos de formação de professores de educação física, hipertrofiando as discussões pedagógicas e atrofiando as discussões da didática da educação física escolar? Qual o espaço e o lugar da didática na educação física? (p. 23).

A conclusão a que os pesquisadores chegaram foi a de que a autonomia docente, do ponto de vista da sua prática didática e pedagógica, deve estar alicerçada na vida concreta dos educadores, na sua possibilidade e no seu direito autoral, no contexto em que atuam, não se deixando alienar pela lógica, formalidade e normatização das instâncias acadêmicas ou técnicas das políticas educacionais:

> Nossa pretensão foi a de refletir e apresentar argumentos a favor de uma compreensão de didática que leve o professor a perceber-se e constituir-se como autor de sua prática pedagógica, imbuído de autonomia e autoridade. Ao nos referirmos à autonomia docente entendemos que tal está relacionada com uma perspectiva na qual os professores devem buscar, construir e conquistar sua competência didático-pedagógica para desenvolver sua prática pedagógica na complexa trama de relações que engendra o cotidiano escolar de modo que não permita que os professores sejam constantemente (ou até eternamente) reféns tanto dos especialistas/experts (pesquisadores do âmbito acadêmico-universitário) que produzem uma literatura acadêmica que se converte em referência que orienta e determina a prática pedagógica na escola, como também das políticas educacionais e as propostas pedagógicas oficiais/ordenamento legal que orientam/normalizam (enrijecem) tal prática. Não estamos de maneira alguma defendendo uma desvinculação/separação entre os professores que atuam no cotidiano escolar e os especialistas e também o Estado, defendemos, sim, é a interação e interlocução, mas sem dependência por parte dos professores em relação àqueles. (p.34)

A emergência da didática como uma demanda curricular em processo de resgate exige tempo e lugar nas interlocuções no âmbito das práticas educativas. As questões clássicas desse repertório se inserem na teoria de currículo e, dessa forma, conduzem a nossa atenção para questionamentos sobre o que ensinar, por que ensinar, como ensinar e como avaliar.

DESENVOLVIMENTO

Ao longo do século XX, a didática consubstanciou-se na perspectiva de uma educação conteudista sob a proposição de programas de instrução que buscavam, comumente, uma eficácia por meio da ideia de programação de ensino. Nesse contexto, tivemos a proliferação de programas de ensinos com a valorização das chamadas técnicas de ensino, ou seja, o cerne da eficácia didática dizia respeito à dimensão técnica/instrumental/operacional. Essa perspectiva de educação, de viés positivista pautada no comportamentalismo, além de se demonstrar ineficaz perante a produção do fracasso escolar, foi descortinada ideologicamente pelas teorias críticas da educação, especialmente quanto a suas finalidades, conteúdos, métodos e avaliação. Os sintomas desse modelo ou concepção educativa se consubstanciaram por meio de índices alarmantes de evasão, expulsão, reprovação, analfabetismo, atraso na relação idade/série e precariedade escolar e formativa. Na educação física, o modelo tecnicista traduziu-se pela prevalência do ensino de habilidades motoras relacionadas às modalidades esportivas e das medidas e avaliações da aptidão física. A gênese desse processo foi submetida ao crivo da crítica epistemológica e política de diferentes áreas do conhecimento, em especial com a contribuição das ciências humanas, gerando as condições para um enfoque histórico, dialético e crítico dos saberes e fazeres didáticos.

No entanto, ainda que a didática fosse submetida aos processos de reconstrução nos seus elementos teóricos e metodológicos, outras dimensões se interpuseram às agendas da educação integrando o campo da retórica e das práticas educativas. Trata-se de um campo plural, não consensual, disputado socialmente pelos diferentes agentes sociais que, amiúde, envidam esforços para fazer valer certas visões de mundo, de sociedade e, portanto, uma distribuição desigual dos saberes.

Como hipótese a ser avaliada pela história da educação, especulamos que o debate didático, nas últimas décadas, se secundarizou perante as questões relativas aos fundamentos políticos e ideológicos da educação e pelo enfoque sociointeracionista/construtivista. Nesse complexo dinamismo histórico da educação, cuja historicidade não pode ser admitida como um movimento linear e congruente entre seus atores e instituições, as questões das finalidades, dos conteúdos, dos meios e, especialmente, das formas de avaliar o ensinar e o aprender persistem como aspectos determinantes para educação formal. A dimensão didática é perene, pois sua natureza perdurará assumindo distintas conotações e denotações conforme os ensaios políticos e pedagógicos da educação. Certamente é inconteste a pluralidade das didáticas, especialmente quando estamos em cenários fortemente marcados pela diversidade humana e sua inexorável polissemia/polifonia sobre os conteúdos e as formas da educação. Reconhecendo a incomensurável gama de possibilidades de sentir, pensar e agir na vida, a educação formal estará sempre suscetível a rever as suas concepções e práticas de ensino. Portanto, talvez seja profícuo para o nosso exercício ensaístico explorarmos o seguinte recorte conceitual sobre a didática proposto por Libâneo:[12]

> A didática é, pois, uma das disciplinas da pedagogia que estuda o processo de ensino através dos seus componentes – conteúdos escolares, o ensino e aprendizagem – para, com o embasamento numa teoria da educação, formular diretrizes orientadoras da atividade profissional dos professores. É, ao mesmo tempo, uma matéria de estudo fundamental na formação profissional de professores e um meio de trabalho do qual os professores se servem para dirigir a atividade de ensino, cujo resultado é aprendizagem dos conteúdos escolares pelos alunos. Definindo-se como mediação escolar dos objetivos e conteúdos do ensino, a didática investiga as condições e formas que vigoram no ensino e, ao mesmo tempo, os fatores reais (sociais, políticos, culturais, psicossociais) condicionantes das relações entre a docência e a aprendizagem. Ou seja, destacando a instrução e ensino como elementos primordiais do processo pedagógico escolar, traduz objetivos sociais e políticos em objetivos de ensino, seleciona e organiza os conteúdos e métodos e, ao estabelecer as conexões entre ensino e aprendizagem, indica princípios e diretrizes que irão regular a ação didática. [...] A didática tem muitos pontos em comum com as metodologias específicas de ensino. Elas são as fontes de investigação didática, ao lado da psicologia da educação e sociologia da educação. Mas, ao se constituir como teoria da instrução e do ensino, abstrai das particularidades de cada matéria para generalizar princípios e diretrizes para qualquer uma delas. Em síntese, são temas fundamentais os objetivos sócio-políticos e pedagógicos da educação escolar, os conteúdos escolares, os princípios didáticos, os métodos de ensino e de aprendizagem, as formas organizativas do ensino, o uso e aplicação de técnicas e recursos, o controle e a avaliação da aprendizagem. (p.52-4)

Conforme mencionado anteriormente, a didática corresponde a um campo de investigação que tem o processo de ensino e aprendizagem como objeto de estudo e aplicação. Por essa razão, é uma área fundamental na preparação inicial e permanente da formação de professores e professoras de todas as áreas. A didática geral mantém uma relação dialética com as abordagens e metodologias de ensino específicas

provenientes dos diferentes campos do saber. A natureza do campo didático se vincula radicalmente à especificidade do trabalho docente. Entretanto, não podemos desconsiderar que toda concepção/compreensão didática está ancorada em diferentes projetos políticos e pedagógicos ao longo da historicidade da própria educação escolar e, por essa razão, seus sentidos devem ser submetidos ao crivo da racionalidade crítica como bem nos exemplifica Luckesi:[13]

> Penso que a didática, para assumir um papel significativo na formação do educador, deverá mudar seus rumos. Não poderá reduzir-se e dedicar-se tão somente ao ensino de meios e mecanismos pelos quais se possa desenvolver um processo ensino-aprendizagem, mas deverá ser um elo fundamental entre opções filosófico-políticas da educação, os conteúdos profissionalizantes e o exercício diuturno da educação. Não poderá continuar sendo um apêndice de orientações mecânicas e tecnológicas. Deverá ser, sim, um modo crítico, que não se fará tão somente pelo educador, mas pelo educador, conjuntamente, com o educando e outros membros dos diversos setores da sociedade. (p.30)

A partir desse posicionamento, ousamos inferir que a didática está mediada pela pluralidade e diversidade cultural que perpassa o processo de escolarização. Pluralidade e diversidade que se materializam em práticas didáticas objetivas/subjetivas no cerne dos componentes curriculares como objetivações culturais institucionalizadas. Os componentes e as disciplinas da escolarização são expressões singulares de comunidades epistemológicas que, invariavelmente, têm um conjunto de saberes como territórios demarcados para ancoragem das suas identidades sociais. Algumas disciplinas escolares são provenientes de disciplinas acadêmicas ou ciências e, outras, de práticas ou manifestações culturais específicas que foram sendo transformadas pelos interesses didáticos e metodológicos da instituição escolar.

Segundo Forquin,[14] a escola realiza um complexo processo de seleção de objetos provenientes das práticas sociais, das tradições do pensamento humano, da cultura e, de forma intencional e sistemática, transforma essas objetivações culturais em saber escolar:

> A cultura escolar apresenta-se assim como uma "cultura segunda" com relação à cultura de criação ou de invenção, uma cultura derivada e transposta, subordinada inteiramente a uma função de mediação didática e determinada pelos imperativos que decorrem desta função, como se vê através destes produtos e destes instrumen-

tos característicos constituídos pelos programas e instruções oficiais, manuais e materiais didáticos, temas e deveres de exercícios, controles, notas, classificações e outras formas propriamente escolares de recompensas e de sanções. (p.33)

Nesse empreendimento, por meio de manejos didáticos, a escolarização processa, a transformação de objetos socioculturais em objetos reconfigurados de outra natureza. A natureza em questão diz respeito às especificidades dos saberes escolares configurados em matemática escolar, história escolar, geografia escolar, biologia escolar, educação física escolar, entre outras. Segundo Chervel,[15] esses componentes, disciplinas ou práticas escolares, além de expressarem os conhecimentos historicamente acumulados pela humanidade, implicam lógicas e processos próprios e, por sua vez, ressoam de forma significativa na dinâmica da própria sociedade com seus modelos, linguagens e estratégias de socialização:

> Porque são criações espontâneas e originais do sistema escolar é que as disciplinas merecem um interesse todo particular. E porque o sistema escolar é detentor de um poder criativo insuficientemente valorizado, até aqui é que ele desempenha na sociedade um papel o qual não se percebeu que era duplo: de fato ele forma não somente indivíduos, mas também uma cultura que vem por sua vez penetrar, moldar, modificar a cultura da sociedade global. (p.184)

Se as assertivas previamente mencionadas podem ser assumidas como razoáveis, talvez nós possamos compreender, em parte, a razão permanente de disputas por legitimidade dos múltiplos atores que representam os componentes curriculares. Se admitimos que as disciplinas escolares comportam saberes e poderes, podemos presumir que estas produzam ressonâncias nas interações sociais para além dos muros das escolas. Os processos de seleção das áreas de estudo, disciplinas e práticas escolares que devem permanecer ou ser suprimidas do currículo se tornam, inevitavelmente, um campo de prementes embates curriculares (político-ideológicos). Nesse sentido, a questão da natureza dos conteúdos escolares ganha relevância inconteste.

Estas considerações devem ser reinseridas nas pautas de discussões de professores e professoras representantes das diversas áreas ou componentes curriculares, a fim de atender questões básicas, ou seja, definir com clareza o que ensinar, como ensinar, quando ensinar e como avaliar. Cada área do conhecimento e seus respectivos representantes necessitam empenhar-se na tarefa de lançar esforços no sentido de fundamentar e justificar as suas contribuições específicas, sobretudo no que diz respeito ao conhecimento que julgam ser pertinentes ao processo de escolarização.

Esse escopo, por mais intrínseco, natural ou óbvio que pareça do ponto de vista do cotidiano da escola, está, atualmente, sendo abordado e contestado enfaticamente na esfera pública pela insurgência das propostas de reformas no ensino brasileiro. As polêmicas e a falta de consenso sobre o que se deve, o que se pode e o que se deseja ou, até mesmo, sobre o que não se deve, o que não se pode e o que não se deseja ensinar e aprender são expressões inerentes de uma sociedade democrática e em desenvolvimento.

Sendo assim, para Saviani,[16] cada área é portadora de uma especificidade, sendo que a captação do que lhe é essencial representa um desafio para todo e qualquer projeto escolar, permitindo, por sua vez, dar um tratamento mais compatível com o saber elaborado e sistematizado:

> Detectar o essencial, a "espinha dorsal" de cada área do conhecimento é, mais que uma tarefa, um desafio, a ser enfrentado pelos educadores em seu conjunto, pela equipe escolar como um todo. Impossível vencê-lo sem essa visão de totalidade, em que parte e todo, geral e específico se inter-relacionam, se interdependem e se determinam mutuamente. Isto exige um trabalho articulado, integrado, coordenado, unitário, em que professores das diferentes modalidades, graus, níveis, séries, termos, disciplinas, planejem, avaliem constantemente e reflitam em conjunto sobre o geral e o específico de seu trabalho, a partir de orientações básicas comuns. (p.21)

Seguindo este raciocínio, todas as disciplinas precisariam, em tese, envolver-se nesta orientação, de maneira a justificar e legitimar suas ações pedagógicas, cuja finalidade é promover melhores condições para um possível salto qualitativo no processo de ensino e aprendizagem na educação formal, além de atender com objetividade a questão do que ensinar nos diferentes níveis de escolarização. Essas demandas conclamam contribuições multidisciplinares das denominadas ciências da educação. Assim sendo, segundo Correia,[17] nesse contexto é indispensável o escopo didático e metodológico como elementos balizadores dessas construções. Portanto, qual é a relevância dessas considerações hipotéticas para o desenvolvimento da educação física escolar? Qual é a importância desses tópicos para a avaliação dos saberes escolares para o componente curricular educação física?

A educação física teve seu processo evolutivo marcado por uma natureza prática e procedimental apoiada em uma parte substancial da sua própria história sobre temas da ginástica e do esporte. No final do século XX até os dias atuais, o modelo mencionado anteriormente vem sendo superado pelo conceito de cultura e, por sua vez, os princípios da inclusão e do respeito à diversidade cultural têm sido valorizados na construção identitária da educação física escolar. Nesse sentido, outros temas (jogos, danças, lutas, atividades circenses, conhecimentos e cuidados com o corpo etc.) vieram a incorporar o ideário político e pedagógico da educação física, deixando progressivamente para o passado – mas não totalmente – uma imagem cristalizada de atividade/prática escolar para se constituir como componente curricular do ensino básico.

A LDB de 1996 concebe a educação física como um componente curricular obrigatório para a educação básica e determina que tal disciplina seja ajustada à realidade das escolas e das diferentes faixas etárias, sendo facultativa no ensino noturno. Cabe o destaque de que essas observações não são recorrentes ao longo do dispositivo legal para outras áreas ou componentes curriculares. Além disso, a menção sobre as faixas etárias é discutível, especialmente quando se trata do ponto de vista do desenvolvimento humano. No que tange à facultabilidade da educação física no ensino noturno, temos aqui uma suspeita de que o entendimento sobre a natureza do componente deixa transparecer um sentido reducionista da disciplina, como esforço e fadiga física incompatível com a realidade de jovens e adultos trabalhadores da escola noturna. Em suma, da lei aos chãos das escolas, o seu entendimento não é unívoco e, tampouco, uníssono.

Um componente curricular tem a incumbência de "comportar" um conjunto de saberes relativos de um objeto, área do conhecimento ou prática social para efeito de ensino e aprendizagem. Considerar um componente curricular como pertinente é, antes de tudo, ser passível de justificação e organização, conjugá-lo racionalmente perante as finalidades da educação em relação à validade dos conteúdos culturais que possam favorecer um projeto de desenvolvimento humano em uma dada conjuntura histórica e social.

No entanto, segundo Sacristán,[18] o próprio conceito de conteúdo admite apropriações muito díspares e fomenta cenários de retóricas e práticas muito distintas, que compõem as cenas educacionais:

> O problema de definir o que é conteúdo do ensino e como chegar a decidi-lo é um dos aspectos mais conflituosos da história do pensamento educativo e da prática de ensino, condição que se reflete nos mais diversos enfoques, perspectivas e opções. O próprio conceito de conteúdo já é por si mesmo interpretável, como veremos; e é, sobretudo, porque responder à pergunta e que conteúdo deve tratar o tempo de ensino implica saber que função queremos que este cumpra, em relação aos indivíduos, à cultura herdada, à sociedade na qual estamos e à qual aspiramos conseguir. Como frente a essas funções não existe uma única perspectiva, em torno da determinação dos conteúdos do ensino se pode observar uma das controvérsias mais significativas da história da escolarização e do pensamento curricular. (p.149)

Essas observações nos remetem aos sujeitos da docência que protagonizam a educação básica, inclusive a educação física. Na medida em que a educação física comporta um conjunto de saberes provenientes da cultura corporal, do movimento do corpo humano ou das práticas corporais de movimento (patrimônio cultural) a serem assimilados pela escola, torna-se indispensável para o seu reconhecimento social e sua legitimação explicitar os critérios para seleção, organização, tratamento e avaliação dos conteúdos. Dito de outra forma, formalizar o que ensinar (temas/tópicos/conteúdos), o quanto ensinar (profundidade), quando ensinar (séries/ciclos/módulos) e como avaliar um currículo e/ou uma prática educativa.

Os aspectos supracitados ganham sentido e significado face às discussões na esfera pública sobre as inexoráveis transformações das políticas educacionais. Como exemplo, temos o debate sobre a proposta de uma base nacional comum curricular e a reforma do ensino médio. Essas pautas tomaram a sociedade como um todo e pode-se aferir uma premente vitalidade em relação ao tema. Nesses movimentos da política pública, emergiu como um dos núcleos do debate público questionamentos sobre quais componentes curriculares e conteúdos deveriam permanecer ou ser suprimidos no âmbito da escola. Aqui, mais uma vez, a permanência ou não da educação física e, também, de outras disciplinas como filosofia, sociologia, artes, psicologia, sexualidade e ensino religioso foram desafiadas nas suas premissas e justificativas pedagógicas. Um tópico importante dessas discussões gravitou em torno da relevância social dos conteúdos e da sua consistência do ponto de vista da sistematização e organização didática. Esses últimos são imprescindíveis para que a sociedade como um todo tenha as melhores condições para se posicionar quanto ao modelo de educação que julga necessário para si. Sem um consenso, não é possível desenvolver a contento um projeto curricular, um projeto de educação.

Portanto, considerando a diversificação temática que envolve a educação física no trato pedagógico das práticas corporais e de movimento, talvez possamos admitir que essa conjuntura da política educacional possa ser uma oportunidade histórica que, segundo Correia,[19] revele um possível patamar evolutivo da própria área. Dessa forma, hipotetizamos que uma tarefa histórica necessária e viável para a educação física escolar seja rever ou, até mesmo, estabelecer os critérios de seleção e organização dos saberes escolares. Mesmo constatando a existência de diferentes abordagens de ensino ou perspectivas teóricas para o ensino de educação física, conjecturamos que ainda não gozamos de um *status* consistente como componente curricular sistematizado.

Nossa impressão inacabada e precária sobre a própria história do componente curricular nos inclina a avaliar as teorias pedagógicas como ensaios propositivos não sistematizados. Se houver alguma validade nessa percepção, então devemos caminhar no sentido de buscar balizadores para dar corpo e estrutura diante de um objeto tão abrangente como a cultura corporal de movimento. A riqueza e a extensão do objeto se convertem em um desafio para a educação física que, por conseguinte, nos obriga a voltar aos conceitos e preceitos clássicos do campo didático e metodológico da educação. Finalidades gerais, objetivos específicos, conteúdos, estratégias e procedimentos de avaliação exigiriam que tipo de parâmetros para serem estabelecidos? Na educação formal, esses itens devem estar articulados sistemicamente no sentido de dar integralidade e coerências internas, verticais e horizontais quando pensamos em currículo. Essa questão não pode ser abreviada ou negligenciada quando a pauta social consiste em políticas públicas de educação. Para Canen e Moreira,[20] as ênfases e as omissões do currículo na escolarização não produzem quimeras ou efeitos abstratos sobre as vidas das pessoas.

Algumas questões podem ajudar no caminho da construção de um ideário sistematizador para educação física escolar. Obviamente, sem termos a pretensão de exaurir esses tópicos, no entanto, podemos sugerir a discussão de como articular melhor a especificidade da educação escolar com a especificidade do componente curricular educação física. Aqui, um esforço importante se daria a partir da transformação didática e pedagógica da dança, da luta, do esporte e do jogo como componentes do currículo; resumidamente, das práticas corporais como objetos escolares e da educação física. Esses temas mencionados podem e devem ser considerados manifes-

tações antropológicas diferenciadas da educação física escolar. A educação física como campo e prática social vem se apropriando das manifestações esportivas, lúdico-recreativas, rítmicas, expressivas e marciais de combate para integralizar seu corpo de conhecimento, de maneira a vincular essas práticas aos seus objetivos institucionais. Elaborar uma distinção e um tratamento apropriado entre a cultura corporal não escolar junto à cultura corporal escolar sistematizada e problematizada pela educação física é, provavelmente, um caminho a ser trilhado.

Ainda sobre as questões anteriores, por exemplo, sem prejuízo do direito e da necessidade da experiência lúdica e criativa do movimento do corpo humano – não excluir ou restringir o movimentar-se humano da escola e da educação física – se faz necessário e pertinente trazer à tona as dimensões biológicas, socioculturais, técnicas e estéticas do dançar, jogar, brincar, lutar etc. Como tratar esses temas da cultura de forma planejada, sistematizada, passível de problematização, temporalizada (seriação/ciclos/módulos), ordenada e com previsibilidade relativa, de maneira a não ficarmos atrelados aos sabores, dissabores, conveniências, contingências, experimentos episódicos de cunho pessoal ou grupal na seleção e organização das experiências educativas?

Seguindo na mesma linha argumentativa, como faríamos uma melhor articulação da especificidade da educação física com os objetivos e demandas específicas dos diferentes níveis da escolaridade, ou seja, na educação infantil, no ensino fundamental e no ensino médio? Como estabelecer critérios para uma orientação profícua na socialização dos conhecimentos factuais, conceituais, procedimentais, valorativos e normativos sobre corpo e movimento ao longo do eixo da escolarização? A educação física é portadora de uma tradição e de uma memória com o ensino de habilidades corporais de cunho procedimental. Na perspectiva da ampliação de seus horizontes e da necessidade de legitimar-se continuamente no currículo da escola brasileira, teremos de nos debruçar sobre questões como trabalhar melhor com os conhecimentos conceituais, valorativos e normativos. Sem sombra de dúvidas, esses aspectos trariam novas perspectivas para os processos de formação docente.

Essas questões podem ser levadas a cabo no processo de construção de uma mentalidade didático/sistematizadora que, no nosso entendimento, urge um trabalho de elaboração coletiva como um empreendimento histórico/evolutivo da instituição educação física escolar. Contudo, uma instância é vital em todo e qualquer processo de socialização do conhecimento no sentido de mediar, regular, orientar, valorar e possibilitar o entendimento da eficácia de um processo educativo, ou seja, a avaliação.

A avaliação é um dos aspectos mais controversos da educação, juntamente com a questão dos conteúdos de ensino. Por meio dela são efetivados processos de inclusão e exclusão dos sujeitos na escola, legitimando ou não certos saberes, instaurando mecanismos de controle, exercitando poderes e, também, regulando os aspectos qualitativos e quantitativos do binômio ensino/aprendizagem. Toda e qualquer concepção ou prática avaliativa faz alusão aos diferentes projetos de desenvolvimento humano, a determinadas visões de mundo, sociedade, escola, conhecimento e prática pedagógica.

A avaliação está condicionada aos diferentes perfis de escolarização e às abordagens de ensino que as subsidiam. Sobre esse aspecto, além das características dos projetos político-pedagógicos que perpassam as realidades escolares, a avaliação está vinculada às especificidades dos componentes curriculares e seus conhecimentos – fatos, conceitos, procedimentos, valores e atitudes – que são prementes em determinadas áreas do conhecimento. Em suma, a avaliação tem o poder de legitimar e valorar certos saberes e poderes na dinâmica escolar e, frequentemente, se constitui como objeto e meio de disputas e controle social. Importante relembrar que a noção de avaliação é fortemente instaurada ou referenciada na sociedade a partir das experiências escolares a que os cidadãos e cidadãs se submeteram. Com as referências escolares das práticas avaliativas foi possível formar um senso comum valorativo sobre determinadas matérias ou disciplinas escolares.

Dessa maneira, a valoração social dos componentes curriculares é atravessada pela forma como as diferentes áreas operaram com os seus procedimentos ou mecanismos de avaliação. Por meio da avaliação, enseja-se tanto a importância das áreas de conhecimento como dos docentes que as representam. Os modelos ou tradições de avaliação nas diferentes matérias escolares explicam, em parte, as diferenciações de valor na sociedade sobre a pertinência das ciências da natureza e as ciências exatas, humanas, literatura, artes, corpo, religião etc.

No que tange à educação física escolar, podemos relembrar o estudo citado no início deste capítulo, que faz referência ao estado da arte na produção de conhecimento. Não se observa nenhuma menção digna de destaque ao tópico de avaliação. Se observarmos as diferentes abordagens de ensino e tendências pedagógicas anteriormente citadas, além de documentos oficiais como os Parâmetros Curriculares Nacionais[21] e a Proposta Curricular do Estado de São Paulo,[22] as prescrições sobre o tema avaliação podem, salvo melhor juízo, ser consideradas tímidas e precárias. Recorrentemente, encontramos indicações que enfatizam uma atitude avaliativa inclusiva, de respeito à diversidade, que con-temple as diferentes formas de ensinar e aprender, valorizando os aspectos qualitativos e tendo como foco o processo, e não o produto. Ainda que essas recomendações didáticas e metodológicas sobre avaliação sejam pertinentes, a generalidade com que estas se encerram pode indicar aspectos negligenciados.

Como conjectura, lançamos a hipótese de que a suposta negligência e subestimação da avaliação no âmbito da educação física escolar está entremeada pela dificuldade em determinar, com mais clareza, quais são os conteúdos específicos que este componente curricular comporta. Esta dificuldade se adensa na medida em que a educação física escolar avança na exploração do conceito de práticas corporais e, nesse âmbito, tem a incumbência de selecionar/organizar os conteúdos culturais para serem transformados em saberes escolares. Saberes que incluem os diferentes tipos de conhecimento que, pela trajetória do componente curricular – como foi reiteradamente dito anteriormente – tradicionalmente se pautou pelo tipo procedimental: saber jogar, saber se exercitar, saber brincar, saber competir, saber cooperar etc. Possivelmente, o momento histórico esteja clamando por uma maior clareza por parte dos interlocutores da área, no sentido de estabelecer as bases do que seja o ensino e a aprendizagem de conceitos, procedimentos, valores e atitudes sobre os temas/fenômenos que subjazem a essência da educação física, ou seja, corpo e movimento. Se houver alguma validade no que acabamos de expor, portanto, cabe adicionar a necessidade de clarificar o que implica avaliar conceitos, valores, normas e atitudes em educação física escolar. Esta última consideração não é uma tarefa, mas um saber e um empreendimento evidentes na retórica e na prática da educação física.

Sob o ideário da cultura, ampliou-se o universo temático da educação física, o que, por sua vez, estendeu seus horizontes e possibilidades pedagógicas. Entretanto, perante a diversificação temática dos tópicos e objetos de ensino e aprendizagem, as questões dos critérios para sistematização dos conteúdos escolares se impõem concomitantemente aos critérios avaliativos. Na incorporação de novos objetos, são necessárias novas aprendizagens do ponto de vista dos saberes a ensinar e dos saberes para ensinar. A produção dos conhecimentos e os processos de formação inicial e continuada de professoras e professores terão uma longa, mas profícua "lição de casa", ou seja, a lição do resgate dos imperativos didáticos e metodológicos da educação física escolar. Aproveitar as reformas em voga no campo da política pública da educação poderá, oportuna mas não certamente, edificar os fundamentos que sustentem sua legitimação como componente curricular.

CONSIDERAÇÕES FINAIS

Concluindo, o presente capítulo se junta à polifonia da sociedade no que tange aos movimentos das políticas públicas em educação que estão em curso. Como um ponto de vista, ou seja, a vista de um ponto, incluímos na tessitura do presente capítulo o seu quinhão de ficção e imaginação. Por essa razão, imbuídos de um espírito pleno de inquietudes, reiteramos que, mais uma vez, dispomos de uma oportunidade histórica para atualizar a educação física escolar a partir da presunção de uma tarefa didática e metodológica que posicione de modo mais criterioso, coerente e sistemático seus objetivos, conteúdos, métodos e avaliação. Sem a clareza do objeto e do seu tratamento metodológico, a avaliação não se valida. Por fim, o componente não se legitimará, doravante, sem uma consistência didática e metodológica interna. Não é uma questão de escolha ocasional para a educação física. É a educação do século XXI como seus imperativos sobre os atores e agentes educacionais. Nossa fantasia é de que as lógicas da sistematização e da problematização da educação física se imponham a partir de um enfoque didático ampliado.

RESUMO

O presente capítulo teve por objetivo problematizar a produção acadêmica da educação física escolar na perspectiva dos seus imperativos didáticos e suas implicações para a construção de práticas avaliativas. Do ponto de vista da sistematização dos saberes escolares, foi problematizada a relação do objeto de ensino e aprendizagem da educação física com os diferentes tipos de conhecimento passíveis de avaliação inerentes à especificidade da cultura escolar.

Questões para reflexão

1. O que temos produzido de conhecimento para a educação física escolar e qual tem sido o lugar do tema avaliação no âmbito dessa produção?
2. Quais são as relações que podem ser estabelecidas entre a especificidade da educação física escolar e suas práticas avaliativas?

REFERÊNCIAS BIBLIOGRÁFICAS

1. Tani G, Manoel EJ, Kokubun E, Proença JE. Educação física escolar: uma abordagem desenvolvimentista. São Paulo: EPU/Edusp, 1986.
2. Betti M. Educação física e sociedade. São Paulo: Movimento, 1991.
3. Daólio J. Da cultura do corpo. Campinas: Papirus, 1995.
4. Moreira WW. Educação física escolar: uma abordagem fenomenológica. Campinas: Editora da Unicamp, 1992.
5. Silva JBF. Educação de corpo inteiro: teoria e prática da educação física. São Paulo: Scipione, 1989.
6. Soares CL, Taffarel CNZ, Varjal E, Castellani Filho L, Escobar MD, Bracht V. Metodologia do ensino de educação física. São Paulo: Cortez, 1992.
7. Kunz E. Transformação didático-pedagógica do esporte. Ijuí: Unijuí, 2000.
8. Darido SC. Educação física na escola: questões e reflexões. Araras: Topázio, 1999.
9. Ministério da Educação (BR). Lei de Diretrizes e Bases da Educação Nacional n. 9.394. São Paulo: Editora do Brasil, 1996.
10. Betti M, Dantas LEPBT, Ferraz OL. Educação física escolar: estado da arte e futuras direções. Rev Bras Educ Fís Esporte 2011(25):105-15.
11. Caparroz FE, Bracht V. O tempo e o lugar de uma didática da educação física. Rev Bras Ciências do Esporte 2007;26:21-37.
12. Libâneo JC. Didática. São Paulo: Cortez, 1991.
13. Luckesi CC. O papel da didática na formação do educador. In: Candau VM. (Org.) A didática em questão. Petrópolis: Vozes, 1983.
14. Forquin JC. Saberes escolares, imperativos didáticos e dinâmicas sociais. Teoria & Educação, 1992(5):29-48.
15. Chervel A. História das disciplinas escolares: reflexões sobre um campo de pesquisa. Teoria & Educação, 1990(2):177-229.
16. Saviani D. Pedagogia histórico-crítica: primeiras aproximações. São Paulo: Cortez, 1991.
17. Correia WR. Educação física no ensino médio: discutindo a questão dos saberes escolares. [Dissertação de Mestrado]. Escola de Educação Física e Esporte da USP, 1999.
18. Sacristán JG, Pérez Gomes AI. Compreender e transformar o ensino. Porto Alegre: Artmed, 2000.
19. Correia WR. O currículo como oportunidade histórica. Rev Bras de Educ Fís e Esporte 2016;30(3)
20. Canen A, Moreira AFB. Ênfases e omissões no currículo. Campinas: Papirus, 2001.
21. Secretaria de Educação Fundamental (BR). Parâmetros curriculares nacionais: Educação Física. Brasília: MEC/SEF, 1997.
22. Estado de São Paulo. Proposta Curricular do Estado de São Paulo: educação física. São Paulo: SE/CENP, 2008.

Capítulo 27

Na educação física escolar adaptada

Márcia Greguol

Objetivos do capítulo

- ▶ Discutir aspectos relacionados à avaliação de alunos com deficiência nas dimensões atitudinais, conceituais e procedimentais na educação física escolar.
- ▶ Definir e classificar os principais tipos de deficiência e as implicações para a avaliação em programas de educação física escolar adaptada.
- ▶ Descrever os principais testes, seus objetivos e estratégias de execução para a avaliação de parâmetros da aptidão física relacionada à saúde e ao desempenho de jovens com deficiência.

INTRODUÇÃO

Especialmente desde a década de 1990, a inclusão de jovens com deficiência no ensino regular tem se tornado uma realidade mais constante. O que no início gerou muitas dúvidas e temores, aos poucos foi sendo o centro de muitos debates e discussões. Ainda que se esteja distante do que se pode esperar como "inclusão ideal" nas escolas brasileiras, o fato é que pouco a pouco a presença de alunos com algum tipo de deficiência nas aulas de educação física regular tem sido mais frequente, o que gera a necessidade de disseminação de conhecimento, capacitação continuada e criação de instrumentos apropriados de avaliação.[1-3]

O termo deficiência pode ser conceituado como uma condição congênita ou adquirida de ordem sensorial, motora, intelectual ou múltipla que leve a algum tipo de limitação permanente. Essa limitação pode levar o jovem a diversos tipos de desvantagens, entretanto estas serão, em muitos casos, dependentes do contexto social. Dessa forma, percebe-se que a deficiência, embora gere limitações de diferentes magnitudes, não pode ser responsabilizada por todos os atrasos verificados no desenvolvimento posterior. No entanto, na prática, o que se observa por parte de muitos profissionais de educação física é a associação entre a deficiência e a ideia de incapacidade e restrição. Talvez por isso, muitos sintam-se confusos e até mesmo temerosos ao direcionar suas ações para o atendimento a jovens com algum tipo de deficiência.[4]

Vislumbrar possibilidades de programas de atividades físicas e esportivas para jovens com deficiência, para muitos profissionais, é uma realidade distante. Em uma situação de inclusão com outros jovens sem deficiência, então, é ainda mais remoto. Para o sucesso da proposta, é preciso que o professor, para promover programas com qualidade e segurança, conheça algumas características fundamentais sobre cada deficiência e, sobretudo, que consiga perceber as potencialidades diferenciadas presentes nos jovens, independentemente das deficiências que possam apresentar. A educação física na escola, ao proporcionar conhecimentos e vivências práticas sobre o corpo e o movimento, deveria ter papel fundamental para os alunos com e sem deficiência, ao lhes mostrar a importância de hábitos de vida saudáveis durante toda a vida.[5]

Dados do Ministério da Educação mostram que um número crescente de alunos com deficiência vem se inserindo na rede regular de ensino. Com a necessidade de se verificar a adequação das atividades nas aulas de educação física escolar, bem como o estado da aptidão física dos alunos, torna-se mais evidente a preocupação em criar e aprimorar métodos e parâmetros de avaliação dos componentes relacionados às dimensões da disciplina. A mesma tendência é observada na educação física escolar adaptada para jovens com deficiência, sendo que, nessa situação, são destacados dois fatores adicionais a serem atentados pelo professor. Primeiro, a avaliação do aluno com deficiência torna-se de grande relevância pela elevada prevalência de inatividade observada nessa população. Portanto, para muitos desses jovens, as aulas de educação física na escola são uma das poucas oportunidades de engajamento em alguma atividade física regular, de conhecimento dos seus próprios corpos e das suas possibilidades motoras. E, segundo, as particularidades de cada deficiência podem gerar dificuldades na interpretação dos dados analisados. Assim, o conhecimento de algumas características gerais de cada condição é um fator fundamental para a correta avaliação dos dados obtidos nos testes.

As práticas docentes na educação física escolar que envolvem jovens com deficiência ainda devem ser mais bem estudadas e compreendidas. Portanto, acredita-se que a construção e a divulgação do conhecimento na área da avaliação em educação física escolar adaptada seja uma estratégia fundamental para fornecer subsídios que colaborem de maneira incisiva na capacitação profissional continuada. Ressalta-se que, para proceder à avaliação em educação física escolar, é importante comparar o progresso do aluno não em relação aos demais, mas sempre em relação a ele mesmo. E isso é particularmente relevante quando são analisados jovens com deficiência, uma vez que as particularidades de suas condições podem levar a características, necessidades e potencialidades únicas.

Assim, o presente capítulo visa a discutir questões relacionadas à avaliação de jovens com deficiência na educação física escolar adaptada. Para tanto, serão discutidos procedimentos de avaliação que levem em conta as dimensões atitudinais, conceituais e procedimentais de alunos com deficiência na educação física escolar. Ainda, serão focados alguns aspectos da avaliação da aptidão física relacionada à saúde e ao desempenho, bem como instrumentos que analisem as necessidades específicas desses jovens nas aulas de educação física na escola. Por fim, na discussão dos parâmetros de avaliação, serão analisadas questões específicas relacionadas às principais deficiências sensoriais, motoras e intelectuais, de modo a esclarecer possíveis fontes de confusão na interpretação dos resultados.

AVALIAÇÃO DAS DIMENSÕES ATITUDINAIS, CONCEITUAIS E PROCEDIMENTAIS EM EDUCAÇÃO FÍSICA ESCOLAR ADAPTADA

Ao se discutir a avaliação em educação física escolar adaptada, a primeira pergunta que deveria emergir seria: o que se pretende com a avaliação? Tradicionalmente, a educação física escolar se preocupou por muitos anos com questões práticas relacionadas ao movimento em si ou então com o desempenho em testes de capacidade física, em detrimento dos conhecimentos que envolvem

o processo de ensino-aprendizagem nas aulas. Ao se deparar com um aluno com deficiência, o professor precisa compreender que o processo de avaliação não poderá ser utilizado com a expectativa de se enquadrar o desempenho dentro de padrões preestabelecidos, uma vez que, como já mencionado, as condições impostas por uma deficiência podem gerar características, necessidades e potencialidades únicas. Assim, ao compreender os motivos que demandam a avaliação, o professor de educação física deve buscar analisar um contexto mais amplo, envolvendo não apenas a execução do movimento em si, mas também a compreensão do aluno sobre os conteúdos ministrados, bem como sobre o desenvolvimento de atitudes adequadas durante o processo.

Mais do que apenas instrumentos de avaliação envolvendo testes motores, a avaliação de alunos com deficiência nas aulas de educação física deve abarcar um conjunto diversificado de estratégias, envolvendo a observação por parte do docente aula a aula, em provas orais e escritas, com registros de desempenhos individuais e autoavaliação. Especialmente no caso de alunos com deficiência, em muitas situações não será possível a plena execução dos movimentos esperados pelo professor. Dependendo do tipo de deficiência, caso haja um grande comprometimento motor, a possibilidade de movimentação autônoma é muito reduzida. Ainda assim, ao compreender a educação física na escola de maneira mais ampla, levando em conta todas as suas dimensões, verifica-se que a aprendizagem pode ser avaliada não apenas por aquilo que se executa em si, mas também pelo que se compreende sobre o corpo e o movimento e pelas atitudes desenvolvidas durante a disciplina.

Estudos relatam a preocupação de professores de educação física quanto ao procedimento adequado para avaliar seus alunos com deficiência inclusos nas salas regulares.[5,6] Para muitos professores, a inquietação emerge quando se trata de utilizar os mesmos critérios e parâmetros de avaliação pensados para alunos sem deficiência. Dessa forma, especialmente em casos de deficiências moderadas ou graves, alunos nessa condição fatalmente obteriam desempenhos considerados insatisfatórios perante seus colegas, o que poderia levar a uma avaliação injusta por parte do docente. E essa situação é agravada quando o professor foca todos os seus esforços na avaliação apenas dos conteúdos procedimentais da disciplina, uma vez que em muitas situações alunos com deficiência, sobretudo aqueles com maiores comprometimentos motores, não terão condições de realizar as tarefas motoras exigidas nos testes, nem tampouco apresentarão indicadores da aptidão física dentro dos parâmetros esperados para a população geral.

Nesse contexto, a avaliação dos aspectos conceituais da disciplina (conhecimentos relativos aos fatos, conceitos, princípios e capacidades cognitivas, como memorização, classificação, quantificação, entre outras), bem como de seus aspectos atitudinais (normas, valores, compreensão do trabalho em grupo, a importância da cooperação, o respeito entre si e aos outros), pode levar a uma compreensão ampliada sobre o processo de ensino-aprendizagem, dando oportunidade ao aluno de explorar todo seu potencial.[7]

Quanto à avaliação dos componentes conceituais da Educação Física, alguns autores defendem a aplicação de provas escritas ou orais como ferramentas eficazes.[8] As provas poderiam utilizar perguntas simples e diretas sobre fatos envolvendo o esporte, a atividade física e sua implicação para a saúde, ou ainda questões relacionadas aos movimentos corporais. Contudo, mais recentemente, pesquisadores na área da educação física escolar têm defendido que o professor não apenas avalie o conhecimento dos conceitos em si, mas também como os alunos os utilizam em situações variadas,[9] na resolução de problemas, na realização de atividades e em trabalhos em grupos. Assim, a observação aula a aula, com filmagens ou anotações específicas, pode ser uma estratégia de avaliação interessante ao expor a compreensão dos alunos sobre os conceitos relacionados à educação física, bem como sua capacidade de utilizá-lo em situações práticas.

Para alunos com deficiência, as estratégias utilizadas na avaliação dos conteúdos conceituais podem ser semelhantes, porém, no caso da aplicação de provas, algumas modificações podem ser necessárias. No caso de alunos com deficiência visual, a utilização de provas em Braille, orais ou ainda com fontes ampliadas pode ser necessária para que eles possam respondê-la de maneira autônoma. Já para aqueles com deficiência auditiva que tenham Libras como primeira língua, a aplicação de provas em língua portuguesa será adequada apenas se o professor tiver clareza da capacidade de compreensão do aluno. Alunos com deficiências motoras que apresentem restrições de movimento com as mãos podem necessitar de provas orais ou de recursos de informática para a realização das provas escritas. Por fim, para alunos com deficiência intelectual, a observação da utilização dos conceitos em situações reais pode ser uma estratégia mais interessante, uma vez que a compreensão, sobretudo em situações abstratas de avaliação, provavelmente será prejudicada.

Já no que tange aos aspectos atitudinais, as avaliações dos alunos com deficiência podem ser realizadas por meio de observações por parte do professor dos comportamentos deles em sua participação nas aulas, abrangendo aspectos como assiduidade, pontualidade, respeito aos colegas, respeito às regras, entre outros. A presença de uma deficiência não pode ser compreendida como uma condição que leve a maior permissividade por parte do professor de comportamentos inadequados durante as aulas. Assim, recomenda-se que os parâmetros de avaliação utilizados nesse quesito sejam os mesmos tanto para alunos com como sem deficiência.[10]

Cabe destacar que a presença de um aluno com deficiência incluso nas aulas regulares de educação física pode ser vista como uma ocasião ímpar de aprendizado. Não apenas esse aluno tem a oportunidade de desenvolver suas potencialidades motoras, cognitivas e sociais em uma situação mais próxima da realidade, como também os demais alunos sem deficiência poderão desenvolver várias habilidades sociais relacionadas a esse convívio, como aceitação das diferenças e respeito à diversidade.[5]

Nesse sentido, alguns instrumentos foram desenvolvidos para avaliar as atitudes dos alunos da escola diante da inclusão de colegas com deficiência nas aulas de educação física. A escala de atitudes dos colegas em relação aos portadores de deficiência (*Peer Attitudes Toward Handicapped Scale* – PATHS) é composta por 30 afirmações e foi validada para a utilização com alunos do ensino fundamental.[11] Ainda a escala atitudes das crianças em relação à educação física integrada – revisado (*Children's Attitudes Toward Integrated Physical Education-Revised* – CAIPE – R), validada por Block,[12] contém 12 afirmações, sendo que sete delas consideram a inclusão de uma criança com deficiência em uma classe regular de instrução física e cinco são a respeito das adaptações de modalidades esportivas específicas. Em ambos os instrumentos, o professor de educação física pode obter informações relevantes sobre as atitudes dos alunos em suas aulas com relação à inclusão de colegas com deficiência, de modo a compreender possíveis dificuldades ou necessidades específicas de intervenção.

Situações práticas colocadas pelo professor de educação física na escola podem se constituir em instrumentos muito interessantes para a avaliação das dimensões conceituais e atitudinais de alunos com deficiência na disciplina. Exemplos seriam a observação do comportamento do aluno em atividades em grupo, a utilização de conhecimentos práticos na organização de um evento esportivo na escola ou ainda a atuação como "tutor" de outro aluno durante a aula. Como mencionado anteriormente, ao pensar na inclusão de alunos com deficiência na escola, o professor de educação física deve compreender que, em muitas situações, a realização dos movimentos nos mesmos moldes esperados para alunos sem deficiência não será possível. Em alguns casos, as restrições impostas por uma deficiência motora podem impedir boa parte da movimentação voluntária. No entanto, nem por isso o aluno deve ser tolhido da oportunidade de conhecer o corpo humano e suas possibilidades de movimento, de compreender como a atividade física e esportiva é importante para a saúde e para a cultura da sociedade em que está inserido, e de desenvolver atitudes e comportamentos positivos por meio de experiências proporcionadas durante as aulas.

ASPECTOS CONCEITUAIS DAS DEFICIÊNCIAS E IMPLICAÇÕES NO PROCESSO DE AVALIAÇÃO NA ESCOLA

Conceitualmente, pessoas com deficiência seriam aquelas que, por distúrbios congênitos ou adquiridos de ordem sensorial, motora, intelectual ou múltipla, apresentam condições que os levam a algum tipo de limitação permanente.[10,13] Na escola, a ampla gama de condições encontradas pode se constituir em um fator de difuculdade para o professor de educação física ao planejar e avaliar suas atividades. Dessa forma, a seguir são destacados alguns aspectos relacionados às principais deficiências que podem trazer implicações no processo de ensino-aprendizagem.

Deficiência auditiva

A deficiência auditiva é definida como a perda total ou parcial da capacidade de conduzir ou perceber sinais sonoros. Embora a perda da audição pareça inicialmente exercer influência apenas sobre a comunicação, existem outros aspectos que devem ser analisados. O sentido da audição colabora também em grande medida com a orientação espacial, especialmente no que se refere à percepção de distâncias. Além disso, a audição, diferentemente da visão, é um sentido percebido em 360°. Assim, a perda da audição acarreta também ao indivíduo prejuízos importantes em sua orientação espacial e estado de alerta, especialmente no que diz respeito a objetos fora de seu campo de visão.

As causas da deficiência auditiva podem incluir lesões em diferentes partes do ouvido. Caso seja provocada por problemas no ouvido interno, afetará a interpretação do som, por lesões ocorridas na cóclea. Pode afetar ainda o aparelho vestibular, estrutura também localizada no ouvido interno. Caso o aparelho vestibular seja danificado, a criança poderá manifestar problemas no controle do equilíbrio ao longo da vida, o que pode ser, em grande medida, amenizado com programas de intervenção apropriados.

Com relação à época de surgimento, a deficiência auditiva anterior à aquisição da fala certamente trará maiores distúrbios ao desenvolvimento da criança, especialmente no que se refere à aprendizagem, uma vez que esta não apresentará memória verbal. Dessa forma, podem ocorrer problemas na formação de conceitos, especialmente se não forem oferecidos outros estímulos para a criança, como visuais ou cinestésicos.

As implicações para o processo de avaliação por parte do professor de educação física podem incluir dificuldades na compreensão de instrumentos escritos, necessidade de mais explicações visuais (por meio de figuras, vídeos etc.) das atividades a serem porpostas e alterações nos parâmetros de avaliação das variáveis que envolvam equilíbrio estático e dinâmico e orientação espacial, sobretudo para os alunos com surdez ocasionada por lesão no ouvido interno. Sinalizações visuais são de grande utilidade, com cartões ou bandeiras coloridas para sinalizar informações relevantes durante os testes.

Deficiência visual

Deficiência visual é definida como uma limitação na visão que, mesmo com correção, afeta negativamente o desempenho de uma criança durante sua educação. Do ponto de vista educacional, pode ser classificada como cegueira, que representa a perda total ou o resíduo mínimo da visão, baixa visão ou visão subnormal, que representa a existência de resíduo visual, que permite ao educando ler impressos a tinta, desde que com recursos didáticos e equipamentos especiais. O indivíduo cego, embora em alguns casos até tenha uma percepção de luz que possa ajudá-lo, não consegue utilizá-la em seus movimentos, na sua orientação e na aprendizagem por meios visuais. Já o aluno com baixa visão tem dificuldade em desempenhar tarefas visuais, mesmo com a prescrição de lentes corretivas, mas pode aprimorar sua capacidade de realizar tais tarefas com a utilização de estratégias visuais compensatórias e modificações ambientais.

A visão fornece um dos meios principais de se obter informações do ambiente. Consequentemente, enxergar é de fundamental importância para o processamento de informações. Jovens com deficiência visual podem apresentar dificuldades no controle do equilíbrio, em reconhecer seus próprios corpos, os objetos ao redor e os parâmetros espaciais que são essenciais para o movimento independente. Entretanto, todas essas defasagens poderiam ser evitadas ou pelo menos minimizadas por meio de intervenções precoces no sentido da experimentação de vivências motoras variadas.

Crianças com deficiência visual podem apresentar uma aptidão física mais precária, porém a ausência da visão não é o fator determinante para tal situação. Os fatores fundamentais incluiriam a prontidão muscular, a utilização dos demais sentidos e a presença ou restrição de oportunidades de movimentos. A insegurança na marcha e a falta de estímulos visuais pode levar a uma postura rígida na marcha, muitas vezes realizada com os braços rígidos à frente, os pés afastados e arrastando no chão e a cabeça baixa. Da mesma forma, a insegurança com o ambiente e o receio gerado pela falta de visão pode levar a dificuldades em projetar o corpo no espaço, especialmente para os mais inexperientes. Dessa forma, o professor de educação física deve levar em conta que alunos com deficiência visual provavelmente apresentarão desempenhos inferiores aos de seus colegas sem deficiência em testes que envolvam saltos, corridas e outras formas de deslocamento corporal.

Para a instrução sobre os testes motores a serem executados, o professor deve usar sinalizações com cores contrastantes para os jovens com baixa visão, de forma a potencializar seu resíduo visual. Para aqueles que não podem contar com visão residual, a instrução detalhada deve ser fornecida de maneira verbal, além de se oferecerem sinalizações táteis, tanto no ambiente (como cordas ou marcações em relevo no solo) como tocando o corpo do aluno para demonstrar o movimento a ser executado.

Deficiência intelectual

Compreende-se como deficiência intelectual um distúrbio significativo do desenvolvimento cognitivo que tenha ocorrido antes dos 18 anos de idade e que gere prejuízos significativos no comportamento adaptativo. O comportamento adaptativo pode ser compreendido como um conjunto de domínios básicos para que se tenha garantida uma vida autônoma: comunicação, cuidados pessoais, desempenho familiar, habilidades sociais, independência na locomoção, saúde, segurança, desempenho escolar, lazer e desempenho no trabalho. Como características principais, crianças com deficiência intelectual apresentam dificuldades na construção do raciocínio lógico e abstrato e, em muitas das vezes, atrasos no desenvolvimento motor.

Muitos casos de deficiência intelectual vêm acompanhados de outras condições que devem ser levadas em consideração, como problemas estruturais, hipotonia, espasticidade e obesidade. Normalmente, os maiores prejuízos motores serão observados nas capacidades motoras coordenativas, e não nas condicionais. A presença frequente de hipotonia muscular associada, além

de frouxidão ligamentar (como ocorre na síndrome de Down), pode levar a flexibilidade articular exagerada. Assim, o professor deve ter cautela ao interpretar dados de testes de flexibilidade de alunos nessa condição, já que os valores provavelmente serão muito acima dos parâmetros esperados.

Muitas das condições que causam deficiência intelectual podem interferir na plena formação do sistema nervoso central, gerando imaturidade do cerebelo e outras disfunções perceptivas. Assim, novamente, tais características podem ter influência negativa no desempenho em testes que envolvam equilíbrio, coordenação motora e orientação espacial. Por fim, a dificuldade com raciocínios lógicos e abstratos torna mais necessária a modificação na forma de se passar a instrução ou de se questionar o aluno durante as avaliações. As perguntas devem ser curtas, simples e permitir poucas possibilidades de resposta. Além disso, sempre que possível o professor deve utilizar exemplos e situações concretas em suas avaliações, já que o aluno compreenderá muito mais facilmente aquilo que pode ver e sentir em situações reais, sem a necessidade de abstrair.

Deficiência motora

A deficiência motora pode ser definida como um distúrbio de origem neurológica ou óssea-muscular-ligamentar que afeta substancialmente a movimentação de uma pessoa. Para minimizar tais efeitos, pode-se fazer uso de próteses ou órteses estabilizadoras. A maior parte das crianças com deficiências motoras já nasceram com tais condições (deficiência congênita) e podem ter seu desenvolvimento motor prejudicado por esse fato.

A deficiência motora pode ter origem em lesões osteomusculoarticulares (como artrites, fraturas, amputações, entre outras) ou em lesões neurológicas (lesões na medula espinal, paralisia cerebral, acidente vascular encefálico, entre outras). Em todas as situações, as sequelas dependerão da magnitude da lesão e poderão levar a perdas variáveis na capacidade de movimentação, coordenação motora e sensibilidade. No entanto, de um modo geral, a cognição é preservada, não interferindo na capacidade de compreensão do aluno.

De acordo com o tipo de órtese utilizada, modificações deverão ser feitas para a execução de testes que envolvam deslocamentos, prevendo, por exemplo, percursos diferenciados para a utilização de cadeira de rodas. Caso haja lesão neurológica que implique prejuízos nas capacidades coordenativas ou em espasticidade, muitos testes motores deverão ser adaptados, buscando como foco a análise individual da movimentação existente, sempre partindo de movimentos mais grosseiros para aqueles mais refinados.

Ainda no caso de lesões neurológicas, mudanças substanciais podem ocorrer na composição corporal e parâmetros antropométricos dos jovens, como reduções na massa magra e aumento no percentual de gordura, sobretudo nas áreas privadas de mobilidade. Também para jovens com amputações, os cálculos envolvendo a estatura e a massa corporal, como o índice de massa corporal, deverão ser ajustados para que não se incorra em erros na interpretação dos resultados.

AVALIAÇÃO DE VARIÁVEIS DA APTIDÃO FÍSICA RELACIONADA À SAÚDE E AO DESEMPENHO DE JOVENS COM DEFICIÊNCIA NA EDUCAÇÃO FÍSICA ESCOLAR ADAPTADA

Quando se pensa na avaliação dos componentes procedimentais da educação física, bem como das variáveis da aptidão física relacionada à saúde e ao desempenho, é preciso que se tenha cuidado com a escolha dos instrumentos adequados de avaliação. Em muitos casos, a simples utilização ou modificação de instrumentos criados para jovens com deficiência pode não ser possível para uma análise correta dos componentes que se pretende avaliar. Além disso, a utilização de parâmetros gerais para a análise dos resultados também pode se constituir em outra fonte de erro, ao não levar em conta as particularidades que uma deficiência pode trazer.[14,15]

Como mencionado anteriormente, é preciso que o professor de educação física questione-se constantemente sobre os motivos para a avaliação dos componentes procedimentais em educação física escolar. Os testes utilizados deveriam servir de subsídio para detectar possíveis dificuldades localizadas, analisar o estado de aptidão física do jovem e para comparar o desempenho com ele próprio, a fim de verificar a evolução individual. A ideia de que tais testes evidenciarão que é o "mais rápido", o "mais forte" ou o "mais alto" deveria ser evitada na escola, já que enfatiza a ideia de comparação e desiguldade, não compatível com os ideais propostos na inclusão escolar.[15] Assim, partindo do princípio de que os resultados obtidos nos testes propostos terão como objetivo verificar o *status* de aptidão física dos alunos com deficiência de forma a analisar se estão condizentes com uma boa saúde funcional e independência para a realização das atividades diárias e que seu desempenho será analisado individualmente, são propostas a seguir algumas estratégias para a avaliação de alguns componentes da aptidão física relacionada à saúde e ao desempenho. Boa parte dos

testes compõe algumas das principais baterias de testes validadas para avaliar a aptidão física de jovem com deficiência, como o *Brockport Physical Fitness Test*[16] e o *Eurofit Special Test*.[17]

Variáveis antropométricas

Medidas de massa corporal e estatura têm sido amplamente utilizadas no ambiente escolar, sobretudo com o intuito de verificar a prevalência de condições desfavoráveis de saúde, como casos de sobrepeso e obesidade, atualmente tão comuns entre os jovens. Para alunos com deficiência, tais indicadores são da mesma forma relevantes, porém alguns pontos devem ser levados em consideração para que as medidas sejam realizadas de maneira adequada:

- Para aqueles que conseguem permancer na postura em pé, a medida da estatura pode ser feita com a utilização de próteses ou órteses. Quando a manutenção da postura não for possível, o comprimento corporal pode ser verificado com o jovem deitado, utilizando-se uma trena métrica.[18] Para aqueles que possuem encurtamento de membros, espasticidade ou amputações, podem ser medidos os segmentos corporais e depois somados para se obter o valor final do comprimento corporal.
- A massa corporal poderá ser aferida com o indivíduo em pé sobre a balança, sentado sobre a balança sem apoio ou ainda em pé com as próteses ou órteses ou sentado na própria cadeira de rodas. Nessa última situação, os valores das próteses e órteses deverão ser descontados do valor final. Para acomodar a cadeira de rodas, pode ser utilizado um suporte em cima da balança, cujo valor também deve ser descontado ao final. O índice de massa corporal (IMC) poderá ser calculado por meio da fórmula: massa corporal (em quilogramas)/estatura (em metros)^2. Contudo, caso haja uma amputação, a massa do membro ausente deverá ser estimada de acordo com o valor percentual ao qual corresponde, conforme ilustrado na Tabela 1.

Assim, o IMC de um jovem de 14 anos com uma amputação logo abaixo do joelho, cuja massa corporal é de 40 kg e a estatura de 1,35 m, será corrigido e calculado da seguinte forma:

$$IMC = \frac{(40 + 40 \times 0,059)}{(1,35)^2} = \frac{42,36}{1,82} = 23,27 \text{ kg/m}^2$$

TABELA 1 Porcentagem do peso corporal contribuído por partes específicas do corpo

Tronco sem membros	50%
Mão	0,7%
Antebraço com mão	2,3%
Antebraço sem mão	1,6%
Parte superior do braço	2,7%
Braço inteiro	5%
Pé	1,5%
Parte inferior da perna com pé	5,9%
Parte inferior da perna sem pé	4,4%
Coxa	10,1%
Perna inteira	16%

Fonte: Osterkamp (1995).[19]

O ideal é que os valores obtidos nas variáveis antropométricas sejam comparados com outros resultados do próprio indivíduo em avaliações anteriores e posteriores, sem se tentar enquadrar o sujeito em padrões preestabelecidos, uma vez que alterações das proporções corporais, de tônus muscular e da composição corporal podem interferir de maneira acentuada na interpretação dos resultados.

Força muscular

A força muscular pode ser avaliada para alunos com deficiência tanto no que diz respeito à força máxima, à força explosiva ou à resistência de força. Para jovens com deficiência visual, os testes e os parâmetros de avaliação, caso não haja outra condição motora associada, são os mesmos da população em geral, com ressalva no que se refere à forma de explicar a execução dos testes.

A bateria *Eurofit Special Test*[17] propõe, para jovens com deficiência intelectual, testes de força explosiva envolvendo salto horizontal (precedido ou não por corrida), teste de salto vertical e arremesso de *medicineball* de 2 kg; teste de força máxima com preensão manual utilizando dinamômetro tipo *hand grip*; e, para a resistência de força, teste de 30 segundos de resistência abdominal. Ainda, os autores destacam que fatores como hipotonia muscular, espasticidade, hipermobilidade articular, distúrbios de coordenação motora e até mesmo falta de motivação para desempenhos máximos em testes podem levar a resultados inferiores aos esperados para jovens sem deficiência. Por esse motivo, recomenda-se não utilizar critérios preestabelecidos de desempenho, dando-se preferência em comparar o desempenho do próprio jovem ao longo do tempo.[20]

Já para jovens com deficiência motora, é preciso levar em conta, para a realização dos testes, quais músculos são de fato funcionais e qual a amplitude possível de movimento. A bateria *Brockport Physical Fitness Test*[16] sugere para jovens com deficiências motoras, além do teste de preensão manual para estimativa da força máxima, três testes distintos para a avaliação da resistência muscular.

O primeiro teste é o de repetições de exercícios abdominais. O teste pode ser realizado nos mesmos parâmetros utilizados para a população geral ou, caso existam restrições motoras maiores, pode ser realizado de maneira modificada, com os braços estendidos paralelos ao tronco e com as palmas das mãos viradas para a superfície do colchonete. Nesse caso, é considerada válida a repetição em que o participante consiga deslizar os dedos ao menos 11 cm ao realizar a flexão do tronco. O professor pode solicitar uma cadência para o teste de aproximadamente um movimento a cada 3 segundos e é considerado o número máximo de repetições executadas com sucesso pelo aluno.

O segundo teste, de flexões na barra, avalia a resistência muscular dos membros superiores e parte superior do tronco em uma situação dinâmica. São colocadas duas possibilidades para sua execução. Na primeira, o jovem parte de uma posição pendurada na barra com os cotovelos estendidos, utilizando uma empunhadura pronada. Ao realizar o movimento, será considerada válida a repetição na qual o jovem ultrapassar com o queixo a altura da barra. Já na segunda possibilidade, é feita uma modificação para que o teste possa ser executado por jovens com restrições motoras maiores. Nesse caso, é utilizado um suporte para a barra próximo ao chão e o executante realiza o teste partindo da posição em decúbito dorsal (Figura 1). Deve ser colocada uma corda elástica cerca de 20 cm abaixo da barra e será considerada válida a repetição na qual o executante ultrapassar com o queixo a altura da corda elástica. Em ambas as possibilidades de execução, deve ser anotado o número máximo de repetições realizado pelo jovem.

Já o terceiro teste avalia a resistência muscular dos membros superiores e da parte superior do tronco em uma situação dinâmica e é particularmente relevante para jovens usuários de cadeira de rodas. O teste pode ser realizado com o jovem sentado na própria cadeira de rodas ou sobre alguma outra superfície com apoios para as mãos (Figura 2). O participante executa apenas uma tentativa e o resultado é expresso em segundos. O ideal é que seja atingido um tempo de pelo menos 20 segundos em suspensão, já que, quanto maior o tempo que o jovem consegue sustentar seu corpo erguido na posição sentada, possivelmente maior será a probabilidade de que consiga se transferir da cadeira para outro assento e vice-versa.

FIGURA 1 Execução do teste de flexões na barra modificado.
Fonte: adaptada de Winnick; Short, 2001.[16]

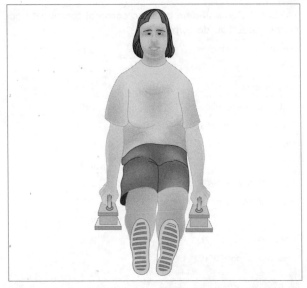

FIGURA 2 Posição para o teste de levantamento sentado.
Fonte: adaptada de Winnick; Short, 2001.[16]

Resistência cardiorrespiratória

A aptidão cardiorrespiratória de jovens com deficiência pode ser avaliada pelo professor de educação física escolar utilizando-se protocolos de campo, que podem ser modificados para o caso de usuários de cadeira de rodas ou outras órteses para auxílio da ambulação.[21] A princípio, jovens com deficiência auditiva ou visual poderiam seguir os mesmos critérios existentes para seus colegas sem deficiência. No entanto, como mencionado anteriormente, para aqueles com cegueira, os testes que envolvem caminhadas ou corridas podem ter seu resultado afetado negativamente por conta da insegurança e das mudanças no padrão de marcha. Para jovens com deficiência visual, podem ser utilizados colegas videntes como guias ou ainda cordas para orientação (Figura 3).

Tanto a bateria *Eurofit Special Test*[17] como a *Brockport Physical Fitness Test*[16] propõem a utilização do teste de corrida em vai e vem (*shuttle run*). Durante o teste, o jovem deve ajustar progressivamente sua velocidade de deslocamento caminhando, correndo ou tocando a cadeira de rodas de modo a atingir a linha do percurso dentro do tempo do sinal sonoro. As distâncias, as velocidades iniciais e a progressão do teste para cada situação são destacadas na Tabela 2.[21]

Especialmente para aqueles com lesões na medula espinal em níveis mais elevados, que utilizem basicamente a força dos braços para impulsionar a cadeira de rodas, a elevação da frequência cardíaca durante o teste não será muito pronunciada. Para esses jovens com deficiências motoras mais graves, o *Brockport Physical Fitness Test*[16] propõe a utilização de testes que avaliem a distância que o jovem consegue percorrer em 15 minutos mantendo-se dentro de uma zona determinada de frequência cardíaca. Como a frequência máxima desses jovens sofre grandes alterações por conta da lesão, sugere-se utilizar de 20 a 30 batimentos acima da frequência cardíaca de repouso.

Velocidade e agilidade

Testes envolvendo deslocamentos em velocidade máxima, com ou sem mudança de direção, podem ser utilizados com algumas modificações para jovens com deficiência. No caso de deficiência auditiva ou intelectual, apenas a forma de comunicação sobre as orientações para o teste será modificada, utilizando-se preferencialmente demonstrações por parte do professor ou de outros colegas. Para esses alunos, a utilização de bandeiras coloridas delimitando os percursos é de grande utilidade.

Para alunos com deficiência visual, novamente serão necessários guias para viabilizar a execução segura do percurso. Uma estratégia que pode ser aplicada a jovens com baixa visão é a utilização de linhas de cor contrastante para que estes possam segui-la. Já para aqueles com cegueira ou resíduo mínimo de visão, os testes de velocidade podem ser feitos segurando-se em um cilindro colocado ao redor de uma corda como guia; o cilindro desliza pela corda para que o avaliando se locomova em linha reta; ao concluir o percurso, podem ser colocados nós nas extremidades da corda para que o

FIGURA 3 Adaptações em testes com deslocamentos para jovens com deficiência visual.
Fonte: adaptada de Winnick; Short, 2001.[16]

TABELA 2 Diferentes protocolos do teste de vai e vem

Participantes	Distância	Velocidade inicial	Incremento por minuto
Capaz de correr	10 m	5 km/h	0,25 km/h
Caminha de forma independente (mas não corre)	10 m	2 km/h	0,25 km/h
Usa órteses para caminhar	7,5 m	1,5 km/h	0,19 km/h
Usa cadeira de rodas	10 m	2 km/h	0,25 km/h

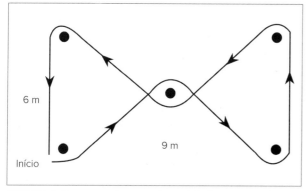

FIGURA 4 Percurso do teste de agilidade em zigue-zague adaptado.

jovem saiba que deve desacelerar. Os percursos dos testes de velocidade, para a execução tanto por aqueles que podem correr como por aqueles que usam muletas ou cadeiras de rodas, podem variar entre 15 e 30 metros, geralmente considerando o melhor tempo de duas ou três tentativas.

No caso específico de jovens em cadeira de rodas, pode ser utilizado um teste especificamente adaptado de agilidade em zigue-zague.[22] O teste, adaptado do *Texas Fitness Test*, teve sua distância aumentada para 6 × 9 m, a fim de que pudesse ser realizado por indivíduos em cadeira de rodas. O percurso é descrito na Figura 4. É considerado o menor tempo, em duas ou três tentativas, que o jovem leva para cumprir o percurso.

Já para os jovens que conseguem se locomover sem um uso da cadeira de rodas, podem ser utilizadas as dimensões originais do teste (3,8 × 4 m). Para aqueles com deficiência visual, traçar o percurso em linhas de cores contrastantes pode ajudar. Já em casos de cegueira, o percurso do teste de agilidade a ser utilizado pode ser o vai e vem do *shuttle run* (percurso de 9,14 m) para que sejam evitadas muitas mudanças de direção. Além disso, o percurso pode ser destacado no chão em alto relevo, utilizando-se barbante e fita adesiva. No entanto, novamente se ressalta que jovens nessa condição certamente apresentarão desempenhos inferiores aos de seus colegas sem deficiência, sobretudo pelas dificuldades em se deslocar por um percurso desconhecido.

CONSIDERAÇÕES FINAIS

Embora a legislação nacional garanta o acesso de alunos com deficiências às escolas regulares há mais de duas décadas, fica evidente que muitos professores de educação física sentem-se mal preparados e inseguros para lidar com essa situação, sobretudo quando desejam avaliar o desempenho de tais alunos na disciplina. Cabe destacar que, para muitos jovens com deficiência, as aulas de educação física são das poucas oportunidades para vivenciar experiências motoras variadas, o que pode ser fundamental para garantir seu melhor desenvolvimento motor.

Infelizmente, pelo que se observa na prática, a avaliação de alunos com deficiência na educação física escolar ainda representa um grande tabu e gera muitos receios. Justamente ela, que de todas as disciplinas deveria ser uma das mais receptivas à diferença, por admitir inúmeras respostas como corretas. Diferente das equações matemáticas, para as quais existe apenas uma resposta certa, no universo da educação física, várias são as possibilidades para se atingir um determinado fim. Dessa forma, ao compreender a educação física escolar em todas suas dimensões, o professor poderá utilizar estratégias variadas que permitam avaliar os alunos com deficiência não mais focando em suas limitações, mas sim em suas possibilidades e potencialidades diferenciadas.

RESUMO

A inclusão de alunos com deficiência na educação física escolar ainda carece de pesquisas e discussões específicas, sobretudo no que tange à avaliação dos alunos na disciplina. A necessidade da compreensão da educação física escolar como uma disciplina mais ampla propõe ao professor a possibilidade de avaliá-la não apenas em sua dimensão procedimental, mas também nas dimensões atitudinal e conceitual. Ao considerar as condições específicas impostas por uma deficiência, o professor de educação física deve compreender que a utilização de critérios e parâmetros da população geral pode não ser adequada para alunos nessa condição. Assim sendo, cada tipo de deficiência impactará de forma variada nos instrumentos a serem utilizados para a avaliação dos alunos, bem como na interpretação dos dados obtidos por meio dos testes empregados.

Questões para reflexão

1. Quais estratégias podem ser utilizadas para a avaliação dos componentes conceituais de alunos com deficiência em aulas de educação física escolar?
2. Quais as possíveis implicações que a deficiência visual pode trazer para a utilização de testes motores que envolvam deslocamentos (caminhada, corrida, saltos) durante a avaliação em educação física escolar?
3. Com relação à análise dos parâmetros antropométricos, quais as possíveis modificações/adaptações que o professor de educação física deve proceder para a adequada avaliação de seus alunos com deficiência?

REFERÊNCIAS BIBLIOGRÁFICAS

1. Marques UM, Castro JAM, Silva MA. Actividade física adaptada: uma visão crítica. Rev Port Cien Desp 2001;1(1):73-9.
2. Block ME, Obrusnikova I. Inclusion in physical education: a review of the literature from 1995-2005. APAQ 2007;24:103-24.
3. Qi J, Ha AS. Inclusion in physical education: a review of literature. Int J Disabil Dev Ed 2012;59(3):257-81.
4. Jin J, Yun J, Wegis H. Changing physical education teacher education curriculum to promote inclusion. Quest 2013;65:372-83.
5. Greguol M. Educação física escolar e inclusão: uma análise a partir do desenvolvimento motor e social de adolescentes com deficiência visual e das atitudes dos professores (Tese). São Paulo: Universidade de São Paulo, 2005.
6. Haycock D, Smith A. Inadequate and inappropriate?: the assessment of young disabled people and pupils with special educational needs in National Curriculum Physical Education. Eur Phys Educ Rev 2010;16(3):283-300.
7. Fencl MJ. Fun and creative unit. Joperd 2014;85(1):16-21.
8. Zabala A. A prática educativa: como ensinar. Porto Alegre: Artmed, 1998.
9. Darido SC. A avaliação da educação física na escola. In: Darido SC (ed.) Caderno de formação: formação de professores e didática dos conteúdos. São Paulo: Cultura Acadêmica, 2012. p.127-42.
10. Winnick J, Porreta D. Adapted physical education and sport. Illinois: Human Kinetics, 2017.
11. Bagley MT, Greene JF. Peer attitudes toward handicapped scale. Austin, TX: Pro-Ed, 1981.
12. Block ME. Development and validation of the Children's Attitudes Toward Integrated Physical Education – revised (CAIPE-R) inventory. APAQ 1995;12:60-77.
13. Greguol M, Costa RF. Atividade física adaptada – qualidade de vida para pessoas com necessidades especiais. 3. ed. Barueri: Manole, 2013.
14. Burton AW, Rodgerson RW. New perspectives on the assessment of movement skills and motor abilities. APAQ 2001;18:347-65.
15. Mong HH. Assessment of students with disabilities in physical education (Master Thesis). Norwegian: Norwegian School of Sports Science, 2014.
16. Winnick J, Short F. Testes de aptidão física para jovens com necessidades especiais. Barueri: Manole, 2001.
17. Skowronski W, Horvat M, Nocera J, Roswal G. Eurofit Special: European Fitness Battery Score variation among individuals with intellectual disabilities. APAQ 2009;26:54-67.
18. Mojtahedi MC, Valentine RJ, Evans EM. Body composition assessment in athletes with spinal cord injury: comparison of field methods with dual-energy X-ray absorptiometry. Spinal Cord 2009;47(9):698-704.
19. Osterkamp LK. Current perspective on assessment of human body proportions of relevance to amputees. J Am Diet Assoc 1995;95:215-18.
20. Wouters M, Evenhuis HM, Hilgenkamp TIM. Systematic review of field-based physical fitness tests for children and adolescents with intellectual disabilities. Res Dev Disabil 2017;61:77-94.
21. Zwinkels M, Verschuren O, Lankhorst K, van der Ende-Kastelijn K, de Groot J, Backx F et al. Sport-2-Stay-Fit study: health effects of after-school sport participation in children and adolescents with a chronic disease or physical disability. BMC Sports Sci Med Rehabil 2015;22(7):1-9.
22. Greguol M, Böhme MTS. Autenticidade científica de um teste de agilidade para indivíduos em cadeira de rodas. Rev Paul Educ Fís 2003;17(1):41-50.

Índice remissivo

A

Ação motora 130
Acompanhamento escolar 332
Adaptação sensoriomotora 134
Aleatorização 42
Ambiente escolar 340
Amplitude 47
Análise de jogo 253
Análise dinâmica do jogo 305
Análise do jogo 299
Análise do movimento 73
Análise no handebol 272
Antropometria 30
Aprendizagem 331, 340
Aptidão aeróbia 157
Articulação 78
Atacante 288
Atividade motora 101
Atividades básicas da vida diária 170
Atividades instrumentais da vida
    diária 170
Atletas de handebol 273
Avaliação 17
  descrição 17
  julgamento 17
  mensuração 17
  negociação 17
  de desempenho 29
  de programa 31
  de programas 140
  diagnóstica 140
  escolar 329
  formativa 25
  motora 149
  psicológica 91
  somativa 25

B

Barras paralelas assimétricas 213
Basquetebol 239, 299
Biomecânica 73
Bloqueio 288

C

Capacidade
  aeróbia 59, 157, 190
  funcional 169
  máxima de consumo de oxigênio 59
Carboidratos 105
Carga inicial 159
Ciclo de vida da estratégia 302
Cinemática 77
Cinemetria 73
Cinética 77
Coeficiente de correlação linear de
    Pearson 55
Comitê Misto de Avaliação 21
Complexidade 133
Componente curricular 347
Composição corporal 103
Concatenação 248
Condições emocionais 87
Crescimento físico 109
Cultura escolar 347
Currículo 350
Curva do lactato 62

D

Dança 102
Declínios cognitivos 169
Deficiência
  auditiva 358

intelectual 359
motora 359
visual 358
Demanda
  curricular 348
  energética 103
Depressão 171
Desempenho 244
  aeróbio 59
  esportivo 32
  humano 32
  técnico 261
Desenvolvimento humano 109, 338
  crescimento físico 109
  desenvolvimento 109
  maturação 109
Desenvolvimento motor 149
Desvio médio 47
Desvio-padrão 48
Dimensões pessoais 87
Dinâmicas de Criação de Espaço
    (DCE) 245
Dinâmicas de Proteção de Espaço 246
Dinamometria 73
Disciplinas escolares 349
Distribuição normal 51
Domínio(s)
  afetivo 36
  cognitivo 36
  motor 149
  psicomotor 36
  do desempenho humano 36
Duração dos estágios 157

E

Educação básica 347
Educação contemporânea 338

Índice remissivo

Educação física
adaptada 187, 188
escolar 329, 339, 347, 351
escolar adaptada 360
Eletromiografia 75
Elite do esporte mundial 285
Emoções 87
Endurance 59
Ensino
em educação física 329
fundamental II 337
infantil 339
Envelhecimento 167
Epinefrina 68
Ergômetros 164
Erro de saque 290
Escala
de equilíbrio de Berg 189
de Lawton e Brody 170
geriátrica de depressão 171
Escolarização 349
Espaço
de aula 330
de ocupação defensiva 306
Espasticidade 190
Esporte(s)
competitivo 90
de alto rendimento 87
coletivos 299
Estados depressivos 171
Estatística 41
Esteira rolante 164
Exaustão 59
Exercício aeróbio 59
Expressão corporal 102

F

Fadiga 59
Familiarização 135
Fases de aprendizagem 135
Fatores de desempenho 301
Feedback 135
Fidedignidade 37
Flexibilidade 190
Força 190
explosiva 295
Formação de professores 347
Funcionalidade 91
Futebol 299

G

Gerações de avaliação 18
Gestos esportivos 149

Ginástica artística 213
Golfinhada 204
Gráficos 45

H

Habilidade(s)
motora(s) 125, 285
básicas 149
do voleibol 286
Handebol 271
de alto nível 278
Histograma 49

I

Idade
biológica 109
cronológica 109, 149
Idoso 168
Impulsão vertical 295
Incapacidade 188
Inclusão 355
Incremento da carga 157
Indicadores 142
de jogo 244
qualitativos 142
quantitativos 142
Índice de Katz 170
Individualidade 88
Indivíduo com deficiência 187
Inferência estatística 54
Ingestão
de lipídios 105
de proteína 105
Instrumentos de avaliação 144, 149
Interações sociais 350

J

Jogos esportivos coletivos 271
Jovens com deficiência 355

L

Lactato sanguíneo 68
Levantador 288
Levantamento 288
Limiares fisiológicos 62
Localização central 46

M

Manifestações culturais 349
Manutenção da potência muscular 59
Maratonas 59
Massa corporal 274

Matriz curricular 333
Maturação 109
Mecânica 79
Medida(s) 17
de conhecimento 31
de posição 46
Mesa de salto 213
Metodologia 337
Mobilidade articular 190
Modelagem
do desempenho 300
físico-matemática 73
Músculos 74

N

Necessidades específicas 189
Nutrição 101

O

Objetividade 37
Objetivos 18
Ossos 73

P

Padrão(ões)
de movimento 127
Referenciado a Critério 24
Referenciado a Norma 24
de desempenho 24
Personalidade 88
Pessoas idosas 167
Planejamento 42
tipos de pesquisas 42
Políticas públicas 347
Posse de bola 244
Potência
aeróbia 157
e resistência 255
Prática(s)
escolar 347
educativas 348
Processo ensino-aprendizagem 149
Produção
acadêmica 347
de movimentos 285
Produtividade 101
Professores de educação física 332
Proficiência motora 190
Projeto político-pedagógico 337
Proposta
educativa 337
pedagógica 337
Psicodiagnóstico esportivo 90

Q

Qualidade de vida 170
Quantil 48
Quatro nados 201
  borboleta 201
  costas 201
  crawl 201
  peito 201
Questionários para idosos 168

R

Rally point system 285
Reações afetivas 88
Rebaixamento do humor 171
Recepção de saque 288
Recreação e lazer 102
Rede pública estadual de ensino 330
Relação psicofísica 90
Retenção 132

S

Sacador 289
Saque 288

Segunda infância 149
Seleção de atletas jovens 109
Sistema VIS/FIVB 289
Solo 213
Suplementos 101

T

Tabelas de frequência 44
Taxonomia 36
Técnica
  cognitiva 255
  tática 255
  de inquirição 34
  de observação 34
  de testagem 34
Temperatura corporal 68
Teste(s)
  qui-quadrado 54
  cardiovasculares 30
  com carga 59
  de aptidão física 31
  de força 30, 274
  padronizados 17
  progressivos 157

  psicológicos 90
Transferência 132
Transição
  defensiva 303
  ofensiva 303
Trave 213

V

Validação de instrumentos 38
Validade 37
Variância 48
Variáveis qualitativas 44
  nominais 45
  ordinais 45
Variáveis quantitativas 44
Variável aleatória 42
Velhice 167
Velocidade 158
Ventilação 68
Voleibol 285